Neue Historische Bibliothek
Herausgegeben von Hans-Ulrich Wehler

Die zwölfjährige Geschichte des nationalsozialistischen Deutschland ist in hohem Maße von Aufrüstung und Krieg geprägt. Sechs Jahre wurde aufgerüstet und sechs Jahre Krieg geführt. Nicht minder bedeutsam waren die Verfolgung und Ausgrenzung von Menschen, die im ersten Jahr der Machtausübung Hitlers begannen und mit dem Genozid an Juden und Zigeunern und dem Ethnizid an Polen und Russen endeten.

Das vorliegende Buch von Ludolf Herbst macht es sich zur Aufgabe, diese Prozesse zu untersuchen. Dabei stehen Krieg und Rassenpolitik im Mittelpunkt. Sie werden jedoch nicht isoliert betrachtet, sondern mit wesentlichen innenpolitischen und gesellschaftlichen Entwicklungen verknüpft. Dies geschieht in der Annahme, daß die außerordentliche Dynamik, mit der das nationalsozialistische Deutschland in der Außen- und Rassepolitik agierte, wesentlich von diesen korrespondierenden Bereichen mitgeprägt wurde.

Ludolf Herbst lehrt Zeitgeschichte an der Humboldt-Universität zu Berlin.

Ludolf Herbst

Das nationalsozialistische Deutschland 1933-1945

Die Entfesselung der Gewalt: Rassismus und Krieg

Suhrkamp

für Sophie

edition suhrkamp 1285
Neue Folge Band 285
Erste Auflage 1996

Erstausgabe

Satz: Hümmer GmbH, Waldbüttelbrunn
Druck: Nomos Verlagsgesellschaft, Baden-Baden
Umschlagentwurf: Willy Fleckhaus
Printed in Germany

2 3 4 5 6 – 01 00 99 98 97 96

Inhalt

Einleitung*

Die Geschichte des nationalsozialistischen Deutschland ist mit zwei säkularen historischen Prozessen unauflöslich verbunden, mit der Entfesselung der zerstörerischen Kräfte des Rassismus und des Krieges.

Die Verfolgung und Ausgrenzung von Menschen im Zeichen rassistisch-utopischer Vorstellungen begann bereits 1933, im ersten Jahr der Machtausübung Hitlers, gewann bis zur Auslösung des Zweiten Weltkrieges schubweise an Radikalität, ging mit der Massensterilisation und der sogenannten »Euthanasie« zum Mittel des systematischen Mordens über und gipfelte während des Zweiten Weltkrieges schließlich im Genozid an Juden und Zigeunern und im Ethnozid an Polen und Russen. Im begrifflichen Kern des Rassismus sind unterschiedliche Strömungen miteinander verbunden: christlicher Antijudaismus und politischer Antisemitismus, Rassenutopie und Rassenhaß, Gesellschaftsbiologie und Rassenhygiene.

In ähnlicher Weise wie der Rassismus erweist sich der Krieg als zentrale Kategorie für die Analyse des nationalsozialistischen Deutschland. Der Krieg füllte nicht nur die Hälfte der nationalsozialistischen Herrschaftsperiode aus, sondern der Nationalsozialismus kam aus dem Krieg, fand im Krieg seine eigentliche Bestimmung und ging im Krieg schließlich unter. Der Erfahrungshorizont des Ersten Weltkrieges prägte das Führerkorps der NSDAP ebenso wie die nationalsozialistische Weltanschauung, die nicht nur eine Rassen-, sondern auch eine Kriegsideologie war; die Politik der Regierung Hitler zielte seit 1933 darauf ab, Deutschland im ganz umfassenden Sinn kriegsfähig zu machen und die »Ordnung des Krieges« bereits im Frieden zu etablieren; der Krieg diente schließlich der Ziel- und Selbstverwirklichung des Nationalsozialismus, wobei die Eroberung neuen »Lebens-

* Zahlreiche »treue Helfer« haben bei der Vollendung dieses Buches mitgewirkt. Frau Edith Großmann hat mit ebensoviel Geduld wie unermüdlicher Arbeitsenergie die Manuskripte geschrieben und die Korrekturen besorgt. Für kritische Durchsicht und wertvolle Hinweise danke ich den Herren Dr. Constantin Goschler, Peter Helmberger, Bernhard Lorentz und Gerd Herzog. Herrn Prof. Dr. Hans-Ulrich Wehler danke ich für die Durchsicht des Manuskripts und seine Aufnahme in diese Reihe.

raums« im Osten den Schlüsselbezug liefert. Der Krieg stellte die »zweite«, die eigentliche »Revolution« des Nationalsozialismus dar, während die »legale Revolution« in den Jahren 1933/34 in einem Herrschaftskompromiß steckenblieb und Hitler die der Bewegung innewohnenden Tendenzen zur Totalumwälzung zu kanalisieren und auf den Krieg umzulenken vermochte.

Rassismus und Krieg waren eng miteinander verbunden. Die Verwirklichung der rassistischen Utopie wurde von ihren Protagonisten ebenso als Voraussetzung wie als Ziel des Krieges betrachtet, und sie lief de facto auf einen Krieg »nach innen« hinaus, der dem Krieg »nach außen« voranging und ihn begleitete. Wesentliche Merkmale des Krieges »nach innen« kehrten im Krieg »nach außen« wieder. In jenem wurde eingeübt, was in diesem in großem Maßstab betrieben wurde. Und natürlich bahnte der Krieg der mörderischen Variante des Rassismus den Weg: Er schuf durch die Freisetzung von Gewalt wesentliche Voraussetzungen für den Massenmord und bezog beinahe ganz Europa in die Mordmaschinerie ein.

Ein Buch, in dem Rassismus und Krieg in diesem Sinn als umfassende Kategorien der Gesellschafts- und Politikanalyse begriffen werden, läuft in einer Zeit, in der die Methoden der Sozialgeschichte die »arrivierte« Geschichtswissenschaft in immer stärkerem Maße prägen, Gefahr, als antiquiert eingestuft zu werden; denn natürlich kann eine solche Analyse nicht primär oder gar ausschließlich sozialgeschichtlich verfahren, sondern sie ist darauf angewiesen, unterschiedliche Bereiche wie die Außen- und Kriegspolitik, die Außenwirtschafts-, Wirtschafts- und Rüstungspolitik, die innere Struktur des Herrschaftssystems und die Lage der Gesellschaft, vor allem die Lage der Juden in ihr, in den Blick zu nehmen. Auch hat sie zu berücksichtigen, daß die nationalsozialistische Herrschaftsperiode nicht Bestandteil der deutschen Geschichte allein, sondern der europäischen und der Weltgeschichte ist. Wesentliche Bedingungen für das Zustandekommen und den beispiellosen Wirkungsradius der nationalsozialistischen Herrschaft liegen nicht in Deutschland. Zugleich drängt die nationalsozialistische Herrschaft nach außen, unterwirft große Teile Europas und ist ohne die Wechselbeziehung zwischen Peripherie und Zentrum überhaupt nicht zu verstehen.

Eine Analyse, die die großen Prozesse, in denen sich die Geschichte des nationalsozialistischen Deutschland im 20. Jahrhundert manifestiert, in dieser Weise in den Mittelpunkt rückt, kommt ohne eine Berücksichtigung der »Haupt- und Staatsaktionen« nicht aus. Sie erfolgt in diesem Buch ebenso in abgrenzender wie in analytischer Absicht. Das nationalsozialistische Deutschland, dessen zerstörerische Dynamik sich nach außen und nach innen gleichermaßen entfaltete, erschließt sich dem Zugriff einer Geschichtswissenschaft, die in gegeneinander abgeschottete Fachdisziplinen aufgesplittert ist, mit fortschreitender Spezialisierung immer weniger. So gibt es wohl eine hochentwickelte Geschichtsschreibung über die nationalsozialistische »Judenpolitik« und das jüdische Leben während der nationalsozialistischen Herrschaft, aber keine Wirtschafts- und Sozialgeschichte Deutschlands, die die tiefe Spaltung von Wirtschaft und Gesellschaft, die infolge dieser Politik eintrat, thematisiert. Die Geschichtswissenschaft, die deutsche zumal, verharrt gegenüber den von den Nationalsozialisten ausgegrenzten und einer mörderischen Verfolgungs- und Vernichtungspolitik ausgelieferten Menschen noch immer weitgehend in einer Position der Apartheid. Nicht zuletzt aus diesem Grund sind die Kapitel dieses Buches nicht systematisch, sondern überwiegend parallel angeordnet; die Ausgrenzungs- und Vernichtungspolitik findet sich auf diese Weise gewissermaßen in »Streulage« wieder und zeigt von Abschnitt zu Abschnitt, daß es »Normalität« im nationalsozialistischen Deutschland nicht gab und die in den Gesellschaftsnischen scheinbar vorfindliche Normalität durch psychologische Verdrängung »künstlich« konstituiert wurde und keine residuale, sondern eine imaginäre Größe darstellt.

Einer mißverständlichen, methodisch problematischen und in letzter Konsequenz eher »unglücklichen« Begriffsbildung folgend plagt sich die Zeitgeschichtsforschung mit der Frage, ob die nationalsozialistische Periode adäquater mit intentionalistischen oder mit funktionalistischen bzw. strukturgeschichtlichen Methoden zu analysieren sei.[1] Die »Lagermentalität« ist inzwischen soweit ausgeprägt, daß die Normalität, nämlich die Verbindung beider Verfahrensweisen, sich dem Verdacht methodischer Inkonsequenz aussetzt und eigens der Begründung bedarf.

Das klassische intentionalistische Argument, daß der Verlauf der zwölfjährigen Geschichte der nationalsozialistischen Herrschaft atemberaubende Übereinstimmungen mit der zuvor formulierten und in axiomatischen Fixierungen erstarrten »Weltanschauung« Adolf Hitlers aufweist, enthielt immer auch strukturgeschichtliche Prämissen. Vorausgesetzt und analytisch expliziert wurde zugleich eine Herrschaftsstruktur, die dem Diktator Hitler besondere, weit über das historische Normalmaß hinausreichende Handlungsmöglichkeiten eröffnete. Dieser Befund ist nicht zu bestreiten und auch in der Kontroverse, ob Hitler nun ein »starker« oder »schwacher« Diktator gewesen sei, nicht ernstlich bestritten worden. Im Kern geht es vielmehr um die Frage, in welchem Maße komplexe Prozesse in modernen Industriegesellschaften wie in vernetzten internationalen Systemen »beherrschbar« sind und in welchem Maße Hitler dies unter den spezifischen Bedingungen nationalsozialistischer Herrschaft gelang. Hier gilt es anzuknüpfen.

Begreift man Krieg und Rassismus als umfassende analytische Kategorien, sticht die enorme Veränderung ins Auge, die sich während der nationalsozialistischen Periode im Vergleich zur Weimarer Republik vollzog. Als Hitler 1933 Reichskanzler wurde, war Deutschland nicht nur nicht kriegsfähig, sondern auch von der Kriegsfähigkeit weiter entfernt als die anderen europäischen Großmächte. Sein Heer und seine Marine waren schwach und schlecht bewaffnet, eine Luftwaffe war nicht vorhanden, ein Teil seines Territoriums, das Rheinland, war demilitarisiert, und die militärpolitische Souveränität, das alles zu ändern, fehlte. Deutschland war außenpolitisch in ein System kollektiver Sicherheit eingebunden, das seine Entwaffnung überwachte und die Diskrepanz zwischen seiner Kriegsunfähigkeit und der Kriegsfähigkeit seiner Nachbarstaaten aufrechterhielt. Seine demokratische Verfassung und die pluralistische Verfaßtheit von Politik und Gesellschaft verstärkten den Eindruck einer extremen Kriegsunfähigkeit und fehlender innerer Handlungsautonomie. Selbst seine moderne, über große industrielle Produktionskapazitäten verfügende Wirtschaft war durch ihre hohe Außenhandelsabhängigkeit weit von jeder Autonomie entfernt. Die Auslandsverschuldung räumte den Gläubigerländern, allen voran den USA, Rechte ein, die es ihnen erlaubten, das Finanzgebaren des Reichs zu kontrollieren. Sein Territorium schließlich war – gemessen an den Erfordernissen eines Krieges – relativ ressourcenarm und verfügte auch nicht über die erforderliche geographische Tiefe, um militärische Rückschläge abfedern zu können.

Ähnliche Barrieren mußten durchbrochen werden, um die Rassenutopie durchzusetzen und ihre Umsetzung in praktische Politik zu gewährleisten. Dieser Umwertung aller Werte stand trotz der verbreiteten antisemitischen Vorurteile und manch anderer Prämissen vieles entgegen. Ihr widersprachen die normative Ausprägung und institutionelle Verankerung des Rechts, ihr widersprachen die Prinzipien der ordentlichen, am Staatswohl wie am Wohl jedes einzelnen orientierten Verwaltung ebenso wie die humanistischen Traditionen und sittlich-religiösen Wertmaßstäbe eines großen Kulturvolkes. Ihr widersprach aber auch die Einbindung des Deutschen Reiches und der deutschen Gesellschaft in ein enges Geflecht internationaler wirtschaftlicher, politischer, kultureller, technologischer und menschlicher Interdependenz- und Kommunikationsbeziehungen.

Um das Deutsche Reich nach außen ebenso wie nach innen kriegsfähig zu machen, bedurfte es daher tiefgreifender außenpolitischer, außenwirtschaftlicher, innenpolitischer, binnenwirtschaftlicher, gesellschaftlicher, sittlich-normativer und nicht zuletzt territorialer Veränderungen. In all diesen Bereichen waren aber Kontroll- und Rückkopplungsmechanismen vorhanden, die stabilisierend auf den Ist-Zustand einwirkten und sich einer Veränderung entgegenstellten. Wie konnte es mithin geschehen, daß Deutschland, das den weitesten Weg zum »Krieg nach außen« und einen weiten Weg zum »Krieg nach innen« zurückzulegen hatte, alle Sicherungsbarrieren durchbrach, den Weg zur rassistisch-utopischen Inhumanität ging, den Zweiten Weltkrieg auslöste, ihn so lange erfolgreich führte, bis er globale Ausmaße annahm, und ihn zum Schauplatz einer Serie monströser Verbrechen machte, die ihresgleichen in der Geschichte suchen?

Ohne die Analyse von Politik, von politischer Zielformulierung und politischem Vollzug kann diese Frage nicht zureichend beantwortet werden, denn nicht die »Strukturen von 1932« führten zum Zweiten Weltkrieg und zum Massenmord, sondern ihre Veränderung und schließliche Zerstörung durch Politik. Dieses Buch wird daher auf der »intentionalen Ebene« einsetzen. Dabei genügt es aber nicht, »Hitlers Weltanschauung« zu betrachten; denn diese »Weltanschauung« war in breitere Zeitströmungen eingebettet und wurde mehr von ihnen geformt, als sie ihrerseits formend auf sie einwirkte. Zudem agierte Hitler nicht allein. Er hatte zum einen mit den Vorstellungen des Führungskorps der NSDAP und der SA, später auch der SS zu rechnen und den diffusen Aktionismus der »braunen« Massenbasis in Betracht zu ziehen. Zum anderen war er in einen Herrschafts- und Machtkompromiß mit den Funktionseliten in der Bürokratie, in der Reichswehr bzw. Wehrmacht und in der Wirtschaft eingebunden. Um unter diesen Bedingungen regieren zu können, war ein Zielkanon nötig, der wenigstens eine Strecke weit Konsens zu stiften vermochte.

Die analytische Aufgabe besteht deshalb darin, die Ideen- und Sozialgeschichte einer »Weltsicht« zu skizzieren, der Hitler ebenso zugeordnet werden kann wie die damalige nationalkonservative und völkische Politikergeneration und die darüber hinaus wesentliche Dimensionen des Erfahrungs- und Ideenhorizonts der Zeit vermittelt, eines Horizonts, in den Millionen Menschen einbegriffen waren und der so auch Massen zu integrieren vermochte. Der Ausgangspunkt, der auf diese Weise gewonnen wird, öffnet die intentionale Ebene der politischen Zielformulierung und -durchsetzung für Willensbildungsprozesse an der Basis und auf der mittleren Ebene der Bürokratie und des Funktionärskorps. Politik vollzog sich auch im nationalsozialistischen »Führerstaat« keineswegs nur von oben nach unten, sondern in der Regel in einem komplizierten Prozeß, in dem sich Impulse von allen Ebenen auf vielfältige Weise brachen. Sowohl die »Machtergreifung« als auch die »Judenpolitik« oder die »Wirtschaftspolitik« stellten solche komplexen Prozesse dar. Immer wieder zeigt sich, daß Hitler in diesen Bereichen nicht nur bestimmend agierte, sondern auch zu Entscheidungen gedrängt oder vor vollendete Tatsachen gestellt wurde und keineswegs immer »Herr der Situation« war. In der Außen- und Kriegspolitik dagegen gewann Hitler relativ schnell ein erstaunliches Maß an Entscheidungsautonomie, und es gibt Situationen, wie jene im August 1939, als der Befehl für den Angriff auf Polen gegeben, widerrufen und erneut gegeben wurde, in denen alles an seiner Entscheidung hing.

Gleichwohl muß auch in diesen Fällen strukturgeschichtlich nachgefragt werden. Die Kategorien »Krieg« und »Rassismus« eröffnen hierfür einen präzisen Zugang, vor allem dann, wenn man sie mit der polymorphen Krise des Parlamentarismus, des Liberalismus, der Weltwirtschaft und des internationalen Systems verbindet, die der nationalsozialistischen Machtergreifung voranging. Die Nationalsozialisten knüpften an die große Krise in spezifischer Weise an. Sie verstärkten die Ungleichgewichtszustände, die sich infolge der Krise in Wirtschaft, Staat und Gesellschaft sowie im internationalen politischen und ökonomischen System eingestellt hatten, und unterbanden jeden Versuch einer Kurskorrektur und der Rückkehr zur »Normalität«. Zwei Entscheidungen vor allem haben das bewirkt: die Entscheidung, bis zur Kriegsfähigkeit aufzurüsten, und die Entscheidung, ein System der ökonomischen, politischen und gesellschaftlich-biologischen Ungleichheit zu errichten.

1. Die Entscheidung, ohne Rücksicht auf das volkswirtschaftlich Verantwortbare aufzurüsten, und zwar nicht auf der Basis einer liberalen, weltoffenen, marktwirtschaftlichen Ordnung, sondern ohne genuinen Ordnungsentwurf in blinder Anknüpfung an antiliberale Zeittendenzen, hatte weitreichende Konsequenzen. Man geriet dabei in ein fortschreitend interventionistischeres, sich immer mehr nach außen abschließendes und immer mehr Planung erforderndes System der Mangelwirtschaft, das Ressourcenverschwendung in einer Situation der Ressourcenknappheit betrieb, daher zu ständiger Umverteilung gezwungen war, extreme Disproportionalitäten schuf und die Wohlfahrt einer schwankenden Mehrheit auf Dauer nur zu Lasten Dritter, sei es innerhalb der eigenen Gesellschaft oder außerhalb ihrer Grenzen, befriedigen konnte.

Diese nach vorne drängende Dynamik, die nicht vorhersehbare Tempobeschleunigungen und Turbulenzen aufwies und deren Folgen als solche nicht lenkbar, sondern allenfalls nachträglich regulierbar waren, unterminierte auch das internationale System. Die Aufrüstung Deutschlands, die geltendes Völkerrecht brach, zerstörte die rechtliche Sicherheit, die das kollektive Sicherheitssystem dem abgerüsteten Deutschland gewährte, ohne ihm zugleich materielle Sicherheit durch eine hochgerüstete Armee geben zu können. Schon diese »Sicherheitslücke« übte einen erheblichen Druck auf das Tempo der Aufrüstung aus. Innenpolitische Faktoren wie der Versuch der Reichswehr, im Personalstand zur konkurrierenden SA aufzuschließen, und binnenwirtschaftliche Faktoren wie die Sicherung der Vollbeschäftigung, die ohne forcierte Aufrüstung nicht möglich war, kamen hinzu. Die forcierte Aufrüstung barg aber nicht nur sicherheitspolitische Risiken, sondern konnte ohne erhebliche außenpolitische Veränderungen auch gar nicht durchgeführt werden. Dazu zählten die in riskanten Wochenendcoups durchgeführte Wiedereinführung der allgemeinen Wehrpflicht ebenso wie die Rheinlandbesetzung und die Akkumulation von Ressourcen durch territoriale Erweiterung wie den »Anschluß« Österreichs und die Zerstörung der Tschechoslowakei. Das internationale Wettrüsten, das als Folge der forcierten Aufrüstung Deutschlands einsetzte, wirkte seinerseits tempobeschleunigend auf den Gesamtprozeß in Deutschland, weil es das Ziel der deutschen Aufrüstung, in Mitteleuropa »kriegsfähig« zu werden, bedrohte. So entstanden Handlungszwänge, die sich im einzelnen nur erschließen, wenn man unterschiedliche Bereiche miteinander verknüpft und die strukturellen Voraussetzungen des außenpolitischen Handelns reflektiert.

In diesen Aggregatzuständen spielte Hitler insofern die entscheidende Rolle, als er die von verschiedenen Seiten angemahnte Kurskorrektur – die Verlangsamung der Aufrüstung – nicht vornahm und alle Optionen verwarf, die seiner Auffassung nach dem Ziel der »Kriegsfähigkeit« nicht entsprachen. Dabei folgte er weltanschaulichen Maximen ebenso wie den Sachnotwendigkeiten einer zielfixierten Politik, die die selbstgeschaffenen Ungleichgewichtszustände nur durch eine die innere Systemstabilität bedrohende Kurskorrektur oder durch Expansion ausgleichen konnte, wobei das Risiko des Scheiterns ebenfalls, wenn auch in anderer Weise gegeben war.

2. Die Entscheidung, die bereits unterhöhlte parlamentarische Demokratie zu beseitigen, ohne neue normativ-rechtsstaatliche Strukturen zu schaffen, und auf dieser Basis ein System der politischen und gesellschafts-biologischen Ungleichheit zu errichten, fiel 1933 in drei komplementären, in mehrere Einzelschritte aufgesplitterten Gesetzgebungsakten. Sie setzten die Grund- und Menschenrechte und die Gewaltenteilung außer Kraft, stellten die Juden unter Sonderrecht und schufen Ausgrenzungskriterien gegenüber sogenannten »Asozialen« und geistig und psychisch Kranken bzw. Behinderten. So sehr damit nur der Anfang einer Entwicklung gekennzeichnet ist, die noch weit fürchterlichere Schritte zeitigte, so bedeutsam ist doch der erste Schritt; denn mit der Verletzung des Rechtsprinzips der Gleichheit aller vor dem Gesetz wurde nicht nur die Tür zur Willkür aufgestoßen, sondern ein sich selbst regelndes System gestört; seither konnten staatliche Instanzen nicht nur in nahezu alle Lebensbereiche eingreifen, sondern dies mußte auch geschehen. Ähnlich wie in der Wirtschaft, die aus dem marktwirtschaftlichen Gleichgewicht gebracht wurde, entfaltete sich auch im Staat und in der Gesellschaft,

die aus dem rechtsstaatlichen Gleichgewicht gebracht wurden, ein fortschreitender Regulierungs- und Interventionszwang. Offenbar unterlag er, wie die »Judenpolitik« im »Dritten Reich« zeigt, auch vergleichbaren Dynamisierungstendenzen. Jede Anordnung zog, weil sie in komplexe Lebenszusammenhänge eingriff, weitere Anordnungen nach sich, die ihrerseits in komplexe Lebenszusammenhänge eingriffen und neue Regulierungszwänge hervorriefen. Da zentrale staatliche Instanzen dies im einzelnen weder voraussehen noch planen konnten, wurde der Regulierungsbedarf entweder durch eine Anordnung mit lokaler oder regionaler Reichweite befriedigt oder es erfolgte ein nicht geregelter willkürlicher Eingriff.

Wird einem solchen Prozeß von oben kein Ziel gesetzt oder Halt geboten, treibt die jeweils radikalste Einzellösung den Gesamtprozeß voran, wobei es immer wieder zur Überspielung und Rückspielung von der lokalen Ebene zur zentralen Ebene kommt. Radikalisierung kann so durch »Laufenlassen« bewirkt werden, sie findet aber nur statt, wenn Folgewirkungen, die hiervon auf andere Bereiche ausgehen, in Kauf genommen werden können oder in Kauf genommen werden. So wurde die Judenpolitik anfänglich sowohl von der wirtschaftlichen als auch von der außenpolitischen Entwicklung gebremst. Solange die Vollbeschäftigung nicht erreicht war, ließ sich eine gegen die Juden gerichtete Politik erfolgreich kritisieren, da sie störende, beschäftigungsrelevante Auswirkungen auf die Ökonomie nach sich zog. Solange die außen- und sicherheitspolitische Lage als prekär beurteilt wurde, konnte die Radikalisierung der »Judenpolitik« unter Hinweis auf das Ausland eingedämmt werden. Dieses Geflecht von interdependenten Rückkopplungssystemen zerbrach 1937/38: Die Hinnahme der Wiedereinführung der Allgemeinen Wehrpflicht und der Rheinlandbesetzung durch die Appeasementpolitik der Westmächte schuf die Voraussetzungen für die forcierte Aufrüstung und das Erreichen der Vollbeschäftigung; damit entfiel eine der wesentlichen, hemmenden Rückkopplungen für die Enteignung der Juden. Ähnliche Wirkungen gingen von der außenpolitischen Entwicklung im Jahre 1938 aus. So läßt sich die Dynamik der Entwicklung zu wesentlichen Teilen als Prozeß der Auflösung von interdependenten Rückkopplungsgeflechten beschreiben, der politikfeldübergreifend wirksam wird.

Um diese Dynamik genauer zu erfassen, ist es hilfreich, die

Begriffe zu präzisieren. Der Begriff »Rückkopplung« entstammt der Kybernetik. Rückkopplungen halten Systeme stabil, indem die ihnen innewohnende Dynamik regulierend abgebremst wird.[2] Der Thermostat, der die Heizung reguliert, ist mit dieser rückgekoppelt. Löst man diese Rückkopplung, bricht das »System« zusammen. Die Temperatur bricht aus, der Brenner brennt heiß usw.

Rückkopplungen treten im historischen Prozeß nicht isoliert auf. Für jeden Politikbereich bestehen zahlreiche und bei näherem Hinsehen unendlich viele Rückkopplungen, so daß wir zu der Vorstellung eines dreidimensionalen Geflechts sich verschlingender Rückkopplungsschleifen gelangen, das sich – dem Mikro- und Makrokosmos gleich – nach innen und nach außen unendlich ausdehnt und in ständiger Bewegung begriffen ist.

Wie wird Veränderung in diesen Geflechten bewirkt, wie geraten sie in eine das Normalmaß überschreitende Bewegung? Nehmen wir ein Beispiel. Die Reichsbank erhöhte zwischen 1933 und 1944 laufend die Geldmenge, d. h., sie korrigierte die Sollwerte nach oben. Die Bewegung, die dadurch ausgelöst wurde, kann auf zweierlei Weise beschrieben werden. Erstens läßt sie sich auf der vertikalen Zeitachse als Bewegung des Geldmengenwachstums nachvollziehen. Zweitens läßt sie sich zu jedem möglichen Zeitpunkt auf einer horizontalen Schnittlinie als Bewegung durch das Geflecht korrespondierender Rückkopplungen verfolgen. Vergleicht man z. B. die Situation des Jahres 1941 mit jener des Jahres 1943, stellt man signifikante Veränderungen fest. 1941 lag die Geldmenge bereits deutlich über dem Normalmaß. Der Reichsfinanzminister schlug daher vor, die Kaufkraft, die sich bei den Einkommensempfängern akkumulierte, durch Steuererhöhungen abzuschöpfen, d. h. steuernd einzugreifen und eine zusätzliche Rückkopplung einzubauen. Das wurde jedoch im Vertrauen auf das Funktionieren der Mechanismen der verdeckten Geldschöpfung und aus Sorge vor den sozialpsychologischen Folgen eines solchen Schrittes von Hitler abgelehnt. Noch trug die Bevölkerung ihr Geld zur Sparkasse, wo es vom Staat für die Zwecke der Kriegsfinanzierung abgeschöpft werden konnte. 1943 war die Situation dagegen völlig verändert. Nun hatte sich mit der Geldmenge nicht nur die Kaufkraft der Einkommensempfänger weiter erhöht, sondern die Kriegslage hatte auch zu einem allgemeinen Vertrauensschwund geführt. Die Sparer begannen, um ihr Geld zu fürchten, Inflationsängste stellten sich ein. Das Rückkopplungsgeflecht der verdeckten Kriegsfinanzierung büßte seine Wirksamkeit ein. Zu Steuererhöhungen konnte sich Hitler nun aus sozialpsychologischen Gründen erst recht nicht entschließen. Die Entwicklung geriet außer Kontrolle, pflanzte sich mit großer Geschwindigkeit in den komplementären Rückkopplungsgeflechten fort und führte im Sommer 1944 praktisch zum Zusammenbruch der Kriegsfinanzierung. Das Geflecht korrespondierender Rückkopplungen hatte die Geldmengenerhöhung 1941 noch zu kompensieren vermocht, während dies 1943/1944 nicht mehr der Fall war.

Die Bewegung, die auf der Zeitachse durch fortschreitende Entkopplungsvorgänge ausgelöst wird, hängt entscheidend vom jeweiligen Rückkopplungsgeflecht ab. Es kann den zentralen Entkopplungsvorgang verstärken oder hemmen. Offenbar gibt es Stadien solcher Entwicklungen, in denen sich die Entkopplungsvorgänge gegenseitig verstärken und mit hohem Tempo durch die korrespondierenden Rückkopplungsgeflechte fortsetzen. Eine Hyperinflation stellt das anschaulichste Beispiel eines solchen Prozesses dar. In Anlehnung an die Terminologie der Chaos-Theorie[3] ließe sich von positiver Rückkopplung sprechen. Der in der Kybernetik gebräuchliche Begriff ist dann als negative Rückkopplung hiervon abzugrenzen. Man kann sich die positive Rückkopplung als Itineration der Sollwertveränderungen in einem Bereich vorstellen, wobei der Zufall oder das zufällige Zusammentreffen mit anderen Sollwertveränderungen in anderen Bereichen eine entscheidende Rolle spielt. Von einem bestimmten, sehr schwer exakt zu definierenden Zeitpunkt an geraten solche Bewegungen außer Kontrolle, sie sind nicht mehr steuerbar. Der Zusammenbruch der nationalsozialistischen Herrschaft läßt sich unter Zuhilfenahme dieser Begrifflichkeit als Häufung positiver Rückkopplungen verstehen. Aber offenbar geht es bei den positiven Rückkopplungen nicht nur um ein Zusammenbruchsphänomen, sondern auch um ein bestimmten politischen Abläufen inhärentes Prinzip, und in jedem Fall beginnen solche Prozesse lange, bevor sie als »Zusammenbruch« faßbar werden. Entscheidende Bedeutung scheint dem Problem der Steuerbarkeit zuzukommen. Offenbar sind die einem Zusammenbruch vorangehenden Prozesse lange Zeit steuerbar, wie aber erfolgt diese Steuerung?

Augenscheinlich reicht es angesichts der Komplexität bestehender Rückkopplungsgeflechte nicht, die Sollwerte nur in einem für die verfolgte politische Intention zentralen Bereich zu verändern. Erhöht man z. B., wie das im »Dritten Reich« geschehen ist, laufend den Rüstungsausstoß, wird man sich nicht nur um dessen Finanzierung, sondern etwa auch um die Rohstoffbeschaffung kümmern müssen. Bei knappen Ressourcen müssen Prioritäten gesetzt werden, muß entschieden werden, welche Industrien noch Rohstoffe bekommen und welche nicht. Dem einen zentralen Steuerbefehl folgen eine große Zahl weiterer Steuerbefehle, und um sie geben zu können, müssen genaue Informationen über die davon berührten Bereiche vorliegen und die möglichen Folgen der Sollwertveränderungen abgeschätzt werden. Der Bedarf an Steuerungsbefehlen und an Informationen wächst exponentiell. Er kann in politischen Systemen nur durch die Bürokratie gedeckt werden, die nun ebenfalls exponentiell wächst.

Entscheidende Bedeutung kommt in diesem Zusammenhang der Frage zu, in welchem Bereich die Sollwerte verändert werden. Offenbar gibt es in politischen Systemen sich selbst regelnde, stabile Rückkopplungszyklen, die eine große Fähigkeit besitzen, Veränderungen zu widerstehen. In ihnen überschreiten die Bewegungen innerhalb der Rückkopplungsschleifen eine bestimmte Grenze nicht. Sie werden daher »Grenzzyklen« genannt. Solche Grenzzyklen regeln wesentliche Abläufe in freien, ihrer Eigengesetzlichkeit überlassenen Systemen. So werden die Preise und Löhne in Markwirtschaften durch Angebot und Nachfrage selbsttätig geregelt, werden die Menge und die Struktur von Nachrichten in freien Gesellschaften durch Angebot und Nachfrage bestimmt usw.

Greift der Staat in solche Grenzzyklen ein und bringt sie dabei aus dem Gleichgewicht, muß er bürokratisch regeln, was sich zuvor selbsttätig regelte oder mit relativ geringfügigem Interventionsaufwand regeln ließ. Tatsächlich beruhte die Bürokratisierung während der nationalsozialistischen Herrschaft wesentlich auf der Störung solcher Grenzzyklen. Sie erfolgte in aller Regel schon in den ersten Monaten der Regierungstätigkeit Hitlers und knüpfte nur zu oft an Störungen an, die bereits am Ende der Weimarer Republik, in der Doppelkrise von Staat und Wirtschaft, eingetreten waren und nun nicht nur nicht behoben, sondern sogar intensiviert wurden. So zwangen die Festsetzung von Preisen und Löhnen, die Zuteilung von Devisen und die Subventionierung von Agrarprodukten schon in der Anfangszeit zum Aufbau umfangreicher Wirtschaftsbürokratien. Die Abschaffung der Meinungsfreiheit und die Reglementierung von Nachrichten entwerteten die eingespielten Medien und zwangen zum Aufbau interner, halböffentlicher Nachrichtendienste, wie sie schließlich jedes wichtige Ministerium, aber auch die Partei und die Selbstverwaltungsorganisationen der Wirtschaft besaßen. Die Außerkraftsetzung der Grundrechte und die Unterdrückung der politischen Opposition machten den Aufbau eines umfangreichen Verfolgungsbürokratismus und eines Netzes von Konzentrationslagern erforderlich, zwangen aber auch, sollte die Politik überhaupt an die Stimmung in der Bevölkerung gekoppelt sein, zum Aufbau eines umfassenden Spitzelsystems. Die Abschaffung des Gleichheitsprinzips aus biologisch-rassistischen Gründen zwang zur fortschreitenden Reglementierung der Lebensumstände der hiervon Betroffenen, was an der »Judenpolitik« besonders anschaulich wird, die von einer schier unübersehbaren Fülle von Gesetzen, Verordnungen und Anweisungen vorangetrieben wurde.

Da die Nationalsozialisten, ganz im Unterschied zu den Bolschewiki, kein Konzept für den Staatsaufbau besaßen, war die Richtung dieses Bürokratisierungsprozesses völlig offen. Er pflanzte sich ziellos, seismischen Wellen gleich, in demselben Rhythmus in Staat, Gesellschaft und Wirtschaft fort, in dem die Störung der Grenzzyklen sich über das Geflecht der Rückkopplungen ausbreitete und zur fortgesetzten Korrektur der Sollwerte zwang. Es mußte ständig improvisiert und organisiert werden. Ein zufälliges Zusammentreffen entgegengesetzter Veränderungen konnte die Bewegung abbremsen, ein zufälliges Zusammentreffen gleichgerichteter Veränderungen die Bewegung in unberechenbarer Weise beschleunigen. Typisch für den Ablauf wurden Veränderungsschübe, periodische Krisen, denen Phasen relativer Stabilität und Ordnung folgten.

Der nationalsozialistische »Führerstaat« war diesen Krisen offenbar erstaunlich lange gewachsen, obgleich die strukturellen Voraussetzungen für ein erfolgreiches Krisenmanagement nicht gerade günstig waren: Die schnell wuchernden Bürokratien verlangsamten die Informations- und Steuerungsabläufe; das Informationssystem selbst büßte durch die Abschaffung der Informations- und Meinungsfreiheit und durch die zunehmende Hierarchisierung der Gesellschaft seine Funktionsfähigkeit immer mehr ein; die Steuerungsimpulse der oberen Führung folgten einer ebenso vagen wie wirklichkeitsfremden Weltanschauung und wurden höchst selten mit den Realitäten rückgekoppelt; zentrale Entscheidungsgremien verloren rasch an Bedeutung, und Kollegialität wurde durch das Führerprinzip unterminiert; der Steuerungsbedarf mußte in wachsendem Maße in den Subsystemen selbst befriedigt werden, in denen unpolitische Fachleute den Ton angaben; das auf allen Ebenen durchgesetzte Führerprinzip begünstigte die Partikularisierung der Entscheidungsstrukturen und entprofessionalisierte die Politik durch die Besetzung wichtiger Schlüsselpositionen mit Parteigenossen; zugleich leistete es der Überschneidung von Kompetenzen Vorschub. Die oft beschriebene Polykratie des nationalsozialistischen Herrschaftssystems hat hier ihren Ursprung.[4]

Diesen Passiva standen wenige Aktiva gegenüber. Die nationalsozialistische Bewegung verfügte über eine hohe Fähigkeit der Massenmobilisierung und offenbar lange Zeit auch über ein beträchtliches Potential gesellschaftlicher Integration. Große Bedeutung kommt in diesem Zusammenhang der charismatischen Figur des »Führers« zu, im Führermythos ebenso stilisiert wie der Sphäre alltäglicher Politikprobleme enthoben.[5] Allerdings setzte die Wirkung dieser Instrumente voraus, daß das Niveau materieller Bedürfnisbefriedigung nicht unter den Pegel der Erwartungshaltung breiter Bevölkerungsschichten absank. Ohne Zwang kam diese Form der Sozialintegration zudem nie aus. Die omnipotente Figur des Führers war aber in der Lage, kurzfristig große Steuerungskapazitäten zu mobilisieren. Mit Sonderbevollmächtigten und Reichskommissaren, die ihre Kompetenzen unmittelbar von Hitler herleiteten, konnte jederzeit an allen Bürokratien gewissermaßen immediat vorbeiregiert werden. Doch diese Bypass-Strukturen unterlagen ihrerseits der generellen Bürokratisierungstendenz und wurden in ihrer punktuellen Ausrichtung auf kritische Systembereiche den komplexen Rückkopplungsgeflechten nicht gerecht. Sie waren daher ständig in Gefahr, ihre Anfangserfolge in den Eingriffsbereichen durch Folgewirkungen im weiteren Rückkopplungsgeflecht auf mittlere Sicht wieder aufzuheben. Die »Vierjahresplan-Organisation« stellt hierfür ebenso ein Beispiel dar wie die Ministerien Todt oder Speer.

Die relative Stabilität der nationalsozialistischen Herrschaft ist daher kaum den Strukturen des politischen Systems zuzuschreiben. Wie ist sie dann aber zu erklären? Offenbar hielt das Nebeneinander von negativen und positiven Rückkopplungseffekten das System lange Zeit in einer Art Gleichgewichtszustand. Paradoxerweise spielt der eklektische Charakter der nationalsozialistischen Weltanschauung in diesem Zusammenhang eine wichtige Rolle. Hitler und seine nationalsozialistische Führungsequipe besaßen kein generelles Umgestaltungs- und Ordnungskonzept, sondern begnügten sich mit punktuellen Eingriffen, die sich an den Fixpunkten der Raum- und Rassenpolitik orientierten und in der politischen Praxis zunächst vorwiegend an der Rüstungspolitik und der »Judenpolitik« abzulesen sind, sieht man von der relativ rasch abgeschlossenen Umwandlung des politischen Systems in eine Diktatur ab. Die Turbulenzen, die von diesen Politikfeldern ausgingen, berührten weite Lebensbereiche der Bevölkerung nicht oder nicht sofort. Normalität schien lange Zeit eine der entscheidenden Alltagserfahrungen zu sein. Zudem waren der Rüstungs- und der »Judenpolitik« intermittierende Stabilisierungseffekte eigen. Die Aufrüstung zog nicht nur Ressourcen aus anderen Bereichen ab, die so der Auszehrung ausgesetzt wurden, sondern führte auch die Vollbeschäftigung herbei und eröffnete Erwerbs- und Aufstiegschancen. Die »Judenpolitik« spaltete nicht nur Gesellschaft und Wirtschaft, sondern schuf auch Bereicherungsmöglichkeiten und zahlreiche Chancen für Existenzgründungen. Das Chaos wurde gewissermaßen durch Ordnung in Schach gehalten.

Entscheidende Bedeutung für das Nebeneinander negativer und positiver Rückkopplungseffekte kommt der Außenpolitik zu. An ihr zeigt sich zugleich die Labilität dieses Gleichgewichtszustandes. Die Schwäche des internationalen Systems, dessen negative Rückkopplungen versagten, verschaffte dem Regime eine Serie von leichten Prestigeerfolgen, deren stabilisierende Wirkung gar nicht überschätzt werden kann, zumal sie seit 1935 zu einer raschen Erweiterung der Ressourcen führte. Ähnliche, wenngleich nicht so dramatische Wirkungen gingen von der Außenwirtschaftspolitik aus. Zweifellos barg jede der den außenpolitischen Erfolgen vorangehenden spektakulären Aktionen angesichts der Labilität der Gesamtsituation das Risiko des völligen Zusammenbruchs. Was wäre aus Hitlers Herrschaft geworden und welches Bild vom Nationalsozialismus hätten wir heute, wären Großbritannien und Frankreich Hitler 1933, 1934, 1935, 1936 oder 1938 und nicht erst im

September 1939 entgegengetreten? Angesichts der Knappheit der im »Altreich« verfügbaren Ressourcen, angesichts der hochgesteckten Rüstungsziele und angesichts der erheblichen Probleme in zentralen Steuerungsbereichen war das nationalsozialistische Herrschaftssystem auf ständige Ressourcenerweiterung angewiesen. Kein Schritt hätte hier ohne den voraufgegangenen gemacht werden können.

Dabei geht es, jedenfalls für die Außen- und Außenwirtschaftspolitik, bis zum September 1939 nicht um Kausalität, sondern um ein Folgeproblem. Österreich wurde nicht etwa annektiert, weil Hitler in der österreichischen Staatsbank Devisenvorräte vermutete, die dringend benötigt wurden, sondern weil sich eine Konstellation ergab, welche die Annexion ermöglichte. Aber ohne die Erweiterung der Ressourcen, die infolge dieser Annexion eintrat, hätten die Engpässe in der deutschen Volkswirtschaft dazu gezwungen, andere Rüstungsprioritäten zu setzen. Ähnliches läßt sich für den Verlauf des Krieges sagen. Allerdings befreite der Krieg die Entscheidungsabläufe in wachsendem Maße von der außenpolitischen Rückkopplung, so daß die Absicht der Ressourcenvermehrung zu einer dominanten Zielstellung werden konnte, deren Verwirklichung dennoch von zufälligen Entwicklungen abhängig blieb.

Damit ergibt sich als zentraler Aspekt der Verknüpfung unterschiedlicher Politikbereiche der nationalsozialistischen Herrschaft die Frage nach dem jeweiligen Mischungsverhältnis von negativen und positiven Rückkopplungsbeziehungen, von Ordnung und Chaos, von Dynamik und vorübergehender Stabilität, von Zielsetzung und Kontingenz.

I. Ideen- und Sozialgeschichte einer Ideologie oder: Wie konsensfähig war Hitlers Weltanschauung?

Angesichts der herausragenden Machtposition, über die Adolf Hitler als Parteiführer und Staatschef im nationalsozialistischen Herrschaftssystem verfügte, kommt seiner »Weltanschauung« eine zentrale Bedeutung für die Ziele zu, an denen sich die deutsche Politik nach 1933 orientierte. Doch Hitlers Weltanschauung ist keine isolierte Größe. Sie entstammte einem diffusen Umfeld nationalkonservativer und völkischer Zeitströmungen und blieb diesem Umfeld verhaftet. Zudem ging der Reichskanzler Hitler 1933 einen Herrschaftskompromiß mit den »alten Eliten« in der Bürokratie, in der Reichswehr und in der Wirtschaft ein und war daher auf ein gewisses Maß an Übereinstimmung mit ihren führenden Repräsentanten angewiesen. Wie weit reichte daher die Konsensfähigkeit von Hitlers Weltanschauung?

1. Revisionismus, Krieg und Lebensraum

Die Generation, die in der Zwischenkriegszeit in Deutschland Politik machte, hatte ihre politische Sozialisation ganz überwiegend im Kaiserreich erfahren. Für sie war es selbstverständlich, daß dem Deutschen Reich der Status einer Großmacht gebühre und der Versailler Friedensvertrag es daran hindere, diesen Rang wiederzugewinnen. Die Forderung nach einer »Revision von Versailles« besaß daher außerordentlich große Integrationskraft. Sie konnte sich auf einen breiten Konsens in der Diplomatie, im Auswärtigen Amt, in der Reichswehr, in der Wirtschaft, in den großen Parteien und Verbänden, im Parlament sowie in der Öffentlichkeit stützen.

Doch wie sollte die Revision erfolgen und wie weit sollte sie gehen? Auf dem Verhandlungsweg war bis zur Machtergreifung Hitlers wenig und dies wenige auch nur sehr spät und unter dem Eindruck der Weltwirtschaftskrise erreicht worden. So war es auf der Konferenz von Lausanne im Juni und Juli 1932 endlich gelungen, die Reparationszahlungen an die Alliierten auf eine Restsumme von drei Milliarden Reichsmark zu begrenzen, und am 11. Dezember 1932 hatten die USA, England, Frankreich und Italien dem Reich auch die Gleichberechtigung der Rüstung zuerkannt. Diese Zusage blieb aber an das Zustandekommen einer allgemeinen Abrüstungsvereinbarung gebunden. Doch würde Frankreich ihr je zustimmen? Und wie lange würde es dauern, bis man auf dem Verhandlungsweg zum Ziel kam, und zu welchem Ziel würde man gelangen?

Paradoxerweise hatte sich die Geduld mit den Alliierten gerade in dem Moment erschöpft, in dem sie erstmals eine gewisse Kompromißbereitschaft zeigten. Das wird etwas verständlicher, wenn man sich die Sicherheitslage des Reichs und die Bemühungen vergegenwärtigt, diese zu verbessern. Der Versailler Vertrag hatte das Heer auf 100 000 Mann und die Marine auf 15 000 Mann begrenzt (VV Art. 160, 183), Luftstreitkräfte waren verboten (Art. 198). Das Heer sollte lediglich imstande sein, die innere Ordnung im Reich aufrechtzuerhalten und die Funktion einer Grenzpolizei wahrzunehmen (Art. 160). Schwere Waffen erhielt es daher nicht. Mit dieser »Streitmacht« wäre Deutschland außerstande gewesen, sich auch nur gegen Polen oder die Tschechoslowakei zu verteidigen, geschweige denn gegen Frankreich und seine Verbündeten.

Die Reichswehrführung hatte daher von Anfang an versucht, die Bestimmungen des Versailler Vertrages zu umgehen.[1] Sie kooperierte zu diesem Zweck eng mit der Roten Armee und setzte erstmals für das Haushaltsjahr 1928 einen geheimen Rüstungsetat durch, den das Reichskabinett ohne Beteiligung des Parlaments beschloß. Auch das Kabinett der Großen Koalition unter Führung von Hermann Müller (SPD) stellte sich auf den Boden dieser Tatsachen und stimmte dem Rüstungsprogramm der Reichswehr im Oktober 1928 ausdrücklich zu. Doch über die Planung kam man nicht wesentlich hinaus. Personell hatte die Reichswehr im Frühjahr 1933 die Stärke von 100 000 Mann nur geringfügig überschritten. Die Bilanz der materiellen Rüstungsanstrengung war kaum günstiger. Besser war es um die technische und organisatorische Vorbereitung bestellt. Auf Spezialgebieten, wie der für den modernen Bewegungskrieg entscheidend wichtigen Motorisierung, lagen ausgearbeitete Programme vor, deren Realisierung lediglich eine Frage der Geldmittel war. Insgesamt war die Reichswehr auf dem Wege zu einer Armee »neuen Typs« und im Begriff, die Grenzen einer Kaderarmee zu sprengen. Sollte man den Aufbau dieser Armee nun stoppen und sich auf langwierige Verhandlungen mit ungewissem Ausgang einlassen? Das lag weder im Interesse der Reichswehrführung noch entsprach es der Logik der Außenpolitik der Weimarer Republik.[2]

Parallel zu den Aufrüstungsbemühungen hatte sich vielmehr ein Revisionskonzept entwickelt, das auch territoriale Veränderungen nicht ausschloß. Schon der Locarno-Vertrag von 1925, der den Verzicht auf Elsaß-Lothringen festschrieb, wurde von Stresemann mit der Nebenabsicht geschlossen, in der Frage der Revision der Ostgrenze Bewegungsspielraum zu behalten. Die enge Zusammenarbeit mit der UdSSR, die mit den Verträgen von Rapallo (1922) und Berlin (1926) besiegelt wurde, diente ganz wesentlich dem Zweck, Polen zu isolieren. Angesichts der militärischen Schwäche der Weimarer Republik war an Krieg nicht zu denken, aber jedem Manöverplan der Reichswehr lag das Szenario eines militärischen Zusammenwirkens der Reichswehr und der Roten Armee zugrunde. Man übte sich in den Gedanken einer Teilung Polens und eines Hegemonialkrieges in Mitteleuropa gewissermaßen ein, und da man sich nicht vorstellen konnte, daß Frankreich und die Tschechoslowakei einem solchen Krieg fernbleiben würden, setzte man auch hinter den Verzicht auf Elsaß-Lothringen ein Fragezeichen.

Zweifellos drängten solche Vorstellungen bereits über den engeren Rahmen einer Revision des Versailler Vertrages hinaus und verbanden sich mit imperialistischen Tagträumen, denen man sich in weiten Teilen der deutschen Öffentlichkeit hingab und deren Umsetzung in Politik von führenden Repräsentanten der Verantwortung tragenden Eliten vorgedacht und vorbereitet wurde. Drei Richtungen sind erkennbar.

1. Große Anziehungskraft erlangte seit 1929/30 der Gedanke, Deutschland müsse eine besondere Rolle in Mitteleuropa spielen.[3] Im Kern ging es darum, daß sich Berlin berufen fühlte, die Erbschaft der österreichisch-ungarischen Doppelmonarchie anzutreten. Den Schlüssel zu diesem Erbe und damit zur Herrschaft über ganz Südosteuropa hielt die österreichische Republik in ihren Händen.

Mit dem Friedensvertrag von Saint-Germain hatten die Alliierten die Doppelmonarchie vernichtet und damit den wirksamsten Damm gegen großdeutsche Bestrebungen und daran anknüpfende

Mitteleuropapläne zerstört. Als Folge der Auflösung Österreich-Ungarns gab es seit 1918/19 eine mächtige, unter den Deutschen konsensfähige Idee: den Anschluß Österreichs ans Reich. Diese Idee bewies ihre Kraft sogleich mit dem Untergang der Doppelmonarchie: Am 12. November 1918 erklärte die Nationalversammlung in Wien Deutsch-Österreich einstimmig zu einem Bestandteil der Deutschen Republik. Dem konnten die Alliierten nicht zustimmen. Die Friedensverträge von Versailles und Saint-Germain schlossen die Vereinigung Österreichs mit dem Deutschen Reich daher explizit aus. So entwickelte sich eine latente außenpolitische Konfliktlinie: Es gehörte zum nationalpolitischen Grundkonsens »der« Deutschen in Österreich und im Reich, daß der Anschluß gegen den Widerstand der Alliierten, vor allem Frankreichs und Italiens, gefordert, vorbereitet und eines Tages verwirklicht werden sollte.

Die Idee gewann in der Weltwirtschaftskrise erheblich an Durchschlagskraft. Mit ihr verband sich der Gedanke einer engeren wirtschaftlichen Zusammenarbeit zwischen Deutschland und den südosteuropäischen Staaten. Österreich sollte der deutschen Wirtschaft, wie der Vorsitzende des Reichsverbandes der deutschen Industrie und gleichzeitige Aufsichtsratsvorsitzende der IG-Farbenindustrie AG, Carl Duisberg, im April 1931 formulierte, als »Brücke nach dem Südosten« dienen.[4] Die wichtigsten Gründe für die steigende Attraktivität solcher Konzepte einer wirtschaftlichen Zusammenarbeit in Mitteleuropa lagen in der Weltwirtschaftskrise selbst. Sie hatte zu einem rapiden Verfall der Weltmarktpreise für Rohstoffe und Agrarprodukte geführt. Diese Entwicklung betraf besonders die südosteuropäischen Staaten, die auf den Export von Nahrungsmitteln und Rohstoffen angewiesen waren. Frankreich, das traditionell gute Beziehungen zu diesen Ländern unterhielt und als Kreditgeber gefragt war, konnte nicht helfen; denn es war im Hinblick auf seine eigene, überwiegend agrarische Struktur und mit Rücksicht auf die Importe aus seinen Kolonien an Agrarprodukten und Rohstoffen aus Südosteuropa wenig interessiert. Hier bot sich für Deutschland, das der größte Absatzmarkt in Europa war und einen hohen Importbedarf an Agrarprodukten und Rohstoffen hatte, eine große Chance.

Dabei spielte die Erfahrung eine Rolle, daß sich während der Weltwirtschaftskrise Handelsblöcke zu bilden begannen, welche die Tendenz hatten, sich durch hohe Zollmauern nach außen abzuschließen und die Austauschprozesse im Innern zu intensivieren. Großbritannien und die USA zogen sich im Schutze hoher Zölle auf ihre großen Binnenmärkte zurück, und andere folgten diesem Beispiel. Vor allem die Briten schienen den Export im Empire bewußt als stabilisierendes Element in der Krise einzusetzen. Mit Blick vor allem auf ihr Vorgehen gewann der Gedanke in Deutschland an Attraktivität, daß man die »Widerstandsfähigkeit« der deutschen Wirtschaft gegen »weltwirtschaftliche Krisenstöße« durch die Bildung eines gesicherten Absatzmarkts in Südosteuropa erhöhen könne.[5] Die deutsche Mitteleuropapolitik agierte freilich während der Weltwirtschaftskrise trotz großer Möglichkeiten wenig erfolgreich. Das am 31. März 1931 vom Auswärtigen Amt lancierte Projekt einer Zollunion mit Österreich scheiterte am Widerstand Frankreichs, und den mit Ungarn und Rumänien im Juni und Juli 1931 bereits ausgehandelten Präferenzverträgen widersetzten sich die USA.

2. Große Faszination übte neben dem Mitteleuropagedanken noch immer der klassische Kolonialimperialismus auf die Führungseliten in der Weimarer Republik aus.[6] Analog zum Mitteleuropagedanken formierte sich das Konzept eines deutschen »Mittelafrika«, verfochten von der ›Kolonialen Reichsarbeitsgemeinschaft‹, die 1922 als Dachverband der verschiedenen Kolonialgesellschaften entstanden war. Den Kern der deutschen Kolonialbewegung bildeten etwa zwanzig- bis fünfundzwanzigtausend in den Kolonialgesellschaften organisierte Enthusiasten, die sich vorwiegend aus den Reihen ehemaliger Kolonialbeamter rekrutierten. Zweifellos gab es für die Mehrzahl der Deutschen wichtigere politische Probleme, als Kolonialträumen nachzuhängen. Der Kolonialbewegung gelang es zwar immer wieder, hochrangige Persönlichkeiten aus Gesellschaft und Politik zu gewinnen, u. a. gehörte Stresemann ihr an, doch Massenanhang besaß sie nicht. Bemerkenswert ist gleichwohl die Tatsache, daß der Forderung nach Rückerwerb der deutschen Kolonien so gut wie niemand offen widersprach, ja fast alle politischen Gruppierungen und gesellschaftlichen Kräfte Wert darauf legten, mit der Kolonialbewegung in Verbindung zu bleiben.

Als das Mitglied der DVP, der ehemalige Gouverneur von Deutsch-Ost-Afrika, Heinrich Schnee, 1925 die sogenannte »Interfraktionelle Koloniale Vereinigung« gründete, gehörten ihr alle im Reichstag vertretenen Parteien inoffiziell an, mit Ausnahme der

Kommunisten, die dem Kolonialgedanken prinzipiell ablehnend gegenüberstanden, und der NSDAP, die noch nicht Fraktionsstärke erreicht hatte. Selbst die SPD, in der es nur wenige Kolonialenthusiasten gab, war vertreten. Auch außerhalb des Reichstages – in der Reichswehr, vor allem in der Marine, und in Industrie und Wirtschaft – fand der Kolonialgedanke wichtige Befürworter und ein positives Echo. Die Regierungen der Weimarer Republik gingen sogar soweit, die ›Deutsche Kolonialgesellschaft‹ finanziell zu unterstützen. Insgesamt wurde die Kolonialdiskussion der Weimarer Republik gleichwohl in dem Bewußtsein geführt, daß der Rückerwerb der deutschen Kolonien vorerst von eher theoretischer Bedeutung sei. Das erleichterte es, der Idee prinzipiell zuzustimmen.

Der Kolonialbegeisterung kommt entscheidende Bedeutung zu, weil sie ein sicheres Indiz dafür ist, daß man in den politischen Führungsschichten die außenpolitische Chance, die sich dem geschlagenen und seiner Kolonien beraubten Deutschland bot, nämlich zum Vorkämpfer des Antikolonialismus zu werden und in dieser Frage etwa das Bündnis mit den USA oder der UdSSR zu suchen, offenbar nicht erkannte und die koloniale Revision zum Wesensmerkmal nationaler Souveränität und Großmachtwürde stilisierte. So war es den Kolonialvereinen und den Veteranen der deutschen Kolonialverwaltungen möglich, der Öffentlichkeit mittels der Kolonialfrage den Gedanken nahezubringen, daß Deutschland ein »Volk ohne Raum« sei und ihm ein Platz an der Sonne gebühre. Diese über die koloniale Frage erfolgte Einübung in expansionistische Forderungen und rassistische Wertvorstellungen hat das politische Klima der Weimarer Republik wesentlich mitgeprägt.

3. Sowohl die Mitteleuropapolitik als auch die eher vagen Kolonialpläne waren in ein imperialistisches Denken eingebunden, das von der generellen Prämisse ausging, Deutschland müsse zuerst seine Stellung in Europa ausbauen, ehe es erneut, wie in der Wilhelminischen Ära, Weltgeltung erlangen könne.[7] In dieser Denkfigur spiegelten sich zwei Grunderfahrungen des Ersten Weltkrieges wider: der Verlust der Kolonien, die im Konflikt mit den Seemächten nicht zu halten gewesen waren, und die Seeblockade, die Deutschland auf die Ressourcen Europas angewiesen hatte. Doch was konnte man unter dem Ausbau der deutschen Stellung in Europa verstehen? Legte man die Erfahrungen des Ersten Weltkrie-

ges zugrunde, konnte Deutschland eine Kriegsfähigkeit, die auch den Konflikt mit Frankreich und den großen angelsächsischen Seemächten nicht zu scheuen brauchte, nur gestützt auf die Ressourcen Rußlands erlangen. Am Ende des Ersten Weltkrieges hatte Ludendorff daher den Blick der deutschen Annexionspolitik von der »kleinen Ostlösung« auf die »große Ostlösung« gelenkt. Die »kleine Ostlösung«, eine Verschiebung der deutsch-russischen Grenze in Polen nach Osten sowie deutsche Territorialerwerbungen im Baltikum, wurde von Ludendorff verworfen. Sie konnte den Bedarf der Mittelmächte an Rohstoffen und Nahrungsmitteln nicht decken. Die Ukraine vor allem, auf die Ludendorff 1918 zugegriffen hatte, wurde zum Symbol deutscher Raumerweiterung im Osten.

Doch einem solchen Konzept standen in der Weimarer Republik die Realitäten allzusehr entgegen. Man sah sich aufgrund des engen Verhältnisses zur UdSSR auf die »kleine Ostlösung« verwiesen. Die offenste Sprache führten jene politischen Kräfte auf der äußersten Rechten, deren ideologische und politische Nähe zu den Nationalsozialisten sich in der »Harzburger Front« von 1931 manifestierte, die DNVP, der ›Stahlhelm‹, der ›Reichslandbund‹ und der ›Alldeutsche Verband‹. Sie waren eng mit den Großagrariern, der Schwerindustrie und der Reichswehr verbunden und bejahten den Krieg im Osten zur Lösung des vermeintlichen deutschen Raumproblems. Dabei blieben die Formulierungen oft so vage, daß hinter der »kleinen Ostlösung« die »große Ostlösung« und noch ganz andere »Lösungen« sichtbar wurden. Man bevorzugte eine Sprache der Unbedingtheit, die sich von der bisherigen imperialistischen Tradition bewußt ablöste und den ganz großen Wurf ins Visier nahm. »Wir müssen entweder nun endlich«, formulierte der Rittergutsbesitzer Hans Schlange-Schöningen 1924 in einer geheimen Denkschrift für Alfred Hugenberg, »ernsthaft die Endlösung ins Auge fassen, oder wir lavieren uns mit Palliativmitteln zu Tode: Wir müssen ganz große Einsätze wagen, oder es ist alles verloren: Die Geschichte lehrt, daß ein Volk mit Halbheiten nicht gerettet werden kann.« Der Reichstagsabgeordnete der DNVP, Karl Gottfried Gok, stellvertretender Direktor der Blohm & Voss AG, hieb in dieselbe Kerbe und forderte in einer Rede vom Sommer 1925 ein »Bekenntnis zum Extremen«, um den »Platz an der Sonne« zurückzuerobern.

Ebenso offen wie auf nationalkonservativer Seite vom Krieg als

Mittel der Ostexpansion die Rede war, behandelte man auch den deutschen Anspruch auf Weltgeltung. Am weitesten gingen hier die nationalkonservativen Literaten und Publizisten, allen voran die Brüder Friedrich Georg und Ernst Jünger. Sie ließen den Revisionismus und den Wilhelminischen Imperialismus in ihrem Denken weit hinter sich. So formulierte Ernst Jünger 1925: »Den Drang ins Weite und Grenzenlose, wir tragen ihn als unser germanisches Erbteil im Blut, und wir hoffen, daß es (sic!) sich dereinst zu einem Imperialismus gestalten wird, der sich nicht wie jener kümmerliche von gestern auf einige Vorrechte, Grenzprovinzen und Südseeinseln richtet, sondern der wirklich aufs Ganze geht.«[8]

Von hier war es nicht mehr weit zu Hitlers imperialistischen Vorstellungen. Als Hitler Reichskanzler wurde, war er – im Unterschied zu den meisten Protagonisten einer nationalen Großmachtpolitik in der Weimarer Republik – kein Revisionist. Ganz am Anfang seiner politischen Laufbahn hatte auch für ihn die Revision von Versailles im Mittelpunkt gestanden. Doch schon als er nach dem gescheiterten Novemberputsch 1923/24 in Landsberg einsaß und die Zeit für die Niederschrift des ersten Bandes von *Mein Kampf* nutzte, hatte er radikal umgedacht.[9] Nun kam er zu dem Schluß, die Zukunft des Deutschen Reichs könne nur durch eine mit kriegerischen Mitteln durchzusetzende »Bodenpolitik« gesichert werden. Deutschland müsse »Lebensraum« im Osten Europas gewinnen. Das gebe ihm die Möglichkeit, seinen Geburtenüberschuß laufend anzusiedeln, eine autarke, am »inneren Kreislauf« orientierte, sprich: auf den Binnenmarkt ausgerichtete Wirtschaft aufzubauen und damit »die Unabhängigkeit der Nation, besonders in schweren Tagen, sicherzustellen«. Offenbar hatte Hitler die Vorstellung, Deutschland müsse auf diesem Wege »blockadefest« werden. Darüber hinaus erblickte er in der Größe des Raums einen gewissen »Schutz gegen leichtfertige Angriffe«.[10]

Hitlers außenpolitische Vorstellungswelt hatte damit einen Fixpunkt gewonnen, an dem er von nun an mit unbeirrbarer Konsequenz festhielt. Dabei hatte er immer die »große Ostlösung« im Auge: »Wenn wir aber heute in Europa von neuem Grund und Boden reden, können wir in erster Linie nur an Rußland und die ihm untertanen Randstaaten denken«, hieß es im zweiten Band von *Mein Kampf*, der zwei Jahre nach dem ersten im Dezember 1926 erschien (S. 742). Von Polen war also gar nicht erst die Rede.

Nirgendwo findet sich ein Verfechter der »großen Ostlösung«, der alle anderen Alternativen zukünftiger deutscher Politik mit solcher Entschiedenheit verworfen hätte wie Hitler. Und niemand sonst erteilte einer nur auf die Revision von Versailles zielenden Außenpolitik eine so klare Abfuhr wie er. »Die Forderung nach Wiederherstellung der Grenzen des Jahres 1914«, formulierte er lapidar im zweiten Band von *Mein Kampf*, »ist ein politischer Unsinn von Ausmaßen und Folgen, die ihn als Verbrechen erscheinen lassen.« (S. 736) Es lohne nicht, »dafür erneut das Blut unseres Volkes einzusetzen« (S. 738). Deutschland sollte durch den Raumerwerb Weltmacht werden. Dieses Axiom trat in *Mein Kampf* gleichrangig neben das Lebensraumaxiom: »Deutschland wird entweder Weltmacht oder überhaupt nicht sein.« (S. 742) Die Verbindung zwischen beiden Axiomen wurde durch eine einfache und – akzeptiert man die Prämisse – völlig richtige Beobachtung gestützt: Die Weltmächte der Zukunft müßten über große Territorien verfügen, wie dies bei England, den USA und China der Fall sei.

Da *Mein Kampf* und auch Hitlers sogenanntes ›Zweites Buch‹ nicht nur seiner Selbstklärung dienten, sondern in gleichem Maße der Auseinandersetzung mit anderen außenpolitischen Vorstellungen auf der politischen Rechten und innerhalb der NSDAP, begnügte sich Hitler nicht mit einer axiomatischen Formulierung seiner Position. Er ließ sich vielmehr zu einer ebenso polemischen wie scharfsinnigen Erörterung der inneren Widersprüche der Revisionspolitik herbei. Die Forderung nach einer Totalrevision von Versailles werde Deutschland in Europa auf Dauer isolieren; denn es gebe ja keinen Nachbarn Deutschlands, der dabei nichts zu verlieren habe. »Deutschland«, formulierte er 1928, »hat damit die gesamte Siegerkoalition von einst auch in der Zukunft als geschlossene Front von Gegnern vor sich.«[11]

Das stimmte natürlich und hatte seit Locarno dazu geführt, daß sich die Reichsregierung gegenüber Frankreich mit Revisionsforderungen zurückhielt, ohne sie aufzugeben, und statt dessen der Revision der Ostgrenze gegenüber Polen den Vorrang gab. Eine solche Prioritätensetzung hielt Hitler aber nicht für ausreichend. Er wollte, um einzelne Mächte aus der Siegerkoalition herauszulösen und sie als Bundesgenossen für Deutschland zu gewinnen, nicht nur auf eine Totalrevision verzichten, sondern den territorialen Verzicht in einzelnen Fällen auch explizit machen.

Da er Italien und Großbritannien zu Bundesgenossen erkoren hatte, verband er diese bündnispolitische Vorstellung mit dem Verzicht auf die Rückgabe Südtirols und der deutschen Kolonien. Im Falle Italiens meinte Hitler den Verzicht auf Südtirol offenbar ernst, bei den deutschen Kolonien kann man ganz so sicher nicht sein. In *Mein Kampf* macht er eine vielleicht vielsagende zeitliche Einschränkung: Die Forderung nach Rückgabe der deutschen Kolonien sei unsinnig, »denn daß wir heute nicht um ›Seegeltung‹ usw. zu kämpfen haben, das sollte allmählich auch in den Köpfen unserer politisierenden bürgerlichen Einfaltspinsel aufdämmern«. Der Kampf um Seegeltung »ohne die gründliche vorherige Sicherung unserer Stellung in Europa« sei schon vor dem Kriege »ein Unsinn« gewesen, um so mehr »jetzt« (S. 706; vgl. auch S. 689f.). Diese Formulierung ließ in Anknüpfung an das sich im Ersten Weltkrieg in der Kriegszieldebatte herauskristallisierende Zweistufenkonzept für die Zukunft manches offen. Aber für »jetzt«, für die Phase der von Hitler ins Auge gefaßten Außenpolitik, war der Verzicht gewiß ernst gemeint. Auch wenn es gelegentlich schwierig war, ihn im politischen Alltag durchzuhalten, so blieb Hitler trotz mancher taktisch bedingter Varianten dieser Verzichtsmaxime treu.

Eine »Revisionspolitik«, die diesen Namen verdient hätte, verfocht Hitler auch in bezug auf Frankreich nicht, obgleich es das explizite Ziel seiner auf Italien und Großbritannien gerichteten Bündnisüberlegungen war, Frankreich diplomatisch zu isolieren und es in einem erneuten deutsch-französischen Krieg militärisch zu besiegen. Vielmehr rechtfertigte sich dieser Krieg in seinen Augen nur, wenn er »Rückendeckung« bot für eine »Vergrößerung des Lebensraumes unseres Volkes in Europa« (S. 741). Es ist Hitler nicht nur nicht um die Rückgewinnung Südtirols oder der deutschen Kolonien gegangen, sondern auch nicht um die Rückgewinnung Elsaß-Lothringens. Und man wird hinzufügen dürfen, es ging ihm um keines der territorialen Revisionsziele an sich. Sie kommen daher in seinen »weltanschaulichen« Schriften auch gar nicht erst vor. Seine Außenpolitik sollte ganz der Vorbereitung des Lebensraumkrieges dienen.

Hitler begriff Bündnispolitik völlig unsentimental – realpolitisch, wenn man so will – als Mittel zum Zweck. Nur gemeinsame Interessen konnten ein Bündnis rechtfertigen, und diese Interessengemeinschaft hatte die Bereitschaft zum Krieg einzuschließen:

»Bündnisse schließt man nur zum Kampf.« (S. 749) Im Fall Italiens schienen Hitler diese Voraussetzungen in idealer Weise gegeben zu sein. Deutschland und Italien stünden beide in einem prinzipiellen Gegensatz zu Frankreichs hegemonialen Ambitionen in Europa, hätten beide expansive Ziele und würden sich, was die Richtung dieser Expansion anginge, nicht ins Gehege kommen: Während Deutschlands Expansionswille nach Osten ziele, richteten sich Italiens Ambitionen auf den Mittelmeerraum und Südosteuropa. Einen gewissen Bezug zur Realität konnte man auch Hitlers Erwartung nicht absprechen, Großbritannien werde sich angesichts der hegemonialen Stellung, die Frankreich durch die Pariser Verträge innehatte, in der Verfolgung seiner traditionellen Gleichgewichtspolitik für einen Wiederaufstieg Deutschlands stark machen und komme daher als Bündnispartner in Frage. Aber Hitler überschätzte diese Möglichkeit bei weitem. Ihm ging es ja nicht um eine begrenzte Revision von Versailles, die durchaus im Interesse Großbritanniens liegen konnte, sondern um einen ganz großen Deal. Deutschland sollte auf den Rückerwerb seiner Kolonien und auf ein Wettrüsten zur See verzichten, Großbritannien also nicht erneut, wie in der Wilhelminischen Ära, als See- und Kolonialmacht herausfordern. Statt dessen war alle Anstrengung auf den Aufbau einer deutschen Landmacht zu konzentrieren, um Frankreich niederzuwerfen und Lebensraum im Osten zu erobern. Um hierfür Rückendeckung zu erhalten, strebte er das Bündnis mit Großbritannien an.

Hitlers außenpolitische Vorstellungen waren vor dem Hintergrund der imperialistischen Denktraditionen, die sich am Ende des Ersten Weltkrieges herausgebildet hatten und sich nach dem Versailler Frieden zu dem Konzept verdichteten, Deutschlands Wiederaufstieg zur Groß- und Weltmacht über die Stufen der Aufrüstung und Machtkonsolidierung sowie über die Gewinnung einer Kontinentalbasis anzustreben, weder spektakulär noch originell. Er bewegte sich vielmehr im Rahmen dessen, was seine konservativen Bündnispartner von ihm erwarteten. Weder die Führungsspitze der Reichswehr noch die Kabinettsrunde widersprachen daher, als der Reichskanzler bereits im Februar 1933 die Weichen in Richtung Aufrüstung stellte und dabei durchaus zu erkennen gab, welchen langfristigen Zielen er dies zuordnete. Die Unterschiede, die es gleichwohl gab, sprachen anfangs eher für als gegen die Politikfähigkeit des neuen Kanzlers. Seine zynische Einstellung zur Revisionsfrage machte es ihm möglich, der deutschen Außenpolitik eine taktische Beweglichkeit zu verschaffen, die sie in der Weimarer Republik nie besessen hatte. Noch in einem anderen Punkt unterschied sich Hitlers Konzept von dem seiner Bündnispartner: Er besaß wohl ein außenpolitisches Ziel, aber keine außenpolitischen Prinzipien oder Verhaltensnormen. Er fühlte sich daher an keine Zusage und an keinen Vertrag gebunden, sondern nur unmittelbaren Zwecken verpflichtet. Deshalb nutzte er anfangs skrupellos jeden Vorteil aus, der sich bot. Der Preis, den die deutsche Außenpolitik auf lange Sicht hierfür zahlte, war hoch. Sie büßte in wenigen Jahren jedes Vertrauen und jede Berechenbarkeit ein. Hitler führte, wie der französische Botschafter in Berlin, Robert Coulondre, im März 1939 treffend bemerkte, »die Moral von Gangstern und Dschungelbewohnern« in die Politik ein, doch das war eine späte, eine zu späte Erkenntnis.[12]

Der Konsensrahmen, in dem sich Hitlers außenpolitische Vorstellungen bewegten, offenbart eine signifikante Schwäche der imperialistischen Tradition in Deutschland. Sie war in hohem Maße in dem eher altmodischen Konzept der direkten Herrschaft über Räume, Ressourcen und Absatzmöglichkeiten befangen. Die Annäherung an eine mit ökonomischen Mitteln arbeitende Außenpolitik, die seit Stresemann erfolgt war und während der Weltwirtschaftskrise Konjunktur hatte, wurde nicht als Alternative zur überkommenen imperialistischen Tradition, sondern als Notbehelf begriffen. Sie sollte die Rückkehr zur Hegemonialmacht klassischen Stils vorbereiten. Dieses Ziel war aber so weit gesteckt, daß es ohne Krieg nicht verwirklicht werden konnte. So liefen die imperialistischen Tagträume, denen man am Ende der Weimarer Republik in der Politikerzunft recht offen nachhing, letztlich auf den Versuch hinaus, in einem großen Krieg noch einmal alles zu wagen.

Das ist um so erstaunlicher, als die moderne deutsche Wirtschaft in hohem Maße vom Außenhandel abhängig war und jedes kriegerische Experiment in Europa ihre weltweiten Handelsinteressen bedrohen mußte. In der Industrie ist das auch durchaus gesehen worden, und es muß zweifelhaft bleiben, ob die Manager der großen Konzerne in ihrer Mehrzahl dem geschilderten imperialistischen Konsens zustimmten. Doch die Erfahrungen der Weltwirtschaftskrise hatten auch ihr Weltbild verändert. Der Zusammenbruch des Welthandels und der Rückzug der großen Industrienationen, allen voran der USA und Großbritanniens, auf wirtschaftliche Großräume bahnten einer Doppelstrategie den Weg. In ihr waren eine offene, am Prinzip der Meistbegünstigung orientierte, auf den Weltmarkt zielende liberale Außenhandelspolitik mit dem Versuch einer Sicherung der europäischen Märkte verbunden. Das ließ sich mit indirekten Mitteln ebenso bewerkstelligen wie mit direkten, und eine Erweiterung der territorialen Basis Deutschlands in Europa war in diesem Zusammenhang durchaus erwünscht. Die Ambivalenz blieb, und nur wenige Industrieführer wie Hermann Röchling und Friedrich Flick redeten einer Politik offen das Wort, die die Großraumbildung eindeutig als direkte Herrschaft verstand. Es gehört zu den Wirkungen der Politik Hitlers und ihrer Erfolge, diese Ambivalenz in seinem altmodischen Imperialismuskonzept schließlich eingeschmolzen zu haben, restlos gelang das nie.[13]

Altmodisch und in den Traditionen des 19. Jahrhunderts befangen war Hitlers Imperialismuskonzept noch in anderer Hinsicht: Es war mit einem ebenso primitiven wie skrupellosen Rassismus verbunden. Auch hiermit stand er nicht allein. Vielmehr hatten die Erfahrungen und der Ausgang des Ersten Weltkrieges sowie die Erschütterungen der Weltwirtschaftskrise rassistischen und antisemitischen Tendenzen den Weg in die Politik gebahnt, Tendenzen, die sich im letzten Drittel des 19. Jahrhunderts politisch formiert und zu einem geschlossenen Weltbild entwickelt hatten.

2. Rassismus und Antisemitismus

1933 wurden Rassismus und Antisemitismus in Deutschland zur Staatsdoktrin erhoben. Der Reichskanzler selbst war überzeugter Rassist und Antisemit. Er stützte sich auf eine Partei, die NSDAP, die ein rassistisch-antisemitisches Programm verfolgte, und auf eine Kampforganisation, die SA, deren Aktivismus von einem primitiven, zur Gewalt neigenden Antisemitismus geprägt war. Die Ernennung Hitlers zum Reichskanzler stellt aus diesem Blickwinkel eine entscheidende Zäsur dar, und zwar auch dann, wenn man die Entwicklung in Deutschland nach 1933 für prinzipiell offen und den Weg in den Genozid und den Ethnozid für nicht vorgezeichnet hält.

Doch selbst wenn man einräumt, daß geschichtliche Prozesse gelegentlich Sprünge machen und qualitative Veränderungen erfahren, die sich nicht linear aus vorangehenden Entwicklungen ableiten lassen, sind sie doch mit diesen verbunden. Sie können sich nur ereignen, weil sie als eine von zumeist mehreren Möglichkeiten zuvor angelegt sind. Rassismus und Antisemitismus mußten die Politikfähigkeit erlangt haben, bevor es möglich war, sie zur Staatsdoktrin zu erheben. Wie aber konnte das geschehen?

Damit Ideen politikfähig und, wie das am Ende der Weimarer Republik für den Rassismus und Antisemitismus offenbar galt, massenwirksam werden können, müssen sie zuvor in griffiger, popularisierbarer Form formuliert und propagiert werden. Dabei ist zunächst auf eine sehr wenig beachtete Tatsache hinzuweisen. In der Weimarer Republik erfuhr die rassistische und antisemitische Literatur, die das 19. Jahrhundert hervorgebracht hatte, eine völlig ungehemmte Verbreitung. Wer sich in den zwanziger Jahren mit den Schriften von Gobineau, Chamberlain, Lagarde, Langbehn, Dühring u.a. beschäftigen wollte, konnte ihre Werke in billigen Volksausgaben und Broschüren in jedem Buchladen kaufen.

Eine wichtige Rolle in der Vermittlung und Verbreitung rassistischer und antisemitischer Vorstellungen spielte der Wagner-Kreis.[14] Wagner brachte in Bayreuth, wo Ludwig II. ihm 1876 ein Festspielhaus errichtet hatte, den arisch-germanischen Mythos auf die Opernbühne. In seinen Opern »Lohengrin« und »Parsifal« versuchte er, eine Verbindung zwischen germanischer und christlicher Mythologie herzustellen. Beide Opern gehen auf den Mythos vom Heiligen Gral zurück, in dem, der Legende nach, Blutstropfen Christi aufbewahrt werden. Indem Wagner die Deutschen zu Hütern dieses Grals machte, hob er den germanisch-christlichen Blutmythos als Nationalepos auf die Opernbühne und stiftete ein nationales Identifikationsmuster, das für rassistische Implikationen offen war.

Bayreuth war von Anfang an nicht nur das Mekka »germanisch-deutscher« Musik, sondern auch das geistige Zentrum des deutschen Rassismus. Wagner selbst war Rassist und Antisemit und griff dem französischen Theoretiker des Rassismus, Arthur Comte de Gobineau, finanziell unter die Arme. Ein Mitglied des Wagner-Kreises, Ludwig Schemann, übersetzte seine Werke ins

Deutsche, so daß Gobineau in Deutschland früher und intensiver rezipiert wurde als in Frankreich. Anfang der achtziger Jahre stieß der britische Publizist und Wahldeutsche Houston Stewart Chamberlain zum Wagner-Kreis. Er prägte die »Philosophie von Bayreuth« und zählte neben Gobineau zu den Klassikern der rassistischen Literatur in Deutschland.

Nach Wagners Tod im Jahre 1883 wurden erst seine Frau Cosima und dann seine Schwiegertochter Winifred zum Kristallisationskern des Wagner-Kreises, der weit über die Musik hinaus das politische Bewußtsein der Honoratiorenschicht in Deutschland prägte. Die beiden Frauen verstanden es, gesellschaftliche Kontakte zu knüpfen, die bis in die obersten Ränge reichten. So waren Wilhelm I. und Wilhelm II. ebenso begeisterte »Wagnerianer« wie Adolf Hitler und seine Paladine, die sich zur Eröffnung der Festspielsaison regelmäßig in Bayreuth aufhielten.

Gobineau begründete mit seinem Hauptwerk, *Essai sur l'inégalité des races humaines*[15] die Rassentheorie als ein in sich geschlossenes System zur Erklärung der gesamten Menschheitsentwicklung. Er behauptete den Vorrang der weißen Rasse vor allen anderen Rassen und sah im »Arier« das eigentlich kreative Element der Menschheit, den Schöpfer jeder höheren Kultur. Damit faßte er Ergebnisse der Anthropologie und der Sprachwissenschaft seiner Zeit zusammen, die in Anlehnung an die Ästhetik der klassischen griechischen Skulptur und an Winckelmanns *Geschichte der Kunst des Altertums* einen arischen Idealtypus geschaffen hatten. Die Arier wurden als die edelste indogermanische Rasse angesehen. Sie galten als ein Bauern-, Jäger- und Hirtenvolk, als die Ahnherren der Franzosen, Deutschen, Engländer und Nordeuropäer. Nase, Stirn, Kinn, Kopfform und Körperbau entsprachen den Statuen der griechischen Klassik. Das Haar des Ariers war blond, und seine Augen waren blau.

Die Eigenschaften des Ariers wurden sowohl von seinem bäuerlichen Ursprung als auch von seinem Aussehen hergeleitet. Man stellte ihn sich als mutig, edel, fleißig, ausgeglichen, ehrlich, offen, gesund und stark vor. Bemerkenswert ist bei dieser Zuordnung von Eigenschaften, daß sie immer mehr dem Tugendkanon des bürgerlichen »Mittelstandes« angenähert wurden, eines »Mittelstandes«, der nun begann, sich den Bildungshorizont der klassischen Antike anzueignen. Die Verortung der kulturellen Herkunft in der Antike verband sich dabei mit der Rückbesinnung auf die nationale Geschichte des eigenen Volkes und der eigenen Sprache. Der Mythos vom Arier wurde eine nationale Ideologie des Mittelstandes, dessen nicht immer glanzvolle Existenz er überhöhte. Auch wenn man selber dem Idealtypus nicht so ganz entsprach, erkannte man sich doch in Winckelmanns griechischen Statuen gern wieder. Zugleich eignete sich der Idealtypus zur Abgrenzung. Noch zielte diese Abgrenzung vor allem auf die »Schwarzen« und die »Gelben«, mit denen Europa im Zuge des Kolonialismus in wachsendem Maße konfrontiert wurde, aber hier und da griffen die im Mythos vom Arier enthaltenen Abgrenzungs- und Bewertungstendenzen auch bereits auf die Juden über.

Gobineau, der kein Antisemit war, plagte ein anderes Problem. Er meinte, daß die »höheren«, die arischen Rassen, sich »rein« erhalten müßten, wenn sie ihr kulturelles und zivilisatorisches Niveau behaupten wollten. Blieben sie nicht »rein«, degenerierten sie und ein allmählicher »Rassetod« trete ein. Gerade die Arier sah er von diesem »Rassetod« bedroht, und er prophezeite deren Niederlage im Kampf zwischen den »niederen« und den »höheren« Rassen.

Gobineaus Degenerationsthese traf sich mit tiefergehenden kulturpessimistischen Strömungen der Zeit und wurde einer Generation zum Problem, deren geistige und sittliche Grundlagen im Ersten Weltkrieg erschüttert worden waren. So gewann im Anschluß an die Erfahrung des Massensterbens auf den Schlachtfeldern die Frage an Plausibilität, was man gegen die Degeneration tun könne. Die Antwort hatte sich bereits in der Zeit vor dem Weltkrieg herauskristallisiert, wobei erneut die Wissenschaft eine entscheidende Hilfestellung gab. Diesmal war es die Biologie, die das Denkmuster lieferte. 1859 war Charles Darwins Hauptwerk *On the Origin of Species by Means of Natural Selection* erschienen. Die auf der Erde anzutreffenden Arten seien, lehrte Darwin, das Ergebnis eines Prozesses natürlicher Auslese, der sich im Kampf um das Dasein manifestiere. Darwin meinte das ganz wertfrei. Es mußten keineswegs die »besten« Arten oder Rassen sein, die im Kampf um das Dasein dominierten, sie hatten nur die besseren Voraussetzungen angetroffen.

Übertrug man diese Erkenntnis auf die Entwicklung der Menschheit und auf die von Gobineau beklagte Degeneration der arischen Rasse, konnte man zu dem Urteil gelangen, daß die gesellschaftlichen Strukturen, in denen die Menschen lebten, den natürlichen Ausleseprozeß verzerrten. Sie wirkten kontraselektorisch. Die Medizin und die Sozialfürsorge schützten die Schwachen und Kranken und entzogen sie der natürlichen Selektion. In Kriegen fielen die Tapferen und Starken im Kampf, während die Schwachen überlebten. Als besonders fatal mußte diese kontraselektorische Wirkung gelten, wenn man davon ausging, daß sich die Eigenschaften der Menschen vererben. Die gesellschaftlichen Verhältnisse tendierten dann dahin, das Erbgut der Stärkeren allmählich zum Verschwinden und das der Schwachen immer mehr zum Tragen zu bringen. Aus dieser Perspektive waren die Fortschritte der Medizin und der Hygiene oder die Einführung der Sozialversicherung eine »Kette von Pyrrhussiegen«.[16]

Um der Katastrophe der vermeintlichen Degeneration zu entgehen, glaubte man, eingreifen und den durch die gesellschaftlichen Strukturen bedingten kontraselektorischen Prozessen etwas entgegensetzen zu müssen: Es war eine »soziale Selektion« durchzuführen, das Erbgut der vermeintlich Besseren und Stärkeren zu fördern und das der Schwächeren an der Fortpflanzung möglichst zu hindern. Das Bewertungsschema, nach dem eine solche soziale Selektion durchgeführt werden konnte, stand im Mythos des Ariers bereit. In der sozialen Selektion glaubte man das Mittel gefunden zu haben, mit dem die Wirklichkeit an den Idealtypus herangeführt und der Prozeß der Degeneration nicht nur gestoppt, sondern in sein Gegenteil verkehrt werden konnte. Die Aufgabe, eine soziale Selektion durchzuführen, konnte nur der Staat übernehmen.

Die Lehre von der sozialen Selektion, die in die eng miteinander verflochtenen Bereiche der Rassenhygiene und der Eugenik zerfällt, entwickelte sich in England. Ihr führender Repräsentant wurde Sir Francis Galton, der 1869 sein Hauptwerk *Hereditary Genius* veröffentlichte. Galton gründete 1904 ein Forschungsinstitut für »National Eugenics«. Im selben Jahr wurde die Eugenik auch in Deutschland institutionalisiert, und zwar mit der Gründung einer wissenschaftlichen Zeitschrift, des *Archivs für Rassen- und Gesellschaftsbiologie*.[17]

Der Mythos vom Arier und die an ihn anknüpfenden rassentheoretischen Ansätze erlangten in der zweiten Hälfte des 19. Jahrhunderts besondere Bedeutung, weil sich antisemitische Strömungen ihrer in wachsendem Maße bemächtigten. Es kam zur Verbindung von Rassismus und Antisemitismus. Dem positiven

Idealtypus des Ariers wurde der Negativtypus des Juden gegenübergestellt. Greifbar ist diese Entwicklung in ganz Westeuropa. Der englische Anatom Robert Knox z. B. entwarf in seinem 1850 erschienenen Buch *Races of Men* den Negativtypus des Juden als häßlichen Phänotyp, als Gegenbild zum arischen Angelsachsen. Für Knox hatte der Jude ein spitzes Kinn, eine Hakennase, dunkles Haar, dunkle Haut und dunkle Augen. Er war verschlagen, intrigant und lebte vom Wucher.[18]

Der Franzose Georges Comte Vacher de Lapouge erblickte in den Juden eine minderwertige Rasse, der er jeden Sinn für höhere Werte absprach und die er für durch und durch kommerziell eingestellt hielt. Er unterschied zwischen Ariern und Juden auch dann strikt wertend, wenn sie denselben Beruf innehatten. Der arische Händler galt als ehrlicher Mann, der jüdische wurde als Spekulant angesehen. Die Juden hielt Lapouge für Parasiten, die seiner Auffassung nach beseitigt werden mußten. Lapouge verband den Antisemitismus mit der Rassen- und Gesellschaftsbiologie. 1896 veröffentlichte er seine Schrift *Les sélections sociales*, in der er der neuen Politikrichtung den Namen gab und staatliche Zwangsmaßnahmen zur Durchführung der Eugenik vorschlug. Als Mittel der sozialen Selektion schwebten ihm die Sterilisation und die Euthanasie vor.[19]

Der deutsche Ökonom und Sozialist Eugen Dühring schließlich veröffentlichte 1880 ein Buch, das die Intention schon im Titel verriet: *Die Judenfrage als Frage des Rassencharakters und seiner Schädlichkeiten für Existenz und Kultur der Völker*. »Der« Jude wurde von Dühring nicht nur im Sinne des Häßlichkeitsstereotyps beschrieben, sondern als Parasit, der im Schmutz und Unrat am besten gedeihe und nicht so sehr durch seine Religionszugehörigkeit als vielmehr durch seine Rasse Verderben über die Völker bringe. Dührings Schlußfolgerungen waren an Radikalität kaum zu überbieten: Die »einzige zulängliche Antwort auf die Judenfrage« erblickte er »in dem Verschwindenlassen des ganzen fraglichen Typus«.[20]

Bei Dühring läßt sich beispielhaft studieren, wie die aus dem Mittelalter tradierten antijudaistischen Stereotypien in den Rassismus einmündeten. Besonders anschaulich wurden die antijudaistischen Stereotypien durch die zahlreichen Judenkarikaturen in den Zeitungen tradiert und entwickelt.[21] Die Karikatur knüpfte vor allem an den religiösen Ritus der Juden an.

Eines der wirksamsten Elemente fügte 1868 ein Autor der Trivialliteratur in das antisemitische Stereotyp ein: den Topos von der jüdischen Weltverschwörung. In seinem Roman *Biarritz* schilderte Hermann Goedsche die berühmte Weltverschwörungsszene der 13 Ältesten der Judenheit auf dem Prager Jüdischen Friedhof. Auf die Reden, die Goedsche seine Romanfiguren zu nächtlicher Stunde halten ließ, bezogen sich Ende des Jahrhunderts die sogenannten *Protokolle der Weisen von Zion*, eine Fälschung, die unter Rückgriff auf alttradierte Topoi entstand und in den zwanziger Jahren eines der am weitesten verbreiteten Pamphlete war.[22] Der sich ständig erweiternde Bedarf an diesem Genre, das sich laufend komplettierte, ist nur zu erklären, wenn man die stimulierende Wirkung in Rechnung stellt, die in zunehmendem Maße von der Politik ausging. Politischer Antisemitismus und antisemitisch-rassistische Literatur traten in ein enges Wechselverhältnis.

Die Wiege des politischen Antisemitismus steht in Deutschland, und seine Geburtsstunde fällt mit der konservativen Wende der Innen- und Wirtschaftspolitik Bismarcks am Ende der siebziger Jahre zusammen. Der Begriff »Antisemitismus« wird dem Journalisten Wilhelm Marr zugeschrieben[23], der 1879 ein Buch veröffentlichte, dessen Titel *Der Sieg des Judentums über das Germanentum* an rassistische Degenerationsängste und den Topos jüdischer Weltherrschaftsansprüche anknüpfte. Marr begründete damit, und das war neu, die Notwendigkeit politischen Handelns. Da der Einfluß der Juden in Deutschland überhandnehme, sei es an der Zeit, mit politischen Mitteln etwas gegen sie zu tun. Mit dieser Forderung erwies sich Marr als Exponent einer breiteren Zeitströmung, die sich in der Mitte der siebziger Jahre einerseits als Folge der ›Gründerkrise‹, für die man einen Schuldigen suchte, entwickelte und die andererseits in dem Bestreben wurzelte, die innenpolitischen Frontstellungen des Kulturkampfes durch eine neue Frontstellung gegen »die« Juden zu überwinden. So offenbart der politische Antisemitismus bereits in seinen Anfängen den Charakter einer Integrationsideologie: Den Juden wurde die Sündenbockrolle zugeschrieben. Doch hierbei blieb es nicht; vielmehr entfaltete sich aus diesen Anfängen ein politisches Programm, das sich gegen Ende des Jahrhunderts inhaltlich komplettierte und ausformte und einen, im Vergleich zu späteren Entwicklungen zwar geringfügigen, aber gleichwohl wichtigen Einfluß gewann, weil es den Antisemitismus politikfähig machte.

Was wollten die Antisemiten der ersten Stunde politisch erreichen? Für ihre radikalste Strömung, wie sie Marr repräsentierte und wie sie in der zweitklassigen Presse und Publizistik blühte, ist diese Frage relativ leicht zu beantworten. Ihr Ziel bestand darin, die Emanzipation der Juden, d. h. ihre seit 1871 für das gesamte Reichsgebiet formalrechtlich geltende bürgerliche Gleichstellung, rückgängig zu machen. Diese Richtung gewann jedoch bis 1914 nur örtlich und nur vorübergehend eine gewisse Bedeutung. Die Nationalsozialisten, die mit ihrem Parteiprogramm von 1920 die eigentlichen Repräsentanten dieser Richtung wurden, beriefen sich später, als sie zur Macht gekommen waren, mit einer gewissen Berechtigung auf Otto Böckel und Theodor Fritsch als Ahnherren ihrer antisemitischen Politik im Kaiserreich. Böckel, der 1887 ein Reichstagsmandat gewann, verband soziale Reformvorstellungen mit antisemitischen und antikapitalistischen Parolen und mobilisierte den Haß der hessischen Landbevölkerung gegen die jüdischen Viehhändler und Geldleiher. Der Antisemitismus dieser Prägung blieb ebenso Episode wie der Versuch, die antisemitischen Gruppen in Deutschland zusammenzufassen. Immerhin ging aus diesen Bemühungen, in die Theodor Fritsch maßgeblich eingeschaltet war, 1889 das Bochumer Programm der ›Antisemitischen Deutsch-sozialen Partei‹ hervor, das vorsah, die naturalisierten Juden unter Fremdenrecht zu stellen sowie einer Sondersteuer zu unterwerfen und die nicht naturalisierten Juden auszuweisen. Fritsch übte als antisemitischer Publizist noch in den zwanziger Jahren einen nachhaltigen Einfluß aus und trat schließlich in die NSDAP ein. Sein *Antisemitischer Catechismus* von 1887 gehörte unter dem Titel ›Handbuch der Judenfrage‹ zur ideologischen Basisliteratur der NSDAP.

Bedeutender war gleichwohl eine vornehmer und zurückhaltender agierende Strömung gemäßigter Antisemiten. Sie wollte die Emanzipation der Juden keineswegs einfach rückgängig machen, sondern an Bedingungen geknüpft und Einschränkungen unterworfen wissen. Zu den Repräsentanten dieser zweiten Gruppe zählten in den siebziger und achtziger Jahren so namhafte Persönlichkeiten wie der Hofprediger der Hohenzollern, Adolf Stoekker, und der Berliner Ordinarius für Geschichte, Heinrich von Treitschke. Sie machten den Antisemitismus hof- und politikfähig. Gerade weil sie gemäßigt waren und dem gebildeten Bürgertum angehörten, gab man etwas auf ihre Meinung. Sie brachen mit einer liberalen Tradition, welche die Judenemanzipation seit dem Ausgang des 18. Jahrhunderts zu einer fortschrittlichen Forderung und zu einer Bedingung der modernen bürgerlichen Gesellschaftsentwicklung hatte werden lassen. Antisemitismus und Antiliberalismus gingen Hand in Hand. Die Antisemiten waren nicht nur illiberal, sondern sie konnten auch nur Einfluß ausüben, weil und insofern das liberale Prinzip der Gleichheit aller an Geltung einbüßte. Zugleich verfochten sie einen Nationalismus, der in der Ausgrenzung vermeintlich Fremder innere Geschlossenheit und Selbstidentität zu finden und die Orientierungsdefizite des jungen deutschen Nationalstaates zu überspielen hoffte. Der wohl wichtigste Repräsentant dieses politischen Antisemitismus wurde der intellektuelle Kopf des Wagner-Kreises, Houston Stewart Chamberlain, dessen Hauptwerk, *Die Grundlagen des 19. Jahrhunderts*, 1932 in die 15. Auflage ging. Chamberlain beschwor den arischen Idealtypus, der sich seiner Ansicht nach in besonderer Weise in den Deutschen manifestierte, wobei er weniger an ihre äußere Gestalt als vielmehr an ihren »Geist« dachte. Dem positiven Idealtypus »des« Ariers setzte er den Negativtypus »des« Juden entgegen. Er schilderte ihn in Anlehnung an Formulierungen Herders als »fremdes Wesen« und als »asiatische(s) Volk«, das sein Blut rein erhalten habe und nach der Weltherrschaft strebe.[24]

Chamberlain war ein Gegner »der Ideen von 1789«, und er bekämpfte insbesondere die Judenemanzipation als einen der Grundirrtümer der Französischen Revolution. Man dürfe nicht verkennen, argumentierte er, daß die Juden eine eigene Nation seien und auch sein wollten. Dieser »Erkenntnis« könne man nicht »mit den hohlen Phrasen der droits de l'homme« beikommen (S. 367ff.).

So wie Chamberlain beim Arier eine »geistige« und keine biologisch-rassistische Definition gab, so auch beim Juden. Er war für ihn nicht allein durch die Religionszugehörigkeit definiert, aber auch nicht durch die Rasse. Jenseits beider Begriffe suchte er nach einem dritten Begriff, für den er die Gesinnung zum entscheidenden Kriterium machte. Dadurch versperrte er den Juden zwar den Weg zur Emanzipation, ließ aber den Weg zur Assimilation offen.

Wie die Rassisten auf die Religionszugehörigkeit der Vorfahren hilfsweise zurückgreifen müssen, um einen Begriff »des« Juden zu konstituieren, der über die mosaische Religionsgemeinschaft hinausreicht, greift auch Chamberlain hilfsweise auf die Religion zurück, indem er den Begriff der jüdischen Nation als »jüdische Nomokratie« definiert oder von der »jüdischen Idee« spricht, die die Juden in aller Welt trotz ihrer Zerstreuung zu »einem festen, einheitlichen, durchaus politischen Gebilde« werden lassen, »in welchem die Gemeinsamkeit des Blutes die Gemeinsamkeit der Vergangenheit bezeugt und die Gemeinsamkeit der Zukunft verbürgt« (S. 357f.). Sekundär wird also auch der Begriff »Blut« mit der »Macht der Idee« verbunden. Ebenso verfahren die Rassisten, wenn sie dem entscheidenden Kriterium der Religionszugehörigkeit den Begriff »Blut« sekundär unterlegen (S. 563).

Der intellektuelle Horizont des Rassismus und des politischen Antisemitismus der Weimarer Republik wurde durch die intensive Rezeption der Ideen Gobineaus, Chamberlains und der anderen »Klassiker« dieses Genres zwar entscheidend geprägt, erklärt aber die Durchschlagskraft noch nicht, die diese Ideologeme vor 1933 entfalten konnten. Drei weitere wesentliche Faktoren traten hinzu: Die Grunderfahrung des Ersten Weltkrieges, der deutschen Niederlage und der Revolution 1918; die krisenhaften Erschütterungen der Weimarer Republik an ihrem Anfang und ihrem Ende; und der parallel zu diesen Krisen erfolgende Auf- und Ausbau einer Infrastruktur des Antisemitismus, in deren Zentrum die völkisch-konservativen Verbände und Parteien sowie vor allem die NSDAP standen.

Krieg, Niederlage und Revolution begründeten einen für den Antisemitismus und Rassismus konstitutiven Erfahrungshorizont, in dem sich reale Wahrnehmungen im Zerrspiegel ideologischer Axiome und Maximen brachen.[25] Eine wesentliche Rolle spielte die deutsche Ostexpansion. In diesem Zusammenhang wurde die Frage hochgespielt, wie man sich den Ostjuden gegenüber verhalten solle. Die Debatte, die keineswegs auf die völkisch-konservative Presse beschränkt blieb, drehte sich um die Forderung, eine Grenzsperre gegen die »Ostjuden« zu errichten, um die »Überflutung« des Reichsgebiets mit »Millionen rassefremder, verjudeter Mongolen« zu verhindern, wie ein völkisches Blatt bereits 1915 formulierte.[26] Offenbar waren die »Ostjuden« in besonderer Weise geeignet, Überfremdungsängste zu wecken und rassistische Vorurteile zu mobilisieren. Das Bild vom Juden wurde in wachsendem Maße vom Bild des »Ostjuden« überlagert, der sich durch sein Aussehen, durch seine Sprache, seine Kleidung und seine Gebräuche deutlicher von der deutschen Bevölkerung unterschied, als das für die assimilierten Juden in Deutschland galt. Das rassistische Stereotyp begann an Überzeugungskraft zu gewinnen und kombinierte sich mit den Existenzängsten des im Kriege in Bedrängnis geratenen Mittelstandes.

Eine besondere Rolle spielte der Antisemitismus in der innenpolitischen Auseinandersetzung um den Kurs des Reichskanzlers Bethmann Hollweg. Vor allem der Versuch des Kanzlers, dem Reich die Chance eines Kompromißfriedens offenzuhalten, traf auf den erbitterten Widerstand der Konservativen und der führenden Militärs. In diesem Konflikt wurde Bethmann Hollweg von einigen radikalen Wortführern auf der äußersten Rechten und im ›Alldeutschen Verband‹, die auf einen Siegfrieden um jeden Preis eingeschworen waren, als »Kanzler des deutschen Judentums« apostrophiert, der die deutsche Politik durch die »jüdische Händlerbrille« sähe und einen »faulen Frieden« anstrebe, wie der Gießener Chemieprofessor Hans von Liebig 1915 formulierte. Er fahre das deutsche »Volkstum in den jüdisch-demokratischen Abgrund«, meinte der Reichstagsabgeordnete der ›Konservativen Partei‹, Albrecht von Graefe, Anfang 1916. Die Kampagne erreichte nach dem Sturz Bethmann Hollwegs und der Friedensresolution des Deutschen Reichstages ihren Höhepunkt. Im September 1917 behauptete der stellvertretende Vorsitzende des ›Alldeutschen Verbandes‹ in einem Artikel, der Reichstag von 1912 sei aus »Judenwahlen« hervorgegangen, weil »jüdisches Geld« den Wahlerfolg »der« linken Parteien sichergestellt habe, und wolle nun einen »Judenfrieden« schließen. Das Zentrum und die Sozialdemokratie, die zusammen mit den Linksliberalen für die Friedensresolution gestimmt hatten, seien im Begriff, Deutschland der »dritten Internationale«, »dem jüdischen Golde« auszuliefern.[27]

Dieser Artikel war keine Eintagsfliege. Vielmehr formierten sich die rechte Opposition im Reichstag und ihre alldeutsch-konservative Klientel im Zeichen der Gleichsetzung von Demokratie und Judentum, »jüdischen Geldinteressen« und internationaler Verständigung, pazifistischer Gesinnung und linker politischer Orientierung. Das innenpolitische Klima verschärfte sich erheblich, und die antisemitische Agitation nahm zunehmend radikalere Züge an. Heinrich Claß, der Vorsitzende des ›Alldeutschen Verbandes‹, prophezeite im Oktober 1917, daß für »die Juden« nun der »Kampf ums Dasein begonnen« habe.[28]

Die Klimaveränderung läßt sich auch daran ablesen, daß solchen antisemitischen Parolen nicht mehr von oben gegengesteuert wurde, wie das zu Anfang des Krieges durch eine scharfe Handhabung der Militärzensur noch der Fall gewesen war. Vielmehr war in der militärischen Führung eine wachsende Bereitschaft erkennbar, der antisemitischen Hetzkampagne nachzugeben und ihr eine gewisse Berechtigung beizumessen. So ordnete das Kriegsministerium im Oktober 1916 an, die Zahl der im Heer aktiven Frontdienst leistenden Juden festzustellen, weil, wie es offiziell hieß, aus der Bevölkerung Klagen darüber eingegangen seien, daß »eine unverhältnismäßig große Anzahl wehrpflichtiger Angehöriger des israelitischen Glaubens vom Heeresdienst befreit sei oder sich von diesem unter allen nur möglichen Vorwänden drücke«.[29] Offiziell wurde die Maßnahme damit begründet, gestützt auf exakte Daten könne man solchen Anschuldigungen besser entgegentreten, aber Zweifel sind angebracht. Einer der Initiatoren dieser »Judenstatistik« war der Chef der Operationsabteilung der OHL, Oberstleutnant Bauer, einer der engsten Mitarbeiter Erich Ludendorffs. Beide, Bauer und Ludendorff, waren überzeugte Antisemiten und entschiedene Gegner des Reichskanzlers Bethmann Hollweg. Bauer war zugleich der Vertrauensmann des ›Alldeutschen Verbandes‹ bei der OHL. Angesichts der Machtposition, die die OHL am Ende des Krieges besaß, ist damit eine Einfallspforte für das Eindringen antisemitischer Tendenzen in die Politik gekennzeichnet.

Mit dem völlig haltlosen Vorwurf, »die« Juden beteiligten sich nicht in ausreichendem Maße am Fronteinsatz, wurde die ebenso haltlose Behauptung verbunden, sie seien in überproportionalem Ausmaß an den Kriegsgewinnen beteiligt und stünden über ihre internationalen Finanz- und Geschäftskontakte mit dem Feind in geheimer, konspirativer Verbindung. Das antisemitische Propaganda- und Feindbild begann sich im Sinne des manichäischen Weltbildes zu verengen und in die offizielle Kriegspropaganda einzufügen. Der Mythos vom Arier, der kämpft, und vom Juden, der Geld verdient, sickerte in das Bewußtsein einer breiteren Öffentlichkeit ein. Werner Sombarts Deutung des Krieges gegen Großbritannien als eines Kampfes der britischen »Händler« gegen die deutschen »Helden« erfuhr eine antisemitische und zugleich universale Erweiterung.

Mit dem Zusammenbruch der Mittelmächte und dem Ausbruch

der Revolution radikalisierte sich der Antisemitismus erneut. Den Juden wurde die Schuld an der Niederlage im Weltkrieg und an der Revolution angelastet, die den »Dolchstoß« in den Rücken des im Felde unbesiegten Heeres geführt habe, und der Begriff »Jude« mit den Begriffen »Marxismus« und »Bolschewismus« gleichgesetzt. Im Grunde lagen beide Argumente auf der gleichen phänomenologischen Ebene. Nun »entdeckte« die nationalkonservative und völkische Rechte eine jüdisch-marxistische Weltverschwörung. Führende Funktionäre der Bolschewiki, der Kommunistischen Partei Deutschlands, aber auch der SPD und der USPD seien Juden und daran interessiert, durch eine Revolution in ihren »Gastländern« eine jüdische Weltherrschaft zu errichten.

Die »Dolchstoßlegende« wurde zum Angelpunkt des politischen Antisemitismus in Deutschland. Sie diente denen, die die Niederlage verursacht hatten, allen voran Wilhelm II., Ludendorff und Hindenburg, zur Selbstrechtfertigung und zur Entlastung vor der Geschichte. Der Haß auf die »jüdische Revolution« übertrug sich gleichzeitig auf die Weimarer Republik, die in der Kontinuität jenes paradoxen Zusammenhangs zwischen Judenemanzipation und Antisemitismus stand, der sich seit den siebziger Jahren des 19. Jahrhunderts in Deutschland herauskristallisiert hatte: Je weiter die Judenemanzipation vorankam, desto lauter wurden antisemitische Parolen in der Öffentlichkeit artikuliert, desto stärker formierten sich die Gegenkräfte und desto mehr wurde das Programm des Antisemitismus entfaltet. Mit der Revolution und der Gründung der Weimarer Republik fielen zudem die letzten Barrieren, die der Emanzipation der Juden im Kaiserreich trotz ihrer formalrechtlichen Gleichstellung noch entgegengestanden hatten. Juden konnten in den Staatsdienst eintreten und leitende politische Positionen bekleiden. Es ist daher verständlich, daß die deutschen Juden sich mit der Weimarer Republik, die ihnen die Chance zur völligen Emanzipation bot, in besonderer Weise identifizierten.

Damit stand der politische Antisemitismus in der Weimarer Republik[30] von vornherein vor einer neuen Situation: Seine Protagonisten konnten den Versuch machen, alle diejenigen unter ihre Fahnen zu sammeln, die sich auf der rechten Seite des politischen Spektrums als Gegner der Demokratie begriffen. Das Potential zur Gewinnung einer Massenbasis hatte sich ganz erheblich erweitert, wenn es gelang, die grundsätzliche Opposition gegen den Weimarer Staat mit dem Antisemitismus zu verbinden. Im politischen Antisemitismus steckte mithin die Möglichkeit, zum ideologischen Dach einer Fundamentalopposition zu werden. Allerdings setzte das nach allen bisherigen Erfahrungen krisenhafte Erschütterungen der Gesellschaft voraus, in denen die Bereitschaft, einfache Erklärungen für komplexe Zusammenhänge zu akzeptieren, ebenso wächst wie der Bedarf an Sündenböcken und einseitigen Schuldzuweisungen.

Drei Entwicklungsphasen lassen sich unterscheiden. Eine erste Phase beginnt 1919 mit der Formierung der antisemitischen völkischen Gruppen und endet 1923 mit der Einführung der Rentenmark, die diese erste große Krisenzeit der Weimarer Republik beendete. Die zweite Phase setzt 1925 mit der Neugründung der NSDAP ein, der es in den folgenden Jahren gelang, die antisemitischen Splittergruppen aufzusaugen, die aber angesichts der relativ stabilen inneren Lage der Republik keinen nennenswerten Massenanhang gewinnen konnte. Die letzte und dritte Phase fällt mit der Weltwirtschaftskrise zusammen, vor deren Hintergrund die NSDAP Massenanhang gewann, antisemitische Tendenzen aber auch unabhängig von der NSDAP in der Politik vordrangen.

Es gehört zu den schwersten Hypotheken der Weimarer Republik, daß der ›Alldeutsche Verband‹, der schon im Kaiserreich die meisten Antisemiten in seinen Reihen gezählt hatte, das Kriegsende ohne Kontinuitätsbruch überstand. Er bekannte sich in der »Bamberger Erklärung« vom Februar 1919 zur »planmäßige(n) rassische(n) Höherentwicklung des deutschen Volkes durch Auslese und Förderung aller im Sinne guter deutscher Art hervorragend Begabten« und sagte einer angeblich »auf fast allen staatlichen, wirtschaftlichen und kulturellen Gebieten bestehenden jüdischen Vorherrschaft« den Kampf an. Auf ihn ging die Gründung des ›Deutschvölkischen Schutz- und Trutzbundes‹ zurück, der die Bekämpfung des jüdischen Einflusses in der Weimarer Republik zu seinem einzigen Programmpunkt machte.[31] Der ›Deutschvölkische Schutz- und Trutzbund‹ war wesentlich für die antisemitische Mordpropaganda verantwortlich, die den Boden für die Ermordung Walther Rathenaus bereitete, fand jedoch nach dem Erlaß des Gesetzes zum Schutze der Republik vom 21. Juli 1922 rasch ein unrühmliches Ende. Seine Bedeutung für die Entwicklung des politischen Antisemitismus ist darin zu erblicken, daß er erstmals eine komplette Infrastruktur für die antisemitische Propaganda aufbaute und einen Kernbestand von etwa 150000-

200000 überzeugten antisemitischen Aktivisten organisatorisch erfaßte und indoktrinierte.

Der Bund erwarb im Herbst 1919 die *Deutschvölkischen Blätter*, die aus der von Theodor Fritsch gegründeten *Antisemitischen Korrespondenz* hervorgegangen waren und seit 1917 das Hakenkreuz als Symbol des Antisemitismus auf dem Titelblatt zeigten. Ihre Auflage war mit ca. 7000 Exemplaren relativ begrenzt. Bemerkenswert ist, daß der Bund außer diesem vulgärantisemitischen Blatt im August 1920 eine »wissenschaftliche Zeitschrift«, die *Politisch-Anthropologische Monatsschrift* übernahm, die ca. 1000 Abonnenten hatte. Damit gelang es einerseits, auf rassistisch eingestellte Kreise einzuwirken, die dem vulgären Antisemitismus ablehnend gegenüberstanden, und der Propaganda des Bundes andererseits einen »Anstrich von Wissenschaft« (Lohalm) zu geben. Daneben gab der Bund einen eigenen Nachrichtendienst heraus, der es sich zur Aufgabe machte, angebliche jüdische »Machenschaften« in Wirtschaft und Politik zu »entlarven« und die völkische Presse mit solchen »Nachrichten« zu versorgen. Darüber hinaus wurde Werbung für andere völkische Blätter betrieben, darunter auch für den *Völkischen Beobachter*. Der Bund besaß eine eigene ›Deutschvölkische Verlagsanstalt‹ und publizierte eine eigene Schriftenreihe, die ›Hammer-Schläge‹. Die Reihe brachte es auf 26 Hefte, die jeweils mit einer Mindestauflage von 10000 Stück erschienen, in der Regel aber weit höhere Auflagen erreichten. Der Verlag des Bundes bildete gemeinsam mit anderen antisemitischen Verlagen 1920 die ›Vereinigung völkischer Verleger‹.

Verlegt wurde die gesamte rassistische und antisemitische Literatur des 19. Jahrhunderts, ergänzt durch solche Hervorbringungen wie Arthur Dinters Roman *Die Sünde wider das Blut*. Das antisemitische Machwerk wurde ein Bestseller und erreichte binnen zwei Jahren eine Auflage von 200000 Exemplaren.

Die Saat, die der ›Deutschvölkische Schutz- und Trutz-Bund‹ gesät hatte, ging nach seinem Ende auf. Der Bund hatte den Antisemitismus weit über seine eigene Mitgliederschaft hinaus »in breite Schichten des deutschen Bürgertums« (Lohalm) hineingetragen und vor allem in der Beamtenschaft und bei den Lehrern Wirkung gezeigt. Ein Kriterium, an dem man das Vordringen antisemitischer Grundhaltungen in der Weimarer Republik ablesen kann, ist die Einführung des »Arierparagraphen« in den Verbandssatzungen. Einen großen Einzugsbereich besaßen die Soldatenverbände. Sie verlangten von ihren Mitgliedern eine Erklärung über ihre »deutschvölkische« bzw. »deutschrassige« Abstammung, wandten sich in ihren Satzungen gegen »internationale Bestrebungen« und traten für eine »Bekämpfung alles Fremdstämmigen« ein. Der größte Soldatenverband, der ›Stahlhelm‹, führte 1924 den »Arierparagraphen« ein. Er hatte freilich von vornherein nur wenige jüdische Mitglieder gezählt. Die jüdischen Soldaten besaßen einen eigenen Verband, den ›Reichsbund jüdischer Frontsoldaten‹. Den Grund für die Haltung des ›Stahlhelms‹, der in der Mitte der zwanziger Jahre etwa 400000 Mitglieder zählte, machte die *Stahlhelm-Zeitung* im August 1924 deutlich, indem sie auf die vielen Juden hinwies, die im Ersten Weltkrieg angeblich in der Etappe geblieben seien.

Das mittels des »Arierparagraphen« errichtete System der Apartheid[32] blieb nicht auf die Soldatenverbände begrenzt, sondern strahlte in unterschiedliche Gesellschaftsbereiche aus. Einen »Arierparagraphen« in ihren Satzungen hatten der ›Jungdeutsche Orden‹, der Anfang der zwanziger Jahre ca. 200000 Mitglieder umfaßte; der ›Deutschnationale Handlungsgehilfenverband‹, der in der Weimarer Republik immer mehr als eine Viertelmillion Mitglieder umfaßte, es am Ende der Republik auf ca. 400000 brachte und seine antisemitische Tradition aus dem Kaiserreich fortschrieb; der ›Bund der Landwirte‹ bzw. ›Reichslandbund‹, der bereits 1921 ca. 1 Mio Mitglieder hatte; die deutschen Burschenschaften, die schon 1919 mehrheitlich beschlossen, nur noch »Arier« aufzunehmen, und Mitglieder ausschlossen, die eine Jüdin oder eine »Fremdrassige« heirateten, und Juden keine Satisfaktion gewährten; der ›Deutsche Turnerbund‹, in dessen Satzung von 1889 schon festgeschrieben war, daß nur Deutsche »arischer Abkunft« Mitglied werden konnten, und der seinen Zweck u.a. in der »Schaffung und Stärkung des Stammesbewußtseins im deutschen Volke« sah.

Eine interessante Variante der Apartheidsbestrebungen entwikkelte sich bei den Studentenschaften. Bestrebungen, für die ›Deutsche Studentenschaft‹ den »Arierparagraphen« einzuführen, trat in Preußen 1927 die Regierung entgegen und verbot eine entsprechende Satzungsänderung. In Bonn und Berlin sprachen sich daraufhin die Studentenschaften mit mehr als zwei Dritteln der Stimmen für den »Arierparagraphen« aus. Am Ende der Weimarer Republik gingen die Studentenschaften in Hannover, Erlangen,

Würzburg und Berlin noch einen Schritt weiter und votierten für einen Numerus clausus für jüdische Studenten. Die treibende Kraft bei diesen Bestrebungen war der ›Hochschulring Deutscher Art‹.

Unterstützung erhielten diese im Zeichen der Apartheid stehenden Bestrebungen von der ›Deutschnationalen Volkspartei‹ (DNVP) und von der NSDAP. Die DNVP wurde im Dezember 1918 gegründet. Sie trat das Erbe der konservativen Parteien des Kaiserreichs an, die bei den letzten Reichstagswahlen 1912 insgesamt etwa 24% der Stimmen auf sich vereinigt hatten. Die DNVP setzte sich für die Wiederherstellung der Monarchie ein und forderte die vollständige Revision des Versailler Vertrages. Sie war eine entschiedene Gegnerin der Republik und erblickte in der »Revolution die große Verbrecherin, die Sittlichkeit, Staatsordnung und Wirtschaft zertrümmerte«.[33] Die DNVP vertrat, im Vergleich mit den völkischen Parolen, einen gemäßigten Antisemitismus, bot aber in der Behandlung der »Judenfrage« kein einheitliches Bild. Die Parteispitze hielt sich stark zurück und scheint über das Ziel einer Zurückdrängung der Juden aus dem öffentlichen Leben und aus jenen Berufen, in denen sie überproportional vertreten waren, nicht hinausgegangen zu sein. An der Basis der Partei verfocht man zuweilen eine sehr viel radikalere Position, ohne daß die Parteiführung dagegen eingeschritten wäre. Bis 1930 war die DNVP die einzige große Partei, die eine antisemitische Politik vertrat und antisemitische Stereotypen in der Propaganda verwandte. Nach den Wahlen von 1930 lief ihr die NSDAP den Rang ab.

Die völkische Splittergruppe, die sich im Oktober 1918 in München konstituierte und im März 1920 schließlich den Namen ›Nationalsozialistische Deutsche Arbeiterpartei‹, NSDAP, annahm, war von vornherein eng mit antisemitischen Strömungen in Bayern und in den deutschen Gebieten der ehemaligen Donaumonarchie verbunden, in denen rassistische und antisemitische Parolen schon im 19. Jahrhundert erhebliche Zugkraft besessen hatten.[34] Die Partei gab sich im Februar 1920 ein Programm, das zu wesentlichen Teilen antisemitisch geprägt war und die Forderungen des radikalen politischen Antisemitismus, die sich seit dem Ende der siebziger Jahre im Kaiserreich und in Österreich-Ungarn herauskristallisiert hatten, zusammenfaßte. »Juden« sollten keine Staatsbürger mehr sein dürfen, unter Fremdenrecht gestellt und aus allen öffentlichen Ämtern entfernt werden. Der Begriff »Jude« wurde nicht definiert, aber das Programm gab zu erkennen, daß nicht die Religionszugehörigkeit, sondern das »Blut« als entscheidendes Kriterium gelten sollte. Die so definierte jüdische Bevölkerung wurde dem weiteren Begriff der »Angehörigen fremder Nationen« subsumiert, für die das Parteiprogramm die Möglichkeit der Ausweisung vorsah, »wenn es nicht möglich ist, die Gesamtbevölkerung des Staates zu ernähren«, wie einschränkend hinzugefügt wurde.[35]

Mit diesem Parteiprogramm, das 1926 für »unabänderlich« erklärt wurde, kann der Antisemitismus der NSDAP allenfalls oberflächlich gekennzeichnet werden. Die Partei stand vielmehr vollständig in der Tradition des primitiven rassistischen Antisemitismus und übte eine große Anziehungskraft auf Antisemiten und völkische Gruppen aus, die im Anschluß an die Schriften eines Rohling, Lapouge und Dühring offen von der »Ausrottung« des Judentums aus dem deutschen »Volkskörper« sprachen und hierin eine wesentliche Voraussetzung der auf der Grundlage der idée fixe einer »reinen deutschen Rasse« sich vollziehenden nationalen Erneuerung sahen. Die bei weitem nachhaltigste Anziehungskraft auf die völkisch-rassistischen Antisemiten übte Adolf Hitler aus, der am 29. Juni 1921 den Vorsitz der NSDAP übernahm. Hitler wirkte vorwiegend als Redner und benutzte den Antisemitismus als Integrationsideologie. Sein Erfolg lag ganz wesentlich darin, daß er die diffusen Entwicklungslinien des Antisemitismus zu bündeln vermochte, ohne sie in eine Systematik zu pressen, und sich seine eigenen antisemitischen Ressentiments mit denen seiner Zuhörer trafen.

In welchen Derivaten Hitler sich die rassistische und antisemitische Literatur seiner Zeit aneignete, ist nicht mehr präzise festzustellen und für die Analyse auch unerheblich. Offenbar wurde sein »Weltbild« entscheidend in Wien geprägt.[36] Dort boten sich dem jungen, keiner geregelten Beschäftigung nachgehenden »Kunststudenten«, als der er sich in *Mein Kampf* stilisierte, sozusagen »optimale Möglichkeiten«, antisemitische Vorurteile zu bestätigen, sei es durch Lektüre antisemitischer Broschüren und Bücher, sei es durch die tägliche Anschauung – Wien besaß eine der größten jüdischen Gemeinden in Europa – oder durch das politische Klima der Stadt, das seit den Wahlkämpfen Karl Luegers antisemitisch geprägt war. Ebenso wichtig für Hitlers Antisemitismus wurde die Grunderfahrung der militärischen Niederlage und der Revolution 1918.

Hitler war nicht nur Antisemit, sondern auch Rassist. Sein Rassismus war vom Mythos des Ariers und des Nichtariers geprägt, wobei sich für ihn der Gegentyp zum Arier im Juden besonders deutlich konturierte. Er rezipierte den Mythos in jener Verengung, die sich seit der Mitte des 19. Jahrhunderts bei Lapouge u. a. herauskristallisiert hatte. Wie die Gesellschaftsbiologie, die sich am Ende des 19. Jahrhunderts als Wissenschaft formierte, erblickte Hitler in der Abwendung der Degeneration eine Aufgabe der Politik. Allerdings engte er sein gesellschaftsbiologisches Ziel auf das deutsche Volk ein und forderte dessen rassische Höherentwicklung durch eugenische Maßnahmen und durch die Entfernung alles »fremdrassigen« und vermeintlich »schlechten Erbguts« aus dem deutschen »Volkskörper«.

Der Begriff »Jude« wurde von Hitler in gleicher Weise als Chiffre benutzt, wie das die radikalen politischen Antisemiten im Ersten Weltkrieg auch schon getan hatten. Er füllte ihn mit all jenen modernen politischen Zeittendenzen, welche die Judenemanzipation ermöglicht hatten und in der Dolchstoßlegende für die Niederlage Deutschlands verantwortlich gemacht wurden: mit dem Pazifismus, dem Marxismus, dem Parlamentarismus, dem Liberalismus, der freien Presse und der Meinungsfreiheit überhaupt. Um eine Volksgemeinschaft herzustellen, die nicht von innen her ausgehöhlt werden könnte, müßten, meinte Hitler, alle diese Faktoren ausgeschaltet werden. Nur so sei der Einfluß der Juden zu beseitigen. Hitler blieb daher nicht bei den Kampfparolen des politischen Antisemitismus stehen, sondern forderte Konsequenzen für die Struktur des nationalen Staates: Er mußte ein totaler Staat sein.

Diese Forderung hatte für ihn zugleich eine welthistorische Dimension. Wie für Karl Marx die Geschichte eine Geschichte von Klassenkämpfen war, war sie für Adolf Hitler eine Geschichte von Rassenkämpfen. Jedes Volk oder zumindest jedes »höhere« Volk strebe danach, möglichst viel Boden in Besitz zu nehmen, um seinen Bevölkerungsüberschuß laufend ansiedeln zu können und auf diese Weise den Druck der sozialen Frage zu lindern. Nur ein Volk, das über die gesamte Erde zerstreute jüdische Volk, mache eine Ausnahme. Es kämpfe nicht für ein möglichst großes Territorium, sondern um die Herrschaft über die Erde. Hitler war von der Echtheit der *Protokolle der Weisen von Zion* überzeugt. »Der Jude« herrschte nach Hitlers Auffassung bereits mit Hilfe des Bolschewismus in Rußland und mit Hilfe der Demokratie in den westeuropäischen Staaten. Allerdings war diese Herrschaft noch nicht überall in gleicher Weise gefestigt. So hoffte er z. B., daß Großbritannien sich auf seine nationalen Kräfte besinnen und die Herrschaft des »internationalen Judentums« abstreifen werde. Mussolinis Italien war für ihn der Prototyp eines Staates, der den unterstellten Herrschaftsanspruch des Judentums durch die Errichtung der faschistischen Diktatur zunichte gemacht hatte. In gleicher Weise sollte auch Deutschland dem Griff des »Weltjudentums« entzogen und für den großen Weltkonflikt zwischen Juden und Ariern, den Hitler kommen sah, vorbereitet werden. Allerdings wollte Hitler weitergehen als Mussolini. Lange bevor dieser die faschistische Diktatur in Italien errichtete, hatte Hitler einer nationalen antijüdischen Politik ein doppeltes Ziel gesteckt. Sie müsse »zur planmäßigen gesetzlichen Bekämpfung und Beseitigung der Vorrechte des Juden« führen, ihr »letztes Ziel« müsse aber »die Entfernung der Juden überhaupt sein«.[37]

Die Wirkungen, die Hitlers Antisemitismus für die NSDAP entfaltete, sind nicht mit Sicherheit zu erfassen. Die Regelmäßigkeit, mit der er die »Judenfrage« in seinen Reden bis 1930 behandelte, läßt aber den Schluß zu, daß der Antisemitismus eine wesentliche Rolle für die Formierung der NSDAP, für die Gewinnung von Anhängern und für deren Indoktrinierung spielte. Ohne die integrativen Wirkungen des Antisemitismus hätte die NSDAP kaum die Kraft besessen, die in sich zerstrittenen völkischen Gruppen zu einer »Bewegung« zusammenzuschweißen.

Der Aufstieg der NSDAP zur größten Partei, der die dritte Phase des politischen Antisemitismus in der Weimarer Republik prägte, erfolgte aber zweifellos nicht vorwiegend im Zeichen des Antisemitismus, sondern speiste sich ganz wesentlich aus der Wirtschafts- und Staatskrise, in welche die Weimarer Republik infolge der weltweiten Krise hineingeriet. Und doch läßt sich dieser Aufstieg nicht vom Antisemitismus trennen. Auch wer die NSDAP aus anderen Gründen wählte, wählte eine Partei, die den Antisemitismus auf ihr Banner geschrieben hatte, nahm daher billigend in Kauf, daß sich die Durchschlagskraft des Antisemitismus durch seine Stimmabgabe erhöhte. Die Partei selber zeigte eine zwiespältige Haltung. Hitler, der die NSDAP 1925 auf einen legalen Weg zur Macht festgelegt hatte und im Herbst 1930 einen Legalitätseid vor dem Reichsgericht in Leipzig schwor, hielt sich in der antisemitischen Propaganda in der dritten Phase merklich zurück. Er hatte den Posten des Reichskanzlers im Visier und übte sich in die Attitüde des Staatsmannes ein, der um innenpolitische Bündnisfähigkeit bemüht war. Nur in kleinem Kreis, hinter verschlossenen Türen, ließ er erkennen, daß er seine Überzeugung nicht geändert hatte.

Das Erscheinungsbild der NSDAP wurde aber nicht nur durch Hitler geprägt. Andere prominente Funktionäre der Partei legten ihrem Antisemitismus keine Zügel an, und an der Parteibasis bildete der vulgäre Antisemitismus nach wie vor einen wesentlichen Inhalt der Propaganda. Eine ergiebige Quelle für diese antisemitische Basispropaganda stellen die von jüdischer Seite herausgegebenen Mitteilungen aus dem ›Verein zur Abwehr des Antisemitismus‹ dar. Im April 1932 gaben sie z. B. den Auftritt eines kleinen Parteiredners der NSDAP wieder: »Wenn wir am Ruder sind«, kündigte er bezogen auf die Juden an, »dann bekommen die Herren einen Spaten in die Hand gedrückt, damit können sie sich ein Loch schaufeln, lang oder breit oder tief, je nachdem, ob sie sich hineinsetzen, -legen oder -stellen wollen. Dann geht einer von uns hin, nimmt den Spaten, schlägt ihm auf den Kopf, aber so, daß derselbe in der Mitte auseinanderfällt. Kommt dann ins Loch, Erde darauf! Fertig, Schluß! Der Nächste bitte!«[38]

Es kann kein Zweifel bestehen, daß sich parallel zum Anwachsen des Wählerpotentials und der Mitgliederzahlen der NSDAP der Antisemitismus in Deutschland ausbreitete, auch wenn genaue Schätzungen nicht möglich sind. Für die Zunahme des Antisemitismus gibt es aber auch noch andere, von der NSDAP zum Teil unabhängige Indizien. So regte der Innenminister der Regierung von Papen, Wilhelm Freiherr von Gayl, im Oktober 1932 an, über das Einbürgerungsrecht nachzudenken und insbesondere die Anforderungen zu überprüfen, die »an die Einbürgerung fremdstämmiger Ausländer« zu stellen seien. Er schlug vor, »Angehörigen niederer Kultur«, besonders den »Ostjuden«, eine Zwanzigjahresfrist aufzuerlegen, ehe ein Rechtsanspruch auf Einbürgerung bestehe. Am 24. November 1932 erließ der Reichskommissar für das preußische Innenministerium Richtlinien über die Änderung von Familiennamen und Vornamen und knüpfte eine Namensänderung an den »Ariernachweis«. Dies wurde so begründet: »Jede

Namensänderung im Verwaltungswege beeinträchtigt die Erkennbarkeit der Herkunft aus einer Familie, verschleiert die blutmäßige Abstammung und erleichtert damit die Verdunkelung des Personenstandes.« Anfang der dreißiger Jahre erlebte auch die schon seit längerem geführte Diskussion über das Schächten neue Höhepunkte. 1930 erging in Bayern ein generelles Verbot des Schächtens. Vor 1933 folgten dieser Maßnahme die zeitweilig von Nationalsozialisten regierten Länder Braunschweig, Oldenburg und Thüringen.[39]

Parallel zu diesen ersten zaghaften Schritten zur Implementierung antisemitischer Politik gewann auch die Rassenhygiene weiter an Boden. Nachdem bereits 1923 an der Universität München ein Lehrstuhl für Rassenhygiene eingerichtet worden und der Rektor der Berliner Universität 1929 dafür eingetreten war, diesem Beispiel auch in Berlin zu folgen, gelangte 1930 Hans F. K. Günther im nationalsozialistisch regierten Thüringen auf einen solchen für ihn eingerichteten Lehrstuhl an der Universität Jena. Günther hatte 1922 eine *Rassenkunde des deutschen Volkes* veröffentlicht, die nach 1933 zum Grundkanon rassistischer Pflichtlektüre gehörte. Interessant ist, daß die Jahresversammlung der ›Deutschen Studentenschaft‹ dem thüringischen Innenminister, Wilhelm Frick, auf dessen Initiative der Lehrstuhl eingerichtet worden war, ein Dankschreiben für diese Entscheidung sandte.[40]

Es ist nicht möglich abzuschätzen, welchen Entwicklungsweg der Antisemitismus in Deutschland genommen hätte, wäre Hitler 1933 nicht Reichskanzler geworden. Soviel aber läßt sich sagen: Die Regierung Hitler verfügte 1933 für eine antisemitische Politik über ein breites Unterstützungspotential. Und noch etwas kann festgestellt werden: Antisemitische Politik war nicht auf zentrale Regierungsinitiativen angewiesen, sondern ein Basisphänomen. Es reichte, wenn die Regierung ihr die Schleusen öffnete bzw. ihr nicht entgegentrat, um unkalkulierbare Prozesse in Gang zu setzen. Ja, man kann sich fragen, ob und um welchen Preis eine nationalsozialistisch geführte Regierung überhaupt in der Lage war, antisemitischen Ausbrüchen zu steuern und, wie Hitler das vorschwebte, einen »Antisemitismus der Vernunft« von oben zu inszenieren.

II. Die Errichtung der Diktatur

1. Kriegserfahrung und totaler Staat

Als Hitler am 30. Januar 1933 zum Reichskanzler ernannt wurde, war das parlamentarische System der Weimarer Republik bereits unterhöhlt.[1] Hitler hatte sich den konservativen Eliten auch dadurch empfohlen, daß er das parlamentarische System abschaffen und an seiner Stelle einen autoritären Führerstaat errichten wollte. Die konziseste Zusammenfassung seiner Vorstellungen von einer inneren politischen Umgestaltung gibt das Stichwortprotokoll einer Rede, die Hitler am 3. Februar 1933 vor Truppen- und Wehrkreisbefehlshabern hielt: »Völlige Umkehrung der gegenwärtigen Zustände in Deutschland. Keine Duldung der Betätigung irgendeiner Gesinnung, die dem Ziel entgegensteht (Pazifismus!). Wer sich nicht bekehren läßt, muß gebeugt werden. Ausrottung des Marxismus mit Stumpf und Stiel ... Todesstrafe für Landes- und Volksverrat. Straffste autoritäre Staatsführung. Beseitigung des Krebsschadens der Demokratie.«[2]

In Hitlers Äußerungen fällt der enge Zusammenhang auf, den er zwischen der »Wiederwehrhaftmachung« des deutschen Volkes und der inneren Gestaltung des autoritären Führerstaates herstellte. Offenbar sollte die Beseitigung der Demokratie ganz wesentlich dem Ziel dienen, Deutschland kriegsfähig zu machen. Auch mit dieser Auffassung erfüllte er Erwartungen, welche die konservativen Eliten in ihn setzten, und ordnete sich einer Denktradition zu, die sich in der Auseinandersetzung mit dem Ersten Weltkrieg die Frage vorgelegt hatte, wie ein Staat strukturiert sein müsse, um einem modernen Krieg gewachsen zu sein. Sie war in den zwanziger Jahren vor allem von Militärs und Militärschriftstellern in Deutschland, Frankreich und Belgien gestellt worden.[3] Die Antwort, die sich herauskristallisiert hatte, war ebenso einfach wie folgerichtig: Der kriegsfähige Staat mußte ein totaler Staat sein, da der moderne Krieg ein totaler Krieg sein werde. Für die Vertreter dieser »Kriegsliteratur« war der totale Staat die bereits im Frieden etablierte Ordnung des Krieges. Er hatte das »Volk« dazu zu befähigen, Krieg zu führen und den Kampf um das Dasein in seiner extremsten Form zu bestehen. Vor allem in Deutschland verschmolzen in der Kriegsliteratur militärische Erkenntnisse mit völkischen und sozialdarwinistischen Ideologieelementen zu einer neuen Staatstheorie, wie sie Carl Schmitt und Ernst Forsthoff Anfang der dreißiger Jahre auszuformen begannen.[4]

Die Vorstellungen vom zukünftigen Krieg orientierten sich in den zwanziger und dreißiger Jahren am Ersten Weltkrieg, der ein Volkskrieg gewesen war, zur Massenmobilisierung geführt sowie Wirtschaft, Gesellschaft und Staat völlig in seinen Bann gezogen hatte. Neben die Front war die Heimatfront getreten, ebenso wichtig und ebenso sehr militärischem Reglement unterworfen wie diese. Das herrschende Bild war die belagerte Festung, in der die Verteidigungsanstrengungen des Mauerrings von allen Bürgern getragen werden und der Krieg vor ihren Familien und ihrem Besitz nicht haltmacht. Militärische Erfassungs- und Kommandostrukturen mußten in einer solchen Festungsgesellschaft das Zivilleben durchdringen, alle Lebensbereiche auf den Kriegszweck ausrichten und einem einheitlichen Wehrwillen die Form geben, dessen Kristallisationspunkt der politisch-militärische Führer war. Alles, was sich diesem Gleichschaltungsprozeß entzog oder sich ihm gar widersetzte, sollte eliminiert werden. Im Zusammenwirken mit völkischen und rassistischen Ideologemen gewann dieser »destruktive« Aspekt besondere Bedeutung und führte zu der Forderung, »Art- und Rassefremde«, aber auch Nonkonformisten aller Art aus dem Volkskörper auszuscheiden, um diesen kriegsfähig zu machen.

Diese Vorstellungen waren nicht von der konservativ-völkischen Interpretation des Kriegsausgangs 1918 zu trennen. Danach war es im Ersten Weltkrieg nicht gelungen, die Aufbruchstimmung und das Gemeinschaftserlebnis der Juli- und Augusttage 1914 als Grundkonsens zu bewahren. Die »Volksgemeinschaft« war 1918 sichtbar am Klassenkonflikt zerbrochen. In Umkehrung von Ursache und Wirkung zogen konservative Militärs, allen voran Ludendorff und Hindenburg, hieraus den Schluß, nicht die militärische Niederlage habe die Revolution, sondern die Revolution die militärische Niederlage bewirkt. Die streikenden Arbeiter und die linken Parteigruppierungen seien, angestiftet von Juden, Intellektuellen und Freimaurern, dem im Felde nicht besiegten deutschen Heer in den Rücken gefallen. Diese als »Dolchstoßlegende« bekannte Geschichtsklitterung enthielt die einseitige Behauptung, daß die Heimatfront versagt habe, und diente als Begründung für die Forderung, daß sich die Kriegsvorbereitung künftig besonders auf die politische und gesellschaftliche Mobilisierung und deren strukturelle Voraussetzungen zu konzentrieren habe. Der Erste Weltkrieg sei verloren worden, weil das gesellschaftliche und politische Leben in Deutschland dem Krieg nur unzureichend untergeordnet war. Der Staat versagte, weil er kein durchgeformter totaler Staat gewesen sei. Künftige Kriegsplanung setzte also den totalen Staat voraus.[5]

In dieser Auffassung verschmolz eine konstruktive mit einer destruktiven Stoßrichtung. Die konstruktive Komponente sah die Übertragung der Ordnungsstrukturen des Heeres auf das Zivilleben vor. Klare Befehlsverhältnisse, orientiert an den Schlüsselbegriffen »Führer« und »Gefolgschaft«, waren zu etablieren. Soziale Gegensätze sollten durch die Schaffung gleicher Bedingungen für alle beseitigt, der Klassengegensatz durch eine propagandistisch und ideologisch überhöhte »Volksgemeinschaft« eingeschmolzen werden, wobei einer charismatischen Führergestalt eine Schlüsselrolle zugedacht war. Die Trennung von politischer und militärischer Ebene sollte vor allem durch den Typus des »Führers« überwunden werden, der den Willen und die Fähigkeit zum Handeln nicht zuletzt aus der Nähe zum Volk und zu einfachen, allen einsichtigen Handlungsmaximen bezog.

Die destruktive Komponente beschrieb den Weg, den Staat und Gesellschaft zurücklegen mußten, um die bestehenden pluralistischen, offenen Strukturen zu überwinden und im Wege der Reduktion zu jenem einfachen, geschlossenen und gleichgerichteten Staatsmodell zu gelangen, das einseitige Erfahrungsevaluation und Kriegswille nahelegten. Unter den historischen Bedingungen der Weimarer Republik hieß das: Beseitigung der parlamentarischen Demokratie, der Parteien, unabhängigen Gewerkschaften und Verbände, Kampf insbesondere gegen die Linksparteien und die marxistische Ideologie, Ausschaltung von Juden, Pazifisten, Freimaurern und international Gesinnten, sowie von allen, die sich dem rassisch-völkischen Normierungs- und Formierungsprozeß vermutlich widersetzen würden oder von ihm ausgeschlossen werden sollten, weil sie im Verdacht standen, die Homogenität und Geschlossenheit des »Volkskörpers« zu beeinträchtigen.

Ein Exponent dieses in der Kriegsliteratur und in der völkisch-nationalkonservativen Presse und Publizistik weit verbreiteten Ideologiekonglomerats war Adolf Hitler, dessen politische Karriere nicht zufällig als Propagandist in den Diensten der Reichswehr begann.[6] Ohne dieses Umfeld ist weder der Ideologe noch der Politiker Hitler zu verstehen. Darüber hinaus beschreibt es den Einzugsbereich, über den Hitler auf die konservativen Eliten in der Wehrmacht, in der Bürokratie und in der Industrie zu wirken vermochte. Hitler wußte um diese Möglichkeiten und empfahl sich den konservativen Eliten vor der Machtergreifung als derjenige, der den totalen Staat verwirklichen werde. Dabei konnte er zusätzlich auf die Ablehnung bauen, mit der die ganz überwiegende Mehrheit in diesen Eliten dem parlamentarischen System gegenüberstand.[7]

2. Die Machtergreifung Hitlers

Wie weitgehend das parlamentarische System ausgehöhlt und wie weit der Prozeß der »autoritären Verformung«[8] der Verfassungsordnung vorangeschritten war, kann man an dem Tempo ablesen, mit dem Hitler die nationalsozialistische Diktatur in Deutschland errichtete. Das war freilich auch den Mitteln geschuldet, die nun angewandt wurden. Hitler ging den Weg, die Macht der Regierung mit Hilfe der Vorrechte des Reichspräsidenten zu erweitern, mit größerer Konsequenz als jede Regierung zuvor, und er kombinierte mit der neu gewonnenen staatlichen Macht den Druck von der Straße, den SA- und SS-Verbände in einer schwer entwirrbaren Mischung von gelenkter und spontaner Aktion ausübten. Skrupellos wurde der Terror als politische Waffe genutzt, lähmte die Gegner und verlieh den nationalsozialistischen Maßnahmen eine unerhörte Durchschlagskraft.

Zunächst begann die Regierung Hitler freilich wie die Präsidialkabinette zuvor. Der Kanzler erwirkte vom Reichspräsidenten am 1. Februar die Auflösung des Reichstages. Die Neuwahlen sollten am 5. März stattfinden. Der Wahlkampf bildete daher den Rahmen für die erste Phase der Machtergreifung und ermöglichte es Hitler, seine beiden Hauptwaffen kombiniert einzusetzen: die Überlegenheit der Wahlkampfmaschine der NSDAP und das terroristische Gewaltpotential der SA und der SS. Der Wahlkampf sollte aus der Perspektive Hitlers die beiden Linksparteien, KPD und SPD, die unter dem Schlagwort »Marxismus« zusammen bekämpft wurden, entscheidend schwächen. Dabei verließ er sich nicht auf die Überlegenheit der ihm zu Gebote stehenden propagandistischen Mittel, sondern schuf sich auch einen rechtlichen Rahmen sowohl für die massive Benachteiligung seiner Gegner als auch für die Anwendung gezielten Terrors gegen seine Kontrahenten. Die Basis hierfür bildete die »Verordnung des Reichspräsidenten zum Schutze des deutschen Volkes« vom 4. Februar 1933.[9]

Der Entwurf dieser auf Artikel 48 der Weimarer Verfassung Bezug nehmenden typischen Notverordnung stammte noch aus der Regierungszeit General von Schleichers. »Öffentliche politische Versammlungen sowie alle Versammlungen und Aufzüge unter freiem Himmel« konnten verboten bzw. aufgelöst werden, wenn eine »unmittelbare Gefahr für die öffentliche Sicherheit« zu befürchten war. Unter ähnlichen Bedingungen konnte auch gegen Druckschriften und Zeitungen vorgegangen werden. Bedenklich an dieser Verordnung war vor allem die Ungenauigkeit der Formulierung, die einen weiten Interpretationsspielraum eröffnete und sie zum Instrument der massiven Benachteiligung vor allem der KPD, der SPD, aber auch des Zentrums machte. Zwar sah die Verordnung die Beschwerde beim Reichsgericht vor, aber sie konnte immer erst im nachhinein eingelegt werden. Der Schaden war dann bereits eingetreten und die Benachteiligung nicht mehr gutzumachen. Entscheidend für die Rolle, welche die Verordnung spielte, wurde es, daß sie dem nationalsozialistischen Reichsminister des Innern, Wilhelm Frick, und dem Reichskommissar für das Preußische Ministerium des Innern, Hermann Göring, Repressionsmöglichkeiten gab. Hier zeigte sich, wie folgenschwer es war, daß diese Schlüsselministerien der inneren Sicherheit zwei Nationalsozialisten anvertraut worden waren. Göring nutzte den Spielraum skrupellos und machte Preußen zum wichtigsten Schauplatz der nationalsozialistischen Machtdurchsetzung.

Die Machtergreifung der Nationalsozialisten und der Kampf gegen den sogenannten »Marxismus« liefen im Februar bereits auf vollen Touren. Die gesetzlichen Grundlagen waren geschaffen und erwiesen sich als »tragfähig«, zumal Hindenburg nicht einschritt und von Papen und Hugenberg Hitler, Göring und Frick nicht in den Arm fielen. Hitlers Marschroute war klar: Der terroristische Druck auf die linken Parteien und das Zentrum werde bis zum Wahltag genügen. Danach werde man endgültig mit ihnen abrechnen. »Wir müssen erst die ganzen Machtmittel in die Hand bekommen«, äußerte Hitler in einer Rede, die er am 20. Februar 1933 vor Industriellen hielt, »wenn wir die andere Seite ganz zu Boden werfen wollen.«[10] Ein unvorhersehbarer Zufall brachte diesen Plan durcheinander und bot den Nationalsozialisten die Chance, ihr Vorgehen zu beschleunigen. In der Nacht vom 27. auf den 28. Februar steckte der holländische Maurergeselle Marinus van der Lubbe den Reichstag in Brand. Göring und Hitler schoben den Kommunisten die Schuld in die Schuhe oder wähnten sich gar am Beginn eines kommunistischen Aufstandsversuchs. Was auch immer sie glaubten, sie faßten die Gelegenheit beim Schopfe. Binnen weniger Stunden waren alle führenden Kommunisten verhaftet, darunter die gesamte Reichstagsfraktion, soweit sich einzelne Abgeordnete nicht ins Ausland absetzen konnten; die kommunistische und vorübergehend auch die sozialdemokratische Presse wurden verboten; am 28. Februar erging die »Verordnung des Reichspräsidenten zum Schutz von Volk und Staat«.[11] Sie setzte »zur Abwehr kommunistischer staatsgefährdender Gewaltakte« die individuellen Grundrechte der Weimarer Verfassung »bis auf weiteres« außer Kraft.

Jetzt war es der Polizei und ihren Hilfsorganen möglich, Verhaftungen ohne Angabe von Gründen, d. h. ohne Beweise, vorzunehmen und den Verhafteten den Rechtsschutz zu verweigern. Die Unversehrtheit der Wohnung und des Eigentums war nicht mehr gewährleistet, und das Brief-, Post-, Telegraphen- und Fernsprechgeheimnis waren ebenso aufgehoben wie die Meinungs-, Presse-, Versammlungs- und Vereinsfreiheit. Eine Reihe von Delikten, für die das Strafgesetzbuch lebenslanges Zuchthaus vorsah, wurde nun mit dem Tod bestraft. Der Anlaß, den der Reichstagsbrand geboten hatte, stand, selbst wenn man der Interpretation der Nationalsozialisten folgte, in keinem Verhältnis zu diesen Maßnahmen. Die Verordnung richtete sich zwar zunächst gegen die Kommunisten, konnte aber gegen alle Gegner des Regimes angewandt werden, wenn man sie nur – begründet oder unbegründet – in Verbindung zu kommunistischen Gewaltakten zu bringen vermochte. Zuerst bekamen das die Sozialdemokraten zu spüren, denen Göring bereits am 28. Februar eine Mitschuld am Reichstagsbrand anzuhängen versuchte.[12] Später wurde dieses »Verleumdungsmodell« auch auf andere Gegner ausgedehnt. So wurde die Verordnung zum Ausgangspunkt der Gegnerbekämpfung schlechthin. Sie blieb bis zum Ende des »Dritten Reiches« in Kraft und begründete ein Regime des permanenten Ausnahmezustandes.

Mit der Verordnung vom 28. Februar wurde der Wahlkampf in offen terroristische Bahnen gelenkt. Die Bilanz des Terrors belief sich bis zum Wahltag auf 69 Tote und mehrere hundert Verletzte auf beiden Seiten. Die Kommunisten, die im Mittelpunkt des Terrors standen, wanderten zu Tausenden in die Gefängnisse und in improvisierte Konzentrationslager und Folterkeller. Bis Mitte März waren allein in Preußen 100000 politische Gegner – überwiegend Kommunisten – verhaftet worden.

Die Wahl brachte der Regierung die absolute Mehrheit. Die NSDAP und die von DNVP und ›Stahlhelm‹ gebildete ›Kampffront Schwarz-Weiß-Rot‹ erreichten knapp 53% der Stimmen. Die NSDAP konnte ihr Stimmenpotential gegenüber den Wahlen im November 1932 um 10,8% und gegenüber denen im Juli 1932 um 6,5% steigern. Offenbar hatte sich der Terror als probates Mittel erwiesen. Gleichwohl erlangten die KPD mit 12,3% und die SPD mit 18,3% der Stimmen trotz massiver Benachteiligung und Verfolgung immer noch beachtliche Ergebnisse. Zentrum und BVP konnten sich mit 13,9% erneut behaupten, während die Parteien der bürgerlichen Mitte zerrieben wurden. Für das Ermächtigungsgesetz, das der neue Reichstag verabschieden sollte, reichte die Regierungsmehrheit aber nicht aus, da hierfür eine Zweidrittelmehrheit benötigt wurde. Mit einer Mischung aus Täuschung und Werbung gelang es Hitler, die Fraktionen des Zentrums, der BVP und der Parteien der bürgerlichen Mitte für das Gesetz zu gewinnen. Nur die durch Verhaftungen bereits dezimierte SPD-Fraktion stimmte geschlossen mit »Nein« – die kommunistischen Abgeordneten befanden sich entweder in Schutzhaft oder waren emigriert.

Das mit 444 Ja-Stimmen am 23. März 1933 im Ausweichquartier des Reichstages, der Kroll-Oper, verabschiedete »Gesetz zur Behebung der Not von Volk und Reich«, wie das Ermächtigungsgesetz offiziell hieß, gab der Reichsregierung das Recht, losgelöst vom verfassungsmäßigen Gesetzgebungsverfahren, Gesetze zu beschließen und dabei jederzeit von der Reichsverfassung abzuweichen.[13] Damit wurde die Weimarer Verfassung praktisch wirkungslos, auch wenn sie formal weiter galt und das Ermächtigungsgesetz zunächst bis zum 1. April 1937 befristet war. Es wurde dann noch zweimal verlängert und blieb ebenso wie die Verordnung vom 28. Februar 1933 bis zum Ende des »Dritten Reiches« in Kraft.

Hitlers Diktatur, die bisher auf dem Notverordnungsrecht des Präsidenten beruht hatte und im Grunde eine Präsidialdiktatur gewesen war, besaß seither eine Rechtsgrundlage, die den Kanzler vom Parlament und vom Präsidenten unabhängig machte. Damit hatten die konservativen Partner Hitlers ihre Machtstellung vollständig eingebüßt. In der Kabinettssitzung am 15. März 1933 hatte Hugenberg in richtiger Vorausahnung immerhin noch gefragt, »ob eine Mitwirkung des Herren Reichspräsidenten bei den Gesetzen vorgesehen sei, die auf Grund des Ermächtigungsgesetzes von der Reichsregierung erlassen würden«. Reichsjustizminister Gürtner und Vizekanzler von Papen hielten die Mitwirkung des Reichspräsidenten ebenfalls für erforderlich, aber offenbar war Hindenburg hierfür nicht zu gewinnen.[14]

Widerstand gegen die Etablierung des totalen Staates konnte nun mit legalen Mitteln nicht mehr geleistet werden. Nicht nur die erklärten Gegner der sogenannten »nationalen Revolution«, die Hitler nach dem 5. März 1933 ausgerufen hatte, die »Marxisten«, waren in die Illegalität abgedrängt worden, sondern jeder, der sich gegen die Regierung auflehnte, konnte nun in die Illegalität abgedrängt werden und wurde angesichts der Machtvollkommenheiten, die Hitler erlangt hatte, weitgehend rechtlos. »Für vier Jahre«, bilanzierte der *Völkische Beobachter*, »kann Hitler alles tun, was notwendig ist für die Rettung Deutschlands. Negativ in der Ausrottung der volkszerstörenden marxistischen Gewalten, positiv im Aufbau einer neuen Volksgemeinschaft.«[15]

3. Die Gleichschaltung von Ländern, Gewerkschaften und Parteien

Die Errichtung des totalen Staates erfolgte in schnellem, für den Beobachter geradezu atemberaubendem Tempo. »In fünf Monaten«, berichtete der französische Botschafter, François-Poncet, am 4. Juli 1933 nach Paris, hat Hitler »eine Wegstrecke zurückgelegt«, »für die der Faschismus fünf Jahre brauchte«.[16] Unmittelbar nach den Wahlen vom 5. März hatten die Nationalsozialisten, noch gestützt auf die Verordnung vom 28. Februar 1933, mit der Gleichschaltung der Länder begonnen. Das Verfahren glich sich weitgehend: Die Nationalsozialisten forderten ultimativ die Beteiligung an der Landesregierung, meistens die Überlassung der

Polizeidirektion. Wenn die bestehende Landesregierung das verweigerte, sorgte die NSDAP für entsprechende Kundgebungen des »Volkszorns«, die der Reichsinnenminister dann zum Vorwand nahm, unter Berufung auf Artikel 2 der Verordnung vom 28. Februar einzuschreiten und die Landesregierung ihres Amtes zu entheben und Platz für die nationalsozialistische Machtergreifung via Reichskommissar zu machen. Am 5. März, noch am Wahltag, begann der Reigen mit Hamburg, dann folgten am 6. März Bremen und Lübeck, am 7. März Hessen, am 8. März Sachsen, Baden und Württemberg und schließlich am 9. März Bayern. Ähnlich wurde auf kommunaler Ebene vorgegangen.

In zwei rasch aufeinanderfolgenden legislativen Akten, in denen Hitler von seiner neuen Kompetenz, Reichsgesetze zu erlassen, Gebrauch machte, wurde am 31. März und 7. April der Prozeß der Gleichschaltung der Länder besiegelt. In den Ländern, mit Ausnahme von Preußen, wurden vom Reichspräsidenten auf Vorschlag des Reichskanzlers Reichsstatthalter ernannt. Sie hatten die Befugnis, »für die Beobachtung der vom Reichskanzler aufgestellten Richtlinien der Politik zu sorgen«, die Vorsitzenden der Landesregierungen zu ernennen und zu entlassen sowie gegebenenfalls die Landtage aufzulösen, Neuwahlen auszuschreiben und die Landesgesetze auszufertigen und zu verkünden. In Preußen, dem bei weitem größten und wichtigsten Land, ernannte der Reichskanzler den Reichsstatthalter bzw. den Chef der Landesregierung in eigener Machtvollkommenheit ohne Mitwirkung des Reichspräsidenten.[17] Der amtierende Reichsstatthalter in Preußen, Franz von Papen, trat am 7. April, am Tage der Verabschiedung des »Reichsstatthaltergesetzes«, wie das zweite Gleichschaltungsgesetz genannt wurde, zurück. Nachfolger von Papens als Reichskommissar wurde Hitler selbst. Zum Ministerpräsidenten ernannte er am 10. April Hermann Göring, der die Geschicke Preußens in den Monaten zuvor in seiner Funktion als Reichskommissar für das preußische Innenministerium bereits weitgehend gelenkt hatte. Göring versprach mehr, als nur die Politik Preußens an der des Reichs auszurichten. Er übernehme die preußische Staatsregierung, erklärte er am 18. Mai 1933 im Landtag, »vor allem und in erster Linie als treuester Paladin« seines »Führers Adolf Hitler«.[18] Dieses waren neue Töne, welche die Errichtung des Führerstaates anzeigten.

Von der Gleichschaltung der Länder war es nur noch ein kleiner

Schritt zur Beseitigung des Föderalismus. Ein Jahr nach der Machtergreifung, am 30. Januar 1934, wurden die Landtage abgeschafft und die Hoheitsrechte der Länder auf das Reich übertragen. Der Reichsrat, zur Vertretung der deutschen Länder bei der Gesetzgebung und Verwaltung des Reichs geschaffen, wurde am 14. Februar 1934 ebenfalls aufgehoben.

Nach der Gleichschaltung der Länder, die auch deswegen unmittelbar nach der Reichstagswahl begann, weil man für die Verabschiedung des Ermächtigungsgesetzes einen nationalsozialistisch beherrschten Reichsrat benötigte, wandte sich die Gleichschaltungsdynamik den anderen Politik- und Gesellschaftsbereichen zu, den Verbänden, Gewerkschaften und Parteien.[19] Als erstes wurden die letzten Bastionen der »Marxisten«, wie es im NS-Jargon hieß, geschleift. Die ›Kommunistische Partei‹ und deren Gliederungen waren bereits seit dem 28. Februar zerschlagen und in den Untergrund gedrängt worden. Die am 5. März gleichwohl von der Partei noch gewonnenen 81 Reichstagsmandate wurden kassiert. Am 31. März geschah das auch mit den kommunistischen Landtagsmandaten. Damit hatte die KPD praktisch aufgehört zu existieren, auch wenn es zu einem förmlichen Verbot nicht kam. Das Vermögen der Partei wurde am 26. Mai 1933 eingezogen.

Die ›Sozialdemokratische Partei‹, gegen die sich der »Volkszorn« nicht in gleicher Weise mobilisieren ließ und die politisch nicht so isoliert war wie die Kommunisten in der bürgerlichen Republik, wurde nach dem 5. März 1933 nicht frontal angegriffen. Die nationalsozialistische Stoßkraft richtete sich zunächst gegen ihre Verbündeten, das ›Reichsbanner‹ und die Gewerkschaften. Die sozialdemokratische Kampforganisation, das ›Reichsbanner‹, wurde im März 1933 durch staatliche Repressionsmaßnahmen einerseits und gewaltsame Auseinandersetzungen mit der ihr zahlenmäßig weit überlegenen SA andererseits zerrieben. In einigen Ländern kam es darüber hinaus zu förmlichen Verboten des ›Reichsbanners‹. Ende März hörte es praktisch auf zu existieren. Sein letzter Chef, Karl Höllermann, ging am 2. Mai in die Emigration.[20]

Die Gewerkschaften lieferten ein Beispiel der Selbstaufgabe.[21] Das ist um so erstaunlicher, als die Nationalsozialisten in der Gewerkschaftsbewegung bis 1933 kaum hatten Fuß fassen können. Der erst 1929 gegründeten ›Nationalsozialistischen Betriebszellen-Organisation‹ (NSBO), die 1933 ca. 400000 Mitglieder hatte, war es nicht gelungen, nennenswerten Einfluß in den Betrieben zu erlangen. Hier beherrschten die sozialistischen ›Freien Gewerkschaften‹, zusammengefaßt im ›Allgemeinen Deutschen Gewerkschaftsbund‹ (ADGB), mit 4,5 Mio Mitgliedern das Feld. Allerdings war die Gewerkschaftsbewegung zersplittert, neben dem ADGB gab es die christlichen Gewerkschaften mit ca. 1 Mio Mitgliedern und die liberalen ›Hirsch-Dunckerschen Gewerkschaften‹ mit ca. 500000 Mitgliedern sowie verschiedene Angestellten- und Beamtenverbände. Der Machtergreifung Hitlers hatten die Gewerkschaften tatenlos zugesehen. Das war im Falle des ADGB an sich schon erstaunlich, kann aber auf die Zersplitterung der Arbeiterbewegung in Kommunisten und Sozialdemokraten, die sich trotz der Herausforderung durch den Nationalsozialismus weiterhin untereinander bekämpften, zurückgeführt werden. Schwer zu verstehen ist es jedoch, daß der ADGB sich nach dem 30. Januar 1933 allmählich und nach dem 5. März forciert von der SPD lossagte und nun auf den Boden der neuen Tatsachen stellte. Am 9. April 1933 bot der Bundesvorstand des ADGB der Regierung Hitler nicht nur die loyale Mitarbeit an, sondern empfahl ihr sogar die Einsetzung eines Reichskommissars für die Gewerkschaften.

Die Gründe, die den ADGB zu dieser Politik bewogen haben, hatten viel mit der Lage auf dem deutschen Arbeitsmarkt zu tun. Zweifellos schwächte die extrem hohe Arbeitslosigkeit die Macht der Gewerkschaften. Zudem schienen die Nationalsozialisten bereit, eine aktive Arbeitsbeschaffungspolitik einzuleiten, wie sie der ADGB seit Mai 1932 anstrebte. Aus diesem Grund war es schon im Sommer 1932 zu einer ersten Annäherung zwischen NSDAP und ADGB gekommen. Gewiß übten die sozialpolitischen Versprechungen der NSDAP darüber hinaus eine gewisse Anziehungskraft auf den ADGB aus. Eine prominente Rolle spielte die Verheißung der neuen Regierung, eine Einheitsgewerkschaft zu schaffen. Die Regierung Hitler spielte in der Tat geschickt auf der Klaviatur der sozialen Verlockungen und führte am 10. April 1933 den 1. Mai als gesetzlichen »Feiertag der nationalen Arbeit« ein. Sie erfüllte damit eine alte Forderung der Arbeiterbewegung, deren Verwirklichung die SPD in der Weimarer Republik nicht zustande gebracht hatte. Das verfehlte seine Wirkungen auf die Gewerkschaftsbewegung nicht. Gleichwohl mutet es nach allem, was sich zwischen dem 30. Januar und Anfang April in

Deutschland ereignet hatte, naiv an, wenn die Repräsentanten der Gewerkschaftsbewegung meinten, sie könnten ihre Organisationen unversehrt in den neuen Staat hinüberretten.

Bereits am 17. April 1933 fiel in einer geheimen Sitzung auf dem Obersalzberg bei Hitler die Entscheidung über die Zukunft der Gewerkschaften. Am 2. Mai, einen Tag nach der feierlichen Begehung des Tages der Arbeit mit den Gewerkschaften, sollten die Gewerkschaftshäuser besetzt werden.

Selten folgten die »positiven« und »negativen« Schritte der Etablierung des totalen Staates so anschaulich und so rasch aufeinander wie bei der Gleichschaltung der Gewerkschaften. Am 1. Mai marschierte die in den Gewerkschaften organisierte Arbeiterschaft Seite an Seite mit den Nationalsozialisten. Hitler hielt in Berlin eine große Rede und beschwor die »Volksgemeinschaft«.[22] Am nächsten Tag wurde die sorgsam vorbereitete Gleichschaltung des ADGB in einer Blitzaktion durchgeführt. Es gelang nicht nur, die Gewerkschaftshäuser ohne Widerstand zu besetzen, sondern auch das bedeutende Vermögen des ADGB zu beschlagnahmen. Einige führende Mitglieder des Bundesvorstandes wurden verhaftet, aber im großen und ganzen war die Regierung bemüht, den Bogen nicht zu überspannen. Die Mehrzahl der Funktionäre wurde einfach übernommen. In Massenkundgebungen erklärte das Regime sein Vorgehen. Der Schlag gegen den ADGB erschütterte das Gewerkschaftssystem insgesamt. Zuerst – noch im Mai – gaben die liberalen auf, dann folgten im Juni die christlichen Gewerkschaften. Mit der ›Deutschen Arbeitsfront‹ (DAF), die am 6. Mai 1933 gegründet und deren Leiter Robert Ley wurde, schufen die Nationalsozialisten die versprochene Einheitsgewerkschaft. Allerdings dauerte es bis zum Ende des Jahres 1933, ehe die Organisation stand.[23]

Mit der Gleichschaltung der Gewerkschaften hatten die Nationalsozialisten den letzten Eckstein aus dem Gebäude der Verbände und Parteien herausgebrochen, von dem noch wirksamer Widerstand hätte ausgehen können. Die SPD befand sich bereits in voller Auflösung, als der Schlag gegen die Gewerkschaften erfolgte. Einige Mitglieder des Parteivorstandes hatten sich im März 1933 ins Ausland begeben, darunter Wilhelm Dittmann, Arthur Crispien, Rudolf Hilferding und Rudolf Breitscheid. Friedrich Stampfer und Otto Wels folgten ihnen, als am 10. Mai das Parteivermögen der SPD beschlagnahmt wurde. Das Schwergewicht der Parteiarbeit verlagerte sich in diesen Tagen ins Ausland. Der Parteivorstand der SPD wurde nach Prag verlegt. Am 22. Juni wurde das Schicksal der Partei besiegelt. Zynischerweise mußte nun die Tatsache der Emigration wesentlicher Teile des Parteivorstandes als Begründung für das Vorgehen gegen die SPD herhalten. Die SPD wurde offiziell als »staats- und volksfeindliche Partei« eingestuft und nach Maßgabe der Verordnung vom 28. Februar 1933 aufgelöst. Am 24. Juli wurde verfügt, daß Sozialdemokraten weder Beamte, Angestellte und Arbeiter im öffentlichen Dienst sein durften noch aus öffentlichen Mitteln Ruhegeld beziehen konnten. Wer seine Existenzgrundlage nicht verlieren wollte, hatte binnen drei Tagen schriftlich zu versichern, daß er »jegliche Beziehungen zur SPD oder ihren Hilfs- und Ersatzorganisationen gelöst« habe.[24]

Der Ausschaltung der KPD, der Gewerkschaften und der SPD folgte im Juni und Juli 1933 die Selbstauflösung der bürgerlichen Parteien. Sie geschah ebenfalls unter Druck von oben, aber in gemäßigteren Formen und nur zu oft im geheimen Einverständnis der »Opfer« mit den »Tätern«; denn das Ende der Demokratie, für das sich die Mehrzahl der bürgerlichen Parteien aktiv eingesetzt hatte, war ohne das Ende der Parteien nun einmal nicht zu haben. Von Bedeutung für das Regime war eigentlich nur noch das Schicksal des Zentrums und der BVP. Beide Parteien hatten in der Vergangenheit eine gewisse Verfassungstreue gezeigt und hinter ihnen stand das Potential der Katholischen Kirche. Die Nationalsozialisten mußten also mit Vorsicht und taktischer Geschicklichkeit zu Werke gehen, wollten sie nicht das Risiko laufen, mit dem politischen Katholizismus auch die Katholische Kirche gegen sich aufzubringen.

In seiner Regierungserklärung vom 23. März 1933 hatte Hitler den Kirchen einige bedeutende Zusicherungen gemacht und ihnen signalisiert, daß er ihre Rechte und die zwischen den Ländern und den Kirchen bestehenden Verträge respektieren wolle. Die Katholische Kirche reagierte sofort. Bereits am 28. März korrigierte die Fuldaer Bischofskonferenz ihre kritische Haltung gegenüber der NSDAP und räumte dem von dieser Partei gestellten Reichskanzler einen gewissen Vertrauensvorschuß ein. Im Zentrum selbst wuchsen ebenfalls die Tendenzen zur Anpassung an die Regierung. Hitler war hierauf jedoch nicht angewiesen, da inzwischen erkennbar geworden war, daß die Katholische Kirche den politischen Katholizismus preisgeben würde, wenn die Regierung Hitler mit der Kurie ein Konkordat abschloß. Am 8. Juli wurde das Reichskonkordat in Rom paraphiert, drei Tage zuvor, am 5. Juli, hatte die Reichsleitung des Zentrums die Selbstauflösung beschlossen. Damit verband sich die Erwartung, daß die auch gegen das Zentrum durchgeführten willkürlichen Verhaftungs- und sonstigen Verfolgungsmaßnahmen nun unterbleiben würden.

Zentrum und BVP wiesen aufgrund ihres Zusammenhanges mit der Katholischen Kirche mehr Resistenzkraft auf als die konservativen Partner Hitlers, bei denen die Anpassung an die neuen Verhältnisse besonders nahelag, da sie ja in wesentlichen Zielen mit der NSDAP übereinstimmten. Die Nationalsozialisten nahmen die Anhänger der DNVP, die sich seit Mai 1933 ›Deutschnationale Front‹ nannte, gleichwohl nicht von den üblichen Verfolgungsmaßnahmen aus, so daß sich auch hier Zwang und opportunistische Anpassung kombinierten.

Zuerst geriet der Bündnispartner der DNVP, der ›Stahlhelm‹, in die Zwickmühle von Zwang und Anpassung. Er wurde beschuldigt, marxistisch unterwandert zu sein, und mit dieser Begründung in Braunschweig am 28. März 1933 verboten. Franz Seldte, der Führer des ›Stahlhelms‹, machte gute Miene zum bösen Spiel und versprach, selbst gegen die »Marxisten« vorzugehen, um seinen Verband aus der Schußlinie zu bringen. Am 27. April ging Seldte noch einen Schritt weiter. Er trat mit einer öffentlichen Erklärung zur NSDAP über und unterstellte den ›Stahlhelm‹ »als geschlossene Einheit dem Führer Adolf Hitler«. Das wurde Seldte sicher auch deswegen erleichtert, weil er Hitler bewunderte und die Errichtung des Führerstaates bejahte. Andererseits »opferte« er einen Teil seiner Führungsmannschaft, darunter seinen Stellvertreter Theodor Duesterberg, so daß der Opportunismus seines Vorgehens hervorsticht. Die Inkorporation des ›Stahlhelms‹ in die NSDAP und ihre Gliederungen wurde in den nächsten Monaten schrittweise vollzogen. Am 27. März 1934 wurde der ›Stahlhelm‹ in ›Nationalsozialistischer Deutscher Frontkämpferbund‹ umbenannt. Die Mitglieder des ›Stahlhelms‹ verloren – sichtbares Zeichen ihrer Gleichschaltung – die feldgraue Uniform.

Das Schicksal der DNVP, gegen die die Nationalsozialisten ebenfalls mit dem Vorwurf, marxistisch unterwandert zu sein, vorgingen, entschied sich mit dem Austritt Alfred Hugenbergs am 27. Juni 1933 aus dem Kabinett. Die Gründe hierfür waren nicht nur innenpolitischer Natur. Hugenberg sah sich nach seinem ungeschickten Auftreten auf der Londoner Weltwirtschaftskonferenz – er hatte dort die deutschen Kolonien zurückgefordert und Deutschlands Recht auf Expansion im Osten reklamiert – im Kabinett isoliert und von Hitler desavouiert. Auch die DNVP löste sich schließlich am 28. Juni 1933 selbst auf und erhielt im Gegenzug von Hitler die Zusicherung, daß die ehemaligen Mitglieder der DNVP, insbesondere die von ihr gestellten Beamten und Angestellten, gleichberechtigt behandelt und keinen weiteren Schikanen ausgesetzt sein würden. Am 6. Juli 1933 zog Hitler im Kabinett Bilanz: Nach der Beseitigung der Parteien stehe der »totale Staat« vor seiner Vollendung.[25]

4. Judenboykott und Aprilgesetze 1933

Unmittelbar nach den Reichstagswahlen vom 5. März 1933 kam es in Deutschland zu pogromartigen Ausschreitungen gegen Juden.[26] Sie gingen von örtlichen Hoheitsträgern der NSDAP und von den militanten Massenorganisationen, SA und ›Stahlhelm‹, aus. Die Ausschreitungen begannen am 6. März in Berlin und griffen rasch auf andere Städte über. Neben Berlin bildeten Breslau, Chemnitz, Görlitz und Gleiwitz Schwerpunkte. Die Aktionen selbst richteten sich vorwiegend gegen jüdische Geschäftsleute, Richter und Ärzte. Geschäfte wurden geplündert, Gerichtsverhandlungen gestört, Arztpraxen und Rechtsanwaltskanzleien »belagert«.

Der Druck »der Straße« pflanzte sich nach oben fort. Der ›Bund Nationalsozialistischer Deutscher Juristen‹ (BNSDJ), dessen Leiter Hitlers Rechtsanwalt Hans Frank war, forderte am 14. März die Entfernung von Juden aus Gerichten und Anwaltskammern und verlangte am 23. März eine Zulassungssperre für Beamte und Angestellte »nichtdeutscher Abstammung«. Die im BNSDJ organisierten Rechtsreferendare gingen noch einen Schritt weiter und forderten am 30. März auch die Ausschaltung jüdischer Rechtsanwälte. Die nationalsozialistische Presse, allen voran der *Völkische Beobachter*, unterstützte diese Forderungen.

Es blieb nicht bei Forderungen. Unkoordiniert gaben die ›Reichskommissare der Justiz‹ einzelner Länder wie Bayern, Hessen und Württemberg dem Druck nach oder setzten sich an die

Spitze der Bewegung und verfügten Abberufungen jüdischer Richter. Ähnliches vollzog sich bei den Ärzten. Bereits am 29. Februar 1933 hatte der Arzt Leonardi Conti, der im preußischen Innenministerium für die Zunft der Mediziner zuständig war, sich im *Völkischen Beobachter* zu dem Ziel bekannt, den Ärztestand von Juden zu »säubern«. Am 18. März gab der Staatskommissar für Berlin, Julius Lippert, die Anweisung, die Verträge von jüdischen Krankenkassen- und Amtsärzten zum nächstmöglichen Zeitpunkt zu kündigen. In München verfuhr man ähnlich und wies die der Kommunalverwaltung unterstehenden jüdischen Ärzte, soweit sie nicht gekündigt wurden, an, nur jüdische Patienten zu behandeln. Andere antijüdische Maßnahmen kamen hinzu. Sie wurden auf regionaler oder lokaler Ebene durchgeführt und richteten sich gegen unterschiedliche Zielgruppen.[27]

Wie ist dieses Anschwellen antisemitischer Maßnahmen zu verstehen? Offenbar forderte die antisemitische Klientel der NSDAP und der SA ihren Anteil an der Gestaltung der neuen Verhältnisse und machten sich einzelne antisemitische Hoheitsträger der Partei das zunutze. Angesichts der Fortdauer der Weltwirtschaftskrise und der hohen Arbeitslosigkeit war man, nachdem die Regierung Hitler im Reichstag über eine klare Mehrheit verfügte, nicht mehr bereit zu akzeptieren, daß der nationalsozialistische Reichskanzler in der »Judenfrage« untätig blieb. Die Jungakademiker und die kleinbürgerlich mittelständische Anhängerschaft der NSDAP drängten auf eine Einlösung der antisemitischen Zielsetzung des Parteiprogramms, nicht zuletzt weil man sich davon eine materielle Verbesserung der eigenen Existenz versprach.

Exemplarisch läßt sich das an der SA sehen, die bei der Machtergreifung etwas weniger als 500000 Mitglieder zählte und bis Mitte 1934 auf 4,5 Mio anschwoll. Im Unterschied zum Führerkorps der SA, das sich ganz überwiegend aus Soldaten rekrutierte, die bereits am Ersten Weltkrieg teilgenommen hatten, bestand die große Mehrheit der Mitglieder aus arbeitslosen jungen Leuten unter 30 Jahren, vorwiegend aus dem Mittelstand, die auf die Proletarisierung zusteuerten, wenn es ihnen nicht gelang, einen Arbeitsplatz zu bekommen. Sie waren durch die oberflächliche propagandistische Schulung, die sie genossen hatten, antisemitisch eingestellt oder hatten sich angewöhnt, in »den« Juden die an ihrer Lage Schuldigen zu sehen. Mit der Machtübernahme verbanden sie die Hoffnung, ihre Lage werde sich nun schlagartig bessern. Hitlers Legalitätskurs brachten sie kein Verständnis entgegen, vielmehr erwarteten sie von »ihrem« Kanzler das Signal zum »Losschlagen«, um sich mit Gewalt zu nehmen, was das Schicksal ihnen bisher vorenthalten hatte.[28]

Hitler kam diese Konfrontation mit den antisemitischen Erwartungshaltungen der Parteibasis offenkundig ungelegen. Das Erscheinungsbild der neuen Regierung hatte sich infolge des Terrors, der den Wahlkampf seit Anfang Februar begleitete, insbesondere im Ausland nicht günstig entwickelt. Antisemitische Pogrome waren daher der außenpolitischen Bewegungsfreiheit nicht förderlich. Zudem mußten antisemitische Ausschreitungen das Vertrauen der Wirtschaft in die neue Regierung, das sich eben erst herzustellen begann, empfindlich stören und waren daher geeignet, Erfolge in der Beschäftigungspolitik zu vereiteln, ohne die sich auch eine Regierung Hitler allenfalls kurzfristig an der Macht halten konnte.

Hitler reagierte daher in hohem Maße alarmiert auf die Ausschreitungen. Zunächst versuchte er, auf die örtlichen Führer der SA und der NSDAP einzuwirken. Während der Übergriffe in Breslau ließ er eine telefonische Verbindung zur dortigen SA-Führung herstellen und versuchte, die Aktionen zu stoppen. Er bot zu diesem Zweck sogar SS-Einheiten auf. Am 12. März erging ein Appell des Parteiführers Hitler an die SA und die SS, alle »Einzelaktionen« zu unterlassen. Dem »ganzen Volk« und vor allem der »Wirtschaft« sei »das Gefühl der unbedingten Sicherheit zu geben«.[29]

Der Appell zeigte nicht die erhoffte Wirkung. Damit die Entwicklung nicht völlig aus dem Ruder lief, beschloß Hitler, den antisemitischen Heißspornen den Wind aus den Segeln zu nehmen. Am 24. März 1933 wurde das Reichskabinett mit den antisemitischen Pogromen befaßt, am 26. März traf sich Hitler in Berchtesgaden mit Goebbels, um über Gegenmaßnahmen zu beraten, und Ende März schaltete sich Hitler in die Vorbereitung gesetzlicher Maßnahmen ein, mit der Reichsinnenminister Wilhelm Frick begonnen hatte.[30] Das Ergebnis dieser Beratungen auf höchster Regierungsebene waren zwei sehr unterschiedliche Maßnahmen. Zum 1. April 1933 ordnete die NSDAP erstens einen bis zum 3. April befristeten Boykott »jüdischer Geschäfte, jüdischer Waren, jüdischer Ärzte und jüdischer Rechtsanwälte« an, und zweitens wurde in den »Aprilgesetzen« versucht, die Stellung der

Juden in Deutschland erstmals reichsrechtlich einheitlich zu regeln.

1. Zum Boykott rief eine Proklamation auf, die am 29. März 1933 im *Völkischen Beobachter* erschien. Sie stammte zum großen Teil aus der Feder des Propagandaministers, Joseph Goebbels, und wurde nicht im Namen Hitlers, sondern im Namen der »Parteileitung« der NSDAP erlassen. Hitler trug aber zweifelsfrei die Verantwortung, was er dem Kabinett gegenüber auch zum Ausdruck brachte.[31] Zur Durchführung des Boykotts wurde ein Komitee gebildet, dessen Vorsitz der Gauleiter von Franken, Julius Streicher, übernahm. Streicher war Herausgeber der antisemitischen Wochenschrift *Der Stürmer* und einer der primitivsten und radikalsten Antisemiten, die die NSDAP aufzubieten hatte. Die Mitglieder des Komitees waren Spitzenfunktionäre der NSDAP, darunter Heinrich Himmler, Robert Ley, Walter Darré, Hans Frank, Adrian von Renteln und Gerhard Wagner. Sie waren alle überzeugte Antisemiten, und keiner von ihnen hatte damals eine staatliche Funktion inne. Der »Staat« wurde wohl absichtlich nicht beteiligt. Hitler gab nur die Initialzündung und hielt sich im übrigen zurück – offenbar wollte er das Amt des Reichskanzlers mit der Aktion nicht belasten.

Der Boykott begann Samstag, den 1. April 1933, um 10 Uhr und fand, nachdem es sonntags ohnehin nicht viel zu boykottieren gab, Montag, den 3. April, sein Ende. Praktisch lief er darauf hinaus, daß vor den jüdischen Geschäften, Anwaltskanzleien und Arztpraxen SA oder SS postiert wurde, die der nichtjüdischen Kundschaft den Zugang verwehrte. Die Ergebnisse dieser Aktionen blieben weit hinter den Erwartungen der Initiatoren zurück. Sie begannen weder – wie im Boykottaufruf angekündigt worden war – »überall« noch überall »schlagartig«. Die Bevölkerung ließ sich nicht mobilisieren, ja, in vielen Fällen nicht einmal vom Betreten der jüdischen Geschäfte abhalten. Die wilden, spontanen Aktionen der SA und der örtlichen Parteifunktionäre ebbten nur allmählich ab. Vor allem die SA, die sich 1933 in geradezu atemberaubendem Tempo mit Arbeitslosen und Unzufriedenen auffüllte, erwies sich als nur begrenzt steuerbar. Im Ausland trugen die Boykottmaßnahmen zur weiteren Erschütterung des deutschen Ansehens bei.

2. Da die antisemitischen Märzaktionen zu einer Flut von Anordnungen geführt hatten, die nur regionale Geltung besaßen und

in keiner Weise einheitlichen Charakter trugen, lag es nahe, eine reichseinheitliche rechtliche Regelung anzustreben, um die antisemitische Dynamik unter Kontrolle zu bringen. In rascher Folge wurden daher vier Gesetze erlassen. Am 7. April 1933 begann die Reihe mit dem »Gesetz zur Wiederherstellung des Berufsbeamtentums«. Das Gesetz führte den »Arierparagraphen« ein. Beamte »nichtarischer Abstammung« sollten in den Ruhestand versetzt werden (§ 3) und – das lag in der Konsequenz des Gesetzes – »Nichtarier« in Zukunft nicht mehr Beamte sein können. Darüber hinaus zielte das Gesetz auf eine Säuberung der Bürokratie von Beamten, die im Sinne der Nationalsozialisten als nicht zuverlässig galten. Am 11. April verbot das »Gesetz über die Zulassung zur Rechtsanwaltschaft« jüdischen Richtern, Staatsanwälten und Rechtsanwälten die Berufsausübung. Am 22. April folgte eine Verordnung des Reichsarbeitsministers, die Ärzte »nichtarischer Abstammung« und solche, die »sich im kommunistischen Sinne betätigt« hatten, von der Zulassung bei Krankenkassen ausschloß. Am 25. April schließlich erging ein Gesetz, das Quoten für jüdische Schüler und Studenten vorschrieb: an keiner einzelnen Schule oder Universität sollten mehr als 5% und im gesamten Reichsgebiet nicht mehr als 1,5% Juden Schüler oder Studenten sein dürfen.[32]

In all diesen Gesetzen galt ein eingeschränkter »Arierparagraph«. Die Einschränkung war auf eine Intervention des Reichspräsidenten Hindenburg zurückzuführen, bei dem sich der ›Centralverband der Juden Deutschlands‹ beschwert hatte. Hindenburg hatte Hitler am 4. April 1933 geschrieben und sich darüber beklagt, daß von den antisemitischen Regelungen auch jüdische Frontkämpfer betroffen seien. »Nach meinem Empfinden müssen Beamte, Richter, Lehrer und Rechtsanwälte, die kriegsbeschädigt oder Frontsoldaten oder Söhne von Kriegsgefallenen sind oder selbst Söhne im Feld verloren haben ... im Dienste belassen werden: wenn sie wert waren, für Deutschland zu kämpfen und zu bluten, sollen sie auch als würdig angesehen werden, dem Vaterland in ihrem Beruf zu dienen.«

Hitlers Antwort war sehr geschickt formuliert. Er gab Hindenburg in der Sache nach, rechtfertigte seine Judenpolitik aber unter anderem mit einem Hinweis auf die preußische Verwaltung. Sie habe ihre Leistungsfähigkeit seinerzeit nicht zuletzt dadurch erreicht, daß sie Juden vom Staatsdienst ausschloß. Die Überrepräsentation der Juden in manchen Berufen trage dazu bei, daß »arische« Akademiker, und unter ihnen viele Kriegsteilnehmer, arbeitslos seien. Im übrigen suchte Hitler die eingeschlagene Politik zu verharmlosen: »Überhaupt soll ja das erste Ziel dieses Reinigungsprozesses nur sein, ein gewisses gesundes und natürliches Verhältnis wiederherzustellen und zweitens aus bestimmten staatswichtigen Stellen Elemente zu entfernen, denen man nicht Sein oder Nichtsein des Reiches anvertrauen kann.«[33]

Die durch Hindenburgs Intervention hervorgerufene Einschränkung des »Arierparagraphen« betraf weit mehr Personen, als die Regierung sich offenbar vorgestellt hatte. So blieben mehr als 60% der jüdischen Rechtsanwälte und mehr als 50% der jüdischen Richter und Staatsanwälte zunächst im Amt. Von den jüdischen Krankenkassenärzten behielten sogar 75% zunächst ihre Zulassung.[34] Man hatte aber nicht nur die Zahl der jüdischen Frontkämpfer unterschätzt, sondern auch schlecht gearbeitet. Die Gesetzestexte bedurften der ständigen Nachbesserung. Unzählige Durchführungsbestimmungen mußten erlassen werden. Ein Beispiel hierfür ist das »Gesetz zur Wiederherstellung des Berufsbeamtentums«. Die erste Durchführungsverordnung erging bereits nach vier Tagen. Sie lieferte am 11. April 1933 die Definition des Begriffes »nichtarische Abstammung« nach: »Als nicht arisch gilt, wer von nicht arischen, insbesondere jüdischen Eltern oder Großeltern abstammt. Es genügt, wenn ein Elternteil oder ein Großelternteil nicht arisch ist. Dies ist insbesondere dann anzunehmen, wenn ein Elternteil oder ein Großelternteil der jüdischen Religion angehört hat.«[35]

Wer Beamter werden wollte, mußte einen sogenannten »Ariernachweis« führen. In der Regel war der »arische« Stammbaum bis zur Großelterngeneration zurückzuführen; wer Erbbauer war oder einen Erbhof erwerben wollte, hatte seinen Stammbaum bis 1800 zurückzuführen, wer in die SS eintreten wollte, gar bis 1750.

Die »Aprilgesetze« regelten nur einen Teil jener Bereiche, die durch »wilde« Anordnungen und »spontane« Aktionen betroffen waren. So wurde der gesamte Bereich der Wirtschaft ausgeklammert. Das entsprach den Prioritäten, die Hitler bereits in seinem Appell vom 12. März zu setzen versucht hatte und die ihre Rechtfertigung in den vorrangigen Zielen der Wirtschaftspolitik fanden. Die Dynamik der antisemitischen Bewegung ließ sich auf diese

Weise aber nicht abfangen. Der Reichsgesetzgebung, die bisher den Ereignissen nachgeeilt war und nach dem Grundsatz der »justificatio post eventum« verfuhr, gelang es daher nicht, sich an die Spitze der Bewegung zu stellen und einen verbindlichen Rahmen für die »Judenpolitik« zu schaffen. Diese zersplitterte vielmehr weiterhin in zahllose, nur regional geltende Anordnungen und ihnen nacheilende Einzelgesetze. Die Folge war eine schnell wuchernde und nur noch dem Spezialisten zugängliche Flut von wenig oder gar nicht aufeinander abgestimmten Gesetzen, Durchführungsverordnungen und Anordnungen.

Die jüdische Bevölkerung konnte aus diesem Mangel an Koordination allerdings keine Vorteile ziehen. Vielmehr wurde ihre Position in einem Beruf nach dem anderen allmählich vernichtet. Den Staatsbeamten, Rechtsanwälten und Kassenärzten folgten die Steuerberater, die Zahnärzte, die Zahntechniker, die Schriftleiter, die Journalisten und Apotheker. Schließlich konnte ein jüdischer Bürger seit dem Juli 1935 auch keinen Wehrdienst mehr leisten, was sowohl von den Juden als auch von den Nichtjuden als ehrenrührig empfunden wurde.

Hitler hat diese chaotische Politik der Anfangsjahre später, als es ihm und der SS gelungen war, die »Judenpolitik« mehr unter Kontrolle zu bekommen, als kluge Taktik zu rechtfertigen versucht. Der Verlauf der »Judenpolitik« der Anfangsjahre und die – gemessen am Parteiprogramm der NSDAP und den Forderungen der Ideologen – eingeschränkte Verwirklichung nationalsozialistischer antisemitischer Zielsetzung zeigt jedoch etwas anderes. Die Machtergreifung hatte zu einer Entwicklung geführt, in der die Reichsgewalt erhebliche Schwierigkeiten hatte, sich gegenüber den Hoheitsträgern der NSDAP und gegenüber der SA durchzusetzen. Hitler lavierte, aber er tat das nicht aus taktischer Raffinesse, sondern weil seine Handlungsmöglichkeiten vor allem in den ersten beiden Jahren nach der Machtergreifung noch erheblich eingeschränkt waren. Erst allmählich erweiterten sich der Handlungsspielraum der nationalsozialistischen Regierung und mit ihm die Möglichkeiten für eine antisemitische Politik.

III. Die Sicherung der Herrschaft

Hitler war sich darüber im klaren, daß die Gleichschaltung nur der erste Akt der Durchsetzung des totalen Staates war. Schwieriger und langwieriger mußte es sein, diejenigen zu gewinnen, die dem Nationalsozialismus skeptisch gegenüberstanden, und jene »auszumerzen«, die nicht für ihn zu gewinnen waren. »Wenn wir wollen, daß die neue Gedankenwelt Platz greift«, führte Hitler am 6. Juli 1933 aus, »dann müssen wir den Ausrottungskrieg gegen den Gedankenbestand der Demokratie richten.« »Die Machteroberung selbst ist leicht, die Eroberung ist erst gesichert, wenn die Erneuerung der Menschen der neuen Form angepaßt ist.«[1] Die Menschen mußten gebeugt oder gewonnen werden, sollte die nationalsozialistische Herrschaft Bestand haben. Dafür waren Terror und Propaganda unverzichtbar.

1. Terror und Propaganda

Das wichtigste Instrument des Terrors war der Freiheitsentzug. Die Formen variierten und zeigten ein breites Spektrum terroristischer Möglichkeiten. Da war zunächst die »Schutzhaft«.[2] Am 31. Juli 1933 befanden sich in Deutschland insgesamt 26789 Personen in »Schutzhaft«. Sie stellte eine »›vorbeugende‹ Polizeimaßnahme zur Ausschaltung der von staatsfeindlichen Elementen drohenden Gefahren« dar. Die Rechtsgrundlage war die Verordnung vom 28. Februar 1933. Im Unterschied zur »Strafhaft«, die ein Gerichtsurteil voraussetzte, oder zur kurzfristigen »Polizeihaft«, die an feste Voraussetzungen wie die Verfolgung strafbarer Handlungen gebunden war, erfolgte die »Schutzhaft« ohne Einschaltung des Staatsanwaltes oder eines Gerichts. Sie variierte in der Dauer von wenigen Tagen bis zu Wochen und Monaten. Als Grund reichte der bloße Verdacht, Kommunist zu sein oder mit Kommunisten bzw. »Marxisten« in Verbindung zu stehen.[3]

Der Schutzhäftling wurde in der Regel von der Polizei verhaftet und kam, wenn er Glück hatte, ins Gefängnis. Das war 1933 noch ein relativ sicherer Platz. Daneben gab es einen irregulären Terror der SA und der SS sowie mobilisierter Anhänger der NSDAP, die politische Gegner in Kellern und Bunkern festhielten und auf das Furchtbarste malträtierten. Allein in Berlin existierten etwa fünfzig solcher Bunker und improvisierter Konzentrationslager der SA. Je mehr die nationalsozialistischen Funktionäre im Zuge des Machtergreifungsprozesses und der Gleichschaltung in das Polizeiwesen eindrangen, desto theoretischer wurde die Abgrenzung zwischen dem pseudolegalen Terror von oben und dem wilden Terror von unten.

Der Strom der Verhafteten nahm im Zuge der Gleichschaltung der Länder erheblich zu. Dabei kümmerte man sich wenig um die vorhandene Aufnahmekapazität der Gefängnisse, sondern schuf neue Kapazitäten. Am 20. März 1933 ließ Himmler in Dachau in den Baracken einer ehemaligen Pulverfabrik das erste Konzentrationslager errichten. Im Laufe des Jahres 1933 wurden 4821 Häftlinge in Dachau eingeliefert. Nach Dachau kamen die politischen Gegner des Regimes – bis Mitte Juni 1933 waren das zu 80 bis 90% Kommunisten. Dann wurden Sozialdemokraten und andere sogenannte »Staatsfeinde« dorthin verbracht. Noch 1935/36 waren ca. 75% der Insassen »politische Gegner«.[4]

Dachau wurde das Modell für das Konzentrationslagerwesen im »Dritten Reich«, das nun immer stärker organisiert und vereinheitlicht wurde und die Haftformen außerhalb der Gefängnisse und Zuchthäuser ersetzte. Der traurige Ruhm, der Organisator dieses Terrorbereichs gewesen zu sein, gebührt dem zweiten Kommandanten von Dachau, Theodor Eicke. Seine am 1. Oktober 1933 erlassene »Disziplinar- und Strafordnung für das Gefangenenlager« sah außer der Prügelstrafe die Todesstrafe vor. Den Häftlingen sollte mit unerbittlicher Härte begegnet werden. Der spätere Kommandant von Auschwitz, Rudolf Höß, der von Eicke ausgebildet wurde, beschrieb nach dem Krieg das »Ethos«, das Eicke seinen SS-Leuten, den Totenkopfverbänden, die eigens für die Bewachung der Konzentrationslager aufgestellt wurden, einzuimpfen suchte: »Er könne nur harte und entschlossene Männer gebrauchen, die jedem Befehl rücksichtslos gehorchten. Nicht umsonst trügen sie den Totenkopf und die stets geladene scharfe Waffe. Sie stünden als einzige Soldaten auch in Friedenszeiten Tag und Nacht am Feind, am Feind, hinter dem Draht.«[5]

Das Konzentrationslagerwesen hatte sich bis Mitte des Jahres 1933 über das ganze Reich ausgebreitet. Die Mehrzahl der Lager stand zunächst unter der Leitung der SA. Allerdings waren die staatlichen Stellen, allen voran das Reichsinnenministerium, darum bemüht, den Wildwuchs zurückzuschneiden. Tatsächlich gelang es 1933, zahlreiche Lager wieder aufzulösen und das Instrument Schutzhaft einzugrenzen. Doch das blieb Episode.

Die Verhaftung der Gegner hätte nicht zum Hauptinstrument der Etablierung des totalen Staates werden können, wenn die Nationalsozialisten im Zuge der Gleichschaltung der Länder nicht den Polizeiapparat unter ihre Kontrolle bekommen hätten. Für terroristisches Zupacken war die reguläre Polizei freilich relativ ungeeignet. Daher wurde bereits im April 1933 eine Geheime Staatspolizei auf Länderebene organisiert. Vorreiter war der preußische Ministerpräsident Hermann Göring. Er gründete am 26. April 1933 »zur Wahrnehmung von Aufgaben der politischen Polizei neben den oder an Stelle der ordentlichen Polizeibehörden« ein Geheimes Staatspolizeiamt für Preußen. Aufgabe der neuen Behörde war es, »alle staatsgefährlichen politischen Bestrebungen im gesamten Staatsgebiet zu erforschen«.[6]

Göring machte sich selbst zum Chef der damit ins Leben gerufenen Geheimen Staatspolizei (Gestapo) und löste sie als Sonderbehörde aus der inneren Verwaltung heraus. Freilich wurde ihm das neue Instrument rasch entwunden. Seit November 1933 hatte Heinrich Himmler, der im April 1933 Chef der Polizei in Bayern geworden war, damit begonnen, die politische Polizei bzw. die Staatspolizei in den anderen Ländern unter seine Kontrolle zu bringen. Er bemächtigte sich auch der Kontrolle über die in den Ländern nach dem preußischen Vorbild gebildete Geheime Staatspolizei: Am 20. April 1934 wurde er schließlich unter Görings formeller Aufsicht auch Chef der Geheimen Staatspolizei in Preußen und faßte die politische Polizei im gesamten Reich einheitlich zusammen.[7] Der Organisator und Spiritus rector dieses Prozesses wurde der intellektuell seinem Chef weit überlegene, ihm gleichwohl treu ergebene SS-Gruppenführer Reinhard Heydrich. Nun wurde die Gestapo zur Domäne der SS. Die neue Sonderbehörde entwickelte sich zum Zentrum des sich rasch ausbreitenden »SS-Staates«, dem auch die Konzentrationslager unterstanden.

Die neue SS-Sonderbehörde nahm drei Hauptaufgaben staatlicher Sicherheitspolitik wahr: erstens die Bespitzelung und Überwachung der gesamten Bevölkerung, zweitens die Aufspürung und Verfolgung der Gegner des Regimes sowie drittens deren Absonderung, Bestrafung und Tötung.

Die erste Aufgabe übernahm der Sicherheitsdienst der SS, der vorwiegend unter seinem Kürzel bekannt gewordene »SD«. Der Chef des SD wurde SS-Gruppenführer Reinhard Heydrich. Der SD betrieb, gestützt auf ein umfassendes Spitzelsystem, die Aushorchung der Bevölkerung. Da es eine öffentliche Meinung, die diesen Namen verdient, nach der Gleichschaltung der Medien, des Rundfunks und der Zeitungen, sowie der Parteien und Verbände nicht mehr gab, war die Artikulation oppositioneller Meinungen in den Untergrund abgedrängt worden und mußte dort aufgespürt werden. So wurde ein Netz von Spitzeln über das Reich gezogen, dessen Aufgabe es war, aus allen Gebieten und Lebensbereichen sogenannte »Stimmungsberichte« zu liefern. Sie sollten einerseits den Ansatzpunkt für strafrechtliche Verfolgungsmaßnahmen gegen Oppositionsgruppen oder oppositionelles Verhalten einzelner geben und andererseits in den Fällen die Korrektur von Regierungsmaßnahmen ermöglichen, in denen Unmutsbekundungen aus der Perspektive des Regimes berechtigt waren und geändert werden konnten. Angestrebt wurde die »totale Erfassung des gesamten Lebens der Nation« nach einheitlichen Kriterien. Den V-Männern gab Heydrich am 4. September 1937 die Richtschnur, darüber zu berichten, »wie sich die nationalsozialistische Weltanschauung auf den einzelnen Lebensgebieten durchsetzt und welche Widerstände, und gegebenenfalls von wem, zu verzeichnen sind«.[8]

War der SD das »Auge« und das »Ohr« des Regimes, waren Geheime Staatspolizei (Gestapo) und Polizei sein »Arm«. Sie übernahmen die zweite Aufgabe des SS-Apparates, das Aufspüren und Verfolgen der Gegner. Nachdem es Himmler 1934 gelungen war, die Gestapo reichseinheitlich unter seiner Führung zusammenzufassen, wurde er am 17. Juni 1936 von Hitler auch damit beauftragt, die Polizei einheitlich zusammenzufassen. Er führte seither die Amtsbezeichnung: »Der Reichsführer SS und Chef der Deutschen Polizei im Reichsministerium des Innern«. Himmler vereinte damit ein Parteiamt, »Reichsführer SS«, in dem er Hitler persönlich unterstand, und ein Staatsamt, »Chef der Deutschen Polizei«, in dem er dem Reichsinnenminister unterstand, in seiner Hand. Die Polizei wurde in zwei Bereiche gegliedert, die Sicherheitspolizei und die Ordnungspolizei. Der Chef der Sicherheitspolizei wurde Reinhard Heydrich. Ihm unterstanden die gesamte Politische Polizei (Geheime Staatspolizei) und die gesamte Kriminalpolizei. Der Chef der Ordnungspolizei wurde der General der Polizei Kurt Daluege. Ihm unterstanden die gesamte Schutzpolizei, die Gendarmerie und die Gemeindepolizei im Reichsgebiet. Für die Praxis des politischen Terrors wurde es bedeutsam, daß die SS nun über die Kriminalpolizei verfügen und sie zusammen mit der politischen Polizei, der Gestapo, zur Gegnerbekämpfung einsetzen konnte.

Den Schlußstein des SS-Terrorapparates bildeten die Konzentrationslager, die eigentlichen Vollzugsorgane des Terrors. Ihnen oblag die dritte Aufgabe, die Absonderung, Bestrafung und Ermordung der Gegner des Regimes. Die Konzentrationslager wechselten am 30. Juni 1934 aus der Zuständigkeit der SA in die der SS. Theodor Eicke, bisher Kommandant des KZ Dachau, wurde am 7. Juli 1934 zum »Inspekteur der Konzentrationslager und Führer der SS-Wachverbände« ernannt. Er organisierte bis 1937 zwei weitere große Konzentrationslager nach dem Vorbild von Dachau: Sachsenhausen bei Berlin und Buchenwald bei Weimar. Die Totenkopfverbände der SS umfaßten 1937 3500 Mann.

Ebenso wichtig wie der Terror war die Propaganda. Während der Terror der Gegnerbekämpfung diente, sollte die Propaganda Überzeugungsarbeit für das Regime leisten, d. h., die Anhänger der NSDAP und des »Führers« in ihrem ideologischen »Glauben« stärken und festigen und zugleich Werbung für diesen Glauben bei denjenigen betreiben, die dem Regime skeptisch oder gleichgültig gegenüberstanden. Kurz: Es ging darum, jene 57% zu gewinnen, die bei den Wahlen am 5. März nicht für die NSDAP gestimmt hatten. Beide Instrumente – Terror und Propaganda – zielten dabei nicht nur auf die Stabilisierung des Systems in Friedenszeiten ab, sondern waren in besonderem Maße auf den Kriegszustand berechnet. Die Entfaltung des Propagandainstrumentariums im Frieden geschah mit stetem Blick auf den Krieg als Endzweck und Endzustand der nationalsozialistischen Herrschaft.

Die Bedeutung der Propaganda für den modernen Krieg hatte niemand besser erkannt als Adolf Hitler selbst. Das »Kriegspropaganda« überschriebene Kapitel in *Mein Kampf* gehört zu den besten, aber auch zynischsten Passagen dieses Buches. Hitler griff dort allerdings nur Gedanken auf, die nach dem Ersten Weltkrieg »in der Luft« lagen. Vor allem mit seinem Urteil, daß die deutsche Propaganda im Vergleich zu der der Gegner Deutschlands versagt habe und daher über die Modalitäten der »politischen Kriegführung« nachzudenken sei, stand er nicht allein. So unterschiedliche Geistesgrößen wie Ernst Troeltsch, Edgar Stern-Rubarth, Paul von Hindenburg und Erich Ludendorff stimmten in der Bewunderung für die von Lord Northcliffe inspirierte und organisierte englische Kriegspropaganda überein. Der dem liberalen politischen Spektrum zuzuordnende Stern-Rubarth formulierte 1921 sogar eine These, die die Dolchstoßlegende auf die Propaganda übertrug: »In Wahrheit« sei Deutschland im Ersten Weltkrieg »der gegnerischen Propaganda, dem Kampf des Wortes und der Gedanken unterlegen«.[9]

Hitler und Goebbels knüpften hieran an. Wie keine andere Partei der Weimarer Republik hatte die NSDAP die Propaganda als Waffe des politischen Kampfes entwickelt und dabei neben der Presse die modernen Medien, den Rundfunk und den Film, aber auch die Schallplatte als Propagandaträger ins Zentrum gerückt. Dieser Modernität verdankte sie nicht zuletzt ihren Erfolg. Vor allem die Reden Hitlers wurden mit diesen Medien verbreitet. Der »Starredner« der Nationalsozialisten sollte nahezu jeden potentiellen Wähler im Originalton oder im Bild erreichen. Der Reichspropagandaleiter der NSDAP, Joseph Goebbels, orientierte die Wahlkampfstrategie im Februar 1933 geradezu an den Möglichkeiten der technischen Vervielfältigung und setzte den Rundfunk als wichtigsten Multiplikator ein: Hitler sprach in allen Städten, die über eigene Sendestationen verfügten, und ließ seine Reden vom Rundfunk übertragen.

Die Rücksicht auf die konservativen Bündnispartner der Nationalsozialisten machte es am 30. Januar 1933 zunächst nicht möglich, ein Propagandaministerium zu schaffen. Goebbels, der sich schon als Minister gesehen hatte, wurde auf die Zeit nach dem 5. März vertröstet. Er bereitete sich aber bereits seit Anfang Februar auf die neue staatliche Funktion vor und versuchte, den Rundfunk vorab gleichzuschalten. Das geplante Ministerium, vertraute er seinem Tagebuch an, werde der Reichspropagandaabteilung der NSDAP »nachgebildet« und solle »etwas durchaus Modernes und einzigartig Neues darstellen. Wir haben damit in der zu erringenden Weltgeltung unseres Landes allen anderen Ländern gegenüber einen Vorsprung.«[10]

Am 13. März 1933 war es schließlich soweit: Durch einen Erlaß wurde das »Reichsministerium für Volksaufklärung und Propaganda« geschaffen. Dank der intensiven Vorbereitungen stand die

Organisation des neuen Ministeriums in wenigen Wochen. Seine Kompetenzen wurden aus einer Reihe anderer Ministerien herausgeschnitten: Aus dem Geschäftsbereich des Auswärtigen Amtes wurden die Bereiche »Nachrichtenwesen und Aufklärung im Auslande« übernommen; der Reichsminister des Innern gab u. a. seine Zuständigkeit für nationale Feiertage, für die Presse, den Rundfunk, für Kunst und Musik, für Theaterangelegenheiten, das Lichtspielwesen und die »Bekämpfung von Schund und Schmutz« ab; die Reichsministerien für Wirtschaft sowie für Ernährung und Landwirtschaft mußten auf ihre Kompetenzen im Bereich der Wirtschaftswerbung und im Ausstellungs-, Messe- und Reklamewesen verzichten; die Verkehrswerbung und einen Teil der Rundfunkangelegenheiten hatten schließlich das Reichsministerium für Verkehr und für Post abzugeben. Dieser Start des neuen Ministeriums auf Kosten anderer war sachlich unabweisbar, führte aber zu zahllosen Streitigkeiten und Kompetenzrivalitäten.

Das Instrument der Propaganda war – wie auch das Instrument des Terrors – in seinem Anspruch total, zielte auf das gesamte Volk und alle seine Lebensbereiche. Neben der politischen Sphäre wurde das gesamte gesellschaftliche und kulturelle Leben der Nation zum Zielbereich propagandistischer Indoktrinierung und geistiger Kontrolle. Um zu erfahren, wie die Propaganda im Volk aufgenommen wurde bzw. wo und wie gegebenenfalls nachgefaßt werden mußte, verließ sich Goebbels nicht auf die ›Meinungsforschung‹ des SD, sondern ließ die regionale Mittelinstanz des Ministeriums, die 32 Reichspropagandaämter, ständig über die Stimmung im Volk berichten. Das Berichtsmaterial wurde sorgfältig ausgewertet und schuf die Ansatzpunkte für eine flexible, am Sicherheits- und Indoktrinierungsbedarf des Systems orientierte Propaganda. Die Propaganda war allgegenwärtig, über Presse, Rundfunk und Film drang sie Tag und Nacht in jedes Haus, in jede Familie, in Wirtshäuser und Restaurants sowie an den Arbeitsplatz.

Goebbels selbst vereinigte drei Ämter in seiner Hand. Er blieb Reichspropagandaleiter der NSDAP und damit die entscheidende Instanz in der Partei-Propaganda, die in den größeren Apparat des Ministeriums und in die umfassendere Zielsetzung der staatlichen Propaganda einbezogen wurde. Im staatlichen Bereich hatte er außer dem Ministeramt die Leitung der Reichskulturkammer inne. Sie entschied darüber, wer sich im kulturellen Bereich betätigen durfte und wer nicht. Das Prinzip der Personalunion blieb nicht auf Goebbels beschränkt. Viele der leitenden Propagandisten bekleideten Funktionen in zwei oder gar allen diesen Institutionen.

Trotz der zweifellos beträchtlichen Machtstellung von Goebbels, trotz des totalen Anspruchs der nationalsozialistischen Propaganda und trotz der umfassenden Organisation des Propagandaapparats beherrschte Goebbels das Feld der Propaganda nicht allein, gelang die totale Durchdringung dieses Bereichs nicht in demselben Maße wie im Terrorsystem. Goebbels mußte Rivalen neben sich dulden, die ihm die Führung streitig zu machen suchten und dafür sorgten, daß die NS-Propaganda nicht mit einer Zunge sprach. Am deutlichsten tritt das im Bereich der Presselenkung hervor.[11] Hier hatte Goebbels mit den rivalisierenden »Machtfaktoren« des »Reichsleiters für die Presse« und »Präsidenten der Reichspressekammer«, Max Amann, sowie des »Pressechefs der Reichsregierung«, Otto Dietrich, zu tun.

Max Amanns unabhängige Machtstellung beruhte auf seinem Prestige als »altem Kämpfer« und auf der Kontrolle, die er über die Zeitungsverlage ausübte. Hitler hatte ihn bereits 1921 zum Direktor des Zentralverlages der NSDAP, Franz Eher Nachfolger GmbH, in München gemacht. Nach der Machtergreifung versuchte Amann, möglichst viele deutsche Zeitungsverlage in den Besitz der NSDAP zu bringen, so daß er auf dem Höhepunkt des Zweiten Weltkrieges ca. 80% der deutschen Zeitungsverlage kontrollierte. Wer in Deutschland Verleger werden konnte und wer nicht, hing von Amanns Willen ab. Sein NS-Pressetrust wurde zu einem Moloch, der die Privatinitiative ebenso erstickte, wie er die bürgerliche Presse nach und nach an die Wand drückte. Der Einfluß Amanns erstreckte sich freilich vor allem auf die Personalpolitik, weniger auf die Inhalte der Propaganda.

Otto Dietrich, ebenfalls ein »alter Kämpfer«, der 1937 zum »Pressechef der Reichsregierung« avancierte, nahm im Unterschied zu Amann auch auf die Propagandainhalte Einfluß. Das erlaubte ihm seine ständige, funktionsbedingte Nähe zu Hitler, zumal dieser selbst nicht geneigt war, seine eigene propagandistische Tätigkeit mit Goebbels zu koordinieren. Wie wenig Goebbels der NS-Propaganda aufgrund dieser Rivalitäten, denen sich die Kompetenzstreitigkeiten mit Ribbentrop, Rosenberg und später auch mit dem OKW und mit Rüstungsminister Speer hinzugesellten, einen einheitlichen Stempel aufzuprägen vermochte, kann man der Kritik entnehmen, die er auf seinen geheimen »Ministerkonferenzen« im Kriege an der Propaganda zuweilen übte.[12]

Die Kompetenzstreitigkeiten und Machtrivalitäten im Propagandabereich können freilich nicht darüber hinwegtäuschen, daß Goebbels der bei weitem mächtigste und begabteste Propagandist des »Dritten Reiches« war. Schon im Jahr der Machtergreifung erwies er sich als begnadeter Inszenator ebenso massenwirksamer wie politikgestaltender Auftritte seines »Führers«, dem er bis zur Selbstaufgabe ergeben und von dessen Lob oder Tadel er Zeit seines Lebens nahezu existentiell abhängig blieb. Die wohl bekanntesten Inszenierungen waren der »Tag von Potsdam« und der »Tag der Arbeit«.

Der »Tag von Potsdam«, der 21. März 1933, war das Debüt des neuen Ministers. Er ging der Reichstagssitzung vom 23. März 1933, in der das Ermächtigungsgesetz verabschiedet wurde, unmittelbar voraus und schuf das Bild einer öffentlich inszenierten Versöhnung zwischen der »revolutionären« NS-Bewegung und den Traditionen des alten Preußen. Sein Schauplatz war die Garnisonkirche in Potsdam. Dort versammelten sich am 21. März die Mitglieder des neugewählten Reichstages zu einem feierlichen Staatsakt. Die Kommunisten waren ausgeschlossen, die Sozialdemokraten blieben fern. Die mittlere Tribüne war dem Kronprinzen, der in der Uniform der Totenkopfhusaren erschien, und der kaiserlichen Familie vorbehalten. Der Sessel, auf dem Wilhelm II. Platz zu nehmen pflegte, blieb leer. Hindenburg und Hitler betraten, während die Glocken läuteten, gemeinsam die Kirche, der eine in Zivil, der andere in der kaiserlichen Uniform. Hindenburg verneigte sich – für alle sichtbar – vor dem leeren Stuhl des Kaisers, grüßte den Kronprinzen und verlas dann seine kurze Ansprache, Hitler schloß sich an. Schließlich reichten sich die beiden die Hand, während sich die Versammlung von ihren Plätzen erhoben hatte. Hindenburg legte Kränze an den Sarkophagen Friedrich des Großen und Friedrich Wilhelm I. nieder, während draußen Salut geschossen wurde. Eine Militärparade vor der Kirche schloß das ganze ab. »Es scheint«, so schrieb der französische Botschafter später, »als sei das dritte Reich entschlossen, ein Vollender des zweiten zu werden.«[13] Genau diesen Eindruck wollte Goebbels hervorrufen, der das Programm bis ins einzelne geplant hatte.

Sollte der Tag von Potsdam die Versöhnung mit den alten Eliten vorspiegeln und die preußische Tradition in den Dienst des NS-Staates stellen, zielte der 1. Mai auf die demonstrative Zurschaustellung der Volksgemeinschaftsideologie und auf die Inanspruchnahme der Traditionen der Arbeiterbewegung durch das NS-Regime. Das Neuartige des nationalsozialistischen Regimes kam nicht zuletzt in seinen propagandistischen Zurschaustellungen zum Ausdruck, die freilich den Hintergrund des Terrors und der Zerstörung der Verfassung des Staates nur für diejenigen vergessen machen konnten, die der Demokratie von Weimar ablehnend gegenüber gestanden hatten. Das war freilich die Mehrheit. Gleichwohl hätte sich die nationalsozialistische Herrschaft allein mit den Mitteln des Terrors und der Propaganda kaum so rasch und so nachhaltig sichern lassen, wie dies allen skeptischen Prognosen zum Trotz gelang. Hierzu waren vielmehr greifbare Erfolge nötig. Den größten und am meisten in die Breite wirkenden Erfolg erzielte die Regierung Hitler mit dem raschen Abbau der Arbeitslosigkeit.

2. Der Abbau der Arbeitslosigkeit

Im Januar 1933 betrug die Anzahl der im Monatsdurchschnitt beim Arbeitsamt gemeldeten Erwerbslosen über 6 Mio. Nach den Schätzungen des Instituts für Konjunkturforschung lagen die realen Erwerbslosenziffern um mehr als 1,5 Mio darüber. Rechnet man zu den Erwerbslosen die Familienangehörigen dazu, lebten im Herbst 1932 weit mehr als 20 Mio Menschen oder 36% der Gesamtbevölkerung von öffentlichen Unterstützungsmitteln, die oft weit unter dem Existenzminimum lagen.[14]

Hitler war sich der großen Bedeutung bewußt, die die Senkung der Arbeitslosigkeit für die Sicherung der nationalsozialistischen Herrschaft haben würde. So proklamierte er am 1. Februar 1933 die »Rettung des deutschen Arbeiters durch einen gewaltigen und umfassenden Angriff gegen die Arbeitslosigkeit« als eines der wichtigsten Ziele der neuen Regierung.[15] Tatsächlich gelang es, die Arbeitslosigkeit innerhalb von vier Jahren fast vollständig zu beseitigen. 1934 wies die offizielle Statistik im Jahresdurchschnitt nur noch 2,7 Mio Erwerbslose aus, 1935 sank die Ziffer auf 2,2 Mio ab. In einigen Industriebereichen trat 1935 bereits ein Fehlbedarf an Facharbeitern auf. 1936 sank die Erwerbslosenziffer auf 1,6

Mio, und 1937 wurde die Ziffer unter 1 Mio gedrückt. Die Vollbeschäftigung war nahezu erreicht. 1938 war der Bedarf an Arbeitskräften erstmals höher als die Ziffer der Erwerbslosen, die nun auf 400 000 gesunken war.

Die Wirkungen, die von dieser Entwicklung auf die Stabilisierung der nationalsozialistischen Herrschaft ausgingen, können gar nicht überschätzt werden. Millionen Menschen, die zuvor unterhalb des Existenzminimums vegetiert hatten, für die Hunger und Not zur alltäglichen Erfahrung geworden waren, wurden der Krise ihrer privaten Existenz und der Hoffnungslosigkeit entrissen und der Normalität zurückgewonnen. Wer die Wirkungen dieser sich dramatisch verbessernden Beschäftigungslage aus dem Blickwinkel moderner Sozialstaatlichkeit am Ende des 20. Jahrhunderts betrachtet, macht sich ein völlig falsches Bild von der damaligen Situation; denn damals wurden die Erwerbslosen nicht durch ein »soziales Netz« aufgefangen, das ihnen im Falle der Arbeitslosigkeit ein bescheidenes, aber den Grundbedarf sicherndes Leben ermöglicht hätte. Die »Reichsanstalt für Arbeitsvermittlung und Arbeitslosenversicherung«, die erstmals eine Absicherung aller Arbeiter und fast aller Angestellten gewährleistete, war erst 1927 gegründet worden.[16] Sie verfügte nur über geringe finanzielle Reserven, zumal die Beitragszahlungen an einer jährlichen Arbeitslosenziffer von 700 000 bis 800 000 orientiert worden waren. Die in der Weltwirtschaftskrise rasch anwachsenden Arbeitslosenziffern führten daher zu einer ständigen Verringerung der Unterstützungssätze, die sich in der zweiten Hälfte des Jahres 1932 im Durchschnitt nur noch auf monatlich 43,46 RM beliefen, während sie 1927 immerhin noch 80,93 RM betragen hatten. Zudem wurde die Arbeitslosenunterstützung nur für die Dauer von 26 Wochen gezahlt. Danach konnte noch einmal für 13 Wochen eine im Umfang geringere Unterstützung aus Mitteln der »Krisenfürsorge« geleistet werden, bevor der Erwerbslose ausgesteuert wurde und nun auf die Fürsorge seiner Wohngemeinde angewiesen war. Da das Geld im Laufe der Krise immer knapper wurde, wuchs die Zahl derer, die gar keine Unterstützung mehr bekamen. Im Januar 1933 erhielten nur noch 15,8% der Erwerbslosen Hilfe von der Reichsanstalt, 23,6% von der »Krisenfürsorge«, 40,9% von ihren Wohngemeinden, und 19,7% waren ohne jede Unterstützung.

Nichts war daher so sehr geeignet, der nationalsozialistischen

Herrschaft eine Basis der Loyalität zu verschaffen, wie die Verringerung der Arbeitslosigkeit, die bereits 1933 spürbar wurde und 1934 für jeden greifbar war. Wie ist dieser erstaunliche und für den Zeitgenossen überraschende Umschwung in der Beschäftigungslage zu erklären? War er das Ergebnis kontingenter Faktoren oder gezielter politischer Maßnahmen? Fiel dieser Erfolg den Nationalsozialisten in den Schoß oder haben sie ihn durch ihre Politik bewirkt?

Um einer Antwort näher zu kommen, ist es zunächst erforderlich, sich die konjunkturelle Entwicklung kurz vor der Machtergreifung zu vergegenwärtigen; denn trotz oder gerade wegen der Weltwirtschaftskrise traten die Nationalsozialisten 1933 ein in mancher Hinsicht »glückliches« Erbe an. In der Krise wurden Kräfte entfesselt und Methoden entwickelt, die den Aufschwung möglich machten, auch wenn sie ihn allein nicht erklären können. Die Weltwirtschaftskrise wirkte als »Reinigungskrise«, und die Nationalsozialisten kamen zu einer Zeit an die Regierung, als die Auftriebstendenzen sich bereits durchgesetzt hatten und der Tiefpunkt der konjunkturellen Entwicklung durchschritten war.[17] Allerdings schlugen erste Anzeichen einer konjunkturellen Erholung nicht sofort auf den Arbeitsmarkt durch. Der Tiefpunkt der Arbeitslosigkeit liegt bekanntlich saisonbedingt im Winter. Die Entlastung, die von der konjunkturellen Entwicklung ausging, war daher beim Regierungsantritt Hitlers noch nicht spürbar.

Positive Wirkungen gingen langfristig auch von der Verringerung der Produktionskosten aus, die in der Krise durch die Reduzierung der Arbeitslöhne und der Sozialleistungen eingetreten war. So waren die Bruttogeldlöhne infolge der Notverordnungen der Regierung Brüning um mehr als 30% abgesunken. Da auch die Preise fielen, bzw. durch staatliche Eingriffe verringert wurden, sanken die Reallöhne nicht ganz so weit ab wie die Nominallöhne. Ihr Rückgang betrug gleichwohl zwischen 1929 und 1932 16%. Der Rückgang der Löhne übertraf die Abnahme des Sozialprodukts, was man an der sinkenden Lohnquote ablesen kann. Sie fiel von 61,9% im Jahre 1931 auf 59,4% im Jahre 1933. Da die Regierung Hitler die Tariflöhne auf dem niedrigen Niveau der Krise festzuhalten verstand, wurde dieser Trend nach 1933 fortgeschrieben.

Allerdings setzte diese Entwicklung voraus, daß die Wirtschaft nicht dem freien Spiel der Kräfte überantwortet wurde, sondern der Staat Rechte besaß, die es ihm erlaubten, steuernd und reglementierend einzugreifen und die wirtschaftlichen Rahmendaten festzulegen. Auch in dieser Hinsicht setzte die Regierung Hitler zunächst nur einen Trend fort, der zuvor bereits begonnen hatte. Die Basis für den Staatsinterventionismus war zur Zeit der Präsidialkabinette gelegt worden. Ihr Instrument war die Notverordnung. Am 15. Juli 1931, auf dem Höhepunkt der Bankenkrise, hob die Regierung Brüning die Konvertibilität der RM auf und führte die Devisenkontingentierung ein. Die RM konnte nur noch in gewissen, vom Staat kontrollierten Mengen in Fremdwährungen mit Devisencharakter umgetauscht werden. Damit sollte der weitere Abfluß von Auslandskapital aus Deutschland verhindert werden. Diese an sich aus der Situation verständliche Notmaßnahme führte dazu, daß staatliche Behörden den Devisenverkehr mit dem Ausland regelten und ein System der Devisenbewirtschaftung installiert wurde, das dem Importeur die Pflicht auferlegte, bei staatlichen Behörden um Einfuhrgenehmigungen und die Zuteilung von Devisen nachzusuchen. Damit war der Weg zur staatlichen Kontrolle des Außenhandels gebahnt.

Am 8. Dezember 1931 erging die Notverordnung des Reichspräsidenten »zur Sicherung von Wirtschaft und Finanzen zum Schutz des inneren Friedens«.[18] Sie führte die staatliche Reglementierung von Löhnen und Preisen ein und beseitigte die Tarifautonomie und die freie Preisgestaltung am Markt. Mit dem »Kommissar für die Preisüberwachung«, dessen Aufgabe der Leipziger Oberbürgermeister Carl Goerdeler übernahm, wurde erneut eine Behörde errichtet, welche die Eingriffsrechte des Staates zu organisieren hatte. Mit der Schaffung einer staatlichen Bürokratie zur Lenkung der Wirtschaft tat die Weimarer Republik, wenn auch unter dem Vorbehalt der vorübergehenden Notmaßnahme, einen entscheidenden Schritt weg von der liberalen Marktwirtschaft hin zur staatlich gelenkten Wirtschaft. Das geschah auf dem Hintergrund einer durch die Weltwirtschaftskrise generell Auftrieb erhaltenden Abwendung vom Liberalismus und einer wachsenden Bereitschaft, mit planwirtschaftlichen Modellen zu experimentieren.

Der Staatsinterventionismus war schließlich auch im Bereich der Beschäftigungspolitik[19] bereits vorgeprägt, als die Regierung Hitler ihr Amt antrat. Die ersten Anfänge der staatlichen Arbeitsbeschaffungspolitik reichen noch in die Zeit der Regierung Brüning zurück. Brüning hatte die Notwendigkeit, der steigenden Arbeitslosigkeit mit staatlichen Mitteln zu begegnen, durchaus gesehen. Seine Bemühungen, im Wohnungsbau, in der Landwirtschaft, in der Energiewirtschaft, bei der Reichsbahn und der Reichspost durch staatliche Investitionen Arbeitsplätze zu schaffen, scheiterten im Kabinett aber an der Finanzierungsfrage und am Widerstand der Industrieinteressen. Der wohl wirksamste Impuls für ein Arbeitsbeschaffungsprogramm ging von den Gewerkschaften aus. Der ADGB machte den nach ihren Verfassern Woytinski, Tarnow und Baade genannten »WTB-Plan« vom 26. Januar 1931 im April 1932 zu seinem offiziellen Programm. Der Plan sah staatliche Aufträge an die Reichsbahn und die Reichspost sowie an die Kommunalverbände in Höhe von 2 Mrd RM vor, was für die Schaffung von etwa 1 Mio Arbeitsplätzen ausgereicht hätte.

Der WTB-Plan setzte die Regierung unter einen gewissen Druck der Öffentlichkeit und scheint die ersten Regierungsentwürfe, die im März 1932 zustande kamen, inspiriert zu haben. Allerdings verringerte die Regierung die Volumina bis zur Bedeutungslosigkeit. Das erste, im Mai 1932 noch von der Regierung Brüning verabschiedete Arbeitsbeschaffungsprogramm sah staatliche Investitionen von insgesamt nur 135 Mio RM vor. Das in die Zukunft Weisende an diesem Programm war die gewählte Finanzierungsmethode durch Arbeitsbeschaffungswechsel.

Nach Brünings Sturz setzte sein Nachfolger Franz von Papen das Programm in die Tat um. Zudem wartete Papen im August 1932 mit einem eigenen Beschäftigungsprogramm auf, das direkte und indirekte Methoden kombinierte. Er sah neben der Bereitstellung von 300 Mio RM für die staatliche Arbeitsbeschaffung die Ausgabe von Steuergutscheinen in Höhe von insgesamt 700 Mio RM an die Unternehmer vor, wobei der Staat für jeden neu eingestellten Arbeiter pro Jahr 400 RM zahlen wollte. »Damit konnten theoretisch 1 bis 2 Mio Arbeitslose ins Erwerbsleben eingegliedert werden.«[20]

Das Kabinett Schleicher setzte am 3. Dezember 1932 mit Günther Gereke einen Reichskommissar für die Arbeitsbeschaffung ein, der ein »Sofortprogramm« erarbeitete, das am 28. Januar 1933 in Kraft trat. Es verstärkte das direkte staatliche Engagement erneut und sah insgesamt 500 Mio RM für staatlich und kommunal geförderte Bauvorhaben vor. Die Finanzierung sollte ebenfalls durch Steuergutscheine erfolgen. Beide Programme wurden dann von der Regierung Hitler verwirklicht, die sich der bereitgestellten Instrumentarien nur noch bedienen mußte.

Die NSDAP war aber auch selbst nicht so schlecht auf ihre Hauptaufgabe, Arbeitsplätze zu schaffen, vorbereitet. Mit dem Aufstieg der NSDAP zur Massenpartei hatte die Parteiführung es für notwendig erachtet, ein wirtschaftspolitisches Konzept zu entwickeln, das die konfusen Ideen des Parteiprogramms von 1920 überdecken und den Einfluß des gedanklich wirren Parteiideologen Gottfried Feder zurückdrängen sollte. So wurde 1930 eine wirtschaftspolitische Abteilung unter der Leitung von Otto Wagener geschaffen, deren maßgebender Inspirator der Reichsorganisationsleiter der NSDAP Gregor Strasser wurde.[21] Die wirtschaftspolitische Abteilung übernahm die Aufgabe eines »brain-trust« und erarbeitete in den folgenden Jahren Vorschläge zur Krisenbekämpfung. Zudem bemühte sie sich mit wachsendem Erfolg darum, Kontakte zur Wirtschaft herzustellen und das Bild wirtschaftspolitischen Sektierertums und Dilettantismus zu korrigieren, das die NSDAP bis dahin geboten hatte.

Den Vorarbeiten der wirtschaftspolitischen Abteilung ist es zuzuschreiben, daß die NSDAP pünktlich zu den Reichstagswahlen 1932 mit einem staatlichen Arbeitsbeschaffungsprogramm[22] aufwarten konnte, dessen Finanzierung über staatliche Kreditaufnahme erfolgen sollte. Ausgangspunkt war die These, daß die Krise neben weltwirtschaftlichen Ursachen, die nicht geleugnet wurden, vor allem hausgemacht sei und daher auch mit nationalwirtschaftlichen Maßnahmen gemeistert werden könne. Deutschland müsse sich endlich der Möglichkeiten bewußt werden, die sein großer aufnahmefähiger Binnenmarkt biete, und ihm Vorrang vor dem Außenhandel einräumen. Im Inland sei genügend Kaufkraft vorhanden, um einen großen Teil der deutschen Industrieproduktion und die gesamte Agrarproduktion abzusetzen, wenn es nur gelinge, allen Menschen Arbeit und Lohn zu verschaffen. Dies sollte der Staat durch das Arbeitsbeschaffungsprogramm bewirken.

Der Schwerpunkt der hierin angekündigten Großarbeiten lag im Bereich des Landesausbaus. Im einzelnen waren vorgesehen: Entwässerungsarbeiten, Kultivierung von Moor- und Ödflächen, Flurbereinigungen und Landgewinn durch Eindeichungen. Daneben sollten Eigenheimsiedlungen, Straßen und Kanäle gebaut werden. Die Konjunktur sollte also über den Hoch- und Tiefbau in Gang gesetzt werden, was vor allem dem selbständigen mittelständischen Unternehmer einleuchten mußte, aber natürlich durch Sekundäreffekte der gesamten Wirtschaft zugute kommen würde. Die Größenordnungen, mit denen das Programm operierte, waren aus der Perspektive moderner konjunkturpolitischer Erfahrungen realistisch. Allein für den Landesausbau waren 10 Mrd RM veranschlagt worden, allerdings fehlte jede Angabe darüber, in welchem Zeitraum das Geld verausgabt werden sollte.

Der propagandistische Aufwand, mit dem die NSDAP dieses Konzept auf dem Höhepunkt der Krise vertrat, war beträchtlich. Es wurde zum zentralen Punkt des wirtschaftlichen Sofortprogramms, mit dem die NSDAP in den Juli-Wahlkampf 1932 ging; es wurde nicht nur in Millionen-Auflage gedruckt, sondern galt »als verbindliche Richtschnur für die Redner der NSDAP sowie für die Veröffentlichungen in der Presse«.[23] Obgleich das Sofortprogramm nach den Juli-Wahlen infolge erheblicher Kritik von industrieller Seite offiziell zurückgenommen wurde, ging die NSDAP auch in den Wahlkampf vom November 1932 mit einem in den Volumina präzisierten – nun wurden 3 Mrd RM für staatliche Maßnahmen veranschlagt –, im Kern aber unveränderten Arbeitsbeschaffungsprogramm. Das ist um so bemerkenswerter, als die Idee der Arbeitsbeschaffung in der Industrie keineswegs einhellig begrüßt worden war und Hitler sonst auf Wünsche aus industriellen Kreisen Rücksicht nahm.

Ob Hitler selbst von den Möglichkeiten einer modernen Beschäftigungspolitik überzeugt war, läßt sich nicht mit Gewißheit sagen. Er war ein »Generalist«, und seine Äußerungen blieben entsprechend vage. Er beschwor in seinen Reden die Notwendigkeit einer grundsätzlichen »Wende des deutschen Schicksals«, die Rückbesinnung auf die eigene nationale Kraft und forderte die Schaffung neuer autoritärer Staatsstrukturen zur Bewältigung der Krise. Wie kaum ein anderer begriff er, daß die wirtschaftliche Entwicklung politische Prämissen besaß. »Zusammenbrechende Wirtschaften«, führte er in einer Rede vor dem Düsseldorfer Industrieclub am 27. Januar 1932 aus, haben »immer als Vorläufer den zusammenbrechenden Staat«.[24] In dieser Feststellung steckte das Angebot, mit der Errichtung der Diktatur und der Vernichtung des gesellschaftlichen Pluralismus der Weimarer Demokratie die politischen Voraussetzungen für eine konjunkturpolitische Wende zu schaffen. Zugleich offerierte Hitler mit der Vision von einer den Klassenkampf überwindenden »Volksgemeinschaft« und mit der Vernichtung des »Marxismus« eine von Tarifkonflikten und überhöhten Soziallasten freie wirtschaftliche Entwicklung. Auch hierin steckte ein für die Industrie interessantes konjunkturpolitisches Angebot. Hitlers wirtschaftliche und politische Grundorientierungen eigneten sich, den Rahmen für eine Form der Krisenüberwindung abzugeben, die während der Weltwirtschaftskrise nicht nur in Deutschland, sondern auch in den anderen Industriestaaten an Zugkraft gewann: eine autonome, nationale Lösung mit autoritären und dirigistischen Mitteln anzustreben und dem Staat eine Führungsrolle in der Wirtschaftspolitik zuzuweisen.

Die Regierung Hitler begnügte sich in der Beschäftigungspolitik gleichwohl zunächst mit der Fortschreibung der bereits eingeleiteten Maßnahmen. Erst am 1. Juni 1933 wurde mit dem Reinhardt-Plan – Fritz Reinhardt war Staatssekretär im Reichsfinanzministerium – ein neues Programm auf den Weg gebracht. Ihm folgte am 21. September 1933 ein weiteres Beschäftigungsprogramm, das vorwiegend auf den Wohnungsbau und die Landwirtschaft zielte und das von Sonderprogrammen für die Reichsbahn, die Reichspost und den Autobahnbau begleitet wurde. Rechnet man alle Programme zusammen, kommt man auf ein Gesamtvolumen von 5,2 Mrd RM für Arbeitsbeschaffungsmaßnahmen, von denen allein zwischen dem Frühjahr 1933 und Anfang 1936 3,5 Mrd RM ausgegeben wurden. Mit diesem Ausgabevolumen ließ die Regierung Hitler alles bis dahin Geplante weit hinter sich und stellte Mittel in einer Höhe bereit, die der Größe der Aufgabe angemessen waren. Wie ist dieser massive Einstieg der Regierung Hitler in die staatliche Beschäftigungspolitik zu erklären? Hatte sie die Aufgabe klarer erkannt als die Regierungen zuvor?

Am 8. Februar 1933 kam Hitler im Kabinett zum ersten Mal auf die Arbeitsbeschaffung zu sprechen. »Jede öffentlich geförderte Arbeitsbeschaffungsmaßnahme müsse unter dem Gesichtspunkt beurteilt werden, ob sie notwendig sei vom Gesichtspunkt der Wiederwehrhaftmachung des deutschen Volkes. Dieser Gedanke müsse immer und überall im Vordergrund stehen.« Diesem wirtschaftsfremden Ziel, das Hitler auf die einprägsame Formel brachte »alles für die Wehrmacht«, wurde tags darauf bereits

Rechnung getragen, als das Kabinett die Durchführung des Sofortprogramms der Regierung Schleicher beriet. Der Anteil der Mittel für Reichszwecke wurde von 100 Mio auf 140 Mio erhöht, davon sollten 50 Mio für die Reichswehr und 10 Mio für die Luftfahrt aufgewandt werden. Das Sofortprogramm sei, führte Hitler aus, »besonders geeignet, den Interessen der Wiederaufrüstung dienstbar gemacht zu werden. Es ermögliche am ehesten die Tarnung der Arbeiten für die Verbesserung der Landesverteidigung.«[25]

Hitler hielt sich zwar im Rahmen der bereits angelaufenen Maßnahmen, setzte aber neue politische Prioritäten. Die Beschäftigungspolitik sollte nicht vorrangig wirtschaftspolitischen Zwekken dienen, sondern im Sinne der Wiederaufrüstung funktionalisiert werden. Der Trend setzte sich fort. Am 17. März 1933 wurden weitere 100 Mio RM für die zivile Arbeitsbeschaffung vorgesehener Gelder für die Aufrüstung umgewidmet. Hitlers Politik der Nutzbarmachung der Arbeitsbeschaffung für die Aufrüstung stieß freilich rasch an ihre Grenzen. Die kleine 100000 Mann-Armee, die der Versailler Friedensvertrag Deutschland gestattet hatte, war gar nicht in der Lage, Waffen im Umfange der ihr zugedachten Summen aufzunehmen. Hierzu hätte es der Wiedereinführung der Allgemeinen Wehrpflicht bedurft.

Eine scharfe Trennung in eine vorwiegend zivilen und vorwiegend militärischen Zwecken dienende Beschäftigungspolitik ist gleichwohl problematisch; denn viele Investitionsbereiche besaßen, unter diesem Gesichtspunkt betrachtet, ein Janusgesicht. Hitler selbst vermischte zivile und militärische Zweckbestimmungen ständig, bzw. er behielt den militärischen Nutzen ziviler Maßnahmen stets im Auge. Das tritt besonders deutlich im Falle der Reichsautobahnen hervor. Pläne für einen Autobahnbau gab es schon seit 1926. Die Idee wurde von einer Gesellschaft propagiert, die sich ›Verein zur Vorbereitung der Autostraße Hansestädte – Frankfurt/M. – Basel‹ (Hafraba) nannte und bereits während der Weimarer Republik mehrfach versucht hatte, Regierungsstellen für ihre Pläne zu gewinnen.

Hitler wurde mit der Angelegenheit am 6. April 1933 erstmals befaßt.[26] Er nahm die Idee nicht nur positiv auf, sondern verlieh ihr sofort eine ins Gigantische zielende Dimension: das Projekt sei zu klein, man müsse ein »Reichsnetz« anstreben. Gegenüber den Vertretern der Hafraba betonte Hitler die zivilen Zwecke eines staatlich geförderten Autobahnbaus. Man könne mit einem solchen Bauprogramm 300000 Arbeitsplätze schaffen. Wenige Tage später gab Hitler im Reichskabinett zu erkennen, daß er den Gedanken, ein Reichsnetz zu bauen, unter »wehrpolitische Gesichtspunkte« gestellt sah. Gegenüber führenden Industriellen wurde Hitler am 29. Mai 1933 noch deutlicher: Die Autobahnen müßten mit einer Eisenbetondecke versehen werden, um gegen Fliegerangriffe gesichert zu sein, die bisherigen Straßen seien einer Mobilmachung nicht gewachsen und könnten zum Teil nicht einmal eine Belastung von 10 bis 12 t tragen. Die Autobahnen hingegen seien durch Streckenführung und Bau auf den Mobilmachungsfall zuzuschneiden. Die konjunkturpolitischen Wirkungen des Autobahnbaus erkannte Hitler zwar auch, aber er maß ihnen allenfalls die Bedeutung von Sekundäreffekten zu. Der Autobahnbau lief dann sehr viel langsamer an, als Hitler sich das ursprünglich vorgestellt hatte. Zwischen Herbst 1933 und Ende 1935 wurden insgesamt 700 Mio RM hierfür bereitgestellt.

Das sich allmählich steigernde Tempo der Aufrüstung, der mit der Einführung der Allgemeinen Wehrpflicht am 16. März 1935 die Schleusen geöffnet wurden, veränderte den Charakter der nationalsozialistischen Arbeitsbeschaffungspolitik nachhaltig. Hatte der Anteil der Wehrmachtsausgaben an den Gesamtausgaben der öffentlichen Hand 1933 noch 4% betragen und sich 1934 auf 18% belaufen, stieg er nach 1935 sprunghaft an. 1936 entfielen bereits 39% der Ausgaben der öffentlichen Hand auf die Rüstung, und 1938 verschlang die Rüstung 50%. Die Rüstungsausgaben der Jahre 1933 bis 1939 akkumulierten sich auf insgesamt 44,5 Mrd RM. Im Durchschnitt der Jahre 1935 bis 1938 wurden 16% des Sozialprodukts für die Rüstung ausgegeben. Was die nationalsozialistische Arbeitsbeschaffungspolitik auszeichnete, ist weniger die Einzigartigkeit der Maßnahmen als vielmehr die den Erfolg sichernde konsequente Verbindung von Arbeitsbeschaffung und Aufrüstung, d. h. ihre politische Funktionalisierung. Sie führte in der Konsequenz zu einer Ausweitung der eingesetzten Mittel und der angewandten Finanzierungsmethoden, die wirtschaftliche Gesichtspunkte nicht berücksichtigte. Paradoxerweise war es diesen wirtschaftsfremden Zielen zu danken, daß die aufgewandten Mittel der Größe der Aufgabe entsprachen und die Vollbeschäftigung erreicht wurde.

So ist die nationalsozialistische Herrschaft in den Vorkriegsjahren durch einen Erfolg maßgeblich gesichert worden, der sich wesentlich als kontingente Sekundärfolge von Hitlers Entschluß einstellte, Deutschland kriegsfähig zu machen, und der nicht nur den Primärimpulsen zuzuschreiben ist, die von der sich bereits abzeichnenden Konjunkturwende und einer modernen Beschäftigungspolitik ausgingen, die zuvor schon eingeleitet worden war und für welche die NSDAP sich zweifellos in besonderer Weise aufgeschlossen gezeigt hatte. Doch in demselben Maße, in dem dieser Erfolg letztlich als Folge der Aufrüstungspolitik eintrat, erwies er sich als Resultat der außenpolitischen Entwicklung des Deutschen Reiches und einer Politik der europäischen Mächte, die Hitlers Aufrüstungspolitik nicht entgegentrat. Das eine ist ohne das andere nicht denkbar.

3. Außenpolitik zur Abschirmung der Aufrüstung

Für Hitler besaß die Innen- und Wirtschaftspolitik zunächst Vorrang vor der Außenpolitik.[27] Das kann angesichts der Probleme, vor denen seine Regierung stand, nicht verwundern. Zudem war Hitler von jeher davon überzeugt gewesen, daß zuerst die nationalsozialistischen Machtpositionen ausgebaut, die innere Kraft Deutschlands gebündelt und mobilisiert sowie die geistige und materielle »Wiederwehrhaftmachung« des deutschen Volkes erreicht werden mußten, ehe eine aktive Außenpolitik betrieben werden konnte, die er sich als schrittweise Erkämpfung einer Groß- und Weltmachtrolle vorstellte.

Dennoch hatte Hitler gleich in den ersten Tagen seiner Amtszeit mit dem Entschluß zur Aufrüstung eine grundlegende Weichenstellung vorgenommen, welche die Außenpolitik seiner Regierung prägen sollte. Da der Rüstungsstand Deutschlands völkerrechtlich festgeschrieben war und internationaler Kontrolle unterlag, so daß umfangreiche Aufrüstungspläne, wie sie Hitler verfolgte, im Zeitalter moderner Massenheere nicht lange geheim gehalten werden konnten, barg die neue Prioritätensetzung erhebliche Sicherheitsrisiken. Sie beschwor die Gegnerschaft derjenigen Mächte herauf, die an der Aufrechterhaltung des Status quo interessiert waren, insbesondere Frankreichs und seiner Verbündeten. Da die Sicherheitsrisiken eines Bruchs der Abrüstungsbestimmungen eintreten würden, lange bevor die materielle Rüstung ihrerseits einen Stand erreicht hatte, der neue Sicherheit bot, würde sich – vermutlich für einige Jahre – eine »Sicherheitslücke« auftun. Sie mußte mit den Mitteln der Außenpolitik möglichst überdeckt oder kompensiert werden.

Hitler war sich der Risiken einer einseitigen, nicht mit den Großmächten abgesprochenen Aufrüstung Deutschlands bewußt. Die »gefährlichste Zeit«, stellte er am 3. Februar 1933 in einer vertraulichen Runde fest, »ist die des Aufbaus der Wehrmacht. Da wird sich zeigen, ob Frankreich Staatsmänner hat; wenn ja, wird es uns Zeit nicht lassen, sondern über uns herfallen (vermutlich mit Ost-Trabanten).«[28] Die Sicherheitsrisiken wurden in den ersten Monaten der Kanzlerschaft Hitlers noch durch den Terror und die antisemitischen Ausschreitungen vermehrt, die mit der Errichtung des Diktaturstaates einherliefen. Sie waren geeignet, das Vertrauen, das sich Deutschland im Ausland erworben hatte, zu erschüttern und den Eindruck der Unberechenbarkeit, den die nationalsozialistische Massenbewegung auch vor 1933 schon hervorgerufen hatte, auf die Reichsregierung zu übertragen.

Unter diesen Umständen war es ein Vorzug, daß Hitler den letzten Außenminister der Weimarer Republik, Konstantin Freiherr von Neurath, im Amt beließ. Neurath war ein erfahrener Diplomat, hatte von 1921 bis 1932 nacheinander den Posten eines Botschafters in Rom und in London bekleidet und besaß damit zu jenen Mächten gute Verbindungen, die Frankreichs Hegemonie in Europa mit einer gewissen Skepsis ansahen. Er war daher besonders gut für die Aufgabe geeignet, Deutschlands Wiederaufrüstung nach außen abzuschirmen und die Wirkungen, die die innenpolitische Radikalisierung auf das westliche Ausland hatte, mit diplomatischen Mitteln abzuschwächen.

Der Reichskanzler selbst war in den ersten Monaten seiner Regierungszeit Protagonist einer vorsichtigen, ganz unideologischen Außenpolitik. In seiner ersten großen außenpolitischen Rede – den Zeitgenossen wurde sie als »Friedensrede« präsentiert –, die er am 17. Mai 1933 vor dem Reichstag hielt, stellt er den Nationalsozialismus als eine auf den Frieden verpflichtete Bewegung dar: Die Reichsregierung achte die bestehenden Verträge und wolle auch den Versailler Vertrag nicht brechen, sondern erstrebe seine Revision auf dem Verhandlungswege.[29]

Intern, am Kabinettstisch, gab Hitler im April die Maxime aus,

»Deutschland müsse überall da eine politische Stütze suchen, wo sie sich fände«. Und den Reichsstatthaltern gegenüber formulierte er den Kerngedanken seiner Außenpolitik im Juli so: »Im Innern handeln und immer vom Frieden und von der Abrüstung reden ... Wir müssen tatsächlich versuchen, zu einer Verständigung zu kommen mit jedermann, mit dem man sich verständigen kann, weil wir noch keine andere Möglichkeit haben.«[30]

Tatsächlich griff die Regierung außenpolitisch zunächst nach jedem Strohhalm. Am deutlichsten wird dieser außenpolitische Opportunismus im Verhältnis zur UdSSR. Mitte Februar 1933 erklärte sich Hitler damit einverstanden, die bisherige deutsch-sowjetische Zusammenarbeit auf allen Gebieten fortzusetzen. Am 25. Februar wurde ein deutsch-sowjetisches Kreditabkommen unterzeichnet, das der UdSSR einen Kredit von 140 Mio RM einräumte. In seiner Regierungserklärung vom 23. März zog Hitler einen klaren Trennungsstrich zwischen der Ausschaltung der Kommunisten in Deutschland einerseits und den Beziehungen zur UdSSR andererseits. Das eine habe mit dem anderen nichts zu tun. Am 4. April schließlich stimmte Hitler der Verlängerung des Freundschafts- und Nichtangriffsvertrages mit der UdSSR, des Berliner Vertrages vom 24. April 1926, zu. Die Ratifizierung erfolgte am 5. Mai in feierlicher Zeremonie in Moskau.[31]

Während man die guten Beziehungen im Verhältnis zur UdSSR nur fortführen mußte, war im Verhältnis zu Polen eine Kurskorrektur nötig, wollte Berlin seine Bereitschaft, mit allen Nachbarn im Frieden zu leben, unter Beweis stellen. Tatsächlich gelang das erst nach Überwindung erheblicher Schwierigkeiten. Ausgehend von Danzig kam es Anfang März 1933 zunächst sogar zu einem akuten Konflikt. Er konnte zwar unter Einbeziehung des Völkerbundes beigelegt werden, aber wenige Wochen später spitzte sich die Situation erneut zu. Die polnische Regierung rief durch Truppenkonzentrationen und antideutsche Kundgebungen den Eindruck hervor, einen Präventivkrieg gegen Deutschland zur Sicherung territorialer Faustpfänder vorzubereiten.

Die deutsche Regierung reagierte nach außen relativ gelassen auf diese von der Regierung Pilsudski offenbar künstlich erzeugte Psychose, zumal Warschau weder in Prag noch in Paris Bundesgenossen für ein Vorgehen gegen Deutschland fand.[32] Hitler war aber offensichtlich beunruhigt. Als der polnische Gesandte in Berlin, Alfred Wysocki, am 2. Mai 1933, um den Abbau der Spannungen bemüht, Hitler um eine offizielle Verlautbarung bat, welche die deutsche Haltung zu Danzig vor der Öffentlichkeit festlegen sollte, ging der Reichskanzler hierauf bereitwillig ein. In dem amtlichen Kommuniqué, das die deutsche Seite über das Gespräch am 3. Mai herausgab, hieß es: Die deutsche Regierung wolle sich »strengstens« an die bestehenden Verträge halten, beide Länder sollten ihre »gemeinsamen Interessen beiderseits leidenschaftslos überprüfen und behandeln«. Die polnische Regierung zog mit einer entgegenkommenden Erklärung nach und sprach von einer nun möglich gewordenen Détente. Die deutsch-polnischen Beziehungen begannen sich nachhaltig zu bessern, zumal Hitler die Beziehungen zu Polen auch in seiner Friedensrede am 17. Mai in gleichem Sinne behandelte.[33]

Auf Beschwichtigung und Anbahnung einer Diplomatie der Verhandlungen setzte die deutsche Regierung auch im Verhältnis zu den drei Garantiemächten des Locarno-Vertrags, Frankreich, Italien und Großbritannien, die einer deutschen Wiederaufrüstung gefährlich werden konnten, wenn sie sich gemeinsam gegen Deutschland stellten. Auf Initiative Mussolinis hatten im Frühjahr 1933 Verhandlungen über einen »Viererpakt« der europäischen Großmächte Italien, Frankreich, Großbritannien und Deutschland stattgefunden, der am 15. Juli 1933 in Rom unterzeichnet wurde. Der Viererpakt war als Konsultativvertrag konzipiert und stellte den Versuch der vier im Völkerbund verbliebenen Großmächte dar, Handlungsfähigkeit außerhalb der Gremien der Genfer Einrichtung zu gewinnen. Die vier Mächte bekräftigten in der Präambel die Geltung der Verträge, auf denen das System kollektiver Sicherheit in Europa beruhte: der Völkerbundssatzung, des Locarno-Vertrages, des Kellog-Paktes und der Erklärung über die Nichtanwendung von Gewalt vom Dezember 1932. Sie bekundeten die Absicht, »alle Fragen, die sie angehen«, einvernehmlich zu regeln (Art. 1), und zogen eine Revision der bestehenden Friedensordnung in Betracht (Art. 2). Sie verpflichteten sich, »den Erfolg der Abrüstungskonferenz sicherzustellen« (Art. 3), und vereinbarten darüber hinaus, Einvernehmen auch über den »wirtschaftlichen Wiederaufbau« Europas herzustellen (Art. 4).[34]

Offenbar gab es im engeren nationalsozialistischen Führungskreis Zweifel, ob die deutsche Regierung den Vertrag annehmen könne, der ihr in erheblichem Maße die Hände band. Hitler entschied die Frage positiv. »Viererpakt wird angenommen«, notierte

Goebbels in sein Tagebuch. »Wir müssen Ruhe und Luft haben. Alles andere wird sich finden.«[35] Hinter der Fassade des Vertrages zeichneten sich einige für die deutsche Seite interessante Perspektiven ab. Mussolini ließ durchblicken, daß er zu einem breiten Interessenausgleich mit dem Reich bereit sei, wenn Hitler auf Österreich verzichte, was dieser am 30. Juni 1933 mit der Erklärung tat, »deutscherseits« sei man »lebhaft darauf bedacht«, durch »österreichische Fragen in keiner Weise die deutsch-italienischen Beziehungen belasten oder behindern zu lassen«. Außer weit in die Zukunft weisenden Überlegungen, wie die Interessensphären Roms und Berlins voneinander abzugrenzen seien, bot Mussolini Hitler eine gewisse Rückendeckung für die geheime Aufrüstung. Der »Viererpakt«, verlautete aus Rom, werde Deutschland eine »Atempause gerade auch in militärischer Beziehung« verschaffen.[36]

Die Verhandlungen hatten auch offenbart, daß Mussolini die Möglichkeit einer Revision der bestehenden Grenzen in Europa vertraglich geregelt wissen wollte. Nur mit Mühe war es Frankreich gelungen, Mussolinis Absicht in den Grenzen zu halten, die der Artikel 19 des Versailler Vertrages vorsah. Aber die Tatsache, daß man überhaupt über die Revision des Versailler Vertrages verhandelte und es für nötig hielt, im »Viererpakt« explizit auf dessen Revisionsklausel hinzuweisen (Art. 2), erweckte in Warschau und Prag den beunruhigenden Eindruck, die Integrität der Grenzen der kleineren Staaten Osteuropas sei im Falle eines Interessenausgleichs der vier Mächte nicht sicher und könne womöglich in naher Zukunft einem Machtkompromiß geopfert werden. Dieser Eindruck konnte auch dadurch nicht getilgt werden, daß der »Viererpakt« nie ratifiziert wurde. Der Boden für eine Revision des Versailler Vertrages war vielmehr erheblich gelockert worden.

Eine die Gunst der Stunde skrupellos nutzende und von keinen Prinzipien gehinderte Politik betrieb Hitler auch dem Vatikanstaat gegenüber, wobei Mussolini Hitler erneut seine helfend-vermittelnde Hand lieh. Offenbar lag dem italienischen Diktator daran, daß sein deutsches Pendant sich an der Macht behauptete. Hitler selbst hatte schon früh erkennen lassen, daß er die Absicht habe, mit dem Vatikanstaat einen Vertrag nach dem Modell der Lateranverträge von 1929 zwischen Mussolini und Pius XI. abzuschließen. Dem Papst kommt das fragwürdige Verdienst zu, auf diesen

Wunsch eingegangen zu sein und den ersten völkerrechtlich gültigen Vertrag, das Konkordat, mit der Regierung Adolf Hitlers abgeschlossen zu haben. Das Konkordat trat am 20. Juli 1933 in Kraft und verschaffte der Regierung Hitler ein wertvolles Stück internationaler Anerkennung und Reputation.[37] Der Papst, die größte moralische Autorität in der internationalen Staatenwelt, reichte Hitler die Hand zur Versöhnung, obgleich die terroristisch-rassistischen Tendenzen, die sich in der nationalsozialistischen Innenpolitik gezeigt hatten, Zweifel an dessen Integrität hätten wecken können. Aber offenbar zählte es in Rom mehr, daß Hitler sich als konsequenter Antimarxist entpuppte. Zudem schien er einen autoritären Staat zu errichten, der dem italienischen glich und der Kurie enger verwandt war als die Demokratie der Weimarer Republik. Hitler jedenfalls konnte zufrieden sein und lobte das Vertragswerk im Kabinett überschwenglich. »Etwaige Mängel« könnten später, bei »besserer außenpolitischer Lage«, korrigiert werden.[38]

Es entsprach der Maxime, jede sich bietende Chance zu nutzen, daß Deutschland auch auf dem Parkett der Genfer Abrüstungskonferenz präsent blieb. Allerdings war hierbei von vornherein die Frage zu stellen, wie lange es möglich sein werde, einerseits aufzurüsten und andererseits bei Verhandlungen mitzuspielen, die dem expliziten Gegenteil dienten und zu einem Zielkonflikt führen mußten, wenn sie Erfolg haben sollten. Die logische Konsequenz war eine Politik des »Mauerns«. Und tatsächlich agierte die deutsche Delegation, die unter dem maßgeblichen Einfluß des Reichskriegsministers Blomberg und des Reichsaußenministers Neurath stand, im Januar und Februar 1933 in diesem Sinne. Sie hatte den Auftrag, die Verhandlungen durch das Aufwerfen immer neuer formaler Vorfragen zu lähmen. Dabei nahm man das Risiko offenbar in Kauf, für das Scheitern der Konferenz verantwortlich gemacht zu werden.

Hitler hat demgegenüber einen taktisch geschmeidigeren Kurs befürwortet und im Mai 1933 auch durchgesetzt. In der Friedensrede vom 17. Mai bekundete er Deutschlands Bereitschaft, »weitere Sicherheitsverpflichtungen internationaler Art auf sich zu nehmen«, wenn andere Nationen hierzu ebenfalls bereit seien. Das schließe die Bereitschaft zu völliger Abrüstung ein. Allerdings bestand Hitler auf der militärischen Gleichberechtigung. Gewiß hätte er diesen, sein Aufrüstungsprogramm zunichte machenden Vorschlag nicht unterbreitet, wenn er davon überzeugt gewesen wäre, daß die Frage der Abrüstung am Konferenztisch gelöst werden könnte.

Der vorsichtige Kurs, den der Reichskanzler in der Abrüstung befolgte, blieb bis zum Oktober 1933 im großen und ganzen maßgebend, war aber nicht unumstritten. So riet der Reichswehrminister am 12. Juli im Kabinett, man solle deutscherseits nicht so sehr »die Abrüstung der anderen« als vielmehr die eigene Sicherheit betonen. Blomberg befürchtete, daß man Deutschland in Genf mit der Forderung konfrontieren werde, eine Rüstungskontrollkommission zu akzeptieren, und wollte die deutsche Politik für diesen Eventualfall gewappnet wissen.[39] Hitler, der noch am 30. September Neurath gegenüber betonte, »daß es auf alle Fälle wünschenswert sei, eine Abrüstungskonvention zustande zu bringen«, selbst wenn dabei nicht alle deutschen Wünsche erfüllt würden, schwenkte schließlich am 4. Oktober auf den härteren Kurs ein, den Blomberg und Neurath verfochten. Maßgebend hierfür wurde der britische Vorschlag, ein Kontrollsystem zu etablieren. Das hätte das Ende der geheimen deutschen Aufrüstungspolitik bedeutet. Vor dem Reichskabinett interpretierte Hitler die britischen Vorschläge am 13. Oktober als Versuch, die Deutschland im Dezember 1932 zugestandene militärische Gleichberechtigung »unter den veränderten politischen Verhältnissen« zurückzunehmen. Mit besonderem Nachdruck betonte er, daß Deutschland eine Kontrolle seines Wehrsystems nicht akzeptieren könne. Es bleibe daher keine andere Wahl, als die Abrüstungskonferenz zu verlassen und aus dem Völkerbund auszutreten. Hitler ging das hohe Risiko, das diese Entscheidung für Deutschland bedeutete, offenbar in dem Bewußtsein ein, die Rückendeckung Italiens zu besitzen. »Italien«, führte er am 13. Oktober im Kabinett aus, »werde zu vermitteln wünschen, da es an Deutschlands Vernichtung kein Interesse habe.« Mussolini wurde daher als einziger fremder Regierungschef über Hitlers Absicht, aus dem Völkerbund auszutreten, vorab informiert und signalisierte seine Zustimmung.[40]

Am 14. Oktober 1933 gab die deutsche Regierung ihren Austritt aus dem Völkerbund bekannt, zugleich wurden die Auflösung des Reichstages, die Ausschreibung von Neuwahlen zum 12. November, verbunden mit einem Volksentscheid über die Politik der Reichsregierung, beschlossen.

Hitler begleitete die Entscheidungen des 14. Oktober mit einer Rede, die einige bemerkenswerte außenpolitische Akzente setzte. Auffallend ausführlich beschäftigte er sich mit den deutsch-französischen Beziehungen und bot der Regierung Daladier an, die bestehenden Probleme und Divergenzen in direkten Verhandlungen zwischen Paris und Berlin auszuräumen. Er wünsche, einen Schlußstrich unter die bisherigen spannungs- und konfliktreichen Beziehungen zwischen beiden Ländern zu ziehen und künftige kriegerische Verwicklungen endgültig auszuschalten. Deutschland halte am Vertrag von Locarno fest und wolle, abgesehen von der im Versailler Frieden vorgesehenen Saarabstimmung, keine territoriale Veränderung im Westen.[41]

Das war zweifellos die Rückkehr zur Beschwichtigungspolitik der vorangegangenen Monate. Nachdem Hitler sicher war, daß die Genfer Konferenz der deutschen Aufrüstung nicht mehr in den Arm fallen konnte, zeigte er sich auch gegenüber Großbritannien, dem er zunächst die Schuld am Scheitern der Abrüstungskonferenz gegeben hatte, wieder gesprächsbereit. Er bediente sich der Interview-Methode, um das London zu signalisieren. Am 18. Oktober sprach er dem Sonderkorrespondenten der *Daily Mail*, Ward Price, gegenüber von den Gemeinsamkeiten der »beiden großen germanischen Völker« und verlieh der Hoffnung Ausdruck, die »beiden verwandten Nationen« würden bald »zur alten Freundschaft zurückfinden«.[42]

Die Offerten Hitlers an die Adresse der Westmächte, mit denen er die Wirkungen der Entschlüsse vom 14. Oktober in den folgenden Wochen und Monaten abzuschwächen suchte, wiesen einige neue, über den unmittelbaren Anlaß hinausgehende Akzente auf. Deutlicher als zuvor stellte er im Dezember 1933 Deutschland als Bollwerk gegen die »Gefahr des Bolschewismus« dar. Dabei ging es ihm nun offenbar um mehr als nur um die Rechtfertigung der terroristischen Formen der innenpolitischen Umwälzung in Deutschland. Im Unterschied zu seiner Regierungserklärung vom 23. März verband er hiermit vielmehr die Ankündigung einer in der Konsequenz dieser Umwälzung liegenden außenpolitischen Neuorientierung: Er strebe »ein gutes Verhältnis zu Polen an«. Polen sei »ein Pufferstaat zwischen dem bolschewistischen Rußland und der westlichen Zivilisation, den man nicht entbehren könne«, wegen der Korridorfrage, über die eine Verständigung möglich sei, lohne ein Krieg nicht.[43]

Das waren keine leeren Worte. Tatsächlich war die Annäherung an Polen im Dezember 1933 weit vorangekommen, und ihr korrespondierte eine gegenüber der ersten Jahreshälfte erhebliche Verschlechterung der deutsch-sowjetischen Beziehungen. Einer Fortsetzung der guten Beziehungen zu Moskau räumte Hitler schon im September 1933 keine Chance mehr ein, auch wenn er es zunächst noch aus taktischen Gründen vermied, eine spektakuläre Wende zu vollziehen. Mittelfristig begriff er die Annäherung an Polen vor allem aus sicherheitspolitischen Überlegungen als Alternative zur bisherigen Rußlandpolitik. Wenn es gelang, Polen aus der Front gegen das Reich herauszubrechen, minderte sich die militärische Unterlegenheit des Reichs im Konfliktfall, so daß Frankreich eher Paroli geboten werden konnte, was zur Verbesserung der deutsch-französischen Beziehungen oder zur Isolierung Frankreichs nutzbar war. Die sowjetische Rückendeckung war dann sicherheitspolitisch entbehrlich, und Deutschland konnte sich aus dem Schatten der kommunistischen UdSSR lösen, was 1933 für Hitler auch aus innenpolitischen Gründen wünschenswert war. Dabei nahm er weniger Rücksicht auf seine antisowjetisch eingestellten konservativen Partner im Kabinett als vielmehr auf seine schwer kontrollierbare Anhängerschar, auf die Parteibasis und die SA, die im weltanschaulichen Sinne vorwärtsdrängte und für eine eher akademisch anmutende Unterscheidung zwischen terroristischem Antikommunismus im Innern und staatspolitischer Rücksichtnahme auf die deutsch-russischen Beziehungen nicht zu gewinnen war.

Der Preis, den Hitler für diesen Prioritätenwechsel zu zahlen hatte, bestand in zumindest temporärem Einfrieren der Revisionsforderungen gegenüber Polen. Das fiel ihm von seinem imperialistischen Denkansatz her sehr viel leichter als seinen konservativen Partnern im Kabinett und in der Bürokratie. Die Grenzen von 1914 bedeuteten ihm nichts, zudem war in seinen imperialistischen Vorstellungen Spielraum für eine Revision ganz anderen Zuschnitts. War Polen erst einmal zum Juniorpartner eines nach Osten ausgreifenden Deutschland geworden, konnte das Korridorproblem auf Kosten Litauens gelöst werden und standen Kompensationsobjekte für polnische Konzessionen an die Adresse Deutschlands in den Weiten Rußlands zur Verfügung. Bezeichnenderweise fehlte schon im ersten Gespräch mit Wysocki am 2. Mai 1933 die Andeutung dieser Perspektive nicht. Beim Abschiedsempfang des polnischen Gesandten am 13. Juli wurde Hitler sogar noch deutlicher. Und auch seinem Nachfolger, Józef Lipski, gegenüber äußerte er sich am 15. November im selben Sinne.

Da der Austritt Deutschlands aus dem Völkerbund Polens Sicherheit vermindert hatte, ging es der polnischen Seite zunächst um eine bilaterale Kompensation, was Hitler sofort akzeptierte. Er schlug vor, »schon die Möglichkeit eines Krieges« zwischen Polen und Deutschland auszuschließen. Das Kommuniqué, auf das man sich einigte und das am 16. November veröffentlicht wurde, bekundete die Absicht beider Regierungen, »zur Festigung des Friedens in Europa in ihrem Verhältnis zueinander auf jede Anwendung von Gewalt zu verzichten«.[44]

Das Kommuniqué bildete den Ausgangspunkt für die nun zügig auf den Abschluß eines Nichtangriffspakts hinauslaufenden deutsch-polnischen Verhandlungen. Die Initiative hierfür ging von Berlin aus. Der Entwurf, der in großer Eile angefertigt wurde, um der polnischen Seite zuvorzukommen, vermied jede Festschreibung des Status quo und enthielt keinen endgültigen Verzicht auf Grenzrevisionen. Die polnische Seite erkannte den Pferdefuß durchaus und ließ sich mit ihrer Antwort viel Zeit. Trotz einiger Korrekturen, die sie an dem deutschen Entwurf durchsetzte, konnte sie nicht verhindern, daß der Vertrag für eine spätere Revision grundsätzlich offenblieb. In dem Text[45], den Außenminister Neurath und der polnische Gesandte Lipski am 26. Januar 1934 in Berlin unterzeichneten, erklärten die beiden Regierungen ihre Absicht, »sich in den ihre gegenseitigen Beziehungen betreffenden Fragen, welcher Art sie auch sein mögen, unmittelbar zu verständigen« und auf jede »Anwendung von Gewalt« zu verzichten. Eine Revision war also möglich, sofern keine Gewalt angewandt wurde. Daß das auch den Fall »einer möglichen Grenzverschiebung« einschloß, stellte Hitler dem polnischen Gesandten gegenüber einen Tag nach der Unterzeichnung des Vertrages explizit fest.[46]

Welche Gründe mögen die polnische Regierung dazu bewogen haben, dies sehenden Auges zu akzeptieren? Auszuschließen ist wohl, daß Pilsudski oder sein Außenminister Beck sich auf die imperialistische Perspektive der deutschen Seite eingelassen haben. Sie wußten, daß Polen als Juniorpartner des Deutschen Reichs in einem Konflikt mit Rußland seine Unabhängigkeit verlieren werde. Das hat die deutsche Seite freilich nicht gehindert, im vertraulichen Gespräch in den nächsten Jahren immer wieder auf diese Perspektive zurückzukommen.

Ein wichtiger Grund liegt in der Art und Weise, wie die polnische Seite die Person Adolf Hitlers und die Autorität, die er im Reichskabinett 1933 besaß, beurteilte. Lipski, Pilsudski und Beck hielten den polenfreundlichen Kurs des »Österreichers« Hitler durchaus für aufrichtig, sahen ihn aber durch die Opposition der »ostelbischen Junker« im Auswärtigen Amt und in der Wehrmacht als gefährdet an und der Abstützung durch einen Erfolg für bedürftig. Schließlich waren die deutsch-sowjetischen Beziehungen so schlecht nicht, daß eine Rückkehr zur bisherigen deutsch-sowjetischen Zusammenarbeit mit antipolnischer Spitze nicht jederzeit möglich gewesen wäre. Dem meinte man in Warschau vorbeugen zu müssen.

Der Hauptgrund für die polnische Haltung wird jedoch in der französischen Politik gelegen haben. Schon der Locarno-Vertrag hatte das Vertrauen Warschaus in die französische Sicherheitsgarantie erschüttert; denn Frankreich war in der Frage der durch den Versailler Vertrag festgesetzten Grenzen geneigt, mit zweierlei Maß zu messen. Die Grenzen im Osten waren weniger sicher als die im Westen. Entscheidend wurde die Haltung Frankreichs im Jahre 1933. Paris hatte nicht nur kein Interesse an der durch die Machtergreifung Hitlers veränderten Sicherheitslage Polens gezeigt, sondern durch die Verhandlungen mit Großbritannien, Italien und Deutschland über den »Viererpakt« auch bewiesen, daß es dem System der kollektiven Sicherheit selbst nicht mehr allzu viel zutraute. Offenbar befand sich Europa auf dem Weg zu einem Konzert der Großmächte, welche die großen politischen Fragen nicht nur unter sich ausmachen, sondern hierbei auch kaum die Interessen der kleineren Partner berücksichtigen wollten. War Polen durch den Ausschluß von den Viererpaktverhandlungen an sich schon als Macht niederen Ranges deklassiert, mußte das in Warschau um so mehr empfunden werden, als der »Viererpakt« die Fortgeltung des Artikels 19, der Revisionsklausel der Völkerbundsatzung, explizit feststellte. So sehr Frankreich seine Zustimmung hierzu in Warschau auch immer abschwächen mochte, aus polnischer Sicht kam die Bekräftigung des Artikels 19 zur Unzeit.

Vor diesem Hintergrund erschien es Pilsudski als sicherheitspolitischer Hoffnungsschimmer am Horizont, daß der Reichskanzler Hitler andere Töne als erwartet anschlug. Nachdem Deutschland aus dem Völkerbund ausgetreten war, hatte es sich von den kollektiven Konfliktregelungsmechanismen befreit. Was lag daher für Warschau näher, als den Verlust an kollektiver Sicherheit durch einen bilateralen Vertrag auszugleichen, der Deutschland an das Prinzip der friedlichen Revision band und zugleich den Vorteil hatte, die bilateralen Beziehungen erstmalig freundschaftlich und entspannt zu gestalten? Diese Hoffnung trog dann auch tatsächlich nicht. Mit deutschen Revisionsansprüchen wurde Polen erst wieder 1938 konfrontiert.

Hitler konnte mit der außenpolitischen Bilanz seines ersten Regierungsjahrs zufrieden sein. Anders als erwartet, waren Frankreich und seine Verbündeten ihm nicht in den Arm gefallen. Polen hatte sich sogar dazu verleiten lassen, aus dem System kollektiver Sicherheit auszuscheren und einen bilateralen Vertrag mit dem Reich zu schließen. Die terroristischen und antisemitischen Mittel bei der Errichtung der Diktatur hatten die Großmächte nicht davon abgehalten, die neue Regierung als ihresgleichen und als vertragsfähig anzuerkennen. Selbst durch den Austritt aus dem Völkerbund wurde das Reich nicht isoliert, vielmehr entzog es seine Aufrüstungspolitik durch diesen riskanten Schritt der internationalen Kontrolle. Ganz wesentlich hatte Hitler diese Erfolge Mussolini zu danken, der seine schützende Hand über den Juniorpartner in Berlin hielt und ihm zum Konkordat wie zum Prestigeerfolg des »Viererpaktes« verhalf. Aber auch in London gewann die deutsche Politik an Vertrauen. Hierzu trug der Vertrag mit Polen, den man als einen erfreulichen Akt pragmatischer Außenpolitik begriff, ebenso bei wie die antisowjetische Stoßrichtung, die Hitlers Außenpolitik am Ende des Jahres 1933 entfaltete. Offenbar war der neue Kanzler dabei, die deutsche Außenpolitik aus der Erstarrung der Revisionspolitik der Weimarer Republik zu lösen. Auch auf dem innenpolitischen Felde schlug die Außenpolitik positiv zu Buche. Der Austritt aus dem Völkerbund, den Hitler geschickt mit einem Plebiszit verband, hatte gezeigt, daß die neue Regierung sich nicht mehr vom Willen der »Versailler Mächte« abhängig machte und über Selbstbewußtsein verfügte. Das kam offenbar an. Dennoch befand sich die nationalsozialistische Herrschaft Anfang 1934 in einem Zustand prekärer Labilität. Das hatte vorwiegend innenpolitische Gründe.

4. Der Schlag gegen Ernst Röhm und gegen die SA

Hitler begriff die Errichtung der Diktatur nicht als Revolution, auch wenn er pathetisch von der »nationalen Revolution« sprach, die sich in Deutschland vollzogen habe. Er hatte zunächst keine vollständige Umwälzung der inneren Verhältnisse, die er erst als Ergebnis des Krieges erwartete, im Sinn, sondern ihre Umformung. »Wir haben«, stellte er im Juli 1933 in einer Rede vor den Reichsstatthaltern der NSDAP fest, »einen gegebenen Zustand übernommen ... Die Aufgabe ist, die gegebene Konstruktion, soweit brauchbar, zu behalten und umzugestalten, daß für die Zukunft das Gute konserviert wird, das Unbrauchbare beseitigt wird.« Die »große Aufgabe«, um die es jetzt gehe, sei, »die Revolution aufzufangen« und den »Zustand des totalen nationalsozialistischen Staates gesetzlich zu verankern«. Die »Weiterentwicklung« müsse »als Evolution geschehen«. Mit Entschiedenheit wandte sich Hitler daher gegen das »Schlagwort von der zweiten Revolution«, das vor allem in der SA kursierte und von deren Führung propagiert wurde, und er fügte drohend hinzu, er werde den Versuch, die »Revolution« weiterzuführen, »wenn nötig, in Blut ertränken«.[47]

Hitler hat sich seit Sommer 1933 wiederholt in ähnlichem Sinne, wenn auch nicht so drohend, geäußert, und Frick, Göring, Goebbels und Heß sekundierten ihm. In dem Konflikt, der sich hier anbahnte, ging es in erster Linie um eine Machtfrage. Hitler war mit der Reichswehrführung einen Herrschaftskompromiß eingegangen und zeigte keinerlei Neigung, die Reichswehr in den Gleichschaltungsprozeß einzubeziehen. Röhm hatte jedoch andere Vorstellungen und sah in der SA, die er bis Mitte 1934 auf ca. 3 Mio Mann anwachsen ließ, die zukünftige Armee, die er auf Milizbasis aufzubauen gedachte und die die zahlenmäßig kleinere Reichswehr aufsaugen sollte.[48] Er betrachtete sein Ministeramt – er war am 1. Dezember 1933 als Reichsminister ohne Geschäftsbereich in das Kabinett berufen worden – als »SA-Ministerium«, das er später einmal mit dem Reichswehrministerium in seiner Hand vereinigen wollte.

Vor diesem Hintergrund war seine rhetorische Kraftmeierei für die Machtstellung des Reichskanzlers gefährlich. Wie lange würde die Reichswehrführung noch Gewehr bei Fuß stehen, wenn Röhm an prominenter Stelle, in den *Nationalsozialistischen Monatshef-*

ten, verkündete: SA und SS wollten »nicht dulden, daß die deutsche Revolution einschläft oder auf halbem Wege von den Nicht-Kämpfern verraten wird!« Es sei »hohe Zeit, daß die nationale Revolution aufhört und daß daraus die nationalsozialistische wird!«[49] Solche Ausführungen gefährdeten nicht nur den Machtkompromiß mit der Reichswehrführung und den konservativen Funktionseliten, sondern sie störten auch die Bemühungen Hitlers, die deutsche Aufrüstung möglichst rasch voranzutreiben; denn hierbei war er auf das Fachwissen der Reichswehrgeneralität und auf die Kaderrolle des Reichswehroffizierkorps angewiesen. Eine Miliz schien ihm für den technisierten modernen Krieg völlig ungeeignet. Hitler bemühte sich daher darum, zu einer Art Arbeitsteilung zwischen Reichswehr und SA zu kommen. Die Reichswehr habe »den Schutz der Nation nach außen« und die SA »den Bestand des nationalsozialistischen Staates ... im Inneren zu sichern«.[50] Doch hiermit mochte sich Röhm nicht abfinden.

Röhm und die SA waren aber noch aus einem anderen Grund für Hitler zur Belastung geworden. Als Motor der politischen Umwälzung von unten, als Organisator des »Volkszorns« und des Drucks der »Masse« sowie als Instrument des Terrors war die SA zum Symbol der außerstaatlichen Gewalt geworden. Viele Aktionen, die in der Öffentlichkeit Unwillen und Befremden ausgelöst hatten, wurden der SA angelastet. Hitler erschien im Vergleich gemäßigt und seriös – ein Eindruck, den er selber unterstützte und auf dessen Aufrechterhaltung er aus innen- und außenpolitischen Gründen angewiesen war. Ein Schlag gegen die SA würde es ihm erleichtern, seine staatsmännische Rolle zu spielen; unterblieb er, drohte das schlechte Image der SA auf Dauer auch sein Prestige zu zerstören und die Macht der Regierung zu untergraben.

Im März 1934 hatte sich der seit längerem schwelende Konflikt zwischen Reichswehr und SA zugespitzt. Der Rivalität mit der Reichswehrführung gesellten sich andere Rivalitäten hinzu, die SS fühlte sich von der SA ebenso herausgefordert wie die hohen Parteifunktionäre der NSDAP. Die zunehmende politische Isolierung der SA kam Hitler ganz offensichtlich gelegen und ließ den Plan zum großen Schlag gegen sie heranreifen. Bei der Vorbereitung der Aktion, die bereits im Januar 1934 begonnen hatte, spielte Göring eine wichtige Rolle. Er wollte sich eines lästigen Rivalen entledigen. Seit Januar 1934 ließ Hitler, nachdem Göring geschickt die Fäden gezogen hatte, durch den Leiter des Geheimen

Staatspolizeiamtes, Rudolf Diels, Belastungsmaterial gegen die Clique um Röhm sammeln, wobei die Homosexualität Röhms eine wichtige Rolle spielen sollte.

Das Kesseltreiben gegen Röhm begann. Dieser tat alles, seine Gegner zu reizen und sie enger zusammenrücken zu lassen. Am 18. April 1934 griff er die konservativen Funktionsträger in einer Rede vor dem Diplomatischen Korps und der Auslandspresse frontal an: »In einer unbegreiflichen Milde hat das neue Regiment in Deutschland bei der Machtübernahme mit den Trägern und Handlangern des alten und noch älteren Systems nicht rücksichtslos aufgeräumt.«[51] Indirekt griff er damit auch die Regierung Hitler an. Wie wenig Röhm aber das Zeug zum Revolutionär hatte und wie wenig Gespür er für die machtpolitische Lage besaß, bewies er Anfang Juni 1934. Er zog sich auf Anraten Hitlers zur Kur zurück und schickte einen Teil der SA für Juni und den anderen für Juli in den Urlaub, nicht ohne »die Feinde der SA« zuvor mit dunklen Drohungen zu verschrecken.

Die Gegner Röhms waren gewarnt und konnten zum entscheidenden Schlag ausholen. Zuerst rührten sich die konservativen Funktionsträger. Franz von Papen hielt in Marburg eine von dem Schriftsteller Edgar Jung verfaßte Rede, in der er sich kritisch mit den innenpolitischen Verhältnissen in Deutschland auseinandersetzte. »Kein Volk« könne sich, so Papen, »den ewigen Aufstand von unten leisten, wenn es vor der Geschichte bestehen« wolle.[52] Papens Rede richtete sich nicht nur gegen die SA, sondern auch gegen das NS-Regime insgesamt. Er hoffte, in dem sich anbahnenden Konflikt zwischen SA und Reichswehr Hindenburg zur Ausrufung des Staatsnotstands überreden und Hitler in die Schranken weisen zu können. Papen gab sich der illusionären Hoffnung hin, es sei noch immer ein Mittelweg zwischen der demokratischen Ordnung von Weimar und dem totalen Staat der Nationalsozialisten offen.

Hitler mußte handeln, wollte er sich die Initiative nicht aus der Hand nehmen lassen. Er berief für den 30. Juni 1934 eine SA-Führerbesprechung nach Bad Wiessee ein, wo Röhm zur Kur weilte. Unter dem Vorwand, es gelte einen drohenden Putsch der SA abzuwehren, waren umfassende Vorbereitungen getroffen worden. Ministerpräsident Göring und der Reichsführer SS, Heinrich Himmler, hatten sich mit Reichswehrminister von Blomberg darüber verständigt, die SS gegen die SA einzusetzen und ihr für diesen Zweck Unterkünfte, Kraftfahrzeuge und Waffen von der Reichswehr zur Verfügung zu stellen. Die Reichswehr selbst hielt sich in Alarmbereitschaft, da viele Reichswehrinstanzen tatsächlich an einen SA-Putsch glaubten.

In den frühen Morgenstunden des 30. Juni fuhr Hitler zusammen mit Goebbels und SA-Obergruppenführer Viktor Lutze in Begleitung eines eilig zusammengestellten Kommandos der Münchener Kriminalpolizei nach Bad Wiessee, überraschte Röhm und die dort versammelten SA-Führer in ihren Hotelbetten, ließ sie verhaften und ins Justizgefängnis Stadelheim bringen. Überall im Reich fanden Verhaftungen statt. Bis gegen Mittag füllten sich die Gefängnisse mit etwa 200 SA-Leuten. Sechs SA-Führer wurden noch am Abend des 30. Juni in Stadelheim erschossen, Röhm am 1. Juli. In Berlin leiteten Göring und Himmler die Parallelaktion. Die Verhaftungs- und Mordaktion blieb nicht auf die SA beschränkt. Man entledigte sich bei dieser Gelegenheit gleich eines Teils der unliebsamen Repräsentanten der konservativen Funktionseliten; so wurden General Schleicher und seine Frau in ihrem Haus erschossen. Das gleiche Schicksal erlitt Generalmajor von Bredow. Auch Gregor Strasser war unter den Toten. Die Zahl der Toten wird auf etwa einhundert geschätzt. In vielen Fällen sind auch private Rechnungen beglichen worden.

Die ordentlichen Rechtsverfahren wurden bei diesen Erschießungen und Verhaftungen nicht eingehalten: es wurden keine polizeilichen Ermittlungen durchgeführt – in einem Fall war es sogar zu einer Personenverwechslung gekommen –, keine Rechtsanwälte eingeschaltet und keine Verfahren eröffnet. Hitler berief sich in der Kabinettssitzung am 3. Juli auf das Prinzip der »Staatsnotwehr«, das rasches Handeln erforderlich gemacht habe. Wider besseres Wissen behauptete er, mit der Aktion gegen die SA sei er einem Putsch gerade noch zuvorgekommen. Immerhin räumte er ein, daß »das Schuldmaß nicht bei allen völlig erwiesen sei und nicht alle standrechtlichen Erschießungen von ihm selbst befohlen worden seien«. Gleichwohl übernahm er die volle Verantwortung für die Erschießungen und erklärte kategorisch, »eine nachträgliche Prozeßführung käme nicht in Frage«.

Das Kabinett ließ sich sogar dazu herbei, der ganzen Aktion ex post den Mantel der Legalität umzuhängen, und verabschiedete ein Gesetz, das die Maßnahmen »als Staatsnotwehr« und »rechtens« einstufte. Justizminister Franz Gürtner ging noch einen

Schritt weiter und versuchte, eventuell aufkommende Bedenken seiner Kabinettskollegen mit der Behauptung zu entkräften, das Gesetz schaffe kein neues, sondern »bestätige« »lediglich gültiges Recht«.[53] Das traf ganz gewiß nicht zu. Eine andere Frage war aber, ob Hitler unter den Prämissen seiner Machterhaltung eine Alternative besessen hatte; denn es mußte als höchst unwahrscheinlich gelten, daß die SA einem ordentlichen Prozeß gegen Röhm und einen großen Teil der SA-Führung einfach tatenlos zugesehen hätte. Und was sollte bei einem Prozeß denn anderes herauskommen als eine nachhaltige Blamage, ja, Gefährdung der Regierung Hitler? Nein, der Schlag war nicht »rechtens«, aber machtpolitisch genau kalkuliert und gut berechnet. Gerade die Schnelligkeit und Härte der Aktion sicherte Hitler denn auch ein hohes Maß von Beifall. Der erste, der diesen Beifall gewissermaßen amtlich ausbrachte, war General von Blomberg. Das Protokoll der Kabinettssitzung vom 3. Juli vermerkt hierzu: »Der Reichswehrminister dankte dem Reichskanzler im Namen des Reichskabinetts für sein entschlossenes und mutiges Handelns, durch das er das deutsche Volk vor dem Bürgerkrieg bewahrt habe.«

Blomberg hatte allen Grund, Hitler zu danken; denn schließlich war die Reichswehrführung der große Gewinner des Konflikts. Sie war ihren ärgsten Rivalen losgeworden, ohne sich selbst die Finger schmutzig gemacht zu haben. Röhms Nachfolger als Stabschef der SA, Viktor Lutze, wurde auf die neue, rein politische Rolle der SA festgelegt. Die Reichswehr war nun der einzige »Waffenträger« des »Dritten Reiches« – so jedenfalls schien es auf den ersten Blick. Der Preis, den sie für diesen Erfolg zahlte, war gleichwohl hoch. Schwer wog, daß der Mordaktion mit Kurt von Schleicher und Ferdinand von Bredow zwei ehemalige Reichswehrgeneräle zum Opfer gefallen waren. Da Hitler kein hieb- und stichfestes Beweismaterial gegen sie vorlegen konnte, half Generalmajor von Reichenau mit ebenso ehrenrührigen wie vagen Anschuldigungen gegen General von Schleicher nach. Die Reichswehrführung nahm es offenbar mit dem Schicksal von ihresgleichen nicht so ernst. Einem Mann wie Hitler gab man damit das falsche Zeichen.

Wichtiger war jedoch zunächst etwas anderes. Zum erstenmal war die SS und mit ihr die Geheime Staatspolizei machtvoll in Erscheinung getreten. Zwar hatte die Reichswehr mit Waffen und Fahrzeugen geholfen, die Aktion auch dadurch abgesichert, daß die Truppe am 28. Juni in Alarmbereitschaft versetzt worden war, aber der Träger der Aktion war die SS gewesen, allen voran die von Sepp Dietrich geführte »Leibstandarte Adolf Hitler«. Hitler zeigte sich erkenntlich und erhob die SS am 20. Juli 1934 zu einer »selbständigen Organisation im Rahmen der NSDAP«, die ihm persönlich unterstellt war.[54] Gleichzeitig gab er Himmler die Genehmigung zur Aufstellung bewaffneter Streitkräfte. Damit war die »Waffen-SS« begründet, die die gerade erst öffentlich von Hitler bekräftigte Monopolstellung der Reichswehr erneut durchbrach. Hitler war offenbar nicht bereit, sich völlig von der Reichswehr abhängig zu machen, der er trotz aller Treuebekundungen mißtraute, weil sie noch immer mehr konservativ-aristokratisch-preußisch orientiert war als nationalsozialistisch.

Die Aktion gegen Röhm und die SA sicherte das Ergebnis der Machteroberung nach innen gegen die eigene Bewegung ab. Für Hitler kam sie gerade noch rechtzeitig, um von einem Ereignis zu profitieren, das das Ende des alten Systems auch äußerlich symbolisierte: Am 2. August 1934 starb Hindenburg. Bereits am Vortage, als der Tod sich abzeichnete, wurde im Kabinett eine Gesetzesvorlage verabschiedet, die Hitler die Nachfolge sicherte. Das Amt des Reichspräsidenten erlosch. Hitler verzichtete auf den Titel des Reichspräsidenten und führte im amtlichen innerdeutschen Verkehr von nun an den Titel »Der Führer und Reichskanzler«. Es ist kaum anzunehmen, daß diese Abrundung seiner Machtstellung ohne den »Erfolg« der Röhm-Aktion so problemlos gelungen wäre.

Folgenreich wurde ein Vorschlag, den General von Blomberg, offenbar auf eigene Initiative, am 1. August im Kabinett machte: er beabsichtige, »unmittelbar nach dem Ableben des Herrn Reichspräsidenten die Soldaten der Wehrmacht auf den Führer und Reichskanzler Adolf Hitler zu vereidigen«.[55] Bisher war die Reichswehr auf die Verfassung vereidigt worden, nicht etwa auf den Reichspräsidenten. Zur Änderung der Eidesformel lag beim Tode von Hindenburg kein zwingender Grund vor. Allerdings muß man sich andererseits fragen, welchen Sinn eine Vereidigung der Reichswehr auf die Verfassung noch haben konnte, nachdem diese praktisch außer Kraft gesetzt worden war. Da Hitler die Machtvollkommenheit eines absoluten Herrschers auf sich vereinte, lag der Rückgriff auf eine Art monarchistische Eidesformel nahe. Daß der Eid die Soldaten einmal in die schwersten Gewissenskonflikte stürzen würde, haben von Blomberg und Reichenau, die den Text entwarfen, sich wohl nicht vorstellen können. Vorderhand bejahten sie den Führerstaat und wollten die Truppe durch den Eid auf den populären Führer motivieren. Aus der machtpolitischen Perspektive der Reichswehr war das ebenso naiv wie realitätsblind.

Bis Anfang August 1934 hatte Hitler eine Reihe ganz wesentlicher innenpolitischer Voraussetzungen für seinen Kriegskurs geschaffen. Alle institutionellen Sicherungen, welche die Weimarer Verfassung vorsah, um die Vorbereitung eines Krieges und den Schritt vom Frieden zum Krieg kontrollierbar zu machen, waren beseitigt.

Die Weimarer Verfassung (Art. 45) sah vor, daß eine Kriegserklärung und ein Friedensschluß durch Reichsgesetz zu erfolgen hätten. Mit dem Ermächtigungsgesetz war die Kompetenz der Gesetzgebung für vier Jahre auf den Reichskanzler und sein Kabinett übergegangen; ein Parlament, das diesen Namen verdiente und sich die Gesetzgebungskompetenz hätte zurückholen können, gab es nicht mehr. Das Recht, die Reichsgesetze auszufertigen, das dem Reichspräsidenten oblag, war am 2. August 1934 ebenfalls auf Hitler übergegangen. Er konnte seither allein über Krieg und Frieden entscheiden, sofern es ihm gelang, das Reichskabinett zu marginalisieren. Dazu waren bis zum August 1934 durch die Gleichschaltung der konservativen Parteien und Verbände alle Voraussetzungen geschaffen. Seit 1938 trat das Reichskabinett zudem nicht einmal mehr in corpore zusammen. Wie wenig es noch zu sagen hatte, wird daran deutlich, daß seinen Mitgliedern 1939 nicht nur kein Reichsgesetz über die Kriegserklärung vorgelegt wurde, sondern daß sie in ihrer Mehrzahl vom Überfall auf Polen erst im nachhinein erfuhren. Der Oberbefehl über die Reichswehr (Art. 47), über das Instrument des Krieges, ging am 2. August ebenfalls auf Hitler über. Nun konnte er Offiziere entlassen und einsetzen und nicht nur die Dispositionen für die geheime Aufrüstung treffen, sondern bei einer Veränderung des Machtgleichgewichts auch an die Gleichschaltung der Reichswehr denken. Der Eid auf den Führer, der den Soldaten abverlangt wurde, löste ihren Gehorsam von Verfassung und Recht ab und schuf eine wichtige Voraussetzung dafür, daß die Wehrmacht zu einem Instrument des Angriffskrieges und des Terrors werden konnte. Schließlich war das Recht des Reichspräsidenten, im Namen des Reichs Bündnisse mit auswärtigen Mächten zu schließen

(Art. 45), auf Hitler übergegangen. Damit lag auch die außenpolitische Vorbereitung des Krieges in seiner Hand.

Mit der Entmachtung der SA und der Übernahme der Rechte des Reichspräsidenten durch Hitler war das fragile Machtgleichgewicht, das zwischen der NSDAP und ihren Gliederungen einerseits und der Reichswehr andererseits bis zum Juni 1934 bestanden hatte, vorerst zugunsten der Reichswehr entschieden. Hitler hatte dafür schon am 30. Januar 1934 die einprägsame Formel gefunden, daß der Staat »von zwei Säulen getragen« werde, politisch von der NSDAP und ihren Gliederungen, militärisch von der Reichswehr.[56] Doch für eine unabhängige Rolle der Reichswehr im nationalsozialistischen Staat, wie sie der Tradition der Weimarer Republik entsprochen hätte, sah nicht nur Hitler keinen Raum mehr. Die Reichswehrführung gab diese Position vielmehr selbst preis und ordnete sich dem Führungsanspruch Hitlers ebenso unter, wie sie der nationalsozialistischen Ideologie die Schleusen öffnete. Dem Fahneneid auf die Person des »Führers« folgten die Einführung des »Arierparagraphen« und die Einrichtung von nationalpolitischen Schulungskursen. Dabei handelte man nicht nur aus politischem Opportunismus, sondern auch aus prinzipiellen Überlegungen heraus. Reichswehrminister Blomberg und der Chef des Wehrmachtsamtes, Reichenau, betrieben die »Gleichschaltung mit der nationalsozialistischen Weltanschauung«, weil der »totale Krieg« die Einheit von Volk und Reichswehr voraussetzte und die NSDAP und ihr Führer Adolf Hitler in ihren Augen wie kein anderer in der Lage schienen, eine Massenmobilisierung zu erreichen.

Mit der Schaffung der innenpolitischen Voraussetzungen für die Vorbereitung des »totalen Krieges«, über den die Reichswehrführung seit den zwanziger Jahren intensiv nachgedacht hatte, war aber erst ein Teil der Probleme gelöst. Um im großen Maßstab aufrüsten zu können, mußten weitere Voraussetzungen geschaffen werden, neben wirtschaftlichen vor allem außenpolitische. Bei dem Versuch, sie herzustellen, zeigt sich erneut, wie eng Formierungsprozesse mit Krisenentwicklungen einerseits und mit glücklichen Zufällen andererseits zusammenhingen und wie sehr die nationalsozialistische Herrschaft nach wie vor auf einem prekären Gleichgewicht von Erfolg und Mißerfolg, von Stabilität und Chaos beruhte.

IV. Krisen- und Formierungsprozesse auf dem Weg zur Großmacht

1. Die Außenhandelskrise von 1934 und die Bürokratisierung

Die nationalsozialistische Aufrüstungspolitik hatte der Grundgegebenheit Rechnung zu tragen, daß Deutschland auf den Import von Rohstoffen und Nahrungsmitteln angewiesen war und, um ihn sicherzustellen, industrielle Güter exportieren mußte. In seiner Regierungserklärung vom 23. März 1933 ließ Hitler erkennen, daß er diese Tatsache begriffen hatte: »Wir wissen, daß die geographische Lage des rohstoffarmen Deutschland eine Autarkie für unser Reich nicht vollkommen zuläßt ... Wir wissen, daß wir die Verbindung mit der Welt nötig haben, und daß der Absatz deutscher Ware in der Welt viele Millionen deutscher Volksgenossen ernährt.«[1] Hitler zog aus seinem langfristigen Ziel, für Deutschland einen autarken Großraum zu erobern, ganz offenbar nicht die Konsequenz, vorher schon zu autarkiewirtschaftlichen Rezepten Zuflucht zu nehmen. Vom Reichskanzler gingen daher zunächst keine Impulse aus, den Kurs der Außenwirtschaftspolitik zu beeinflussen oder gar das Steuer herumzureißen.

Der Vorrang der Aufrüstung führte jedoch zu Strukturverzerrungen, die zu einer Kurskorrektur zwangen. Die staatliche Beschäftigungspolitik belebte einseitig die Inlandsnachfrage. Angesichts der Absatzschwierigkeiten auf dem Weltmarkt und der steigenden Absatzmöglichkeiten auf dem Binnenmarkt ging die Exportbereitschaft zurück, während der Importbedarf bei ebenfalls sinkenden Importziffern aufgrund der einsetzenden konjunkturellen Aufwärtsbewegung viel höher blieb. Die Konsequenz mußte eine passive Handelsbilanz sein, sofern nicht gegengesteuert wurde. Tatsächlich hatte sich der Handelsbilanzüberschuß, der sich 1932 noch auf mehr als 1 Mrd RM belief, 1933 auf 670 Mio RM verringert. 1934 geriet man in die roten Zahlen. Bereits im zweiten Quartal erreichte das Defizit 161 Mio RM und akkumulierte sich bis zum Jahresende auf 280 Mio RM. Parallel dazu waren die Devisenreserven der Reichsbank drastisch gesunken. Hatten sie im Dezember 1933 noch 395 Mio RM betragen, beliefen sie sich im Juni 1934 auf weniger als 100 Mio RM.[2]

Die Entwicklung hatte sich frühzeitig angekündigt. Bereits am 7. April 1933 wies Hjalmar Schacht, der unter der Regierung Hitler erneut Reichsbankpräsident geworden war, im Kabinett darauf hin, daß die deutsche Wirtschaft dabei sei, die »letzten Reserven aus dem Ausland nach Deutschland« zu ziehen. Dieser Vorgang werde in den nächsten Monaten beendet sein. Devisen stünden alsdann nicht mehr zur Verfügung.[3] Die Regierung werde, legte Schacht nahe, nicht um eine Verschärfung der Devisenbewirtschaftung herumkommen. Am 30. Juli 1934 ernannte Hitler Schacht auch zum Reichswirtschaftsminister. Jetzt verfügte er über die erforderlichen Kompetenzen, die Krise durch eine Verschärfung der Kontrollen zu meistern. Er führte im September 1934 den sogenannten »Neuen Plan« ein, der die totale Bewirtschaftung des Außenhandels bewirkte.

Der »Neue Plan« war kein großer Entwurf, sondern ein Bündel von Einzelmaßnahmen, deren gesetzliche Regelung und praktische Durchführung zeitlich gestaffelt zwischen Frühjahr 1934 und Frühjahr 1935 erfolgten. Tastend knüpfte man an seit langem wirksame Tendenzen der deutschen Außenwirtschaftspolitik an. Das Resultat – eine völlig in staatliche Regie genommene Außenwirtschaft – stand den Beteiligten dabei keineswegs vor Augen. Vielmehr schien eine interventionistische Maßnahme die andere hervorzurufen, schlitterte man von Notbehelf zu Notbehelf und sah sich schließlich – da sich die Dinge hart im Raume stießen – zur nachträglich korrigierenden Systematisierung der Ad-hoc-Maßnahmen gezwungen. Was diesem Prozeß eine gewisse Konsequenz und schließlich auch konzeptionelle Geschlossenheit verlieh, war die fehlende Bereitschaft, das Steuer korrigierend herumzuwerfen und sich jenen Alternativen entschlossen zuzuwenden, die damals verfügbar waren: der Abwertung der RM, der Dämpfung der von der Rüstung zusätzlich angeheizten Binnenkonjunktur und der Rückkehr zu einer möglichst freien, nichtdiskriminatorischen Außenhandelspraxis. Den Ausschlag gab die politisch-ideologische Grundentscheidung zugunsten einer schnellst- und größtmöglichen Aufrüstung. Dieses politische Ziel ließ den längst vor 1933 beschrittenen Weg der staatlichen Reglementierung zur Einbahnstraße werden.[4]

Die Maßnahmen, die unter dem Begriff »Neuer Plan« zusammengefaßt wurden, bezogen sich vorwiegend auf drei Bereiche: erstens auf die Devisenbewirtschaftung, zweitens auf die Exportförderung und drittens auf die Gestaltung der Handelsbeziehungen. Die Devisenbewirtschaftung war auf dem Höhepunkt der Bankenkrise im Juli 1931 eingeführt worden, um den Abfluß ausländischen Kapitals aus Deutschland zu stoppen und den Staatsbankrott zu verhindern. Das »System«, das sich in dieser Zeit herauskristallisierte, ist »einfache« Devisenkontingentierung genannt worden. Jeder Importfirma wurde ein »Grundkontingent« an Devisen zur Verfügung gestellt, das anhand einer Basisperiode (1. Juli 1930 bis Ende Juni 1931) errechnet war. Je nach dem Devisenanfall unterlagen diese Grundkontingente globalen Kürzungen. Im November 1931 wurden 75% ausbezahlt, im März 1932 35% und von Mai 1932 bis Februar 1934 waren es 50%. Dieses System erwies sich aber als zu starr und unflexibel, da es weder in der Lage war, auf die Expansion oder Schrumpfung des Importgeschäfts einer Firma adäquat zu reagieren, noch neu hinzukommende Importfirmen zu berücksichtigen. Die Folge war eine Fülle von Sonderregelungen und Einzelgenehmigungen, die das System allmählich auflösten, je weiter man sich von der Basisperiode entfernte. Im Frühjahr 1934 brach es völlig zusammen. Der steigende Rohstoffbedarf der im Zeichen der Binnenkonjunktur stehenden deutschen Wirtschaft machte es bei sinkenden Deviseneinnahmen notwendig, von der globalen Devisenzuteilung zur Regulierung der warenmäßigen Zusammensetzung der Importe und der jeweiligen Mengen der Importgüter nach wehrwirtschaftlichen Prioritäten überzugehen. In der Konsequenz lief das auf die staatliche Genehmigung jedes einzelnen Importgeschäfts und auf eine staatliche Rohstoffbewirtschaftung hinaus.

Einen ersten Versuch einer solchen Mengenkontingentierung einzelner Rohstoffe hatte man bereits im August 1931 gemacht, war damals aber vor der Errichtung eines entsprechenden bürokratischen Apparats zurückgeschreckt. 1934 wurde der Aufbau einer Bewirtschaftungsbürokratie unvermeidlich. Die rechtliche Grundlage lieferten das Gesetz über »den Verkehr mit industriellen Rohstoffen« vom 22. März 1934 und die Verordnungen »über den Warenverkehr« und »über die Errichtung von Überwachungsstellen« vom 4. September 1934.[5]

Unter einer obersten Reichsbehörde, der »Reichsstelle für Devisenbewirtschaftung«, deren Leiter zugleich Ministerialdirektor im Reichswirtschaftsministerium war, wurden für jede zu importierende Warenart »Überwachungsstellen« errichtet. Sie hatten jedes einzelne Importgeschäft nach Gesichtspunkten der volkswirtschaftlichen Dringlichkeit und den zur Verfügung stehenden Devisen zu beurteilen und je nach Ergebnis Devisenbescheinigungen zu erteilen oder nicht. Da man solche Dringlichkeitsentscheidungen aber nicht fällen kann, wenn man keinen Überblick über die Beschaffung, die Verteilung, die Lagerung, den Absatz und Verbrauch der Rohstoffe hat, und die Überwachungsstellen bereits im März 1934 ermächtigt wurden, sich diese Daten zu beschaffen, wurden sie automatisch auch zu Kristallisationspunkten der sich sukzessive entwickelnden Rohstofflenkung. Sie erteilten den Firmen außer Einkaufsverboten und -genehmigungen in wachsendem Maß auch Verarbeitungs- und Veräußerungsgenehmigungen und überwachten auf diese Weise die Menge und die Qualität der zur Verarbeitung kommenden Rohstoffe sowie den Weg, den sie durch den weitverzweigten Produktionsprozeß nahmen.

Der Wechsel von der globalen Devisenbewirtschaftung zur Mengenkontingentierung war zugleich ein Wechsel von einer nichtdiskriminatorischen zu einer diskriminatorischen Außenhandelspraxis. Die staatlichen Instanzen waren nun durch die 25 im Reichsgebiet errichteten Überwachungsstellen in der Lage, die Zusammensetzung des Imports nach rüstungswirtschaftlichen Prioritäten auszurichten. Die wirtschaftspolitische Führung und nicht die Einzelfirma bestimmte z. B., welche Rohstoffe importiert wurden und welche nicht. Mit demselben Instrumentarium war sie auch in der Lage festzulegen, woher die Importgüter bezogen werden sollten und woher nicht; denn angesichts der Devisenknappheit waren die Überwachungsstellen immer weniger in der Lage, Bardevisen zuzuteilen, die dem Importeur die Dispositionsfreiheit beließen, in wachsendem Maße teilten sie devisenähnliche Einkaufsberechtigungen auf sogenannten Verrechnungskonten zu, die mit den Partnerländern eröffnet wurden.[6]

Die konsequente Devisenzwangswirtschaft veränderte daher auch die Handelsvertragspolitik. Das bilaterale Verrechnungsabkommen trat in wachsendem Maße an die Stelle des multilateralen, automatischen Zahlungsbilanzausgleichs. Im bilateralen Verrechnungsabkommen werden die Warenströme zwischen zwei Ländern wertmäßig gegeneinander aufgerechnet, so daß sie sich im

Idealfall auf dieselbe Summe stellen. Devisen werden in diesem Fall zum Ausgleich der Handelsbilanz nicht benötigt. Man tauscht vielmehr Warenkontingente gegeneinander aus. Da der Ausgleich der Handelsbilanz auf diese Weise freilich in der Praxis nicht immer möglich war, entstanden in der Regel Lieferüberschüsse eines Partners, die sogenannte Verrechnungsspitze. Sie konnte – je nach Vereinbarung – entweder in Gold oder Devisen abgerechnet oder – was häufiger der Fall war – kreditiert werden. Gerade die Kreditvariante entwickelte dabei ihre eigene Dynamik; denn sie führte zu dem Versuch, den Negativsaldo durch zusätzliche Warenlieferungen im nächsten Quartal auszugleichen, was freilich wieder entsprechende Anstrengungen des Partners hervorrief. Die Verrechnungsabkommen tendierten so zu einer ständigen Steigerung des Warenverkehrs zwischen den beiden Partnern.

Der Bilateralismus trat aber nicht an die Stelle des multilateralen Handels, sondern konkurrierend neben ihn. Bis zum Frühjahr 1938 schloß das Reich mit 25 Ländern Verrechnungsabkommen, so daß bis zum Krieg, wie Schacht in seinen Memoiren bemerkt, »mehr als die Hälfte des deutschen Außenhandels über diese Kanäle ging«.[7] Die andere Hälfte wurde nach wie vor mit Bardevisen im multilateralen Zahlungsausgleich abgewickelt. Die Verrechnungsabkommen dominierten vor allem den Handel mit den Ländern Südosteuropas, Lateinamerikas, Nordeuropas und des Vorderen Orients bzw. Vorderasiens, während die USA, Großbritannien und die westeuropäischen Staaten weitgehend an der bisherigen Außenhandelspraxis festhielten. Die Folge war eine regionale Umschichtung des deutschen Außenhandels: Der Handel mit den Verrechnungsländern wies zum Teil erhebliche Zuwachsraten auf, während jener mit Westeuropa, den USA und Großbritannien abnahm. Eine Ausnahme machte der Außenhandel mit dem Verrechnungsland UdSSR, dessen Anteil am Gesamtaußenhandel des Deutschen Reiches nach 1933 gegenüber dem Vorkrisenjahr 1928 ebenfalls abnahm. Hierfür waren vornehmlich politisch-ideologische Gründe maßgebend.

In den Verrechnungsabkommen wurde praktisch für jede Warenart ein eigener Wechselkurs errechnet. Das ermöglichte es dem Reich, für seine Exportgüter höhere als auf dem Weltmarkt übliche Preise zu fordern, allerdings mußte man den Partnern im Gegenzug ebenfalls höhere Preise für ihre Produkte einräumen. Das war vor allem für die Rohstoffe und Nahrungsmittel exportierenden Staaten Südosteuropas und Lateinamerikas von großem Interesse, weil die Weltmarktpreise für diese Produkte infolge der Weltwirtschaftskrise stark gesunken waren. Auch das erklärt das Anwachsen des Handelsaustauschs mit diesen Ländern.[8]

Der Außenhandel mit den Verrechnungsländern bewegte sich daher in einem vom Weltmarkt abgeschotteten geschlossenen System. Für den größeren Teil des freien Waren- und Zahlungsverkehrs hingegen – für ca. ein Drittel des Gesamtexports – hatte das Reich das Handicap eines weit (ca. 30 bis 40%) über dem Weltmarkt liegenden Preisniveaus. Sollten diese deutschen Exportwaren Absatz finden, mußte ihr Preis auf das Weltmarktniveau gesenkt werden. Das geschah durch ein ebenso ausgeklügeltes wie kompliziertes und einen erheblichen Verwaltungsaufwand erforderndes Subventionswesen, »Zusatzausfuhrverfahren« (ZAV) genannt.

Die Gesamtheit dieser Maßnahmen, also der »Neue Plan«, zog eine Reihe ineinandergreifender Wirkungen nach sich, denen – ex post betrachtet – eine gewisse Methode innezuwohnen scheint und die nur zu bereitwillig politisch-ideologischen Zielvorgaben zugeordnet worden sind. Deutschlands Abhängigkeit vom Außenhandel verringerte sich. Zugleich gelang es, mit den beschriebenen diskriminierenden Praktiken die Zusammensetzung des Imports dem Bedarf der Rüstung anzupassen und die regionale Struktur des Außenhandels signifikant zu ändern. Namentlich an die regionale Umstrukturierung knüpften sich Spekulationen. Es habe in der Absicht der Wirtschaftsführung gelegen, meinte der nationalsozialistische Wehrwirtschaftsexperte Heinrich Hunke, den deutschen Außenhandel bevorzugt mit jenen Ländern abzuwickeln, die »im Falle von Verwicklungen im Bereich der eigenen Waffen« lagen.[9] Das Reich habe, um für den Kriegsfall größere Blockadesicherheit zu erlangen, aber auch aus wirtschaftlichen und politischen Gründen die Außenwirtschaftsbeziehungen zum südosteuropäischen Raum zu einem »informal empire« ausgebaut, wobei man in der regionalen Orientierung wie in den Methoden des Bilateralismus an seit 1929 in der hohen Wirtschaftsbürokratie vorwiegende Bestrebungen anknüpfte. Die im Zeichen des »Neuen Plans« betriebene Außenwirtschaftspolitik wurde nicht so sehr als Konsequenz der Aufrüstungspolitik und ihrer ökonomischen Zwänge, sondern vielmehr als imperiale Vorstufe zur militärischen Expansion begriffen. Bis zum Ausbruch des

Krieges habe die deutsche Politik das Ziel der Großraumbildung mit friedlichen Mitteln verfolgt, danach mit militärischer Gewalt. In beiden Fällen wird ideologisch-politischen Zielen eine prägende Kraft zugeschrieben. Gewiß ist hier und da Kritik an dieser rückwärtsgewandten teleologischen Betrachtungsweise geübt worden[10], doch insgesamt blieb sie unangefochten.

Hitler räumte der Aufrüstung absolute Priorität ein und war gegenüber allen wirtschaftspolitischen Mitteln, die vor der »Lebensraum«eroberung ergriffen wurden, gleichgültig. Zweifellos erwartete er langfristig wenig von einer aktiven Exportpolitik, und sein diesbezüglicher Pessimismus fand in der Entwicklung des Welthandels seine Bestätigung. Er wird sich vermutlich auch auf die Beurteilung der kurzfristig zu ergreifenden außenwirtschaftlichen Maßnahmen ausgewirkt haben, aber festgelegt war Hitler hier nicht. Die wenigen Äußerungen bei Kabinettssitzungen zeigen das eindeutig. Anders ausgedrückt: Für eine Funktionalisierung der Außenwirtschaftspolitik zur Bildung eines »informal empire« in Südosteuropa läßt sich eine Hitler-Äußerung nicht finden.[11] Die Probleme der Außenwirtschaft ebenso wie mittel- und kurzfristige Lösungsmöglichkeiten und Zielvorgaben wurden von außen an Hitler herangetragen, er nahm sie zur Kenntnis und billigte sie, sofern sie den politischen Zielvorgaben entsprachen oder ihnen zumindest nicht widersprachen. Hitlers Weltanschauung war nicht konkret genug für kurzfristige Lösungen auf dem Gebiet der Außenwirtschaftspolitik, und er verfügte nicht über hinreichendes Wissen, um sich im Einzelfall vorstellen zu können, welche Folgen wirtschaftspolitische Maßnahmen besaßen. In die Lücke stießen die Fachleute in der Ministerialbürokratie und in den wirtschaftspolitischen Führungspositionen. Hitler habe, schreibt Schacht in seinen Memoiren über die Jahre 1934 bis 1936, ihm als Reichsbankpräsident und als Reichswirtschaftsminister großen Spielraum gelassen: »Er verstand von Wirtschaft gar nichts. Solange ich ihm die Handelsbilanz in Ordnung hielt und die nötigen Devisen beschaffte, kümmerte er sich nicht darum, wie ich das zustande brachte.«[12]

Schacht selbst war ein eher pragmatischer Fachmann, der von Theorien und langfristigen Konzepten wenig hielt. Er hat die bilaterale Handelspolitik gewiß nicht im Hinblick auf Südosteuropa durchgesetzt, sondern um das Problem der Devisennot zu lösen. Dennoch bemerkte er, daß der Bilateralismus in Südosteuropa und in den anderen Agrar- und Rohstoffländern auf einen günstigen Nährboden traf. Er verband damit die auch in der Großindustrie hier und da vertretene Erwartung, daß Südosteuropa bei entsprechender Hilfestellung des Deutschen Reichs die Chance zu einer allmählichen und sich den Möglichkeiten der einzelnen Länder organisch anpassenden Industrialisierung erhalten werde.

Zweifellos bewegte sich Schacht mit diesen Überlegungen im Rahmen einer Denktradition, die in der deutschen Großindustrie ebenso wie in der Ministerialbürokratie seit dem Tiefpunkt der Weltwirtschaftskrise erheblich an Boden gewonnen hatte: Deutschland müsse sich in Südosteuropa und womöglich in Nord- und Westeuropa eine wirtschaftliche Einflußsphäre schaffen, die es – analog zum Britischen Empire – zu einem wirtschaftlichen Präferenzsystem ausbauen könne. Wirtschaftliche und politische Motive kombinierten sich in diesem Konzept auf das Vortrefflichste. Wirtschaftlich galt es, durch einen gesicherten regionalen Markt den Absatz deutscher Industrieprodukte widerstandsfähig gegen »weltwirtschaftliche Krisenstöße« zu machen; politisch ging es darum, die Kleine Entente mit wirtschaftlichen Mitteln zu sprengen.

Die diesen Überlegungen zugrundeliegende Idee war ebenso einfach wie einleuchtend: Deutschland besaß den größten Binnenmarkt in Kontinentaleuropa. Gewährte es einigen Ländern auf diesem Markt verbesserte Absatzchancen durch niedrige Zölle und über dem Weltmarktniveau liegende Preise, konnte es diese Länder an sich binden und – Reziprozität vorausgesetzt – in ihnen einen gesicherten und aus dem Weltmarkt herausgenommenen Absatzmarkt gewinnen. Die Verwirklichung dieser Idee setzte aber die partielle Abkehr von der Meistbegünstigung und ein System von bilateralen Verträgen mit diesen Staaten voraus. Je schwieriger die Außenhandelslage des Reichs 1933 wurde, desto mehr Zugkraft gewann der Gedanke. Am 4. Oktober 1933 plädierte der seit Juli zum Staatssekretär im Reichswirtschaftsministerium avancierte Hans Posse im Reichskabinett für »die Aufnahme einer aktiveren Handelspolitik, die sich auf dem Grundsatz der Reziprozität aufbaue«. »Hierbei seien vor allem Wirtschaftsräume in Aussicht zu nehmen, in denen mit einer Beherrschung der Märkte durch den deutschen Kaufmann zu rechnen sei. Dieses gelte hauptsächlich für Südosteuropa und für die nord- und nordwesteuropäischen Länder.« »Das Reichskabinett«, vermerkt abschließend das Protokoll, »stimmte dem Vorschlage, eine aktivere Handelspolitik in Angriff zu nehmen, zu.« Hitler war in der Kabinettsrunde schon nicht mehr zugegen. Statt seiner erklärte Franz von Papen, daß »auch der Herr Reichskanzler die gezeichneten Richtlinien der Handelspolitik verfolge«.[13]

Diese trugen ganz eindeutig die politische Handschrift der Wirtschaftseliten in der Industrie und in der Ministerialbürokratie; denn einerseits gingen sie im Gegensatz zu der von Hitler immer wieder geäußerten Ansicht, die Industriestaaten müßten die Industrialisierungstendenzen in der Welt bremsen, davon aus, daß Deutschland von einer Industrialisierung des Südostraums profitieren werde, und andererseits zielten sie eindeutig auf eine Paralysierung der Kleinen Entente; denn signifikanterweise wurde die Tschechoslowakei explizit aus dem deutschen Interessengebiet ausgenommen und Polen gar nicht erst erwähnt. Im Falle Polens dürfte das den politischen Intentionen Hitlers diametral widersprochen haben, der ja bereits im Begriff war, mit Polen ein Nichtangriffsabkommen abzuschließen.

Die Entwicklung der außenwirtschaftlichen Realitäten fügte sich in den folgenden Monaten und Jahren keiner der politischen Zielsetzungen ein. Zunehmende Tendenz wies der deutsche Außenhandel bis 1938 gemessen an den Jahren 1928 und 1932 mit folgenden Ländern auf: mit Dänemark, Norwegen, Schweden, Finnland, also mit allen nordischen Staaten; mit Bulgarien, Griechenland, Rumänien, Jugoslawien, Ungarn, also mit allen südosteuropäischen Staaten; mit Italien, ferner mit der Türkei, mit Ägypten, Palästina, dem Iran, Britisch-Indien, Britisch-Malaya und China (einschließlich Hongkong und Mandschukuo) sowie mit Brasilien, Chile, Kolumbien, Mexiko, Peru und Uruguay. Alle diese Länder konnten ihren Anteil am deutschen Außenhandel zu Lasten aller anderen Staaten steigern. Besonders große Verluste hatte der Anteil folgender Länder am deutschen Außenhandel zu verzeichnen: der USA, Frankreichs, Großbritanniens, der Niederlande, der Tschechoslowakei, Polens, und der Sowjetunion seit 1936.[14]

Betrachtet man die regionale Umstrukturierung des deutschen Außenhandels bis 1938, werden weder die Konturen eines blockadesicheren oder gar militärisch beherrschbaren Großraums noch eines in sich räumlich strukturierbaren Interessengebiets erkennbar. Von einem »informal empire« als Vorstufe zu einem direkt beherrschten Raum kann keine Rede sein. So gelang es nicht, die Außenhandelsbeziehungen zu den Niederlanden und zu Belgien zu intensivieren, und Nordeuropa intensivierte seinen Außenhandel mit dem Reich nur mäßig. Von den südosteuropäischen Staaten gerieten das regional ferne Bulgarien und die Türkei in größere Abhängigkeit als Ungarn und Jugoslawien. Auch Polen, die Tschechoslowakei und Österreich, die ebenso eindeutig wie die Beneluxstaaten im »Einzugsbereich deutscher Waffen« lagen, bequemten sich dem Modell nicht an, sondern wurden erst 1938 auf ganz andere Weise Opfer der deutschen Großraumbildung. Völlig außerhalb der »Logik« des politisch-ideologischen Außenhandelskonzepts lag die Intensivierung der Außenhandelsbeziehungen zu Lateinamerika, zu China und den von Großbritannien beherrschten Gebieten des Vorderen Orients und Vorderasiens.

Blockadesicher waren diese Außenwirtschaftsbeziehungen gewiß nicht. Zudem konnte das Deutsche Reich in Südost-, Nord- und Nordwesteuropa nur einen Teil jener Rohstoffe zu finden hoffen, die es zum Kriegführen benötigte. 1938 kamen nach wie vor wichtige strategische Güter aus den USA, aus der UdSSR und aus Übersee. Die USA lieferten die größten Mengen an Mais, Weizen, Kraftstoffen und Schmierölen, aus der UdSSR kamen Mangan, Holz, Asbest und Ölkuchen. Der Gesamtimport des kriegswichtigen Manganerzes stammte 1937 zu etwa gleichen Teilen aus der UdSSR sowie aus Südafrika, Indien und Brasilien. Gemessen an den im Reich geltenden rüstungswirtschaftlichen Prioritäten nahm der rückläufige Handel mit der UdSSR sogar an Bedeutung zu. Selbst im Oktober 1939, als Polen erobert war und die UdSSR mit dem Reich kooperierte, waren nur 44% der deutschen Nahrungsmittel- und 33% der Rohstoffimporte »blockadesicher«.[15] Man wird deshalb die ideologisch-politische Zweckrationalität der deutschen Außenwirtschaftspolitik nicht überschätzen dürfen.

Eine gewisse Logik gewinnt die regionale Strukturverschiebung des deutschen Außenhandels hingegen, wenn man die ökonomischen Gesichtspunkte genauer gewichtet; denn Zuwachsraten erzielte der deutsche Außenhandel vorwiegend mit strukturschwachen Agrar- und Rohstoffstaaten, die bereit waren, bilaterale Abkommen abzuschließen, weil sie unter dem Preisverfall infolge der Weltwirtschaftskrise litten und über wenig Bardevisen verfügten. Rückläufig war der Handel dagegen mit jenen Ländern, die es sich leisten konnten, an der Bezahlung deutscher Schulden mit

Bardevisen festzuhalten. Wie sehr der deutsche Außenhandel von diesen Notwendigkeiten bestimmt war, läßt sich gerade an der territorial unzusammenhängenden weltweiten Umstrukturierung ablesen. Deutschland war in so großen außenwirtschaftlichen Schwierigkeiten, daß es sich gar nicht leisten konnte, seine Handelspartner nach politisch-ideologischen Gesichtspunkten auszusuchen. Man war froh über jeden Vertragsabschluß, der nötige Importe sicherte und Devisen sparte bzw. welche einbrachte.

Die unter dem Sammelbegriff »Neuer Plan« eingeleiteten Maßnahmen waren zunächst erfolgreich. Die Handelsbilanz, die 1934 ein Minus von 280 Mio RM ausgewiesen hatte, wurde 1935 wieder aktiv und blieb dies bis einschließlich 1937. Der Import von rüstungswichtigen Rohstoffen konnte zum Teil beträchtlich gesteigert werden, während jener von Fertigwaren und entbehrlichen Genußmitteln weiter sank. Es gelang bei etwa gleichem Außenhandelsvolumen, die aus der Perspektive der Rüstung erwünschte Importumschichtung zu bewerkstelligen.

Schacht selbst hielt die mit dem »Neuen Plan« etablierte Ordnung der Außenwirtschaft für eine reine Notmaßnahme und ließ durchblicken, daß er eine baldmögliche Rückkehr zu normalen Verhältnissen beabsichtige.[16] Es spricht viel dafür, daß diese Erwartung von der Industrie überwiegend geteilt wurde und daß auch Hitler ihr zuneigte, sofern sich das hohe Aufrüstungstempo durchhalten ließ und nicht durch eine Außenwirtschafts- und Devisenkrise in Gefahr geriet. Genau das trat zwei Jahre nach Einführung des »Neuen Plans« ein und führte jeden Gedanken an eine Abschaffung der Devisenzwangswirtschaft ad absurdum. Im Gegenteil, der einmal beschrittene Weg in die Zwangswirtschaft wurde forciert. Krisenerscheinungen prägten ebenfalls die außenpolitische Entwicklung, und auch hierbei spielte die deutsche Aufrüstung die entscheidende Rolle.

2. Der außenpolitische Durchbruch zur militärischen Großmacht

Die sicherheitspolitischen Grundkoordinaten, in denen sich die deutsche Außenpolitik im ersten Jahr der Regierung Hitler bewegt hatte, traten 1934 mit aller Schärfe hervor. Die einseitige deutsche Aufrüstung, für die der Austritt aus dem Völkerbund das für jedermann hörbare Startsignal gegeben hatte, war nicht mehr geheimzuhalten. Wer wollte, konnte im *Reichsgesetzblatt*, in dem Ende März 1934 die Ziffern des neuen Reichshaushalts veröffentlicht wurden, nachlesen, daß sich der Wehrmachtsetat für das laufende Rechnungsjahr von 73,7 Mio RM auf 141,5 Mio RM erhöht hatte.[17] Die Dimensionen des Rüstungsprogramms spiegelten sich in diesen viel zu niedrig angesetzten Ziffern aber nicht. Bereits im Dezember 1933 war die Entscheidung für den Aufbau eines 300 000 Mann umfassenden Friedensheeres gefallen. Der Schwerpunkt dieser auf vier Jahre berechneten personellen Heeresverstärkung lag im Jahr 1934. Nachdem sich das Heer 1933 um ca. 22 000 Mann vergrößert hatte, erreichte es im Herbst 1934 bereits die Stärke von ca. 250 000 Mann.[18] Die Geschwindigkeit, mit welcher der Ausbau erfolgte, wurde wesentlich durch die innenpolitische Konkurrenz zwischen der Reichswehr und der SA diktiert und trug dem Grundgedanken Rechnung, die »Sicherheitslücke« möglichst rasch zu schließen, die Deutschland dadurch aufgerissen hatte, daß es den Schutz des kollektiven Sicherheitssystems verließ, ohne seinen potentiellen Gegnern militärisch auch nur annähernd gewachsen zu sein. Das änderte sich auch mit dem Erreichen der Planungsziffern nicht grundlegend, aber man konnte einen Angriff für die Gegner wenigstens zu einem wachsenden Risiko machen.

Mehr noch als die rasche Verstärkung des Heeres war der schnelle Aufbau der Luftwaffe geeignet, den kritischen Zeitraum bis zum Erreichen der Verteidigungsfähigkeit des Reiches zu verkürzen. Die Planung des am 10. Mai 1933 unter der Leitung von Hermann Göring geschaffenen Luftfahrtministeriums ging daher davon aus, daß möglichst schnell eine Luftwaffe aufgebaut werden sollte, die »das Kriegsrisiko« für jeden Gegner »mit einem Schlage« »empfindlich« erhöhte und Deutschland erlaubte, einen »Zweifrontenkrieg gegen Frankreich und Polen mit Aussicht auf Erfolg« durchzustehen.[19] Der Aufbau dieser »Risiko-Luftwaffe« genannten Streitmacht schritt relativ schnell voran. Bereits Ende 1934 verfügte die Luftwaffe über 270 Bombenflugzeuge, 99 Jagdflugzeuge und 303 Aufklärungsflugzeuge. Daneben standen ihr für Ausbildungszwecke weitere 1300 Flugzeuge zur Verfügung. Die Qualität dieser Maschinen ließ jedoch noch zu wünschen übrig. Die Flugzeugtypen entsprachen nicht dem neuesten Stand der Technik. Man hatte die Beschaffung nach dem Grundsatz vorgenommen: »Ein bedingt brauchbares beschaffungsreifes Gerät ist besser als kein Gerät.«[20]

Am wenigsten spektakulär waren die Rüstungsanstrengungen der Marine. Das lag zum einen daran, daß der Bau von Schiffen viel Zeit kostet und eine langfristige Planung voraussetzt. Zum anderen hatte die Marine 1933 die ihr im Versailler Frieden eingeräumte Anzahl von Schiffen noch gar nicht erreicht. So konnte sich der Chef der Marine, Admiral Erich Raeder, mit der Zahl der Schiffe, die der Friedensvertrag Deutschland erlaubte, zunächst abfinden. Ihm ging es vor allem darum, die bestehenden Tonnage-Limits nach oben zu korrigieren und die Planung der nicht erlaubten Schiffstypen in Gang zu bringen. Auf dieser Basis zeichnete sich auch für die Marine Anfang des Jahres 1934 eine erheblich über die Grenzwerte des Versailler Friedens hinausführende Rüstungssteigerung ab. Die Ausgaben für den Schiffsbau wurden 1934 um mehr als das Doppelte gegenüber dem Vorjahr gesteigert, von 76,1 Mio RM auf 172,3 Mio RM, und überstiegen damit allein schon die im Reichshaushalt für die gesamte Aufrüstung ausgewiesenen Ziffern.[21]

Die militärische Planung für die »Zwischenzeit«, die nach Hitlers Ansicht verstreichen müsse, bis es »für jeden Staat ein gewisses Risiko bedeute, über Deutschland herzufallen«, und die er im September 1933 auf drei bis vier Jahre schätzte[22], war auf eine Gegnerkoalition Frankreichs, Polens und der Tschechoslowakei berechnet. Dieser Koalition sollte mittels raschem Durchqueren der Risikozone die Möglichkeit genommen werden, präventiv gegen Deutschland vorzugehen. Doch ganz abgesehen von dem geringen Einsatzwert der rasch aufgebauten deutschen Streitkräfte blieb die numerische Überlegenheit der ins Auge gefaßten Gegnerkoalition erdrückend. Nach den Angaben des Reichswehrministeriums verfügte sie – Frankreichs Überseetruppen nicht gerechnet – Anfang 1935 über eine Friedensheeresstärke von insgesamt 760000 Mann und 7779 Flugzeugen.[23] Unter diesen Umständen kam der Außenpolitik weiterhin eine wesentliche Rolle zu. Sie mußte die »Sicherheitslücke« schließen, die zwischen Rüstungsstand und Rüstungsrisiko nach wie vor klaffte.

Mit dem deutsch-polnischen Vertrag, der aber nur ein Nichtangriffsvertrag war, wie ihn damals viele Staaten miteinander vereinbarten und wie ihn beispielsweise Polen auch mit der UdSSR abgeschlossen hatte, war ein wichtiger Schritt zur Minderung des

Risikos getan. Hielt der Vertrag, was er versprach, und Warschau blieb im Kriegsfalle neutral, war anzunehmen, daß auch die Tschechoslowakei – der Rückendeckung Polens beraubt – sich bei kriegerischen Verwicklungen zumindest vorsichtig verhalten, vermutlich ebenfalls abseits bleiben werde. Damit erhielt Deutschland Rückendeckung für seine Aufrüstungspolitik. Es war dann nicht mehr in Gefahr, von zwei Seiten in die Zange genommen zu werden, wie das infolge der einseitigen Option zugunsten der UdSSR in der Weimarer Republik stets der Fall gewesen war. Frankreich vermochte aber auch auf sich allein gestellt das Reich jederzeit mit militärischen Mitteln in die Schranken zu weisen, zumal Deutschland mit seinen entmilitarisierten Rheinlanden eine offene Flanke bot und nicht einmal sein wichtigstes Industrierevier, das Ruhrgebiet, schützen konnte. Niemand war in der Lage, die französische Regierung daran zu hindern, die deutsche Aufrüstung zum Beispiel durch einen Einmarsch in die demilitarisierte Zone zu stoppen. Sie hatte die Macht und das Recht, das zu tun.

Unter diesen Umständen war die Haltung der Großmächte von entscheidender Bedeutung für das Gelingen des deutschen Rüstungsalleingangs. Eine besondere Rolle spielte Italien.

2.1. Der Putsch in Wien und die außenpolitische Isolierung des Reichs

Der italienische Diktator, Benito Mussolini, hatte die Machtergreifung der Nationalsozialisten mit Sympathie verfolgt und 1933 wesentlich dazu beigetragen, daß Deutschland außenpolitisch nicht isoliert wurde.[24] Der Preis, den er dafür forderte, war der deutsche Verzicht auf einen Anschluß Österreichs an das Reich.

Im Frühjahr 1933 hatte die im Mai 1932, auf dem Tiefpunkt der Weltwirtschaftskrise, in Wien gebildete Regierung des Bundeskanzlers Engelbert Dollfuß die parlamentarische Mehrheit verloren. Dollfuß sah sich angesichts der allgemeinen Krisen- und Notlage im Lande genötigt, mit diktatorischen Vollmachten zu regieren. Diese Wendung zur Diktatur geschah nicht zuletzt im Hinblick auf die österreichische NSDAP, die nicht nur zahlenmäßig sehr stark war, sondern auch der Leitung Adolf Hitlers unterstand und als eine regionale Untergliederung der Reichs-NSDAP behandelt wurde. Unter diesen Umständen bestand die Gefahr, daß Österreich in den Sog der Machtkämpfe im Deutschen Reich geriet und wie ein Reichsland gleichgeschaltet wurde. Um dieser Gefahr zu begegnen, hatte Dollfuß sich am 19. Juni 1933 dazu entschlossen, die NSDAP in Österreich zu verbieten, und suchte zur Abstützung seiner Macht ebenso wie zur Verteidigung der Unabhängigkeit des Staates eine außenpolitische Anlehnung bei Italien. Das lag auch deshalb nahe, weil die italienischen Faschisten bei dem Verfassungsumbau, den Dollfuß im Frühjahr 1933 in Richtung auf berufsständische Strukturen in Gang setzte, ideologisch Pate gestanden hatten.[25]

Die Frage, ob Österreich in Zukunft nationalsozialistisch oder faschistisch sein werde, schien deshalb im Sommer 1933 zunächst zugunsten des Faschismus geklärt. Hitler akzeptierte dieses Ergebnis. »Italien wünsche«, erklärte er im September 1933 vor den Reichsstatthaltern, »in Österreich den Faschismus, nicht jedoch den deutschen Nationalsozialismus.«[26] Rom gegenüber bekräftigte er mehrfach, daß Deutschland einen Anschluß Österreichs nicht anstrebe. Dennoch war die deutsche Haltung nicht eindeutig. Ganz im Unterschied zur offiziellen Haltung der Reichsregierung hielt die NSDAP in der Österreich-Frage nicht still. Von München aus wurde die Regierung Dollfuß gezielt unter propagandistisches Feuer genommen, und über die bayerisch-österreichische Grenze setzte ein reger »Reiseverkehr« nationalsozialistischer Politiker ein, die Unruhe in das Land hineintrugen. Um der subversiven Tätigkeit der Nationalsozialisten Herr zu werden, verwahrte sich die Regierung Dollfuß im Januar 1934 gegen die Einmischung Deutschlands in die inneren Angelegenheiten Österreichs. Die deutsche Regierung ließ darauf in Wien mitteilen, daß sie den Konflikt nicht unter völkerrechtlichen Kategorien betrachte, sondern als »Auseinandersetzung der österreichischen Regierung mit einer historischen Bewegung des ganzen deutschen Volkes«.[27]

Dollfuß wandte sich daraufhin an Frankreich, Großbritannien und Italien, die sich am 17. Februar 1934 bereit fanden, eine Erklärung zugunsten der »Unabhängigkeit und Integrität Österreichs« abzugeben. Am 17. März 1934 kam es darüber hinaus zur Unterzeichnung der »Römischen Protokolle«. Darin vereinbarten Österreich, Italien und Ungarn eine enge politische und wirtschaftliche Zusammenarbeit. Selbstverständlich wurde die »Achtung der Unabhängigkeit« jedes Partners explizit festgeschrieben. Italien unterstrich seinen Anspruch, Einfluß in Südosteuropa auszuüben und als Schutzmacht Österreichs angesehen zu werden.[28]

Die Selbständigkeit Österreichs als Staat hatte sich unter den subversiven Schlägen der Nationalsozialisten also international gefestigt, und bei einer Fortsetzung der Taktik der indirekten Machteroberung drohte dem Deutschen Reich eine außerordentlich schwierige internationale Situation. Hitler hatte das durchaus begriffen und die Intervention der Westmächte zum Anlaß genommen, seiner Partei zunächst Stillhalten zu verordnen. Aber offenbar war er nicht willens oder nicht fähig, seine Anhänger in Österreich unter Kontrolle zu halten. Die innere Schwäche des österreichischen Regimes, das sich im Februar 1934 nur mit blutiger Gewalt gegen aufständische Arbeiter und die Sozialistische Partei an der Macht zu halten vermochte und um dessen Legitimität es mithin schlecht bestellt war, forderte die Aktion zudem geradezu heraus. Die Anschläge der Nationalsozialisten eskalierten, und am 25. Juli 1934 kam es in Wien zu einem nationalsozialistischen Putschversuch, der zwar bereits im Ansatz scheiterte, bei dem Bundeskanzler Dollfuß aber den Tod fand. Mussolini, der wenige Wochen zuvor zum ersten Mal persönlich mit Hitler zusammengetroffen war, wobei der italienische Diktator noch einmal klar gemacht hatte, daß für Italien ein »Anschluß« Österreichs an das Reich nicht in Frage komme, fühlte sich persönlich desavouiert und ließ am Brenner italienische Truppen aufmarschieren.

Hitler reagierte, um eine weitere Zuspitzung der Lage zu vermeiden, ebenso blitzartig wie demonstrativ und ließ seine Palladine skrupellos im Stich. Die Putschisten, die freies Geleit erlangt hatten, wurden an der deutschen Grenze verhaftet, der deutsche Gesandte in Wien, Kurt Rieth, der das Reich durch ungeschicktes Verhalten kompromittiert hatte, wurde abberufen und der österreichische Landesinspekteur der NSDAP, Otto Habicht, umgehend seiner Ämter entbunden. Als Nachfolger des geschaßten Gesandten wurde Franz von Papen »in Sondermission« nach Wien berufen und schied damit aus dem Reichskabinett aus. Die Schnelligkeit und Härte der Reaktion Hitlers wirkten wie ein Schuldeingeständnis. Das außenpolitische Ansehen des Reichskanzlers, der kaum vier Wochen zuvor seinen Duzfreund Röhm im Zuge einer blutigen Mordaktion beseitigt hatte, war auf einem Tiefpunkt angelangt, und die deutsch-italienischen Beziehungen erholten sich zunächst nicht.

Der Nutznießer der Entwicklung war Frankreich. Unter dem Eindruck der Ereignisse in Österreich kam es zu einer Annäherung zwischen Paris und Rom, die am 7. Januar 1935 zu einem italienisch-französischen Abkommen führte, in dem beide Länder einen Ausgleich ihrer Interessen vornahmen und die Unversehrtheit der Grenzen Österreichs garantierten. Damit schien sich Rom einer gegen das Reich gerichteten Mächtekonstellation einzufügen, die Frankreich als Reaktion auf Deutschlands Austritt aus dem Völkerbund und auf seinen Rüstungsalleingang herbeizuführen versuchte.

Hinter dieser Aktivität stand der französische Außenminister Louis Barthou, der am 9. Februar 1934 sein Amt angetreten hatte. Er war der Auffassung, daß Frankreich auf die herausfordernde Politik Deutschlands nicht wie 1923 mit Gewalt, sondern mit diplomatischen Mitteln reagieren müsse, und setzte zunächst auf die Belebung und Ergänzung der alten Bündnisbeziehungen zu den Ländern der Kleinen Entente. So gelang es der französischen Diplomatie im Februar 1934, den Balkanpakt zwischen der Türkei, Griechenland, Rumänien und Jugoslawien zu vermitteln und den politischen Einfluß Frankreichs in Südosteuropa zu stärken. Zugleich intensivierte er die Beziehungen zu Prag und Warschau mit der Absicht, eine Art von »Ost-Locarno« unter Einschluß der UdSSR zustande zu bringen und jene Irritationen aufzufangen, die der »Viererpakt« vom 15. Juli 1933 dort ausgelöst hatte.

In der zweiten Hälfte des Jahres 1934 gelang es der französischen Diplomatie zudem, das Verhältnis zur UdSSR zu verbessern. Am 18. September trat die UdSSR in den Völkerbund ein, und am 2. Mai 1935 wurde ein französisch-sowjetischer Beistandspakt unterzeichnet. Am 16. Mai schloß auch die Tschechoslowakei einen Beistandspakt mit der UdSSR ab, der aber einschränkend vorsah, daß Moskau nur dann Hilfe leisten sollte, wenn auch Frankreich das tat. Hieran zeigte sich die Brüchigkeit der ganzen Konstruktion. Denn wie wollte Frankreich in dem angenommenen Fall eines Konfliktes mit Deutschland der Tschechoslowakei Hilfe leisten und wie sollte dies die UdSSR tun, die ja keine gemeinsame Grenze mit der Tschechoslowakei hatte? Wie wollte Frankreich im übrigen verhindern, daß jede sowjetische Hilfe für Prag zum Danaer-Geschenk würde? Letztlich war im Falle eines deutsch-sowjetischen Krieges die Unabhängigkeit der kleineren Staaten Ostmittel- und Südosteuropas bedroht, sei es durch die UdSSR oder durch Deutschland. Paris war um so weniger in der Lage, ihnen wirksam zu helfen, je mehr infolge der deutschen Aufrüstung erwartet werden konnte, daß Frankreichs Armee im Konfliktfall am Rhein festgehalten werde. Schwächen wies die neue Mächtekonstellation auch sonst auf. Frankreich und Italien besaßen höchst unterschiedliche Interessen. Während Mussolini das Mittelmeer und seine Anrainerstaaten prinzipiell als Teile der italienischen Interessensphäre begriff und daher auf Expansion entlang seinen europäischen und afrikanischen Küsten erpicht war, mußte Frankreich auch hier an der Aufrechterhaltung des Status quo interessiert sein. Insofern vermochte der Vertrag vom 7. Januar 1935 allenfalls eine prinzipielle Interessenrivalität kurzfristig zu überdecken.

Zielrivalitäten und Interessenkonflikte bestanden zwischen Rom und Paris aber auch auf dem Balkan. Mussolinis Interesse an dieser Region, das sowohl politisch als auch wirtschaftlich motiviert war, traf dort auf massive politische und wirtschaftliche Interessen Frankreichs. Pikanterweise intensivierte Mussolini durch die »Römischen Protokolle« gerade die Zusammenarbeit mit Österreich, das Frankreichs Friedenssystem und dem Status quo ablehnend gegenüberstand, und mit dem revisionistischen Ungarn. Das mochte einerseits gegen Deutschland gerichtet sein – was im Falle Ungarns übrigens sofort dementiert wurde –, richtete sich de facto aber gegen Rumänien und Jugoslawien, die Kernländer der Kleinen Entente. Jugoslawien, dessen Adriaküste die italienische Gegenküste bildete, sah sich zudem in einem geopolitischen Interessenkonflikt mit Italien. Ganz unklar war, wie sich ein französisch-russisches Bündnis mit Italiens Balkaninteressen vertragen würde, zumal Moskau sich traditionell mit Jugoslawien und Bulgarien, den slawischen Völkern in diesem Raum, verbunden fühlte. Zudem darf unterstellt werden, daß das »Bündnis« mit der UdSSR ohnehin kontraproduktiv wirkte. In London betrachtete man Frankreichs diesbezügliche Bemühungen mit unverhohlenem Mißtrauen, und das war in Rom gewiß nicht anders. In Frankreich selbst wurde das Bündnis mit der UdSSR nicht ohne große Skepsis aufgenommen, und auch die Regierung verfolgte ihre »prosowjetische« Politik nur mit halbem Herzen. Nach dem Tode von Barthou setzte sein Nachfolger im Außenministerium, Pierre Laval, die Verhandlungen mit Moskau zwar fort, wollte das Bündnis aber nicht wirklich und tat wenig, um ihm Effizienz zu verleihen.

So führte der Dilettantismus, mit dem Hitler 1934 in der Österreich-Frage agiert hatte, zwar zur diplomatischen Isolierung des Reichs, doch eine Koalition, die ihm hätte entgegentreten wollen oder können, entstand nicht. Dazu waren die Interessengegensätze in Europa zu groß und war die von Deutschland ausgehende Gefahr noch zu klein. Die französische Regierung hielt sich zudem Deutschland gegenüber an ihre völkerrechtlichen Verpflichtungen und ließ die Saarbevölkerung am 13. Januar 1935 über ihre Zukunft abstimmen, obgleich Hitler seinerseits nicht daran dachte, die Verpflichtungen Deutschlands einzuhalten. Das bescherte dem Diktator in einer eher kritischen Phase seiner Außenpolitik einen wertvollen Prestigeerfolg.

2.2. Die Saarabstimmung und die Wiedereinführung der Allgemeinen Wehrpflicht

Der Versailler Friedensvertrag hatte in Artikel 49 vorgesehen, daß die Saarländer 15 Jahre nach dem Inkrafttreten des Vertrages darüber abzustimmen hatten, ob das Saarland zum Reich zurückkehren, unter der Treuhandregierung des Völkerbundes verbleiben oder ein Teil Frankreichs werden sollte, mit dem es seit 1920 in einer Wirtschaftsunion verbunden war. Das Ergebnis der Abstimmung ließ an Eindeutigkeit nichts zu wünschen übrig. Bei einer Wahlbeteiligung von 98% entfielen 90,8% der abgegebenen Stimmen auf die Vereinigung mit Deutschland, 8,8% auf die Aufrechterhaltung des Status quo und 0,4% auf die Vereinigung mit Frankreich. Am 1. März 1935 wurde das Saargebiet wieder ein Teil des Deutschen Reiches.

Hitler nutzte den Erfolg, der zeigte, daß die Deutschen an der Saar sich durch den drohenden Verlust ihrer Freiheit nicht vom Bekenntnis zur deutschen Nation hatten abhalten lassen, um eine Reihe längst vorbereiteter, von den Militärs immer dringender geforderter und für den Fortgang der Aufrüstung unverzichtbarer Entscheidungen zu treffen: Am 9. März »enttarnte« er die deutsche Luftrüstung, und am 16. März 1935 wurde die Allgemeine Wehrpflicht wieder eingeführt. Das vom selben Tage datierende Reichsgesetz erhöhte die Friedensstärke des Heeres von 21 auf 36 Divisionen. Die Dauer der Dienstpflicht wurde am 22. Mai auf ein Jahr festgesetzt. Das einen Tag zuvor verabschiedete Wehrgesetz führte eine neue Terminologie ein. Aus der »Reichswehr« wurde die »Wehrmacht«, aus dem »Reichswehrminister« der »Reichskriegsminister«. »Die Wehrmacht«, hieß es nun, »ist der Waffenträger und die soldatische Erziehungsschule des deutschen Volkes.«[29]

Als Hitler am 16. März die Lage für reif hielt, so weitreichende Entscheidungen zu treffen, umfaßte das Heer etwa 280000 Mann, wobei die materielle Ausstattung dieser Armee erheblich zu wünschen übrigließ. Einer militärischen Intervention Frankreichs hätte man mit diesem Instrument kaum mehr als hinhaltenden Widerstand entgegensetzen können. Der Chef des Truppenamts, Oberst Ludwig Beck, registrierte zwar die »Labilität der politischen Verhältnisse in Europa« und die Gefährlichkeit der außenpolitischen Lage, in die das Reich infolge der Aufrüstung geraten war, wußte hierauf aber nur eine Antwort: höhere Forderungen zu stellen und das Rüstungstempo zu beschleunigen.[30] Das zeigt einen völlig auf die militärische Rüstung eingeengten Sicherheitsbegriff. Um das Risiko dieser Politik zu mindern, schlug er vor, die Aufrüstung der anderen Staaten, die als Folge der deutschen Maßnahmen in Anfängen erkennbar wurde, zum Vorwand der deutschen Rüstungsbeschleunigung zu nehmen. Hitler dachte ähnlich. In der Proklamation der Reichsregierung an das deutsche Volk vom 16. März 1935[31], die unverkennbar von Hitlers Diktion geprägt ist, wurden die deutschen Rüstungsmaßnahmen nicht nur mit der ausgebliebenen allgemeinen Abrüstung, sondern auch mit der Aufrüstung Frankreichs und der Sowjetunion begründet. In der Tat hatten diese Staaten ihrerseits Konsequenzen aus Deutschlands Aufrüstung gezogen. Der Rüstungswettlauf war offenkundig in vollem Gang, und jeder bezog die Argumente vom Verhalten des anderen.

Die Reaktion der drei Westmächte auf die Wiedereinführung der Allgemeinen Wehrpflicht fiel unterschiedlich aus. Am schnellsten reagierte die britische Regierung. In einer Note vom 18. März legte sie »Protest« ein. Diese »einseitige Aktion« sei, »ganz abgesehen von der grundsätzlichen Seite der Frage«, geeignet, »die Unruhe in Europa in ernster Weise zu erhöhen«. Die französische Protestnote, die ein paar Tage später in Berlin einging, war im Ton entschiedener als die britische. Immerhin konstatierte Paris in klaren Worten den offenen Vertragsbruch und erhob »schärfsten Protest« gegen die deutschen Maßnahmen. Sie deutete an, daß aus dem deutschen Verhalten »möglicherweise für die Regierungen der verschiedenen beteiligten Länder Pflichten entspringen«. »Unter keinen Umständen« werde sich die französische Regierung damit abfinden, daß einseitig in Verletzung internationaler Verpflichtungen ergriffene Maßnahmen als zu Recht anerkannt werden. Die italienische Note, die wenige Stunden später überreicht wurde, trug einen eher gequälten Protest vor, der offenbar nur eingelegt wurde, um einen Affront Frankreichs und Großbritanniens zu vermeiden. Rom konstatierte, daß Italien die deutsche Gleichberechtigung in Rüstungsfragen immer anerkannt habe, die gebotene Revision der militärischen Bestimmungen des Versailler Vertrages aber auf dem Verhandlungswege hätte gefunden werden müssen.[32]

Niemand, bemerkte der französische Botschafter in Berlin, François-Poncet, in seinen Memoiren, hätte damals zur Kenntnis nehmen wollen, daß das Reich »einen Casus belli geschaffen« hatte. Die von ihm selbst vorgeschlagene scharfe diplomatische Aktion zur Fortsetzung der Einkreisungspolitik unterblieb. Die Regierungen sprachen »kein Machtwort – die einzige Sprache, die Hitler verstanden hätte«. Die Noten machten für jeden, der lesen konnte, deutlich, so stellte der deutsche Chefdolmetscher fest, »daß sich die Isolierung Deutschlands zu lockern begann. Die Einheitsfront bekam deutlich Risse.«[33]

Frankreich gelang es gleichwohl, die Fassade der Einigkeit der drei Mächte ein wenig wieder zu kitten. Auf die Initiative der französischen Regierung hin trafen sie sich am 11. April 1935 in Stresa zu einer Konferenz. Die gemeinsame Resolution warnte Hitler, auf dem Wege der einseitigen Aufhebung der Bestimmungen des Versailler Friedens weiter voranzugehen. Sie bekräftigte die Entschlossenheit der drei Regierungen, »die Unabhängigkeit und die Unversehrtheit Österreichs aufrechtzuerhalten« und ihre Verpflichtungen aus dem Locarno-Vertrag »eintretendenfalls getreulich zu erfüllen«. Die Warnung wurde am 17. April, wenn auch in sehr viel allgemeinerer Form, vom Völkerbundsrat wiederholt. Da es der französischen Regierung gelang, zum 2. Mai 1935 auch noch die Unterzeichnung des französisch-sowjetischen Bündnisvertrages unter Dach und Fach zu bringen, konnte man den Eindruck gewinnen, daß Hitler immerhin ein »Halt! Bis hierhin und nicht weiter!« zugerufen worden war. Doch dieser Eindruck trog. Zuerst scherte Großbritannien aus der gemeinsamen Abwehrfront aus, dann folgte ihm Italien.

Die britische Regierung hatte sich im Vorfeld der Entscheidungen vom 16. März 1935 bereits mit der Aufrüstung des Deutschen Reiches abgefunden und eine gewisse Neigung gezeigt, sich hierüber mit Berlin bilateral zu verständigen. London wollte eine solche bilaterale Verständigung aber möglichst in das System der kollektiven Sicherheit einbinden und Berlin in den Völkerbund zurückholen. Dabei interessierte sich London aus naheliegenden sicherheitspolitischen Gründen mehr für Deutschlands Aufrüstung in der Luft und zur See als für die Heeresvermehrung. Ging man von der traditionellen britischen Politik, der »balance of power« aus, würde es einige Zeit dauern, bis die deutsche Heeresrüstung das Gleichgewicht der Mächte in Europa beseitigte, zumal Frankreich über ein weit ausgreifendes Bündnissystem von Landmächten zu verfügen schien. Vor allem bei Deutschlands Luftrüstung war das aber ganz anders. Hier ließ sich aufgrund der geringen Stückkosten und kurzen Bauzeiten rasch etwas bewegen, und hier konnte Deutschland seine industrielle Modernität am effizientesten umsetzen.

Man hatte die deutsche Luftrüstung in der britischen Regierung, aber auch in der Öffentlichkeit daher mit Aufmerksamkeit und einer gewissen Hysterie verfolgt. Bereits im Juli 1934 startete die britische Regierung ein eigenes Luftrüstungsprogramm. Der Lordpräsident des Geheimen Rates, Stanley Baldwin, der hierfür zuständig war, begründete dies mit den veränderten britischen Sicherheitsinteressen: »Seit die Luft eine Rolle spielt, gibt es die alten Grenzen nicht mehr.«[34] Doch auch Baldwin machte deutlich, daß er, um Kosten zu sparen, einen Rüstungswettlauf auf diesem Gebiet nach Möglichkeit verhindern wollte und die eigenen Anstrengungen nur dem Zweck dienten, nichts Unwiderbringliches zu versäumen.

Die deutsche Regierung hatte, schon um die außenpolitische Isolierung zu mildern, sich gegenüber dem britischen Interesse an einem Begrenzungsabkommen für die Luftrüstung offen und gesprächsbereit gezeigt, aber auch durchblicken lassen, daß man ebenso viel, wenn nicht größeres Interesse an einem Begrenzungsabkommen für die Marinerüstung habe. Hitler war auf diesem Gebiet zu Zugeständnissen bereit, nicht nur weil er Großbritannien wegen seiner Ostpläne durch ein Wettrüsten zur See gegen

Deutschland nicht aufbringen wollte, sondern auch weil er wußte, daß die deutsche Seerüstung Jahre benötigen werde, ehe sie der Rahmen eines auch nur einigermaßen fairen Begrenzungsabkommens behindern werde. Daher begegneten sich Berlin und London im Winter 1934/35 in dem Interesse, ein Rüstungsbegrenzungsabkommen miteinander zu schließen. Dabei hatte sich in London allmählich die Erkenntnis Bahn gebrochen, daß der Weg zum »Luftpakt« über den »Marinepakt« führen werde.

Die Briten zeigten sich ihrerseits von den Ereignissen des 16. März wenig berührt. In derselben Note, mit der sie dagegen protestierten, fragten sie in Berlin an, ob der zuvor schon verabredete Deutschlandbesuch des britischen Außenministers »noch erwünscht« sei. Die deutsche Regierung bejahte diese Frage, und am 25. März 1935 – nicht einmal eine Schamfrist verstrich – trafen Außenminister Sir John Simon und sein Ministerkollege Lordsiegelbewahrer Anthony Eden in Berlin ein. In den Gesprächen, die Hitler mit ihnen führte, spielte das Flottenabkommen eine wichtige Rolle.[35] Hitler wählte einen bemerkenswerten Einstieg in die Thematik. Er ließ den Briten ein Diagramm des Kolonialbesitzes der europäischen Länder zeigen und leitete daraus die Schlußfolgerung ab, daß Deutschland zu wenig Lebensraum habe, was sich auf lange Sicht ändern müsse. Hierzu rechne Deutschland auf Großbritanniens Hilfe. Offen blieb, wo Deutschland seinen neuen Lebensraum finden wolle, in Übersee oder im Osten. Man kann diese Offerte als ein Bündnisangebot verstehen, zumal Hitler zuvor ausführlich auf die antisowjetische Orientierung seiner Politik eingegangen war. Die Reaktion der Gäste zeigte, daß sie das auch so einordneten. Offenbar wolle Hitler, entgegnete Simon, engere Beziehungen zu Großbritannien als zu Frankreich herstellen, was Hitler lebhaft bejahte. Simon machte klar, daß Großbritannien nicht einen Freund durch den anderen ersetzen wolle und an guten Beziehungen zu Paris und Berlin interessiert sei. Das war, zehn Tage nach dem 16. März, eine außerordentlich entgegenkommende Feststellung, auch wenn sie Hitlers Bündniserwartung enttäuschte.

Immerhin – und dies dürfte Hitlers Nahziel gewesen sein – hatte der deutsche Diktator den Briten klargemacht, daß ein Flottenabkommen mit Deutschland nicht nur als Einstieg in ein Luftabkommen von Wert sei, sondern auch darüber mitentschied, wohin sich die politische Dynamik des Reichs eines Tages wenden werde, nach Übersee oder nach Osten. Nach diesem Gespräch war im Grunde klar, daß es ein Flottenabkommen geben werde, strittig war nur der Inhalt. Hitler ging von einer Festlegung der Quantitäten aus. Die deutsche Flotte sollte sich zur britischen wie 35 zu 100 verhalten. Die Briten dachten dagegen mehr an die Qualität der Rüstung und strebten eine Einigung über Entwicklungsprogramme an, die nach Schiffstypen spezifiziert sein sollten.

In den Verhandlungen, die am 4. Juni in London begannen – die deutsche Delegation leitete Hitlers Sonderbotschafter Joachim von Ribbentrop –, fand man in dieser Frage rasch einen Kompromiß. Der Vertrag, der am 18. Juni durch einen Briefaustausch zwischen Ribbentrop und dem neuen britischen Außenminister Sir Samuel Hoare – Simon war während der Verhandlungen zurückgetreten – abgeschlossen wurde, legte das Verhältnis zwischen der deutschen und der britischen Überwasserflotte, wie von Hitler vorgeschlagen, nach dem Schlüssel 35 zu 100 fest, wobei die Berechnung entsprechend den britischen Vorstellungen nach Schiffstypen erfolgen sollte. Die britische Seite hatte großen Wert auf die Zusicherung gelegt, Deutschland werde sich auch dann an das vereinbarte Verhältnis halten, wenn dritte Mächte zur See aufrüsteten, ohne daß Großbritannien ihnen folge. Das gab Großbritannien die Möglichkeit, die Struktur und Qualität der deutschen Flotte durch das eigene Rüstungsverhalten mitzubestimmen. Eine Ausnahme wurde auf deutschen Wunsch für die U-Boot-Rüstung gemacht. Hier gestand London die Parität zu, aber mit der Einschränkung, daß zunächst eine Relation von 45 zu 100 zu gelten habe, die Deutschland nicht ohne vorherige Konsultation mit London überschreiten dürfe.

Die Reaktionen auf den Flottenpakt fielen unterschiedlich aus. Die britische Regierung hatte – im Unterschied zur deutschen Seite – nicht in dem Bewußtsein gehandelt, einen bilateralen Vertrag, sondern einen mit den vorgesehenen multilateralen Verhandlungen der großen Flottenmächte kongruenten Vertrag abzuschließen. Sie informierte daher am 7. Juni die Regierungen in Washington, Paris, Rom und Tokio über das ausgehandelte, aber noch nicht unterschriebene Abkommen. Der britische Außenminister, der das Abkommen gewissermaßen von seinem Vorgänger »geerbt« hatte, konnte gut Argumente für dessen Abschluß ins Feld führen. Wenigstens zur See war ein Wettrüsten verhindert worden, das die englische Staatskasse schwer belastet hätte. Zudem sicherte das Abkommen Großbritannien eine eindeutige und Frankreich eine beachtliche Überlegenheit über die deutsche Flotte. Verglich man das mit den Flottenrelationen vor dem Ersten Weltkrieg – 1912 hatte die deutsche Flotte ca. 65% der britischen und ca. 130% der französischen erreicht –, konnte sich das Ergebnis in der Tat sehen lassen. Diese Perspektive setzte aber voraus, daß man wie Eden und Hoare davon überzeugt war, eine Aufrüstung Deutschlands sei keineswegs mehr zu verhindern, wohl aber zu begrenzen und im Rahmen internationaler Abkommen auch zu kontrollieren.

Auf der deutschen Seite hat man ähnlich pragmatische, wenn auch anders akzentuierte Gründe für das Abkommen geltend gemacht. Hitler hatte zum erstenmal die Zustimmung einer der Siegermächte des Ersten Weltkrieges für eine Aufrüstung erhalten, welche die Versailler Bestimmungen weit hinter sich ließ. Gemessen an diesem Standard wurde Deutschland 1935 eine Verdrei- bis Vervierfachung seiner Marinerüstung konzediert. Auf mittlere Sicht war Deutschland auch bei größter Anstrengung gar nicht in der Lage, mehr Schiffe zu bauen, als London ihm zugebilligt hatte. Hitler hatte eine Konzession gemacht, die ihn mittelfristig nichts kostete. Zudem besaß sie den Vorteil, den deutschen Willen recht anschaulich zu beweisen, mit Großbritannien zu einem Ausgleich zu kommen. Es mag sein, daß Hitler darüber hinaus glaubte, den ersten Schritt zu einem deutsch-englischen Bündnis getan zu haben, das ihm »freie Hand im Osten« gab, was auch immer diese Phrase unter den Bedingungen des Jahres 1935 bedeutete.

Obgleich es Hitler mit dem deutsch-britischen Flottenabkommen gelungen war, die im März 1935 verkündete Aufrüstung diplomatisch abzusichern, und er nicht mehr befürchten mußte, daß man ihm in den Arm fallen werde, ließ die sicherheitspolitische Lage des Reichs im Sommer 1935 noch immer erheblich zu wünschen übrig. Das war die Folge der nach wie vor andauernden Entmilitarisierung des Rheinlandes. Sie hinderte Deutschland daran, auf dem linken Rheinufer und in einem 50 km breiten rechtsrheinischen Gebietsstreifen Truppen zu halten und Befestigungen anzulegen.

Hitler, der sich in der Rheinlandfrage auch unter dem Druck der Aufrüstungsnotwendigkeiten und der Sachargumente der Militärs wußte[36], hat die Beseitigung dieser letzten Abrüstungsbestimmung von Versailles (Art. 42/43), die in den Locarno-Vertrag von 1925 übernommen worden war und daher unter dem expliziten Schutz der Westmächte und Italiens stand, offenbar vom Frühjahr 1935 ab als nächste Etappe fest im Auge gehabt. Daher nutzte er die Unterzeichnung des sowjetisch-französischen Beistandspaktes am 2. Mai 1935, um die Geltung von Locarno in Frage zu stellen. Die Presse bekam Anweisung, die Unvereinbarkeit des Locarno-Abkommens mit dem sowjetisch-französischen Pakt herauszuarbeiten. Hitler selbst beschuldigte Paris in einer großen Rede am 21. Mai, Locarno »gebrochen« zu haben. Am 25. Mai wandte sich die Reichsregierung mit der Unvereinbarkeitsthese in einer Note an die Signatar-Mächte von Locarno.[37]

Dieser Kampagne, die die Abkehr Deutschlands von Locarno vorbereiten sollte, kamen die Ereignisse in den folgenden Monaten in entscheidender Weise zu Hilfe: Die Abessinienkrise spitzte sich im Sommer zu, und am 3. Oktober 1935 fielen die italienischen Truppen ohne Kriegserklärung in Abessinien ein. Hitler hatte diese Entwicklung schon im August zu weitreichenden außenpolitischen Plänen inspiriert. In Berlin verfolgte man die Krise mit Spannung und setzte früh darauf, in ihrem Schatten die Rheinlandfrage zu erledigen. »Nur ordentlich streiten«, notierte Goebbels am 6. September. »Unterdes streifen wir die Ketten ab.«[38]

Die in jeder Hinsicht widersprüchliche Haltung Großbritanniens und Frankreichs gegenüber dem italienischen Völkerrechtsbruch, ihr Bestreben, Mussolini einerseits im westlichen Lager zu halten, ihm andererseits aber doch in den Weg zu treten, führten dazu, daß der Völkerbund, dessen Mitglied Abessinien immerhin war, eine halbherzige Sanktionspolitik gegen Italien beschloß, die Mussolini verärgerte, ohne ihn zu behindern. Hitler verhielt sich Italien gegenüber anfangs äußerst reserviert, bewahrte dann aber wohlwollende Neutralität. Er wollte Mussolini offenbar ad oculos demonstrieren, wie wichtig die deutsche Rückendeckung für ihn war. Diese Rechnung ging auf. So deutete Mussolini dem deutschen Botschafter in Rom, Ulrich von Hassel, am 7. Januar 1936 an, daß die wohlwollende Neutralität, die Deutschland Italien gegenüber bewahre, die Möglichkeit geschaffen habe, die »deutsch-italienischen Beziehungen grundlegend zu bessern«. Er signalisierte Bereitschaft, das Österreich-Problem gemeinsam mit Deutschland zu lösen, und erklärte Stresa »als ein für allemal tot«.[39]

Hitler fing den Ball auf. Inzwischen hatte sich klar abgezeichnet, daß mit der Ratifizierung des französisch-sowjetischen Vertrages noch im Februar 1936 gerechnet werden müsse. Sollte dieser Anlaß nicht ungenutzt verstreichen, galt es die diplomatische Vorbereitung für die Rheinlandbesetzung zügig voranzutreiben. Am 14. Februar eröffnete Hitler dem deutschen Botschafter in Rom daher seine Absicht, die Ratifizierung »zum Anlaß« zu nehmen, Locarno zu kündigen und in die entmilitarisierte Zone einzumarschieren, beauftragte ihn aber, in Rom zu sondieren, ob Mussolini den »Russenpakt« nicht seinerseits zum Anlaß nehmen wolle, Locarno zu kündigen, »worauf dann Deutschland folgen würde«.[40] Offenbar traute Hitler Mussolini nicht, oder er meinte, Italien sitze durch die Lage in Abessinien so sehr in der »Patsche«, daß es in dieser im ureigenen deutschen Interesse liegenden Angelegenheit den Vorreiter abgeben werde. Hierzu war Mussolini zwar nicht bereit, aber er machte der deutschen Seite doch sehr deutlich, daß »jede politische oder diplomatische Opposition Italiens im Falle einer deutschen Kündigung des Locarno-Pakts« ausgeschlossen sei.[41]

Am 27. Februar 1936 ratifizierte die französische Abgeordnetenkammer mit 353 gegen 164 Stimmen den französisch-sowjetischen Vertrag. Während die deutsche Presse am 28. Februar angewiesen wurde, sich in der Kommentierung dieses Ereignisses äußerst zurückzuhalten, und am 3. März die Anweisung erging, eine Behandlung des Themas »Rheinland« bis auf weiteres zu unterlassen, war Hitler zum Handeln entschlossen. Der Schlag sollte für das Ausland überraschend kommen und erneut – wie bei der Einführung der Allgemeinen Wehrpflicht – an einem Wochenende erfolgen. Am 2. März wurde die endgültige Entscheidung Hitlers, die Wehrmacht in die entmilitarisierte Zone einmarschieren zu lassen, den Oberbefehlshabern der Wehrmachtsteile mitgeteilt[42], am 7. März lief die Aktion ab.

Die Besetzung erfolgte angesichts des erheblichen außenpolitischen Risikos so vorsichtig, wie mit dem Zweck gerade noch vereinbar. Nur eine symbolische Streitmacht von insgesamt 3 Bataillonen rückte in das linksrheinische Gebiet auf die Städte Aachen, Trier und Saarbrücken vor, während das Gros der Truppen rechts des Rheins verblieb. Einen vorbereiteten Rückzugsbefehl für den Fall des militärischen Eingreifens Frankreichs gab es nicht, aber Reichskriegsminister Blomberg hatte sich für »jede militärische Gegenmaßnahme«, die deutscherseits erforderlich werden sollte, die Entscheidung vorbehalten.[43]

Das Memorandum, mit dem die Reichsregierung ihre Maßnahmen begründete, wiederholte das bekannte deutsche Urteil, Locarno sei durch das französisch-sowjetische Abkommen praktisch »erloschen«, und verwies explizit darauf, daß der deutsche Standpunkt seit Mai 1935 bekannt sei, mithin niemand von der Entwicklung wirklich überrascht worden sein könne.[44] Die Begründung war im einzelnen ebenso langatmig wie an den Haaren herbeigezogen und wird niemanden überzeugt haben. Interessanter waren da schon die Vorschläge, mit denen die Reichsregierung die negativen Wirkungen ihrer Maßnahmen abzufedern hoffte. Sie bot nichts Geringeres als die Errichtung eines neuen, den veränderten Machtverhältnissen angepaßten Systems kollektiver Sicherheit in Europa an. Es sah im einzelnen vor: die Bildung einer entmilitarisierten Zone auf beiden Seiten der deutschen Westgrenze; den Abschluß eines Grenzsicherungs- und Nichtangriffspaktes zwischen Deutschland, Frankreich und Belgien sowie gegebenenfalls den Niederlanden, als deren Garantiemächte Großbritannien und Italien vorgeschlagen wurden; den Abschluß eines Luftpaktes mit den Westmächten und von Nichtangriffspakten mit den östlichen Nachbarstaaten Deutschlands sowie – und das setzte allem die Krone auf – die Rückkehr Deutschlands in den Völkerbund, ohne irgendwelche Vorbedingungen. In seiner Reichstagsrede ging Hitler noch einen Schritt weiter und verzichtete auch auf alle territorialen Forderungen in Europa.[45]

Offenkundig hatte Hitler diese kräftige Begleitmelodie in besonderer Weise auf Großbritannien abgestimmt. So wies von Neurath den deutschen Botschafter in London, von Hoesch, an, »hervorzuheben, daß der Reichsregierung der Entschluß, sich zum Wiedereintritt in den Völkerbund bereitzuerklären, nicht leicht geworden und daß dabei nicht zuletzt die Erwägung maßgebend gewesen ist, der Politik der britischen Regierung, die sich so eng an den Völkerbund attachiert hat, nach Möglichkeit entgegenzukommen«. Eden, dem von Hoesch das Memorandum in diesem

Sinne erläuterte, zeigte sich offenbar von den Argumenten durchaus beeindruckt, hob aber »als das schwerste Gravamen den Umstand hervor, daß Deutschland sich einseitig von einem freiwillig geschlossenen Vertrag lossage«.[46] Für die gleichwohl relativ freundliche Reaktion Edens spielte gewiß auch eine Rolle, daß von Hoesch Eden zuvor hatte mitteilen können, daß Deutschland bereit sei, sich durch ein bilaterales deutsch-britisches Abkommen über die qualitative Begrenzung der Seerüstung in die internationalen Flottenvereinbarungen der Seemächte einzuklinken.

Offenbar war es doch möglich, mit Berlin zu Absprachen zu kommen, wenn man den deutschen Stolz und die Empfindlichkeiten des »Führers« berücksichtigte. Auch wenn der offene Vertragsbruch in London skeptisch stimmte, war andererseits nicht ganz von der Hand zu weisen, daß die Deutschen lediglich »ihr eigenes Land« besetzt hatten. Sollte man gegen sie härter oder auch nur ebenso hart einschreiten wie gegen Mussolini, der schließlich ein Mitglied des Völkerbundes überfallen hatte und im Begriff stand, es dem italienischen »imperio« einzuverleiben? Und sollte man das tun, obgleich englische Sicherheitsinteressen nicht berührt waren? So stellte sich relativ bald heraus, daß die britische Regierung wohl für eine Verurteilung Deutschlands wegen seines Vertragsbruchs zu gewinnen war, nicht jedoch für praktische Maßnahmen irgendwelcher Art.

Die französische Regierung hätte die meiste Veranlassung gehabt, Hitlers Vertragsbruch als Casus belli zu betrachten, zumal Frankreichs Sicherheitsinteressen hierdurch in elementarer Weise betroffen waren, aber – das zeichnete sich noch am Nachmittag des 7. März ab – Paris hätte allein, ohne britische und belgische Unterstützung vorgehen müssen. Man hat das im französischen Ministerrat erwogen, dann aber wieder verworfen. Man dachte die mögliche Gegenaktion bis zur letzten Konsequenz, dem Krieg, durch, fühlte sich aber dem Risiko langfristig nicht gewachsen. Wenn man sicher gewesen wäre, daß die Deutschen nachgäben! Kleinere Lösungen wurden diskutiert, wie die Möglichkeit, Kehl oder Saarbrücken als Faustpfand zu besetzen, aber auch wieder verworfen. Schließlich ließ man sich auf den Weg über den Völkerbund ein und entschied sich für die Politik des geringeren Risikos, für den Frieden. Ausschlaggebend scheint gewesen zu sein, daß General Gamelin für jede militärische Aktion die Allgemeine Mobilmachung forderte, um kein unkalkulierbares Risiko zu laufen. »Die Regierung«, schrieb François-Poncet später, »schrak vor einer solchen Möglichkeit zurück.«[47]

Mussolini, der das deutsche Vorgehen begünstigt hatte, nicht ohne der französischen Regierung gleichzeitig anzudeuten, der Weg zu einer französisch-italienischen Verständigung wie im Frühjahr 1935 sei offen, wenn man sich über Abessinien einige, zeigte sich durch die Angebote, mit denen Hitler seine Maßnahmen begleitete, »auf das äußerste betroffen«. Zwischen dem, was Deutschland sich nehme, und dem, was es dafür anbiete, bestehe kein vernünftiges Verhältnis. Besonders das Angebot, in den Völkerbund zurückzukehren, verärgerte Mussolini, befürchtete er hiervon doch eine Kehrtwendung der deutschen Politik und ihr Einschwenken auf die Linie der Westmächte gegen Italien. Da er selbst mit dem Gedanken spielte, aus dem Völkerbund auszutreten, wäre Italien dann völlig isoliert gewesen. Man schlage ihm in Berlin »die Waffe aus der Hand« und falle ihm in den Rücken.[48]

Tatsächlich konnte sich Mussolini durch Hitler getäuscht fühlen; denn am 20. Januar 1936 hatte von Hassel auf eine entsprechende Frage Attolicos geantwortet, Hitler denke gar nicht daran, »in den Völkerbund wieder einzutreten«. Vor diesem Hintergrund ist es verständlich, daß Italien der Verurteilung Deutschlands durch den Völkerbund am 19. März zustimmte, was praktische Folgen aber nicht hatte. Da neben Italien auch Frankreich keinerlei Bereitschaft zeigte, sich auf Hitlers Verhandlungsangebot einzulassen, verbuchte dieser nicht nur den Erfolg für sich, sondern war seiner mit bedenkenloser Leichtsinnigkeit eingegangenen Selbstverpflichtungen ledig geworden, ohne seinen Worten Taten folgen lassen zu müssen.

In einer jener Gedenkreden, die Hitler am Tage der Machtergreifung jedes Jahr hielt, hat er am 30. Januar 1937 auf jene Zeit zurückgeblickt, in der er die Wiederaufrüstung Deutschlands außenpolitisch durchgesetzt hatte. Diese »Wiederherstellung der Ehre unseres Volkes«, wie er das nannte, »war die schwerste und wagemutigste Aufgabe und Arbeit meines Lebens«. Die Erleichterung darüber, daß die Westmächte ihn so weit hatten kommen lassen, war ihm deutlich anzumerken.[49]

Tatsächlich konnte er zufrieden sein. Mit der Rheinlandbesetzung war der letzte außenpolitische Engpaß für sein Aufrüstungsprogramm beseitigt. Die sicherheitspolitische Lage des Reichs hatte sich wesentlich verbessert. Das Einfallstor im Westen war geschlossen, das Ruhrgebiet geschützt. Die Einwohner der ehemals entmilitarisierten Zone vermehrten von nun an das Potential an Wehrpflichtigen, und die Wehrmacht konnte darangehen, im Westen Befestigungsanlagen zu errichten. Aus einer Belastung im Mobilisierungs- und Konfliktfall war eine Entlastung geworden, was weitreichende Konsequenzen für Europa haben mußte.

Die außenpolitischen Erfolge hatten aber auch weitreichende innenpolitische Konsequenzen. Sie gaben dem »Führer« Gelegenheit, sein Charisma in der Massenakklamation zu entfalten. Und gewiß war der Bruch der Demilitarisierungsbestimmungen der Verträge von Versailles und Locarno populär und die spektakuläre Form der Wochenendcoups, mit denen die Vertragsbrüche verwirklicht wurden, geeignet, die Entschlossenheit und den Wagemut der Führung unter Beweis zu stellen. Das war Politik nach dem Biertischmotto »endlich haben wir es denen mal gezeigt!« Mittelfristig wichtiger wurde, daß die Aufrüstung die außenpolitischen Restriktionen überwunden hatte. Damit konnte sich die Rüstungskonjunktur fortsetzen, von welcher der Erfolg der Beschäftigungspolitik abhängig war. Vorderhand war das ein Vorteil, auf längere Sicht mußte die Rüstungspolitik, wenn sie nicht durch andere Faktoren gebremst wurde, erhebliche Störungen in der Wirtschaft und in der Gesellschaft zur Folge haben.

Von Bedeutung war die außenpolitische Lage aber auch für jenes fragile Gleichgewicht, das im nationalsozialistischen Herrschaftssystem zwischen den vorwärts drängenden ideologischen Selbstverwirklichungsbestrebungen der Parteikräfte und den pragmatischen Erfordernissen der Politik eines großen Staates bestand, die in komplexe Rückkopplungsbeziehungen eingebunden war und ideologische Abenteuer nicht unbegrenzt verkraften konnte. Die Fragilität dieses Gleichgewichts hatte sich in der Judenpolitik des Jahres 1933 ebenso gezeigt wie im Konflikt mit Röhm und der SA oder im gescheiterten nationalsozialistischen Putsch in Wien. Offenbar bedurfte es erheblicher Anstrengungen, die vorwärtsdrängende »Bewegung« daran zu hindern, das Kind mit dem Bade auszuschütten. Hitler befand sich bei diesem Balanceakt zwischen zwei Fronten. Auf der einen Seite erwarteten die »Pragmatiker« von ihm, daß er die Politik von ideologischen Störungen möglichst freihielt, auf der anderen Seite erhofften die »Ideologen« von ihm, daß er das Parteiprogramm der NSDAP verwirklichte und der weit darüber hinaus zielenden vagen Veränderungsdynamik der

»Bewegung« den Weg freimachte. Wie prekär dieses Gleichgewicht war und wie empfindlich es auf jede Veränderung reagierte, zeigte sich im Sommer 1935, als die außenpolitische Entlastung, die durch das deutsch-britische Flottenabkommen eingetreten war, den ideologischen Veränderungstendenzen sofort wieder Auftrieb gab und zur Neujustierung des fragilen Gleichgewichts durch die Nürnberger Gesetze zwang.

3. Die Nürnberger Gesetze

Vom 10. bis 16. September 1935 hielt die NSDAP in Nürnberg ihren siebten Reichsparteitag ab. Als Höhepunkt dieses seit 1933 alljährlich stattfindenden Spektakels hatte Hitler den Reichstag zu einer Sitzung nach Nürnberg einberufen, um das »Reichsflaggengesetz« zu verabschieden, mit dem die Hakenkreuzfahne zur offiziellen Reichsflagge erhoben werden sollte. An sich brauchte Hitler den Reichstag hierzu nicht, denn seit dem Ermächtigungsgesetz vom 23. März 1933 konnte die Regierung allein Gesetze beschließen. Aber offenbar sollte der Reichstag der neuen Flagge eine zusätzliche Legitimation verschaffen.

Dieses Gesetzgebungsvorhaben wurde kurz vor der Reichstagssitzung, die auf den 15. September festgesetzt worden war, erheblich erweitert. Am 13. September erhielt Reichsinnenminister Wilhelm Frick von Hitler den Auftrag, dem Reichstag zwei weitere Gesetze vorzulegen. Das eine sollte das Staatsbürgerrecht neu regeln und das andere die Ehe sowie den außerehelichen Geschlechtsverkehr zwischen Juden und Nichtjuden untersagen.[50] Alle drei Gesetze wurden, wie das üblich geworden war, per Akklamation verabschiedet.

Das »Reichsbürgergesetz« vom 15. September 1935 unterschied zwischen »Staatsangehörigen« und »Reichsbürgern«. »Reichsbürger«, bestimmte Paragraph 2, »ist nur der Staatsangehörige deutschen oder artverwandten Blutes, der durch sein Verhalten beweist, daß er gewillt und geeignet ist, in Treue dem deutschen Volk und Reich zu dienen.« Allein er besaß politische Rechte. Die anderen, die Staatsangehörigen, gehörten lediglich »dem Schutzverband des Deutschen Reiches« an.

Das Gesetz war höchst lapidar formuliert. Den Begriff »Jude« enthielt es nicht, aber es war klar, daß »Juden« keine Reichsbürger mehr sein durften. Das Gesetz verwirklichte, das wurde in den Kommentaren zur deutschen Rassegesetzgebung klargestellt, wesentliche Forderungen des Parteiprogramms der NSDAP.[51] Bewußt wandte sich der Gesetzgeber vom Gleichheitsprinzip ab. Die nationalsozialistische Staatsordnung basiere, wurde das Gesetz erläutert, auf der Erkenntnis »von der naturgesetzlichen Ungleichheit und Verschiedenartigkeit der Menschen«.

Das »Reichsbürgergesetz« diente zunächst vorwiegend der Ausgrenzung der Juden. Sie wurden als »art- und blutsfremd« angesehen und erhielten gar nicht erst die Chance, ihre »Treue zum Reich« zu beweisen. Konsequenterweise ging man auf der Basis dieses Gesetzes auch daran, die Ausnahmeregelungen abzubauen, die bisher für jüdische Frontkämpfer und ihre Angehörigen gegolten hatten. Die erste Verordnung zum Reichsbürgergesetz vom 14. November 1935 sah vor, daß Juden kein öffentliches Amt mehr ausüben durften. Jüdische Beamte waren bis zum 31. Dezember 1935 in den Ruhestand zu versetzen. Die Ausnahmeregelungen für Frontkämpfer wirkten aber insofern noch nach, als diesen bis zum Erreichen der Altersgrenze die ruhegehaltsfähigen Dienstbezüge weiter gezahlt wurden.[52]

Nun gab es in Deutschland drei Kategorien von Menschen: Reichsbürger mit allen politischen Rechten und Pflichten, Staatsangehörige ohne politische Rechte und Pflichten sowie Ausländer und Staatenlose. Im Unterschied zu den Ausländern und Staatenlosen, die jederzeit ausgewiesen werden konnten, waren die Staatsangehörigen, zu denen die Juden zählten, nicht völlig rechtlos. Sie gehörten dem »staatlichen Schutzverband« an, durften die öffentlichen Einrichtungen benutzen und sich wirtschaftlich betätigen, soweit das nicht durch Gesetze eingeschränkt wurde. Dafür hatten sie Steuern und Abgaben zu entrichten.

So sehr die Kategorie der »Staatsangehörigen« auf die Juden zielte, so wenig war sie doch auf diese beschränkt. Auch die »Blutsangehörigen« und »Artverwandten« sollten erst »nach Prüfung« ihrer »Würdigkeit« zu Reichsbürgern werden. Das Gesetz sah für diesen Akt die Ausstellung von »Reichsbürgerbriefen« vor. Dazu kam es in Deutschland jedoch nicht. Erst mit der Eingliederung polnischer Gebiete in das Reich, im Oktober 1939, wurde das Reichsbürgergesetz bei der Einbürgerung der als »eindeutschungsfähig« angesehenen Polen in diesem Sinne angewandt. Wichtiger wurde zunächst die Möglichkeit, den Status eines

Reichsbürgers zu verlieren; jeder Deutsche war nach dem Gesetz gewissermaßen Bürger auf Bewährung. Das Bürgerrecht konnte ihm entzogen werden, wenn er schwere Verbrechen beging, sich staatsfeindlich betätigte, seinen staatsbürgerlichen Pflichten, z. B. dem Wehrdienst, nicht nachkam, wenn er als »wehr-« oder »berufsunwürdig« eingestuft wurde oder ihm die Befähigung zur Bekleidung öffentlicher Ämter aberkannt wurde. Das Gesetz schuf ein Ausgrenzungsinstrumentarium, das in sehr vielfältiger Form angewandt werden konnte.

Das zweite Gesetz, das Hitler dem Flaggengesetz hinzufügen ließ, war das »Gesetz zum Schutze des deutschen Blutes und der deutschen Ehre«, kurz »Blutschutzgesetz« genannt. Es verbot »Eheschließungen« (§ 1) und den »außereheliche(n) Verkehr« (§ 2) zwischen »Juden und Staatsangehörigen deutschen oder artverwandten Blutes« sowie die Beschäftigung von nichtjüdischen weiblichen Hausangestellten unter 45 Jahren in jüdischen Haushalten (§ 3). Das Gesetz sollte damit, wie es in der Präambel hieß, »der Erkenntnis« dienen, »daß die Reinheit des deutschen Blutes die Voraussetzung für den Fortbestand des deutschen Volkes« sei.

Das Gesetz schloß nicht an das Parteiprogramm der NSDAP von 1920 an, das sich zu Fragen der »Rassenhygiene« nicht geäußert hatte, wohl aber an die programmatischen Schriften Hitlers und Rosenbergs, *Mein Kampf* und *Der Mythus des 20. Jahrhunderts*. Die Reichstagsfraktion der NSDAP hatte sich diese ideologischen Positionen schon in der Kampfzeit zu eigen gemacht und am 13. März 1930 einen entsprechenden Gesetzentwurf in den Reichstag eingebracht, der damals keine Mehrheit fand.[53]

Die drei »Nürnberger Gesetze« waren in hohem Maße ideologisch geprägt. Das Flaggengesetz machte das antisemitische Symbol der völkischen Bewegung, das Hakenkreuz, zum Staatsemblem. Das »Reichsbürgergesetz« grenzte die Juden aus der »Volksgemeinschaft« und das »Blutschutzgesetz« aus der »Rassegemeinschaft« aus. Wie ist dieser Ideologieschub in der Gesetzgebung des »Dritten Reiches« im Jahre 1935 zu verstehen? Warum gab die Regierung Hitler ihre bisherige relative Zurückhaltung in der Rassen- und Judenpolitik auf? Die Frage spitzt sich auf das »Reichsbürgergesetz« und das »Blutschutzgesetz« zu, die den Gesamtcharakter des Gesetzgebungsaktes völlig veränderten und aus einer eher beiläufigen Aktion einen spektakulären Schritt machten.

Erste Anhaltspunkte lassen sich bereits den drei Redeauftritten entnehmen, mit denen der Reichskanzler die Verabschiedung der Gesetze begleitete.[54] Hitler tat so, als strebe er mit den Gesetzen eine endgültige, eine »säkulare Lösung« des seiner Ansicht nach gestörten Verhältnisses zwischen Juden und Nichtjuden in Deutschland an. Sie sollten einerseits die Juden im In- und Ausland beruhigen und die ihnen unterstellte »agitatorische Hetze« unterbinden und andererseits den Druck von antisemitischen Kräften in der NSDAP und den ihr angeschlossenen Verbänden auf die Regierung mindern. Gegenüber den Spitzenfunktionären der NSDAP, teilte das Deutsche Nachrichtenbüro am 15. September der Öffentlichkeit mit, habe Hitler »den Befehl« erneuert, »jede Einzelaktion gegen Juden wie bisher zu unterlassen«. Hitlers Äußerungen auf dem Parteitag erwecken den Eindruck, als ob der Reichskanzler 1935 wie schon 1933 in der Judenpolitik einen Kompromißkurs steuerte, der es ihm ermöglichen sollte, einerseits den radikalen, vorwärtsdrängenden antisemitischen Strömungen in der NSDAP den Wind aus den Segeln zu nehmen und andererseits die wirtschaftliche Entwicklung und die auswärtigen Beziehungen des Reiches möglichst wenig durch die Judenpolitik zu belasten. Auch der Ablauf spricht für eine solche Interpretation.

Offenbar stand die Reichsregierung bereits seit 1933 unter einem sich kontinuierlich steigernden Druck, eine gesetzliche Regelung für ein Verbot der »Mischehe« und des außerehelichen Geschlechtsverkehrs zwischen Juden und Nichtjuden auszuarbeiten. Dieser Druck ging von unterschiedlichen Instanzen und Personen aus. Eine wichtige Rolle als Protagonisten spielten der preußische Justizminister und »alte Kämpfer« Hanns Kerrl, der Staatssekretär im preußischen Justizministerium, Roland Freisler, der Rassereferent des Reichsinnenministeriums, Oberregierungsrat Bernhard Lösener, der Reichsjuristenführer und Chef der Akademie für Deutsches Recht, Hans Frank, der seit 1934 zugleich auch Reichsminister ohne Geschäftsbereich war, der Gauleiter von Franken, Julius Streicher, und Heinrich Himmlers rechte Hand, Reinhard Heydrich. Unterstützung fanden sie durch die nationalsozialistischen Organisationen der Juristen und der Ärzte und durch das Presseorgan der SS, *Das Schwarze Korps*, das im Frühjahr 1935 gegründet worden war, sowie durch das Presseorgan des ›Bundes Nationalsozialistischer Deutscher Juristen‹, *Der Deutsche Rechtspfleger*.

Angesichts der Propaganda und des Drucks von dieser Seite hatte es schon vor dem September 1935 erhebliche Schwierigkeiten bereitet, das geltende Recht in der Praxis der Gerichte und der Standesämter zu wahren. So sah sich Reichsinnenminister Wilhelm Frick am 17. Januar 1934 genötigt, die Obersten Reichs- und Landesbehörden ausdrücklich darauf hinzuweisen, daß die geltenden Bestimmungen der »Ariergesetzgebung« einzuhalten seien und keineswegs überschritten werden dürften. Die Eheschließung sei »ohne Verzug vorzunehmen«, wenn »nach den zur Zeit maßgebenden Bestimmungen die Voraussetzungen« hierfür vorlägen. Das gelte auch dann, wenn sie »nationalsozialistischen Auffassungen nicht voll zu entsprechen« scheine.[55]

Tatsächlich – und darauf bezog sich Fricks Runderlaß – war es bereits 1933 in einigen Fällen, in denen Juden »Arierinnen« hatten heiraten wollen, zu Weigerungen der Standesämter gekommen, die Trauung zu vollziehen. Im Frühsommer 1935 verweigerten erneut einzelne Standesbeamte ihre Mitwirkung an einer solchen Eheschließung, und einige Amtsgerichte unterstützten dieses Verhalten, andere ordneten die Eheschließung an. Offenbar wirkte die Gestapo dadurch auf das Verhalten der Standesbeamten ein, daß sie sie verpflichtete, ihr alle Eheschließungen zu melden. In einigen Fällen schalteten sich auch die Regierungspräsidenten ein und bewirkten eine Rechtsprechung, die sich nicht am geltenden Recht, sondern an der nationalsozialistischen Rechtsauffassung orientierte. Das Reichsrechtsamt der NSDAP propagierte im August 1935 sogar offen, daß die nationalsozialistischen Rechtsvorstellungen »bindendes Recht« darstellten und einem Deutschen daher »die Eingehung der Ehe mit einem Fremdrassigen« nicht gestattet sei. Einen Präzedenzfall hatte das neue Wehrgesetz vom 21. Mai 1935 geschaffen; denn es verbot den »Angehörigen arischer Abstammung der Wehrmacht« das »Eingehen der Ehe mit Personen nichtarischer Abstammung«. Zuwiderhandlungen hatten »den Verlust jedes gehobenen militärischen Dienstgrades zur Folge«.[56]

Die Durchlöcherung des geltenden Rechts und seine Fortentwicklung im nationalsozialistischen Sinn vollzogen sich vor dem Hintergrund einer im Sommer 1935 erneut aufkommenden antisemitischen Pogromstimmung im Deutschen Reich.[57] Jetzt wiederholte sich der Ablauf, der schon die Ereignisse im März und April 1933 geprägt hatte. Die Regierung suchte einerseits die wilden

Aktionen durch Appelle unter Kontrolle zu bekommen und bereitete andererseits gesetzliche Maßnahmen vor, welche die Forderungen »der Straße« reichsrechtlich einheitlich regeln sollten. Am 26. Juli 1935 kündigte Reichsinnenminister Wilhelm Frick die Vorbereitung eines Gesetzes gegen Mischehen an und wies die Standesbeamten an, Aufgebote oder Eheschließungen zwischen »Ariern« und Juden »bis auf weiteres« zurückzustellen.[58] Bereits im Mai 1935 hatte sich Schacht mit dem Vorschlag direkt an Hitler gewandt, eine Sondergesetzgebung gegen die Juden durchzuführen, um die unkontrollierten antisemitischen Ausschreitungen zu bremsen, die in letzter Zeit wieder zu einem verstärkten Wirtschaftsboykott gegen Deutschland geführt hätten, doch Hitler wollte davon nichts wissen.[59] Im August 1935 fand auf Schachts Initiative hin und unter seiner Leitung eine Chefbesprechung statt, an der teilnahmen: Reichsinnenminister Frick, Reichsjustizminister Gürtner, Reichsfinanzminister Schwerin von Krosigk, der preußische Finanzminister Johannes Popitz, der Gauleiter und bayerische Innenminister Adolf Wagner als Repräsentant des »Stellvertreters des Führers« sowie Repräsentanten der SD, der Gestapo und des Rassepolitischen Amtes der NSDAP. Schacht hatte damals drei Funktionen inne, er war Reichswirtschaftsminister, Reichsbankpräsident und Generalbevollmächtigter für die Wirtschaft, und das hieß, er war für die Aufrüstung zuständig. Anwesend war auch ein Repräsentant des Auswärtigen Amtes. Nicht anwesend war Adolf Hitler.[60]

Schon die Zusammensetzung der Teilnehmer der Chefbesprechung zeigt die Schwerpunkte der Beratungen. Hier saßen Spezialisten für drei Sachgebiete zusammen, für die »Rassenfrage«, für Wirtschaft und Finanzen und für die Gesetzgebung.

Entsprechend war der Verlauf der Beratungen. Adolf Wagner wies darauf hin, daß »in der Judenfrage eine Divergenz sowohl zwischen Staat und Partei als auch innerhalb einzelner Ressorts bestehe. Etwa 80 v. H. des Volkes dränge nach Lösung der Judenfrage im Sinne des Parteiprogramms, dem müsse die Reichsregierung Rechnung tragen, sonst erleide sie eine Einbuße an Autorität.« Um die Einzelaktionen gegen Juden zu beenden, die Wagner in Übereinstimmung mit den anderen Teilnehmern mißbilligte, müsse eine gesetzliche Lösung erreicht werden. Wagner war bekannt, daß es bereits gesetzliche Vorarbeiten gab, die aber nicht vorankamen.

Die Besprechung diente offenbar dem Zweck, die Vorbereitung von Gesetzestexten wieder in Gang zu bringen. Das schien Wagner erforderlich, um das Gegeneinander der Ressorts in der »Judenfrage« zu beenden und vor allem die Kluft, die sich zwischen Staat und Partei für ihn auftat, zu schließen. Auch Gürtner zeichnete ein Bild vom Chaos in der »Judenpolitik«, in welcher »der Grundsatz des Führerstaates« »durchgesetzt« werden müsse. »Jede Anordnung von Staat und Partei« bleibe »so lange wirkungslos«, »als im Volke der Glaube genährt werde, daß die leitenden Stellen es nicht ungern sähen, wenn ihre einschränkenden Anordnungen übertreten würden, da sie nur aus politischen Rücksichten nicht so handeln könnten, wie sie gern wollten«. Die Runde konstatierte einen Handlungsbedarf Hitlers.

Zusätzliche Argumente lieferten Popitz und Schacht. Popitz wies »auf den Geschäftsrückgang und den dadurch bewirkten Rückgang der Staatseinnahmen infolge der Ausschreitungen hin« und meinte, die Regierung solle »eine bestimmte Grenze – gleichviel wo – für die Behandlung der Juden« ziehen, dann aber mit Nachdruck dafür sorgen, »daß die Grenze innegehalten werde«. Und Schacht sprach »über die schweren Schädigungen der deutschen Wirtschaft infolge der Übertreibungen und Ausschreitungen der antisemitischen Propaganda und wies darauf hin, daß das gesetzlose Treibenlassen u. a. auch die wirtschaftliche Grundlage der Aufrüstung in Frage stelle ... Seine Ausführungen gipfelten darin, daß das Programm der NSDAP durchgeführt werden müsse, aber ausschließlich auf der Grundlage von gesetzlichen Anordnungen.« Die Runde konstatierte nicht nur Handlungsbedarf, sondern sie sorgte auch dafür, daß Hitler mit diesem Befund konfrontiert wurde. Ihm ging die vom Rassereferenten des Innenministeriums, Bernhard Lösener, gefertigte Niederschrift der Besprechung zu. Der Chef der Reichskanzlei, Lammers, vermerkte auf der letzten Seite der Niederschrift: »Der Führer hat Kenntnis. Er hatte heute in der Angelegenheit eine grundsätzliche Aussprache mit Dr. Schacht.« Das Datum der Aussprache war der 5. September 1935, sie fand also 10 Tage vor der Verabschiedung der Nürnberger Gesetze statt.

Weshalb waren die bisherigen gesetzlichen Vorarbeiten gescheitert, und warum wurde Hitler mit der Sachlage konfrontiert? Die Vorarbeiten für eine gesetzliche Regelung waren auf ein Problem gestoßen, das sich schnell als retardierendes Moment erwies. Man konnte sich nicht darüber einigen, für welche Gruppe die Ehe und der außereheliche Geschlechtsverkehr zu verbieten waren. Sollte das Verbot auch für »Mischlinge« gelten, oder war es auf »Volljuden« zu beschränken, d. h. auf Juden, deren vier Großeltern der jüdischen Religion angehört hatten?

Für die Begrenzung auf »Volljuden« sprachen pragmatische Gesichtspunkte, dagegen sprach der Zweck des Gesetzes, das der »Reinerhaltung der Rasse« dienen sollte. Daher kam es zu einer signifikanten Frontstellung. Während die Ministerialbürokratie den pragmatischen Weg gehen wollte, setzten sich der Stellvertreter des Führers, Rudolf Heß, und sein Stabsleiter und Bürochef, Martin Bormann, sowie der Reichsärzteführer, Gerhard Wagner, dafür ein, auch für »Mischlinge« ein Verbot der Ehe und des außerehelichen Geschlechtsverkehrs auszusprechen. Auch der Chef des Geheimen Staatspolizeiamts, Reinhard Heydrich, plädierte für diese »ideologische« Lösung.

Soweit waren die Dinge gediehen, als der Reichsparteitag in Nürnberg am 10. September 1935 begann. In Nürnberg wurde Hitler mit dem Diskussionsstand erneut konfrontiert und vermutlich dazu gedrängt, den Meinungsstreit zu entscheiden und in der Sache selbst aktiv zu werden. Dabei wird man ihm erneut die Dringlichkeit vor Augen geführt und ihm klar gemacht haben, daß das Flaggengesetz bei weitem nicht ausreiche, die auf Ideologieverwirklichung zielende Dynamik der NSDAP-Funktionäre abzufangen, ja, daß er sich dem Vorwurf aussetze, die ideologische Zielsetzung der Partei ohne ausreichende Rechtfertigung »staatspolitischen« Gesichtspunkten zu opfern.

Jedenfalls entschloß Hitler sich jetzt zum Handeln und ließ sich, nachdem er einen ersten Entwurf abgelehnt hatte, vier unterschiedlich scharfe Entwürfe für ein »Blutschutzgesetz« vorlegen. Bemerkenswerterweise wählte er die »mildeste« Variante, die vom Justizministerium entworfen worden war. Sie sah die Gefängnisstrafe als Normalstrafe vor und nicht die Zuchthausstrafe und begrenzte das Verbot auf »Volljuden«. Hitler strich jedoch die Begrenzung auf »Volljuden« eigenhändig aus dem Text, so daß nur noch von »Juden« die Rede war. In dieser Form wurde der Text vom Reichstag verabschiedet. Das Deutsche Nachrichtenbüro wies Hitler jedoch an, die Einschränkung des Verbots auf »Volljuden« zu verbreiten.

Dieses Verwirrspiel wird kaum Zufall gewesen sein. Vielmehr

deutet es darauf hin, daß Hitler einer Entscheidung über die Streitfrage aus dem Wege gehen wollte. Gegenüber dem Reichstag und damit der Partei ließ er offen, ob er sich für die Einbeziehung der »Mischlinge« entschieden hatte oder nicht, der Öffentlichkeit gegenüber erweckte er den Eindruck, er habe sich gegen die Einbeziehung der »Mischlinge« entschieden. Der Widerspruch ließ sich notfalls durch ein Dementi auflösen.

Die Frage wurde schließlich, da die Unklarheit zwar von taktischer Raffinesse zeugte, aber für die Rechtsprechung nicht taugte, ohne Hitler im Kompromißwege gelöst. Die Erste Verordnung zum »Reichsbürgergesetz« vom 14. November 1935[61] regelte, daß die Nürnberger Gesetze vor allem »Volljuden« und »Dreivierteljuden« betrafen, also Juden mit vier bzw. drei der jüdischen Religionsgemeinschaft angehörigen Großeltern. »Halbjuden« waren nur in genau eingegrenzten Fällen betroffen, nämlich dann, wenn sie beim Erlaß des Gesetzes der jüdischen Religionsgemeinschaft angehörten oder ihr später beitraten oder mit einem Juden verheiratet waren oder aus einer Verbindung stammten, die ein »Voll- oder Dreivierteljude« nach Inkrafttreten des »Blutschutzgesetzes« mit einer ausländischen »Arierin« eingegangen war. Der »Vierteljude« galt als »Arier«, d. h., ihm war die Ehe mit einem Juden im Sinne der Nürnberger Gesetze verboten.

Mit dem »Blutschutzgesetz« hatte ein neuer Straftatbestand Eingang in die Rechtsprechung gefunden, die sogenannte »Rassenschande«. Sie wurde mit Gefängnis bestraft und später in wachsendem Maße auch mit Zuchthaus und anschließender »Schutzhaft«, da die SS und die Gestapo auf eine Verschärfung der Handhabung drangen. Das Gesetz stellte auch in diesem Fall nicht nur eine »justificatio post eventum« dar, sondern war darüber hinaus nur in eingeschränktem Maße in der Lage, die vorwärtsdrängende Dynamik des nationalsozialistischen Antisemitismus zu bändigen.

Die Zahl der wegen »Rassenschande« Verurteilten stieg rasch an: Waren es in den wenigen Monaten des Jahres 1935, in denen das Gesetz galt, 11, so wuchs die Ziffer 1936 auf 358, 1937 auf 512 an. 1938 waren es 434 Personen, die deswegen verurteilt wurden, 1939 365 und 1940 231. Insgesamt wurden bis 1940 1911 Personen wegen »Rassenschande« rechtskräftig verurteilt.[62]

Außer diesen direkten Wirkungen wird man die verheerenden psychischen Wirkungen des »Blutschutzgesetzes« berücksichtigen müssen, das zur Ausspähung des intimsten Bereichs der zwischenmenschlichen Beziehungen aufstachelte und eine höchst schmierige Form des Denunziantentums hervorbrachte. Hierzu trugen die Kommentatoren der Rassegesetze, Wilhelm Stuckart und Hans Globke, erheblich bei, die bald auch »beischlafähnliche Handlungen« in den Straftatbestand der »Rassenschande« einbezogen.

V. Die Erringung der Hegemonie

Mit der Hinnahme der Rheinlandbesetzung hatte Frankreich die letzte Chance verspielt, die deutsche Aufrüstung zu stoppen. In schnellem Tempo schloß die nationalsozialistische Regierung nun die Schere zwischen Rüstungsrisiko und Rüstungsstand und ging daran, die Wehrmacht zu einer kriegsfähigen Streitmacht auszubauen. Ende 1936 überschritt die Heeresstärke bereits die Ziffer von 500000 Mann, und in der Luftwaffe begann die Umrüstung auf eine neue Generation von Flugzeugen, die denen der potentiellen »Feindstaaten« technologisch ebenbürtig, wenn nicht überlegen war. Die im Juni 1936 verabschiedeten Planziffern für die Aufrüstung sahen den Aufbau eines Friedensheeres von 800000 Mann vor. Im Mobilisierungsfall sollten im Jahre 1940/41, der vorgesehenen Endausbaustufe der Wehrmacht, 3,6 Mio Mann zu den Waffen gerufen werden können. Im Oktober 1936 erhöhte man diese Planziffer auf 4,5 Mio Mann.

1. Wehrwirtschaft und Zweiter Vierjahresplan

Die mit der Rheinlandbesetzung im März 1936 errungene »Rüstungsfreiheit« beseitigte die außenpolitische Einengung der deutschen Aufrüstung, nicht jedoch die wirtschaftlichen Schwierigkeiten, die sich der Aufrüstung bereits 1934 entgegengestellt hatten und nur durch die »Feuerwehraktionen« des »Neuen Plans« überwunden werden konnten. Die Einführung der Allgemeinen Wehrpflicht im März 1935 führte im Oktober zur Einberufung des ersten Rekrutenjahrgangs und steigerte den materiellen Rüstungsbedarf erheblich. Die Rüstungsausgaben erhöhten sich von 3,30 Mrd RM im Jahre 1934 auf 5,15 Mrd RM im Jahre 1935 und auf 9 Mrd RM im Jahre 1936. Hinter diesen Ziffern verbarg sich ein enormer Anstieg der Rüstungsproduktion, die ihrerseits einen gesteigerten Verbrauch von Rohstoffen voraussetzte. Angesichts der Devisenknappheit, die der »Neue Plan« nicht beseitigen, sondern durch Mangelverwaltung in ihren Auswirkungen nur hatte mildern können, war an eine Steigerung der Einfuhr nicht zu denken. Die Rohstoffimporte stagnierten daher seit 1933 auf dem niedrigen Niveau des Krisenjahres 1932.[1] Die Rüstungskonjunktur war zu wesentlichen Teilen aus den Lagerbeständen bestritten worden, die die Industrie vor der großen Krise angelegt hatte. Doch diese Vorräte gingen ihrem Ende entgegen. Ende 1935 verfügte die Rüstungsindustrie bei wichtigen Rohstoffen wie Kupfer, Blei, Zink und Kautschuk nur noch über Vorräte von wenigen Monaten. Auch das unter dem »Neuen Plan« eingeführte Außenhandelsregiment war auf Dauer nicht in der Lage, die für das riesige Aufrüstungsprogramm erforderlichen Rohstoffe zu sichern. Dabei kombinierten sich »systemimmanente« Probleme mit eher zufälligen Veränderungen in der Weltwirtschaft.

Die systemimmanenten Probleme ergaben sich aus der Zunahme des über Verrechnungsverträge abgewickelten deutschen Außenhandels mit den europäischen Staaten. Vor der regionalen Umlagerung des deutschen Außenhandels hatte Deutschland im Handel mit den europäischen Staaten erhebliche Handelsbilanzüberschüsse erzielt und so die Devisen verdient, die zum Import von Rohstoffen aus Übersee dringend benötigt wurden. Je mehr Verrechnungsabkommen mit europäischen Staaten abgeschlossen wurden, desto geringer wurden aber die Devisenüberschüsse; denn Verrechnungsabkommen tendieren erstens zum Gleichstand der Warenbilanz, und durch sie fallen zweitens allenfalls Verrechnungsdevisen, aber keine »Bardevisen« an. So bestand der Devisenüberschuß der Jahre 1935 bis 1937 überwiegend aus »Verrechnungsdevisen«, die nur zu Einkäufen in dem Land berechtigten, dem gegenüber der Exportüberschuß erzielt worden war, und zum kleineren Teil aus »Bardevisen«, mit denen überall auf dem Weltmarkt eingekauft werden konnte. Eine Reihe überseeischer Staaten, die Deutschland wichtige Rohstoffe lieferten, wie Neuseeland, Kanada, Japan und die USA, bestanden aber auf Bezahlung in Bardevisen und waren nicht bereit, Verrechnungsabkommen zu schließen.[2]

Das ohnehin schon geringe Aufkommen an Bardevisen, das für den Einkauf von rüstungswichtigen Rohstoffen in Übersee benötigt wurde, war zudem erheblichen zusätzlichen Belastungen ausgesetzt. Zu ihnen zählte eine für Deutschland ungünstige Veränderung der »Terms of Trade«. Zwischen 1933 und 1936 erhöhten sich die Preise für Importgüter um durchschnittlich 9%, während die Preise für Exportgüter im gleichen Zeitraum um 9% sanken. Deutschland mußte seine Rohstoffimporte also teurer bezahlen und für dieselben Mengen mehr Devisen ausgeben, während sich die Deviseneinnahmen aus dem Export durch sinkende Preise in etwa demselben Maße verringerten. Diese Preisschere führte zwischen 1934 und 1936 zu einem Rückgang der Importvolumina um 12%. Verschärfend kam hinzu, daß die Anforderungen an das Bardevisenaufkommen ständig stiegen, und zwar nicht nur durch die Rohstoffimporte für die Rüstung, sondern auch durch steigende Nahrungsmittelimporte. Die schlechten Ernten der Jahre 1933 bis 1935, sinkende landwirtschaftliche Nutzflächen, Fehlsteuerungen der Produktion durch die Reichsnährstandsorganisation und die durch die Einkommensverbesserungen breiter Schichten der Bevölkerung gestiegenen Konsumwünsche bewirkten bereits 1935 und dann erneut 1936 eine außerordentliche Zuteilung von Devisen für Nahrungsmittelimporte.

Alle diese Faktoren ließen eine Wirtschaftskrise größeren Ausmaßes noch für 1936 befürchten; denn es ging nicht nur darum, daß die schwindenden Rohstoffvorräte nicht durch Importe wieder aufgestockt werden konnten, sondern auch darum, daß von der forcierten Rüstungsproduktion die Vollbeschäftigung und damit das Einkommen von Millionen Menschen abhingen. Jede »weitere Verminderung der Rohstoffzufuhr« werde, hatte Schacht bereits im Februar 1936 gewarnt, »sofort zu Einschränkungen in der industriellen Beschäftigung« führen.[3] Nicht einmal zwei Jahre nach der Einführung des »Neuen Plans« gab es erneut Handlungsbedarf. Die Prinzipien der Außenwirtschafts- und Rüstungspolitik mußten überprüft, neue Prioritäten gesetzt oder neue Methoden eingeführt werden.

Der Wichtigkeit der Weichenstellung, die damals nötig wurde, entsprach es, daß die Regierung den Rat von Fachleuten einholte. Unter den Vorschlägen, die erörtert wurden, kann ein vom Leipziger Oberbürgermeister Carl Goerdeler angefertigtes Gutachten ein gewisses Interesse beanspruchen, zeigt es doch die möglichen wirtschaftspolitischen Alternativen zu Hitlers Rüstungskurs ein letztes Mal auf. Goerdeler, der der nationalsozialistischen Regierung 1934/35 als Preiskommissar gedient hatte und zu jenen konservativen Politikern gehörte, die die Aufrüstung zunächst durchaus unterstützt hatten, hielt die Rüstungskonjunktur 1936 für derartig überhitzt, daß er eine generelle Kurskorrektur empfahl: Die Reichsmark sollte abgewertet und damit die Devisenbewirtschaftung entbehrlich gemacht werden. Ein freier Außenhandel, eine restriktive Budgetpolitik sowie die Einschränkung der Rüstungsproduktion sollten die Konjunktur allmählich in den zivilen Bereich umsteuern. Angesichts der Devisenschwierigkeiten riet Goerdeler zur Einschränkung der Rohstoffeinfuhr und war bereit, hierfür einen vorübergehenden Produktionsrückgang und den Anstieg der Arbeitslosen auf über 2 Mio, d. h. eine Rückkehr zum Beschäftigungsstand des Vorjahrs, in Kauf zu nehmen.

Es verwundert nicht, daß die nationalsozialistische Regierung diese Vorschläge ablehnte, denn sie widersprachen dem Aufrüstungskurs Hitlers. Zudem belasteten sie die innere Stabilisierungspolitik des Regimes. Ein erneuter Anstieg der Arbeitslosenziffer auf über 2 Mio hätte das durch die Erfolge der Beschäftigungspolitik gefestigte Prestige der Regierung Hitler 1936 zweifellos erschüttert. Doch was sollte die Regierung tun, wenn sie einerseits am Aufrüstungskurs festhalten wollte und die außenwirtschaftlichen Möglichkeiten andererseits erschöpft schienen, ja, Deutschland bereits in erheblichem Maße von der Substanz lebte, so daß die allgemeine Krise bei Fortdauer der Rüstung programmiert schien?

In dieser Situation besann man sich auf eine ebenso einfache wie auf den ersten Blick einleuchtende Alternative. Deutschland sollte in größtmöglichem Umfang dazu übergehen, seine Rohstoffe selbst zu erzeugen bzw. soweit wie möglich Importrohstoffe durch heimische Rohstoffe zu substituieren. Auf diese Weise könne man die Importe weiter drosseln und Devisen einsparen und der zu befürchtenden Kalamität entkommen. Die hohen Kosten und großen organisatorischen Anstrengungen, die dieser Weg zweifellos hervorrufen werde, seien angesichts der möglichen Erfolgsperspektiven in Kauf zu nehmen. »Ich halte es für notwendig«, formulierte Hitler im August 1936 in einer geheimen Denkschrift, die er auf dem Obersalzberg ausgearbeitet hatte, »daß nunmehr mit eiserner Entschlossenheit auf all den Gebieten eine 100%ige Selbstversorgung eintritt, auf denen diese möglich ist.« Hitler erhoffte sich hiervon eine »vorübergehende Entlastung«, die sicherstellen sollte, daß die deutsche Wirtschaft »in vier Jahren kriegsfähig« sei. Eine »endgültige Lösung« sei hingegen nur durch eine »Erweiterung des Lebensraumes bzw. der Rohstoff- und Ernährungsbasis« des deutschen Volkes möglich.[4] In Anknüpfung an den 1933 verkündeten »Vierjahresplan« zur Beseitigung der Agrarkrise und der Arbeitslosigkeit nannte Hitler die Anstrengungen, Deutschland über eine begrenzte Autarkisierung im Rohstoffbereich wirtschaftlich kriegsfähig zu machen, den »Zweiten Vierjahresplan«.

Hitler hatte den Gedanken, die heimischen Rohstoffe besser zu nutzen, nicht aus der Luft gegriffen. Vielmehr verfügte die deutsche Großchemie, repräsentiert durch die branchenbeherrschende IG-Farbenindustrie AG, seit längerem über die technischen Möglichkeiten, durch Kohlehydrierung Treibstoffe, synthetisches Gummi und industrielle Fette zu erzeugen. Auch konnte man versuchen, in größerem Umfang eisenarme Erze, die im Salzgittergebiet in ergiebigen Lagerstätten vorkamen, zu verhütten sowie die Versorgung der Textilindustrie in größerem Maße auf heimische Faserstoffe umzustellen. All das war technisch möglich, aber zu teuer, um wirtschaftlich zu sein. An den Kosten vor allem waren die zahlreichen bisherigen Bemühungen gescheitert, die heimische Rohstoffbasis stärker zu nutzen. Ihre Anfänge reichen in die Zeit vor der Machtergreifung zurück. Außer der NSDAP, die sich schon vor 1933 lebhaft für die Autarkisierungsmöglichkeiten interessierte, verfolgten die Wehrmacht und die chemische Industrie bereits in den zwanziger Jahren solche Pläne.[5]

Auf einigen Gebieten waren schon vor dem »Zweiten Vierjahresplan« erste Erfolge erzielt worden. So hatten sich die Interessen der Wehrmacht, des Staates und der Industrie bereits 1932 bei dem Versuch getroffen, die mit 70 bis 75% extrem hohe Abhängigkeit Deutschlands von Mineralölzufuhren aus dem Ausland zu verringern. Aus langwierigen Verhandlungen ging schließlich der sogenannte »Benzinvertrag« hervor, der am 14. Dezember 1933 zwischen der Reichsregierung und der IG-Farbenindustrie AG abgeschlossen wurde. Er sah gegen eine staatliche Preis- und Absatzgarantie den Ausbau der synthetischen Produktion von Benzin aus Braunkohle in Leuna auf 300000 bis 350000 t Jahreskapazität vor. Im Zusammenhang hiermit schuf die Reichsregierung ganz generell die Möglichkeit, der im Vergleich zum Import in vielen Fällen sehr viel teureren Verwendung von heimischen Rohstoffen mit staatlichen Preis- und Absatzgarantien zur Hilfe zu kommen.[6]

Der »Benzinvertrag« hatte dem sogenannten Hydrierverfahren, mit dem die IG-Farbenindustrie AG seit 1927 in Leuna begonnen hatte, Benzin zu produzieren, zum Durchbruch verholfen. Schacht, der sich im Zuge des »Neuen Plans« von einer verstärkten

Ausbeutung heimischer Rohstoffe Devisenersparnisse erhoffte, knüpfte hier an und zwang die mitteldeutschen Braunkohlegesellschaften, nachdem sie freiwillig dazu nicht bereit waren, eine »Pflichtgemeinschaft« einzugehen und am 26. Oktober 1934 eine »Braunkohle-Benzin-AG« (Brabag) zu gründen. Die Brabag errichtete bis 1936 drei Anlagen zur Produktion von Benzin, 1937 kam eine weitere Anlage hinzu. Für die Übernahme des Hydrierverfahrens wurde am 22. August 1935 ein Lizenzvertrag mit der IG-Farbenindustrie AG geschlossen.

Leuna und die Anlagen der Brabag produzierten Benzin auf der Basis von Braunkohle. Technisch war es aber ebensogut möglich, Benzin auf der Basis von Steinkohle zu produzieren. Hierfür gab es zwei Möglichkeiten, die Hydrierung von Steinkohle und die Verarbeitung von Teer und Benzol, die als Nebenprodukte der Kokereien anfielen. Die erste Möglichkeit wurde im Juli 1935 von der Bergwerksgesellschaft Hibernia AG realisiert. Sie errichtete das Hydrierwerk Scholven bei Gelsenkirchen, das bereits im Oktober 1936 die geplante Produktionskapazität erreichte. Analog zur Errichtung der Brabag kam es darüber hinaus am 28. Oktober 1935 zur Gründung der Ruhrbenzin AG, einem Gemeinschaftsunternehmen von 22 Ruhrgesellschaften zur Benzinproduktion, das auf freiwilliger Basis beruhte. An der Ruhrbenzin AG hielten die größten Montankonzerne, Flick, GHH, Hoesch, Krupp, Mannesmann und die Vereinigten Stahlwerke, die Kapitalmehrheit. Die erste Großanlage der Ruhrbenzin AG wurde aber erst 1937 errichtet.[7]

Erfolge dieser für die zivile und militärische Motorisierung gleich wichtigen Bestrebungen hatten sich 1936 erst zu einem Teil eingestellt. Gemessen am Verbrauch von 1934 – dessen Stagnation auf etwa gleichem Niveau einmal unterstellt – wäre Deutschland 1937 in der Lage gewesen, seinen Bedarf an leichten Treibstoffen (Benzin, Benzol, Spiritus) zu etwa 90% aus eigener Produktion zu decken. Doch infolge der Zunahme des zivilen und militärischen Bedarfs an Mineralöl, der zwischen 1933 und 1936 rund 56% betrug, reichte die Produktionssteigerung gerade aus, um den Mehrbedarf zu befriedigen und den Importbedarf etwa gleich zu halten.

Fortschritte erzielte man auch bei der Förderung verwertbarer deutscher Eisenerze. Sie konnte zwischen 1933 und 1936 mehr als verdoppelt werden, aber angesichts der Bedarfssteigerungen reichte das nicht einmal annähernd aus, um die Importmengen stabil zu halten. Der Import von Eisenerzen stieg vielmehr von 8,3 Mio t im Jahre 1934 auf 18,5 Mio t im Jahre 1936. Auf den anderen Gebieten, bei der Produktion von deutschen Faserstoffen (Kunstseide und Zellwolle) und bei der Herstellung von künstlichem Gummi (Buna), gelang es ebenfalls bereits vor 1936, beachtliche Erfolge zu erzielen, die jedoch vor allem im Falle der Buna-Herstellung den Bedarf der Wehrmacht bei weiter steigendem Rüstungstempo auch nicht annähernd sicherstellten, geschweige denn in der Lage waren, Deutschland im Kriegsfalle auch nur für eine kürzere Periode von ausländischen Zufuhren unabhängig zu machen.[8]

Sollte Deutschland – wie Hitler entschieden hatte – das Rüstungstempo nicht nur durchhalten, sondern beschleunigen und darüber hinaus Rohstoffreserven für den Kriegsfall ansammeln, mußte die Ersatzstoffproduktion erheblich ausgebaut werden, da für vermehrte Importe keine Devisen verfügbar waren und eine Änderung der Außenwirtschaftspolitik nicht ins Auge gefaßt wurde. Im Frühjahr 1936, noch bevor Hitler seine Denkschrift formulierte, zeichnete sich in der Frage der Erzeugung heimischer Ersatzrohstoffe die unter den obwaltenden Umständen erforderliche »Wende« ab. Sie war erneut – wie 1934 – unmittelbar mit dem Devisenproblem verknüpft und führte zusätzlich zu entscheidenden machtpolitischen Veränderungen in der Wirtschaft: Göring gewann den maßgebenden Einfluß und schaltete Schacht schrittweise aus. Göring hatte als Chef der Luftwaffe verständlicherweise ein erhebliches Interesse am auslandsunabhängigen Bezug von Treibstoffen und Gummi. Es überrascht daher nicht, daß er sich als einer der führenden Repräsentanten der Streitkräfte ebenso wie Reichskriegsminister Blomberg für den forcierten Ausbau der Ersatzstoffproduktion aussprach. Daß Göring von Wirtschaft gar nichts verstand, war für die Sache unter den gegebenen Umständen nur günstig; denn wirtschaftlich ließ sich die forcierte Fortsetzung des von Schacht 1934 eingeschlagenen Kurses der Ersatzstoffproduktion 1936 kaum mehr rechtfertigen, wohl aber militärisch.

Am 4. April 1936 beauftragte Hitler Göring in dessen Eigenschaft als preußischer Ministerpräsident mit der »Prüfung und Anordnung aller erforderlichen Maßnahmen zur Besserung der Rohstoff- und Devisenlage«.[9] Da Göring für diese Aufgabe Weisungsrecht gegenüber den Fachministern erhielt, wurde er zum offenen Konkurrenten des Reichswirtschaftsministers und konnte seine politische Machtstellung gegen Schacht voll ausspielen. Göring bildete einen »Rohstoff- und Devisenstab«, der seine Arbeit Anfang Mai 1936 aufnahm und zum Kern der im Oktober desselben Jahres errichteten Vierjahresplanorganisation wurde. Er beschäftigte sich vorwiegend mit der Planungsarbeit für den Ausbau der Ersatzrohstoffe. Im Mittelpunkt standen die Mineralölproduktion, die Herstellung von Textilrohstoffen und von Kunstgummi sowie die Förderung eisenarmer deutscher Erze. Insgesamt wurden Investitionen von mehr als 3 Mrd RM vorgesehen.[10]

Parallel dazu lief die geistige Umpolung der Wirtschaftspolitik von Rentabilitätserwägungen und verantwortlicher Haushalts- und Finanzpolitik zu wehrwirtschaftlichen Orientierungsmustern. Die Wehrwirtschaft unterscheidet sich von der normalen Friedenswirtschaft dadurch, daß sie das wirtschaftliche Handeln auf den Krieg ausrichtet. »Die wehrwirtschaftliche Tätigkeit«, definierte der langjährige Leiter des Wehrwirtschafts- und Rüstungsamts, General Thomas, beginnt »schon im Frieden mit der Einwirkung auf die Wirtschaft zu dem Zwecke, sie für den Krieg auf eine möglichst große Höhe der Leistungsfähigkeit zu heben«.[11] Genau aus dieser wehrwirtschaftlichen Perspektive betrachtete Göring die Frage der Ersatzrohstoffe, wenn er auf der Ministerratssitzung am 12. Mai 1936 ausführte: »Wenn wir morgen Krieg haben, müssen wir durch Ersatzstoffe uns helfen. Dann wird Geld keine Rolle spielen. Wenn das so ist, müssen wir auch bereit sein, im Frieden die Voraussetzungen dafür zu schaffen.« Und 14 Tage später präzisierte er vor demselben Gremium: »Alle Maßnahmen sind vom Standpunkt der gesicherten Kriegsführung aus zu betrachten.« Schacht befürchtete dagegen von einer Forcierung der Ersatzstoffproduktion, die er an sich befürwortete, inflationäre Tendenzen und wollte sie aus den gesamtwirtschaftlichen Zusammenhängen nicht herauslösen. Grundsätzlich hatte er Bedenken gegen die Produktion von Ersatzstoffen, die erheblich über dem Weltmarktpreis lagen, und schlug in diesen Fällen nicht die Aufnahme der Produktion, sondern nur die Erstellung von »Bereitschaftsanlagen« für den Notfall vor sowie die Bevorratung.[12]

Die Zuspitzung der Rohstofflage im Sommer 1936 beschleunigte den Schritt zur Wehrwirtschaft, der seit dem Frühjahr 1936 vorbereitet wurde, und ließ die Entschlossenheit bei Hitler und Göring wachsen, sich über alle Widerstände hinwegzusetzen. Schacht, dem Hitler den neuen Kurs persönlich erläuterte, war aufs äußerste beunruhigt und versuchte, in letzter Minute über Blomberg zu verhindern, daß Hitler den bevorstehenden Reichsparteitag der NSDAP dazu nutzte, mit seinen Absichten an die Öffentlichkeit zu treten. Das werde »die gesamte Handelspolitik zum Scheitern bringen«; denn das Ausland werde es Deutschland nicht erlauben, sich »wirtschaftlich selbständig zu machen«.[13] Schachts Kassandra-Ruf bewirkte nichts. Am 9. September 1936 verkündete Hitler bei der Eröffnung des »Parteitages der Ehre« das »neue Vierjahresprogramm«, und am 18. Oktober 1936 schuf er die gesetzlichen Grundlagen für den neuen Vierjahresplan und beauftragte Göring mit seiner Durchführung. Seine Kompetenzen gingen weit über die engumgrenzte Weisungsbefugnis vom 4. April 1936 hinaus. Ihm oblag »die straffe Zusammenfassung aller einschlägigen Zuständigkeiten in Partei und Staat«.[14]

Die Organisation, die Göring zur Durchführung des »Zweiten Vierjahresplans« errichtete – der erste war reine Willensbekundung gewesen und hatte keine Organisation hervorgebracht –, umfaßte neben einer Abteilung für die Erzeugung deutscher Roh- und Werkstoffe, die den Kern des Ganzen ausmachte, Abteilungen für Rohstoffverteilung, für den Arbeitseinsatz, die landwirtschaftliche Erzeugung, die Preisüberwachung und für Devisenangelegenheiten. Göring war damit zum Wirtschaftsdiktator geworden, neben dem ein machtpolitisch ambitionierter Wirtschaftsminister nicht mehr vorstellbar war. Schacht trat daher zurück und wurde am 26. November 1937 von seinem Amt entbunden. Sein Ausscheiden als Reichswirtschaftsminister ermöglichte es, den inzwischen mehr als 1000 Personen umfassenden Behördenapparat der Vierjahresplanorganisation im Februar 1938 größtenteils in das Reichswirtschaftsministerium einzugliedern. Der neue Reichswirtschaftsminister, Walter Funk, besaß formal zwar mehr Kompetenzen als sein Vorgänger. De facto wurde er aber zum Erfüllungsgehilfen des »Beauftragten für den Vierjahresplan« Hermann Göring. Man kann den Vorgang auch die Gleichschaltung des Reichswirtschaftsministeriums nennen, und jedenfalls schied mit Schacht, der 1939 auch als Reichsbankpräsident zurücktrat, einer der markantesten Vertreter der »alten« Wirtschaftseliten aus der

Staatsführung aus. Diese Machtverschiebung bildete eine der Voraussetzungen für den forcierten Rüstungskurs.

Die Personalstruktur der Vierjahresplanorganisation spiegelte den Wandel, der sich in der NS-Wirtschaft und darüber hinaus im Gesamtsystem vollzog. Mit Hermann Göring und Paul Körner standen an der Spitze der Organisation überzeugte Nationalsozialisten, die hohe Parteiämter innehatten. Dasselbe galt für die obere Führungsebene: Hitlers bewährter Kontaktmann zur Industrie, der Altparteigenosse Wilhelm Keppler, leitete die Geschäftsgruppe Industrielle Fette; die Gauleiter Walter Köhler und Adolf Wagner standen den Geschäftsgruppen Rohstoffverteilung und Preisbildung vor. Mit dem Staatssekretär im Reichsministerium für Landwirtschaft und Ernährung, Herbert Backe, der in Personalunion die Geschäftsgruppe Landwirtschaftliche Erzeugung leitete, war ein weiterer überzeugter Nationalsozialist in die Führungsebene integriert. Göring konnte sich auf diese Leute hundertprozentig verlassen. Demgegenüber kam der klassische Typus des Ministerialbeamten in der neuen »Behörde« so gut wie gar nicht vor, sieht man einmal von Werner Mansfeld ab, der ebenso wie Backe eine Doppelfunktion innehatte und als Ministerialdirektor im Reichsarbeitsministerium zugleich die Geschäftsgruppe Arbeitseinsatz leitete.

Im Kernbereich der Vierjahresplanorganisation, dem aus dem Rohstoff- und Devisenstab hervorgegangenen Amt für deutsche Roh- und Werkstoffe, bestand eine enge Verzahnung von militärischem und industriellem Führungspersonal. Neben dem Leiter des Amtes, Oberst Löb, kamen der Chef der Abteilung, Major Czimatis, zuständig für Energiewirtschaft, und der Chef der Abteilung II, Major von Heemskerck, zuständig für Mineralöle, aus dem Reichsluftfahrtministerium. Die Abteilung III, zuständig für Forschung und Entwicklung, wurde von Carl Krauch, einem der Direktoren der IG-Farbenindustrie AG geleitet. Aus derselben Firma stammte auch der Leiter des Hauptreferats Chemie, Dr. Johannes Eckell. Die anderen Hauptreferate wurden ebenfalls von Fachleuten geleitet, die zugleich den Vorteil hatten, überzeugte Nationalsozialisten zu sein: Es waren zuständig für Metalle der ehemalige Maschinenbau-Fabrikant und Gauwirtschaftsberater von Westfalen-Süd, Paul Pleiger, und für Textilien der schlesische Textilunternehmer und Kammerpräsident, Hans Kehrl.[15]

In der Vierjahresplanbehörde waren daher vor allem die Interessengruppen vertreten, die sich bisher für wehrwirtschaftliche Ziele eingesetzt hatten: die Wehrmacht, die NSDAP und die Industrie. Dabei mag auffallen, daß mit Carl Krauch ein führender Manager des größten Chemiekonzerns, der IG-Farbenindustrie AG, eine wichtige, wenn auch keine führende Position einnahm. Das ist aber keineswegs mit einem entsprechenden Einfluß des Konzerns auf den Vierjahresplan gleichzusetzen. Krauch hatte vielmehr bereits im September 1933 eine Denkschrift über die Erweiterung der deutschen Rohstoffbasis vorgelegt, die damals besonders intensiv im Reichsluftfahrtministerium diskutiert worden war. Er war seinen Partnern also als Fachmann bekannt. Zudem lag es staatlicherseits nahe, an die IG-Farbenindustrie AG heranzutreten, da sie das Hydrierverfahren entwickelt hatte und seit 1934 schon eine wichtige Rolle im Bereich der Mineralölproduktion auf Kohlebasis spielte.

Die Vierjahresplanorganisation koordinierte und verstärkte in der Praxis die bisherigen Bemühungen um eine an den Zielsetzungen der Wehrwirtschaft orientierte Ersatzstoffproduktion. Dabei ging es nicht ohne Reibungsverluste ab. Die Organisationsstruktur mußte mehrfach verändert werden, und die Planvorgaben wurden immer wieder korrigiert. Hierfür gab es zahlreiche Gründe: Politischer Wille und Durchsetzungskraft garantierten noch keine Funktionalität; auch die neue Behörde wuchs – wie alle Behörden – personell mit ihren Aufgaben, und der Apparat wurde unüberschaubar; die Planziele waren oft unrealistisch, die Anforderungen von staatlicher Seite änderten sich ständig; es gab nach wie vor Widerstand gegen das Konzept der Wehrwirtschaft; sie mußten überwunden werden, was Zeit kostete usw. Auch den Vierjahresplan holte die Realität bald ein. Eine Bilanz von Erfolg oder Mißerfolg begegnet aber nicht nur wegen dieser ständigen Veränderungen großen Problemen, sondern auch aus anderen Gründen. Viele der Maßnahmen, die sich während der Vierjahresplanperiode auswirkten, waren zuvor schon eingeleitet worden. Die Auswirkungen der neuen Planungsinstrumente sind daher nicht präzise zu bestimmen. Ähnliches gilt für die Endphase im Jahre 1940. Der Kriegsbeginn hatte den normalen Ablauf der Arbeiten nicht nur unterbrochen, sondern durch seinen für das »Dritte Reich« außerordentlich günstigen Verlauf die Rohstofflage auch erheblich verbessert. Ohne die Beuterohstoffe und die durch die territoriale Expansion verbesserten Bezugsmöglichkeiten wären die Lücken und Mißerfolge in der Bilanz des Vierjahresplans noch schärfer hervorgetreten.

Die Haupttätigkeitsgebiete des Vierjahresplans waren, gemessen am Investitions- und Organisationsaufwand, die Mineralöl- und Treibstoffproduktion, die Buna-Herstellung, die Eisen- und Stahlerzeugung, die Förderung und Produktion von Stahlveredlern und die landwirtschaftliche Erzeugung.

Auf den Ausbau der Mineralölproduktion entfielen in den Jahren 1937 bis 1942 etwa 40 bis 50% aller Investitionen des Vierjahresplans. Die Ausbaupläne orientierten sich an dem von der Wehrmacht errechneten Bedarf im Kriegsfall, dem Mobilmachungs-Bedarf, einer schwankenden Größe, die sich in den Planungen ständig nach oben bewegte, bei 5,1 Mio t pro Jahr begann und bei 6,14 Mio t pro Jahr endete. Für diesen Mobilmachungs-Bedarf wurde eine hundertprozentige Deckung durch Eigenerzeugung angestrebt. Da die Erzeugung von Mineralölprodukten aus inländischen Rohstoffen 1936 1,78 Mio t betrug, war die Zielmarge hochgesteckt. Sie sollte einerseits durch Neugründungen und andererseits durch den Kapazitätsausbau der bestehenden Anlagen erreicht werden. Die Neu- und Ausbauten zogen sich in der Regel bis in die Kriegsjahre hin, so daß die Planziele im Frieden nicht mehr erreicht wurden. Die ersten Auswirkungen des Vierjahresplans wurden erst 1939 spürbar. Der sprunghafte Anstieg der Mineralölproduktion in den Jahren zuvor war eine Folge der von Schacht ergriffenen Maßnahmen. Da der Bedarf ebenfalls sprunghaft stieg, verringerte sich die Auslandsabhängigkeit zwischen 1936 und 1938 nur geringfügig von 66 auf 60%. Sie dürfte – genaue Daten sind nicht verfügbar – 1939 nur wenig darunter gelegen haben. Da der Ausbau der Mineralölproduktion auf der Braunkohle- und Steinkohlebasis sich im Krieg fortsetzte und auch die deutsche Erdölförderung kontinuierlich stieg, verringerte sich die Importabhängigkeit bis 1943 erheblich. Von 6,971 Mio t Treibstoffen und Heizöl, die Großdeutschland 1943 verbrauchte, stammten 6,563 Mio t aus eigener Produktion.

Im Unterschied zur Erzeugung von Mineralöl aus heimischen Rohstoffen war die synthetische Erzeugung von Kautschuk (Buna) bis 1936 kaum vorangekommen. Der Preis von Buna lag so erheblich über dem Weltmarktpreis von Naturkautschuk, daß die Produktion inakzeptabel erschien. Die Devisenbilanz wurde zudem durch die Importe von Naturkautschuk angesichts der niedrigen Preise und der geringen benötigten Mengen nur wenig belastet, während die für einen Ausbau der synthetischen Produktion benötigten Investitionen ein Vielfaches betrugen. Am Beispiel der Buna-Produktion wird daher besonders deutlich, daß es dem Vierjahresplan keineswegs in erster Linie darum ging, Devisen zu sparen, sondern wehrwirtschaftliche Prioritäten durchzusetzen. Man plante den Aufbau von vier Bunawerken bis Ende 1939 mit einer Gesamtkapazität von 96000 t pro Jahr. 1938 wurden gleichwohl nur 5000 t Buna produziert, was 5% des Verbrauchs dieses Jahres entsprach. Gemessen am Mobilmachungs-Bedarf war dies verschwindend wenig, er wurde mittlerweile auf 120000 t für das Zieljahr 1942/43 geschätzt. 1939 gelang eine erhebliche Steigerung der Buna-Produktion auf etwa 22000 t, 1940 erreichte sie 39000 t, doch der eigentliche Durchbruch erfolgte erst 1941/42. Zu Beginn des Krieges reichte die Buna-Produktion aus, um gut 50% des Bedarfs zu decken.

Die in mancher Hinsicht spektakulärsten, wenn auch nicht erfolgreichsten Bemühungen leitete der Vierjahresplan im Bereich der Eisenerzproduktion ein. Infolge des steigenden Bedarfs an Eisenerzen, den die Rüstungskonjunktur hervorrief, sank der Grad der Eigendeckung aus heimischen Erzen, der 1928 noch 18% betragen hatte, trotz steigender Produktion bis 1936 auf 15%. Die Planung sah eine Steigerung der heimischen Produktion, die 1936 2,24 Mio t Eisengehalt erreicht hatte, auf 5,2 Mio t pro Jahr für 1940, später sogar auf 7,045 Mio t vor. Allerdings begegnete die Mehrzahl der deutschen Unternehmen, allen voran der größte Montankonzern, die Vereinigten Stahlwerke, den Plänen mit Zurückhaltung. Die verstärkte Verhüttung eisenarmer Erze, hielt man Göring auf einer Besprechung am 17. März 1937 entgegen, ohne sich prinzipiell zu verweigern, werde einen zusätzlichen Koks- und Kohleverbrauch bewirken, den man vermeiden könne, wenn man die wertvolleren Auslandserze verarbeite, deren Verhüttung weniger Koks- und Kohleeinsatz erforderte.

Göring kam es aber gerade darauf an, die Abhängigkeit vom Ausland zu verringern, wobei Kostengesichtspunkte keine Rolle spielen sollten. Er ging vom »Fall der Abschließung Deutschlands von der ausländischen Erzzufuhr« aus, auf den man sich einstellen müsse, und gab daher den Vorschlägen jener Industriellen den Vorzug, die, wie Röchling und Pleiger, in großem Maßstab auf das Salzgittererz zurückgreifen wollten und zu diesem Zweck den

Aufbau eines neuen Stahlkonzerns anregten. Im Juli 1937 war es soweit. Ausgestattet mit einem Gründungskapital von 5 Mio RM traten die »Reichswerke AG Hermann Göring für Erzbergbau und Eisenhütten« (Salzgitter) ins Leben. Paul Pleiger wurde Vorstandsvorsitzender und Hermann Göring Aufsichtsratsvorsitzender.[16]

Es war vorgesehen, im Salzgitterbereich den Schwerpunkt des neuen Montankonzerns zu bilden. Das Erz sollte vor Ort gleich verhüttet werden. Die Planungen für das Salzgittergebiet beliefen sich auf eine Verhüttungskapazität von 4 Mio t. Dem Aufbau einer so großdimensionierten Anlage – es wäre das größte Werk Europas geworden – stellten sich angesichts der angespannten Rohstoff- und Devisenlage und dem mittlerweile bestehenden Arbeitskräftemangel erhebliche Schwierigkeiten in den Weg. Zwar konnte die Erzförderung bereits im Oktober 1937 aufgenommen werden, aber die Mengen blieben bis zum Ausbruch des Krieges gering, und der Aufbau des Hüttenwerks zog sich bis in den Krieg hin. 1940 kamen erst 2% der Eisenproduktion des Altreichs (Grenzen von 1937) aus Salzgitter. Größere Bedeutung besaßen die territorialen Erweiterungen des Jahres 1938, vor allem die Erzlagerstätten in Österreich. So konnten 1938 immerhin 23% des Eisenbedarfs aus heimischer Förderung gedeckt werden. Zusammen mit den erheblichen Schrottmengen, die im Reich zur Verfügung standen, ergab das einen »Selbstversorgungsgrad« Großdeutschlands von etwas mehr als 50%. Die Rohstahlkapazität stieg dagegen nur marginal an. Allerdings gelang es, die im Altreich vorhandenen Kapazitäten, die bisher nicht voll in Anspruch genommen worden waren, besser auszulasten, so daß die Produktion von Rohstahl 1938 mit 22,6 Mio t um etwa 17% über dem Stand von 1936 (19,2 Mio t) lag.

Um hochwertigen Stahl zu erzeugen, der in der Rüstungsfertigung von besonderer Bedeutung ist, benötigt man eine Reihe von Stahlveredelungsmetallen wie Mangan, Nickel, Chrom, Wolfram, Molybdän und Vanadium. Merkwürdigerweise spielten diese Metalle in den Planungen eine ihrer Bedeutung nicht angemessene geringe Rolle. Die extrem hohe Auslandsabhängigkeit, die hier bestand, verringerte sich daher bis zum Ausbruch des Krieges kaum und jedenfalls weniger, als bei vollständiger Ausschöpfung der geringfügigen heimischen Vorkommen möglich gewesen wäre. Eine gewisse Ausnahme bildete die Manganerzförderung. Manganhaltige Erze minderer Qualität fallen bei der Eisenförderung ohnehin an und wurden in Deutschland, das über hochprozentige Manganlager nicht verfügte, neben den Importerzen mit zur Produktion herangezogen. Diese minderwertigen manganhaltigen Erze aus deutscher Produktion deckten 1938/39 immerhin nicht ganz die Hälfte des deutschen Bedarfs ab.[17]

Bei den unedlen oder Nichteisen-Metallen, Blei, Zink, Kupfer, Magnesium und Aluminium, war die Versorgungslage höchst unterschiedlich. Der Zinkverbrauch konnte 1936 zu 65%, der Magnesiumverbrauch vollständig und der Blei- und Kupferverbrauch in geringfügigen Mengen im Inland gedeckt werden. Der Vierjahresplan sah eine erhebliche Steigerung der Eigenproduktion dieser Metalle vor. Erreicht wurde bis 1938 ein Selbstversorgungsgrad bei Zink von 82%, bei Blei von 37% und bei Kupfer von 8%. Eine wesentliche Rolle für die Luftfahrtindustrie spielte neben Magnesium vor allem Aluminium. Der Ausgangsrohstoff für die Aluminiumherstellung, Bauxit – auch Tonerde genannt –, mußte aus dem Ausland bezogen werden, da die Eigenförderung nur 2% des Verbrauchs (1938) abdeckte. Hauptlieferländer waren Jugoslawien und Ungarn. Auf der Basis dieses blockadesicheren Bauxitbezuges hatte man schon 1933 mit dem Ausbau der Aluminiumproduktion begonnen. 1936 wurde dreimal soviel Aluminium erzeugt wie 1929. Der Vierjahresplan sah noch einmal eine Steigerung um 40 bis 50% vor, was bereits 1938 mehr als erreicht war. In diesem Jahr produzierte Deutschland mehr Aluminium als die USA und führte die Liste der Aluminiumproduzenten weltweit an.

Jede Kriegsvorbereitung mußte illusorisch sein und jede wehrwirtschaftliche Prioritätensetzung ad absurdum geführt werden, wenn man in dem Bemühen, eine größtmögliche Unabhängigkeit vom Ausland zu erlangen, die Agrarproduktion außer acht gelassen hätte. Reichsnährstand, Reichsernährungsministerium und Vierjahresplanbehörde waren daher organisatorisch miteinander verbunden worden. Die Agrarwirtschaft hatte keine besonders positive Bilanz vorzuweisen. 1935 und 1936 waren in wachsendem Umfang Devisen für Agrarimporte verfügbar gemacht worden. Bei so wichtigen Grundnahrungsmitteln wie Brot und Butter bzw. Margarine hatte man mehrfach kurz vor der Einführung von Lebensmittelkarten gestanden. Um der Schwierigkeiten für die laufende Versorgung Herr zu werden, hatte man bei Brotgetreide und pflanzlichen Ölen und Fetten sogar auf die Vorräte zurückgegriffen, so daß diese sich 1936/37 auf einem Tiefstand befanden. Von einer kriegsmäßigen Bevorratung konnte daher keine Rede sein. Der Selbstversorgungsgrad bei wichtigen Nahrungsmitteln wie Brotgetreide, Kartoffeln, Gemüse, Zucker und Fleisch bewegte sich zwar zwischen 90 und 100%, aber in der Fettversorgung klaffte eine Lücke von 40 bis 50%, und das gleiche galt für die besonders einlagerungsfähigen und in Kriegszeiten wichtigen Hülsenfrüchte. Zudem beruhte die Fleisch- und Milchproduktion zu 30% auf importierten Futtermitteln. Den Selbstversorgungsgrad von etwa 80%, der 1933/34 bei diesen wichtigen Nahrungsmitteln insgesamt bereits erreicht war, hatte man bis 1936 nicht zu steigern vermocht.

Die Vierjahresplanorganisation setzte vorwiegend an drei neuralgischen Punkten an. Sie verringerte erstens die Düngemittelpreise und erreichte auf diese Weise einen verstärkten Einsatz von Kunstdünger, dessen Verbrauch von 1935/36 auf 1938/39 um 30% zunahm. Sie erhöhte zweitens die Anbaufläche für einige Produkte wie Raps, Flachs, Hanf, Körnermais, Zuckerrüben, Wintergerste, Luzerne und Lupinen und trieb schließlich die Mechanisierung voran. Die Ausgaben der landwirtschaftlichen Betriebe für Maschinen und Ackergeräte steigerten sich erheblich. Betrug die Indexziffer (1930/31 = 100) 1935/36 188, schnellte sie für 1938/39 auf 307 hinauf. Stützungsmaßnahmen für die Landwirtschaft wie Preiserhöhungen für Agrarprodukte, Investitionshilfen und günstige Betriebskredite kamen hinzu. Die Erfolge blieben, vor allem wenn man berücksichtigt, daß die Ernten von 1938 und 1939 besonders günstig ausfielen, gleichwohl bescheiden. Nach Schätzungen des Instituts für Konjunkturforschung lag der Index der Agrarproduktion 1938/39 um 10% höher als 1935/36. Da die Bevölkerung im selben Zeitraum, bedingt durch die territorialen Erwerbungen, um 7% zunahm, erhöhte sich der Selbstversorgungsgrad bei wichtigen Nahrungsmitteln nur unwesentlich von 80 auf 83%. Immerhin nahmen die eingelagerten Vorräte an Brotgetreide, Futtergetreide, Kartoffeln, Zucker, pflanzlichen Ölen und Fetten, Ölkuchen, Schmalz und Speck zwischen 1936 und 1939 nicht unbeträchtlich zu.

Wie man die Ergebnisse des Vierjahresplans bewertet, hängt von der Perspektive ab. Hitler war es darauf angekommen, Devisen einzusparen und Deutschland auf wirtschaftlichem Gebiet kriegsfähig zu machen. Das erste Ziel wurde zweifellos verfehlt.

Der für die Verarbeitung heimischer Rohstoffe erforderliche Aufbau von neuen Produktionsanlagen erhöhte zunächst einmal den Bedarf an Rohstoffen, so daß die Importe 1937 um 28% gegenüber dem Vorjahr anstiegen und 1938 noch anähernd auf dem erhöhten Niveau verharrten. 1937 gelang es, das durch vermehrte Exporte, u. a. von Waffen, auszugleichen und sogar einen Handelsbilanzüberschuß zu erzielen. 1938 gelang das nicht, aber im März 1938 standen infolge der Annexion von Österreich die Devisenreserven der österreichischen Staatsbank in Höhe von 1,4 Mrd RM zur Verfügung, so daß die Zahlungsbilanz ausgeglichen werden konnte.

Die Beantwortung der Frage, ob der Vierjahresplan Deutschland kriegsfähiger machte, hängt davon ab, welches Kriegsszenario man zugrunde legt. Als Hitler 1936 seine Denkschrift verfaßte, ging er offenbar von einem längeren Krieg unter Blockadebedingungen aus, in dem Deutschland auf seine eigenen Ressourcen angewiesen sein würde. Dieser Krieg hat nicht stattgefunden. So wurde die Verhüttung eisenarmer Salzgittererze durch die spätere Expansion völlig entwertet. Ähnliches gilt auch für die Treibstoffproduktion. Deutschland blieb zu mehr als der Hälfte seines Bedarfs auf den Import angewiesen. Ohne das Öl aus Rumänien hätte ein von der Zufuhr abgeschnittenes Deutschland vor 1943 einen modernen Krieg mit motorisierten Kräften nur in eingeschränktem Maße führen können. Ähnliches gilt für die anderen Rohstoffbereiche. Der Vierjahresplan verringerte die Auslandsabhängigkeit, aber er beseitigte sie nicht. Um einen längeren Krieg durchzuhalten, war Deutschland daher auf Expansion angewiesen.

Der Preis, den es für den Vierjahresplan bezahlen mußte, war dagegen hoch. Kurzfristig vermehrte er die Probleme der deutschen Wirtschaft erheblich; denn er belastete nicht nur die Devisenbilanz, sondern zog auch Arbeitskräfte an, die andernorts bald fehlten, und baute unrentable Produktionen auf, die die Staatsverschuldung erhöhten. Damit verengten sich die ökonomischen Handlungsspielräume weiter. Der Vierjahresplan verstärkte die von der Aufrüstung an sich schon ausgehenden Wirkungen zur Verzerrung der ökonomischen Strukturen. Die Decke wurde knapper und der Staat gezwungen, in wachsendem Maße zu entscheiden, wer die knapper werdenden Ressourcen bekommen sollte. Der bürokratische Apparat wuchs, und die Planwirtschaft drang in weitere Bereiche vor. Problemlösungen kamen so nicht zustande, sondern lediglich Problemabwälzungen. Die Störungen, die von der Aufrüstung ausgingen, pflanzten sich über die komplexen Rückkopplungsnetze in immer weitere Bereiche von Gesellschaft und Wirtschaft fort. Eine Milderung war nur auf zwei Wegen möglich: durch die Begrenzung der Rüstungsziele oder durch Expansion. Korrigierte man den Kurs nicht, wuchs die Notwendigkeit, den letzteren Weg zu gehen, in demselben Maße, in dem die Aufrüstung das militärische Risiko einer Expansion verringerte. Die Wahrscheinlichkeit der Expansion nahm daher zu. Die deutsche Außenpolitik wurde von dieser Tatsache zusehends mehr geprägt.

2. Die »Achse Rom–Berlin« und der Antikominternpakt

Die 1936 erreichte Rüstungsfreiheit veränderte nicht nur die Wirtschaftspolitik, sondern bewirkte auch einen allmählich voranschreitenden Funktionswandel der nationalsozialistischen Außenpolitik. Ihre bisherige Aufgabe, die Aufrüstung abzuschirmen und die »Sicherheitslücke« zwischen Rüstungsrisiko und Rüstungsstand zu überbrücken, war nun obsolet geworden, aber eine in Hitlers Verständnis »aktive Außenpolitik«, die in der Lage war, auf das Drohpotential einer kriegsfähigen Armee zurückzugreifen, konnte ebenfalls noch nicht geführt werden. In der Zwischenzeit, deren Dauer er bis etwa 1940/41 veranschlagte, wenn der deutschen Politik nicht außerordentlich günstige Umstände zu Hilfe kamen, konnte allenfalls versucht werden, den deutschen Handlungsspielraum mit diplomatischen Mitteln zu erweitern, die völlige außenpolitische Isolierung des Reichs zu überwinden und Bündnispartner zu gewinnen.

Aus der Perspektive Hitlers, der gleich nach der Besetzung des Rheinlandes Österreich und die Tschechoslowakei als die nächsten Ziele seiner Außenpolitik ins Visier nahm, besaß ein deutsch-englisches Bündnis, das ihm den Rücken zum Westen hin freihielt und Frankreichs Einfluß paralysierte, absolute Priorität, denn nur dies hätte es ihm erlaubt zu handeln, bevor das Reich Frankreich und seinen potentiellen Verbündeten militärisch überlegen war. Joachim von Ribbentrop, der nach dem Tode Leopold von Hoeschs im April 1936 zum deutschen Botschafter in London ernannt worden war, hatte daher die Aufgabe, London auf der Basis einer wechselseitigen Anerkennung der jeweiligen Machtinteressen für ein Bündnis mit Deutschland zu gewinnen. Doch Hitler mußte 1936 die Erfahrung machen, daß Großbritannien zwar der deutschen Revisionspolitik verständnisvoller begegnete als Frankreich, aber letztlich keinen Zweifel am Fortbestand der britisch-französischen »Entente« aufkommen ließ und weder bereit war, ein Bündnis mit dem Reich abzuschließen, noch ihm freie Hand im Osten zu gewähren. Gleichwohl gab Hitler die Hoffnung noch nicht auf. Er meinte, wenn man ein deutsch-englisches Bündnis in London für eine quantité négligeable halte, müsse man eben nachhelfen und der englischen Regierung den Wert eines solchen Bündnisses durch eine Politik der Stärke demonstrieren. Die Fortführung der Aufrüstung und die Knüpfung engerer Beziehungen zu Italien und eventuell zu Japan werde diesem Zweck dienlich sein; denn diese Seemächte waren zusammen mit Deutschland in der Lage, die Verbindungslinien des Commonwealth im Nordatlantik, im Mittelmeer und im Pazifik zu bedrohen. Eine politische Konfrontation mit Deutschland, Italien und Japan werde Großbritannien einen kraftzehrenden Rüstungswettlauf zu Lande, zu Wasser und in der Luft aufzwingen, und eine militärische Konfrontation mit diesen Mächten stellte eine tödliche Bedrohung für Großbritannien dar.

Zu ähnlichen Schlußfolgerungen war 1936 auch Mussolini gelangt. Italien hatte, bevor seine Truppen Abessinien Ende April/Anfang Mai 1936 völlig niederwerfen konnten, militärische Rückschläge erlitten, die Mussolini seine militärische Schwäche vor Augen führten. Die Sanktionspolitik Großbritanniens und Frankreichs hatte deutlich gemacht, daß die Westmächte die Durchführung eines auf Nordafrika und den Mittelmeerraum zielenden imperialistischen Programms Italiens nicht hinnehmen würden. Andererseits war die Politik der Westmächte widersprüchlich und unentschlossen gewesen, mit genügendem Machtpotential würde man sie beeindrucken können. Italien allein war zwar nicht in der Lage, sie in Schach zu halten, aber im Bündnis mit dem modernen Industrie- und Militärstaat Deutschland schien das möglich. Da Mussolini wußte, daß auch Hitler expansionistische Ziele verfolgte, setzte er voraus, daß Deutschland ebenfalls über kurz oder lang in einen Konflikt mit den Westmächten geraten würde. Aus seiner Perspektive bestand zwischen Italien und Deutschland eine

Interessenkonvergenz. Ähnlich wie Hitler sah auch Mussolini die territoriale Expansion als biologisch nötig an, um den italienischen Bevölkerungsüberschuß kontinuierlich ansiedeln und von der Auswanderung abhalten zu können, und erblickte in ihr ganz im Sinne biologistisch-darwinistischer Denkmuster ein Zeichen von jugendlicher Kraft, die er scharf von der fehlenden inneren Kraft der »Greisenvölker des Westens« abhob.[18]

Seit dem Sommer 1936 mehrten sich die Anzeichen für eine deutsch-italienische Annäherung. Am 10. Juni entließ Mussolini den mehr den Westmächten als Deutschland zuneigenden Außenminister, Fulvio Suvich. Sein Nachfolger, Mussolinis Schwiegersohn, Galeazzo Ciano, betrieb eine deutschfreundliche Außenpolitik. Der Wechsel erleichterte es zudem, das zwischen Italien und Deutschland stehende »Österreich-Problem« zu entschärfen. Am 11. Juli kam unter maßgeblicher Vermittlung der italienischen Regierung ein deutsch-österreichisches Abkommen zustande, das die Politik Wiens in das Fahrwasser Berlins bringen sollte. Am 25. Juli erkannte Berlin die Annexion Abessiniens durch Italien an. Zwei Ereignisse haben diesen Prozeß der deutsch-italienischen Annäherung erheblich beschleunigt: die Bildung der ersten Volksfrontregierung in Frankreich unter der Führung des Sozialisten Léon Blum am 5. Juni und der Ausbruch des Spanischen Bürgerkrieges am 17. Juli 1936.

Beide Ereignisse verwoben sich rasch ineinander. Die französische Volksfrontregierung, die von der KPF mitgetragen wurde, engagierte sich zusammen mit der UdSSR auf der republikanischen Seite im Spanischen Bürgerkrieg, und Italien benutzte die Gelegenheit, seinen Einfluß ins westliche Mittelmeer auszudehnen, und engagierte sich auf der Seite der Putschisten, die unter der Führung von General Francisco Franco standen. Hitler erkannte die Gunst der Stunde und trat auf die Seite Francos und damit Italiens. Man hat lange darüber gerätselt, was ihn zu diesem überraschenden Schritt, mit dem sich wenig direkte deutsche Interessen verbinden ließen, bewogen haben mag.[19] Gewiß waren die wehrwirtschaftlichen Rohstoffbedürfnisse des Deutschen Reiches von einiger Bedeutung, was durch die entscheidende Rolle, die Hermann Göring, der spätere Chef des Vierjahresplans, beim Zustandekommen der Hilfe für Franco und bei den wirtschaftlichen Abreden mit den Putschisten spielte, bestätigt wird. Daneben dürfte die Bedeutung Spaniens als Kriegsschauplatz zur außenpolitisch risikolosen Erprobung und zum gewinnbringenden Verkauf der neuen deutschen Waffen, auch hieran war Göring als Chef der Luftwaffe und als »des Reichs oberster Waffenhändler« besonders interessiert, wesentlich gewesen sein.

Hitler, ohne dessen Entscheidung das Engagement in Spanien nicht zustande gekommen wäre, dachte jedoch in anderen Dimensionen. Die Parallelität der Volksfrontregierungen in Frankreich und Spanien und seine fixe Idee, überall dort, wo keine dem »Dritten Reich« entgegenkommende Politik betrieben wurde, marxistisch-jüdische Kräfte am Werk zu sehen, Befürchtungen schließlich, die er mit dem französisch-sowjetischen Bündnis verband, werden es ihm nahegelegt haben, Deutschland in Spanien zu engagieren. Gelang es, in Spanien eine deutsch-freundliche Regierung zu etablieren, war die Sicherheitslage des Reichs Frankreich gegenüber zweifellos erheblich verbessert und wurde die Handlungsfreiheit Berlins in Europa erweitert. Zudem paßte das Spanienengagement in die antibolschewistische Wächterrolle, in der sich Hitler seit 1933 gefiel und mit der er außenpolitisch so schlecht nicht gefahren war. Sinn machte das alles aber nur, wenn Deutschland in Spanien mit Italien an einem Strang zog und nicht etwa eine höchst riskante neue Konfliktlinie im Mittelmeerraum eröffnete. Unter dieser Prämisse eines Accord zwischen Italien und Deutschland gewann das Spanienengagement erheblich an Ratio; denn die »Waffenbrüderschaft« würde den Zusammenhalt fördern, ihm einen materiellen Inhalt geben, Italien vor einem möglichen militärischen Desaster bewahren, es weiter in den Konflikt mit den See- und Mittelmeermächten Frankreich und Großbritannien treiben und es fest an das Deutsche Reich binden.

Das gemeinsame Engagement im Spanischen Bürgerkrieg auf der Seite Francos wurde für beide Regierungen tatsächlich zum Ausgangspunkt eines engen Zusammengehens. Am 23. Oktober 1936 setzten der italienische und der deutsche Außenminister, Ciano und von Neurath, nach längeren Verhandlungen ihre Unterschrift unter ein vertrauliches Protokoll, das ein koordiniertes Vorgehen in allen, beide Länder interessierenden Fragen vorsah.[20] Am 24. Oktober wurde Ciano in Berchtesgaden von Hitler empfangen. Im Gespräch entwickelte der deutsche Diktator die weitere Perspektive, die er mit diesem der Tagespolitik sehr verhafteten deutsch-italienischen Interessenausgleich verband: Deutschland und Italien müßten in absehbarer Zukunft ein Offensivbündnis abschließen, um England auf ihre Seite zu ziehen oder es militärisch auszuschalten. Um andere Staaten für das deutsch-italienische Bündnis zu gewinnen und die Angst vor einer deutschen oder italienischen Vorherrschaft zu überspielen, müsse man die Abwehr des Bolschewismus in den Vordergrund stellen. Das italienische Interessengebiet sei der Mittelmeerraum, das deutsche liege im Osten und im Ostseeraum. Bleibe man jeweils bei dieser Stoßrichtung der deutschen und der italienischen Politik, sei ein Interessenkonflikt nicht zu befürchten.[21] Auf italienischer Seite dachte man in ähnlichen Kategorien. So äußerte Ciano Anfang Oktober gegenüber Göring, deutsche und italienische Interessen ließen sich nach dem Muster ausgleichen: »Bewegungsfreiheit im Mittelmeer für Italien gegen Bewegungsfreiheit der Deutschen in der Ostsee.« Am 1. November 1936 prägte Mussolini dann in einer Rede auf dem Domplatz in Mailand den Begriff der »Achse Berlin–Rom«.[22]

Am 23. Oktober 1936, als Ciano und von Neurath im Reichsaußenministerium in der Wilhelmstraße den deutsch-italienischen Vertrag unterzeichneten, der den Ausgangspunkt für die »Achse Berlin–Rom« bildete, setzten wenige Schritte davon entfernt im Amt Ribbentrop der japanische Botschafter in Berlin, Mushakoji, und Ribbentrop ihre Paraphe unter ein deutsch-japanisches Abkommen gegen die Kommunistische Internationale, das am 25. November 1936 mit der Unterzeichnung in Kraft trat. Dieses »Antikominternpakt« genannte Abkommen zerfällt in zwei Teile. Der offizielle Teil, der sofort veröffentlicht wurde[23], enthielt die Vereinbarung der Partner, »sich gegenseitig über die Tätigkeit der kommunistischen Internationale zu unterrichten, über die notwendigen Abwehrmaßnahmen zu beraten und diese in enger Zusammenarbeit durchzuführen« sowie dritte Staaten, »deren innerer Friede durch die Zersetzungsarbeit der kommunistischen Internationale bedroht wird«, einzuladen, »Abwehrmaßnahmen im Geiste dieses Abkommens zu ergreifen oder an diesem Abkommen teilzunehmen«.

In einem geheimen Zusatzabkommen wurde ein Defensivbündnis gegen die UdSSR geschlossen. Für den Fall, daß eine der vertragsschließenden Parteien »Gegenstand eines nicht provozierten Angriffs oder einer nicht provozierten Angriffsdrohung« der UdSSR werden sollte, verpflichtete sich der andere Partner zu wohlwollender Neutralität und zu Beratungen darüber, welche Maßnahmen »zur Wahrung der gemeinsamen Interessen« ergriffen werden könnten. Zugleich sicherten sich Japan und Deutschland zu, ihre Politik gegenüber der UdSSR zu koordinieren und politische Verträge mit der UdSSR, »die mit dem Geiste dieses Abkommens nicht übereinstimmen«, ohne »gegenseitige Zustimmung« nicht abzuschließen. Die Geltungsdauer des Antikominternpaktes war fünf Jahre. Der Antikominternpakt war vollständig am Auswärtigen Amt vorbei ausgehandelt worden und stellte ein Stück persönlicher Außenpolitik Hitlers dar, zu der er sich, wie schon so oft, der Hilfe Ribbentrops bedient hatte.[24] Dieser wiederum verfolgte eine eigene außenpolitische Linie, die darauf abzielte, England durch ein »weltpolitisches Dreieck« Rom – Berlin – Tokio diplomatisch zu isolieren, und fügte sich damit in den großen Rahmen der Außenpolitik Hitlers ein.[25]

Der Wert des Antikominternpaktes war gering. Er bewirkte keine Option der deutschen Ostasienpolitik für Japan. Vielmehr behielt das Reich seine seit langem gepflegte enge wirtschaftliche und militärische Zusammenarbeit mit China bei, weil weder das Auswärtige Amt noch die Wehrmacht dem Kurs Ribbentrops folgten. Hitler selbst hegte Japan und China gegenüber dieselben rassistischen Vorurteile und setzte sich für eine Neuorientierung der deutschen Ostasienpolitik nicht entschieden ein. Die Ratio des Antikominternpaktes wird daher in dem Bemühen zu sehen sein, sowohl China als auch Japan als antisowjetische Karten in der Hinterhand zu behalten. Hitler äußerte in privater Runde, daß die »Früchte dieses Abkommens« erst in fünf Jahren reifen würden.[26]

Binnen Jahresfrist eröffneten sich jedoch gänzlich andere Perspektiven. Japan nutzte die Rückendeckung, die der Antikominternpakt gegenüber der UdSSR bot, im Juli 1937 zum Vorstoß nach China und brach damit massiv in die angloamerikanische Interessensphäre ein. Das rief auch die Vereinigten Staaten auf den Plan. Am 5. Oktober 1937 hielt der amerikanische Präsident Franklin Delano Roosevelt eine scharfe antijapanische Rede, in der er von der Notwendigkeit sprach, den Angreifer wie einen Pestkranken mit Quarantäne zu belegen. Viele Formulierungen dieser Rede waren so allgemein gehalten, daß sie auch auf Italien und Deutschland bezogen werden konnten. Von nun an bemühte sich der amerikanische Präsident mit ebenso viel Zähigkeit wie Zielstrebigkeit und taktischer Raffinesse, die USA auf einen gegen die totalitären Regime gerichteten Kurs zu bringen und die isolationistischen Tendenzen im amerikanischen Kongreß zurückzudrängen.

Zunächst steigerte der Antikominternpakt aber nur den Gegensatz zu Großbritannien, was durch den Hinzutritt Italiens am 6. November 1937 noch verstärkt wurde, zumal der Partner sich gar nicht erst die Mühe machte, ihn als antisowjetisches Abkommen anzusehen. »Theoretisch antikommunistisch«, vertraute Ciano seinem Tagebuch an, »doch tatsächlich unmißverständlich antibritisch.« »Die Nationen betreten gemeinsam den Pfad, der sie vielleicht zum Kriege führt. Zu einem Kriege, der notwendig ist, um die Kruste zu durchbrechen, die die Energie und die Bestrebungen der jungen Nationen erstickt.«[27] An dieser Einstellung war vieles beunruhigend. Die Selbstverständlichkeit, mit der man auch in Rom Kriegsträumen nachhing, zeigte nicht nur, wie sich der Expansionismus der drei aggressiven imperialistischen Mächte allmählich wechselseitig hochschaukelte, sondern auch wie sehr man in Italien nach der Eroberung Abessiniens und der Gründung des »Imperiums« die eigenen Kräfte überschätzte. Ende des Jahres, am 11. Dezember 1937, folgte Italien dem japanischen und deutschen Beispiel und verließ den Völkerbund.

Die großen Propagandaaktionen, mit denen das enge deutsch-italienische Verhältnis im Jahre 1937 vor aller Welt zur Schau gestellt wurde – im Mai besuchte von Neurath Rom, im September kam Mussolini nach Berlin –, konnten nicht darüber hinwegtäuschen, daß Hitler sich, weil das machtpolitisch erstrangige Bündnis mit Großbritannien nicht zu haben gewesen war, mit zweitrangigen Bundesgenossen hatte abfinden müssen. Zwar war es gelungen, Deutschlands außenpolitische Isolierung zu beseitigen, aber eine »Lösung« für das Österreich- und das Tschechoslowakei-»Problem« zeichnete sich auf diesem Hintergrund nicht ab. In kleiner, vertrauter Runde, so notierte Goebbels in sein Tagebuch, ließ Hitler keinen Zweifel darüber, daß er sowohl Österreich als auch die Tschechoslowakei annektieren wollte und daß er sich eine solche Lösung nur als Ergebnis von Gewaltanwendung vorstellen konnte: »Österreich und Tschechoslowakei. Beide müssen wir haben zur Abrundung unseres Gebietes. Und kriegen sie auch mal.«[28]

Doch so oft Hitler 1937 auch auf diese Zielsetzung zurückkam, einen Weg zur Lösung wußte er nicht und über eine annähernd präzise Zeitvorstellung verfügte er nicht. Einen relativ genauen Eindruck von seinen Überlegungen gewinnt man aus einer Aufzeichnung, die Oberst Hoßbach, der Heeresadjutant bei Hitler, Tage nach dem Ereignis aus dem Gedächtnis von einer Besprechung anfertigte, die Hitler am 5. November 1937 mit Blomberg, Fritsch, Raeder, Göring und von Neurath abhielt.[29] Analysiert man den sehr unsicher überlieferten Text unter der Perspektive, welche Möglichkeiten Hitler für eine Annexion Österreichs und der Tschechoslowakei sah, kann man vier Konstellationen unterscheiden: Die erste Konstellation war ein Krieg Deutschlands mit Frankreich und England, »den beiden Haßgegnern«, wie es nun hieß. In diesem Fall wollte Hitler sich zuerst gegen Österreich und die Tschechoslowakei wenden, »um die Flankenbedrohung eines etwaigen Vorgehens nach Westen auszuschalten« und die Ressourcen Deutschlands zu erweitern. Die zweite Konstellation sah einen aus dem Spanischen Bürgerkrieg hervorgehenden Krieg der Westmächte gegen Italien im Mittelmeer vor, in dessen Schatten Hitler glaubte, eine Annexion durchführen zu können, ohne ein Kriegsrisiko zu laufen. Unterhalb des Kriegsrisikos bewegten sich auch die beiden anderen Konstellationen. Offenbar inspiriert durch die Volksfrontregierung hoffte Hitler drittens auf eine innenpolitische Krise in Frankreich, welche die französische Armee »absorbiert«. Daneben spekulierte er viertens darauf, daß »mit hoher Wahrscheinlichkeit England, voraussichtlich aber auch Frankreich die Tschechei bereits im stillen abgeschrieben und sich damit abgefunden hätten, daß diese Frage eines Tages durch Deutschland bereinigt würde«.

Der Besuch, den der stellvertretende britische Außenminister und Lord-Präsident, Viscount Edward H. Halifax, Deutschland in der zweiten November-Hälfte 1937 abstattete, war geeignet, gerade diese letzte Spekulation zu begünstigen. »Englischerseits glaube man nicht«, äußerte Halifax Hitler gegenüber in Berchtesgaden am 19. November[30], »daß der Status quo unter allen Umständen aufrecht erhalten werden müsse.« Allerdings müsse jede Revision auf dem Verhandlungswege und mit friedlichen Mitteln erfolgen. Zu den Fragen, in denen sich Halifax eine »Änderung im

Wege friedlicher Evolution« vorstellen konnte, zählte er explizit Danzig, Österreich und die Tschechoslowakei.

Um diese und andere strittige Fragen zu besprechen und eine Gesamtlösung zu erarbeiten, schlug Halifax häufigere deutsch-britische Kontakte vor, doch Hitler nahm den Ball nicht auf. Man sollte »ruhig zwei bis drei Jahre warten«, entgegnete er. »In einigen Jahren hätten vielleicht die heutigen Probleme ein ganz anderes Gesicht.« Hitler war entschlossen, sich zu nehmen, was er für nötig hielt, und wartete hierfür auf eine günstige Gelegenheit, verhandeln und sich damit die Hände binden wollte er nicht. Auch glaubte er, daß die Zeit für ihn arbeite; denn je länger er wartete, desto stärker werde Deutschland militärisch werden. Für alle Fälle, und nicht, weil er eine Annexion Österreichs oder der Tschechoslowakei oder gar einen Krieg mit den Westmächten als unmittelbar bevorstehend ansah, ließ Hitler am 21. Dezember 1937 die »Weisung für die einheitliche Kriegsvorbereitung der Wehrmacht« vom 24. Juni 1937 revidieren. Der Wehrmacht wurde der Auftrag erteilt, sich im Rahmen eines Krieges gegen Frankreich auf ein überfallartiges Vorgehen gegen Österreich und die Tschechoslowakei in den ersten Kriegswochen vorzubereiten, um die Gefahr eines Zweifrontenkrieges möglichst rasch zu beseitigen.[31]

Vor dem Hintergrund der Ereignisse des Jahres 1938 hat man in der Besprechung vom 5. November 1937 und in der Revision der Weisung für die Kriegsvorbereitung eine entscheidende Zäsur gesehen: Hitlers Außenpolitik habe sich im November/Dezember 1937 der Expansion zugewandt und sei hierbei auf den Widerstand des Außenministers von Neurath, des Oberbefehlshabers des Heeres Fritsch und sogar des an sich als besonders nachgiebig geltenden Kriegsministers Blomberg gestoßen. Sie hätten vor den Gefahren einer Kriegskonstellation gewarnt, der Deutschland militärisch nicht gewachsen sei. Als Hauptargument diente, da verläßliche Quellen für diese Interpretation nicht verfügbar sind und ihr so manche Tatsache entgegensteht, das große Revirement vom 4. Februar 1938, bei dem alle drei ihren Posten verloren. Neuer Außenminister wurde Joachim von Ribbentrop, neuer Oberbefehlshaber des Heeres Walther von Brauchitsch. Der Posten des Reichskriegsministers wurde nicht wieder besetzt. Statt dessen übernahm Hitler, die Ambitionen Görings, neuer Reichskriegsminister zu werden, beiseite schiebend, den Oberbefehl über die

Wehrmacht. Das bisherige Wehrmachtsamt im Reichskriegsministerium bildete als »Oberkommando der Wehrmacht« (OKW) den persönlichen Stab Hitlers und übernahm die Funktionen des Reichskriegsministeriums. Chef des OKW wurde Wilhelm Keitel. Das Revirement der Spitzenpositionen wurde von einem beträchtlichen Personalaustausch im Diplomatischen Dienst, im Heer und in der Luftwaffe begleitet.

Das Revirement erschien als planmäßiger Schritt zur Ausschaltung opponierender Kräfte in den Eliten und zur »Gleichschaltung« der Wehrmacht und des Auswärtigen Amtes, der die personellen Voraussetzungen für den neuen, abenteuerlichen Expansionskurs schuf, der sich dann wenige Wochen später in der Annexion Österreichs erstmals manifestierte. Doch diese Interpretation hat viel von ihrer Schlüssigkeit verloren, seit eine genaue Analyse der dem Revirement vorangegangenen Blomberg-Fritsch-Krise[32] gezeigt hat, daß die beiden Generäle nicht einer Intrige Görings, Himmlers oder Hitlers zum Opfer fielen, sondern einem Skandal, der von außen nicht steuerbar und für niemanden vorhersehbar war. Blomberg mußte gehen, weil er durch die Heirat mit einer Prostituierten gegen den Ehrenkodex der Wehrmacht massiv verstoßen hatte, und Fritsch wurde das Opfer einer Personenverwechslung. Hitler kam die Affäre eher ungelegen, denn die Organisatoren des Aufbaus der Wehrmacht wurden noch gebraucht, und der Diktator nutzte sie auch keineswegs konsequent für einen Elitentausch im nationalsozialistischen Sinn. Dies war auch gar nicht erforderlich; denn sein außenpolitischer Kurs begegnete in der Generalität und im Auswärtigen Amt allenfalls taktischer, keinesfalls aber prinzipieller Kritik.

Zudem war Hitler Ende 1937/Anfang 1938 nicht der Auffassung, die Zeit für eine aktive, das Kriegsrisiko nicht scheuende deutsche Außenpolitik sei bereits gekommen. Er wußte, daß die deutsche Wehrmacht erst 1940 kriegsbereit sein werde und nur außerordentlich günstige oder ungünstige Umstände vorzeitiges Handeln ermöglichen oder erzwingen könnten. Nichts zeigt das deutlicher als die Österreichfrage. Im Unterschied zu Göring, der den Anschluß forcieren wollte, riet Hitler Ende 1937/Anfang 1938 von einem solchen Kurs ab. Entschieden wandte er sich gegen eine »Brachiallösung« und wollte die deutsche Aktivität vorerst darauf beschränken, »die diplomatischen Voraussetzungen zum Eingreifen« zu schaffen. Noch am 26. Februar 1938 – knapp zwei Wochen vor dem Anschluß – ließ er die Führung der österreichischen NSDAP wissen, er »wünsche, daß der evolutionäre Weg gewählt werde . . . Eine gewaltsame Lösung sei ihm, wenn es irgendwie vermieden werden könne, jetzt nicht erwünscht«, da »die außenpolitische Gefährdung« des Reichs »von Jahr zu Jahr geringer werde und die militärische Macht von Jahr zu Jahr größer«.[33] Die Österreichfrage löste sich im März 1938 ganz anders, als Hitler es gewünscht hatte, und zwang die deutsche Regierung zu einer angesichts des militärischen Potentials des Reichs und der ungenügenden diplomatischen Absicherung riskanten Intervention. Wie ist es dazu gekommen?

Die Republik Österreich befand sich Ende 1937/Anfang 1938 in einer außen- wie innenpolitisch schwierigen Situation. Italien hatte sich während des Abessinienkrieges und als Folge der Annäherung an Deutschland immer mehr von seiner Rolle als Schutzmacht Österreichs zurückgezogen. Durch Mussolinis Vermittlung war am 11. Juli 1936 ein Abkommen zwischen Österreich und dem Deutschen Reich geschlossen worden, das die Alpenrepublik außenpolitisch ins Kielwasser Berlins brachte und der »nationalen Opposition«, sprich der österreichischen NSDAP, die Beteiligung an der Regierung versprach. Dafür hatte das Reich die Selbständigkeit Österreichs anerkannt.[34] Der österreichische Bundeskanzler Kurt von Schuschnigg, der Dollfuß 1934 in diesem Amt gefolgt war, hatte die Durchführung der innenpolitischen Bestimmungen des Juli-Abkommens allerdings immer wieder hinausgeschoben; denn was nutzte Österreich die Garantie seiner Selbständigkeit, wenn es die NSDAP gewissermaßen als »trojanisches Pferd« in die Regierung holte und damit die Voraussetzungen für eine innenpolitische Gleichschaltung bei formaler Fortdauer der Selbständigkeit schuf? Diese Politik fand in Rom zunächst Rückendeckung, während die deutsche Regierung verständlicherweise bestrebt war, die Erfüllung des Juli-Abkommens durchzusetzen, und periodisch – je nachdem wie die internationale Lage in Berlin gerade eingeschätzt wurde und wer sich dort gerade um die Österreichpolitik kümmerte – Druck auf Österreich ausübte.

Hitler besaß an dieser Frage offenkundig zunächst wenig Interesse. Franz von Papen, der die deutschen Interessen in Wien vertrat, schlug eine vorsichtige Politik ein und empfahl »nach der taktischen Seite weiterhin geduldige psychologische Behandlung bei langsam zunehmendem Druck in der Richtung auf eine Änderung des Regimes«.[35] Einen ersten Erfolg konnte diese Politik im Februar 1937 verbuchen, als sich Schuschnigg bereit erklärte, sieben Mitglieder der »nationalen Opposition« in die »Vaterländische Front« hineinzunehmen. Auch Göring, der sich 1937 in wachsendem Maße in der Österreichfrage engagierte, verfolgte zunächst eine evolutionäre Strategie, war aber darüber hinaus bestrebt, Österreich durch eine aktive Gesprächs- und Reisediplomatie international zu isolieren. Er vertrat vor allem Italien gegenüber den deutschen Anspruch auf Österreich sehr massiv und mußte mehrfach von dem sehr viel vorsichtigeren Hitler gebremst werden. Wie weit die außenpolitische Isolierung Österreichs, an der Göring maßgeblich gearbeitet hatte, Ende 1937 gediehen war, ist nicht mit letzter Gewißheit zu beurteilen. Offene Unterstützung für die deutsche Österreichpolitik wurde nur aus Warschau signalisiert, Paris und London hielten sich bedeckt, allerdings konnte man die Äußerungen von Halifax im November 1937 im deutschen Sinne interpretieren. Und was würde Frankreich schon ohne die Unterstützung Großbritanniens unternehmen? Mussolini, der nach wie vor eine Schlüsselrolle innehatte, schien mit dem Beitritt zum Antikominternpakt am 6. November 1937 auch den Weg für den Anschluß Österreichs ans Reich freigegeben zu haben, aber sicher war man sich dessen in Berlin nicht. Dagegen sprach, daß vom 10. bis zum 12. Januar 1938 ein Außenministertreffen der Unterzeichnerstaaten der »Römischen Protokolle« in Budapest stattfand.

Hitler reagierte sichtlich nervös, bestellte Schuschnigg zum 12. Februar nach Berchtesgaden und legte ihm offenbar unter Androhung von Gewalt ein Ultimatum vor, das die Durchführung des Juli-Abkommens im deutschen Sinne sicherstellen sollte.[36] Es sah vor: erstens eine völlige Orientierung der österreichischen Außenpolitik an der des Reichs, was offenbar eine Reaktion auf das Außenministertreffen der »Römerstaaten« war; zweitens die Ernennung des Nationalsozialisten Seyß-Inquart zum Minister für öffentliche Sicherheit, was ganz entschieden nach Gleichschaltung roch und die Erinnerung an das nationalsozialistische Vorgehen gegenüber den deutschen Ländern 1933 wachrief; drittens die freie Betätigung der österreichischen NSDAP in der »Vaterländischen Front« und eine Amnestie für alle Nationalsozialisten, was diesen Eindruck bestätigte; viertens die Absetzung des österreichischen Generalstabschefs, der als profilierter Gegner der NSDAP galt, einen Offiziersaustausch und regelmäßige Konsultationen der beiden Generalstäbe, was einen militärischen Widerstand gegen eine eventuelle deutsche Intervention nahezu unmöglich gemacht hätte; und fünftens die Intensivierung des deutsch-österreichischen Wirtschaftsverkehrs.

In der Konsequenz ging dieses Ultimatum weit über das Juli-Abkommen und die bisher Österreich gegenüber befolgte Politik hinaus, denn nun wurde Österreich praktisch zum Satelliten des Deutschen Reiches. Auch wenn das noch kein Anschluß war, war mit der Annahme dieses Ultimatums doch so ziemlich alles erreicht, was unterhalb dieser Schwelle möglich schien. Schuschnigg, der das klar erkannte, sah sich gleichwohl genötigt, das Ultimatum anzunehmen, zumal irgendwelche konkretisierbare Hilfe von außen nicht erreichbar schien. Aber er hatte Österreich noch nicht aufgegeben. Während Berlin den Druck zur Exekution des Ultimatums erhöhte und den Prozeß der Durchdringung Österreichs unter maßgeblicher Beteiligung des Gleichschaltungsspezialisten Göring beschleunigte, unternahm er einen letzten verzweifelten Schritt, der das Verhängnis nun erst recht heraufbeschwor. Er entschloß sich am 9. März, für den 14. März eine Volksabstimmung anzuberaumen, in der sich die Österreicher für oder gegen ihre Unabhängigkeit aussprechen sollten.

Dieser überstürzte Selbstrettungsversuch setzte Berlin unter Entscheidungszwang. Ein Volksentscheid konnte, wenn er positiv ausging, den Anschluß auf Dauer verbauen; denn die Berufung auf das Selbstbestimmungsrecht der Völker hatte immer zum Repertoire jener Argumente gehört, mit denen Berlin namentlich in den westlichen Demokratien auf Wirkung rechnen konnte. Es mußte unbedingt vermieden werden, daß Schuschnigg diesen Spieß nun umdrehte. In Berlin war man in keiner Weise auf die neue Situation vorbereitet. Außenminister Ribbentrop befand sich in London, General Reichenau, der als Kommandeur der 10. Armee den Einmarsch hätte leiten müssen, wurde erst aus Kairo zurückgerufen, und Staatssekretär Erhard Milch, Görings Luftwaffenorganisator, weilte auf Urlaub in der Schweiz. Militärische Aufmarschpläne gegen Österreich waren nicht vorhanden; zwar gab es im Rahmen der »Weisung für die einheitliche Kriegsvorbereitung der Wehrmacht« vom 24. Juni bzw. 21. Dezember 1937 Generalstabsüberlegungen auch für den Einmarsch nach Österreich, aber sie waren, weil Hitler Ende 1937 in bezug auf Österreich ja offenbar noch in langen Fristen dachte, nicht in eine operative Planung umgesetzt worden.

Allem Anschein nach war es Göring, der »ein intuitives Gefühl« dafür hatte, »daß jetzt die Situation ins Rutschen kam«, der auf entschiedenes Handeln drängte und den unentschlossenen, besorgt auf Italien sehenden Hitler mitzog.[37] Der aus Göring, Hitler, von Neurath und von Papen eilig zusammengesetzte Krisenstab in der Reichskanzlei verlangte am 10. März von Wien ultimativ den Widerruf der Volksabstimmung und die Ernennung von Seyß-Inquart zum Bundeskanzler. Es war Göring, der noch eins drauf setzte und dem deutschen Sonderkurier nach Wien den Text eines Hilfegesuchs der Regierung Seyß-Inquart an das Deutsche Reich mitgab, in dem um den Einmarsch der Wehrmacht gebeten wurde. Wie wenig Hitler sich zu diesem Zeitpunkt bereits definitiv zum militärischen Vorgehen entschlossen hatte, läßt die vorsichtige Formulierung der Weisung vom 11. März 1938 erkennen: »Ich beabsichtige, wenn andere Mittel nicht zum Ziele führen, mit bewaffneten Kräften in Österreich einzurücken.« Ein vorübergehendes Zögern des österreichischen Bundespräsidenten, Seyß-Inquart zu ernennen, brachte dann den Einmarschbefehl.[38]

Für den Einmarsch hatte Hitler die Weisung gegeben, »das ganze Unternehmen ohne Anwendung von Gewalt in Form eines von der Bevölkerung begrüßten friedlichen Einmarsches« vor sich gehen zu lassen. »Sollte es aber zum Widerstand kommen, so ist er mit größter Rücksichtslosigkeit durch Waffengewalt zu brechen.« Gewalt wurde nicht nötig, weil die österreichische Armee den Befehl erhielt, sich vor den einmarschierenden Truppen in ihre Kasernen zurückzuziehen, und weil die überwiegende Mehrheit der österreichischen Bevölkerung die Wehrmacht mit Jubel begrüßte. Nicht alle hatten jedoch Anlaß zum Jubeln, denn den einmarschierenden Truppen folgten Einsatzgruppen des SD und der Gestapo, die orientiert an längst zuvor aufgestellten Listen zahlreiche Verhaftungen vornahmen. Nationalsozialisten und antisemitische österreichische Bürger organisierten, zum Teil noch bevor die deutschen Truppen eingetroffen waren, Pogrome gegen die jüdische Bevölkerung, die in Österreich nun einer schnelleren und effizienteren Verfolgung ausgesetzt war als im Altreich.

Bereits einen Tag nach dem Einmarsch, am 13. März 1938, wurden die staatsrechtlichen Schlußfolgerungen aus den Ereignissen gezogen. Durch ein Gesetz wurde Österreich zu einem »Land des Deutschen Reichs« erklärt und für den 10. April 1938 eine Volksabstimmung angekündigt[39]; die österreichische Bevölkerung billigte den Anschluß mit 99,7% Ja-Stimmen. Die Reaktion des Auslandes fiel lau aus. Chamberlain verurteilte die Einverleibung Österreichs zwar, betonte aber, daß Großbritannien keine Verpflichtungen gegenüber Österreich eingegangen sei. Ungarn und Jugoslawien, die zu Nachbarn des Deutschen Reichs geworden waren, billigten den Anschluß, und Polen nutzte die Gelegenheit, um Litauen mit Schützenhilfe Berlins zur Aufnahme diplomatischer Beziehungen mit Polen zu zwingen. In Frankreich brach parallel zum deutschen Einmarsch nach Österreich eine Regierungskrise aus, die den Rücktritt der Regierung Chautemps bewirkte. »Schlechte Vorbedingungen für ein starkes Handeln«, wie François-Poncet später schrieb.[40] Mussolini hatte noch während der Aktion sein Einverständnis signalisiert. Die Achse Rom–Berlin hatte sich, nach einem damals gängigen sarkastischen Witz, als Bratspieß entpuppt, an dem Österreich braun gebraten worden war.

Hitler hatte allen Grund zum Triumphieren. »Wir haben in wenigen Tagen«, ließ er sich vernehmen, »mehr gewonnen, als früher nach siegreichen Kriegen heimgebracht werden konnte: 84 000 km² und 6,8 Mio Menschen. Es ist ein gewaltiger Zuwachs für unser Reich. Deutschland ist heute räumlich größer als 1914.«[41] Unerwähnt ließ er, daß das Reich Devisenvorräte der österreichischen Staatsbank in Höhe von 1,4 Mrd RM erbeutet hatte, während die deutschen Devisenvorräte zu jener Zeit gerade 76 Mio RM ausmachten. Das hätte einen Einblick in die angespannte Wirtschaftslage des Reichs ermöglicht, den er tunlichst vermied. Hieran anknüpfend und unter Hinweis auf andere ökonomische Vorteile, die der Anschluß dem Reich einbrachte, ist die Behauptung aufgestellt worden, der Anschluß sei vorwiegend aus ökonomischen Gründen erfolgt. Die Ereignisse bestätigen diese These nicht. Allerdings spielte Göring, der für den Vierjahresplan zuständig war, eine wesentliche, die Ereignisse zuspitzende Rolle.[42]

Der große Verlierer war die Tschechoslowakei. Die Republik sah sich weitgehend von deutschen Truppen umringt und hatte zudem, vertrauend auf die Dauerhaftigkeit des Pariser Friedenssystems, die Grenze gegenüber Österreich unbefestigt gelassen. Darüber hinaus war der Vielvölkerstaat, der außer einer bedeutenden deutschen Minderheit auch eine polnische und ungarische Minderheit umfaßte, der Begehrlichkeit dreier Nachbarn ausgesetzt. Niemand hat das klarer erkannt als Hitler. Die Lageanalyse, von der er im November/Dezember 1937 ausgegangen war, war nun völlig überholt. Die Abläufe hatten eine unvorhersehbare Tempobeschleunigung erfahren und das Reich über Nacht der außenpolitischen Handlungsfreiheit ein gutes Stück näher gebracht. Am 21. April 1938 erhielt der Chef des OKW, Keitel, den Auftrag, die Aufmarschplanung gegen die Tschechoslowakei neu zu bearbeiten; Hitler selbst griff in die Formulierung ein. »Es ist mein unabänderlicher Entschluß«, begann die am 30. Mai unterzeichnete Weisung, »die Tschechoslowakei in absehbarer Zeit durch eine militärische Aktion zu zerschlagen.« Die Zeitvorstellung hatte sich erheblich verkürzt. Die Wehrmacht wurde angewiesen, sich »unverzüglich« mit den erforderlichen Einzelmaßnahmen zu beschäftigen. »Spätestens ab 1. 10. 38« sollte sie einsatzfähig sein. Jetzt war Hitler der Auffassung, daß Frankreich und England bei einem militärischen Vorgehen gegen Prag nicht in der Lage und auch nicht bereit sein würden zu intervenieren; denn er ging davon aus, daß die Wehrmacht schon »in den ersten 2 bis 3 Tagen« des Feldzuges eine Situation schaffen könne, die Paris und London »die Aussichtslosigkeit der tschechischen Lage vor Augen« führe.[43]

Wie sehr Hitler auf eine militärische Lösung fixiert war, kann man daran erkennen, daß er sich den ganzen Sommer über intensiv mit den Einzelheiten der Operation beschäftigte und den Aufbau des »Westwalls« gegenüber Belgien und Frankreich vorantrieb. Die Intensität der militärischen Vorbereitungen darf jedoch nicht darüber hinwegtäuschen, daß die Lösung der »Tschechenfrage« gleichwohl auch mit politischen Mitteln angestrebt wurde. Hitler sah im April zwei Möglichkeiten dafür. Erstens: »Handeln nach einer Zeit diplomatischer Auseinandersetzungen, die sich allmählich zuspitzen und zum Kriege führen«. Zweitens: »Blitzartiges

Handeln auf Grund eines Zwischenfalls (z. B. Ermordung des deutschen Gesandten im Anschluß an eine deutschfeindliche Demonstration).« Er zog die zweite Lösung vor und schloß einen »Überfall aus heiterem Himmel ohne jeden Anlaß oder Rechtfertigungsmöglichkeit« kategorisch aus; denn er werde, da man dann die Weltmeinung gegen sich aufbringe, zu einer »bedenklichen Lage« führen. »Solche Maßnahmen«, fügte er in einer Wendung, die die Langfristigkeit seines Denkens schlaglichtartig beleuchtet, hinzu, seien »nur zur Beseitigung des letzten Gegners auf dem Festlande berechtigt«.[44] Es sollte also Politik gemacht werden. In den von ihm persönlich formulierten Passagen der Weisung vom 30. Mai unterschied Hitler zwischen zwei anderen politischen Möglichkeiten, der außenpolitischen Isolierung und der inneren Zersetzung der Tschechoslowakei. Das kam den Realitäten schon viel näher. Tatsächlich erlag die Republik einer Kombination beider Politikvarianten.[45]

Als Hitler seine höchst kärglichen politischen Überlegungen zur Lösung der »Tschechenfrage« zu Papier brachte, lief die politische Kampagne des »Dritten Reichs« gegen Prag bereits auf vollen Touren. Schon im November/Dezember 1937 hatte der Führer der ›Sudetendeutschen Partei‹, Konrad Henlein, seine Politik mit Berlin abgestimmt und erwartete, wie er Hitler am 19. November 1937 geschrieben hatte, die »Lösung der sudetendeutschen Frage nur vom Reich her«.[46] Am 28. März 1938 fand die entscheidende Besprechung zwischen Henlein und Hitler statt, auf der die Strategie für die nächsten Monate festgelegt wurde. Henlein möge, lautete die Empfehlung, ein »Maximalprogramm« aufstellen, das die tschechische Regierung nicht erfüllen könne. Er solle sich nicht auf irgendwelche Zusagen einlassen und vermeiden, daß man im Ausland den Eindruck gewinne, »als ob eine Lösung gefunden sei«.[47]

Es erwies sich als gar nicht so einfach, diese Taktik durchzuhalten, denn London und Paris setzten Prag unter erheblichen Druck, so daß die tschechische Regierung den Forderungen Henleins schrittweise nachgab. Anfang September 1938 hatte er praktisch alle Forderungen durchgesetzt, die er im Karlsbader Programm am 24. April nach der Unterredung mit Hitler aufgestellt hatte. Den Sudetendeutschen war die volle Gleichberechtigung, die Autonomie und die Anerkennung der Volksgruppe als öffentliche Körperschaft zugebilligt worden. Daß das erreicht werden konnte, war nicht zuletzt Ergebnis britischen Engagements. London hatte mit französischer Billigung Anfang August Lord Walter Runciman »als nicht offiziellen Vermittler« in die Tschechoslowakei entsandt.

Um sich aus der Sackgasse zu befreien, in die er geraten war, und die Übereinstimmung mit der in Berlin vereinbarten Taktik zu wahren, nahm Henlein einen Zusammenstoß mit der tschechischen Polizei am 7. September in Mährisch-Ostrau, den er vermutlich selbst inszeniert hatte, zum Anlaß, die Verhandlungen abzubrechen. Hitler goß wenige Tage später, mit einer Rede vor dem Nürnberger Parteitag, in der er das »freie Recht der Selbstbestimmung« für die Sudetendeutschen forderte, Öl in das Feuer. Unruhen in den Sudetengebieten waren die Folge, derer die tschechische Regierung aber rasch Herr wurde.

Angesichts dieser Entwicklung reiste Lord Runciman mit der Empfehlung nach London zurück, Prag solle die sudetendeutschen Gebiete an das Reich abtreten. Auch Chamberlain meinte, daß auf dem bisherigen Wege nicht weiter zu kommen sei, und entschloß sich, Hitler persönlich aufzusuchen. Zur Unterredung, die am 15. September 1938 in Berchtesgaden stattfand, brachte er ein großzügiges Angebot mit. Er offerierte Hitler die Abtretung der sudetendeutschen Gebiete ans Reich. Der britischen Regierung gelang es, die französische Regierung von der Notwendigkeit dieses Schrittes zu überzeugen, und beide Regierungen brachten daraufhin ein Ultimatum nach Prag auf den Weg, in dem sie die Abtretung aller Gebiete mit mehr als 50% deutscher Bevölkerung ans Reich forderten und dafür eine Garantie der neuen tschechoslowakischen Grenzen in Aussicht stellten. Die Tschechoslowakische Republik fügte sich in ihr Schicksal und nahm das Ultimatum am 21. September an, da die Westmächte sie sonst einem Zugriff der deutschen Wehrmacht schutzlos preisgegeben hätten.

Hitler wurde von Chamberlain mit einem Angebot konfrontiert, das ihn überrascht haben wird; denn von Berlin war die Forderung, daß die sudetendeutschen Gebiete an das Reich abgetreten werden sollten, bisher nicht erhoben worden. Hitler hatte alles vermieden, was nach direkter deutscher Einmischung hätte aussehen können, und den mit der tschechischen Regierung verhandelnden Henlein völlig allein gelassen. Das war zumindest aus der Berliner Sicht eine Prämisse des Abkommens zwischen Hitler und Henlein vom 28. März 1938 gewesen und natürlich auch die

Voraussetzung für die Glaubwürdigkeit der ja nach außen hin um Autonomie verhandelnden sudetendeutschen Delegation. Hitler hatte bewußt nichts getan und die sudetendeutsche Frage einerseits der Propagandamaschinerie von Josef Goebbels und andererseits unteren Dienststellen in Berlin wie der »Volksdeutschen Mittelstelle« überlassen, die sich mit mehr oder weniger Erfolg darum bemüht hatte, die ›Sudetendeutsche Partei‹ zu radikalisieren und im Sinne einer »fünften Kolonne« lenkbar zu machen sowie Unruhe in den sudetendeutschen Siedlungsgebieten zu erzeugen.

Worauf diese »Politik« hinsteuerte, ist schwer zu sagen. Projiziert man sie auf den Hintergrund der militärischen Vorbereitungen, in die sich Hitler im Sommer 1938 vergraben hatte, könnte man daran denken, daß Stimmung für einen Krieg gegen die Tschechoslowakei gemacht werden sollte. Jedenfalls war nicht auszuschließen, daß die Entwicklung darauf zulief. Denkbar also, daß jene Form der »Nichtpolitik«, die Hitler gegenüber Prag betrieb, dem Warten auf eine günstige Gelegenheit zum Losschlagen diente, denkbar aber auch, daß man in Berlin auf die »chemische Auflösung« der Tschechoslowakei wartete, wie das der Staatssekretär im Auswärtigen Amt, Ernst von Weizsäcker, nicht müde wurde zu empfehlen.[48] Die Tschechoslowakei umfaßte damals 13,4 Mio Staatsbürger, von denen gut die Hälfte, nämlich 6,8 Mio, Tschechen waren. Etwa zwei Mio waren Slowaken und 3,1 Mio, d.h. 23,4% der Gesamtbevölkerung, waren Deutsche, die gerade das Skandieren der Parole »Ein Volk, ein Reich, ein Führer« erlernten. Mehr als eine Mio entfielen auf andere nationale Minderheiten (76000 Polen, 462000 Ukrainer, 745000 Ungarn). Sollte sich da von Berlin aus nicht erfolgreich mit dem Sprengmittel des Selbstbestimmungsrechts der Völker hantieren lassen? Jedenfalls war es weder aus Hitlers noch aus Weizsäckers Perspektive sinnvoll, sich auf konkrete Forderungen festzulegen.

Die Parole der Abtretung der sudetendeutschen Gebiete an das Reich kam aus England und wurzelte in der Tradition der Appeasementpolitik und im schlechten Gewissen einiger britischer Intellektueller, die nicht ganz zu Unrecht meinten, daß das Selbstbestimmungsrecht der Völker 1919/20 zu Lasten der Deutschen manipuliert worden war. Im Grunde genommen hatte Lord Halifax diesen Standpunkt bereits im November 1937 zum Ausdruck gebracht, als er Hitler erklärte, daß Großbritannien gegen die friedliche Revision von Versailles nichts einzuwenden habe, und dabei explizit auf Österreich, die sudetendeutschen Gebiete und Danzig verwies.

Unter normalen Umständen und bei einiger Verläßlichkeit im Umgang der Spitzenpolitiker miteinander hätte die Krise nach den Entscheidungen des 15. September beigelegt sein müssen. Aber offenbar hatte Hitler, nachdem Chamberlain ihm unaufgefordert weit entgegengekommen war, sich des von Ernst von Weizsäcker verfolgten Modells der »chemischen Auflösung« der Tschechoslowakei entsonnen. Jedenfalls ermunterte er Warschau und Budapest, ihrerseits territoriale Forderungen an Prag zu stellen. Als der britische Premier am 22. September erneut mit Hitler zusammentraf, diesmal in Bad Godesberg, wartete dieser mit neuen Forderungen auf, wollte unzumutbar kurze Räumungsfristen durchsetzen und drohte offen mit Gewalt. Man hatte ihm unaufgefordert den kleinen Finger gereicht, und nun wollte er die ganze Hand. Fast hätte er sein Blatt dabei überreizt; denn die Haltung der Westmächte versteifte sich. Frankreich machte mobil und die Tschechoslowakei auch, das Foreign Office ließ durchblicken, daß Großbritannien im Falle eines militärischen Konflikts an der Seite Frankreichs stehen werde und dasselbe für die UdSSR auch zu erwarten sei. Einen Tag später machte die britische Flotte mobil. Hitler konnte schlecht nachstehen und ließ seinerseits sieben Divisionen in Angriffsstellungen gegen die Tschechoslowakei einrükken, lenkte den Westmächten gegenüber aber ein und gab den Truppen nicht den Angriffsbefehl. Auf Chamberlains Initiative hin, der einen neuen Zeitplan für die Räumung der sudetendeutschen Gebiete erarbeitet hatte, und durch die Vermittlung Mussolinis einigte man sich am 28. September auf eine Viermächtekonferenz, die am 29./30. September in München stattfand.

Das von den vier Regierungschefs noch am 29. September unterzeichnete »Münchener Abkommen«[49] sah die Räumung der Sudetengebiete mit mehr als 50% deutscher Bevölkerung ohne Volksabstimmung, beginnend am 1. Oktober, zum 10. Oktober vor. Im selben Takt wie die Räumung hatte die Besetzung durch deutsche Truppen zu erfolgen. Ein internationaler Ausschuß, bestehend aus den Vertretern der vier Mächte und der Tschechoslowakei, war für die Festlegung der Einzelheiten zuständig und sollte u. a. die Gebiete benennen, in denen eine Volksabstimmung abzuhalten war.

Die Tschechoslowakische Republik, der man mit den sudetendeutschen Gebieten eine industriell entwickelte Zone, in der zudem ihre Grenzbefestigungen lagen, weggenommen hatte, wurde durch das Münchener Abkommen ökonomisch erheblich geschwächt und militärisch praktisch wehrlos gemacht. Der Prozeß der »chemischen Auflösung«, den Berlin Prag als Schicksal zugedacht hatte, wurde zudem durch das Abkommen nicht gestoppt. Die Grenzgarantien, die Paris und London in einem Zusatzabkommen aussprachen, bezogen sich erst auf die Grenzen, welche die Tschechoslowakische Republik nach Regelung der ungarischen und polnischen Gebietsansprüche besitzen würde. Deutschland und Italien schoben ihre Grenzgarantie gleich bis zur Regelung dieser Fragen auf. Wie sich das weitere Schicksal der Republik gestaltete, hing nun maßgeblich von Rom und Berlin ab.

Die Arbeit des internationalen Ausschusses bestätigte die deutsche Machtposition auf das deutlichste. Frankreich und Großbritannien wurden völlig an die Seite gedrängt, und die beiden Achsenpartner entschieden allein über die noch offenen Territorialfragen: Die definitive Grenzziehung wurde der tschechoslowakischen Seite von Berlin praktisch oktroyiert und dem internationalen Ausschuß nur noch zur formalen Beschlußfassung vorgelegt. Die polnische Regierung hatte sich ihre Beute bereits gesichert und der Tschechoslowakei am 1. Oktober das Teschener Gebiet durch Ultimatum abgepreßt. Als komplizierter erwies sich die Regelung der ungarischen Wünsche. Ungarn beanspruchte die Karpato-Ukraine sowie die Slowakei und wurde hierbei von der polnischen Regierung unterstützt. Hitler verfolgte ganz andere Absichten. Die ungarische Regierung hatte sich in seinen Augen diskreditiert, weil sie sich in den Krisentagen vor der Münchener Konferenz nicht entschlossen an die Seite Berlins gestellt, vielmehr deutlich gezeigt hatte, daß sie das Kriegsrisiko scheute. Sie mußte sich daher im deutsch-italienischen Schiedsspruch, der am 2. November 1938 in Wien ohne Beteiligung der Westmächte gefällt wurde, mit relativ geringfügigem territorialen Zuerwerb auf Kosten der Slowakei begnügen.

Die Westmächte meinten, durch ihr Nachgeben den Frieden gesichert zu haben. Chamberlain, dessen Reisen zum deutschen Diktator ihm die Sympathien auch der deutschen Bevölkerung einbrachten, wurde bei seiner Rückkehr von München in London begeistert begrüßt. »This is peace for our time«, meinte er am Abend des 30. September. Hitler hatte nicht nur seine Unterschrift unter das Münchener Abkommen gesetzt und ein deutsch-britisches Konsultativabkommen unterschrieben, das friedliche Konfliktlösungen für die Zukunft versprach, sondern sich mehrfach auch in aller Öffentlichkeit darauf festgelegt, daß mit der Sudetenfrage seine letzte territoriale Forderung in Europa erfüllt sei. Er erweckte den Eindruck, als gehe es ihm wirklich nur um das Selbstbestimmungsrecht für alle Deutschen. Hatte er nicht auf dem Höhepunkt des Konflikts, am 26. September 1938, ausgerufen: »Wir wollen gar keine Tschechen!«[50]

Hitler sei, hat man immer wieder festgestellt, mit dem Ausgang der Krise nicht zufrieden gewesen. Ihm habe seit November 1937 die Zerstörung der gesamten Tschechoslowakei vor Augen gestanden, und er habe hierfür einen begrenzten Krieg führen wollen, nicht zuletzt um sein Eroberungsinstrument, die Wehrmacht, einer Bewährungsprobe auszusetzen. Er habe zwar gehofft, daß Frankreich und auch Großbritannien sich nicht einmischen würden, der Krieg mithin lokalisierbar sei, habe das Risiko des Krieges auch mit ihnen aber dennoch in Kauf genommen. Nach dieser Lesart hätte der Zweite Weltkrieg 1938 bereits ausbrechen können.[51]

Es ist mehr als ungewiß, daß Hitler wirklich bereit war, 1938 das Risiko eines Krieges mit Frankreich und Großbritannien in Kauf zu nehmen.[52] Sein Einlenken immer dann, wenn der Widerstand Großbritanniens und Frankreichs sich versteifte, spricht dagegen. Mit der tschechischen Teilmobilmachung vom 20./21. Mai und der Teilmobilmachung Frankreichs, Großbritanniens und der Tschechoslowakei gegen Ende September waren zudem alle Voraussetzungen für ein schnelles, überfallartiges Vorgehen gegen die Tschechoslowakei fraglich geworden. Die Behauptung, Hitler habe den Krieg um jeden Preis gewollt, stammt vor allem von der Opposition, von Carl Goerdeler, den Brüdern Kordt, Ewald von Kleist-Schmenzin, der im Auftrage Osters und der Abwehr agierte, und anderen. Sie hatten ein Interesse daran, die Briten zu einer festen Haltung aufzufordern, die Hitler in eine diplomatische Niederlage hätte hineinstolpern lassen und seine Herrschaft vielleicht vorzeitig beendet hätte.

Allerdings wollte Hitler gewiß mehr als nur die Autonomie der sudetendeutschen Gebiete erreichen und mehr auch als die Abtretung dieser Gebiete an das Reich. Er zielte, wie Weizsäcker auch, auf die Auflösung der Tschechoslowakischen Republik. Insofern gab es eine erhebliche Diskrepanz zwischen der britischen Politik, der Perzeption der deutschen Politik durch die britische Regierung und den Zielen des deutschen Diktators. Chamberlain meinte, Hitler werde sich mit den sudetendeutschen Gebieten zufriedengeben; denn ihm liege an der Verwirklichung des Selbstbestimmungsrechts der Völker. Chamberlain hoffte, daß das begrenzte Opfer – die Abtretung der sudetendeutschen Gebiete – die Tschechoslowakei retten und in ihrem Restbestand sichern werde, ohne daß Frankreich und Großbritannien zu den Waffen greifen müßten. Befürchtungen, daß das ein Trugschluß sein könne, hat es in London immer wieder gegeben. Sie wurden in den Hintergrund gedrängt von dem Argument, man müsse alles versucht haben, den Frieden zu retten, um mit Überzeugung Krieg führen zu können. Schließlich, das war in London ein geflügeltes Wort, spiele man nicht mit Geld, sondern mit dem Leben der eigenen Bürger. Für diesen Einsatz lohne es sich allemal, den deutschen Diktator beim Wort zu nehmen, sei es um ihn festzunageln, sei es um ihn zu desavouieren.

Die außenpolitischen Erfolge, die Hitler mit dem Anschluß Österreichs ans Reich und dem Münchener Abkommen in den Schoß gefallen waren, brachten das fragile Gleichgewicht zwischen Ideologieverwirklichung und Machtpolitik, das sich 1935 mit den Nürnberger Rassegesetzen auf einem neuen Niveau eingependelt hatte, erneut ins Wanken. Vor allem der Anschluß Österreichs wirkte dynamisierend auf die nationalsozialistische Judenpolitik, und das Münchener Abkommen führte das Argument ad absurdum, dem Antisemitismus müsse mit Rücksicht auf das Ausland gesteuert werden. Damit lösten sich letzte Blockaden und kamen ideologische Verwirklichungstendenzen in einem Prozeß zum Durchbruch, dessen Kraft nicht zuletzt durch die ökonomischen Schwierigkeiten angefacht wurde, mit denen der für antisemitische Parolen von jeher besonders anfällige Mittelstand infolge der Aufrüstung in wachsendem Maße konfrontiert worden war.

VI. Der Krieg vor dem Krieg: Die Forcierung der nationalsozialistischen Judenpolitik

1. Die Ausschaltung der Juden aus der Wirtschaft und der Novemberpogrom 1938

Die nationalsozialistische Judenpolitik vor dem Zweiten Weltkrieg war ein komplizierter Prozeß, der sich in eine Vielzahl von Einzelvorgänge, Anordnungen, Verordnungen, Gesetze und Maßnahmen aufsplitterte, die für sich genommen nicht sehr erheblich zu sein schienen, im Zusammenwirken aber allmählich zu einer tödlichen Bedrohung des jüdischen Lebens in Deutschland wurden.[1] Eine nicht auf Vollständigkeit Anspruch erhebende Aufstellung der wichtigsten antisemitischen Maßnahmen auf Reichs-, Länder- und Kommunalebene verzeichnet für den Zeitraum vom 31. Januar 1933 bis zum 1. September 1939 insgesamt 1448 antisemitische Maßnahmen oder beinahe zwanzig in jedem Monat.[2] Natürlich verteilen sie sich nicht regelmäßig über die Jahre und Monate. Deutlich zu sehen ist, daß die Zahl der Maßnahmen jeweils nach pogromartigen Ausschreitungen anstieg und danach wieder abflaute, ohne irgendwann zum Stillstand zu kommen.

Betrachtet man die inhaltlichen Schwerpunkte der Maßnahmen, fällt auf, daß die Tätigkeit der jüdischen Bevölkerung in der Wirtschaft zunächst relativ wenig betroffen war. Das gilt insbesondere für die Jahre 1933 bis 1937. In diesem Zeitraum gab es noch deutliche Bestrebungen, die Wirtschaft möglichst störungsfrei zu halten, die sich im Sinne eines gewissen Schutzes für die jüdische Geschäftstätigkeit auswirkten.[3] Und doch ist das auch für die Anfangsjahre nur die halbe Wahrheit. Das veränderte politische Klima ließ die jüdischen Unternehmer bereits 1933 nicht mehr unberührt. Jüdische Vorstands- und Aufsichtsratsmitglieder mußten ausscheiden, Firmen- und Geschäftsinhaber wurden zum Verkauf unter Preis genötigt und die jüdische Geschäftstätigkeit im Rahmen des legal Möglichen eingeschränkt.[4]

Das Bestreben einiger Regierungsinstanzen, das Wirtschaftsleben möglichst störungsfrei zu halten, prägte auch die »Nürnberger Rassegesetze«. Sie zielten ja gerade nicht auf die Wirtschaft, sondern auf das Zusammenleben, insbesondere das Sexualverhalten der Bevölkerung. Doch unberührt ließen auch diese Gesetze die Wirtschaft keineswegs. Sie zerstörten die zwischenmenschlichen Beziehungen nachhaltig und trugen zur Isolierung des jüdischen Bevölkerungsteils erheblich bei. Das Geschäftsleben funktioniert aber nicht ohne freie und offene zwischenmenschliche Kontakte. Es gehörte schon 1933 und verstärkt nach den Rassegesetzen ein gewisses Maß an Zivilcourage dazu, »beim Juden« zu kaufen, und diese Zivilcourage brachten immer weniger Deutsche auf. Die Geschäftstätigkeit, ja, die Wirtschaft begann sich daher zu spalten, in einen jüdischen Teil und in einen nichtjüdischen Teil. Die jüdische Geschäfts- und Wirtschaftstätigkeit schrumpfte immer mehr auf die »nichtarische« Klientel zusammen. Die Geschäfte gingen zusehends schlechter, mehr und mehr jüdische Geschäftsleute und Fabrikanten sahen sich zur Aufgabe ihrer Geschäfte und Fabriken, zum Verkauf unter Preis oder gar zur Liquidierung gezwungen. Es trat eine schleichende »Arisierung« ein.

Diese schleichende »Arisierung« erhielt erheblichen Auftrieb durch die allmähliche Strukturveränderung der Wirtschaft selbst. Zur Verwaltung des Mangels entwickelte sich eine umfangreiche Wirtschaftsbürokratie. Devisen und Rohstoffe wurden beantragt und zugeteilt, das gleiche galt für die Arbeitskräfte und schließlich auch für die Energie. Um gute Geschäfte zu machen, brauchte man in wachsendem Maße staatliche Aufträge für Rüstungsgüter und für andere wichtige Versorgungsgüter. Die Wirtschaft, die in immer weniger Bereichen eine freie Wirtschaft war und in immer mehr Bereichen zu einer gelenkten und geplanten Wirtschaft wurde, benachteiligte die Juden auf vielfältige und im einzelnen kaum erfaßbare Weise. Der Spielraum für Schikanen wuchs, und er wurde höchst unterschiedlich genutzt, in der Gesamttendenz zu Lasten der Juden.

Die Trends der Entwicklung spiegeln sich in der Statistik. Zu Beginn des Jahres 1933 gab es in Deutschland etwa 100000 jüdische Betriebe, von denen im Frühjahr 1938 etwa 60% nicht mehr existierten. Nach Angaben des Reichswirtschaftsministeriums wurden im April 1938, bezogen auf die Grenzen des Jahres 1933 (»Altreich« ohne Saargebiet), noch 39552 »jüdische Betriebe« gezählt. Die anderen, über 60000 Betriebe, waren liquidiert oder verkauft worden. Dieser Rückgang an Betriebseinheiten muß mit der Auswanderung jüdischer Bürger korreliert werden. Anfang 1938 lebten im »Altreich« noch 350000 bis 365000 Juden. 160000 bis 175 000 waren seit Anfang 1933 ausgewandert, d.h. ein Drittel der jüdischen Bevölkerung hatte das Land verlassen, der Betriebsrückgang betrug aber ca. 60%, war also überproportional hoch.

Überproportional hoch waren auch die Erwerbslosenziffern. Im Frühjahr 1938 zählte man etwa 60 000 jüdische Erwerbslose.[5] Diese Ziffer muß man auf dem Hintergrund der allgemeinen Beschäftigungslage sehen. Seit 1936/37 herrschte Vollbeschäftigung. 1938 litt die deutsche Volkswirtschaft an akutem Arbeitskräftemangel. Zur selben Zeit, als die nichtjüdische deutsche Wirtschaft boomte, herrschte im jüdischen Teil der deutschen Wirtschaft eine Arbeitslosigkeit, wie sie nicht einmal auf dem Höhepunkt der Weltwirtschaftskrise in der deutschen Volkswirtschaft erreicht worden war.

Diese katastrophale wirtschaftliche Entwicklung betraf die einzelnen Branchen in höchst unterschiedlicher Weise. Am schwersten waren die Auswirkungen im Einzelhandel. Von 50 000 jüdischen Geschäften, die es Anfang 1933 im »Altreich« gegeben hatte, existierten im Juli 1938 noch ca. 9000, davon entfielen 3637 allein auf Berlin. Nichts macht die Wirkung der nationalsozialistischen Ausgrenzungspolitik deutlicher als diese Ziffer. Sie zeigt zugleich, daß sich die Konzentration der jüdischen Bevölkerung in den Großstädten durch die Verfolgung verstärkte und daß die Anonymität der großen Städte offenbar noch einen gewissen Schutz gegen willkürliche Verfolgungen bot. Zugleich wird deutlich, daß die jüdischen Geschäfte in wachsendem Maße auf die jüdische Kundschaft angewiesen waren. Nur in großen jüdischen Gemeinden wie Berlin konnten daher jüdische Einzelhändler überleben.

Die größte Widerstandskraft gegen die Verfolgung besaßen die großen jüdischen Firmen und Banken. Sie verfügten in der Regel über gute Auslandskontakte, waren in hohem Maße im Export tätig, und ihre »Liquidierung« riß entsprechend große Lücken in die Volkswirtschaft. Zudem waren zu ihrer »Arisierung« große Kapitalsummen erforderlich. Sie hatten also einen größeren Schutz, weil es schwieriger war, sie zu »arisieren«, und weil die zu befürchtenden Folgen einer »Arisierung« zu einer gewissen Vorsicht zwangen. Zudem warteten die deutschen Interessenten die Entwicklung oftmals in der Hoffnung ab, daß der Erwerb solcher Großunternehmen zu einem späteren Zeitpunkt, bei fortgeschrittener Verfolgung, zu günstigeren Konditionen möglich sei.

Außer dieser schleichenden »Arisierung«, die ganz wesentlich durch die Schikanen der Wirtschaftsbürokratie, durch mangelnde Zivilcourage sowie durch die Raffgier der arischen »Erwerber« vorangetrieben wurde, waren seit 1936, verstärkt seit Herbst 1937, Tendenzen auf der obersten politischen Ebene erkennbar, die Verdrängung der Juden aus der Wirtschaft zu forcieren. Diesmal machte Hitler den Anfang. Interessant ist der Zusammenhang. In der Denkschrift, die er im August 1936 über den Vierjahresplan verfaßte und mit der er die unmittelbare Kriegsvorbereitung einleitete, regte er ein Gesetz an, das »für Wirtschaftssabotage die Todesstrafe« vorsah, und ein zweites, welches das »gesamte Judentum haftbar« machen sollte für alle »Schäden«, die der deutschen Wirtschaft durch einzelne Juden zugefügt würden. Aus internen Beratungen Ende des Jahres 1936 geht hervor, daß Hitler daran dachte, einen »Judengarantieverband« zu gründen und den Juden eine Sondersteuer aufzuerlegen. Ein entsprechendes Gesetz wurde im Laufe des Jahres 1937 erörtert und fertiggestellt, aber es trat zunächst nicht in Kraft, im Unterschied zum Gesetz gegen die Wirtschaftssabotage, das am 1. Dezember 1937 erging.[6]

Offenbar redete Göring Hitler die Idee zunächst wieder aus. Er befürchtete, »die Verkündung des Gesetzes« würde »eine gewisse Gefahr für die Rohstoff- und Devisenlage des Reiches bedeuten«.[7] Erst 1938 kam man auf Hitlers Idee wieder zurück. Der Zusammenhang ist ebenfalls symptomatisch: Wenn Hitler an Krieg dachte, dachte er gleichzeitig über eine Ausschaltung der Juden aus der Wirtschaft nach. Solange Juden noch an wichtigen ökonomischen Schalthebeln saßen, war Deutschland seiner Auffassung nach nicht kriegsfähig; denn die Juden würden dann, wie im Ersten Weltkrieg, am Krieg verdienen, mit ihren internationalen Verbindungen eine ständige Gefahr für Deutschland darstellen und den im totalen Krieg erforderlichen engen Verbund von Front und Heimat stören.

Daher war es kein Zufall, daß Hitler im September 1937, vor der Kulisse des ›Parteitages der Arbeit‹, in aller Öffentlichkeit auf die »Judenfrage« zu sprechen kam. Die Diktion war ungewöhnlich scharf, und Hitler scheute sich nicht, seine verstiegene, ideologisch fixierte Weltsicht in aller Öffentlichkeit auszubreiten. Die »Judenfrage« sei eine »Weltfrage«, die »so oder so« entschieden werden müsse. Offen proklamierte er seine rassistischen Vorurteile: Die »jüdische Rasse« sei »eine durch und durch minderwertige«, »eine schöpferisch durch und durch unbegabte Rasse«.[8]

Wenige Wochen später, im November 1937, faßte er vor den Spitzen der Wehrmacht erstmals die Möglichkeit eines militärischen Konflikts ins Auge. Im selben Monat wurde Hjalmar Schacht zum Rücktritt als Reichswirtschaftsminister bewogen. Göring übernahm das Amt interimistisch und setzte Anfang 1938 den gefügigen, persönlich schwachen, aber überzeugten Nationalsozialisten Walter Funk zu seinem Nachfolger ein. Göring nutzte die Gelegenheit seiner interimistischen Kontrolle über das Reichswirtschaftsministerium und löste das von Schacht eingerichtete Referat ›Abwehr unzulässiger Eingriffe in die Wirtschaft‹ auf. Statt dessen wurde ein ›Referat für Judenfragen‹ geschaffen, das die Aufgabe hatte, sich ausschließlich mit jüdischen Aktivitäten in der Wirtschaft zu befassen. Der Wandel ist symptomatisch.

Kaum war der »Anschluß« Österreichs vollzogen, setzten verstärkte politische Bemühungen um eine Verdrängung der Juden aus der Wirtschaft ein. Am 28. April 1938 gab Göring in einer Ministerratssitzung erstmals zu erkennen, daß die Politik der Reichsregierung auf die restlose Ausschaltung der Juden aus dem Wirtschaftsleben abziele. Am 14. Juni 1938 versuchte Reichsinnenminister Frick, die Einzelmaßnahmen, die ergriffen wurden, systematisch zusammenzufassen und ein Maßnahmebündel zu schnüren, das die zwangsweise Ausschaltung der Juden aus allen Wirtschaftsbereichen mit Hilfe einer Treuhandgesellschaft vorsah, die den jüdischen Besitz übernehmen und dann an »Arier« verkaufen sollte. Dem jüdischen Besitz sollte das jüdische Vermögen folgen, so daß die jüdische Bevölkerung nur von Wohlfahrtsunterstützung hätte leben können.

Dieser Plan traf jedoch auf Widerstand. Reichsfinanzminister Schwerin von Krosigk und der noch in seinem Amt als Reichsbankpräsident verbliebene Schacht widersetzten sich. Schacht warnte davor, »in der Behandlung der wirtschaftlichen Seite der Judenfrage weiter einen Weg zu gehen, den die übrige Welt als der Rechtsbasis entbehrende Willkür und als Vermögenskonfiskation anprangern und behandeln würde«. Schacht regte an, die Juden zu zwingen, ihre Unternehmen in einem Zeitraum von 5 bis 10 Jahren zu verkaufen. Sie müßten sich selbst ihre Käufer suchen können, »um eine objektiv anständige, befriedigende Bewertung zu finden«.[9] Schwerin von Krosigk begründete seinen Einspruch damit, daß Haushaltsmittel zur Unterstützung bedürftiger Juden nicht zur Verfügung stünden.

Doch von derlei praktischen Erwägungen ließ sich die NS-Judenpolitik nur noch für kurze Zeit aufhalten. Die Entwicklung eskalierte erneut, nachdem die Westmächte auf der Münchener Konferenz Ende September 1938 deutlich gemacht hatten, daß sie ihre Appeasementpolitik Hitler-Deutschland gegenüber völlig unabhängig von der Situation im Innern Deutschlands betrieben. Am 14. Oktober 1938 kam Göring erneut auf die »Judenpolitik« zu sprechen. Die »Judenfrage« müsse, so Göring, »jetzt mit allen Mitteln angefaßt werden, denn sie [die Juden] müßten aus der Wirtschaft 'raus«.[10] Als Grund nannte Göring eine weitere Steigerung der Rüstungsproduktion, d.h. eine Forcierung der wirtschaftlichen Kriegsvorbereitungen. Zur Finanzierung dieser Rüstungssteigerung sollte das jüdische Vermögen in Deutschland herangezogen werden. Um das zu gewährleisten, müsse die wilde »Arisierung« unterbleiben. Die »Arisierung« dürfe nicht »als ein Versorgungssystem untüchtiger Parteigenossen« gehandhabt werden. Vielmehr sei die »Arisierung« eine Sache des Staates. Wie eng Göring den Zusammenhang zwischen »Arisierung« und Rüstung sah, wird auch daran deutlich, daß er sie keineswegs als Mittel betrachtete, die Auswanderung der Juden zu forcieren. Die Auswanderung koste vielmehr Devisen, über die Deutschland nicht verfüge. Im Notfall müsse man für die Juden »Ghettos in einzelnen Großstädten« errichten. Auch könne man daran denken, die arbeitslos gewordenen Juden in Arbeitskolonnen zusammenzufassen.

Zum erstenmal deutet sich in diesen Überlegungen Görings eine zweckrationale »Lösung der Judenfrage« an. Tatsächlich arbeitete man Ende Oktober im Reichsinnen- und im Reichswirtschaftsministerium an Gesetzentwürfen für die »Zwangsarisierung« durch den Staat. Ihre Verkündung wurde für Anfang November 1938 ins Auge gefaßt. Damit es bei einer solchen staatlichen »Zwangsarisierung« nicht zu einer massiven Kapitalflucht ins Ausland kam, war bereits im April 1938 die Registrierung jüdischer Vermögen angeordnet worden. Ende Oktober wurden die Zollfahndungsstellen angewiesen, jüdische Vermögen zu überprüfen. Die Koordinierung dieser Bemühungen oblag dem im Februar 1938 errichteten ›Devisenfahndungsamt‹, das Reinhard Heydrich leitete. Die Statistik der »Arisierung« zeigt die Forcierung der antisemitischen Politik, die nun einsetzte, ganz deutlich. Waren im April 50, im Mai 40 und im Juni 30 »Arisierungen« erfolgt, stieg die Ziffer im

Juli 1938 auf 60, im August auf 75, im September auf 235 und im Oktober und in den ersten Novembertagen auf 230.

So weit waren die Dinge gediehen, als am 7. November 1938 ein junger polnischer Jude namens Herschel Grynszpan mehrere Schüsse auf den Gesandtschaftsrat an der deutschen Botschaft in Paris Ernst vom Rath abfeuerte und ihn lebensgefährlich verletzte. Das Attentat gab das Startsignal für den größten Judenpogrom, den Deutschland seit dem Mittelalter gesehen hatte. Der Pogrom wurde von oben inszeniert. Im Zentrum der Aktivität stand der Reichsminister für Volksaufklärung und Propaganda und gleichzeitige Reichspropagandaleiter der NSDAP, Joseph Goebbels. Er handelte jedoch nicht auf eigene Faust, sondern gedeckt durch die Autorität Adolf Hitlers, der sich selbst im Hintergrund hielt. Offenbar hatte sich die oberste Führung trotz aller außenpolitischen Erfolge und einer maßlosen Überschätzung der politischen Möglichkeiten des nationalsozialistischen Deutschland einen Rest an Vorsicht bewahrt, so daß es nicht ratsam erschien, das Prestige des Staatsoberhaupts mit Maßnahmen zu belasten, die weder im Inland noch im Ausland auf Zustimmung hoffen durften.

Zuerst schürte die Propaganda das Feuer. Am 8. November 1938 brachte der *Völkische Beobachter*, das Zentralorgan der NSDAP, eine erste Mitteilung über den Anschlag in Berlin. Die Zeitung erinnerte bei dieser Gelegenheit an ein Attentat, das 1936 in der Schweiz auf Wilhelm Gustloff von einem jüdischen Studenten namens David Frankfurter verübt worden war. Gustloff war Landesgruppenleiter der Auslandsorganisation der NSDAP in der Schweiz gewesen und hatte den Anschlag nicht überlebt. Die NS-Propaganda hatte das Attentat zwar auch damals schon als Beweis für ein Komplott »des« Judentums gegen das »Dritte Reich« angesehen, aber dennoch relativ maßvoll reagiert. Damals, im Februar 1936, stand die Rheinlandbesetzung bevor und sah man den Olympischen Spielen in Berlin entgegen. Im Vorfeld beider Ereignisse konnte man antisemitische Aktivitäten in Deutschland nicht gebrauchen.

Im November 1938 war die Lage völlig anders, und jetzt konnte man zusammen mit der neuen Herausforderung durch Grynszpans Anschlag auch gleich die alte, offengebliebene Rechnung begleichen. Der *Völkische Beobachter* beklagte, daß »das Weltjudentum« auf deutsche Bürger im Ausland Attentate verübe, während in Deutschland »Hunderttausende von Juden noch ganze

Ladenstraßen beherrschen«, und kündigte drohend »den Beginn einer neuen deutschen Haltung in der Judenfrage« an.[11] Der *Völkische Beobachter* goß also Öl ins Feuer, und das führte am Abend des 8. November und in der Nacht vom 8. auf den 9. November zu einer Steigerung der Übergriffe auf jüdische Geschäfte und Synagogen.

Wichtiger aber wurde etwas anderes. Am 8. und 9. November versammelte sich in München jedes Jahr die Parteiprominenz, um des gescheiterten Putsches vom November 1923 zu gedenken. Alles, was Rang und Namen in der NSDAP hatte und eine Führungsposition bekleidete, befand sich in München. Am Nachmittag des 9. November verstarb der Gesandtschaftsrat Ernst vom Rath. Die Nachricht wurde Hitler um 21 Uhr während eines NSDAP-Kameradschaftsabends im ›Alten Rathaus‹ in München überbracht. Er unterhielt sich daraufhin im Flüsterton mit dem neben ihm sitzenden Goebbels und begab sich anschließend in seine Wohnung in der Prinzregentenstraße. Worüber die beiden sprachen, wissen wir nicht.

Kurz nach Hitlers Abgang, um 22 Uhr, teilte Goebbels der Versammlung den Tod vom Raths mit und hielt eine wüste antisemitische Brandrede. Er wies dabei auf die antisemitischen Demonstrationen hin, die am Abend des 8. November hier und da bereits begonnen hatten, und fügte vielsagend hinzu: »Der Führer habe ... entschieden, daß derartige Demonstrationen von der Partei weder vorzubereiten noch zu organisieren seien, soweit sie spontan entstünden, sei ihnen aber auch nicht entgegenzutreten.« Offenbar begriff, stellte das Oberste Parteigericht später fest, die Mehrheit der Anwesenden dies als Aufforderung zur Organisation sogenannter »spontaner« Aktionen des »Volkszorns«: Die Partei solle »nach außen nicht als Urheber von Demonstrationen in Erscheinung treten, sie in Wirklichkeit aber organisieren und durchführen«.[12]

Gegen 23 Uhr begaben sich die Parteifunktionäre und SA-Führer in ihre Quartiere und riefen ihre »Heimatorganisationen« an, die Gauleitungen, Gaupropagandaleitungen und SA-Gruppen. Die mündlich erteilten Befehle forderten zum Vorgehen gegen jüdische Geschäfte und Synagogen auf. Etwa um Mitternacht liefen die Aktionen überall im Reich an. Da es keine genauen Instruktionen gab, vielmehr jeder den Auftrag etwas anders verstand, kam es nicht zu einem einheitlichen Vorgehen. In manchen Fällen agierten

SA-Trupps und Parteifunktionäre in Uniform, in anderen zogen sie zuvor Zivil an. Erst gegen zwei Uhr morgens trat Goebbels erneut in Aktion und gab den regionalen Instanzen seines Parteipropagandaapparats, den Propagandaämtern, die Weisung, die Durchführung der Aktion zu leiten. Zu diesem Zeitpunkt brannte aber bereits eine ganze Reihe von Synagogen.

Dieser ersten Welle von telefonisch ausgelösten Aktionen folgte eine zweite. Kurz nach 23 Uhr am 9. November erfuhr Heydrich, der im Kreise seiner SS- und Gestapoleute im vornehmen Hotel ›Vier Jahreszeiten‹ in München residierte, von den anlaufenden Aktionen. Er alarmierte sofort Himmler, der sich in Hitlers Wohnung aufhielt, denn beide wollten um Mitternacht auf dem Odeonsplatz die Vereidigung von SS-Rekruten vornehmen. Hitler gab die Ordre, die SS solle sich aus der Aktion heraushalten. Gegen Mitternacht ging diese Ordre über den Fernschreiber an die Staatspolizeistellen heraus. Zu diesem Zeitpunkt hatte sich ein Teil der SS-Verbände bereits an den Gewalttaten beteiligt. Um ein Uhr morgens, am 10. November, erging eine zweite Ordre an die Staatspolizeistellen: Sie sollten Plünderungen verhüten, für den Schutz der Personen sorgen und das jüdische Vermögen sichern. 20 Minuten später wurde eine dritte Ordre nachgeschoben, es seien »insbesondere wohlhabende« Juden zu verhaften und in Konzentrationslager zu verbringen. Offenbar ging diese Ordre direkt auf Hitler zurück. Sie führte dazu, daß etwa 30000 Juden im Laufe des 10. November in Konzentrationslager verbracht wurden, wo man sie in unwürdigster Weise schikanierte.

Im Laufe des frühen Morgens des 10. November folgten weitere telefonische Anordnungen aus München: Um 3.45 Uhr wurde den Stapo-Leitstellen mitgeteilt, daß die Staatsanwälte vom Reichsjustizministerium angewiesen worden seien, »keine Ermittlungen in Angelegenheiten der Judenaktionen vorzunehmen«.[13] Die Feuerwehr war angewiesen worden, die Brandbekämpfung auf den Schutz der Nachbarhäuser von Synagogen zu beschränken.

Die offenkundig improvisierten und schlecht koordinierten Aktionen riefen im Laufe des Vormittags die ersten Proteste hervor. Sie kamen bezeichnenderweise von jenen, die bisher die »Arisierung« der Wirtschaft maßgeblich vorangetrieben hatten, von Funk und Göring. Göring beschwerte sich bei Hitler, der sich schützend vor Goebbels stellte, offenbar aber ohne seine eigene

Rolle aufzudecken. Am Nachmittag des 10. November befahl Hitler Göring, »nunmehr auch die wirtschaftliche Lösung« des Judenproblems durchzuführen, und beauftragte ihn mit der Koordination der Maßnahmen. Um 24 Uhr brachte der Rundfunk die Nachricht, daß der Pogrom zu Ende und die Ruhe wiederhergestellt sei.

Der Novemberpogrom von 1938 war aus der Perspektive derjenigen, welche die »Ausschaltung« der Juden aus der Wirtschaft bisher mit erheblichem Erfolg betrieben hatten, völlig unnötig. Göring hat das Goebbels gegenüber bereits am Vormittag des 10. November 1938 unmißverständlich zum Ausdruck gebracht. Noch am 12. November 1938 äußerte er, es wäre ihm »lieber gewesen«, man hätte »200 Juden erschlagen« und »nicht solche Werte vernichtet«.[14] Göring hatte ausschließlich den ökonomischen Schaden im Auge, der durch die Aktion entstanden war. Die Ministerrunde, die am 12. November 1938 zusammentrat, um das weitere Vorgehen zu beraten[15], stellte fest, daß bei dem Pogrom 101 Synagogen »durch Brand zerstört«, 76 Synagogen »demoliert« und 7500 jüdische Geschäfte zerstört worden seien. Die Glasschäden wurden auf 6 Mio RM beziffert. Natürlich war es nicht gelungen, Plünderungen zu verhindern. Heydrich sprach von etwa 800 Fällen. Allein das Juweliergeschäft Markgraf in Berlin hatte einen Versicherungsschaden von 1,7 Mio RM angemeldet. Die Polizei in Berlin führte Razzien durch, um die Juwelen, die entwendet worden waren, wiederzubekommen und für den Staat sicherzustellen. Der Versicherungsexperte, den die Runde einbestellt hatte, bezifferte die Gesamtschäden des Pogroms auf 25 Mio RM.

Natürlich sprach die Runde nicht oder nur in zynischer Weise von dem Leid der betroffenen Menschen. Mehr als 100 Juden waren bei den Aktionen getötet worden, unzählige wurden verprügelt und zum Teil lebensgefährlich verletzt, gedemütigt und psychisch gebrochen. Einige begingen Selbstmord, andere litten ein Leben lang an den Folgen der körperlichen und seelischen Verletzungen, die sie damals davontrugen. Tausende wanderten aus, 1938/39 allein 120000, weil sie die Vorgänge ganz zu Recht als den Beginn eines Krieges gegen die Juden begriffen.

Die Schnelligkeit, mit der die ökonomischen Schlußfolgerungen aus dem Pogrom gezogen wurden, zeigt einmal mehr, wie unnötig er vor dem Hintergrund der ja bereits auf hohen Touren laufenden »Arisierung« war. Göring vollzog nur mit größerem Nachdruck und größerer Radikalität, was seit dem April 1938 an Maßnahmen vorbereitet war und ohnehin im November 1938 hätte durchgeführt werden sollen. Am 12. November 1938 trat die »Erste Verordnung zur Ausschaltung der Juden aus dem deutschen Wirtschaftsleben« in Kraft, die den Juden praktisch alle noch bestehenden Erwerbsmöglichkeiten versperrte. Am selben Tag erging die »Verordnung über eine Sühneleistung der Juden deutscher Staatsangehörigkeit«[16], die ihnen eine Kontribution von 1 Mrd RM auferlegte, die bis zum 15. August 1939 zu zahlen war und schließlich 1,127 Mrd RM einbrachte. Das Geld bekam die Reichskasse, die darüber hinaus auch noch die Leistungen der Versicherungen in Höhe von 225 Mio RM einbehielt. Die Inhaber demolierter Geschäfte erhielten nicht nur keinen Pfennig, sondern mußten sie auf eigene Kosten wiederherstellen. Diejenigen, die auswanderten, hatten eine sogenannte »Reichsfluchtsteuer« zu zahlen. Rechnet man alle jüdischen Leistungen zusammen, beliefen sich die Zahlungen zugunsten der Reichskasse auf über 2 Mrd RM.

Die ökonomischen Verluste, welche die Juden durch die vollständige »Arisierung« erlitten, die nun zwangsweise über eine Treuhandgesellschaft vorgenommen wurde, entziehen sich jeder Bilanzierung. Einen Anhaltspunkt liefert die später von der Bundesrepublik Deutschland vorgenommene Restituierung von Sachgütern. Sie belief sich auf ca. 4 Mrd DM.[17] Durch diese Ziffer wird jedoch nur ein Teil des »arisierten« Besitzes erfaßt; denn die Bewertung war nach 1945 schwierig, und zudem wurde nur auf dem Boden der Bundesrepublik restituiert.

2. Die Vertreibung der Juden aus Deutschland

Die gesetzlichen Diskriminierungen und die tagtäglichen Schikanen, denen die Juden in Deutschland seit März 1933 ausgesetzt waren, führten dazu, daß eine große Zahl von ihnen emigrierte. Da die deutsche Regierung diese Emigration nicht nur billigend in Kauf nahm, sondern das eigentliche Ziel ihrer Judenpolitik darin sah, Deutschland »judenrein« zu machen, ist es gerechtfertigt, von »Vertreibung« zu sprechen. Der Begriff »Emigration« ist gleichwohl international eingeführt und wird auch hier verwandt.

Die Gesamtzahl der zwischen dem 30. Januar 1933 und dem 1. September 1939 aus dem »Altreich« (Grenzen von 1937) emigrierten Juden kann nicht genau angegeben werden. Verfügbar sind nur die Ziffern der beiden Volkszählungen vom 16. Juni 1933 und vom 17. Mai 1939. Da 1933 nur die »Glaubensjuden« gezählt wurden, können exakte Angaben nur für sie gemacht werden. Am 16. Juni 1933 wurden im »Altreich« unter Einschluß des Saarlandes 504320 »Glaubensjuden« gezählt. Am 17. Mai 1939 waren es noch 218007. Die Zahl der »Glaubensjuden« verringerte sich zwischen den beiden Volkszählungen also um 286313. Bringt man den infolge der hohen Überalterung der deutschen Juden auf ca. 47500 bezifferten Sterbeüberschuß – die Ziffer schließt das ganze Jahr 1939 ein – in Abzug, verbleibt eine Ziffer von nicht ganz 239000 Juden, die Deutschland zwischen dem 30. Januar 1933 und dem 1. September 1939 verließen. Von dieser Ziffer sind 15000-17000 zwangsausgesiedelte polnische »Ostjuden« abzuziehen. Zudem wird geschätzt, daß etwa 20000 Juden vor der Volkszählung von 1933 bereits emigriert waren.[18] Insgesamt dürfte sich also eine Ziffer von ca. 240000 »Glaubensjuden« ergeben, die zwischen dem 30. Januar 1933 und dem 1. September 1939 emigrierten. Hinzuzurechnen ist eine Dunkelziffer von Juden, die nicht dem mosaischen Glauben angehörten, aber nach den Kategorien der »Nürnberger Gesetze« als Juden galten (»Geltungsjuden«).

Die Emigration verteilt sich nicht ganz regelmäßig über die Jahre. 1933 emigrierten ca. 37000 Juden, 1934 waren es noch 23000, 1935 waren es 21000 und 1936 stieg die Quote wohl als Folge der »Nürnberger Gesetze« auf 25000 an. 1937 emigrierten 23000, und 1938 – nun wirkt sich der Novemberpogrom aus – waren es 40000, im ganzen Jahr 1939 emigrierten 78000. Die Emigration stoppte bei Kriegsbeginn nicht abrupt. Bis zum endgültigen Emigrationsverbot, das am 23. Oktober 1941 ausgesprochen wurde, gelang es noch einmal ca. 23000 Juden, Deutschland zu verlassen.[19]

Nach den Meldungen, welche die ›Reichsvereinigung der Deutschen Juden‹ dem Reichssicherheitshauptamt erstattete, lebten am 1. Oktober 1941, vor Beginn der systematischen Deportationen in die Vernichtungslager, im Deutschen Reich noch 163696 Juden nach den Kriterien der »Nürnberger Gesetze«. Man muß bei dieser Ziffer aber bedenken, daß es schon vor dem Oktober 1941 zu Deportationen gekommen war. So wurden im Februar 1940 über

1000 Stettiner Juden ins Generalgouvernement deportiert, und im Oktober 1940 deportierte man etwa 6000 Juden aus Elsaß-Lothringen, dem Saarland, der Pfalz und Baden nach Südfrankreich.

Die Gewaltaktionen, welche die Emigration ganz wesentlich mit bewirkten, kosteten einer nicht genau errechenbaren Zahl von Juden das Leben. Zum Mord an einzelnen Juden, vorzugsweise Häftlingen, war es schon 1933 gekommen. Dem Novemberpogrom fielen mehr als 100 Juden zum Opfer, wovon etwa 60 aus dem »Altreich« gestammt haben dürften. Wie viele der im Zuge des Pogroms inhaftierten ca. 25 000-30 000 Männer umkamen, entzieht sich unserer Kenntnis. Für Dachau wird die Ziffer von 40 Männern angegeben, die allein aus Baden und Württemberg im Lager erschossen wurden oder an den Folgen von Mißhandlungen starben. In all diesen Fällen von Gewalt fand eine Strafverfolgung der Täter nicht statt.

Wer ins Ausland entkommen war, war noch nicht in Sicherheit. Viele waren in Nachbarstaaten emigriert, in denen sie im Zuge der territorialen Expansion Deutschlands wieder ergriffen wurden. Zuverlässige Zahlen existieren nicht. Eine Regionalstudie, die auf der Basis der Identifizierung und Verifizierung der Einzelschicksale von 35 613 Juden in Baden und Württemberg gemacht worden ist, kommt zu dem Ergebnis, daß 60% aller Juden durch die Emigration ihr Leben zu retten vermochten. Diese Ziffer kann mit hoher Wahrscheinlichkeit als repräsentativ gelten und daher auch für das gesamte »Altreich« angenommen werden.[20] Eine ähnliche Emigrantenquote ergibt sich für Österreich, das im März 1938 an das Reich angeschlossen wurde. Die Quote derjenigen, die sich aus den sudetendeutschen Gebieten durch die Emigration zu retten vermochten, liegt erheblich unter 50%, und die Quote derjenigen, die aus dem Protektorat noch zu emigrieren vermochten, dürfte 25% nicht überschritten haben. Die gegenüber dem »Altreich« und Österreich niedrigere Emigrationsquote der sudetendeutschen Gebiete und die noch niedrigere des Protektorats läßt sich leicht aus dem geringeren zeitlichen Abstand zwischen dem Beginn der Verfolgungen und dem Beginn des Krieges erklären, der zwar nicht das Ende jeder Emigration bedeutete, aber ihre Möglichkeiten doch erheblich einschränkte.

Trotz aller Schwierigkeiten, die Ziffern der Emigranten exakt zu erfassen, wird man doch konstatieren können, daß aus »Großdeutschland« bis zum endgültigen Auswanderungsstopp im Oktober 1941 etwa 455 000 Juden nach den Kriterien der »Nürnberger Gesetze« emigrierten. Davon gingen 155 000 in die USA, 70 000 nach Palästina und 130 000 in andere freie Länder, die Hitlers Truppen nicht erreichten. Etwa 100 000 emigrierten in Länder, die später von deutschen Truppen besetzt wurden.[21]

Der Höhepunkt der Auswanderung lag in den Jahren 1938 und 1939, in denen ca. 120 000 Juden das »Altreich«, ca. 127 000 Juden Österreich und wenigstens 20 000 die Sudetengebiete und das Protektorat Böhmen und Mähren verließen, insgesamt also 267 000 Juden aus dem deutschen Machtbereich auswanderten, das heißt mehr als ein Viertel aller deutschen Juden und mehr als 50% aller Emigranten aus dem deutschen Sprachraum. Die Entwicklung ging von Österreich aus. Hier war es nach dem »Anschluß« zu einer Judenverfolgung gekommen, die alles bisher im »Altreich« gekannte weit in den Schatten stellte. Die österreichische NSDAP vertrat einen besonders aggressiven Antisemitismus, und sie agierte in einem Land, das seit dem Ende des 19. Jahrhunderts eine ausgeprägte antisemitische Tradition besaß. Darum verwundert es nicht, daß sich der angestaute Haß auf die Juden nach dem »Anschluß« in pogromartigen Ausschreitungen entlud, die nach demselben Muster abliefen wie 1933 im »Altreich«, aber aufgrund der völlig anderen außenpolitischen und wirtschaftspolitischen Lage eine erheblich größere Durchschlagskraft gewannen, zumal ihnen von der Reichsregierung nicht mehr entgegengesteuert wurde.

Es blieb aber nicht bei Pogromen. Im August 1938 hatte der Reichsstatthalter in Wien, Josef Bürckel, eine ›Zentralstelle für jüdische Auswanderung‹ errichtet, deren Leitung er Adolf Eichmann übertrug. Eichmann, 1906 in Solingen geboren, war in Linz in Oberösterreich aufgewachsen. Er war nach einem abgebrochenen Maschinenbaustudium Gelegenheitsarbeiter gewesen und stieß 1932 zur österreichischen NSDAP und zur SS. Nach einer militärischen Ausbildung in der SS-Verfügungstruppe trat er 1934 ins SD-Hauptamt ein, wo er im ›Judenreferat‹ für Auswanderungsangelegenheiten zuständig war. Eichmann bereiste 1937 selbst Palästina und war einer der »Judenspezialisten« der SS.

Am 12. November 1938, als man in Berlin unter Görings Leitung über die aus dem Novemberpogrom zu ziehenden Schlußfolgerungen beriet, berichtete Reinhard Heydrich, der Chef der Sicherheitspolizei und des SD, über die Wiener Zentralstelle. Sie habe bisher sehr effizient gearbeitet, ganz im Unterschied zu den

Bemühungen im »Altreich«, die jüdische Auswanderung zu fördern. Man solle daher in Berlin »eine ähnliche Zentrale« errichten. Der Vorschlag fiel auf fruchtbaren Boden.

Am 24. Januar 1939 ordnete Göring die Bildung einer ›Reichszentrale für die jüdische Auswanderung‹ an. Ihr Chef wurde Reinhard Heydrich, die Geschäftsführung übernahm der Chef der Gestapo, Heinrich Müller. Sein Nachfolger wurde im Oktober 1939 Adolf Eichmann. Das Ziel der ›Reichszentrale‹ war es, »die Auswanderung der Juden aus Deutschland ... mit allen Mitteln zu fördern«.[22] Zur Koordination der Zusammenarbeit mit den Reichsbehörden wurde ein Ausschuß gebildet. Neben den beiden Zentralstellen in Wien und Berlin wurde eine weitere Zentralstelle in Prag errichtet, auch sie baute Adolf Eichmann auf. Die Zentralstellen standen unter der Leitung Heydrichs.

Um der Auswanderung, noch bevor diese Organisation stand, einen kräftigen Impuls zu geben, nutzte man die Verhaftungen, welche die Sicherheitspolizei und die Gestapo während der Pogromnacht vom 9. auf den 10. November 1938 vorgenommen hatten. Sie hatten vorwiegend reichen Juden gegolten. Nun wurde ihnen ihre sofortige Entlassung angeboten, wenn sie Ausreisepapiere vorweisen konnten oder versprachen, sie in kürzester Frist beizubringen. Auch diese Praxis war nicht neu. Schon im Juni 1938 hatte eine kleinere Verhaftungswelle stattgefunden. Die Verhafteten wurden nur freigelassen, wenn sie für ihre Auswanderung unmittelbar vom Konzentrationslager aus sorgten.[23]

Der Beschleunigung, welche die Auswanderung von Juden aus dem Großdeutschen Reich seit Sommer 1938 erfuhr, liefen intensive Bemühungen parallel, die nationalsozialistische Judenpolitik auf eine neue organisatorische Grundlage zu stellen und die bisher auf viele Institutionen zersplitterten Kompetenzen zentral zusammenzufassen.

Einen ersten Auftrag, das in der Judenpolitik bestehende Nebeneinander unterschiedlicher Einrichtungen zu beseitigen, hatte Göring bereits unmittelbar nach dem Novemberpogrom 1938 von Hitler selbst erhalten. In der Sitzung vom 12. November, die Repräsentanten der wichtigsten Ministerien und Obersten Reichsbehörden zusammenbrachte, berief sich Göring auf diesen Auftrag. Göring, der angesichts seiner vielen Ämter diese Aufgabe nicht selbst wahrnehmen konnte und seine Rolle als »treuer Paladin des Führers« mehr darin sah, Dinge in Gang zu bringen, als sie zu organisieren und kontinuierlich zu lenken, bediente sich zu diesem Zweck des Apparats der Sicherheitspolizei und ihres Chefs, Reinhard Heydrich. Er hatte die Auswanderung der Juden reichseinheitlich zusammenzufassen. Das war jedoch nur mit Gewalt nicht zu bewerkstelligen, vielmehr benötigte man, sollte die neue Behörde effektiv arbeiten, die Mitwirkung der Juden selbst. Görings Anordnung vom 24. Januar 1939, mit der er Heydrich beauftragte, sah deshalb auch vor, »eine zur einheitlichen Vorbereitung von Auswanderungsgesuchen geeignete jüdische Organisation ins Leben zu rufen«.[24] Sie mußte notwendigerweise alle Juden in Deutschland umfassen, und zwar die »Glaubensjuden« und die »Geltungsjuden« gleichermaßen. Anknüpfungspunkte für eine solche jüdische Gesamtorganisation bot die seit September 1933 bestehende ›Reichsvertretung deutscher Juden‹, ein locker organisierter Dachverband der damals im Reich existierenden großen jüdischen Verbände, an deren Spitze der Rabbiner Leo Baeck als Präsident stand.

Nach den »Nürnberger Gesetzen« mußte sich der Verband ›Reichsvertretung der Juden in Deutschland‹ nennen, und 1938 entschied die Führung des Verbandes, daß ihm alle Glaubensjuden angehören mußten. Man befand sich bereits auf dem Wege zur Zwangsvereinigung, aber man sah keine Veranlassung dazu, auch diejenigen einzubeziehen, die sich nicht der jüdischen Religionsgemeinschaft zugehörig fühlten. Zudem verfügte der Verband über keine straffe Organisation. Die ›Reichszentrale für die jüdische Auswanderung‹ griff daher interimistisch auf die Kultusvereinigungen der Juden Deutschlands, die jüdischen Gemeinden, zurück. Sie hatten dafür zu sorgen, daß die wohlhabenden Juden einen Teil ihres Vermögens zur Finanzierung der Auswanderung der ärmeren Juden zur Verfügung stellten. Gleichzeitig bereitete man in interministeriellen Verhandlungen eine Lösung vor, die Görings Anordnung vom 24. Januar 1939 entsprach.

Nach langwierigen Beratungen wurde die neue Organisation schließlich am 4. Juli 1939 ins Leben gerufen.[25] Sie trat an die Stelle der bisherigen ›Reichsvertretung der Juden in Deutschland‹, die zusammen mit allen übrigen jüdischen Vereinigungen aufgelöst wurde. Ausgenommen wurden lediglich der jüdische Kulturbund und das Palästina-Amt. Die neue Organisation erhielt den Namen ›Reichsvereinigung der Juden in Deutschland‹ und war im Unterschied zu ihrer Vorgängerin, die bis 1938 auf freiwilliger Mitgliedschaft beruht hatte, eine Zwangsvereinigung, die alle Juden nach den Kriterien der »Nürnberger Gesetze« umfaßte. Sie bediente sich der Zweigstellen der jüdischen Kultusvereinigungen als ihres regionalen Unterbaus: Sie verloren auf diese Weise ihre Selbständigkeit und wurden zu nachgeordneten Behörden. Baeck trat auch an die Spitze der neuen Organisation, aber nicht mehr als gewählter Repräsentant der deutschen Judenheit, sondern von Heydrich ernannt. Die ›Reichsvereinigung‹ war für alle Juden im »Altreich« in den Grenzen von 1937 und für die sudetendeutschen Gebiete zuständig, nicht jedoch für Österreich und das Protektorat Böhmen und Mähren. Ihre Hauptaufgaben waren die Förderung der Auswanderung und die Organisation des jüdischen Schulwesens und der jüdischen Wohlfahrtspflege.

Die entscheidende Veränderung der Verordnung vom 4. Juli 1939 bestand darin, daß die ›Reichsvereinigung‹ nun de facto unter die Kontrolle der SS geriet. Denn Reinhard Heydrich und sein Chef Heinrich Himmler hatten eine Doppelstellung inne. Nominell waren Himmler als Chef der deutschen Polizei und Heydrich als Chef der Sicherheitspolizei dem Reichsinnenministerium unterstellt. Das Reichsinnenministerium wurde daher auch nominell die Aufsichtsbehörde der ›Reichsvereinigung‹. Aber beide hatten zugleich wichtige Parteiämter inne. In dieser Eigenschaft verfügten sie über eine eigene SS-Bürokratie. Hier lag ihre eigentliche Machtstellung, und von hier aus wurde die ›Reichsvereinigung‹ in Wahrheit gelenkt. Die Angelegenheiten der deutschen Juden wurden damit de facto aus der staatlichen Bürokratie herausgenommen und dem Zugriffsrecht der SS ausgesetzt, die weitgehend frei von gesetzlichen Regelungen zu agieren vermochte. Die neue Machtstruktur läßt sich am jüdischen Pressewesen ablesen. Die bisherigen jüdischen Publikationen wurden ebenso wie die Verbände aufgelöst. An ihre Stelle trat das *Jüdische Nachrichtenblatt*. Es fungierte zugleich als Verordnungsblatt des Hauptamtes Sicherheitspolizei für die in der ›Reichsvereinigung‹ zusammengeschlossenen Juden.

Die Befehls- und Zuständigkeitsstrukturen verliefen nicht nur von oben nach unten, d. h. von der SS (Hauptamt Sicherheitspolizei) über die ›Reichsvereinigung‹ zu den Bezirksstellen und jüdischen Gemeinden, sondern die SS baute auch eine regionale Kontrolle ein. Die einzelnen jüdischen Kultusgemeinden und Bezirksstellen wurden der Aufsicht der lokalen Gestapostellen unterstellt. Damit kontrollierten die SS und ihre Polizei- und Sicherheitszentrale die jüdischen Organisationen auf allen Ebenen. Sie konnten in die personelle Struktur der jüdischen Selbstverwaltungsorgane eingreifen, und sie waren als De-facto-Aufsichtsbehörde in der Lage, die ›Reichsvereinigung‹ mit »weiteren Aufgaben« zu betrauen. Damit war die Grundlage dafür gelegt, daß der jüdische Verwaltungsapparat zu einem »Werkzeug für die Vernichtung der jüdischen Gemeinde« werden konnte.[26]

Der organisatorischen Zusammenfassung der deutschen Juden und ihrer Unterordnung unter die SS entsprach auf der anderen Seite die Reorganisation des bürokratischen Apparats der Verfolger. Am 27. September 1939 wurde eine bereits seit 1938 vorbereitete Reorganisation des SS-, Polizei- und Sicherheitsapparats mit der Bildung des Reichssicherheitshauptamtes (RSHA) abgeschlossen. Es faßte die Sicherheitspolizei (Gestapo und Kripo) und den Sicherheitsdienst (SD) organisatorisch unter einem Dach zusammen und schuf damit auch die Voraussetzung für eine Koordination der antijüdischen Politik dieser beiden eng miteinander verbundenen Organisationen. Sein Chef war Reinhard Heydrich. Damit verfügte die SS über die erforderlichen organisatorisch-institutionellen Voraussetzungen, um die »Judenfrage« der Kompetenz des Reichsinnenministers immer mehr zu entziehen und sie – von den Hemmungen des »ordentlichen« bürokratischen Apparats befreit – im außernormativen Bereich ihrer Sondergewalt zu beschleunigen, zu radikalisieren und zu effektivieren. Ohne diese Prämissen ist die nationalsozialistische Judenpolitik im Zweiten Weltkrieg nicht zu verstehen. Allerdings schuf der Krieg seinerseits Bedingungen, die der bisherigen Entwicklung eine neue, nicht vorhersehbare Richtung gaben.

VII. Der Durchbruch zum Krieg: Vom Münchener Abkommen bis zum Angriff auf Polen

Am 21. Oktober 1938 erging eine Weisung Hitlers an die Wehrmacht, welche die Bereitschaft der deutschen Führung unter Beweis stellte, das wenige Wochen zuvor geschlossene Münchener Abkommen zu brechen. Der Wehrmacht wurde befohlen, sich auf die »Erledigung der Rest-Tschechei« und die »Inbesitznahme des Memellandes« vorzubereiten. Sie sollte in der Lage sein, die beiden Gebiete »aus dem Stand heraus«, d. h. ohne Mobilmachung, jederzeit überfallartig zu besetzen.[1] Die Weisung gab keinen festen Fahrplan vor. Die militärische Aktion wurde an politische Eventualitäten gebunden und ein Termin nicht genannt. Hitler war keineswegs auf die sofortige Liquidierung der Tschechoslowakei fixiert, und er sah die tschechische Frage nicht isoliert. Sie war für ihn vielmehr in den größeren Rahmen der Beziehungen zu Polen und Ungarn eingebunden, mit denen das Reich einen politischen »Block« bilden wollte. Warschau und Budapest gegenüber ließ sich viel besser Politik machen, wenn die Tschechoslowakei zunächst weiter bestand; denn aus dieser Konkursmasse konnten je nach Bedarf Kompensationsobjekte oder Lockangebote geschnitten werden.[2]

1. Der Bruch mit Polen und die Zerschlagung der Tschechoslowakei

Die Herstellung eines Blocks der genannten Staaten setzte voraus, daß Berlin und Warschau ihre Beziehungen intensivierten und die Grenzfragen definitiv klärten, die im deutsch-polnischen Abkommen vom 26. Januar 1934 offengelassen worden waren. Hitler lag sehr daran, Polen politisch eng mit dem Reich zu verbinden; denn er sah eine solche Verbindung als militärisches Zweckbündnis an. Polen konnte dem Deutschen Reich im Falle eines Konfliktes mit den Westmächten den Rücken freihalten und war im Falle eines Konflikts mit der UdSSR als Aufmarschgebiet und Verbündeter von großer Bedeutung. Deshalb machte Ribbentrop dem polnischen Botschafter in Berlin am 24. Oktober 1938 ein aus deutscher Sicht großzügiges Angebot.[3] Polen sollte seine Westgrenze garantiert werden, was im Abkommen von 1934 nicht geschehen war. Lediglich die Freie Stadt Danzig, die seit 1919 unter dem Mandat des Völkerbundes stand, beanspruchte Deutschland für sich, war aber bereit, Polen seinen Freihafen in der Stadt zu lassen und den ungehinderten Zugang nach dort über eine exterritoriale Eisen- und Autobahn zu gewährleisten. Im Gegenzug sollte Polen dem Reich den Bau einer exterritorialen Autobahn zwischen Pommern und Danzig/Ostpreußen erlauben. Das Angebot war aus deutscher Sicht als Basis für ein Bündnis gedacht: Warschau wurde nicht nur eine Verlängerung des geltenden Nichtangriffsabkommens und dessen Ergänzung durch eine Konsultationsklausel vorgeschlagen, sondern Polen sollte auch dem Antikominternpakt beitreten. Darüber hinaus deutete Ribbentrop die Konturen eines generellen Interessenausgleichs an. Offenbar wollten Ribbentrop und Hitler die polnisch-deutschen Beziehungen in derselben Weise regeln, wie das 1936/37 mit den deutsch-italienischen Beziehungen geschehen war, wobei ebenfalls offenblieb, ob sich das neue Verhältnis gegen die UdSSR oder gegen die Westmächte richtete.

Die polnische Antwort, die am 19. November 1938 erteilt wurde, wies für die deutsche Seite nur wenig Anknüpfungspunkte auf.[4] Warschau bot Verhandlungen über die Verbesserung der Verkehrsverbindungen durch den Korridor an, schien aber nicht bereit zu sein, über eine exterritoriale Auto- und Eisenbahnstrecke zu sprechen. Eine Rückkehr Danzigs ins Reich lehnte Warschau ebenfalls ab, war aber daran interessiert, das Völkerbundsmandat abzulösen und den Status der Stadt durch ein bilaterales deutsch-polnisches Abkommen zu regeln. Hier gab es geringfügige Spielräume, zumal Polen nie bestritten hatte, daß Danzig eine ›deutsche‹ Stadt sei. Kategorisch dagegen wurde ein Beitritt Polens zum Antikominternpakt abgelehnt.

Die Reichsregierung, die sich offenbar nicht vorstellen konnte, daß Warschau ihr Angebot, das alle revisionistischen deutschen Forderungen aufgab, definitiv ablehnen könnte, begann Druck auf Polen auszuüben. Am 5. Dezember 1938 wurden die restriktiven Presseanweisungen, die eine Behandlung der Frage der deutschen Minderheiten in Polen bisher untersagt hatten, etwas gelokkert. Gleichzeitig intensivierte die deutsche Regierung ihre Beziehungen zu Ungarn, Rumänien, Bulgarien und Jugoslawien. Doch die polnische Regierung blieb trotz der Isolierung, in die Hitler sie immer mehr manövrierte, hart. Ende Januar 1939 kam Joachim von Ribbentrop mit der Erkenntnis aus Warschau zurück, daß man nicht weiterkommen werde, ohne den Druck auf die polnische Regierung erheblich zu steigern. Als Vehikel hierzu diente die tschechische Frage.

Während Hitler bisher davon ausgegangen war, daß die Zertrümmerung der Tschechoslowakei das Ergebnis einer deutsch-polnisch-ungarischen Gemeinschaftsaktion sein sollte, schloß er jetzt Polen aus. Die Entscheidung, der Tschechoslowakei »den Todesstoß« zu versetzen, traf Hitler Mitte Februar 1939. Zur Vorbereitung der Aktion ließ er die slowakische Regierung unter Josef Tiso – die Slowakei war seit dem 5. Oktober 1938 autonom – dazu aufstacheln, von Prag die Unabhängigkeit zu verlangen, was schließlich am 14. März geschah. Gleichzeitig wurde die ungarische Regierung dazu aufgefordert, in die Karpato-Ukraine einzumarschieren, und am 14. März wurden, nach einem verabredeten Hilferuf der Regierung Tiso, deutsche Truppen in Marsch gesetzt.

Der tschechoslowakische Staatspräsident, Emil Hacha, versuchte zu retten, was nicht mehr zu retten war, und reiste umgehend nach Berlin. Hier wurde er das Opfer einer von Göring und Hitler inszenierten Erpressung. Sie nötigten ihn unter Androhung eines Luftangriffs auf Prag, eine vorgefertigte Erklärung zu unterzeichnen: Um »Ruhe, Ordnung und Frieden« zu sichern, lege er – Hacha – »das Schicksal des tschechischen Volkes und Landes vertrauensvoll in die Hände des Führers des Deutschen Reiches«.[5] Am selben Tag erfolgte die Besetzung des tschechischen Landesteils durch die Wehrmacht, und am Abend traf Hitler auf der Prager Burg ein, wo er am folgenden Tag den Erlaß über die Errichtung des »Protektorats Böhmen und Mähren« unterschrieb.

Das Selbstbestimmungsrecht der Völker, das bisher zur Legitimation deutscher Gewaltakte herangezogen werden konnte, gab nun keinen Rechtfertigungsgrund mehr ab. Statt dessen mußte die Geschichte herhalten. Der Erlaß über das Protektorat sprach davon, daß »die böhmisch-mährischen Länder« ein »Jahrtausend lang« zum »Lebensraum des deutschen Volkes« gehört hätten.[6] Das Protektorat behielt eine eigene tschechische Regierung, die aber von einem deutschen »Reichsprotektor« kontrolliert wurde. Am 18. März 1939 übernahm dieses Amt der ehemalige Außenminister Konstantin von Neurath. Mit der Slowakei wurde am 23. März 1939 ein Vertrag geschlossen, der den Status des Landes als Satellit des deutschen Reiches festschrieb und der Wehrmacht die Ausübung der »militärischen Hoheitsrechte« in den westlichen Landesteilen einräumte.[7]

Die Vorteile, die diese Neugestaltung für das Deutsche Reich hatte, waren vorwiegend militärischer und wehrwirtschaftlicher Natur. Die deutsche Militärgrenze wurde erheblich verkürzt, und die Verkehrsverbindungen zwischen Österreich und Ostdeutschland wurden erleichtert. Die Rüstungskapazität des Reichs konnte durch so bedeutende Waffenproduzenten wie die Skoda-Werke in Pilsen und Prag oder die Tschechoslowakische Waffenwerke A.G. in Brünn aufgestockt und das Humankapital durch die Eingliederung der hochqualifizierten tschechischen Arbeiterschaft erweitert werden. Auch die Rohstoffbasis des Reichs wurde verbreitert. Allerdings waren Böhmen und Mähren agrarische Zuschußgebiete, so daß sich die Zufuhrabhängigkeit des Reichs bei Lebens- und Futtermitteln durch die Neuerwerbung verschärfte.

In demselben Maße, in dem sich die militärisch-strategische Lage des Reichs verbessert hatte, hatte sich die Polens verschlechtert. Die Slowakei räumte der deutschen Wehrmacht sogleich Flugplätze und Militärstützpunkte ein, so daß Polen im Falle eines militärischen Konflikts mit dem Deutschen Reich damit rechnen mußte, auch an der südlichen Flanke umfaßt zu werden. Ungarn war am 24. Februar 1939 dem Antikominternpakt beigetreten und verstärkte die Südumklammerung Polens. In dieser Situation wiederholte Ribbentrop am 21. März 1939 die deutschen Vorschläge im Gespräch mit dem polnischen Botschafter Lipski.[8] Tags darauf gelang dem Reich mit der Litauen abgenötigten Rückgliederung des Memelgebietes die erste territoriale Revision des Versailler Friedensvertrags. Auch diese an sich marginale Veränderung mußte Warschaus Sicherheitsinteressen tangieren; denn sie eröffnete die Perspektive, daß auch Litauen auf den Status eines Satellitenstaats des Deutschen Reichs herabsank. In Berlin wird man gedacht haben, daß Warschau bei nüchterner Abwägung seiner Interessen nichts anderes mehr übrigbleibe, als einzulenken. Doch das Gegenteil trat ein.

Die polnische Regierung verstärkte die Truppen im Korridor.

Die Art und Weise, wie das Danzig-Problem behandelt werde, betonte der polnische Außenminister Josef Beck in seinen Instruktionen für Lipski, bilde »den Prüfstein für die polnisch-deutschen Beziehungen«. Was Lipski am 26. März in Berlin mitzuteilen hatte, lief auf ein freundlich vorgetragenes »Nein« zum deutschen Verhandlungsangebot hinaus. Eine von Ribbentrop ausgesprochene Einladung an Außenminister Beck wurde ausweichend beantwortet.[9] Die polnische Regierung handelte in dem Bewußtsein, daß sie aus prinzipiellen Gründen »den Deutschen jetzt die Zähne zeigen« müßte. Vielleicht, meinte Beck am 24. März auf einer polnischen Kabinettssitzung, komme man in Berlin, wo man das rechte Maß zu verlieren scheine, zur Besinnung, wenn man »auf eine feste Haltung« stoße, was »bisher nicht passiert« sei, andernfalls werde Polen »kämpfen«.[10]

Die polnische Entschlossenheit wurde durch das internationale Echo, das die gewaltsame Zerschlagung der Tschechoslowakei hervorgerufen hatte, wirksam unterstützt. Am 31. März 1939 machte der britische Premier, Neville Chamberlain, vor dem Unterhaus klar, daß Großbritannien entschlossen sei, Polen militärisch beizuspringen, wenn es zur Verteidigung seiner Unabhängigkeit gegen einen deutschen Angriff zu den Waffen greife, und der französische Ministerpräsident, Edouard Daladier, gab eine entsprechende Erklärung ab. Am 6. April wurde diese Garantie in ein wechselseitiges polnisch-britisches Beistandsversprechen umgewandelt und der Abschluß eines Abkommens in Aussicht genommen, das »bleibend« sein sollte. Am 13. April gaben Großbritannien und Frankreich Garantieerklärungen gleicher Art für Rumänien und Griechenland ab und im Mai schließlich auch für die Türkei.

Diese Garantieerklärungen kamen einer Revolution der britischen Diplomatie gleich, die derartige Festlegungen, mit der einen Ausnahme der Garantie der Neutralität Belgiens, auf dem Kontinent bisher vermieden hatte. Sie waren als Warnschuß vor den Bug der deutschen Regierung gedacht und entsprangen nicht etwa einer philanthropischen Vorliebe Großbritanniens für das Schicksal der kleineren Länder Südosteuropas oder für das autoritär regierte Polen, das in letzter Zeit nur zu oft als Komplize des »Dritten Reiches« in Erscheinung getreten war. »Das wahre Problem«, hatte der britische Außenminister, Lord Halifax, am 18. März im Kabinett formuliert, »sei Deutschlands Versuch, die Weltherrschaft zu erreichen, was abzuwehren im Interesse aller Länder liege.« Es komme darauf an, Hitler durch eine Erklärung der britischen Politik zu stoppen oder ihm mit militärischen Mitteln entgegenzutreten. »Andernfalls« könne Großbritannien nur zusehen, »wie ein Land nach dem anderen von Deutschland absorbiert wird«.[11]

Hitler, der offenbar nicht vorausgesehen hatte, daß die Westmächte den Bruch des Münchener Abkommens zum Anlaß nehmen würden, ihre Politik prinzipiell zu überdenken, reagierte wütend auf die neue Situation. Am 27. April 1939 kündigte er das deutsch-britische Flottenabkommen und den deutsch-polnischen Nichtangriffspakt. Beides verbesserte die Situation des Reiches in keiner Weise, zeigte aber, daß Hitler der Konfrontation nicht aus dem Wege gehen wollte. Polen gegenüber bezog Hitler einen ambivalenten Standpunkt. Auf der einen Seite hatte er der Wehrmacht bereits am 11. April befohlen, sich darauf vorzubereiten, »die polnische Wehrkraft« bei sich bietender Gelegenheit zu »zerschlagen«, wollte das aber von der weiteren polnischen Haltung abhängig machen. Daher bot er der polnischen Regierung am 27. April einen neuen Vertrag an, sofern sie ihren Standpunkt korrigierte.[12]

Das Kriegsszenario, von dem Hitler im April 1939 ausging, war von der Realität weit entfernt. Er glaubte, den Krieg auf Polen beschränken zu können, hielt ein Eingreifen »Rußlands« für eher unwahrscheinlich und meinte, bei Gelegenheit dieses Konfliktes sei es, ohne dessen Ausweitung zu riskieren, auch gleich möglich, »die Randstaaten bis zu der Grenze des alten Kurland zu besetzen und dem Reich einzugliedern«, d. h. Litauen und Lettland bis zur Düna. Diese von den herrschenden Eliten im Militär und in der Bürokratie bereits in der Weimarer Republik favorisierte »kleine Ostlösung« bildete auch den Hintergrund für die Vorstellungen, die Hitler am 23. Mai 1939 – nun zur radikalen Kehrtwendung seiner Polenpolitik entschlossen – den Oberkommandierenden der Wehrmachtsteile vortrug. »Danzig ist nicht das Objekt, um das es geht«, gibt der Bericht des diensttuenden Adjutanten Schmundt die Kerngedanken Hitlers wieder. »Es handelt sich für uns um Arrondierung des Lebensraums im Osten und Sicherstellung der Ernährung. Aufrollen des Ostsee- und Baltikumproblems. Lebensmittelversorgung nur von dort möglich, wo geringe Besiedlung.«[13] Die Sowjetunion wurde mit keinem Wort erwähnt, weder als Objekt der Ostexpansion noch als handelnde Großmacht.

Im März oder April, spätestens im Mai 1939 hatte Hitler begriffen, daß ein Bündnis mit Polen in absehbarer Zeit nicht mehr zu haben sein werde. Um die radikale Wendung seiner Polenpolitik zum Krieg, die damit einherging, zu verstehen, muß man sich vergegenwärtigen, was Polens Verweigerung für die deutsche Führung bedeutete. Sie machte die Bemühungen zunichte, einen mitteleuropäischen Machtblock unter deutscher Führung zu schaffen. Ein solcher Machtblock unter Einschluß der Slowakei und Ungarns hätte auf den gesamten Balkan ausgestrahlt, zumal das Reich mit dem einzig ernsthaften Konkurrenten in diesem Gebiet, mit Italien, eng verbündet war. Zugleich hätte er auf die baltischen Staaten ausgestrahlt, die ebenso wie die südosteuropäischen Länder ohnehin bereits in ihrem Außenhandel stark vom Reich abhängig waren. Ein machtpolitisches Dreieck Rom – Berlin – Warschau hätte das Deutsche Reich schlagartig kriegsfähig gemacht, sei es, um auf dieser Basis die Serie der »Blumenkriege« fortzusetzen, sei es, um sich in einem schnellen Feldzug gegen Frankreich oder gegen die UdSSR zu wenden.

Polens Weigerung zerstörte aber nicht nur diese Möglichkeit, sondern sie war auch geeignet, das Reich erheblich zurückzuwerfen, ja, sie stellte in Frage, ob es überhaupt noch gelingen konnte, Deutschland mit außenpolitischen Mitteln kriegsfähig zu machen; denn nun zeichnete sich eine militärische Konfrontation mit den Westmächten einerseits und Polen andererseits ab, in welche die UdSSR jederzeit auf der Seite der Gegner des Reichs eingreifen konnte. Dieser klassischen Konstellation, die das Reich dem Risiko eines Zweifrontenkrieges aussetzte, war durch Zuwarten nicht zu entgehen, vielmehr lief die deutsche Führung, je länger sie wartete desto mehr, das Risiko, daß der knappe Rüstungsvorsprung, den Deutschland den Westmächten gegenüber errungen hatte, verlorenging. Zugleich würde eine solche Mächtekonstellation Deutschlands Einfluß in Südosteuropa und in den baltischen Staaten der Erosion aussetzen und ihm die Möglichkeit, Krieg zu führen, auch auf diesem Wege vorenthalten.

Polens Weigerung warf für Hitler also die grundsätzliche Frage auf, ob er an seinem Ziel, Deutschland kriegsfähig zu machen, festhalten wollte. Da er eine generelle Kurskorrektur, die bei den Westmächten zweifellos entgegenkommende Reaktionen hervorgerufen und die Möglichkeit kleinerer Grenzkorrekturen gegenüber Polen durchaus offengehalten hätte, kategorisch ausschloß, blieb ihm nur der Weg, die sich anbahnende Mächtekonstellation so schnell wie möglich zu zerschlagen, durch die Vernichtung Polens und durch die Ausschaltung des Risikos, daß sich die UdSSR der Gegnerkoalition hinzugesellte.

2. Der deutsch-sowjetische Nichtangriffspakt

Das Tauziehen um die UdSSR, der nun eine Schlüsselrolle im europäischen Mächtesystem zuwuchs, haben die Westmächte eröffnet. Im März und April 1939 waren die ersten Fühler ausgestreckt worden. London schlug Moskau vor, sich an der Politik der Garantien zu beteiligen, und am 25. Mai nahmen die britische und französische Regierung frühere Anregungen Stalins auf und offerierten den Sowjets einen förmlichen Beistandspakt. Entwürfe hierfür gingen hin und her, und am 8. Juni traf der britische Sonderbotschafter, Sir William Strang, zu Verhandlungen in Moskau ein.

Ein Bündnis mit der UdSSR bot den Westmächten unschätzbare Vorteile. Als Nachbar Polens und Rumäniens war die UdSSR in der Lage, diesen Ländern wirksam zu helfen, was für Frankreich und Großbritannien nicht galt. Sie waren nicht nur räumlich von jenen Staaten getrennt, deren Unabhängigkeit sie garantiert hatten, sondern nach dem Urteil ihrer Militärführungen im Konfliktfall auch nur in der Lage, die Maginotlinie zu verteidigen und eine Seeblockade gegen Deutschland zu errichten. Sofortige aktive Hilfe hatte Polen, um das es zunächst einmal ging, nur von der Roten Armee zu erwarten. Ob Polen dadurch vor einer deutschen Besetzung bewahrt werden konnte, war sehr ungewiß, aber auch ein Krieg, der sich bei unglücklichem Verlauf für die polnischen und sowjetischen Streitkräfte in die Weite des russischen Raums ausdehnte, bot den Westmächten Entlastung und paßte in ihr strategisches Kalkül, sich so lange defensiv zu verhalten, bis die eigene militärische Kraft hinreichend ausgebaut und der Rüstungsvorsprung des Reichs ausgeglichen war.

Dieses für die UdSSR nicht gerade vorteilhafte Kalkül ist in Moskau durchschaut worden. Stalin hatte schon am 10. März 1939 vor dem 18. Parteikongreß der KPdSU die Möglichkeit ausgeschlossen, daß sich die UdSSR durch »Kriegstreiber«, die »gewohnt sind, sich von anderen die Kastanien aus dem Feuer holen zu lassen«, in Konflikte hineinziehen lassen werde.[14] Das »Kastanien«-Bild blieb während der Verhandlungen mit den Westmächten präsent. Die leitmotivische Sorge, daß Frankreich und Großbritannien die Sowjets nur gegen die Deutschen vorschicken wollten, um selbst in die Hinterhand zu kommen, paarte sich in Moskau mit dem alten, noch aus der Zeit der Interventionen in den Bürgerkrieg herrührenden Mißtrauen gegen die kapitalistischen Westmächte. Zu entkräften waren diese Befürchtungen nur, wenn man der UdSSR einen Zugewinn an Sicherheit garantierte. Deshalb verlangten die Sowjets ein Durchmarschrecht durch Polen und Rumänien sowie Stützpunkte in den baltischen Staaten und wollten ihr Eingreifen nicht nur im Falle einer direkten deutschen Aggression festgeschrieben wissen, sondern auch im Falle einer »indirekten Aggression«, worunter sie »faschistische« Veränderungen der inneren Machtverhältnisse der betroffenen Staaten verstanden. Das lief praktisch auf einen Freibrief für Interventionen hinaus.

Zudem war die revolutionäre Sowjetunion keine Macht wie jede andere. Es war zu befürchten, daß die osteuropäischen Staaten mit der Hilfe der Roten Armee zugleich die rote Revolution importieren und, weil die Sowjetunion zudem eine revisionistische Macht war, auch mit territorialen Forderungen konfrontiert werden würden. Diese Sorge plagte vor allem Polen und Rumänien. Schließlich hatte Warschau den Sowjets 1920, am Ende des mit französischer Hilfe gewonnenen polnisch-russischen Krieges, ukrainisches und weißrussisches Gebiet abgenommen. Würde die UdSSR Polen militärisch helfen, ohne dieses Gebiet zurückzufordern? Da Großbritannien und Frankreich nur die Unabhängigkeit Polens, nicht aber dessen Integrität garantiert hatten, konnten sich im Falle eines Bündnisses mit der UdSSR gefährliche Entwicklungsperspektiven für Polen eröffnen. Ähnliches galt für Rumänien, das sich leicht der Forderung gegenübergestellt sehen konnte, Bessarabien, das bis 1917 zu Rußland gehört hatte, an die UdSSR zurückzugeben.

Polen sperrte sich von vornherein gegen ein Durchmarschrecht für die Rote Armee, und die britische Regierung machte keine ernsthaften Anstalten, der UdSSR einen Zugriff auf die osteuropäische Staatenwelt zu gestatten. Schließlich hätte sich London in einem grotesken Zirkel bewegt, wenn man der UdSSR das eingeräumt hätte, was man Hitler mit Hilfe der UdSSR gerade vorenthalten wollte. All das paralysierte die Verhandlungen der Westmächte mit der UdSSR und erklärt die Halbherzigkeit, mit der sie geführt wurden. Man gewinnt den Eindruck, daß Briten und Franzosen in Moskau auch deshalb verhandelten, weil sie Berlin auf diese Weise unter Druck setzen konnten.

Das hat Hitler durchschaut und seinerseits begriffen, welche Möglichkeiten sich ihm boten, wenn er das Steuer seiner Rußlandpolitik um 180 Grad herumwarf. Allerdings war Vorsicht geboten; denn eine in der Annäherung an Moskau erlittene diplomatische Niederlage hätte ihn leicht der Lächerlichkeit preisgeben können und die deutsche Position in der diplomatischen Auseinandersetzung geschwächt. Doch offenbar kam Stalin ihm auf halbem Wege entgegen. Am 17. April 1939 suchte der sowjetische Botschafter in Berlin, Alexej Merekalow, den Staatssekretär im Auswärtigen Amt, Ernst von Weizsäcker, auf und machte ihn beiläufig darauf aufmerksam, »ideologische Meinungsverschiedenheiten« hätten »das russisch-italienische Verhältnis kaum beeinträchtigt und brauchten es auch Deutschland gegenüber nicht zu stören«. Man solle doch wieder normale Beziehungen herstellen und »aus normalen Beziehungen könnten auch wachsend bessere werden«. Weizsäcker hatte den Eindruck, daß der Russe die Unterhaltung auf diese Bemerkung »hingeführt« hatte.[15]

Am 3. Mai wurde Außenkommissar Maxim Litwinow, der jüdischer Herkunft war und als Verfechter einer westlich orientierten Außenpolitik galt, durch Wjatscheslaw Molotow ersetzt, der eher als Apparatschik und »Mann Stalins« angesehen wurde. Um sicherzugehen, daß dieses Revirement in Berlin auch richtig verstanden würde, gab der sowjetische Geschäftsträger Georgi Astachow Legationsrat Julius Schnurre, der die im Winter 1938/39 unterbrochenen Wirtschaftsverhandlungen mit der UdSSR auf deutscher Seite geführt hatte, am 5. Mai eine entsprechende Interpretation und fragte nach, ob dies Ereignis die deutsche Seite »zu einer veränderten Einstellung der Sowjet-Union gegenüber bringen würde«. Zum ersten Mal fiel nun das Stichwort »Rapallo«, das der Sowjetrusse am 17. Mai erneut beschwor, diesmal mit dem beziehungsreichen Zusatz, daß in den britisch-sowjetischen Verhandlungen »wohl kaum das von England gewünschte Ergebnis eintreten würde.«[16]

Am 20. Mai stellte Molotow dem deutschen Botschafter in Moskau, Graf Friedrich von der Schulenburg, gegenüber klar, daß die UdSSR nur an einer Wiederaufnahme der Wirtschaftsgespräche interessiert sei, »wenn hierfür die notwendige ›politische Grundlage‹ geschaffen sein werde«. In Berlin reagierte man sehr vorsichtig auf diese Offerte. Ribbentrop fürchtete die Rückwirkungen, die eine politische Annäherung Berlins an Moskau auf das Verhältnis zu Japan haben könnte, und ließ Schulenburg in Moskau instruieren, »ganz stillzuhalten und abzuwarten«.[17] Die retardierende Phase dauerte freilich nicht lange. Offenbar schaltete Hitler sich Ende Mai ein. Am 30. Mai wurde Schulenburg angewiesen, »nun doch« mit den Russen Fühlung aufzunehmen. In Berlin hatte die Interessenpolitik über die Angst vor der diplomatischen Blamage gesiegt.[18]

Die Dinge kamen nun allmählich in Fluß. Man sprach jetzt häufiger miteinander, zunächst vornehmlich über wirtschaftliche, dann auch über politische Fragen. Schulenburg versicherte Molotow am 28. Juni, daß nach deutscher Auffassung der Berliner Vertrag vom 24. April 1926 noch in Kraft sei, was die sowjetische Seite als positives politisches Signal wertete. Am 22. Juli gingen Berlin und Moskau erstmalig in die Öffentlichkeit und gaben die Wiederaufnahme der deutsch-sowjetischen Wirtschaftsverhandlungen bekannt. Während die französisch-britische Militärdelegation Anfang August nach Moskau kam – sie traf am 11. August ein –, überhäuften sich die Deutschen und die Russen mit demonstrativen diplomatischen Höflichkeiten. In Moskau gewann man den Eindruck, den »Fisch an der Angel« zu haben, und spielte auf Zeit.

In Berlin dagegen wurde man allmählich nervös, denn am 26. August sollte die Wehrmacht gegen Polen marschieren. Am 14. August – die britisch-französische Militärdelegation hatte gerade ihre Gespräche mit den Sowjets aufgenommen – beauftragte Ribbentrop den deutschen Botschafter in Moskau, Molotow eine umfassende Erörterung der deutsch-sowjetischen Beziehungen unter Einschluß einer Abgrenzung der Interessensphären anzubieten. Er selbst wolle zu diesem Zweck nach Moskau reisen. Schulenburg sollte den Termindruck, unter den sich die deutsche Seite gestellt hatte, Molotow mit aller Klarheit vor Augen führen und lockend darauf verweisen, »daß es zwischen Ostsee und Schwarzem Meer keine Frage gibt, die nicht zur vollen Zufriedenheit beider Länder geregelt werden könnte«.[19]

Molotow zeigte sich von diesen Mitteilungen sichtlich beeindruckt, meinte aber, ein Besuch Ribbentrops in Moskau müsse sorgfältig vorbereitet werden, damit der Meinungsaustausch auch zu »einem Ergebnis« führe. Die deutsche Seite müsse zuvor klar machen, ob sie bereit sei, einen Nichtangriffspakt zu schließen, im sowjetisch-japanischen Verhältnis zu vermitteln und ein Wirtschaftsabkommen »auf breiter Basis« abzuschließen. Molotow stellte Vorbedingungen und wollte den Zeitdruck, unter dem Berlin zu stehen schien, zur Durchsetzung sowjetischer Forderungen nutzen[20], offenbar in der Erwartung, daß die deutsche Seite noch ordentliche Verhandlungen führen wolle. In Berlin nahm man sich jedoch nicht einmal mehr die Zeit, die sowjetischen Vorschläge zu prüfen. Bereits am nächsten Tag wurde Schulenburg angewiesen, »sofort erneut« bei Molotow vorstellig zu werden und ihm mitzuteilen, daß die deutsche Regierung alle seine Fragen uneingeschränkt positiv beantworte. Ribbentrop erklärte sich bereit, binnen drei Tagen »jederzeit im Flugzeug nach Moskau zu kommen mit der Vollmacht des Führers, über Gesamtkomplex der deutsch-russischen Fragen zu verhandeln und gegebenenfalls entsprechende Verträge zu unterzeichnen«.[21]

Am 17. August antwortete die sowjetische Regierung mit dem Vorschlag, drei Vertragstexte bis zur Unterschriftsreife zu verhandeln: ein Wirtschaftsabkommen, einen Nichtangriffspakt und ein geheimes Zusatzprotokoll zur Abgrenzung der Interessensphären. Den Besuch des Außenministers schob Molotow bis zur Einigung über die Texte hinaus, nicht ohne sich für die im Besuchswunsch zum Ausdruck kommende Anerkennung der sowjetischen Seite zu bedanken, die »in einem beachtlichen Gegensatz zu England« stehe, »das in der Person Strangs einen zweitrangigen Beamten nach Moskau entsandt hätte«.[22] In Moskau wollte man verständlicherweise erst alles unter Dach und Fach haben, bevor man durch einen spektakulären Staatsbesuch die französisch-englische Karte aus der Hand gab.

Ribbentrop schickte Schulenburg am 18. August gleichwohl umgehend erneut zu Molotow. Die sowjetische Seite nannte nun wenigstens einen Termin für den vorgeschlagenen Besuch: »eine Woche nach Veröffentlichung der Unterzeichnung des Wirtschaftsabkommens«, »am 26. oder 27. August«[23], ließ aber durchblicken, daß sie zuvor eine Einigung über den Text des Nichtangriffspakts und des Zusatzprotokolls erwarte. Da Schulenburg im Auftrag Ribbentrops bis hart an die Grenze des diplomatisch Zumutbaren drängelte, übermittelte die sowjetische Seite am Nachmittag des 19. August den Textentwurf für einen Nichtangriffspakt. Bereits am 20. August stimmte Hitler in einem persönlichen Schreiben an Stalin dem Entwurf zu und schlug Stalin zur Klärung der »mit ihm noch zusammenhängenden Fragen« vor, seinen Außenminister am 22., spätestens am 23. August zu empfangen.[24]

Vor allem schnell mußte es gehen, alle Sachfragen wurden in Berlin als zweitrangig angesehen. Stalin durfte nun nicht mehr auf Zeit spielen, wollte er das Geschäft machen, solange die militärischen Würfel noch nicht gefallen waren. Er bestätigte den 23. August als Besuchstermin. Die deutsche Seite wurde freilich genötigt, sich zuvor öffentlich festzulegen. Ein deutsch-russisches Kommuniqué vom 22. August kündigte den Abschluß eines Nichtangriffspakts und den Besuch Ribbentrops in Moskau an.[25]

Der deutsch-sowjetische Nichtangriffspakt, der am 23. August unterschrieben wurde und am selben Tag in Kraft trat[26], ist vor allem wegen seines geheimen Zusatzprotokolls interessant. Ohne die Möglichkeiten, die angesichts der Sicherheitslage der UdSSR – sie stand in Asien im Konflikt mit Japan – für Verhandlungen gegeben waren, auch nur annähernd auszuschöpfen, hatte die deutsche Regierung, um den Vertrag noch vor dem Angriff auf Polen unter Dach und Fach zu bekommen, die territorialen Ansprüche der UdSSR akzeptiert. Sie konzedierte alles, was außerhalb jener »kleinen Ostlösung« lag, wonach Berlin für sich »nur« die Hälfte Polens, Litauen und das »alte Kurland« beanspruchte. Doch Stalin, dem es darauf ankam, möglichst viel von der ehemaligen russischen Ostseeküste zurückzubekommen, forderte in den Verhandlungen auch die Häfen Windau und Libau und engte den baltischen Teil der deutschen Interessensphäre damit auf Litauen ein. Hitler, dessen Entscheidung Ribbentrop in diesem Fall einholte, war die Sache nur zwei Worte wert. »Ja, einverstanden«, ließ er nach Moskau telegraphieren.[27] Polen wurde an einer Linie, die durch die Flüsse Narew, Weichsel und San bezeichnet ist, in eine westliche deutsche und eine östliche sowjetische Interessensphäre geteilt. Im übrigen wurden der sowjetischen Interessensphäre zugeschlagen: Finnland, Estland, Lettland und Bessarabien. In bezug auf Südosteuropa war der Text nicht eindeutig: während die UdSSR ihr Interesse an Bessarabien zu Protokoll gab, bekundete die deutsche Seite das »völlige politische Desinteressement« an den Gebieten »des Südostens Europas«.

Hitler hat sich offenbar erhebliche Wirkungen vom Abschluß des Vertrages versprochen. Zunächst hatte er die Gefahr ausgeschaltet, daß schon der Feldzug gegen Polen zu einem »großen Zweifrontenkrieg« führte. In diesem Sinne mögen seine Ausführungen vor den Spitzen der drei Wehrmachtsteile am 22. August[28] zu verstehen sein: »Damit habe ich«, stellte er im Hinblick auf den zu diesem Zeitpunkt bereits sicheren Vertragsabschluß fest, »den Herrschaften ihre Waffen aus der Hand geschlagen. Polen ist in die Lage hineinmanövriert worden, die wir zum militärischen Erfolg brauchen.«

Darüber hinaus scheint er angenommen zu haben, daß Frankreich und Großbritannien nicht mehr in der Lage seien, Polens militärischen Untergang zu verhindern. Sie würden defensiv bleiben und der Wehrmacht auch den »kleinen Zweifrontenkrieg« ersparen: »Wir werden den Westen halten, bis wir Polen erobert haben.« Ob Hitler daran glaubte, daß Frankreich und Großbritannien nach dem Pakt mit der UdSSR gar nicht erst in den Krieg einträten, ist nicht sicher zu klären. Er schwankte offenbar in seiner Meinung. Seine Ausführungen vor den Wehrmachtsspitzen laufen aber letztlich auf die Annahme hinaus, daß der Krieg im Westen dem Krieg gegen Polen folgen werde und durch den Nichtangriffspakt gerade auch die Voraussetzungen für den Krieg mit den Westmächten geschaffen seien. »Wir brauchen keine Angst vor Blockade zu haben«, bemerkte er triumphierend. »Der Osten liefert uns Getreide, Vieh, Kohle, Blei, Zink.«

3. Ende der Appeasementpolitik?

Welche Illusionen Hitler auch immer gehabt haben mag, am 23. August erhielt er Gewißheit. Der britische Botschafter überreichte in Berlin ein Schreiben Chamberlains an Hitler vom Vortage, in dem der Premierminister davor warnte, von einer durch das deutsch-sowjetische Abkommen veränderten Haltung Großbritanniens auszugehen: »Kein größerer Fehler könnte begangen werden. Welcher Art auch immer das deutsch-sowjetische Abkommen sein wird, so kann es nicht Großbritanniens Verpflichtung gegenüber Polen ändern.« Mit großem Ernst machte Chamberlain Hitler klar, daß ein Angriff Deutschlands auf Polen erneut einen lang andauernden Weltkrieg auslösen würde.[29] Hitler zeigte sich unbeeindruckt. Sein Antwortbrief an Chamberlain vom 23. August wimmelte nur so von larmoyanten Vorwürfen an die britische Adresse. Durch die Polen gewährte Garantie habe Warschau einen »Freibrief« zum Terror gegen die deutsche Minderheit erhalten. Er selbst habe zeit seines Lebens »für eine deutsch-englische Freundschaft gekämpft«, sei aber bitter enttäuscht worden usw. Bemerkenswert ist, daß Hitler zugab, ebenfalls mit einem langen Krieg zu rechnen, und ihn in dem Glauben skrupellos ins Auge faßte, Deutschland sei »darauf vorbereitet und dazu entschlossen«.[30]

Am 25. August bestätigte sich zunächst der Eindruck, daß Hitler zum Äußersten entschlossen sei und sich durch nichts mehr vom Kriegskurs werde abbringen lassen. Um die Mittagszeit empfing er den britischen Botschafter in Berlin, Henderson.[31] »Deutschland sei«, eröffnete ihm Hitler, »unter allen Umständen entschlossen«, die »mazedonischen Zustände an seiner Ostgrenze zu beseitigen.« Damit meinte er, und der britische Botschafter verstand das auch so, daß das Deutsche Reich die zu großen Teilen von der deutschen Seite provozierten Übergriffe im deutsch-polnischen Minderheitenkonflikt zum Anlaß nehmen werde, über Polen militärisch herzufallen. »Nach der Lösung« des polnischen Problems werde er an England »mit einem großen umfassenden Angebot« herantreten. Hitler offerierte der Regierung Chamberlain eine umfassende deutsch-britische Verständigung unter Einschluß von Abrüstungsgesprächen, wie London sie vor München durchaus angestrebt hatte, aber eben erst »nach Lösung der deutsch-polnischen Frage«, wie er betonte.

Was auch immer Hitler mit diesem »Versuchsballon«, der an frühere, zu rein taktischen Zwecken gemachte Versprechen des deutschen Kanzlers erinnerte, bezweckt haben mag, der britische Botschafter ließ ihn nicht im Zweifel darüber, daß Großbritannien bei einem deutschen Angriff auf Polen kämpfen werde und daß eine deutsch-britische Verständigung nur dann eine Chance habe, wenn die deutsch-polnischen Probleme zuvor friedlich, auf dem Verhandlungswege zwischen Berlin und Warschau geregelt worden seien.

Eine halbe Stunde, nachdem Henderson gegangen war, erteilte Hitler der Wehrmacht den Befehl, Polen in den frühen Morgenstunden des 26. August anzugreifen. Am Nachmittag empfing er den französischen Botschafter Coulondre, um erneut den Versuch einer in Larmoyanz verpackten einseitigen Schuldzuweisung zu machen. Coulondre gegenüber betonte er, daß es zwischen Deutschland und Frankreich keine Probleme gebe, da Deutschland endgültig auf Elsaß-Lothringen verzichtet habe. Auch Coulondre ließ Hitler nicht im Zweifel darüber, daß Frankreich kämpfen werde.[32] Coulondre hatte Hitler kaum verlassen, da wurde der italienische Botschafter, Attolico, gemeldet. Er überreichte Hitler einen persönlichen Brief Mussolinis[33], in dem dieser, wortreich verpackt, aber unmißverständlich mitteilte, daß Italien nicht kriegsbereit sei und nicht vor 1942 in einen Krieg gegen Frankreich und Großbritannien eintreten könne. Die Mitteilung verfehlte ihre Wirkung nicht; denn Mussolini hatte mit Hitler am 22. Mai 1939 ein Offensivbündnis geschlossen, das Italien und Deutschland wechselseitig verpflichtete, einander im Kriegsfalle »sofort als Bundesgenossen zur Seite (zu) treten«, unabhängig davon, ob es sich um einen Angriffs- oder Verteidigungskrieg handelte.[34] Dieser »Stahlpakt« genannte Vertrag, der ursprünglich auch Japan hatte einschließen sollen, das sich dann aber verweigerte, war vor allem gegen Großbritannien und Frankreich gerichtet und sollte das Kriegsrisiko für sie erheblich erhöhen. Um nicht als wortbrüchig zu gelten, ließ Mussolini Hitler wissen, daß er »unverzüglich« in den Krieg eingreifen könne, wenn Deutschland Italien umfangreiche Rohstoffmengen sowie 150 Flak-Batterien liefere. Die dem Brief beigefügte Liste war so beschaffen, daß die Aussichtslosigkeit, sie zu erfüllen, ohne größere Mühe festgestellt werden konnte.

Dem ersten Schlag folgte der zweite. Kaum war Mussolinis Brief gelesen, traf die Nachricht ein, daß Großbritannien und Polen ihre am 6. April 1939 bekundete Absicht wahr gemacht und einen Beistandspakt abgeschlossen hatten.

Hitler reagierte mit einer radikalen Entscheidung: Er widerrief den Angriffsbefehl und ließ die in vollem Vormarsch auf die Grenze befindliche Millionenarmee stoppen. Was hatte ihn dazu bewogen? Über die Haltung Frankreichs und Großbritanniens kann er vor dem 25. August kaum in Zweifel gewesen sein. Alles deutet darauf hin, daß er mit ihrem Eingreifen rechnete, so daß es des polnisch-englischen Vertrages kaum bedurft hätte. Aber offenbar hatte sich Hitler bis zum Eintreffen von Mussolinis Brief über die militärische Stärke und die Haltung Italiens getäuscht. Die Neutralität Italiens änderte das militärische Kräfteverhältnis nicht unbeträchtlich; denn Italien hätte erhebliche Land-, See- und Luftstreitkräfte gebunden. Der Ausfall Italiens erhöhte das militärische Risiko auch deshalb durchgreifend, weil der deutsche Aufmarsch am 26. August weder im Westen noch im Osten fertig war. Darauf hatte, kurz nach dem Eintreffen des Mussolini-Briefs, der Oberbefehlshaber des Heeres, Generaloberst von Brauchitsch, Hitler noch einmal nachdrücklich aufmerksam gemacht: Man brauche noch etliche Tage, um wirklich fertig zu sein, d. h., um die Westfront bis zu einer annähernden Verteidigungsfähigkeit zu bestücken und die Schlagkraft im Osten so zu erhöhen, daß die polnische Armee möglichst schnell, vor dem Wirksamwerden eventueller französisch-britischer Angriffshandlungen im Westen, kapitulierte.[35]

Die Verschiebung des Angriffstermins, der erst auf den 31. August und dann auf den 1. September festgelegt wurde, gab die Möglichkeit, die Mobilisierung der verfügbaren Truppen zu vervollkommnen und dem Dilettantismus eines weder politisch noch militärisch hinreichend vorbereiteten Krieges wenigstens partiell zu steuern. Die gewonnene Zeitspanne wurde auch dazu genutzt, die politische Rechtfertigung für den Krieg zu erhöhen. Am 25. August sandte Göring einen Vertrauten, den schwedischen Geschäftsmann Birger Dahlerus, nach London. Er brachte den deutsch-britischen Dialog[36] wieder in Gang, und die Briten schlugen, nachdem Hitler die Rückgliederung Danzigs und die Lösung des Korridorproblems gefordert hatte, direkte deutsch-polnische Verhandlungen vor. Doch Hitler spielte mit gezinkten Karten: An die Entsendung eines polnischen Unterhändlers knüpfte er die ultimative Bedingung, dieser habe noch am 30. August in Berlin einzutreffen. Die britische Regierung ließ sich darauf nicht ein. Am 30. August ließ Hitler seine Forderungen an Polen, die bewußt maßvoll gehalten waren, dem britischen Botschafter in Berlin durch Ribbentrop verlesen, ohne sie auszuhändigen, bezeichnete sie aber als obsolet, da der polnische Unterhändler nicht erschienen sei: ein letzter Versuch, ein Alibi vorzutäuschen. Von Hitlers Seite boten die letzten Ereignisse also nichts Neues. In Paris und London wäre man bereit gewesen, dem deutschen Reichskanzler goldene Brücken zu bauen, hätte er wirklich verhandeln wollen. So zeigen die letzten Augusttage noch einmal in aller Deutlichkeit: Hitler und nur Hitler wollte den Krieg, denn es ging ihm nicht um erreichbare Ziele, nicht um Danzig, den Korridor oder Oberschlesien, sondern um die Eroberung Polens und die brutale Liquidierung einer kleinen Macht, die es gewagt hatte, ihm die Stirn zu bieten. Hitler hatte sich entschieden, die Gunst der Stunde zu nutzen, um jene Karte auszuspielen, die er vom ersten Tage seiner Kanzlerschaft an im Auge gehabt hatte, das Instrument einer überlegenen Armee. Welcher Krieg daraus entstehen würde, konnte er nicht wissen. Er mag gehofft haben, den Krieg auf Polen beschränken zu können, aber er nahm das Risiko eines Krieges mit den Westmächten in Kauf. Überlegener konnte seine Wehrmacht nicht mehr werden, worauf also sollte er warten? Die Eroberung Polens und der deutsch-sowjetische Nichtangriffspakt sollten Deutschland in die Lage versetzen, den Krieg mit den Westmächten durchzustehen. War es ihm nicht gelungen, eine günstigere Ausgangsposition für einen Krieg zu erringen, als sie das Reich im August 1914 besessen hatte? Der Preis, der hierfür entrichtet worden war, läßt sich paradigmatisch an der sozialen Lage der Bevölkerung ablesen.

VIII. Rüstungskonjunktur und soziale Lage

Generelle Aussagen über die soziale Lage der Bevölkerung im nationalsozialistischen Vorkriegsdeutschland[1] begegnen erheblichen Schwierigkeiten. Die einseitige Ankurbelung der Rüstungsproduktion, von der die wirtschaftliche Entwicklung seit 1935 zunehmend bestimmt wurde, verzerrte die Strukturen. Die Produktionsgüterindustrien, die Schwerindustrie und der Maschinenbau, die chemische Industrie, die Elektroindustrie, die Flugzeug- und Kraftwagenindustrie profitierten von der Rüstungskonjunktur, während die Konsumgüterindustrien im Schatten der Entwicklung standen. Die staatliche Kontrolle der Investitionen und die Lenkung der Rohstoffe bewirkten eine Umschichtung. Der Index der Investitionen in den Produktionsgüterindustrien (preisbereinigt 1928 = 100) stieg von 49 im Jahre 1934 über 86 im Jahre 1935 auf 256 im Jahre 1939. Schon 1936 lag der Index 16 Punkte über dem Stand des Hochkonjunkturjahres 1928. Die Investitionen in den Konsumgüterindustrien blieben dagegen erheblich hinter dieser Entwicklung zurück. Der Index erhöhte sich von 59 im Jahre 1934 über 65 im Jahre 1935 auf 119 im Jahre 1939. Er überschritt erst 1938 mit 6 Punkten leicht den Stand von 1928. Der Anteil der industriellen Anlageinvestitionen des Produktionsgüterbereichs an den Bruttoinvestitionen stieg von 55,5% im Jahre 1933 auf 81,1% im Jahre 1939, während der Anteil der Verbrauchsgüterindustrien von 44,5% im Jahre 1933 auf 18,9% im Jahre 1939 absackte.[2]

Es kam im nationalsozialistischen Deutschland vor dem Kriege in hohem Maße darauf an, wo man investierte und arbeitete. Wer an der Rüstungswirtschaft teilhatte, verdiente mehr und lebte besser als derjenige, der in den Verbrauchsgüterindustrien tätig war. Strukturelle Verschiebungen kamen hinzu. Den Produktionsgüterindustrien flossen nicht nur die Investitionen zu, sondern sie waren auch besser mit Rohstoffen und Energie versorgt als die Verbrauchsgüterindustrien. Die Arbeiter wanderten aus der Landwirtschaft und den Verbrauchsgüterindustrien in die von der Rüstungskonjunktur begünstigten Bereiche ab. Sie verdienten dort nicht nur mehr, sondern ihnen wurden dort auch bessere Aufstiegschancen eröffnet. Die Produktions- und Gewinnchancen der Unternehmen waren dort ebenfalls größer. Die staatlichen Rüstungsaufträge begünstigten zudem tendenziell den Großbetrieb vor dem Mittel- und Kleinbetrieb, so daß der gewerbliche Mittelstand bald unter erheblichen Druck geriet und es hier schon vor dem Krieg zu zahlreichen Betriebsstillegungen und Konkursen kam. So verringerte sich die Zahl der Handwerksbetriebe allein in den Jahren 1936 bis 1939 um 300 000 Betriebe. Andererseits gelang es vielen Handwerks- und Kleinbetrieben, als Zulieferer an der Rüstungskonjunktur zu partizipieren und sich an die neu entstehenden modernen Industrien, etwa den Flugzeug- und Fahrzeugbau anzuhängen. Die Chancen waren höchst ungleich verteilt, und der Wettbewerb war verzerrt, wozu nicht zuletzt auch politische Faktoren beitrugen. Parteigenossen hatten es generell leichter als diejenigen, die es wagten, sich dem politischen Anpassungsdruck zu entziehen.

1. Unternehmer und Selbständige

Die Darstellung der sozialen Lage in den einzelnen gesellschaftlichen Gruppen steht unter dem generellen Vorbehalt dieser durch die Rüstungskonjunktur verzerrten Strukturen. Stellt man das in Rechnung, war das soziale Klima für Unternehmer und Selbständige am günstigsten. Sie erfreuten sich einer durch die sozialdarwinistische Weltanschauung des Nationalsozialismus gesteigerten Wertschätzung in der Öffentlichkeit. Die Nationalsozialisten, die sich seit 1930 intensiv um persönliche Kontakte zur Industrie bemüht hatten, griffen im Zuge der Rüstungswirtschaft immer stärker auf die organisatorischen Erfahrungen dieser Personengruppe zurück, so daß es zur Einbeziehung zahlreicher Industrieller und Selbständiger in die staatlichen Lenkungsorgane kam.[3]

Außer diesen in ihren Wirkungen nur schwer zu ermessenden personellen Verknüpfungen bestanden für die Unternehmer auch sonst außerordentlich günstige Rahmenbedingungen. Der Regierung gelang es, die Reduzierung der Produktionskosten, die während der Krise eingetreten war, im großen und ganzen beizubehalten. Preise und Löhne wurden auf dem niedrigen Niveau der Krise eingefroren, und Auftriebstendenzen begegnete man durch ein rigides Kontrollsystem. Die Abschaffung der Tarifautonomie und die Beseitigung der unabhängigen Gewerkschaften erleichterten das außerordentlich und trugen mit dazu bei, daß die Soziallasten ebenfalls gering blieben. Die Steuerpolitik der Regierung begünstigte die Unternehmen. Hiervon profitierten in erster Linie die großen Kapitalgesellschaften, weil sie in aller Regel an der Rüstung zu partizipieren vermochten und für eine moderne Rüstung rentabler arbeiteten als kleinere Betriebe. Ihre Unternehmergewinne wiesen in den Jahren 1933 bis 1939 jährliche Wachstumsraten von 36,5% aus.

Da die Mehrzahl der kleineren Gewerbe- und Handwerksbetriebe in der Konsumgüterindustrie tätig war, waren deren Gewinnchancen zum Teil erheblich geringer.[4] Der Existenzgefährdung, der die mittelständischen Betriebe im Handel und im Handwerk ausgesetzt waren, versuchte die Regierung durch eine Sicherung des volkswirtschaftlich »gesunden« und überlebensfähigen Betriebes entgegenzuwirken. Am 1. Januar 1935 wurde für Einzelhandelsgeschäfte eine allgemeine Zulassungspflicht erlassen. Der Sachkundenachweis als Bedingung für die Neuzulassung war bereits am 23. Juni 1934 eingeführt worden. Um den Einzelhandel gegen die großen Warenhäuser zu schützen, verhängte man gegen diese eine allgemeine Einrichtungs- und Erweiterungssperre. Im Handwerk wurde analog hierzu am 18. Januar 1935 der Große Befähigungsnachweis eingeführt, der die Zulassung neuer Betriebe an die bestandene Meisterprüfung band. Die Pflichtinnungen, die den Neuzugang ohnehin begrenzten, waren bereits am 15. Juni 1934 eingeführt worden. Die Regierung versuchte, diese Gewerbebereiche, aus denen sich ein wesentlicher Teil der Anhänger der NSDAP rekrutierte, zu Lasten der Kleinstbetriebe und der neu Hineindrängenden zu konservieren und dadurch die Einkommen der etablierten Betriebe zu stabilisieren.

2. Arbeiter

Trotz mancher Schwierigkeiten, mit denen vor allem die im Konsumgüterbereich tätigen Handwerks- und Gewerbebetriebe zu kämpfen hatten, war es im nationalsozialistischen Deutschland generell günstiger, selbständig als abhängig beschäftigt zu sein. Die Einkommen der gewerblich Selbständigen lagen 1939 um 130% über dem Stand von 1933, die Einkommen der Abhängigen hingegen nur um 49%. Die Arbeiter in der Industrie[5] profitierten von der Rüstungskonjunktur in weit geringerem Maße als die Unternehmer. Die Weltwirtschaftskrise hatte die Existenzbedingungen für die Industriearbeiter durch Entlassungen, den Abbau der Stundenlöhne, die Kürzung der Arbeitszeiten und der Sozialleistungen erheblich verschlechtert. Vor allem die Verminderung der Arbeitszeiten wird in der Regel in ihrer Wirkung übersehen oder unterschätzt. Die Mehrzahl der Beschäftigten arbeitete weniger als 48 Stunden in der Woche, d. h., sie bezog einen erheblich verminderten Wochenlohn.[6] Die Kurzarbeit muß zu der Arbeitslosigkeit hinzugerechnet werden, will man das Ausmaß der Beschäftigungskrise in der Industrie ermessen.

Die nationalsozialistische Wirtschaftspolitik hat nur einen Teil dieser durch die Krise geschaffenen Lebensbedingungen der Arbeiter durchgreifend geändert. Eindeutig waren die Erfolge der Beschäftigungspolitik. Arbeitslosigkeit und Kurzarbeit wurden innerhalb von vier Jahren beseitigt. Angesichts der Steigerung der Lohnsumme, die durch die schrittweise Rückgliederung der Arbeitslosen ins Erwerbsleben bewirkt wurde, fiel es der Regierung zunächst relativ leicht, die Entwicklung der Stundenlöhne unter Kontrolle zu halten. 1933 wurde ein allgemeiner Lohnstopp verkündet. Auch als die Konjunktur bereits auf Hochtouren lief, wurden die Lohnerhöhungen in engen Grenzen gehalten. Die positiven Ergebnisse des Konjunkturverlaufs sollten der Rüstung und nicht dem privaten Verbrauch zugute kommen und wurden deshalb nicht über die Löhne an den Konsumenten weitergegeben. So blieb die Steigerung der realen Stundenlöhne zwischen 1933 und 1939 gering. Der Index (1929 = 100), der sich 1933 auf dem niedrigen Krisenniveau von 73 bewegte, stieg um weniger als 2 Prozentpunkte pro Jahr und erreichte 1939 lediglich 83, das waren 17 Prozentpunkte weniger als 1929.

Wer mehr verdienen wollte, mußte länger arbeiten. Die Arbeitszeiten tendierten vor allem in der Rüstungsindustrie dazu, die tariflich vereinbarte Arbeitszeit von 48 Stunden zu überschreiten. Das ist an der Steigerung der realen Wochenlöhne abzulesen. Sie belief sich zwischen 1933 und 1939 auf 16 Prozentpunkte. 1938 erreichten die realen Wochenlöhne den Stand von 1929, und 1939 wurde er leicht überschritten. Infolge der Konkurrenzsituation am Arbeitsmarkt, die 1938 spürbar wurde und sich 1939 verschärfte, kam es in vielen Fällen zu Ausweichbewegungen. Die um die Ausführung ihrer Rüstungsaufträge bangenden Firmen warben Arbeitskräfte aus anderen Wirtschaftsbereichen ab und lockten sie mit verbesserten betrieblichen Sozialleistungen und übertariflichen Lohnzuschlägen. Wie der Arbeiter sozial gestellt war, hing im Einzelfall davon ab, wie begehrt sein Fachwissen und wie groß seine Mobilität waren. Die seit 1933 kontinuierlich fallende Lohnquote, d. h. der sinkende Anteil der Löhne am Volkseinkommen, zeigt freilich, daß die Industriearbeiterschaft trotz dieser Verbesserung ihrer Löhne nicht in vollem Umfang am Aufschwung der Gesamtwirtschaft teilhatte. Inwieweit das ihr Lebensgefühl beeinflußt hat, ist schwer auszumachen. Wichtiger, aber noch schwerer festzustellen und nachträglich zu beurteilen ist, daß die Zusammensetzung des Warenkorbes und die Qualität der zu kaufenden Konsumgüter sich seit 1933 kontinuierlich verschlechterten. Der Arbeiter konnte zwar mehr kaufen, aber er erhielt für sein Geld zunehmend schlechtere Ware.[7]

Der Preis, den die Arbeiterschaft für ihren – gemessen am niedrigen Stand in der Krise – bescheidenen Wohlstand bezahlen mußte, war hoch. Zwar bemühte sich die Regierung durchaus darum, den Status des Arbeiters propagandistisch aufzuwerten und ihn als »Arbeiter der Faust« gleichberechtigt neben den »Arbeiter der Stirn« zu stellen, aber dem stand eine erhebliche Verschlechterung des Realstatus des Arbeiters gegenüber. Hier ist vor allem die Beseitigung der unabhängigen Gewerkschaftsbewegung zu nennen. An ihre Stelle trat am 10. Mai 1933 als nationalsozialistische Einheitsgewerkschaft die ›Deutsche Arbeitsfront‹ (DAF). Sie war dem Ziel verpflichtet, eine von Klassenantagonismen freie »Volksgemeinschaft« zu schaffen, und zählte daher nicht nur Arbeiter und Angestellte zu ihren Mitgliedern, sondern auch Unternehmer, freiberuflich Tätige sowie mittelständische Handwerker und Gewerbetreibende. Ihr Chef wurde Reichsleiter Robert Ley.[8] Ob es der DAF gelang, zu einer wirklichen Interessenvertretung der Arbeiter zu werden, mußte wesentlich von dem Einfluß abhängen, den sie auf die Tarifpolitik würde geltend machen können.

Diese Frage wurde durch die Arbeitsgesetzgebung des Jahres 1934 weitgehend negativ vorentschieden. Am 20. Januar 1934 trat das »Gesetz zur Ordnung der nationalen Arbeit« in Kraft.[9] Es stellte die Betriebsgemeinschaft in den Mittelpunkt, bezog sich aber nur auf Betriebe mit mehr als zwanzig Beschäftigten. Der Mittelstand blieb weitgehend außerhalb. An die Spitze der Betriebsgemeinschaft stellte das Gesetz den Unternehmer als »Führer des Betriebes«. Er entschied »in allen betrieblichen Angelegenheiten«. Die Arbeitnehmer, jetzt »Gefolgschaft« genannt, hatten ihm Treue zu schwören und Gehorsam zu leisten. An die Stelle des Betriebsrates trat ein »Vertrauensrat«, der aufgrund einer Liste von den Arbeitnehmern »gewählt« wurde, die der Betriebsführer zusammen mit dem Obmann der DAF aufstellte. Das Interesse an diesen Scheinwahlen war entsprechend gering.

Für den Arbeitsfrieden hatten die »Treuhänder der Arbeit« zu sorgen. Sie unterstanden als Reichsbeamte dem Reichsarbeitsminister und überwachten die Arbeitsbedingungen, insbesondere die Sozialleistungen und die Tariflöhne. Sie nahmen – wenn auch mehr im Sinne des Staates und der Unternehmer als im Sinne der Arbeitnehmer – genuin gewerkschaftliche Aufgaben wahr. Die DAF hatte auf die Löhne und Tarifverträge so gut wie keinen Einfluß. Um sich gegenüber den Arbeitnehmern zu legitimieren, wich sie auf Nebenbereiche wie die Verschönerung der Fabriken (»Schönheit der Arbeit«), die Errichtung von Kantinen und die Freizeitgestaltung der Arbeiter aus (»Kraft durch Freude«). Gleichwohl ist die Beurteilung der DAF schwierig. Sie besaß mit einer Mitgliedschaft von 25 Mio im Jahre 1942 als Massenorganisation ein gewisses Gewicht im nationalsozialistischen Herrschaftssystem, das sie vor allem dann erfolgreich ins Spiel bringen konnte, wenn es darum ging, die Arbeiterschaft in kritischen Systemphasen ruhig zu halten.

Die neben dem Verlust der gewerkschaftlichen Interessenvertretung und der politischen Selbstbestimmung vermutlich erheblichste reale Einbuße erlitt die Arbeiterschaft durch die Beseitigung der Freizügigkeit. Das war eine unmittelbare Folge der Rüstungskonjunktur und die andere Seite der Vollbeschäftigung. 1935/36 waren einige Branchen der Rüstungs- und Bauwirtschaft nicht mehr in der Lage, ihren Bedarf an Arbeitskräften – vor allem Facharbeiter fehlten – auf dem Arbeitsmarkt zu decken. Da eine Bedarfsdeckung durch Lohnanreize infolge der Lohnstoppolitik auf unüberwindliche Hindernisse stieß, sah sich die Regierung zum Eingreifen veranlaßt. Am 26. Februar 1935 wurde das »Arbeitsbuch« – der »Wehrpaß der Arbeit« – durch Gesetz geschaffen und erst in der Rüstungsindustrie und der Bauwirtschaft, dann für die meisten Arbeitnehmergruppen sukzessive eingeführt. Ohne die Vorlage eines Arbeitsbuches konnte der Arbeitnehmer bald nicht mehr eingestellt werden. Es wurde für die Dauer des Arbeitsverhältnisses vom Unternehmer einbehalten und sollte es dem Arbeitnehmer erschweren, den Arbeitsplatz zu wechseln. Zugleich ermöglichte es eine statistische Erfassung der Arbeitnehmer, die im Arbeitsbuch nach Alter, beruflichem Werdegang, Fähigkeiten, Familienstand registriert wurden.[10] Einstellungsverbote und -gebote ergänzten das Instrumentarium. 1938 ging die Regierung Hitler zur offenen Militarisierung des Arbeitsmarktes über. Im Zuge der Errichtung der Befestigungsanlagen im Westen (»Westwall«) wurde im Juni 1938 die Teildienstverpflichtung eingeführt. Im Februar 1939 schließlich wurde die umfassende Dienstverpflichtung für Arbeiter verordnet. Damit war die Freizügigkeit vollständig beseitigt, bevor der Krieg begonnen hatte.[11]

Die Militarisierung des Arbeitsmarktes hatte sich frühzeitig und zunächst unter anderen Prämissen angedeutet. Vorwiegend zur Bekämpfung der Jugendarbeitslosigkeit war am 5. Juni 1931 der Freiwillige Arbeitsdienst eingerichtet worden. Am 31. März 1933 übernahm der ehemalige Generalstabsoffizier Konstantin Hierl dessen Leitung. Am 26. Juni 1935 wurde das Prinzip der Freiwilligkeit aufgegeben und der Reichsarbeitsdienst (RAD) geschaffen. Nun galt eine Allgemeine Dienstpflicht für männliche Arbeitskräfte im Alter von 18 bis 25 Jahren. Der RAD war praktisch eine paramilitärische Organisation. Die Arbeitnehmer arbeiteten in geschlossenen Einheiten, waren uniformiert und militärischem Reglement unterworfen. Die Gesamtstärke des RAD belief sich am 1. Oktober 1935 auf 200000 und stieg bis zum 1. Oktober 1939 auf 350000 Mann an. Er geriet zu Beginn des Krieges unter die Kontrolle der Wehrmacht, welche die Arbeitsdienstmänner über ihre Wehrkreiskommandos ausheben ließ.

3. Bauern und Landwirte

Von allen Wirtschaftsbereichen besaß die Landwirtschaft in den Augen der Nationalsozialisten von jeher die oberste Priorität. In den Regierungserklärungen des Jahres 1933 räumte Hitler der Beseitigung der Notlage der Landwirtschaft den Vorrang selbst vor der Beseitigung der Arbeitslosigkeit ein. Er erblickte in einer gesunden Bauernwirtschaft den Urquell des deutschen Volkstums und befürchtete den »Zusammenbruch des deutschen Volkskörpers« und den endgültigen Sieg des Kommunismus, wenn es nicht gelinge, sie zu erhalten und zu schützen.[12] Aus dem Bauernstand sollten die Siedler für die deutsche Ostkolonisation kommen. Es waren politisch-ideologische Gründe, welche die Agrarpolitik zur Priorität werden ließen, nicht wirtschaftliche. Die soziale Lage in der Landwirtschaft hing einerseits davon ab, in welchem Umfang es der nationalsozialistischen Regierung gelang, diese ideologisch-politische Zielsetzung gegen die wirtschaftlichen Kräfte durchzuhalten, welche die Aufrüstung freisetzte. Sie wurde andererseits dadurch definiert, daß die Aufrüstung und Kriegsvorbereitung ohne die Landwirtschaft nicht möglich waren. Das vor allem unterschied die Chancen der ländlichen Bevölkerung von den Chancen des gewerblichen Mittelstandes.

Die ersten agrarpolitischen Maßnahmen der Regierung Hitler knüpften an Bestrebungen der vorangegangenen Regierungen an. Schon die Regierung Brüning hatte eine Zinsverbilligung für Agrarkredite eingeleitet. Sie wurde 1933 in Form einer allgemeinen Umschuldung fortgeführt. Auf diese Weise gelang es, die Zinszahlungen der Landwirtschaft erheblich zu vermindern. Sie sanken im Rechnungsjahr 1934/35 auf insgesamt 650 Mio RM gegenüber 1005 Mio RM im Rechnungsjahr 1931/32. Zugleich wurde die Umsatzsteuer für Agrarprodukte um die Hälfte gesenkt.[13] Der Verminderung der Belastungen korrespondierte eine Zunahme der Verkaufserlöse der Landwirtschaft. Sie waren in der Weltwirtschaftskrise auf weniger als zwei Drittel des Standes von 1928/29 gefallen und stiegen zwischen 1933 und 1938 von 6,7 auf 10,7 Mrd RM, d. h. um 60%, an. Zwar blieb dieses Wachstum hinter dem des Bruttosozialprodukts zurück, aber es übertraf das Wachstum der Industriearbeiterlöhne nicht unbeträchtlich. Der Anstieg der bäuerlichen Einkommen betrug zwischen 1925 und 1939 immerhin 39%. Den selbständigen Bauern ging es besser als den Arbeitern und besser als jenem Teil des gewerblichen Mittelstandes, der nicht von der Rüstungskonjunktur profitieren konnte.

Gleichwohl setzte die Rüstungskonjunktur auch die Landwirtschaft unter Druck. Die Arbeiter wanderten in die Rüstungsindustrie ab, und zahlreiche, vor allem kleinere Betriebe mußten geschlossen werden. Waren 1933 noch 28,9% der Erwerbspersonen in der Landwirtschaft beschäftigt, waren es 1939 nur noch 25,9%. Im selben Zeitraum erhöhte sich der Anteil der Erwerbspersonen im produzierenden Gewerbe von 40,4% auf 42,2%. Da die Anzahl der Betriebe infolge der Binnensiedlung insgesamt wuchs, mußten mehr Betriebe mit weniger Arbeitskräften auskommen, so daß davon auszugehen ist, daß der Anteil der mithelfenden Familienangehörigen bei den Beschäftigten in der Landwirtschaft stieg. Diese Entwicklung konnte aber teilweise durch die Mechanisierung der Produktion aufgefangen werden. Zum Beispiel verdreifachten sich die Aufwendungen für Maschinen und Ackergeräte zwischen 1933/34 und 1938/39. Nicht zuletzt der Mechanisierung und dem steigenden Einsatz von künstlichen Düngemitteln ist es zu danken, daß die Agrarproduktion zwischen 1933 und 1939 trotz mancher Schwankungen vor allem in den Anfangsjahren insgesamt stieg. Sie übertraf 1938/39 den Stand des Jahres 1928 immerhin um ein Fünftel. Der Grad der Selbstversorgung der deutschen Wirtschaft mit Agrarprodukten stieg im gleichen Zeitraum von 68% auf 83%.

Wichtiger als die unbestreitbaren, aber insgesamt doch eher bescheidenen Erfolge der nationalsozialistischen Agrarpolitik wurden die organisatorischen Veränderungen, welche die Regierung in der Landwirtschaft einleitete. Sie waren eine Folge der nationalsozialistischen Weltanschauung und der erheblichen Vorarbeit, die der 1930 gegründete agrarpolitische Apparat der NSDAP unter der Leitung von Walter Darré durchgeführt hatte. Als Darré am 29. Juni 1933 dem glücklosen Alfred Hugenberg als Landwirtschaftsminister folgte, hatte die NSDAP die agrarpolitischen Verbände bereits gleichgeschaltet und konnte daran gehen, die gesamte Landwirtschaft im sogenannten ›Reichsnährstand‹ neu zu organisieren. Mit dem Gesetz über den »vorläufigen Aufbau des Reichsnährstandes« vom 13. September 1933[14] wurde die Landwirtschaft einer umfassenden Marktordnung unterworfen. Preise und Produktionskontingente wurden von »oben« festgelegt. Damit sollte dem Preisverfall der Agrarprodukte Einhalt geboten und das Einkommen der Landwirte gesichert werden. Zugleich gewann der Staat die Möglichkeit, den Landwirten vorzuschreiben, was sie anbauen sollten und was nicht, und die agrarische Produktion entsprechend den Erfordernissen der Aufrüstung und Kriegsvorbereitung zu steuern; denn im ›Reichsnährstand‹ waren sämtliche landwirtschaftlichen Betriebe, die Fischerei, der Handel mit Landwirtschaftserzeugnissen und die Agrarprodukte verarbeitende Industrie zusammengeschlossen. Ein bürokratischer Apparat, der ca. 20000 vollbesoldete Funktionäre umfaßte, sorgte für die organisatorische Struktur. 1936 wurde der ›Reichsnährstand‹ der Vierjahresplanbehörde unterstellt und der Agrarsektor auf die Erfordernisse der Aufrüstung ausgerichtet. Die »Verordnung zur Sicherung der Landbewirtschaftung« vom 23. März 1937 vervollständigte das Zwangsinstrumentarium und setzte den Staat in die Lage, die Art der Nutzung der landwirtschaftlichen Flächen zu regeln, falls der Landwirt den staatlichen Vorgaben nicht von sich aus entsprach.[15]

Das Janusgesicht der nationalsozialistischen Agrarpolitik, die einerseits Einkommenssicherung betrieb und andererseits eine lückenlose Lenkung nach rüstungswirtschaftlichen Prioritäten etablierte und den Selbständigen in der Landwirtschaft seiner Freiheitsrechte beraubte, prägte auch das wohl spektakulärste und ideologischste Gesetz der nationalsozialistischen Agrarpolitik, das Reichserbhofgesetz vom 29. September 1933.[16] Es diente der Sicherung des mittleren landwirtschaftlichen Betriebes zwischen 7,5 und 125 Hektar Größe und betraf ca. 55% der landwirtschaftlichen Fläche. Wer Inhaber eines solchen »Erbhof« genannten Betriebes war, führte die Bezeichnung »Bauer« im Unterschied zum »Landwirt«, dem Inhaber anderer Betriebsarten. Der Erbhof wurde gegen Pfändung und Erbteilung gesichert und durfte ohne gerichtliche Erlaubnis nicht verkauft werden. Deutlich kam im Gesetz das Ziel zum Ausdruck, »das Bauerntum als Blutquelle des deutschen Volkes« zu erhalten und den volkswirtschaftlich gesunden, mittleren Betrieb vor den Fährnissen und Wechselfällen der kapitalistischen Wirtschaft und ihrer Konjunktureinbrüche zu sichern. Der »Bauernstand« sollte um jeden Preis für die Ostsiedlung intakt gehalten werden, auch um den Preis der partiellen Entmündigung der Betriebsinhaber, die nicht nur am Verkauf ihres Eigentums gehindert, sondern auch in der Kreditaufnahme der staatlichen Reglementierung unterworfen wurden.

In den ersten Jahren der nationalsozialistischen Regierung schien diese Politik manche Vorzüge zu haben. Auf dem Höhepunkt der Rüstungskonjunktur stellte sich aber heraus, daß der Staat seine umfassenden Lenkungsbefugnisse auch im Agrarsektor dazu nutzte, vor allem die Rüstung sicherzustellen. Die Agrarwirtschaft wurde nicht nur am Ziel einer möglichst großen Autarkie orientiert, um Importe und Devisen zu sparen, sondern die Preise wurden auch künstlich niedrig gehalten, damit der Verbraucher seinen Bedarf an Nahrungsmitteln decken konnte, ohne seinerseits erhöhte Lohnforderungen stellen zu müssen. Die Landwirtschaft nahm auf diese Weise ebenfalls nicht am konjunkturellen Aufschwung teil, sondern sorgte mit dafür, daß die volkswirtschaftlichen Ressourcen im größten möglichen Umfang der Rüstung zugute kamen.

4. Beamte und Angestellte

Es entsprach der »Logik« der durch die Rüstungskonjunktur verzerrten Strukturen im nationalsozialistischen Vorkriegsdeutschland, daß die Beamten und die Angestellten vergleichsweise am wenigsten von der Entwicklung profitierten. Ein Blick auf die Entwicklung der Gehälter der planmäßigen Reichsbeamten zwischen 1927 und 1938 zeigt den scharfen Rückgang in den Jahren der Notverordnungen um 15 bis 20%. Nur bei den unteren Gehaltsgruppen gelang es, zwischen 1933 und 1938 in einer allmählichen Steigerung an das Vorkrisenniveau anzuknüpfen oder dieses sogar leicht zu übertreffen. In den mittleren und oberen Gehaltsgruppen blieben die Gehälter 1938 dagegen meist unter dem Niveau des Vorkrisenstandes. Angesichts des relativ niedrigen Preisniveaus für Lebensmittel und Konsumwaren hatten die Beamten im »Dritten Reich« ihr Auskommen, allerdings verschärfte sich der Trend zur Nivellierung der Unterschiede zwischen den Beamtengruppen. Der insgesamt unbefriedigenden Lage des Beamtentums, das von der Rüstungskonjunktur und dem Wachstum des Bruttosozialprodukts nicht zu profitieren vermochte, entsprach eine Gefährdung des sozialen Status des Beamten[17], die von der NSDAP ausging. Die Nationalsozialisten hatten »den« Beamten in der »Kampfzeit« weitgehend mit dem verhaßten »System« der Weimarer Republik identifiziert und sich die völkisch-konservative Forderung nach einer »Wiederherstellung des Berufsbeamtentums« zu eigen gemacht. Hinter dem Schlagwort verbarg sich die Absicht, eine Säuberung nach politischen und völkisch-rassistischen Gesichtspunkten vorzunehmen. Das Gesetz vom 7. April 1933[18], das die »Rechtsgrundlage« für die Säuberung schuf, ermöglichte es, alle seit dem 9. November 1918 ins Beamtenverhältnis übernommenen Staatsbeamten, die nicht die »für ihre Laufbahn vorgeschriebene oder übliche oder (eine) sonstige Eignung«

besaßen, aus dem Dienste zu entlassen (§ 2). Beamter durfte zudem nur noch sein, wer »arischer Abstammung« war oder die Gewähr dafür bot, »jederzeit rückhaltlos für den nationalen Staat« einzutreten (§ 3 und 4). Trotz der massiven Eingriffe in die Zusammensetzung des Beamtenkorps, die dieses Gesetz ermöglichte und die zu einer erheblichen Durchsetzung mit Nationalsozialisten führte, stabilisierte sich der Status des Beamten nicht. Die nationalsozialistische Führung leistete sich auch weiterhin eine latente Beamtenfeindlichkeit. Der Beamte wurde als langsam arbeitender »Bürokrat« lächerlich gemacht, der sich nur zu oft als Bedenkenträger gegen die nationalsozialistische Mobilisierung der Gesellschaft stelle. Loyalität gegenüber dem »Staat« – der Kerngedanke jeden Beamtentums – zählte zunehmend weniger in einem System, das staatliche Strukturen bedenkenlos beiseite schob, wenn es darum ging, kurzlebige Mobilisierungs- und Rüstungsziele zu erreichen.

Im Unterschied zu den Beamten sind der Status und die soziale Lage der Angestellten im »Dritten Reich« weniger einheitlich gewesen und differenzierten sich vor allem infolge der gesellschaftlichen Mittellage der Angestellten zwischen Arbeitern und Beamten sowie infolge der Verteilung der Angestellten auf verschiedene, in unterschiedlicher Weise an der Rüstungskonjunktur partizipierende Branchen. Insgesamt waren die Angestellten[19] besser durch die Weltwirtschaftskrise gekommen als die Beamten und als die Arbeiter. Die nominalen Gehälter, die bis zum Jahre 1929 erheblich gestiegen waren, sanken in der Krise zwar um 16%, die Realeinkommen stiegen aber noch leicht. Im selben Zeitraum betrug die Einbuße des Realeinkommens der Arbeiter etwa 10%, während das Realeinkommen der Beamten stagnierte. Von der Arbeitslosigkeit wurden die Angestellten in weit geringerem Maße betroffen als die Arbeiter. Im Januar 1933 waren nur 14,1% der Angestellten, dagegen 33,6% der Arbeiter als arbeitslos registriert. Allerdings vollzog sich die Wiedereingliederung der Angestellten in den Arbeitsprozeß etwas langsamer als die der Arbeiter. Beide Gruppen erreichten 1937/38 aber gemeinsam die Vollbeschäftigung.

Innerhalb der Angestelltenschaft lassen sich zwei Gruppen unterscheiden. Die kaufmännischen Angestellten, deren Branchen vorwiegend dem Konsumbereich angehörten oder – wie in den großen Handelszentren Hamburg und Leipzig – unter dem Autarkiekurs der Regierung litten, der den Außenhandel mehr schrumpfen ließ als im Weltmaßstab, fanden später einen Arbeitsplatz und kamen später oder gar nicht in den Genuß einer Gehaltsaufbesserung, als das z. B. für die Angestellten in den Rüstungsbranchen der Fall war. In ihnen verdienten selbstverständlich auch die Angestellten besser. Zudem hatte derjenige eine bessere Verdienstchance, der in einem mittleren oder großen Betrieb arbeitete, als derjenige, der in einem Kleinbetrieb arbeitete. Unterschiedlich entwickelte sich auch der Status des Angestellten. Generell tendierte die Entwicklung im »Dritten Reich« zu einer Einebnung des Sonderstatus des Angestellten. Der Angestellte hatte mehr Mühe, sich vom Arbeiter abzugrenzen, und fand sich diesem als »Arbeiter der Stirn« gesellschaftlich zugeordnet. In der Arbeitsgesetzgebung wurde daher zwischen Arbeitern und Angestellten nicht unterschieden. Andererseits gelang es dem technischen Angestellten in hohem Maße, von der Aufwertung zu profitieren, welche die Technik und der Techniker im »Dritten Reich« erfuhren. Der kaufmännische Angestellte geriet dagegen nur allzuleicht in den wenig prestigeträchtigen Verdacht, »Händler« oder gar »Krämer« zu sein, was in einem auf militärische Tugenden ausgerichteten Staatswesen einer sozialen Deklassierung gleichkam, welcher der »Arbeiter«, der dem Soldaten die Waffen schmieden und die Ausrüstung liefern mußte, und der »Bauer«, der diesen zu ernähren hatte, nicht ausgesetzt waren.

5. Die Ungleichheit der Chancen

Bezieht man in diese Skizze der sozialen Lage der Bevölkerung die Lage der Juden ein, die bereits geschildert worden ist, ist festzustellen, daß die mit den Überzeugungen der herrschenden Eliten und breiter Bevölkerungsschichten korrespondierenden Fixpunkte, um die sich Hitlers Weltsicht drehte und die als vage Willensimpulse in Politik umgesetzt wurden, in allen Lebensbereichen erhebliche Veränderungen zur Folge hatten. Hitlers »Raumziel« wirkte über die zu erfüllende Prämisse der Aufrüstung und Hitlers »Rasseziel« über die Existenzvernichtung der Juden und über die biologische Ausgrenzung vermeintlich Gesellschaftsfremder oder Gesellschaftsuntüchtiger. Raum und Rasse fungierten vermittels dieser Zwischenstufen wie »seltsame Attraktoren«

mit unterschiedlicher Anziehungskraft auf die einzelnen Menschen, diejenigen in den Sog ziehend, die in ungefestigten, lockeren Strukturen lebten. Nichts wäre unpassender, als diese Dynamik mit dem Begriff »Chancengleichheit« zu umschreiben; auch ist eine vorsichtige Verwendung des Modernisierungsbegriffs angezeigt. Typisch für die Entwicklung der deutschen Gesellschaft zwischen 1933 und 1939 sind vielmehr eine extreme Ungleichheit der Chancen und ein Differenzierungsprozeß, der quer zu allen sozialen Schichten und Klassen verlief. Gruppen- und Klassensolidarität löste sich auf, jeder wurde auf sich selbst verwiesen. Der extremen Individualisierung korrespondierten die Volksgemeinschaftsideologie ebenso wie der Hitler-Mythos und die Militarisierung der Gesellschaft, welche die Auflösung der Mediatstrukturen voraussetzten, um wirksam werden zu können.

Chancen eröffneten sich dem einzelnen unter diesen Bedingungen durchaus, aber sie sind nur sehr partiell aus der Veränderungsdynamik einer modernen industriellen Leistungsgesellschaft zu erklären. Gewiß wirkte der Aufbau neuer moderner Industrien anziehend und fördernd auf das Leistungspotential der Gesellschaft, brachten die Modernisierung und Rationalisierung der Produktion in manchen Wirtschaftsbereichen strukturelle Zwänge hervor, die leistungssteigernd wirkten, aber diese Prozesse liefen nicht eigengesetzlich ab. Vielmehr griffen die Institutionen von Staat und Partei reglementierend und Zwang ausübend in diese Prozesse ein. So war die Mobilität der Bevölkerung vielfältigen Beschränkungen ausgesetzt, welche die Freizügigkeit praktisch aufhoben und den Berufs- oder Arbeitsplatzwechsel von im Einzelfall schwer kalkulierbaren Zufällen und Risiken abhängig machten.

Zudem gab es außer der Rüstungskonjunktur eine Gesinnungskonjunktur, welche die Hinnahme höchst archaischer Regeln zur Voraussetzung von individuellem Erfolg machte. Gerade die Kargheit der Lebensverhältnisse auf der einen und die diversen Aufstiegschancen auf der anderen Seite förderten die Akzeptanz oder Hinnahme ideologischer Prämissen der nationalsozialistischen Herrschaft. Wer etwas werden oder von etwas profitieren wollte, mußte sich in den meisten Fällen zuvor bekennen, Akzeptanz demonstrieren bzw. vortäuschen oder mindestens kompromittierend schweigen und nicht in erster Linie auch etwas leisten. In bezug auf die antisemitischen Maßnahmen traf das die gesamte

Gesellschaft. Einzelne verstrickten sich tiefer und machten sich ein archaisches Beutedenken zu eigen, um ihres Vorteils willen. Der mittelständische Einzelhändler, der einen »arisierten« Betrieb erwarb, ist nur das extreme Beispiel dieses Beutesystems. Vielmehr ist in Volkswirtschaften, die kein Wachstum erzielen, sondern den Mangel verwalten, der Erfolg des einen prinzipiell der Mißerfolg des anderen. Um die Wohlfahrt aller zu befördern, müssen solche Systeme nach außen expandieren. Solange sie das nicht tun, kommen sie um die Expropriierung gesellschaftlicher Teilgruppen nicht herum. Insofern war der Krieg gegen die Juden ebenso wie die Verzerrung ökonomischer Strukturen, die sich dadurch in Vorteils- und Benachteiligungsstrukturen aufsplitterten, ein Ersatz für den Krieg nach außen. Die sozialdarwinistische Kriegsideologie des Nationalsozialismus wurde infolge dieser Prozesse gewissermaßen intern eingeübt, bevor sie sich im Krieg entfaltete. Die Explosion von Gewalttätigkeit, die der Polenfeldzug freisetzte, hat hier eine ihrer wichtigsten Ursachen.

IX. Mobilmachung, innere Sicherheit, Gewalt und Mord

Die nationalsozialistische Wirtschafts-, Sozial- und Rüstungspolitik war vor dem Krieg auf zwei Hauptziele ausgerichtet: erstens auf die Befriedigung jener Konsum- und Lebensansprüche, die dem Erwartungshorizont der Bevölkerung entsprachen und welche die Regierung erfüllen mußte, wollte sie die Systemstabilität nicht gefährden, und zweitens auf die Aufstellung und Ausrüstung einer kriegsfähigen Wehrmacht sowie auf die Bereitstellung der volkswirtschaftlichen Ressourcen für den Kriegsfall. Beide Hauptziele standen seit etwa 1936 in einem latenten Konflikt miteinander, weil die nationalsozialistische Führung den Umfang und das Tempo der Aufrüstung und Kriegsvorbereitung weit über das Maß dessen hinaustrieb, was Wirtschaft und Gesellschaft ohne weiteres hätten verkraften können. Es kam daher zu Friktionen und Spannungen, welche die Regierung einerseits zum Ausbau des staatlichen Lenkungs- und Zwangssystems und andererseits zu sozialpolitischen Kompromissen zwangen. Der Kriegsbeginn hat diesen Zielkonflikt verschärft und hohe Anforderungen an die Problembewältigungskapazität der Regierung gestellt. Jetzt war den Unwägbarkeiten des Kriegsschocks und der um sich greifenden Befürchtung zu begegnen, der Krieg werde einen ähnlichen Verlauf nehmen wie der Erste Weltkrieg. Allerdings schuf der Krieg auch eine zusätzliche Legitimation für außerordentliche Maßnahmen und eröffnete durch den raschen Sieg in Polen die generelle Möglichkeit, Probleme nach außen abzulenken und Konfliktpotentiale durch Aggressionsenthemmung sich selbst aufzehren zu lassen.

1. Die Ausgangsposition Deutschlands

Am 1. September 1939 verkündete Hitler vor dem Reichstag, daß Deutschland über die beste und modernste Armee der Welt verfüge und sich die Aufrüstung die für damalige Verhältnisse gigantische Summe von 90 Mrd RM habe kosten lassen. Die Ziffer war maßlos übertrieben. Aber immerhin hatte Deutschland seit 1933 weit mehr Geld für die Rüstung ausgegeben als Frankreich und

Großbritannien zusammen. Seine Kriegsproduktion war 1939 dreieinhalbmal so groß wie die Großbritanniens.[1] Das Heer hatte eine Stärke von 2,758 Mio Mann erreicht, wies aber in der Ausrüstung erhebliche Lücken auf, die nur teilweise durch die »Erbeutung« von Waffen im Zuge der Annexionen der Jahre 1938 und 1939 hatten ausgeglichen werden können. Dennoch gehörte es zu den modernsten Armeen der Welt.[2] Die Marine hatte im September 1939 nicht annähernd die Stärke erreicht, die nötig gewesen wäre, um England herauszufordern. Der Aufbau der Luftwaffe gehörte dagegen zu den spektakulärsten Erfolgen der Hitler-Regierung vor dem Zweiten Weltkrieg. Auch wenn man die Unterschiede in der Bewaffnung in Betracht zieht, konnte von einer eindeutigen Überlegenheit des Deutschen Reichs gegenüber den Feindmächten allenfalls in der Luftrüstung die Rede sein, bei den Landstreitkräften war, selbst bei Berücksichtigung des höheren Mobilisierungsgrades der deutschen Armeen, allenfalls ein Gleichstand erreicht, und die deutsche Marine war ihren Gegnern hoffnungslos unterlegen.

Die Wirtschaft befand sich in einem Zwischenstadium zwischen Friedens- und Kriegswirtschaft und hatte einen hohen Bereitschaftsgrad erreicht. Die Bevölkerung war an karge und qualitativ schlechte Ernährung gewöhnt und hatte sich damit abgefunden, daß es wenig Konsumgüter zu kaufen gab; die Freizügigkeit war abgeschafft und die Militarisierung der Arbeitswelt vollendet; der Staat hatte es fertig gebracht, die Kraft der Volkswirtschaft auf die Kriegsproduktion zu lenken. Der ›Reichsnährstand‹ hatte mit der seit 1937 eingeführten Fettrationierung Erfahrungen in der Bewirtschaftung von Nahrungsmitteln gesammelt und war am 1. September 1939 in der Lage, »schlagartig« Lebensmittelkarten auszuteilen.[3]

Tatsächlich war Deutschland auf dem Weg zum Krieg weit vorangeschritten, vor allem wenn man die angesichts des niedrigen Ausgangsniveaus extrem kurze Zeit in Rechnung stellt, die ihm zur Verfügung gestanden hatte. Ein Vergleich mit der Situation des Jahres 1914 oder mit dem Potential der Westmächte fiel jedoch insgesamt nicht günstig aus.

Im Unterschied zum Kaiserreich im Jahre 1914, das zusammen mit seinem Verbündeten Österreich-Ungarn auch über die im Vergleich mit dem »Dritten Reich« bedeutenderen und strategisch sichereren Ressourcen verfügt hatte, waren im Deutschland des

Jahres 1939 der gewachsene Reichtum und die Prosperität viel geringer. 1914 blickte das Kaiserreich auf vierzig Jahre friedlicher Entwicklung zurück und hatte im Jahre 1913 den Höhepunkt seiner bisherigen ökonomischen Entwicklung erreicht. Seine Industrie war in vielen wichtigen Branchen führend in der Welt, die Anlagen waren modern und in gutem Zustand. Die Wirtschaft war mit allem versorgt, und die privaten Haushalte verfügten über einen am damaligen Lebensniveau gemessen hohen Ausstattungsgrad. 1939 hatte Deutschland dagegen nicht nur eine um die Hälfte kürzere Friedenszeit hinter sich, sondern die Mehrzahl dieser Jahre waren Krisenjahre gewesen, nur von kurzen und nicht durchgreifenden Erholungsphasen unterbrochen. Die Weltwirtschaftskrise lag kaum sechs Jahre zurück. Seitdem war die deutsche Industrie, die ihre führende Rolle in der Welt an die USA verloren hatte und im Vergleich zu 1914 auch gegenüber Frankreich und Großbritannien zurückgefallen war, in eine durch die Rüstungskonjunktur geprägte Mangelwirtschaft hineingeraten, die ihr die Möglichkeit zu den nötigen Neu- und Ersatzinvestitionen nahm.

Aber nicht nur die Maschinen waren verschlissen, sondern auch die Arbeiterschaft war ausgezehrt durch schlechte Ernährung und lange Arbeitszeiten. Die Produktivität war in Deutschland daher gering.[4] Die privaten Haushalte hatten in den wenigen Prosperitätsjahren nur wenig Konsumgüter des flexiblen Bedarfs erwerben können, und der Staat verfügte weder über Devisenreserven noch über einen ausgeglichenen Haushalt. Die Methoden der Rüstungsfinanzierung ließen dagegen eine Inflation befürchten. Kurz, der wirtschaftliche Reichtum und die Reserven der Volkswirtschaft, der Industrie, des Handels, des Gewerbes, der Landwirtschaft und der privaten Haushalte, aber auch die finanzielle Kraft des Staates waren in Deutschland nicht nur nicht entwickelt, sondern an ihnen war in jeder Hinsicht Raubbau betrieben worden.[5]

Im Vergleich zu den Feindmächten, die auf die Ressourcen ihrer Kolonialreiche zurückgreifen konnten und Zugang zu den großen Nahrungsmittel- und Rohstoffmärkten der Erde besaßen, verfügte Deutschland zudem über sehr geringe Ressourcen und war selbst bei einem günstigen Verlauf der Kampfhandlungen in Europa nicht in der Lage, mit seinen Gegnern gleichzuziehen. Reserven waren aber auch sonst nicht vorhanden. Es fehlte vor allem an

Menschen, an Arbeitskräften für die Wirtschaft und an Soldaten für die Wehrmacht.[6] Beide Bereiche hingen auf das engste miteinander zusammen: Je mehr Soldaten man einberief und je höher ihr technischer Sachverstand infolge der Motorisierung und Spezialisierung sein mußte, desto größer wurde der seit 1935 ohnehin bestehende Facharbeitermangel in der Wirtschaft. Eine zahlenmäßig schwer zu erfassende, aber keineswegs kleine Gruppe von technisch versierten, gut ausgebildeten Fachleuten brauchte man in beiden Bereichen. Das Heer hatte darüber hinaus seine eigenen Probleme mit dem »Sparstoff Mensch«; denn im Unterschied zur kaiserlichen Armee von 1914 verfügte Deutschland aufgrund der späten Wiedereinführung der Allgemeinen Wehrpflicht 1939 nur über vier Rekrutenjahrgänge. Bei einer längeren Dauer des Krieges und bei größeren Menschenverlusten mußte sich das negativ bemerkbar machen. Der rasche Aufbau der Armee hatte sich zudem auf das Ausbildungsniveau der Offiziere und der Mannschaften ebenso negativ ausgewirkt wie auf die Organisationsstrukturen. Einem Vergleich mit 1914 hielt das Heer von 1939 auch in dieser Hinsicht nicht stand.

Der Zweite Weltkrieg begann, was das Verhältnis der deutschen Bevölkerung zur politischen Führung angeht, mit erheblichen Problemen. Der Nimbus des »Führers«, dem es bisher gelungen war, die Fesseln des Versailler Vertrages ohne Krieg abzustreifen und das Reich dabei territorial zu arrondieren, mußte Einbußen hinnehmen. Der »Führer«, dessen außenpolitische Geschicklichkeit die Propaganda nicht müde geworden war zu preisen, hatte sich diesmal geirrt. Es war entgegen seinen Erwartungen nicht zu einer Fortsetzung der »Blumenkriege« gekommen, ja, der Krieg gegen Polen hatte nicht einmal lokalisiert werden können. Niemand glaubte zudem, daß Deutschland von Polen angegriffen worden war.[7] Gewiß waren antipolnische Ressentiments verbreitet, und der Verlauf der deutsch-polnischen Grenze war vielen ein Dorn im Auge. Aber lohnte es, das Odium des Angreifers auf sich zu nehmen und Krieg mit England und Frankreich zu riskieren, um diese Grenze zu korrigieren? Man hatte nicht sofort vergessen, was die Regierung Hitler in den vergangenen Jahren geleistet hatte. Aber nun wurde der bescheidene Wohlstand, den man erreicht hatte, wieder in Gefahr gebracht, drängte sich die Erinnerung an den Ersten Weltkrieg und die Opfer und Entbehrungen, die er mit sich gebracht hatte, in den Vordergrund. Einem Beobachter aus dem neutralen Ausland fiel im September 1939 bei einer Reise durch den Westen Deutschlands auf, »daß man in allen Kreisen der Bevölkerung viel mehr von Ernährungsfragen spricht als von Politik«.[8] Die Formel von der »widerwilligen Loyalität« der Deutschen bei Kriegsausbruch[9] gewinnt vor diesem Hintergrund an Aussagekraft: Man war enttäuscht, hatte Angst, machte sich Sorgen um die Zukunft und hoffte doch, daß alles nicht so schlimm werden würde, daß man letztlich doch wieder durchkommen werde.

Nichts wäre in dieser Situation ungeschickter gewesen als eine scharfe, die Erinnerung an den Ersten Weltkrieg bestätigende Rationierungs- und Bewirtschaftungspolitik der Regierung und eine die Friedenshoffnungen enttäuschende fühlbare Umsteuerung des öffentlichen Lebens auf den Kriegszustand. Niemandem war das klarer als Adolf Hitler und seinen engsten Vertrauten. So äußerte Göring in der ersten Sitzung des Ministerrats für die Reichsverteidigung im September 1939, »das schwerste Problem in diesem Krieg sei die Tatsache, daß das Deutsche Volk schon einen vierjährigen Krieg mit den nachfolgenden Jahrzehnten, die in Wirklichkeit auch nur einen latenten Kriegszustand darstellten, hinter sich habe und daher nur über eine geschwächte Widerstands- und Nervenkraft verfüge. Diese zu erhalten und zu stärken, sei eine der wichtigsten politischen Aufgaben.« Mit Sorgfalt wurden daher in Berlin die Stimmungsberichte gelesen und ausgewertet, die der SD nun regelmäßig anfertigte.[10] Das Ergebnis war eine zwiespältige, sehr widersprüchliche Politik des sich psychologisch geschickt In-den-Krieg-Hineinmogelns. In der Wirtschaftspolitik fiel sie besonders ins Auge.

2. Permissivität und Radikalität

Am 3. September 1939 ordnete Hitler die allgemeine wirtschaftliche Mobilmachung an, und am darauffolgenden Tag wurde die Kriegswirtschaftsverordnung in Kraft gesetzt. Sie stand im Zentrum eines Geflechts von Verordnungen, durch welche die Bevölkerung in die Kriegsanstrengungen einbezogen wurde und die Umstellung der bisher schon teilmobilisierten Wirtschaft auf den Kriegsbedarf erreicht werden sollte. Der Krieg wurde für die deutsche Bevölkerung zunächst vor allem in drei Bereichen spürbar, in der Versorgung mit Lebensmitteln und Konsumgütern, in der Höhe der Löhne und Einkommen bzw. der Steuern und Abgaben sowie in der Gestaltung der Arbeitsverhältnisse, wobei die Mobilisierung der Arbeitskraftreserven eine wichtige Rolle spielte. Parallel dazu wurde das Repressionsinstrumentarium erheblich erweitert, die »Judenpolitik« verschärft und mit der Euthanasie der Versuch gemacht, die »Rassenhygiene« bis zur letzten Konsequenz, der Tötung sogenannten »unwerten Lebens«, voranzutreiben.

2.1. Das Bewirtschaftungssystem

Bei der Versorgung mit Lebensmitteln und Konsumgütern muß man den im Vergleich zum westlichen Ausland niedrigen Lebensstandard, der bereits in den dreißiger Jahren in Deutschland geherrscht hatte, in Rechnung stellen. Die Reallöhne waren in der gesamten Zwischenkriegszeit in Deutschland geringer als in den USA, in Großbritannien und in Frankreich, so daß der deutsche Konsument weniger in der Lage war, Verbrauchsgüter, die über den täglichen Bedarf hinausgingen, zu erwerben als der britische, französische und amerikanische. Seine Ernährung war insgesamt karger. So lag der Pro-Kopf-Konsum von Fleisch in Deutschland um ein Viertel niedriger als in Großbritannien. Zwischen 1927 und 1937 nahm in den Arbeiterfamilien der Verzehr von Roggenbrot um 20% und von Kartoffeln um 4% zu, während der Verzehr von Fleisch um 18%, von Fetten um 37% und von Weizenbrot um 44% abnahm.[11]

Die einschneidendste Veränderung, die der Krieg mit sich brachte, war die Rationierung von wichtigen Nahrungsmitteln und Konsumgütern des flexiblen Bedarfs, die nun nur noch in begrenzten Mengen und gegen Bezugsscheine erworben werden konnten. Die Rechtsgrundlage war die »Verordnung zur vorläufigen Sicherstellung des lebenswichtigen Bedarfs des deutschen Volkes« vom 27. August 1939.[12] Fleisch, Fett, Butter, Käse, Vollmilch, Zucker, Marmelade, Grieß und Graupen wurden sofort rationiert, am 25. September kamen auch Brot und Eier hinzu. Kartoffeln wurden von der Rationierung ausgenommen. Textilien und Schuhe waren nur noch gegen Bezugsscheine zu erhalten, vom 1. November ab wurde eine sogenannte »Reichskleiderkarte« ausgegeben, die den Erwerb von Textilien erheblichen Einschränkungen unterwarf. Für Schwerarbeiter oder anderweitig besonders belastete Berufstätige gab es Zuschläge zu den Rationen. Auch sonst wurden zahlreiche Differenzierungen vorgenommen, die an dem Ziel orientiert waren, ein leistungsgerechtes und sozial verträgliches Versorgungssystem zu errichten. Die mit Abstand größten Rationen erhielten die Wehrmachtsangehörigen, sie lagen bei den Feldrationen erheblich und bei den Heimatrationen leicht über dem Niveau der Schwerstarbeiter, zudem erhielten Soldaten Verbrauchsgüter wie Bohnenkaffee und Schokolade, die für den Normalverbraucher schon lange nicht mehr erreichbar waren.

Die Zuteilungen für den Normalverbraucher waren von Anfang an auf eine lange Dauer der Rationierung ausgerichtet. Bei Versorgungsschwankungen wollte man nicht zu spektakulären Kürzungen gezwungen sein, von denen nach den Erfahrungen des Ersten Weltkrieges erhebliche Prestigeeinbußen für die Regierung und Stimmungseinbrüche bei der Bevölkerung zu erwarten waren. Gemessen am Vorkriegsniveau der Versorgung waren die Rationen relativ hoch und bedeuteten keine einschneidende Veränderung. Sie entsprachen etwa den Rationen, welche die Verbraucher auch in Großbritannien erhielten. Das Regime konnte sich das leisten, denn es verfügte bei Kriegsbeginn über Getreidevorräte von insgesamt 6,5 Mio Tonnen.[13]

Insgesamt waren die Wirkungen, die von diesen Maßnahmen ausgingen, so ungünstig nicht. Das Regime und namentlich der ›Reichsnährstand‹ bewiesen eine erhebliche Problembewältigungskapazität und schienen in der Lage zu sein, Verteilungsgerechtigkeit zu garantieren, was nach den Erfahrungen des Ersten Weltkrieges ebenso wichtig war wie die Höhe der Rationen. Zudem wurden auftretende Mängel im Rationierungssystem rasch beseitigt und wurde Beschwerden aus der Bevölkerung sorgfältig nachgegangen. Das Regime, das dem Versorgungsproblem die erste Priorität für die Stimmung in der Bevölkerung einräumte, zeigte sich in diesem Bereich von einer seismographischen Empfindlichkeit.

Der Erfolg des Bewirtschaftungssystems, das die deutsche Bevölkerung, von einigen kleineren Schwankungen abgesehen, den gesamten Krieg über relativ gut und – gemessen am Ersten Weltkrieg – hervorragend versorgte, war aber zu erheblichen Teilen auf die Ausbeutung der von der deutschen Wehrmacht eroberten und besetzten Gebiete zurückzuführen. So kamen erhebliche Zufuhren an Brotgetreide, Futtergetreide, Fleisch und Fett aus dem Ausland[14], was im Gegenzug zu einem ständigen Ansteigen des Hungers in den am meisten von der Ausbeutung betroffenen Gebieten führte.

Die Versorgung mit Konsumgütern des flexiblen Bedarfs scheint im Zweiten Weltkrieg insgesamt schlechter gewesen zu sein als jene mit Nahrungsmitteln, auch waren die Veränderungen, die hier mit Kriegsbeginn eintraten, einschneidender. Zwar ging die gesamte Verbrauchsgüterproduktion zwischen 1939 und 1941 nur um etwa 4 bis 5% zurück und stieg 1942 sogar wieder leicht an, aber die Bevölkerung nahm erheblich zu, und die Wehrmacht benötigte einen wachsenden Anteil der Produktion, so daß 1941 etwa ein Drittel weniger Verbrauchsgüter pro Kopf produziert wurde. Die Bevölkerung bekam diesen Produktionsrückgang zunächst jedoch nur abgeschwächt zu spüren, da der Handel noch über volle Lager verfügte.

2.2. *Die Kaufkraftabschöpfung*

Angesichts des knappen Warenangebots mußte die Regierung die Kaufkraft der Bevölkerung verringern, wollte sie eine offene Inflation vermeiden. Dabei ließ sich an drei Punkten ansetzen, bei den Löhnen, den Einkommen und bei den Steuern. Die Kriegswirtschaftsverordnung vom 4. September 1939 brachte zunächst eine erhebliche Kürzung der Bruttogeldlöhne durch die Streichung aller Zuschläge für Überstunden, Sonntags-, Feiertags- und Nachtarbeit, deren Effekt im Reichsarbeitsministerium auf 7,5 bis 8% geschätzt wurde, zudem wurden die Urlaubsregelungen bis auf weiteres aufgehoben. Damit fiel ein wesentlicher Leistungsanreiz für den Arbeitnehmer weg. Mit der gleichzeitig verfügten Aufhebung der geltenden Arbeitszeitregelung wurde zudem der Weg für eine allmähliche Anhebung der regulären Arbeitszeit von 8 auf 10 Stunden frei gemacht. Der Arbeiter sollte durchaus wie bisher Mehrarbeit leisten, dafür aber weniger Lohn bekommen. Zudem wurde das Prinzip der Freiwilligkeit durch Zwang ersetzt.[15]

Gegen die Maßnahmen regte sich außerordentlich schnell Kritik. Sie ging einerseits von Parteikreisen aus, von einigen Gauleitern wie Martin Mutschmann, Fritz Sauckel und Josef Terboven, vom stellvertretenden Parteichef Rudolf Heß und vom Leiter der

DAF Robert Ley, andererseits von der Industrie und vom Wehrwirtschafts- und Rüstungsamt. Aus Betriebsleiterkreisen wurden »gewichtige Bedenken hinsichtlich der Stimmung und der Arbeitsleistung« geäußert; Heß hielt es für eine politische Dummheit, das Vertrauen der Arbeiterschaft zum Führer und zur Partei, um das man »zwei Jahrzehnte lang ... gerungen« habe, »im kritischsten Augenblick aus mehr oder weniger theoretischen Gedankengängen heraus aufs Spiel« zu setzen, und Ley war derselben Auffassung.[16] Sorgen um die Stimmung in der Bevölkerung, namentlich in der Arbeiterschaft, und um die Leistungsbereitschaft und den Leistungsstand des Arbeiters prägten die Stellungnahmen der Interessenkoalition aus Partei- und Wirtschaftskreisen und führten in einem erstaunlich schnell vollzogenen Kurswechsel, an dem Göring, Heß und Funk maßgeblich beteiligt waren, zu einem Verzicht auf die Neuordnung der Lohnverhältnisse und zur Suspendierung der verordneten Maßnahmen.[17] Am 12. Oktober 1939 wurde das vor dem 4. September bestehende Niveau von Löhnen und Gehältern festgeschrieben, mit Wirkung vom 27. November 1939 wurden die Zuschläge für Sonntags-, Feiertags- und Nachtarbeit wieder eingeführt, vom 1. Januar 1940 an galt der 10-Stundentag als Regelarbeitszeit, für darüber hinausgehende Arbeit wurden wieder Überstunden-Zuschläge bezahlt, und am 15. Januar 1940 traten schließlich die Urlaubsregelungen wieder in Kraft. Nach dem Sieg über Frankreich wurden auch die Zuschläge für die 9. und 10. Arbeitsstunde wieder ausbezahlt.

Die scharfe Wende in der Lohnpolitik des Regimes hatte mehrere Gründe. Die entsprechenden Passagen der Kriegswirtschaftsordnung waren ohne gründliche Diskussion und ohne die Beteiligung der DAF und der Wirtschaft entstanden. Sie beruhten daher nicht auf einem Konsens der Betroffenen und waren zudem wirklichkeitsfremd. Die Leistungsbereitschaft in der Arbeiterschaft war schon in den letzten Monaten als eher schlecht beurteilt worden.[18] Klagen über »Bummelantentum«, mangelnde Arbeitsdisziplin, die Zunahme von Feierschichten und steigende Krankenziffern waren häufiger geworden und nahmen seit Oktober 1939 sprunghaft zu. Das kann nicht verwundern, denn die in hohem Maße reglementierte Arbeitswelt und die versorgungsschwache und konsumgüterarme Mangel- und Rüstungswirtschaft boten ohnehin schon wenig Leistungsanreize, so daß die am 4. September 1939 verfügten Maßnahmen das falsche Signal waren. Es kam hinzu, daß man in Parteikreisen ohnehin nicht so recht begriff, warum es nötig war, Kaufkraft durch Lohnkürzungen abzuschöpfen. Dieses sehr abstrakte finanzpolitische Ziel widersprach zudem elementaren Interessen der Systemstabilität. Die Stimmung der von der NSDAP umworbenen Arbeiterschaft, der man im Krieg einiges zumuten mußte, schien allemal wichtiger, vor allem in einer psychologisch so kritischen Phase wie der Eröffnung eines Angriffs- und Eroberungskrieges, der, als die Kurskorrektur vollzogen wurde, ja bereits mit der Niederlage Polens in die Phase der gesteigerten Ausbeutungsmöglichkeiten getreten war.[19] Die Kurskorrektur zeigte wieder einmal, daß die nationalsozialistische Führung die Stimmung in der Bevölkerung sorgfältig registrierte und rasch zu reagieren vermochte, wenn sie die Massenloyalität in Gefahr sah. Dabei war entscheidend, daß die Zielgruppe der Arbeiterschaft nach den völkisch-konservativen Schlußfolgerungen aus dem Ersten Weltkrieg im Zentrum der Politik der inneren Sicherheit stand. Unterstützend kam hinzu, daß die Wirkungen der Kurskorrektur als leistungsfördernd angesehen wurden.

Eine sehr großzügige Lohn- und Gehaltsregelung wurde für die zum Wehrdienst Einberufenen getroffen. Auch hier waren die Erfahrungen des Ersten Weltkrieges maßgebend. Damals waren die Familien der Einberufenen, die mit Kriegsbeginn zu reinen Soldempfängern geworden waren, zum Teil in erhebliche materielle Not geraten; denn der Wehrsold lag in den meisten Fällen weit unter dem bisherigen beruflichen Verdienst. Zu Beginn des Zweiten Weltkrieges wurde daher außer dem Wehrsold, der sich nach dem Dienstgrad richtete, ein Familienunterhalt bezahlt, der sich an den »bisherigen Lebensverhältnissen« orientierte und nur dann entfiel, wenn der Lebensunterhalt der Familie auf andere Weise gesichert war, z. B. durch in der Landwirtschaft oder im Handel und Gewerbe mithelfende Familienangehörige. Zweckrational war diese Maßnahme aber nur im Sinne der Systemstabilität und der Aufrechterhaltung der Moral der Truppe. Gesamtwirtschaftlich wirkte sie sich eher negativ aus, weil sie es vielen Frauen ermöglichte, »zu Hause« zu bleiben. Der Kriegswirtschaft, welche die Frauen dringend als Arbeitskräfte benötigt hätte, wurde so die Mobilisierung der Frauenarbeit erschwert, außerdem wirkte die Maßnahme natürlich auch nicht gerade kaufkraftabschöpfend.

Die Steuerpolitik der Hitler-Regierung war von vornherein

vorsichtiger als die Lohnpolitik. Die Kriegswirtschaftsverordnung setzte einen fünfzigprozentigen Kriegszuschlag zur Einkommensteuer in Kraft, der alle Einkünfte aus der Land- und Forstwirtschaft, aus Handel und Gewerbe, aus selbständiger und unselbständiger Arbeit, aus Mieten, Verpachtungen und Kapitalvermögen erfaßte. Jahreseinkommen bis zu einer Grenze von 2400 RM waren ausgenommen, wodurch 60% der Lohnsteuerpflichtigen vom Kriegszuschlag befreit blieben. Um Ungerechtigkeit zu vermeiden, die durch Grenzfälle verursacht werden konnte, garantierte man allen, die Kriegszuschlag zahlen mußten, ein jährliches Mindesteinkommen von 2400 RM. Ferner wurden die Verbrauchssteuern durch Zuschläge auf Bier, Tabak, Brannt- und Schaumwein erhöht, wobei der Gesichtspunkt maßgeblich war, nur Produkte zusätzlich zu besteuern, die nicht zu den »lebenswichtigen Verbrauchsgütern« gehörten.

Die Kaufkraftsteigerung, die durch die Rücknahme der Lohnregelungen hervorgerufen wurde, trug wesentlich mit dazu bei, daß man bereits im November 1939 über weitere Steuererhöhungen nachdachte. Die Leitlinie war, Kaufkraft aus dem Markt zu nehmen, ohne dort »einzugreifen, wo sie entweder knapp ist oder sich in volkswirtschaftlich erwünschtem Maße betätigt«.[20] Die Diskussion darüber, wie das zu bewerkstelligen sei, zog sich bis zum Frühjahr 1940 hin und wurde schließlich eingestellt, als der Sieg über Frankreich eine neue militärische Lage brachte und den Frieden in greifbare Nähe zu rücken schien. Der ziffernmäßige Erfolg der Steuerpolitik des Regimes war in den ersten Kriegsjahren gleichwohl beträchtlich. Die Einnahmen aus Steuern und Zöllen stiegen von 18,2 Mrd RM im Haushaltsjahr 1938/39 auf 24,2 Mrd RM 1939/40 und 27,6 Mrd RM 1940/41. Zusammen mit den anderen Einkünften des Reichs waren damit mehr als 50% des staatlichen Finanzbedarfs gedeckt. Den anderen Teil des für die Finanzierung des Krieges erforderlichen Geldes holte sich der Staat durch Kreditaufnahme bei den Geldinstituten – das war möglich, weil der Sparwille der Bevölkerung sehr groß war und ein wesentlicher Teil der überschüssigen Kaufkraft auf die Sparkonten wanderte.[21]

Eine entscheidende Bedeutung mußte im Krieg der Mobilisierung von Arbeitskräften zukommen. Deutschland besaß im Unterschied zu seinen Gegnern, die aufgrund hoher Arbeitslosenzahlen über eine große, sofort einsetzbare Arbeitskräftereserve verfügten, sehr ungünstige Voraussetzungen. Seit 1937 war in der deutschen Volkswirtschaft die Vollbeschäftigung erreicht, und im Zuge der forcierten Aufrüstung hatte bereits eine beträchtliche Umschichtung von Arbeitskräften stattgefunden. Der Trend ging von der Landwirtschaft und der Konsumgüterindustrie zu der wehrwirtschaftlich wichtigen Investitionsgüterindustrie.[22] Um einerseits den Bedarf an Arbeitskräften in der vom Vierjahresplan ausgebauten modernen Industrie zu decken und andererseits keine die Gesamtwirtschaft gefährdenden Disproportionalitäten entstehen zu lassen, hatte die Regierung die Instrumente der Arbeitsmarktpolitik seit 1935 ständig erweitert und war offen zur direkten Lenkung des Arbeitskräftepotentials übergegangen.

Durch die Einberufungen zur Wehrmacht, deren Gesamtpersonalstärke am 1. September 1939 4,5 Mio Mann betrug, verringerten sich die der Wirtschaft zur Verfügung stehenden Arbeitskräfte zwischen Mai 1939 und Ende 1940 um 3,37 Mio, allein im Sommer 1939 wurden ihr ca. 2,5 Mio Arbeitskräfte entzogen. Da die Erfassung der arbeitenden Bevölkerung durch das Arbeitsbuch und die Volkskarte 1939 erst zu etwa 58% abgeschlossen war und Hitler aus außenpolitischen Gründen im August eine geteilte Mobilmachung angeordnet hatte, so daß die wirtschaftliche Mobilmachung erst am 3. September erfolgte, waren von den Einberufungen auch die kriegswichtigen Bereiche betroffen worden. Um den Ausfall zu kompensieren und wenigstens die Verluste der kriegswichtigen Bereiche auszugleichen, standen nur noch wenige Möglichkeiten offen: Man konnte in größerem Umfang weibliche Arbeitskräfte heranziehen, die Arbeitskräfte durch das Stillegen und personelle Auskämmen nichtkriegswichtiger Betriebe umschichten sowie ausländische Arbeitskräfte hereinnehmen.

Die Zahl der erwerbstätigen Frauen hatte zwischen 1933 und 1939 von 11,6 auf 14,6 Mio zugenommen.[23] Der Haupttrend ging zur Industrie, die einen Zuwachs von 20% an weiblichen Arbeitskräften zu verzeichnen hatte, und zu den Angestellten, die um 18,9% zunahmen. Die weiblichen Arbeitskräfte in der Landwirtschaft verringerten sich dagegen um 7,7%. Der zunehmende Mangel an Arbeitskräften hatte 1937 bereits zur bedingten Propagierung der Frauenarbeit und 1938 zum direkten Zugriff auf die Reserven gezwungen. 1938 ordnete man zunächst den verstärkten Einsatz der Frauen in der Land- und Hauswirtschaft an. Im Dezember desselben Jahres wurde das Pflichtjahr in der Haus- und Landwirtschaft für Frauen obligatorisch, die ein Arbeitsverhältnis in der Textil-, Bekleidungs- und Tabakindustrie antreten und im Büro oder in kaufmännischen Berufen tätig werden wollten.

Nach der Berufszählung von 1939 gab es in Deutschland noch ca. 6 Mio erwerbsfähige Frauen ohne Anstellung, von denen ca. 3,5 Mio als aktivierbar angesehen wurden. In der Planung für den Mobilmachungsfall ging das Reichsarbeitsministerium von einem Bedarf von ca. 2,6 Mio noch nicht beschäftigter Frauen als Arbeitskräfte für die Wirtschaft aus. Im Gegensatz zu diesem Zusatzbedarf nahm die Frauenarbeit in den ersten Kriegsjahren ab. Während Ende Mai 1939 noch 14,626 Mio Frauen erwerbstätig waren, lauteten die Zahlen für 1940 14,385 und für 1941 14,186. 1942 nahm die Frauenarbeit wieder zu, und erst 1943 wurde der Vorkriegsstand übertroffen. Allerdings gelang es, eine nicht unbeträchtliche Umschichtung der Frauenarbeit zu bewirken. So nahm der Frauenanteil in der Verkehrswirtschaft, in der Energiewirtschaft, in der Verwaltung, im Wehrmachtsbereich, in der Grundstoffindustrie und in der metallverarbeitenden Industrie zwischen Ende Mai 1939 und Ende Mai 1940 zu, und dieser Trend hielt bis 1942 an.

Für Betriebsstillegungen und Auskämmaktionen kamen neben einigen nichtkriegswichtigen Betrieben der Konsumgüterindustrie vor allem die meist mittelständischen Betriebe in Handwerk, Handel und Gewerbe in Frage, die vor 1939 bereits unter dem Konzentrationsprozeß und der Abwanderung der Arbeitskräfte gelitten hatten. Die Zahl der Handwerksbetriebe war von 1936 bis 1939 um 180000 (von 1,65 auf 1,47 Mio) zurückgegangen, davon entfielen mehr als 50%, nämlich 96000, allein auf das Jahr 1938. In den ersten beiden Kriegsmonaten wurden noch einmal ca. 100000 Betriebe stillgelegt. Die am stärksten betroffenen Handwerkszweige waren die der Schneider, Schuhmacher, Tischler, Friseure, Bäcker und Fleischer. Die Gesamtzahl der im Handwerk Beschäftigten nahm in den Vorkriegsgrenzen des Deutschen Reiches zwischen dem 1. Juli 1939 und dem 1. Januar 1940 um fast 1 Mio oder 20% ab.[24]

Im Handel war die Lage für die Betroffenen etwas günstiger. Hier ging die Gesamtzahl der Beschäftigten zwischen dem 31. Mai 1939 und dem 31. Mai 1940 um 425 000 oder 15% zurück. Die Stillegungsaktion in der Industrie setzte bei 300 bis Ende November 1939 geschlossenen Betrieben zunächst nur 13 800 Beschäftigte frei. Bis zum April 1940 konnten insgesamt 743 000 männliche Arbeiter aus nichtkriegswichtigen Bereichen der Wirtschaft in kriegswichtige umgesetzt werden. Daher nahm die Zahl der Beschäftigten in der metallverarbeitenden Industrie von 3 748 500 am 31. Mai 1939 auf 3 859 600 am 31. Mai 1940 zu und stieg bis zum 31. Mai 1942 auf 4 345 900 an. Eine große Sogwirkung übten die von der Wehrmacht betreuten Rüstungsbetriebe auf die Arbeitskräfte aus. Sie konnten ihren Arbeitskräftebestand, der sich am 29. Februar 1940 auf 2,606 Mio belief, bis zum 30. April 1940 auf 3,175 Mio aufstocken.

Der große Einbruch bei der Gesamtzahl der Arbeitskräfte hätte sich kontinuierlich weiter vertieft, wenn die deutsche Kriegswirtschaft nicht in wachsendem Maße auf ausländische Zivilarbeiter und Kriegsgefangene hätte zurückgreifen können.[25] Die Option, den deutschen Arbeitskräftemangel durch Arbeitskräfte aus dem Ausland zu beheben, hatte schon vor dem Krieg bestanden, zumal Deutschland von Ländern mit z. T. erheblichen Arbeitslosenquoten umgeben war. Der chronische Devisenmangel zog einer solchen Lösung aber enge Grenzen, so daß vor dem Krieg nie mehr als 400 000 Ausländer im Reich beschäftigt waren. Im Krieg stieg die Zahl der ausländischen Arbeitskräfte schnell an. Am 31. Mai 1940 wies die kriegswirtschaftliche Kräftebilanz 803 008 ausländische Zivilarbeiter und 348 198 Kriegsgefangene aus, ein Jahr später waren die Ziffern auf 1 753 469 bzw. 1 315 934 gestiegen und stellten sich zum 31. Mai 1942 auf 2 644 464 bzw. 1 489 281. Die Mehrzahl der ausländischen Arbeitskräfte ging bei Beginn des Krieges in jene Branchen, die in hohem Maße deutsche Arbeitskräfte hatten abgeben müssen, wie vor allem die Landwirtschaft. Später wurden sie auch in größerem Umfang in die Rüstungsindustrie integriert.

Warum konnte der tiefe Einbruch in der Gesamtziffer der Arbeitskräfte bei Kriegsbeginn nicht verhindert und während des gesamten Krieges nicht ausgeglichen werden? Die allgemeinste Erklärung verweist auf die Organisation. Das Neben- und Gegeneinander der militärischen und zivilen Instanzen schuf zahlreiche

Kompetenzüberschneidungen und manchen Entscheidungswirrwarr. Trotz der »ernsten« Situation, in der man sich befand, hörte man nicht auf, Machtkämpfe auszufechten. Rivalitäten dieser Art mögen im »Dritten Reich« sozusagen systemisch vorgegeben gewesen sein, andererseits ist es nahezu unmöglich festzustellen, ob die polykratischen Tendenzen des Systems größere Friktionen hervorriefen als in anderen Systemen und das Maß des üblichen überschritten. Ernster zu nehmen ist es, daß die organisatorischen Vorbereitungen für den Arbeitskräfteeinsatz im Mobilmachungsfall nicht abgeschlossen waren. Man kannte das Arbeitskräftepotential des Reichs im August 1939 nur sehr ungenau. Dasselbe traf auf den Kräftebedarf von Industrie und Wehrmacht im Kriegsfalle zu. Eine solche kriegswirtschaftliche Kräftebilanz wurde erst 1942 erstellt.[26]

Allerdings kann man bezweifeln, ob durch eine genauere Kräftebilanz jener Umschichtungswirrwarr hätte vermieden werden können, der 1939 entstand, weil man in der Kriegswirtschaft unabkömmliche Arbeitskräfte in großer Zahl einberief und dann zurückbeordern oder im Schnellverfahren ersetzen mußte. Der entscheidende Grund für dieses »Chaos« lag in der von Hitler angeordneten geteilten Mobilmachung, für die es gute außenpolitische Gründe gab, auch wenn die Rechnung, die er anstellte, nicht aufging. Zudem war nicht sicher, daß eine Mobilisierung von Arbeitskräftereserven überhaupt erforderlich war; denn 1914 hatte man bei Kriegsausbruch kein Problem des Kräftebedarfs, sondern des Kräfteüberschusses gehabt. Arbeitslosigkeit bei Kriegsbeginn, diese Vorstellung hatte für die Nationalsozialisten verständlicherweise etwas sehr Bedrohliches und beschäftigte sie offenkundig mehr als die eher theoretisch erscheinende Vorstellung, mit einem Fehlbedarf an Arbeitskräften konfrontiert zu werden. So hatte man vor Kriegsbeginn die Anträge auf Unabkömmlichkeits-Stellung in der Wirtschaft breit gestreut, um »Betriebsschließungen und damit verbunden sektorale Arbeitslosigkeit« zu vermeiden; denn man rechnete damit, »daß die Betriebe zunächst nur mit 50 bis 60 Prozent kriegswichtiger Fertigung ausgelastet sein würden«.[27] Zudem hoffte man auf eine kurze Dauer des Krieges, so daß sich die Parteiinstanzen und die Industriebetriebe darin einig waren, die Belegschaften zu halten, die Industrie, weil sie im Frieden sofort wieder einsatzfähig sein wollte, die Partei, weil sie andernfalls Unruhe in der Bevölkerung befürchtete. Ähnliche

Gründe führten nach Kriegsbeginn auch dazu, die Rüstungsaufträge breit zu streuen, um eine Vielzahl von Betrieben lebensfähig zu halten. Für eine kurze Übergangsphase zu Beginn des Polenfeldzuges hatte es tatsächlich den Anschein, als käme es zu einem größeren Arbeitslosenproblem. Erst Ende 1939 sah man klarer und ging auf Gegenkurs.

Eine wichtige Rolle spielen bei der Beurteilung der Arbeitskräftemobilisierung ideologische Momente. Die Frau sollte, so kann man argumentieren, aus ideologischen Gründen in ihrer traditionellen Rolle als Mutter und Hausfrau festgehalten werden, und deshalb wurde die Frauenreserve nur in geringem Maße und erst sehr spät mobilisiert. Ähnlich kann man auch in bezug auf die zögerliche Handhabung der Auskämmungs- und Stillegungsaktionen argumentieren. Sie betrafen in besonderem Maße den Mittelstand, der seit jeher eine wichtige Rolle in der NSDAP spielte und den Idealtypus des nationalsozialistischen Selbständigen darstellte. Allerdings waren solche ideologischen Motive in hohem Maße auf die Ebene der Systemstabilität rückbezogen, was nicht zuletzt in dem leitmotivischen Bestreben zum Ausdruck kam, keine Unruhe in die Bevölkerung hineinzutragen.

3. Die Verschärfung der Strafverfolgung und der Gegnerbekämpfung

Wie sehr der nationalsozialistischen Führung bewußt war, daß sie ihre Herrschaft mit der Entfesselung des Krieges einer äußersten Belastungsprobe aussetzte, zeigte sich auch in der Beachtung, die sie Fragen der inneren Sicherheit schenkte. Bei Kriegsbeginn wurde die geltende Strafgesetzgebung erheblich verschärft. Man erhöhte das Strafmaß und schuf neue Straftatbestände. Zugleich erweiterte man im außernormativen Bereich der Führergewalt die Befugnisse der Polizei und der SS und schritt auf dem seit 1933 befolgten Weg der Aushöhlung des Rechts ein erhebliches Stück voran. Dabei handelte man in dem Bewußtsein, daß eine Verschärfung der Verbrechensbekämpfung, wie sie in Kriegszeiten erforderlich ist, nicht ausreiche. Vielmehr wurde die Ausweitung des Verbrechensbegriffs ins Politische und Biologische, die sich ebenfalls seit 1933 abgezeichnet hatte, mit aller Konsequenz vorangetrieben. Als Verbrecher war ganz im Sinne des manichäischen

Weltbildes jeder anzusehen, der sich von der Volks- und Kriegsgemeinschaft durch sein Handeln ausschloß oder dem die Eignung, ihr anzugehören, abgesprochen wurde. Dabei kombinierte sich die Angst vor einer Wiederholung der Novemberrevolution mit biologisch-rassistischen Degenerationsängsten. Die »Aufgabe der Justiz im Kriege«, faßte eine Denkschrift des Reichsjustizministeriums diese Auffassung im Januar 1940 zusammen, »ist die Aussonderung hetzerisch und verbrecherisch eingestellter Elemente, die in kritischer Zeit einen Dolchstoß von hinten gegen die Front versuchen könnten (vgl. die Arbeiter- und Soldatenräte von 1918). Dies ist um so wichtiger, als die Opfer an Leben seitens der Besten an der Front sich erfahrungsgemäß als Stärkung der minderwertigen Elemente hinter der Front auswirken.«[28]

Parallel zur Mobilmachung erging Ende August/Anfang September eine Reihe von Verordnungen, die neue Straftatbestände definierten. Allen gemeinsam waren die Ungenauigkeit in der Beschreibung der Straftatbestände und der erhebliche Ermessensspielraum, der den Richtern bei der Festlegung des Strafmaßes eingeräumt wurde. Das war weniger eine Folge des Zeit- und Entscheidungsdruckes, der in manchen Fällen zur Improvisation zwang, als vielmehr der Ausdruck eines Rechtssystems, in dem das formale Recht jederzeit unter Berufung auf das »gesunde Volksempfinden«, auf die Notwendigkeiten des Krieges oder die Autorität des »Führers« gebeugt werden können sollte. Angestrebt wurde eine flexible Anwendung der Rechtsnorm durch den im Idealfall überzeugten nationalsozialistischen Richter, die zugleich der Fortentwicklung des Rechts im Sinne der »Weltanschauung« zu dienen hatte. Gesetze und Rechtsnormen bildeten daher den Ausgangspunkt für eine Strafverfolgungspraxis, die sich je nach den Umständen handhaben ließ und die sich fortschreitend radikalisierte, weil sich die Umstände schwieriger gestalteten und immer neue Rechtfertigungen für eine schärfere Handhabung boten.

Die in diesem Sinne auslegungsfähigsten und für die weitere Rechtsentwicklung verhängnisvollsten Straftatbestände wurden mit den Tätertypen des »Wehrkraftzersetzers«, des »Wirtschaftssaboteurs« und des »Volksschädlings« geschaffen. In allen drei Fällen konnte auf die Todesstrafe erkannt werden. Der »Wehrkraftzersetzung« zum Beispiel machte sich schuldig, wer »öffentlich den Willen des deutschen oder verbündeten Volkes zur wehrhaften

Selbstbehauptung zu lähmen oder zu zersetzen« suchte. Zuständig für die Strafverfolgung war das Reichskriegsgericht, »das den Begriff der Öffentlichkeit verhängnisvollerweise so weit auslegte, daß schon derjenige öffentlich handelte, der seine zersetzenden Äußerungen zwar vor einem begrenzten Personenkreis machte, aber damit rechnen mußte, daß sie darüber hinaus drangen und so einer unbestimmten Anzahl von Personen zu Ohren kamen (sog. Ersatzöffentlichkeit)«.[29] Als »Wirtschaftssaboteur« wurde eingestuft, wer sich gegen die Kriegswirtschaftsordnung verging, und als »Volksschädling«, wer »unter Ausnutzung der durch den Kriegszustand verursachten und außergewöhnlichen Verhältnisse«, z.B. bei Fliegeralarm, Straftaten beging. Mit der Verordnung gegen »Volksschädlinge«[30], meinte Roland Freisler, Staatssekretär im Reichsjustizministerium, 1939 in der Zeitschrift *Deutsche Justiz*, sei eine »gewichtige Waffe gegen den inneren Feind« geschaffen worden, mit der Rechtsbrecher aus der Volksgemeinschaft »ausgeschlossen und, wenn nötig, ausgerottet werden« könnten.[31]

Eine die Besorgnisse der nationalsozialistischen Führung in besonderer Weise illustrierende Verordnung erwirkte Reichspropagandaminister Josef Goebbels. Auf seine Initiative hin wurde am 7. September 1939 das Abhören ausländischer Rundfunksender unter Strafe gestellt. Wer hierdurch vorsätzlich dazu beitrug, »die Widerstandskraft des deutschen Volkes zu gefährden«, konnte sogar zum Tode verurteilt werden. Zuständig für die Aburteilung solcher Vergehen waren die Sondergerichte, die nur auf Antrag der Staatspolizei tätig werden sollten, um die Strafverfolgung von Bagatellfällen zu vermeiden.[32]

Die Sondergerichte waren bereits 1933 eingerichtet worden. Sie bestanden aus drei Berufsrichtern und wurden bei den Oberlandesgerichten gebildet. Sie urteilten in einem vereinfachten und beschleunigten Verfahren: Die Ladungsfrist konnte auf 24 Stunden herabgesetzt werden, eine Beweiserhebung war nicht erforderlich, und gegen die Entscheidung konnten keine Rechtsmittel, Berufung oder Revision, eingelegt werden. Urteile waren daher mit der Verkündung sofort vollstreckbar. Bei Kriegsausbruch wurden die Kompetenzen der Sondergerichte erheblich erweitert. Verbrechen und Vergehen konnten nun vor den Sondergerichten angeklagt werden, wenn »durch die Tat die öffentliche Ordnung und Sicherheit besonders schwer gefährdet wurde«. Die Rechtsprechung verlagerte sich immer mehr von den Ordentlichen Gerichten zu den Sondergerichten, die den Charakter von Standgerichten annahmen. Sie wurden, wie Freisler 1939 formulierte, zu Gerichten der »inneren Front«, die den »Dolchstoß in den Rücken des Volkes« verhindern sollten.[33] Die Sondergerichte wurden die Hauptanlaufstelle für die zahllosen Verfahren, die aufgrund von Denunziationen aus der Bevölkerung in Gang kamen. Allein das Sondergericht in München, dessen Akten vollständig erhalten sind, wickelte zwischen 1933 und 1945 ca. 10000 Fälle ab.[34]

Eine ähnliche Funktion wie die Sondergerichte übte im Krieg auch der 1934 errichtete Volksgerichtshof in Berlin aus. Er hatte 1934 die erstinstanzliche Rechtsprechung in Hochverrats- und Landesverratsangelegenheiten an sich gezogen, für die bis dahin das Reichsgericht in Leipzig zuständig gewesen war. Auch der Volksgerichtshof urteilte in einem beschleunigten und vereinfachten Verfahren und beeinträchtigte hierdurch die Möglichkeiten der Verteidigung erheblich. Er war auch dadurch ein eminent politisches Gericht, daß von seinen fünf Richtern, die alle von Hitler persönlich ernannt wurden, nur zwei Berufsrichter sein mußten. Der Volksgerichtshof entfernte sich im Krieg immer mehr von ordentlichen Verfahrensweisen und denaturierte zu einem rein politischen Gerichtshof, vor allem nachdem Roland Freisler 1942 sein Präsident geworden war.

Die Maßnahmen, welche die nationalsozialistische Führung zur Sicherung ihrer Herrschaft ergriff, erschöpften sich nicht in rechtsförmigen oder den Schein des Rechts wahrenden Verfahren. Vielmehr besaß der »Führerstaat« in der SS und den ihr unterstellten Konzentrationslagern ein Instrument, mit dem jederzeit an allen Rechtsinstanzen vorbei direkt auf den einzelnen zugegriffen werden konnte. Bereits 1938 war diese Möglichkeit, die de facto seit Beginn der NS-Herrschaft von den Parteiinstanzen – erst der SA und dann der SS – praktiziert wurde, legalisiert worden: »Der Reichsführer-SS und Chef der Deutschen Polizei«, hatte man damals im *Reichsgesetzblatt* nachlesen können, »kann die zur Aufrechterhaltung der Sicherheit und Ordnung notwendigen Maßnahmen auch außerhalb der sonst hierfür bestimmten gesetzlichen Grenzen treffen.«[35]

Zu Beginn des Krieges erneuerte Hitler diese Befugnisse des Reichsführers-SS. Auf dieser Grundlage gab der Chef der Sicherheitspolizei, Reinhard Heydrich, am 3. September 1939 einen geheimen Runderlaß über die »Grundsätze der inneren Staatssicherheit während des Krieges« heraus, der anordnete, jeden Versuch, »die Geschlossenheit und den Kampfwillen des deutschen Volkes zu zersetzen ... rücksichtslos zu unterdrücken«. In einem Durchführungserlaß sah Heydrich die Möglichkeit vor, in Einzelfällen »ohne Ansehung der Personen« sofort zur Exekution zu schreiten. Die Genehmigung war bei Himmler persönlich einzuholen und die Durchführung »im nächstliegenden Konzentrationslager« vorzunehmen.[36] Damit war der terroristischen Willkür Tür und Tor geöffnet.

In besonderer Weise waren die Juden vom Kriegsbeginn betroffen, obschon die im Vergleich hierzu größere Katastrophe sich für sie im Jahre 1938 ereignet hatte und ihnen eine weit größere noch bevorstand. Die Juden wurden offen zu Feinden des deutschen Volkes erklärt und als Spione und Helfer der Alliierten abgestempelt. Ihre Bewegungsmöglichkeiten, die schon seit November 1938 extrem eingeengt worden waren – sie durften keine Theater, Kinos, Konzerte, Museen, Leihbüchereien und Zoologischen Gärten besuchen, das Betreten von Badeanstalten, Sportanlagen, Parkanlagen, Cafés, Restaurants und Hotels war ihnen untersagt –, wurden durch eine nächtliche Ausgangssperre, die im Winter nach 20 Uhr und im Sommer nach 21 Uhr in Kraft trat, zusätzlich eingeschränkt. Zur Begründung hieß es, es sei häufiger vorgekommen, daß Juden die Verdunkelung benutzt hätten, um »arische« Frauen zu belästigen. Ihre Lebensmittelkarten durften seit dem 12. September nur in eigens dafür bestimmten Geschäften eingelöst werden und wurden seit März 1940 mit einem »J« gestempelt. Die Zuteilungen, die sie erhielten, lagen, wenn sie ihnen überhaupt ausgeteilt wurden, unterhalb derjenigen des deutschen Normalverbrauchers und wurden im Laufe des Winters 1939/40 mehrfach gekürzt. Ohne den Schwarzen Markt konnten sie sich nicht mehr ernähren, kauften sie aber dort und ließen sich dabei erwischen, drohte ihnen die Einlieferung in ein Konzentrationslager. Am 20. September 1939 wurden ihre Radiogeräte vom Reich entschädigungslos eingezogen, am 12. Dezember entzog man ihnen die Kleiderkarte, nachdem sie zuvor von den Nahrungsmittel-Sonderrationen ausgeschlossen worden waren, die vor Weihnachten verteilt wurden. Am 4. Juli 1940 reglementierte man ihre Einkaufszeiten, in Berlin hatten sie ihre Besorgungen zwischen 16 und 17 Uhr zu machen, und zum 30. September 1940 wurden ihnen die Telefonanschlüsse gekündigt. Unzählige kleinliche Schikanen, zu denen die Bewirtschaftung und die zahlreichen neuen Vorschriften für das Leben der Bevölkerung den Anlaß gaben oder herhalten mußten, traten hinzu. Und generell galt: weder war das den Juden verbliebene Eigentum geschützt, noch waren sie an Leib und Leben sicher.[37]

Das größte Maß an Gewalt, staatlich gelenkten Mord, setzte die nationalsozialistische Führung hinter verschlossenen Türen in die Tat um. Ihre Opfer wurden Menschen, deren Hilflosigkeit ihnen in zivilisierten Gesellschaften eine besondere Fürsorge angedeihen läßt, die geistig behinderten und psychisch kranken Anstaltsinsassen. Mit einem der Wirklichkeit Hohn sprechenden Euphemismus wurde diese Gewalt »Euthanasie« genannt.

4. Euthanasie und Erbgesundheit

Die deutsche Diskussion über die Euthanasie, die eine lange Tradition hatte[38], drängte im unmittelbaren zeitlichen Umfeld der Mobilmachung und der ersten Kriegsmonate von der Theorie zur Praxis. Die Initiative ging von einer Ärztegruppe aus, die sich als ›Reichsausschuß zur wissenschaftlichen Erfassung erb- und anlagebedingter schwerer Leiden‹ konstituierte und eng mit dem Reichsinnenministerium und der »Kanzlei des Führers« zusammenarbeitete. Den Anlaß, aktiv zu werden, bot ein Einzelfall: Die Eltern eines behinderten Kleinkindes hatten ein Gesuch an Hitler gerichtet, die Tötung ihres Kindes zu erwirken, die nach geltendem Recht verboten war. Hitler entschied das Gesuch positiv. Der Fall zog sofort Weiterungen nach sich.

Am 18. August 1939 wurden die Gesundheitsämter angewiesen, allen Geburtshelfern, Hebammen, Ärzten und Entbindungskliniken eine Meldepflicht für behinderte Neugeborene und Kleinkinder aufzuerlegen. Die Meldung bildete die Basis für die Kindereuthanasie, der ca. 5000 Kinder zum Opfer fielen. Im Oktober 1939 wurde die Euthanasie auf Erwachsene ausgedehnt. Die Entscheidung fiel auf oberster politischer Ebene. Hitler selbst beauftragte den Chef der »Kanzlei des Führers«, Reichsleiter Philipp Bouhler, und seinen Begleitarzt, Karl Brandt, mit der Durchführung. Hitler ging nicht den Weg der Reichsgesetzgebung. Die Anordnung wurde zwar schriftlich gegeben, aber auf Hitlers persönlichem Briefpapier. Der Text war denkbar knapp: »Reichsleiter Bouhler und Dr. med. Brandt sind unter Verantwortung beauftragt, die Befugnisse namentlich zu bestimmender Ärzte so zu erweitern, daß nach menschlichem Ermessen unheilbar Kranken bei kritischster Beurteilung ihres Krankheitszustandes der Gnadentod gewährt werden kann.«[39]

Die Anordnung, die Hitler im Oktober 1939 gab, wurde auf den 1. September 1939, den Tag des Kriegsbeginns, zurückdatiert. Der Zusammenhang zwischen der Erwachseneneuthanasie und dem Krieg, der so hergestellt wurde, war im Sinne der sozialen Selektion und der bei den Rassisten vorherrschenden Degenerationsängste konsequent; denn der Krieg stellte in ihren Augen einen kontraselektorischen Vorgang par excellence dar. Gleichwohl hatte die Euthanasie eine Vorgeschichte, die Zweifel an dieser Interpretation aufkommen läßt.

Bereits nach Abschluß der Gleichschaltung, am 14. Juli 1933, hatte die Regierung Hitler nach langen Vorarbeiten, die bis zur Gründung der Organisationsabteilung der NSDAP zurückreichen, ein »Gesetz zur Verhütung erbkranken Nachwuchses« verabschiedet.[40] »Wer erbkrank ist«, so hieß es im § 1 dieses Gesetzes, »kann durch chirurgischen Eingriff unfruchtbar gemacht (sterilisiert) werden, wenn nach den Erfahrungen der ärztlichen Wissenschaft mit großer Wahrscheinlichkeit zu erwarten ist, daß seine Nachkommen an schweren körperlichen oder geistigen Erbschäden leiden werden.« Die Sterilisierung konnte über den Kopf des oder der Betroffenen hinweg vom Amtsarzt oder vom Anstaltsleiter beantragt werden. Im Kommentar zu diesem Gesetz wurde hervorgehoben, daß nicht wirtschaftliche Gesichtspunkte maßgebend gewesen seien, sondern die Absicht, »den Volkskörper zu reinigen und krankhafte Erbanlagen allmählich auszumerzen«. Man wollte diese »Rassenhygiene«, die Hitler schon in *Mein Kampf* gefordert hatte, als »Anfang der Vorsorge für das kommende Geschlecht« verstanden wissen.[41] Im Namen dieses Gesetzes wurden ausschließlich Zwangssterilisationen durchgeführt, und zwar nicht in erster Linie bei unheilbar Kranken, sondern bei den sogenannten leichten Fällen, bei denen Geschlechtsverkehr vermutet wurde und Fortpflanzung möglich war.

Der Sterilisation wurden allein im »Altreich« etwa 360000 Frauen und Männer unterzogen, die Mehrzahl wurde in den Jahren 1934 bis 1939 sterilisiert. Etwa 40000 weitere Sterilisationen außerhalb der Grenzen des »Altreichs« kamen hinzu. 1935 wurde das Sterilisationsgesetz zu einem Abtreibungsgesetz erweitert, das die Abtreibung aus eugenischen Gründen vorsah und erstmals auch die medizinische Indikation einführte. Bei Frauen war die Sterilisation damals noch mit einem lebensgefährlichen chirurgischen Eingriff durch die Bauchdecke verbunden. Man schätzt die Todesziffer auf 5000.

Die Eugenik durch Zwangssterilisation wurde von Anfang an nur als erster Schritt in Richtung auf eine umfassende Rassenhygiene verstanden. 1935 schlug der Reichsärzteführer, Gerhard Wagner, Hitler daher vor, die »Vernichtung lebensunwerten Lebens« gesetzlich zu regeln. Doch Hitler wehrte die Initiative ab. Zunächst sei »vorsichtiges Abwarten ratsam«. Im Falle eines Krieges werde er die Euthanasie aufgreifen, da sie dann »glatter und leichter durchzuführen« sei.[42] Doch auch in diesem Falle drängte die Initiative einzelner Funktionäre und Ärzte über diese Position hinaus. In manchen Anstalten wurden die Verpflegungssätze für Kranke herabgesetzt, um auf diese Weise eine Erhöhung der Sterblichkeitsrate zu erreichen.

Hitlers Vollmacht für Philipp Bouhler und Karl Brandt stand also in einer Tradition, der die Tendenz zur Radikalisierung und zur Entfaltung der tödlichen Logik der »Rassenhygiene« innewohnte, die aber wegen ihrer von Hitler für prekär gehaltenen Wirkungen auf die Bevölkerung, d. h. aus taktischen Gründen, bis zum Kriegsfall aufgeschoben worden war. Den Schritt in die Öffentlichkeit, in die Gesetzgebung, wagte Hitler aber auch 1939 nicht. Seine Vollmacht entsprach daher nicht dem im »Dritten Reich« geltenden Recht. Die Justizbehörden waren nicht einmal rechtzeitig informiert, geschweige denn gehört worden. Die Illegalität der Euthanasie bzw. ihre Herkunft aus dem außernormativen Bereich der Führergewalt zwang zu strenger Geheimhaltung.

Die Staatsbehörden, meinte der mit der Durchführung der Aktion beauftragte Verbindungsmann der SS zur »Kanzlei des Führers«, Viktor Brack, seien für solche nicht durch ein Gesetz gedeckten Maßnahmen ungeeignet. Daher wurde der Apparat, den Brack aufbaute und der etwa 100 Personen, darunter etwa 60 Ärzte, umfaßte, durch eine Reihe von Tarnorganisationen sorgsam vor der Öffentlichkeit abgeschirmt. Die Gesamtorganisation firmierte im internen Sprachgebrauch unter dem Kürzel »T4«, weil sich die zentrale Dienststelle in der Tiergartenstraße 4 in Berlin befand.

Der »Aktion T4« fielen vom Januar 1940 bis zum August 1941 insgesamt 70273 geistig, psychisch und körperlich Behinderte zum Opfer. In der internen Statistik wurden die Todesopfer mit dem Tarnvermerk »desinfiziert« versehen.[43] Die Mordaktionen fanden allesamt im Reichsgebiet statt, und zwar in Heilanstalten. Getötet wurde mittels Gas in Gaskammern, die als Duschräume getarnt waren. Den Ermordeten wurden die Goldzähne herausgebrochen. Die Leichen verbrannte man in Krematorien. Der »Aktion T4« fiel auch die Mehrzahl der jüdischen Anstaltsinsassen zum Opfer, die man sowohl als »erblich belastet« als auch als »rassisch minderwertig« einstufte. Bei ihnen fand nicht einmal die höchst oberflächliche Begutachtung statt, die man den nichtjüdischen Patienten angedeihen ließ. So deutet die Euthanasieaktion in doppelter Hinsicht auf die Judenvernichtung voraus. Hier wurde das Tötungsmodell entwickelt und die geistige Brücke zwischen Rassenhygiene und Antisemitismus geschaffen. Sie gehört aber auch aus anderen, später zu erörternden Gründen zur unmittelbaren Vorgeschichte des Genozids an Juden und Zigeunern.

An der Mischung aus Permissivität und terroristischer Radikalität, welche die nationalsozialistische Politik in der Mobilisierungsphase und in den ersten Kriegsmonaten prägte, zeigt sich, daß die Nationalsozialisten ihre Herrschaft an der Schwelle zum Krieg als äußerst fragil ansahen. Sie verrät zugleich ein Herrschaftskonzept, das von vornherein darauf beruhte, wesentliche Belastungen des Krieges auf Dritte abzuwälzen. Dabei dachte man, der prekären strategischen Ausgangssituation entsprechend, zunächst ausschließlich an Polen.

X. Kalkül und Kontingenz: Die exponentielle Kraftentfaltung Deutschlands im Krieg

In den frühen Morgenstunden des 1. September 1939 überfiel die Wehrmacht Polen. Am 3. September erklärten Großbritannien und Frankreich dem Deutschen Reich den Krieg.[1] Am 6. September schlossen sich Australien, Indien und Neuseeland der britischen Kriegserklärung an; die Südafrikanische Union und Kanada folgten am 19. September. Diese Gebiete lagen außerhalb des Aktionsradius der deutschen Streitkräfte und verstärkten das britische Potential erheblich. Während die Dominions an die Seite Großbritanniens traten und beide Westmächte auf die Ressourcen ihrer Kolonialreiche zurückgreifen konnten, blieb Deutschland allein. Italien hielt sich nicht an die Verpflichtung des »Stahlpaktes«, bewahrte aber eine wohlwollende Neutralität. Japan – wegen des deutsch-sowjetischen Nichtangriffspaktes verstimmt – erklärte sich für strikt neutral und gab zu erkennen, daß es für ein Kriegsbündnis gegen Großbritannien nicht zu gewinnen sei.

Die USA blieben dem Krieg zwar im September 1939 fern – am 5. September gab Washington eine Neutralitätserklärung ab –, und Präsident Roosevelt waren die Hände für ein militärisches Engagement an der Seite der Westmächte durch den Kongreß gebunden, aber die Haltung der »bewaffneten Neutralität« erlaubte es der amerikanischen Regierung, aufzurüsten und zum »Arsenal der Demokratie« zu werden. Roosevelt ließ keinen Zweifel daran, daß die Vereinigten Staaten auf der Seite Großbritanniens und Frankreichs standen. Zugleich bemühte er sich, die westliche Hemisphäre vom europäischen Kriegsschauplatz zu isolieren. Gemeinsam mit den südamerikanischen Staaten erklärten die USA das Seegebiet um den amerikanischen Doppelkontinent mit Ausnahme der kanadischen Küsten bis zu einer Tiefe von 300 Seemeilen zur Neutralitätszone.

Die Haltung Stalins ist weniger eindeutig auszumachen. Wahrscheinlich rechnete er mit einer langen militärischen Auseinandersetzung zwischen den Westmächten und Deutschland und hielt das Reich in diesem Konflikt für den schwächeren Part. Das wird unabhängig von den territorialen Gewinnen, die das geheime Zusatzprotokoll der UdSSR verhieß, einer der wesentlichen Gründe für den Abschluß des deutsch-sowjetischen Nichtangriffspakts und die ihn ergänzenden Wirtschaftsabkommen gewesen sein. Stalin machte sich keine Illusionen über Hitlers Lebensraumziele, deren Verwirklichung die Existenz der UdSSR vernichtet hätte, glaubte aber, daß es Deutschland nicht gelingen werde, Frankreich und Großbritannien zu besiegen und den Rücken für ein militärisches Ausgreifen nach Osten frei zu bekommen. Er unterstützte Deutschland daher aus taktischen Gründen und sah im Ribbentrop-Molotow-Pakt ein vorübergehendes Zweckbündnis, das der Sowjetunion die Handlungsfreiheit bewahren sollte.

1. Der »Sitzkrieg« und die vierte polnische Teilung

Die britische und französische Regierung überschätzten und unterschätzten gleichzeitig die militärische Kraft des »Dritten Reichs« und den Stand seiner Kriegsvorbereitungen. Einerseits hatten sie Polen bereits aufgegeben, bevor der Krieg begann. Sie glaubten nicht daran, Polen durch den sofortigen Einsatz aller im Westen verfügbaren Kräfte helfen zu können. Sie überschätzten den militärischen Wert des »Westwalls« und waren nicht skrupellos genug, ihn unter Verletzung der belgischen und niederländischen Neutralität im Norden zu umgehen. Andererseits glaubten sie, eine Niederlage in Frankreich nicht fürchten zu müssen. Sie waren davon überzeugt, daß es gelingen werde, Deutschland, wie im Ersten Weltkrieg, so lange in Frankreich festzuhalten, bis das überlegene Potential der Westmächte zum Tragen käme.

Das Resultat dieser Überlegungen war eine Strategie des Abwartens und der Defensive. Der französische Oberkommandierende, General Gamelin, sah eine Offensive überhaupt erst für das Jahr 1941 vor.[2] Bis dahin wollten die Westmächte ihre Land- und Luftstreitkräfte verstärken, sich namentlich in den USA und in Übersee mit Rüstungsgütern und Rohstoffen eindecken und Deutschland durch eine Seeblockade sowie durch militärische Aktionen an der Peripherie Europas von der Außenwelt ökonomisch abriegeln und sein Potential abnutzen. Die Zeit, so das Grundkalkül, arbeite für die Westmächte.

Hitler kamen diese Überlegungen sehr entgegen. Er war seinerseits davon ausgegangen, daß die Westmächte nicht in der Lage seien, im Westen sofort offensiv zu werden, und hatte die Hauptmacht des Heeres und der Luftwaffe im Osten konzentriert, um Polen möglichst schnell niederzuwerfen. »Im Westen«, wies er die Wehrmacht am 31. August an, »kommt es darauf an, die Verantwortung für die Eröffnung der Feindseligkeiten eindeutig England und Frankreich zu überlassen.«[3] Der »Sitzkrieg«, der sich aufgrund der Defensivstrategie beider Seiten entwickelte, stellte für Hitler einen ausgesprochenen Glücksfall dar.

Der Krieg verlief, da der Warschau zugesagte Entlastungsangriff im Westen ausblieb, für Polen außerordentlich ungünstig. Bereits nach einer Woche erreichten deutsche Panzerverbände die Stadtgrenze von Warschau. Nach einer weiteren Woche war Warschau eingeschlossen und zeichnete sich die vollständige Niederlage der polnischen Armee ab. Um jegliches Risiko auszuschalten und den Feldzug vor einer Entlastungsoffensive der Westmächte möglichst zu beenden, drängte Hitler die sowjetische Regierung, sich ihren im geheimen Zusatzprotokoll ausgehandelten Anteil an der polnischen Beute zu sichern und nach Ostpolen einzumarschieren. Stalin zögerte verständlicherweise, diesen riskanten Schritt zu unternehmen, sah sich aber aufgrund der unerwartet raschen und durchgreifenden Erfolge der Wehrmacht am 17. September genötigt, der Roten Armee den Marschbefehl zu erteilen. Zur Begründung verlautete aus Moskau, daß der polnische Staat praktisch aufgehört habe zu bestehen und die UdSSR die weißrussische und ukrainische Bevölkerung in Ostpolen unter ihren Schutz nehmen müsse.[4] Die Formulierung verriet eine erhebliche Distanz gegenüber dem deutschen Vertragspartner und erleichterte es den Westmächten, die sowjetische Aggression hinzunehmen. Dem polnischen Widerstand wurde durch den sowjetischen Einmarsch, der die polnische Armee zum Zweifrontenkrieg zwang, vollends das Rückgrat gebrochen. Am 27. September kapitulierte Warschau, nachdem Hitler die Bombardierung und Beschießung der Stadt angeordnet hatte, was zahlreiche Opfer unter der Zivilbevölkerung forderte. Am 6. Oktober wurden die Kampfhandlungen beendet. Die polnische Regierung hatte Polen bereits am 17. September verlassen und wurde in Rumänien interniert.

Der Polenfeldzug ist als »Hitlers erster Blitzkrieg« in die Geschichte eingegangen.[5] Mit Hilfe einer modernen, dem Gegner qualitativ und quantitativ überlegenen Luftwaffe, welche die schnell vorrückenden motorisierten Verbände und Panzertruppen, denen die polnische Armee nichts Adäquates entgegensetzen konnte, aus der Luft unterstützte, war es gelungen, den unterlegenen Gegner in einem Bewegungskrieg von hohem Tempo zu besiegen. Der Feldzug war in jeder Hinsicht ein Werk der Wehrmachtsführung. Sie hatte den Operationsplan ohne Interventionen der politischen Führung aufgestellt und sah ihre bereits Ende der zwanziger/Anfang der dreißiger Jahre entwickelten Konzepte über den modernen Bewegungskrieg und die für ihn erforderlichen motorisierten und Panzerverbände glänzend bestätigt. Die für den ebenso durchschlagenden wie raschen Erfolg notwendige Konzentration nahezu aller verfügbaren Kräfte im Osten war dagegen eine Entscheidung Hitlers. Sie enthielt ein hohes Risiko, war weder politisch noch militärisch zu verantworten und erwies sich dennoch als richtig. Hitler hatte Glück, daß die Westmächte jedes Risiko scheuten. Was sie angesichts des unvorhersehbar schnellen Zusammenbruchs Polens mit einer risikobereiteren Politik bewirkt hätten, muß offenbleiben. Der Chef des Wehrmachtsführungsamtes, Alfred Jodl, hat im Nürnberger Prozeß ausgesagt, Deutschland hätte einem Angriff der Westmächte im September 1939 nicht standhalten können.[6]

Man darf sich daher vom Kriegsverlauf nicht blenden lassen und hat die Zufälligkeiten und Unvorhersehbarkeiten der Ereignisse in Rechnung zu stellen. Es sollte deshalb mit Bezug auf den Polenfeldzug nicht von einer »Strategie des Blitzkrieges« gesprochen werden. Der Ablauf war nicht vorhersehbar und wäre ohne die Defensivstrategie Frankreichs und Großbritanniens auch nicht zustande gekommen. Der Blitzkrieg gegen Polen verdankte seine Entstehung ebenso der Untätigkeit der Westmächte wie der Vabanque-Spieler-Mentalität Hitlers.

Die deutsch-sowjetische Zusammenarbeit erntete mit der Niederlage Polens ihre ersten Früchte. Die Sowjetunion erledigte nicht nur ihren Teil bei der Vernichtung der polnischen Armee, sondern es gelang auch, die Aufteilung der Beute einvernehmlich zu regeln. Am 28. September schlossen beide Mächte einen Grenz- und Freundschaftsvertrag[7], der die »beiderseitigen Reichsinteressen im Gebiete des bisherigen polnischen Staates« festlegte. In einem geheimen Zusatzprotokoll wurde ein Gebietsaustausch verabredet: das Gebiet des litauischen Staates, das am 23. August der deutschen Interessensphäre zugeschlagen worden war, fiel bis auf kleinere Gebiete im Südwesten an die Sowjetunion; im Gegenzug wurden die Wojewodschaft Lublin und Teile der Wojewodschaft Warschau mit der Stadt Warschau dem deutschen Interessengebiet zugeschlagen. Der Gebietswechsel war nicht ohne Bedeutung; mit dem Anspruch auf Litauen stellte sich die UdSSR in die petrinische Tradition, gab aber den Schlüssel zur Lösung der polnischen Frage in die Hände der deutschen Regierung, die über den größten Teil des polnischen Kernlandes verfügte.

2. Polen unter nationalsozialistischer Herrschaft

Als sich Hitler zum Angriff auf Polen entschloß, übertrug er das Lebensraumkonzept, das er bisher fast ausschließlich auf Rußland bezogen hatte, ohne weiteres auf Polen. »Danzig«, meinte er am 23. Mai 1939, »ist nicht das Objekt, um das es geht. Es handelt sich für uns um Arrondierung des Lebensraums im Osten.« Aus Polen sollten Lebensmittel und Arbeitskräfte bezogen werden, damit Deutschland dem Konflikt mit den Westmächten gewachsen wäre, von dem nicht abzusehen war, wie lange er dauern werde.[8] Von vornherein schloß Hitler die Möglichkeit aus, mit Polen einen Waffenstillstand zu schließen oder auf seinem Territorium einen Satellitenstaat zu errichten. Als Ziel des Feldzuges bezeichnete er am 22. August 1939 vielmehr die »Vernichtung Polen(s)«, »die Beseitigung der lebendigen Kräfte, nicht die Erreichung einer bestimmten Linie«. Dabei machte er zugleich deutlich, daß er nicht die Absicht hatte, Polen nach den Regeln der Haager Landkriegsordnung zu behandeln, weil sich das weder mit dem langfristigen Ziel der Germanisierung noch mit dem kurzfristigen Ziel einer extremen Ausbeutung Polens vertragen hätte.[9]

Hitlers Auffassung über die Behandlung Polens unterschied sich erheblich von jener der Heeresführung, so daß die deutsche Besatzungspolitik zunächst von zwei entgegengesetzten Auffassungen geprägt war. »Die Wehrmacht«, hieß es im Aufruf des Oberbefehlshabers des Heeres vom 1. September 1939, »sieht in der Bevölkerung nicht ihren Feind. Alle völkerrechtlichen Bestimmungen werden geachtet werden.«[10] Aber das war nicht so leicht durchzuhalten. Auf polnischer wie auf deutscher Seite hatte sich, genährt von alten Ressentiments, ein erheblicher Haß angestaut, der sich in den ersten Kriegstagen in gewaltsamen Eruptionen Luft machte. So kam es in Bromberg und an anderen Orten zu antideutschen Ausschreitungen, an denen auch zurückflutende polnische Truppen beteiligt waren und denen ca. 4000 bis 6000 »Volksdeutsche« zum Opfer fielen. Das diente der deutschen Seite wiederum zur Rechtfertigung von Gewaltmaßnahmen, in die teilweise auch die Wehrmacht einbezogen war. Es fanden in beträchtlichem Umfang Geiselerschießungen statt, und nicht immer wurden bei der Exekution von »Freischärlern« die völkerrechtlichen Bestimmungen eingehalten. Doch das waren Entgleisungen, denen die Militärbefehlshaber, die in den besetzten Gebieten die exekutive Gewalt innehatten, zu steuern suchten.

Hinter den Armeen schob sich aber eine »Polizeiwalze« her, die – wie der Chef des Generalstabes mit wachsender Besorgnis registrierte – sich keineswegs in diesem Rahmen hielt.[11] Unter der Tarnbezeichnung »Unternehmen Tannenberg« hatte Himmler »Einsatzgruppen der Sicherheitspolizei« aufstellen lassen, die den Armeen folgten und den gemessen an ihren Taten eher harmlos klingenden Auftrag hatten, alle »reichs- und deutschfeindlichen Elemente im Feindesland rückwärts der fechtenden Truppe« zu bekämpfen.[12] Formell dem Heer unterstellt, entzogen sie sich doch de facto dessen Kontrolle und führten einen zweiten, einen ideologisch bestimmten Krieg nach den Vorstellungen Hitlers, Himmlers und Heydrichs. Bereits am 28. August war im Reichssicherheitshauptamt die Entscheidung gefallen, daß die Einsatzgruppen nach einer vorbereiteten Kartei in Polen insgesamt 30000 Menschen verhaften und in Konzentrationslager einweisen sollten. Doch dabei blieb es nicht. Schon am 3. September hatte Himmler die Einsatzgruppen angewiesen, »polnische Aufständische, die auf frischer Tat oder mit der Waffe ergriffen« würden, »auf der Stelle zu erschießen«. Er setzte sich damit formal und inhaltlich in Gegensatz zu den Richtlinien der Heeresleitung, deren Befugnis, die vollziehende Gewalt auszuüben, ebenso ignoriert wurde, wie deren Befehl, »Freischärler« »nach beendetem Kampf ... nicht ohne gerichtliches Verfahren« zu bestrafen.[13] Die Erschießungen von »Freischärlern« durch die Einsatzgruppen nahmen zu, wobei eine höchst allgemeine, unscharfe Auslegung des Begriffs für dessen allmähliche Ausweitung sorgte.

Was den Vorgesetzten im Reichssicherheitshauptamt vorschwebte, erläuterte Heydrich auf einer Amtschefbesprechung am

7. September so: »Die führende Bevölkerungsschicht in Polen soll so gut wie möglich unschädlich gemacht werden.« Und am 21. September formulierte er als Richtlinie für die Einsatzgruppen, es seien »Listen aufzustellen, in welchen die markanten Führer erfaßt werden, daneben Listen der Mittelschicht: Lehrer, Geistlichkeit, Adel, Legionäre, zurückkehrende Offiziere usw. Auch diese sind zu verhaften und in den Restraum abzuschieben.« Halder notierte am 19. September Heydrichs Absichten lapidar: »Flurbereinigung: Judentum, Intelligenz, Geistlichkeit, Adel.«[14]

Der Dualismus zwischen den »volkstumspolitischen« Maßnahmen der politischen Führung und ihren noch weitergehenden Absichten einerseits und dem Bestreben der Wehrmachtsführung, die völkerrechtlichen Normen einzuhalten und die illegalen Absichten der politischen Führung nach Möglichkeit zu konterkarieren andererseits, wurde im Oktober 1939 allmählich zu einem Anachronismus. Am 6. Oktober ordnete Hitler die sofortige Eingliederung knapp der Hälfte der von der deutschen Wehrmacht eroberten polnischen Gebiete ins Reich an, insgesamt 90000 km^2 mit ca. 10 Mio Einwohnern, von denen immerhin 7,8 Mio oder 80% Polen waren. Die Grenze, die im Eilverfahren festgelegt wurde, ging weit über die alte Reichsgrenze von 1914 hinaus. Die Ostgrenze Ostpreußens wurde durch eine verkürzte Linie mit der Ostgrenze Oberschlesiens verbunden. Warschau lag nun nur wenige Kilometer östlich der neuen Reichsgrenze. Das unter deutscher Herrschaft verbleibende Restgebiet Polens verlor auf diese Weise alle industriell wertvollen Gebiete und wurde zu einem reinen Agrarland degradiert. Die neue Grenze trennte jenen Bereich Polens, aus dem die einheimische Bevölkerung ausgesiedelt und in dem die Deutschen aus der sowjetischen Einflußsphäre angesiedelt werden sollten, von jenem Bereich Polens, der vorwiegend dazu auserkoren war, die abgeschobene Bevölkerung aufzunehmen. Der Bevölkerung Restpolens war dabei insgesamt das Schicksal zugedacht, als Arbeitskräftereservoir für das Deutsche Reich zur Verfügung zu stehen. Sie sollte ein Helotendasein auf niedriger Kulturstufe führen. »Ziel ist«, hatte Heydrich bereits am 21. September 1939 ausgeführt, »der Pole bleibt der ewige Saison- und Wanderarbeiter, sein fester Wohnsitz muß in der Gegend von Krakau liegen.«[15]

Um in den neuerworbenen Gebieten nach Gutdünken »volkstumspolitisch« schalten und walten zu können, wurde die Polizeigrenze mit Ausnahme der Freien Stadt Danzig und Oberschlesiens nicht vorverlegt. Die »Flurbereinigung« sollte gewissermaßen hinter verschlossenen Türen stattfinden, abgeschirmt von der Öffentlichkeit Deutschlands und der Welt, nicht einmal die genaue Grenzziehung wurde bekannt gegeben. In die gleiche Zeit fällt eine andere »volkstumspolitisch« relevante Entscheidung Hitlers: Am 7. Oktober wurde Himmler – wiederum im geheimen – das Amt eines »Reichskommissars für die Festigung des deutschen Volkstums« übertragen. In dieser neuen Funktion hatte er die Aufgabe der »Ausschaltung des schädigenden Einflusses von solchen volksfremden Bevölkerungsteilen, die eine Gefahr für das Reich und die deutsche Volksgemeinschaft bedeuten«.[16] Damit bekam die in Polen inaugurierte »Volkstumspolitik« ihren Behördenapparat und ihren Organisator. Zugleich wurde sie auch für den Bereich Restpolens der Kompetenz und Mitsprache der Wehrmachtsorgane weitgehend entzogen.

Die Exekutivgewalt des Militärs in Polen wurde auch noch von anderer Seite herausgefordert. Hitler hatte bereits am 8. September verfügt, daß neben die Militärbefehlshaber jeweils ein Chef der Zivilverwaltung treten sollte. Er ernannte am selben Tag die »alten Kämpfer« Arthur Greiser für Posen, Albert Forster für Westpreußen und Hans Frank für Lodz und für das gesamte besetzte Gebiet zu Chefs der Zivilverwaltungen, später kam Arthur Seyß-Inquart für Krakau hinzu. Die wichtigste Rolle spielte Hans Frank. Das Nebeneinander führte jedoch zu Konflikten. Daher entschied Hitler am 8. Oktober, alle für die Eingliederung ins Reich vorgesehenen Gebiete der Militärverwaltung zu entziehen. Am 12. Oktober stimmte er einem Erlaßentwurf über die Einrichtung einer zivilen Verwaltung auch für Restpolen zu, das nun den Namen »Generalgouvernement« erhielt. Am 19. Oktober erging der nicht veröffentlichte Erlaß über »die Überleitung der Verwaltung im Generalgouvernement auf den Generalgouverneur«, in dem das Ende der Militärverwaltung auf den 25. Oktober festgesetzt wurde.

Hitler selbst hatte sich am 17. Oktober mit einem Zynismus ohnegleichen über das Schicksal geäußert, das er dem Generalgouvernement zugedacht hatte; zugleich war er bestrebt, der Wehrmacht den Verzicht schmackhaft zu machen. Man solle doch »froh« sein, die Verantwortung »los«zuwerden. Schließlich werde das Generalgouvernement kein Teil des Reichs sein, sondern unter

Ausnahmerecht stehen. »Harter Volkstumskampf gestattet keine gesetzlichen Bindungen.« Halder notierte die wichtigsten Stichworte der Ausführungen Hitlers: »Verhindern, daß polnische Intelligenz sich zu neuer Führerschicht aufwirft. Niederer Lebensstandard soll erhalten bleiben. Billige Sklaven. Aus deutschem Gebiet muß alles Gesindel heraus. ... Schaffung einer totalen Desorganisation ... Das Reich soll den Generalgouverneur befähigen, dieses Teufelswerk zu vollenden.«[17]

Am 17. Oktober hatte Hitler gleich eine weitere Konsequenz aus der Tatsache gezogen, daß mit der Wehrmacht keine »Volkstumspolitik« zu machen war. Er entzog die SS und die Polizei der ordentlichen Gerichtsbarkeit und der Wehrmachtsgerichtsbarkeit auch in jenen Fällen, in denen deren Einheiten taktisch der Wehrmacht unterstellt waren. Für die Reichsführung SS, die Verfügungstruppe, die Totenkopfverbände und die Polizeiverbände in »besonderem Einsatz« wurde eine Sondergerichtsbarkeit in Strafsachen eingerichtet.[18]

Der neue Generalgouverneur, Hans Frank, ein promovierter Jurist, der nun über das Kerngebiet des alten Polen, ein Territorium von 96 559 km², gebot, in dem 12 Mio Menschen lebten, sah sein neues Amt unter dem »Primat der politischen Aufgaben«, die vor den »rein formellen Verwaltungsbelangen« stünden und deren Lösung »Männer« und »Mut« erfordere und »auf völlig neuartige Weise« erfolgen müsse. Er machte sich bewußt zum Vollzugsorgan der politischen Führung in Berlin. »Maßgebend für die Regierungstätigkeit im Generalgouvernement«, führte er auf einer der ersten Abteilungsleitersitzungen aus, »sei der Wille des Führers, daß dieses Gebiet das erste Kolonialgebiet der Deutschen Nation sei. Im Generalgouvernement habe der Standpunkt des Deutschtums zu gelten.« Gegen »jede Art von Widerstand« werde ein »totaler Kampf« zu führen sein.[19]

Mit dem Ende der Militärverwaltung brachen die letzten Dämme gegen die von Hitler befohlene und von Himmler und seinen Schergen besorgte »Rassen- und Volkstumspolitik« in Polen. Nun konnte Himmler in seiner Doppelfunktion als »Reichsführer SS« und »Reichskommissar für die Festigung des deutschen Volkstums« am 30. Oktober seinen berüchtigten Umsiedlungsbefehl geben. Er sah vor, bis zum Februar 1940 erhebliche Teile der nichtjüdischen polnischen Bevölkerung und »alle Juden« aus den eingegliederten Ostgebieten auszusiedeln. Als Planziffer gab

Himmler die Deportation von 1 Mio Menschen in vier Monaten vor, wovon 550000 polnische Juden sein sollten. Die Schwerpunkte der Aktion lagen in Westpreußen und Posen. Für die Planung und Durchführung war das Reichssicherheitshauptamt (RSHA) zuständig, die Deportation der Juden organisierte Heydrichs Judenreferent im Geheimen Staatspolizeiamt des RSHA, Adolf Eichmann.

Noch bevor die organisatorischen Vorbereitungen für die Deportation der polnischen Bevölkerung abgeschlossen waren, begannen die Deportationen spontan, mehr oder weniger willkürlich von Einsatzgruppen, Kreisleitern, Landräten, Bürgermeistern und Ortsbauernführern durchgeführt. Dabei zeigte sich bereits, daß Himmlers vage Zielgruppendefinition in der Praxis wenig wert war. Vielerorts diktierten die Habsucht und die Rachsucht der Nachbarn das Geschehen oder gerieten gar »Volksdeutsche« in die Aktion hinein. Selbst aus der Sicht der SS passierten eine Fülle von organisatorischen Pannen, so daß im Stabshauptamt des »Reichskommissars für die Festigung des deutschen Volkstums« eine Abteilung für die Wiedergutmachung der Schäden irrtümlich Deportierter eingerichtet werden mußte.

Der Phase spontaner Deportationen, die zeigt, welche niedrigen, ganz unideologischen Instinkte der zur Maxime der Regierung gewordene Rassismus freizusetzen vermochte, folgte die erste, vom RSHA zentral geplante Massendeportation. In wenigen Tagen, vom 1. bis zum 17. Dezember 1939, wurden 87838 Personen aus dem »Reichsgau Posen« ins Generalgouvernement deportiert, um 40000 Umsiedlern aus den baltischen Staaten Platz zu machen. Auch bei dieser Aktion ging es weniger um die polnische Intelligenz als vielmehr um die Bereitstellung lohnender Objekte für die Umsiedler. Einige Alteingesessene nutzten die Gelegenheit auch, um ihre Besitzverhältnisse aufzubessern. Organisatorische Probleme warf vor allem der Transport auf. Die Zusammenarbeit mit den Instanzen des Generalgouvernements klappte nicht immer, oft waren keine Vorbereitungen für die Aufnahme der Deportierten getroffen worden, ja, wurde diese von örtlichen Instanzen verweigert, daher irrten die Züge oft tagelang ohne Verpflegung umher, forderten Hunger und Kälte zahlreiche Opfer. Im kriegszerstörten Warschau, das als Bahnknotenpunkt Hauptumschlagsplatz der Deportierten wurde, grassierten Hunger und Seuchen.

Im Generalgouvernement nahm daher Ende 1939/Anfang 1940 der Widerstand gegen das Tempo und die Art und Weise der Umsiedlung zu, zumal dieses Gebiet nicht nur den Umsiedlerstrom aus dem Westen aufzunehmen hatte, sondern nach vertraglichen Abmachungen mit der UdSSR auch 60000 Polen aus den polnischen Ostgebieten. Zudem rechnete man im Januar 1940 in Krakau, dem Amtssitz des Generalgouverneurs, damit, im Frühjahr etwa 35000 Wolhyniendeutsche durchschleusen und 120000 Menschen innerhalb des Generalgouvernements umsiedeln zu müssen, um der Wehrmacht Platz für die »geplante Ostverteidigung« zu schaffen. Bedenkt man, daß in dieser Rechnung die Werbeaktionen für polnische Arbeitskräfte, die ins Reich vermittelt werden mußten, noch gar nicht enthalten waren, lassen sich die organisatorischen Probleme dieser »modernen Völkerwanderung« ahnen.[20]

Die Regierung des Generalgouvernements erbat daher Aufschub und erhielt ihn. Die Deportationen wurden drastisch verringert, und bis Mitte Februar 1940 fand erst einmal keine größere Aktion statt. Das RSHA mußte zudem erhebliche Abstriche an seinen mittel- und langfristigen Deportationsplänen vornehmen. Ein »Zwischenplan« sah die Deportation von 40000 Polen aus dem Warthegau in der Zeit vom 10. Februar bis zum 3. März 1940 vor, und im Laufe des Jahres sollten noch einmal 120000 Polen ausgesiedelt werden, um den Wolhyniendeutschen Platz zu machen. Der Schwerpunkt der Deportation lag wiederum im Warthegau. Aufgrund dieser Pläne kam es bis Oktober 1940 im Monatsdurchschnitt zur Deportation von 10000 bis 15000 Polen ins Generalgouvernement. Um Transportraum zu sparen und möglichst viele Menschen in einen Waggon pferchen zu können, aber auch, um die deutschen Aussiedler auf Kosten der Polen mit allem Notwendigen auszustatten, durften die Deportierten pro Person nur einen Koffer mit »Ausrüstungsstücken« und Kleidung sowie Verpflegung für 14 Tage mitnehmen. Und als ob es noch des Beweises bedurft hätte, daß die Deportierten einem räuberischen Staatswesen den Rücken kehrten, mußten sie ihre Wertsachen zurücklassen. Ausgenommen waren die Eheringe und zwanzig Zloty Bargeld pro Person.

Die zunächst von der abstrakten ideologischen Maxime der Germanisierung des Bodens geleiteten Umsiedlungspläne Himmlers wurden zwar nach wenigen Monaten erheblich zurückgeschraubt, so daß die Planziffern, die Ende Februar 1940 erfüllt sein sollten, im Laufe des gesamten Jahres 1940 nicht annähernd erreicht wurden, aber das Deportationsvorhaben als solches wurde trotz erheblicher sich im Reich und im Generalgouvernement formierender Gegenkräfte, die auf die katastrophalen ökonomischen und politischen Konsequenzen hinwiesen, nicht aufgegeben.

Die Bilanz der Deportation wies bis Ende 1940 insgesamt 325 000 ihrer Heimat und ihres Besitzes beraubter und ins Generalgouvernement umgesiedelter Polen aus. Bis Mitte März 1941, dem Datum des endgültigen Stopps der Aktion, erhöhte sich die Ziffer auf 365 000 Polen. Danach bediente man sich milderer Methoden, um Siedlungsraum für deutsche Aussiedler frei zu machen oder Volksdeutschen die Arrondierung ihres Besitzes zu ermöglichen: Man verdrängte die Polen, d. h., sie mußten ihren Besitz verlassen, konnten aber im Lande bleiben oder wurden zur Arbeit ins »Altreich« vermittelt. Man schätzt, daß sich die Zahl der bis zum Ende des Krieges deportierten und verdrängten Polen auf insgesamt etwa 750 000 beläuft.[21]

Die Deportation der polnischen Juden, die Himmler ebenfalls am 30. Oktober 1939 angeordnet hatte, unterschied sich von jener der Polen durch ihren umfassenden Charakter und ihre größere Radikalität. Die Juden sollten »alle« deportiert werden, und ihnen wurde jene begrenzte Chance zur gesellschaftlichen Wiedereingliederung, welche die vertriebene polnische Bevölkerung im Generalgouvernement besaß, nicht gewährt. Die Deportation führte zur Ghettoisierung der Juden. Die eingegliederten Ostgebiete sollten, wie es im Amtsdeutsch der SS hieß, bereits 1940 »judenrein« gemacht werden. Die Mehrzahl der polnischen Juden aus diesen Gebieten wurde in die großen Ghettos des Generalgouvernements Krakau, Radom, Lublin und Warschau verbracht. Lediglich im Warthegau wurden einige kleinere Ghettos und das große Ghetto in Lodz (Litzmannstadt) errichtet. Neben den Ghettos entstanden Lager, in denen die Juden Zwangsarbeit verrichten mußten.

Die Germanisierung der eingegliederten Ostgebiete war mit den Aussiedlungsaktionen einerseits und Ansiedlungsaktionen andererseits allein nicht zu lösen. Mehr als – hochgerechnet – eine halbe Mio deutscher Aussiedler stand in Europa nicht zur Verfügung. Zählt man die etwa 600 000 Deutschen hinzu, die sich 1939 bereits in den eingegliederten Ostgebieten befanden, mußten die »Volksdeutschen« angesichts einer Bevölkerung von 8,5 Mio Polen eine Minderheit bilden. Mit Siedlungspolitik war diese Relation nicht wesentlich zu verändern. Deshalb verfiel man auf den Gedanken, in Anknüpfung an das »Reichsbürgergesetz« vom 15. September 1935 einem Teil der polnischen Bevölkerung die Möglichkeit der »Eindeutschung« zu geben. Es wurde eine »Deutsche Volksliste« erstellt, die vier Kategorien schuf. Das Ergebnis war eine Hierarchisierung der Bevölkerung in Gruppen mit unterschiedlichen Rechten, unterschiedlichem Status und unterschiedlichem Lebens- und Versorgungsniveau.

An der Spitze standen 1,724 Mio »Reichsbürger«, die sich aus Deutschen aus dem »Altreich«, volksdeutschen Umsiedlern und voll »eindeutschungsfähigen« Polen zusammensetzten. Sie besaßen als »Vollbürger« alle Rechte und Pflichten. Ihnen folgte eine etwa gleich große Gruppe, die nur »Staatsangehörige« waren. Sie galten als »Deutschtums-Anwärter auf Probe«. Sie waren, was ihre arbeitsrechtliche Stellung und ihre Versorgung anging, der ersten Gruppe gleichgestellt, besaßen sonst aber erheblich eingeschränkte Rechte. Sie durften nicht Beamte werden, unterlagen einer Genehmigungspflicht bei der Eheschließung und genossen nur eingegrenzte Vermögensrechte. Sie sollten zum »Deutschtum« erzogen werden und lebten daher unter der Kuratel der Sicherheitsorgane und der NSDAP. Ihre Probezeit betrug zehn Jahre, sie konnten bei Nichtbewährung ihren Anspruch auf das Reichsbürgerrecht verlieren und bei besonderer Bewährung z. B. durch die Auszeichnung als Soldat vorzeitig zum »Reichsbürger« mit allen Rechten werden. Die dritte Gruppe, der nur 83 000 Menschen zugezählt wurden, waren »Staatsangehörige« auf Probe. Für sie galten analog dieselben Regeln wie für die zweite Gruppe, aber sie besaßen mindere Rechte. Immerhin erhielten sie Lebensmittelkarten. Insgesamt gelangte man auf diese Weise bis zum Januar 1944 zu einer Ziffer von 3,485 Mio »Staatsbürgern«. Ihnen standen bei einer Gesamtbevölkerung der eingegliederten Ostgebiete von 9,5 Mio 6,015 Mio polnische »Schutzangehörige« und »Sonstige« gegenüber. Da die Zugehörigkeit zum polnischen Volk unter den neuen Herren als besonders diskriminierend galt, wurde bereits im November 1940 verfügt, daß Angehörigen der ukrainischen und litauischen Minderheiten auf Verlangen die Nichtzugehörigkeit zum polnischen Volk zu bescheinigen sei. Damit wurden sie von einer Reihe diskriminierender Vorschriften ausgenommen,

z. B. mußten sie sich als Zivilarbeiter im Reich nicht kennzeichnen. Die polnischen Zivilarbeiter hatten hingegen den Buchstaben »P« am Rockaufschlag zu tragen.

Die nationalen Minderheiten bildeten eine weitere »Zwischenschicht«. Die Hauptmasse der Bevölkerung, die nicht »eindeutschungsfähigen« Polen, wurden als »rassisch fremde Elemente«, wie Hitler dies 1928 in bezug auf die Polen bereits einmal formuliert hatte, abgekapselt, damit sie nicht »das Blut« des deutschen Volkes »zersetzen« könnten.[22] Um den immer wieder vorkommenden Fällen von »Rassenschande« einen Riegel vorzuschieben, wurde 1943 ein prinzipielles Eheverbot zwischen den »Schutzangehörigen« und den anderen Gruppen erlassen. Andere Verbote und zahlreiche Gebote kamen hinzu: Polen durften deutsche Gaststätten nicht aufsuchen, durften nur zu bestimmten Zeiten einkaufen, mußten deutsche Uniformträger grüßen usw. Ihre materielle Lage, ihr arbeitsrechtlicher Status und ihre Versorgung mit Nahrungsmitteln unterschieden sich kaum von der polnischen Bevölkerung im Generalgouvernement. Das gleiche traf auf ihre Bildungschancen zu. Eher schlechter gestellt als zumindest die alteingesessenen Polen im Generalgouvernement waren die Polen in den eingegliederten Ostgebieten in bezug auf ihre vermögensrechtliche Lage. Bereits am 17. September 1940 wurden polnischer Grundbesitz und gewerblicher Besitz generell beschlagnahmt und, sofern er nicht an Aussiedler ging, entweder zugunsten des Reichs eingezogen oder unter Treuhandverwaltung gestellt. Die in den eingegliederten Ostgebieten als »Schutzangehörige« Zurückgebliebenen teilten das Schicksal der deportierten und im Generalgouvernement zusammengedrängten Polen: Sie waren entrechtete Arbeitssklaven, Angehörige eines Helotenvolkes, denen im Falle eines deutschen Sieges ebenfalls die Deportation bevorstand.

Polen wurde mit dem Überfall der deutschen Wehrmacht nicht nur zum Objekt einer ideologisch-politischen Volkstumspolitik, sondern auch einer materiellen Ausbeutungspolitik, die darauf zielte, Arbeitskräfte, Nahrungsmittel, Rohstoffe und Maschinen der deutschen Kriegswirtschaft zur Verfügung zu stellen.[23] Sieht man einmal von Oberschlesien ab, dessen Kohlevorkommen und schwerindustrielle Produktionskapazitäten einen erheblichen Kraftzuwachs für die deutsche Industrie darstellten, war aus Polen nur etwas »herauszuholen«, wenn man sich über die Normen des Völkerrechts auch in dieser Hinsicht hinwegsetzte. Obwohl sich hier und da Widerstand gegen eine solche Ausbeutungspolitik regte, war er doch nicht stark genug, um eine nennenswerte Wirkung zu erzielen. Die Ausbeutungspolitik verband das kurzfristige Interesse, eine umfassende Demontage und einen rücksichtslosen Raubbau in Polen zu organisieren, um der deutschen Kriegswirtschaft schnell neue Kräfte zuzuführen, mit dem langfristigen Interesse, aus Polen ein aller Substistenzmittel beraubtes Gebiet zu machen, dessen Bevölkerung im eigenen Land auch für einen primitiven, niedrigen Lebensstandard nicht genügend Erwerbsmöglichkeiten finden sollte. Die Polen sollten auf die Arbeit in Deutschland angewiesen sein.

Zuständig für die Ausbeutung Polens wurden, wie das im nationalsozialistischen Herrschaftssystem üblich war, mehrere Institutionen, die sogleich in einen Wettstreit traten. Außer dem Wehrwirtschaftsstab des OKW und der »Regierung« des Generalgouvernements wurde die von Hermann Göring geleitete Vierjahresplanbehörde in Polen tätig. Göring setzte am 13. Oktober einen Beauftragten für die Rohstofferfassung ein, und am 19. Oktober errichtete er die Haupttreuhandstelle Ost, der die Beschlagnahme und provisorische Verwaltung von Wirtschaftsbetrieben und Immobilien aller Art oblag, wobei sie sich insbesondere um deren Einbeziehung in die deutsche Kriegswirtschaft bzw. um deren Übertragung an Deutsche zu kümmern hatte.

Die größte Bedeutung erlangte Polen als Arbeitskräftereservoir für die deutsche Kriegswirtschaft. Dabei stand, entsprechend den ideologisch-politischen Prämissen Hitlers, das Generalgouvernement im Vordergrund des Interesses. Von den insgesamt ca. 1,2 Mio polnischen Zivilarbeitern, die Ende 1942 im »Altreich« arbeiteten, kamen nur ca. 150000 aus den eingegliederten Ostgebieten. Nachdem Ende 1939 bereits erste Arbeitskräftewerbungen im Generalgouvernement stattgefunden hatten, wurde Frank Anfang Januar 1940 mit der Forderung konfrontiert, im Laufe des Jahres 1940 etwa 1 Mio Arbeitskräfte für die deutsche Kriegswirtschaft anzuwerben, wovon drei Viertel für die Landwirtschaft vorgesehen waren. Die Werbeaktion erfolgte auf freiwilliger Basis, ging man doch davon aus, daß die schwierigen Lebensumstände und das niedrige Lebensniveau im Generalgouvernement Anlaß genug sein würden, Erwerbsmöglichkeiten und Reichsmarkverdienste im »Altreich« nachzusuchen. Die Aktion war nicht völlig erfolglos, blieb jedoch weit hinter den Erwartungen zurück. Es meldeten sich nur 81 477 Arbeitskräfte, darunter 24756 Frauen. 42 000 polnische Arbeiter befanden sich aufgrund früherer Werbeaktionen bereits im Reich. Zudem verfügte, darauf wies Frank zur Entlastung der den hochgesteckten Erwartungen nicht entsprechenden Aktion hin, das Reich über 480 000 polnische Kriegsgefangene, die ebenfalls als Arbeitskräfte eingesetzt wurden.

Nachdem die freiwillige Werbung versagt hatte, dachte man über Zwangsmaßnahmen nach, entschied sich aber für ein Mischsystem aus Freiwilligkeit und Zwang. Da man sich jedoch nicht zu einer menschenwürdigen Behandlung der polnischen Arbeitskräfte und ihrer im Generalgouvernement zurückbleibenden Angehörigen durchringen konnte, verringerte sich der Erfolg der Werbeaktionen und trat der Zwang mehr und mehr an ihre Stelle. Von der Musterung und zwangsweisen Vorführung ging man allmählich zu Polizeimaßnahmen über und kämmte schließlich Wohnviertel und Straßenzüge gewaltsam nach Arbeitskräften durch. Mit Hilfe dieser gleitend sich verschärfenden und von Ort zu Ort unterschiedlich gehandhabten Methoden gelangten bis zum Juli 1940 insgesamt 311 913 Arbeitskräfte ins Reich; 1941 fiel die Ziffer, auch infolge des Aufmarsches der Wehrmacht gegen die UdSSR, auf ca. 200 000. 1942 stieg sie auf 400 000 an. In den letzten Kriegsjahren kamen nur noch etwa 20 000 hinzu.

Die deutsche Besatzungspolitik in Polen durchlief sehr unterschiedliche Phasen. Die erste Phase begann mit dem 1. September 1939 und endete mit dem 26. Oktober 1939. Sie war sowohl in der »Volkstumspolitik« als auch in der Ausbeutungspolitik durch den Dualismus von Wehrmacht und Einsatzgruppen, von völkerrechtlichen Normen und terroristisch-rassistischem Rechtsbruch geprägt. Der Krieg und seine Erfordernisse bestimmten diese Phase. Terror wurde unkoordiniert und spontan auf beiden Seiten der Kriegsfront ausgeübt, wobei lang aufgestauter Haß ebenso ausschlaggebend war wie die nationalsozialistische Ausrottungsstrategie, die hier und da durchschlug. Die Phase war geprägt durch zahlreiche Exekutionen, durch das gewaltsame Zugreifen auf Arbeitskräfte und Ressourcen, durch Habgier und Rachsucht, durch Juden- und Polenhaß, aber auch durch ein gewisses Maß militärischer Ordnung und das Vorhandensein einer Appellationsinstanz in Gestalt der Kommandeure vor Ort.

Mit dem Ende der Kampfhandlungen und der Klärung der Gebietsverhältnisse und Kompetenzen in den eroberten Gebieten setzte keine Beruhigung ein. Das überstürzte Ende der Militärverwaltung im Oktober 1939 ließ alle Dämme brechen. Die alte Ordnung verschwand, und der Aufbau der Zivilverwaltung in den eingegliederten Ostgebieten und dem Generalgouvernement zog sich bis zum Frühjahr 1940 hin. In dieser zweiten Phase gab es praktisch ein weitgehendes »Verwaltungs- und Rechtsvakuum« (Broszat), das das RSHA und die Parteiinstanzen vor Ort sowie nicht zuletzt die Einsatzgruppen zu ungehemmtem Terror nutzten. Das war die schlimmste Phase der Besatzung. In ihr wurden praktisch alle Juden aus den eingegliederten Gebieten vertrieben oder in Ghettos verbracht. In ihr wurden die meisten Polen ins Generalgouvernement deportiert, die meisten Zivilarbeiter ins Reich transportiert, der größte Raubbau an Land und Leuten betrieben und die umfangreichsten Exekutionen durchgeführt.

Mit der Konsolidierung der Zivilverwaltungen und der Rückkehr rechtlich-normativer Strukturen setzte etwa vom Frühsommer 1940 an eine neue Phase in den eingegliederten Ostgebieten und im Generalgouvernement ein. Die Werkzeuge des Terrors, die Einsatzgruppen, die SS-Sonderkommandos und die volksdeutschen »Selbstschutzeinheiten« wurden aufgelöst und ihre Mitglieder in den Aufbau der regionalen SS- und Sicherheitsstrukturen einbezogen.[24] Zugleich konsolidierte sich die Autorität der Chefs der Zivilverwaltungen und schränkte die Macht der Berliner Zentrale ebenso ein wie die der Sondergewalten vor Ort. In gewisser Weise vollzog sich in den Ostgebieten und im Generalgouvernement derselbe Prozeß, der nach der Machtergreifung im Sommer 1933 im Reich stattgefunden hatte: Normenstaatliche und maßnahmestaatliche Strukturen verknüpften sich miteinander und gaben dem ganzen eine gewisse Organisiertheit. Das bedeutete, wie im Reich 1933, kein Ende des Terrors und der Willkür, aber doch ein Ende des unkontrollierten, spontanen und des im Zwielicht des Machtvakuums geübten Terrors.

Zugleich mit der Konsolidierung der rechtlichen, organisatorischen und politischen Strukturen regte sich ein gewisses Interesse an materieller Normalität, regten sich Aufbauwille und Gestaltungsimpulse. Man begriff, daß Leistungen nur erzielt werden konnten, wenn Anreize durch Gegenleistungen geboten wurden und auch die Sklavenschicht nicht gänzlich hiervon ausgenommen wurde. Kurz: Die »Beuteperiode« ging zu Ende.

In dieser Phase koppelte sich das Generalgouvernement von

den eingegliederten Ostgebieten ab, die in jeder Hinsicht zu einem Teil der reichsdeutschen Kriegswirtschaft wurden, während man im Generalgouvernement lediglich von der Phase einer ebenso kurzfristigen wie kurzsichtigen Ausbeutung zur Errichtung eines kolonialen Ausbeutungssystems überging. Im Frühsommer 1941 wurde das Generalgouvernement zum Aufmarschgebiet der deutschen Wehrmacht gegen die UdSSR, was seine Bedeutung erheblich erhöhte und große Anforderungen an sein Transportsystem, seine Lieferfähigkeit und an seine Sicherheitsorgane stellte, die dafür sorgen mußten, daß die Bevölkerung trotz der angespannten Lage ruhig blieb. 1942/43 lieferte das Generalgouvernement 630000 t Getreide, 520000 t Kartoffeln, 28666 t Zucker, 55000 t Vieh und 7500 t Fette zugunsten des Reichs ab und leistete einen außerordentlichen Wehrbeitrag von 3 Mrd Zloty. Mitte 1943 befanden sich 1,3 Mio Zivilarbeiter aus dem Generalgouvernement im Reich.

Mit der Wende von Stalingrad begann 1943 eine letzte Entwicklungsphase. Die sich allmählich auf das Generalgouvernement zurückbewegende deutsche Ostfront veränderte die Sicherheitslage und zwang einerseits zu einem gewissen Entgegenkommen gegenüber der Bevölkerung und andererseits zu härterem Durchgreifen, zumal auch der Partisanenkrieg ganz neuen Dimensionen zustrebte. Der Luftkrieg gegen das Deutsche Reich führte dazu, immer mehr Industriebetriebe in den Osten zu verlagern, der relativ sicher vor Bombenangriffen war. Außerdem mehrten sich im Zuge des von Speer organisierten »Rüstungswunders« die Stimmen, die eine Korrektur der Polenpolitik im Generalgouvernement forderten. Frank selbst versuchte Hitler mit einer umfangreichen Denkschrift, die mit der bisherigen Polenpolitik ziemlich hart ins Gericht ging, von der Notwendigkeit einer Kurskorrektur zu überzeugen.[25] Tatsächlich kam es zu einer recht beträchtlichen Verlagerung von Rüstungsbetrieben in das Generalgouvernement, in dem Anfang 1944 140000 Rüstungsarbeiter, darunter 26000 Juden, beschäftigt waren, die im Jahre 1943 Rüstungsgüter im Wert von 750 Mio RM produziert hatten. Daß sich mit dieser Kurskorrektur aber keine grundsätzliche Wende in der deutschen Polenpolitik anbahnte, machte Hans Frank am 14. Januar 1944 mit unverhohlenem Zynismus deutlich: »Wenn wir den Krieg einmal gewonnen haben, dann kann meinetwegen aus den Polen und aus den Ukrainern und dem, was sich hier herumtreibt, Hackfleisch gemacht werden, es kann gemacht werden, was will.«[26]

3. Offene Konstellationen im ersten Kriegswinter

Obgleich Hitler sich lange vor dem Angriff auf Polen entschlossen hatte, auf dem Territorium des eroberten Landes keinen Staat, auch keinen Satellitenstaat zu dulden, hat er doch gewußt, daß ein Friedensangebot an die Westmächte ohne die Zusage, einen polnischen Staat zu errichten, völlig sinnlos war. Am 6. Oktober 1939 hielt er eine große Rede vor dem Reichstag, in der er nach dem Muster der Versprechen, die er bisher nach jedem gelungenen Gewaltstreich abgegeben hatte, ein Friedenspaket schnürte, in dem auch dieses Angebot nicht fehlte. Er gaukelte den Westmächten vor, er sei an der Errichtung eines auf bilateralen Nichtangriffspakten beruhenden Sicherheitssystems in Europa interessiert, und beteuerte, nach der Grenzziehung in Polen, über deren Details er sich ausschwieg, habe er keine weiteren Revisionsziele mehr. Ausnehmen wollte er lediglich Deutschlands verlorene Kolonien, setzte aber hinzu, daß er dieses Revisionsziel nicht »ultimativ« verfolge und daß dahinter keine »Gewalt« stehe.[27] Die französische und britische Regierung gingen auf diesen »Friedensappell« Hitlers nicht ein und wiesen das darin steckende Verhandlungsangebot zurück. Hitler selbst hielt die Erfolgschancen seines Friedensappells offenbar nicht für groß und dachte von vornherein zweigleisig. Zwar gebe es Anzeichen dafür, meinte er bereits am 27. September 1939 in einer Lagebesprechung mit Halder und von Brauchitsch, daß die Westmächte zur Vernunft kämen, aber verlassen könne man sich darauf nicht. Man müsse sich mit dem Gedanken vertraut machen, daß der Krieg weitergehe. Es gebe »keine Sicherheit in der Beurteilung der Zukunft«. Er wollte daher »nicht abwarten, bis Gegner kommt, sondern wenn friedliche Regelung nicht möglich, Schlag nach Westen führen. Je eher, um so besser ... Kriegsziel, England auf die Knie zu zwingen, Frankreich zu zerschlagen.«[28]

Bereits am 7. Oktober beriet er, ohne die Reaktion der Westmächte abzuwarten, mit dem Oberbefehlshaber des Heeres und dem Generalstabschef die Möglichkeiten für einen Angriff im Westen. Am 9. Oktober verfaßte Hitler hierzu eine umfangreiche Denkschrift, und am selben Tag erging seine Weisung, im Falle weiterhin fehlender Friedensbereitschaft Großbritanniens und Frankreichs »durch den luxemburgisch-belgischen und holländischen Raum eine Angriffsoperation vorzubereiten«. Ein Termin wurde noch nicht genannt, doch sollte der Angriff »so früh als möglich geführt werden«.[29]

Hitler war der Auffassung, daß die Zeit für die Westmächte arbeitete und sich das Reich nichts weniger leisten konnte, als im Westen abzuwarten. Er befürchtete außer einem allgemeinen Kraftzuwachs für Frankreich und Großbritannien, daß Belgien und die Niederlande ihre Neutralität zugunsten der Westmächte aufgeben, daß die Neutralen ihr Vertrauen in den Sieg Deutschlands verlieren würden und Italien nicht in den Krieg eintreten werde, wenn die Wehrmacht sich im Westen passiv verhalte. Das waren die kurzfristigen Gefahren. Langfristig sah er einen Interessenkonflikt mit der Sowjetunion und den Vereinigten Staaten und deren Eingreifen in den militärischen Konflikt voraus. Zwar seien beiden Staaten zur Zeit noch die Hände gebunden, den USA durch die Neutralitätsgesetze und der UdSSR durch die Aufgabe, sich die Beute aus den deutsch-sowjetischen Geheimabsprachen zu sichern, aber diese Zeitspanne gelte es militärisch zu nutzen; denn das Reich könne der UdSSR nur entgegentreten, »wenn wir im Westen frei sind«. Auch um England militärisch gewachsen zu sein, müsse sich das Reich eine »bessere Ausgangslage« verschaffen und Belgien und Holland in Besitz nehmen, damit die Luftwaffe und die Marine von dort gegen die britischen Inseln und Englands überseeische Verbindungswege operieren könnten. Was Frankreich anging, wollte er es durch einen Angriff militärisch ausschalten. Im Unterschied zu den eher skeptischen Erwartungen der militärischen Führung[30] hielt Hitler es für möglich, einen durchschlagenden Erfolg zu erzielen, auch wenn seine Meinung schwankte. Er handelte in dem Bewußtsein, daß es darum gehe, die Schlacht gegen Frankreich, die im Sommer 1918 nicht gewonnen werden konnte, unter günstigeren Umständen zu gewinnen.

Hitler setzte sich mit seiner Auffassung durch. Der Angriffstermin, der in den Planungen für den »Fall Gelb«, wie das OKH den Aufmarschplan im Westen nannte, ursprünglich bereits für den 15. November 1939 vorgesehen war, mußte aber mehrfach, vorwiegend wegen schlechter Wetterbedingungen, verschoben werden, bis er schließlich auf den 10. Mai 1940 festgelegt wurde.

Während Hitler seine widerstrebenden Militärs, die einen Angriff im Westen für ein riskantes Abenteuer und die Erfolgsaussichten für gering hielten, von der Notwendigkeit einer deutschen

Westoffensive zu überzeugen suchte, deuteten sich schemenhaft ganz andere Lösungen an. Hitler hatte auch nach der Ablehnung seiner Friedensofferte durch die Westmächte geheime Kontakte, die Göring mit Wissen Hitlers zur britischen Regierung über Mittelsmänner unterhielt, nicht sogleich abbrechen lassen.[31] Dabei hatte ihn wohl weniger die Hoffnung bestimmt, daß Großbritannien schließlich doch noch einlenken werde, als vielmehr die Überzeugung, daß es nützlich sein könne, den diplomatischen Draht zu den Briten für ein späteres Arrangement nach einem erfolgreichen Westfeldzug aufrechtzuerhalten. Doch die Kontakte entwickelten ihre eigene Dynamik. Göring sah sich selbst als Repräsentant einer gemäßigten Politik und stimmte mit seinen Kollegen im Heer und einigen Repräsentanten der Opposition, zu denen er vorsichtig Kontakt hergestellt hatte, darin überein, daß der Westfeldzug ein hohes Risiko darstellte. Er spielte daher auf Zeit und scheint sich zeitweilig als Alternative zu Hitler präsentiert zu haben. Das kam britischen Vorstellungen entgegen, mit Deutschland sei ein Friedensarrangement möglich, wenn Hitler gestürzt oder entmachtet sei und wenn Deutschland der Wiedererrichtung eines unabhängigen polnischen Staates und einer unabhängigen tschechischen Republik zustimme.

Auch wenn nicht sicher zu entscheiden ist, ob die Briten etwas anderes im Sinn hatten, als auf Zeit zu spielen und Zwietracht in der deutschen Führung zu sähen, entbehrten diese Vorstellungen doch nicht einer gewissen Logik. Denn warum hätte Großbritannien nicht zu Kompromissen bereit sein sollen, wenn Deutschland den Status quo von München und das zerstörte Vertrauen wiederherstellte? In London war man zeitweilig durchaus geneigt, Göring Vertrauen entgegenzubringen, doch verlangte man, daß die deutsche Seite den britischen Vorstellungen vorab zustimmte. Hierzu war Göring jedoch nicht bereit und auch nicht der richtige Mann. Zudem wäre eine solche »Kapitulation« vor den britischen Vorstellungen, abgesehen von der Frage, wie Hitler auf die repräsentative Rolle eines Staatspräsidenten hätte zurückgedrängt werden sollen – mit diesem Vorschlag scheint Göring jongliert zu haben –, in den deutschen Führungseliten kaum konsensfähig und der deutschen Öffentlichkeit nur schwer zu vermitteln gewesen. Wenn hier eine Alternativmöglichkeit bestand, scheiterte sie an ihren fehlenden inneren Voraussetzungen. Eine weitere Alternative gewann dagegen mehr Realitätsnähe.

Die politisch-militärische Lage in Europa hatte sich durch das Eingreifen der UdSSR erheblich verändert. Stalin hatte sich nicht damit begnügt, die polnische Beute an sich zu bringen, sondern noch im Schatten des Krieges gegen Polen damit begonnen, Druck auf die baltischen Staaten auszuüben. Am 28. September 1939 schloß die UdSSR nach einem vorausgegangenen sowjetischen Ultimatum einen Beistands- und Stützpunktvertrag mit Estland ab, am 5. Oktober mit Lettland und am 10. Oktober mit Litauen. Im Oktober hatte die UdSSR auch Verhandlungen mit Finnland begonnen, das bis 1917 ein Teil des russischen Reiches gewesen und ebenfalls der sowjetischen Interessensphäre zugeschlagen worden war. Doch im Unterschied zu den baltischen Staaten zeigte Finnland weniger Bereitschaft, die sowjetischen Forderungen zu akzeptieren. Die finnisch-sowjetischen Verhandlungen wurden am 13. November ergebnislos abgebrochen, und am 30. November 1939 eröffnete die Sowjetunion mit Truppen des Leningrader Militärbezirks ohne Kriegserklärung die Feindseligkeiten, um sich mit Gewalt zu holen, was mit Erpressung nicht zu haben war. Am 12. März 1940 stimmten die Finnen, die sich tapfer gewehrt hatten, im Frieden von Moskau den für sie erheblich ungünstigeren sowjetischen Forderungen zu.

Das aggressive Vorgehen der UdSSR führte im Winter 1939/40 auf der Seite der Westmächte, die von den bedrängten Staaten um Hilfe gebeten worden waren, nachdem Deutschland jede Hilfeleistung verweigert hatte, zu Überlegungen, militärisch zu intervenieren. Ihnen ging es dabei nicht in erster Linie oder nicht nur darum, den baltischen Staaten und Finnland zu helfen, sondern sie wollten gleichzeitig mit dem Aggressor Deutschland treffen und der Seeblockade, die durch die deutsch-sowjetische Zusammenarbeit konterkariert wurde, mehr Effizienz verleihen. Überlegungen, die vor allem vom Ersten Lord der Admiralität, Winston Churchill, verfochten wurden, sahen einen Vorstoß der Westmächte nach Skandinavien vor, in dessen Verlauf Truppen in Narvik landen und auf dem Weg nach Finnland die schwedischen Erzfelder besetzen sollten, um Deutschland wirksam von der schwedischen Erzzufuhr abzuschneiden.[32] Dieses Konzept, über das zwischen Paris und London im Februar 1940 Einigkeit hergestellt werden konnte, scheiterte an der beharrlichen Weigerung der norwegischen und schwedischen Regierung, den Alliierten die erforderlichen Durchmarschrechte zu gewähren. Von ihm blieb schließlich nur der Plan einer Verminung der norwegischen Küstengewässer übrig, den die britische Marine am 8. April 1940 ausführte.

Noch deutlicher als diese Überlegungen besaßen Planspiele, die auf den Balkan und die Türkei zielten, einen vorwiegend gegen Deutschlands Ressourcen – diesmal gegen seine Ölversorgung – und gegen die deutsch-sowjetische Zusammenarbeit gerichteten Charakter. Dieses Konzept lief darauf hinaus, einen militärischen Schlag gegen die rumänischen Ölfelder mit Luftangriffen auf die transkaukasischen Ölfelder der UdSSR zu verbinden und auf dem Balkan eine Südfront zu eröffnen. Sie hätte Deutschland mehr geschadet, als sie Finnland entlastet hätte. Der Plan wurde vor allem von der französischen Regierung verfochten. Sie hatte insgesamt viel weniger Skrupel, die Sowjetunion militärisch zu provozieren, als die etwas vorsichtigere britische Regierung. Beide Regierungen unterschätzten das militärische Potential der UdSSR in so hohem Maße, daß sie in ihren Überlegungen erstaunlich wenig Rücksicht auf deren voraussichtliche Reaktionen nahmen. So scheiterte der Plan nicht aus Rücksicht auf die UdSSR, sondern vorwiegend aus Rücksichtnahme auf die Machtinteressen Italiens in diesem Raum, das man nicht an die Seite Deutschlands treiben wollte, und an der mangelnden Bereitschaft Griechenlands und der Türkei, diese Pläne zu unterstützen. Verständlicherweise wollten diese Länder ebensowenig zwischen die Fronten geraten wie Norwegen und Schweden.

Nachdem die Westmächte im September 1939 die Chance, im Westen anzugreifen und die militärische Initiative zu gewinnen, verfehlt hatten, verpaßten sie diese Chance im Winter 1939/40 erneut, weil sie – angetreten im Namen des Völkerrechts – auf die Rechte Dritter Rücksicht nehmen mußten und das Risiko scheuten, das die Planspiele militärisch und politisch darstellten. Die Frage, wie der Zweite Weltkrieg verlaufen wäre, wenn die Westmächte über die Peripherie angegriffen und die UdSSR im Winter 1939/40 damit womöglich an die Seite Deutschlands getrieben hätten, ist nicht zu beantworten. In Stalins Interesse lag eine solche Entwicklung zweifellos nicht, und daher ist der rasche sowjetisch-finnische Friedensschluß im März 1940 mit darauf zurückzuführen, daß Stalin die Gefahr beseitigen wollte, in den Krieg hineingezogen zu werden.

Während sich allmählich eine außenpolitische Konstellation

herstellte, die einen Westfeldzug möglich machte, und Hitler mit rastloser Energie die innenpolitischen Voraussetzungen hierfür schuf, indem er die Opposition gegen seine Offensivpläne zurückdrängte und Goebbels den Auftrag gab, die Propaganda von Friedensbereitschaft auf Kampfentschlossenheit umzustellen, erwies sich im Winter 1939/40, daß die Rüstungswirtschaft den mutmaßlichen Anforderungen eines Krieges im Westen nicht gewachsen war und es erheblicher Anstrengungen bedurfte, sie darauf vorzubereiten.

4. Die Organisation der Rüstungswirtschaft und die Gründung des Ministeriums für Bewaffnung und Munition

Den Polenfeldzug hatte die Wehrmacht im großen und ganzen aus den verfügbaren Beständen an Kriegsmaterial bestreiten können, für eine längere Kriegsdauer und für den Kampf mit einem ebenbürtigen Gegner waren aber andere Maßstäbe anzulegen. Hitler, der in seiner Beurteilung der Widerstandskraft Frankreichs schwankte und von der Wehrmacht forderte, einerseits auf eine den Gegner vernichtende Offensive, andererseits aber auch auf einen langen Krieg vorbereitet zu sein, verlangte Ende November 1939 die Planung und Forcierung eines großen Munitionsprogramms, nachdem er festgestellt hatte, daß die Produktionsziffern im Ersten Weltkrieg über denen vom Oktober 1939 gelegen hatten.[33] Offenbar zog er in Analogie zum Ersten Weltkrieg im Westen kräftezehrende, langwierige Kämpfe mit ins Kalkül und OKH und OKW folgten ihm wenigstens in dieser Beurteilung.

Im Zusammenhang mit der Munitionsfrage, auf die Hitler sich konzentrierte, entstand Ende 1939 die Idee, das Problem, dessen Lösung im Kompetenzwirrwarr der Wirtschaftsbürokratien nicht so recht vorankam, im gewohnten Stil durch einen Sonderbeauftragten, einen Munitionsminister, zu lösen. Auch von General Georg Thomas, dem Chef des Wehrwirtschafts- und Rüstungsamts, und aus Kreisen der Industrie wurden solche Ideen geäußert. Göring machte sich Hoffnungen auf das neue Amt und wohl auch General Thomas, aber Hitler war von dem Gedanken durchdrungen, daß die Wirtschaft von Männern aus der Wirtschaft – und nicht von Militärs – geführt werden müsse, und wollte zudem die Machtstellung Görings nicht erweitern, sei es, daß er ihn nicht für fähig hielt, die gewünschte Produktionssteigerung zu erreichen, sei es, daß er ihm wegen seiner Friedensneigungen politisch mißtraute. Zudem war Hitler großen bürokratischen Apparaten gegenüber von jeher skeptisch und wollte gerade auch auf dem Hintergrund der Konflikte mit den Militärs wegen der Westoffensive im Winter 1939 weder den Vierjahresplan noch das Wehrwirtschafts- und Rüstungsamt stärken. Er suchte nach einem verläßlichen Parteimann von »altem Schrot und Korn«, der organisatorisch begabt war und über Erfahrungen im Umgang mit der Industrie verfügte, und fand ihn in Fritz Todt.

Der promovierte Bauingenieur und Alt-Parteigenosse Fritz Todt war fest in der Partei verankert und übte als Leiter des Hauptamtes Technik der NSDAP erheblichen Einfluß aus. Zugleich hatte er als Generalinspektor für das deutsche Straßenwesen und als Generalbevollmächtigter für die Regelung der Bauwirtschaft die Errichtung der beiden größten Prestigebauten des NS-Regimes, der Reichsautobahnen und des »Westwalls«, organisiert. Er wußte daher nicht nur, wie man eine effiziente Sonderbehörde ohne großen bürokratischen Aufwand errichtet, sondern war auch in der Lage, die Leistungskraft privater Firmen zu bündeln und vor den Wagen staatlicher Aufgaben zu spannen; denn die »Organisation Todt« hatte allen megalomanen Versuchungen, einen großen Baukonzern zu errichten, widerstanden und statt dessen mit privaten Kontraktfirmen gearbeitet.[34] Die Manager in der Industrie schätzten diesen unprätentiösen Technokraten und sahen ihn als ihresgleichen an. Hierauf scheint es Hitler, der über eine gute Menschenkenntnis und Einfühlungsvermögen verfügte, besonders angekommen zu sein.

Am 17. März 1940 ernannte Hitler Todt zum Reichsminister für Bewaffnung und Munition. Todt bekam den Auftrag, »alle in der Waffenherstellung und Munitionserzeugung tätigen Stellen zu höchster Leistung zusammenzufassen«.[35] Dieser Auftrag überrascht angesichts der Tatsache, daß Deutschlands Wirtschaft seit 1936 systematisch auf den Krieg vorbereitet worden war. Hatte man nicht daran gedacht, eine zentrale Lenkungsinstanz zu schaffen, so daß drei Monate nach Kriegsbeginn etwas improvisiert werden mußte, was längst hätte etabliert sein müssen?

Das Hauptproblem, vor das sich Todt gestellt sah, war die zwischen zivilen und militärischen Behörden geteilte Verantwortung, die auf das Reichsverteidigungsgesetz vom 21. Mai 1935 zurückging.[36] Das Gesetz hatte außer der Zuständigkeit der Wehrmacht für die reinen Rüstungsbetriebe, deren Zahl sich 1935 auf etwa 2800 belief und bis 1940 auf 5425 anstieg, die zivile Einrichtung eines »Generalbevollmächtigten für die Kriegswirtschaft« geschaffen, der die Verantwortung für die ca. 25000 bis 30000 »kriegs- und lebenswichtigen« Betriebe trug. Da die Rüstungsbetriebe sich vorwiegend mit der Endfertigung befaßten, waren sie für die Vorprodukte auf die Kooperation mit dem Generalbevollmächtigten angewiesen, was eine ständige Quelle von Friktionen schuf. Das war aber nicht das einzige Problem. Zunächst besaß das Reichskriegsministerium die im Vergleich zur zivilen Instanz des Generalbevollmächtigten leistungsfähigere Organisation und verfügte über eine regionale Behördenstruktur, die es in die Lage versetzte, die Betriebe effizient zu lenken. In seinen Rüstungsbetrieben waren 1938 etwa 24% aller in der Industrie beschäftigten Arbeitskräfte tätig. Dieses »Wirtschaftsimperium« und seine Schaltstelle, das Wehrwirtschafts- und Rüstungsamt im OKW, drängten verständlicherweise darauf, den gesamten für die Rüstungsindustrie relevanten Produktionsbereich in die Hand zu bekommen.

Das Reichswirtschaftsministerium, dessen Chef das Amt des Generalbevollmächtigten gleichzeitig innehatte, war schon unter Schacht über die Art und Weise, wie man Wirtschaftspolitik unter den Bedingungen der Aufrüstung und Kriegsvorbereitung betreiben müsse, ganz anderer Auffassung gewesen als die Militärs, und das blieb auch unter seinem Nachfolger, Walter Funk, so. Während die Wehrmacht, nicht zuletzt unter dem Eindruck der Rüstungsorganisation des Ersten Weltkrieges, ein planwirtschaftliches Konzept vertrat und sich wenig um die Entscheidungsfreiheit oder gar die Verdienstmöglichkeiten der Unternehmer kümmerte, war das Reichswirtschaftsministerium ein entschiedener Verfechter der Privatwirtschaft und marktwirtschaftlicher Prinzipien. Zugleich verfolgte das Ministerium einen mittelstandsfreundlichen Kurs und war bestrebt, die in hohem Maße von mittleren Unternehmen geprägte Zulieferindustrie weder den Anhängern der Planwirtschaft im OKW noch den großen Konzernen auszuliefern. Einer radikalen Umstrukturierung der deutschen Rüstungswirtschaft, sei es in Richtung auf eine Kommando- und Planwirtschaft der Wehrmachtsbürokratie, sei es in Richtung auf eine am Groß- und Bestbetrieb ausgerichtete gepoolte Konzern- und Managerwirtschaft, setzte man daher Widerstand entgegen. Dabei konnte man sich der Rückendeckung der um ihre regionale Industriestruktur und die Erhaltung der Arbeitsplätze besorgten Gauleiter ebenso sicher sein wie der um die mittelständische Anhängerschaft und die Stimmung in der Bevölkerung bangenden Partei- und Staatsführung.

Wie stark diese Kräfte waren, zeigte sich im Oktober 1939, als es Funk gelang, eine partielle Dezentralisierung der Kriegswirtschaft durchzusetzen. Kriegswichtige Produktionsaufgaben sollten auf eine möglichst große Zahl von Betrieben verteilt werden. Das hatte, solange man Arbeitslosigkeit und Produktionseinbrüche befürchtete und überdies auf ein rasches Kriegsende setzte, den Vorteil, eine möglichst große Zahl von Betrieben im Produktionsprozeß zu halten und damit auch Arbeitsplätze zu sichern. Es hatte auf längere Sicht den Nachteil, daß Kleinbetriebe unrentabler produzieren und unter den Bedingungen der Bewirtschaftung von Rohstoffen und Arbeitskräften zur Hortung neigen, was die Bedarfsmeldungen künstlich nach oben trieb und die Planung unter den Bedingungen einer Mangelwirtschaft erschwerte.

Die organisatorischen Probleme der Kriegswirtschaft wurden nicht nur durch die Konkurrenz zwischen militärischem und zivilem Bereich bestimmt, sondern auch dadurch verschärft, daß es innerhalb dieser Bereiche ebenfalls erhebliche Rivalitäten und Kompetenzstreitigkeiten gab. Innerhalb der Wehrmacht stritten Heer, Luftwaffe und Marine um die Priorität in der Versorgung mit Rohstoffen und Arbeitskräften und benutzten die unterschiedlich guten Beziehungen ihrer Oberbefehlshaber zu Hitler dazu, sich Vorteile auf Kosten des anderen zu verschaffen. Die Situation wurde dadurch noch komplizierter, daß Göring als Chef der Luftwaffe zugleich im zivilen Rüstungsbereich als Chef der Vierjahresplanbehörde eine wichtige Rolle spielte. Eigentlich hätte er die Vierjahresplanbehörde zum Generalstab der Rüstungs- und Kriegswirtschaft ausbauen sollen. Die Möglichkeit dazu hätte er gehabt; denn der Reichswirtschaftsminister und Generalbevollmächtigte für die Wirtschaft, dem die Aufgabe oblag, die Vorbereitungen für den Mobilmachungsfall zu treffen, war praktisch von seinen Weisungen abhängig und dazu noch eine schwache, wenig durchsetzungsfähige Persönlichkeit. Zudem besaß Göring als Luftwaffenchef auch im militärischen Bereich eine Schlüsselposition. Doch es gelang ihm nicht, das Kompetenzgestrüpp zu lichten und klare Verhältnisse zu schaffen.

Kurz vor Kriegsbeginn wurde daher ein neuer Anlauf genommen und noch einmal versucht, eine zentrale Führungs- und Koordinationsinstanz zu schaffen. Am 30. August 1939 berief Hitler einen »Ministerrat für die Reichsverteidigung«.[37] Ihm gehörten an: die beiden Generalbevollmächtigten für Wirtschaft und Verwaltung und gleichzeitigen Reichsminister, Funk und Frick, der Chef der Reichskanzlei, Lammers, und der Chef des OKW, Keitel. Den Vorsitz hatte Göring inne, die Geschäfte führte die Reichskanzlei. An sich steckte in diesem Gremium die Chance zur Etablierung eines handlungsfähigen Kriegskabinetts und damit sowohl zum Ausgleich der Rivalitäten als auch zur Koordination und Straffung der Lenkungsbefugnisse. Aber das hätte gemäß den Strukturen des Führerstaates die ständige Anwesenheit Hitlers in diesem Gremium erfordert. Statt dessen begnügte sich der »Führer« damit, Göring durch Lammers und Keitel »an die Leine zu legen«, so daß der Vorsitzende, der Gremienarbeit ohnehin nicht schätzte, das ihm unbequem werdende Organ bald einschlafen ließ. Eine gewisse Begradigung der Lenkungsstrukturen gelang Göring schließlich im Dezember 1939 mit der Beseitigung des Amts des Generalbevollmächtigten und der Überführung seiner Kompetenzen auf die Vierjahresplanbehörde. Eine straffe Zusammenfassung der Vielzahl von Behörden, die in der Kriegswirtschaft mitzureden hatten, kam jedoch auch jetzt nicht zustande. Das Ende der Einrichtung eines Generalbevollmächtigten war gleichwohl ein Signal dafür, daß der organisatorische Schlendrian in der Kriegswirtschaft mit den übergeordneten Zielen der Obersten Führung in Konflikt zu geraten begann.

Hieran konnte Todt anknüpfen. Er wandte sich zunächst der Munitionskrise zu und bezog dann außer der Herstellung von Infanteriewaffen die Panzerproduktion und in vorsichtig pragmatischer Ausweitung seiner Kompetenzen weitere Bereiche der Kriegswirtschaft in seinen Aufgabenkreis ein. Die Luft- und Marinerüstung blieb aber unberührt.

Todt schaltete einerseits seine Ingenieure und den regionalen Apparat der Hauptabteilung Technik der NSDAP in die Überwachung der Betriebe ein und sorgte andererseits dafür, daß die Industrie über ihre Selbstverwaltungsorgane auf allen Ebenen in die Organisation der Kriegswirtschaft einbezogen wurde. In gemischten Ausschüssen arbeiteten Industrielle und Militärs gemeinsam an Problemlösungen und etablierten damit etwas für den Führerstaat höchst untypisches, nämlich effiziente Gremienarbeit. Ein neues Preissystem, das der Industrie wieder größere Gewinnperspektiven eröffnete, wirkte nicht nur als Stimulans, sondern auch als sichtbares Zeichen dafür, daß der neue Minister von der bisherigen militärischen Kommandowirtschaft nichts hielt und entschlossen war, der Industrie unternehmerischen Spielraum zu gewähren. Die Militärs gerieten dabei gegenüber den Fachleuten aus der Industrie immer mehr ins Hintertreffen. Gegen ihren Willen und auf Anraten der Industrie ging Todt dazu über, Arbeitsgemeinschaften der Hersteller zu bilden, welche die Verteilung und Durchführung der Wehrmachtsaufträge auf die Betriebe in eigener Verantwortung vornahmen. In den Arbeitsgemeinschaften kooperierten diejenigen Firmen, die Aufträge für gleichartige Produkte erhalten hatten. Mit der Munition wurde der Anfang gemacht. Die Vorsitzenden der Arbeitsgemeinschaften der Munitionsbetriebe bildeten ihrerseits einen Munitionsausschuß auf der Ebene der Wehrkreise und deren Vorsitzende saßen in Berlin in einem Munitionsbeirat. Mit Hilfe dieser ehrenamtlich und im eigenen Interesse arbeitenden pyramidenförmig aufgebauten Gremien konnte eine effiziente Rüstungsorganisation geschaffen werden. Dabei dachte man in ziemlich langfristigen Perspektiven. Der Höhepunkt des Produktionsausstoßes sollte im Herbst 1941 erreicht werden, als erste Etappe visierte man eine erhebliche Steigerung, zum Teil eine Verdoppelung der Produktion bis zum 1. Oktober 1940 an. Da diese Terminplanung von der Obersten Führung vorgegeben war, ist sie ein sicheres Indiz dafür, daß Hitler kurz vor dem Beginn des Frankreichfeldzuges offenbar eine langwierige militärische Auseinandersetzung im Westen ins Kalkül gezogen hatte, auch wenn er auf einen raschen Erfolg hoffte.

Die Bedeutung dieser auf lange Fristen berechneten organisatorischen Maßnahmen lag vor allem darin, daß ein neues erfolgversprechendes Prinzip durchgesetzt worden war. Der neue Minister schickte sich an, mit seinem kleinen Apparat von 50 Mitarbeitern die großen Apparate des Heereswaffenamtes (5000 Mitarbeiter) und des Wehrwirtschafts- und Rüstungsamts (500 Mitarbeiter) zurückzudrängen. Es stellten sich sofort Erfolge ein. Der Index der Munitionsfertigung (1942 = 100) stieg von 86 im Februar und

März 1940 auf 106 im April, 120 im Mai und 149 im Juni 1940. Ähnlich reagierte der Vierteljahresindex für Waffen. Er stieg von 68 im 1. Quartal 1940 auf 79 im 2. und 83 im 3. Quartal. Insgesamt erreichte man zur Vorbereitung des Frankreichfeldzuges eine erhebliche Rüstungssteigerung. Man hat den Anstieg der Rüstungsproduktion zwischen 1939 und 1940, der ganz wesentlich dem Ministerium Todt zuzuschreiben war, auf 54% geschätzt.[38] Der rasche und unverhoffte Sieg im Westen stoppte diesen Prozeß zunächst. Man fühlte sich zu durchgreifenden Maßnahmen nicht mehr gezwungen und rutschte in den alten Schlendrian zurück, bis die nächste Krise die organisatorischen Fähigkeiten der nationalsozialistischen Führung erneut anfachte.

5. Der Skandinavien- und der Westfeldzug im Frühjahr 1940

Im Unterschied zu den Westmächten besaß Hitler nicht nur die Skrupellosigkeit, sich über die Rechte neutraler und nichtkriegführender Länder hinwegzusetzen, sondern scheute auch das Wagnis riskanter militärischer Operationen nicht und war entschlossen, sich die militärische Initiative nicht aus der Hand nehmen zu lassen. Als es dem Oberbefehlshaber der Kriegsmarine Erich Raeder daher im Dezember 1939 gelang, Hitler davon zu überzeugen, daß Norwegen in englische Hand zu fallen drohe, wenn das Reich nicht die Initiative ergreife, befahl dieser dem OKW, militärische Maßnahmen gegen Norwegen vorzubereiten. Am 24. Januar 1940 wurde ein Sonderstab »Nord« gebildet, dessen Leitung General von Falkenhorst übernahm, der über Finnland-Erfahrungen verfügte. Am 1. März 1940 erließ Hitler die Weisung »Weserübung«, welche die Besetzung Dänemarks und Norwegens vorsah, und am 3. März entschied er sich dafür, diese Operation noch vor dem Westfeldzug zu beginnen, wobei er sich erneut über interne Widerstände der leitenden Militärs hinwegsetzte.[39]

Am 8. und 9. April 1940 landeten deutsche Truppen in einer kombinierten Operation aller drei Wehrmachtsteile in Norwegen und überschritten die Grenze zu Dänemark. Während die dänische Regierung die Besetzung ihres Landes kampflos hinnahm, leistete die norwegische Armee Widerstand und wurde hierbei von britischen und französischen Truppen unterstützt, die in der zweiten April- und ersten Maihälfte im Raum Narvik landeten, die Stadt einnahmen und den deutschen Truppen zeitweilig arg zu schaffen machten. Doch auf die Dauer konnten sich die alliierten Truppen angesichts der Luftüberlegenheit und der besseren Nachschubbedingungen der deutschen Seite in Norwegen nicht halten. Am 4. Juni 1940 räumten sie Narvik, und am 10. Juni kapitulierten die norwegischen Truppen.

Das »Dritte Reich« hat die Sicherung des für die Kriegswirtschaft unentbehrlichen deutschen Erzbezugs aus Schweden – der zu 54% über den norwegischen Erzhafen Narvik abgewickelt wurde – teuer erkauft. Die kleine deutsche Marine[40] hatte das Landeunternehmen nur unter Aufbietung aller verfügbaren Kräfte durchführen können und dabei erhebliche Verluste erlitten. Zweifellos hatte die britische Flotte Verluste der gleichen Größenordnung hinnehmen müssen, aber die kleine deutsche Überseeflotte konnte sich von diesem Aderlaß nicht mehr erholen, während die Kampfkraft der Royal Navy durch die Verluste kaum geschwächt wurde.

Der strategische Vorteil, den die deutsche Seekriegsleitung in der Gewinnung norwegischer Häfen und Stützpunkte im Kampf gegen England erblickt hatte, wurde durch die militärischen Ereignisse in Frankreich und die Gewinnung der Atlantikküste bald entwertet. Die Bilanz des Unternehmens »Weserübung« fällt daher nicht eindeutig aus. Die Operation stabilisierte die nordeuropäische Flanke des Deutschen Reiches, verbesserte die deutsche Position gegenüber der UdSSR und sicherte der Kriegswirtschaft den unverminderten Bezug eines Rohstoffs, ohne den die deutsche Rüstungswirtschaft nicht in der Lage war, Waffen zu produzieren. Ob dieser Rohstoffbezug ohne diesen Einsatz hätte gesichert werden können, kann zumindest bezweifelt werden.[41]

Das erfolgreiche deutsche Ausgreifen nach Skandinavien wurde durch die Ereignisse in Frankreich bald vollkommen der Aufmerksamkeit der Welt entzogen; denn hier vollzog sich im Mai und Juni 1940 mit der Niederlage der britisch-französischen Armeen eine Tragödie von weit größerer und folgenschwererer Bedeutung. Man könnte sagen, daß Hitler den Erfolg, den er hier erzielte, dem – gemessen an seiner Ungeduld – späten Angriffstermin verdankte.[42] Die Atempause, welche die Wehrmacht infolge der immer wieder notwendig werdenden Verschiebungen des Angriffstermins durch den Winter und das halbe Frühjahr hindurch erhielt, wurde außerordentlich sinnvoll genutzt. Die Ausfälle des Polenfeldzugs, die bei den Panzer- und motorisierten Verbänden zum Teil erheblich gewesen waren, konnten ausgeglichen, die Munitionsvorräte aufgestockt und die neuaufgestellten Verbände ausreichend motorisiert und gründlich auf ihre Aufgabe vorbereitet werden.

Noch wichtiger für den Erfolg wurde die Änderung der Angriffspläne, die sich in einem schwer entwirrbaren Zusammenspiel zwischen Hitler, Generalleutnant von Manstein und dem eher zögerlichen OKH bis Anfang Februar 1940 vollzog. Das Resultat war der sogenannte »Sichelschnittplan« vom 24. Februar 1940. Er sah den massierten Einsatz von Panzer- und motorisierten Verbänden in der Heeresgruppe A vor, die über die Ardennen südlich von Lüttich und Namur entlang der französisch-belgischen Grenze bis zur Atlantikküste vordringen und die Hauptmasse des britischen Expeditionskorps und Teile des französischen Heeres von den in Nordfrankreich stehenden französischen und britischen Verbänden abschneiden sollte, während die Heeresgruppe B den Auftrag hatte, die Niederlande und Belgien zu besetzen. Ziel dieses Angriffsplans war nicht nur das Erreichen der Kanalküste und die Gewinnung einer für den Krieg gegen Großbritannien günstigeren strategischen Ausgangslage, sondern auch die Vernichtung der gegnerischen Streitkräfte, deren Hauptmasse zwischen den Heeresgruppen A und B zerrieben werden sollte, während die Heeresgruppe C lediglich den Auftrag hatte, im Süden feindliche Kräfte an der Maginotlinie zu binden, zunächst aber nicht offensiv vorzugehen.[43]

Der französisch-britische Aufmarsch kam dem »Sichelschnittplan« in fast idealer Weise entgegen. Das Gros der British Expeditionary Forces (BEF) marschierte an der belgisch-französischen Grenze auf. Zugleich standen in diesem Raum französische Truppen bereit, die im Falle eines deutschen Angriffs nach Belgien vorrücken sollten, um den deutschen Truppen den Zugang zu den großen Häfen des Landes zu verlegen und den nordfranzösischen Raum, in dem wichtige französische Industrien lagen, zu schützen. Die Alliierten waren mithin nicht nur im Begriff, in die deutsche »Sichelschnittfalle« direkt hineinzumarschieren, sondern sahen darüber hinaus in den Ardennen und im Tal der Maas, wo der Schwerpunkt des deutschen Angriffs geplant war, nur den

Aufmarsch zweier weniger kampfkräftiger Armeen vor. Zweifellos wirkte es sich zuungunsten der Alliierten aus, daß weder Belgien noch die Niederlande – trotz sich häufender Anzeichen für einen bevorstehenden deutschen Neutralitätsbruch – bereit gewesen waren, vor Beginn der Kampfhandlungen britische und französische Truppen ins Land zu lassen.

Sieht man einmal von den erheblichen Koordinationsproblemen ab, die die Westmächte untereinander und in ihrer Kooperation mit Belgien und den Niederlanden behinderten, war das militärische Potential auf beiden Seiten der Front zu Beginn des deutschen Angriffs am 10. Mai 1940 annähernd gleich. Den 141 deutschen Divisionen standen 144 französische, britische, belgische und niederländische Divisionen gegenüber. Bei Panzern und Geschützen waren die Alliierten zahlenmäßig überlegen, in der Zahl und Qualität der Jagdmaschinen und Bombenflugzeuge waren sie der deutschen Seite dagegen eindeutig unterlegen. Die Aussichten waren für die deutsche Seite insgesamt nicht schlecht, über eine eindeutige militärische Überlegenheit, wie sie gegenüber Polen bestanden hatte, verfügte die Wehrmacht aber nicht. Den Ausschlag gab die kühne und taktisch geschickte deutsche Angriffsplanung, die größere Erfahrung und Disziplin sowie die entschlossenere Führung der Wehrmacht.

Der Westfeldzug verlief in zwei Phasen. Die erste Phase, vom Angriff am 10. Mai bis Ende des Monats, wurde von der »Sichelschnittoperation« geprägt, die zweite Phase begann am 5. Juni mit dem deutschen Ausgreifen über die Somme-Aisne-Maas-Linie nach Süden und endete mit dem deutsch-französischen Waffenstillstand, der am 24. Juni 1940 unterzeichnet wurde.

Der Erfolg des deutschen Angriffs beruhte vor allem in der ersten Phase in hohem Maße auf der Überraschung des Gegners und der Geschwindigkeit des Vormarsches. Dabei spielten die Brücken über die wichtigsten Flüsse und Kanäle sowie einige exponierte Festungen und Flughäfen in Belgien und den Niederlanden eine bedeutende Rolle. Um sie für den Vormarsch zu sichern, führte die deutsche Seite eine Reihe höchst riskanter Luftlandeunternehmungen durch. Auf diese Weise gelangen der rasche Durchbruch durch das Befestigungssystem bei Lüttich und Maastricht und die Gewinnung einiger strategisch wichtiger Übergänge über die Maas, die zusammen mit dem Albert-Kanal ein natürliches Hindernis für den deutschen Vormarsch bildeten. Das Tempo des

Vormarsches wurde durch ein reibungslos funktionierendes Zusammenwirken von Heer und Luftwaffe bestimmt. Bereits in der ersten Woche der Kampfhandlungen errang die deutsche Luftwaffe eine deutliche Überlegenheit. Sie sicherte die exponierten Flanken der vorwärtsdrängenden Armeekorps, kämpfte den Panzer- und Infanterieverbänden den Weg frei, störte Aufmarsch und Logistik des Gegners und ermöglichte seine ebenso schnelle wie wirkungsvolle Verfolgung.

Unter diesen Bedingungen gelang es den alliierten Truppen weder, die rasche Besetzung der Niederlande durch die Wehrmacht zu verhindern, noch in Belgien, das wie die Niederlande erst am Tage des deutschen Angriffs um Hilfe ersucht hatte, Fuß zu fassen. Die Niederlande kapitulierten am 15. Mai. In denselben Tagen durchbrachen Verbände der Heeresgruppe A die Maas-Stellung südlich von Namur in breiter Front. Im Norden fiel am 18. Mai Antwerpen. Belgien wurde rasch besetzt und kapitulierte am 28. Mai.

Zugleich zerbrach die britisch-französische Waffenbrüderschaft unter den Schlägen des deutschen Vormarsches.[44] Erhebliche Mißstimmung war bereits am 15. Mai entstanden, da das seit dem 10. Mai von Winston Churchill geführte britische Kabinett die Bitte des französischen Ministerpräsidenten Reynaud um einen stärkeren Einsatz der Royal Air Force an der Maas-Front abgeschlagen hatte. In Frankreich durfte nur der Teil der britischen Luftwaffe zum Einsatz kommen, der für die Verteidigung der britischen Inseln als entbehrlich angesehen wurde. Nachdem es auch dem neuen französischen Oberbefehlshaber, General Weygand, der Gamelin am 20. Mai abgelöst hatte, nicht gelungen war, den deutschen Vormarsch zu stoppen, begannen sich die Briten auf die Evakuierung ihres Expeditionskorps vorzubereiten und zogen das Gros ihrer Verbände auf die Küstenlinie und die kleine Hafenstadt Dünkirchen zurück. Weil Hitler, um die deutschen Panzerverbände zu schonen und da er für ein vorsichtigeres Vorgehen als der Generalstabschef des Heeres, Franz Halder, eintrat, den deutschen Armeen befahl, vor Dünkirchen zu halten, gelang es den Briten in einer improvisierten Aktion, den größten Teil ihres Expeditionskorps und einen Teil der eingeschlossenen französischen Truppen, insgesamt 370000 Soldaten, unter Zurücklassen der schweren Waffen über den Kanal nach England zu transportieren.[45] Halder, der für eine zügige Weiterführung des

Angriffs eingetreten war, um die Briten von der Küste abzuschneiden, schob die Schuld hierfür dem OKW und damit Hitler und dessen Eingreifen zu. So ging die erste Phase des Westfeldzuges für die deutsche Seite zwar überaus erfolgreich zu Ende, aber der Konflikt in der obersten Führung zeigte, daß der »Faktor Hitler« fortan eine bedeutsame Rolle bei militärischen Entscheidungen spielen würde.

Das Anhalten des deutschen Vormarsches führte für das Gros der deutschen Armee zu einer Kampfpause, in der die Verbände personell aufgefüllt wurden und die motorisierten und Panzer-Verbände ihren Fahrzeugbestand reparieren bzw. ergänzen konnten. Gleichzeitig wurde eine Umgruppierung der Armeen vorgenommen, die sich an der Linie Somme-Aisne-Maas zum Angriff aufstellten. Er begann am 5. Juni und leitete die zweite Phase des Westfeldzuges ein. Das französische Oberkommando hatte die Atempause dazu genutzt, Truppen aus der Maginotlinie herauszunehmen, um mit ihnen die Somme-Aisne-Stellung, die »Weygand-Linie« genannt wurde, zu verstärken. Das Kräfteverhältnis hatte sich gleichwohl erheblich zuungunsten der Franzosen verschoben. Die deutsche Seite ging davon aus, daß sie etwa doppelt so stark sei wie ihr Gegner und diesem bedeutende Reserven nicht mehr zur Verfügung stünden.

Der französische Oberkommandierende Weygand kannte die Lage und machte seiner Regierung gegenüber keinen Hehl daraus, daß Frankreich sich zu seiner letzten Schlacht rüste und der Krieg verloren sei, wenn die Stellung nicht gehalten werden könne. Dann sei es Sache der Politiker, einen Ausweg aus der Lage zu finden, in die sie Frankreich durch die leichtfertige Kriegserklärung an Deutschland hineinmanövriert hätten. Auch Marschall Pétain, der am 20. Mai in die Regierung eingetreten war, stimmte dieser Auffassung zu und arbeitete auf einen Waffenstillstand hin. Churchill, der am 31. Mai nach Frankreich gekommen war, um eine solche Entwicklung zu verhindern und wenigstens die französische Flotte und das Kolonialreich im Krieg zu halten, bekam die Enttäuschung zu spüren, die man in Paris dem Bündnispartner gegenüber hegte, dessen militärische Anstrengungen vor allem in französischen Militärkreisen für halbherzig gehalten wurden.

Die französischen Armeen wehrten sich heftig, aber erfolglos gegen den deutschen Angriff. Am 12. Juni überquerten Teile der Heeresgruppe A die Marne, während die Heeresgruppe B auf Le

Havre vorrückte. Am 14. Juni marschierten deutsche Truppen in Paris ein, das die französische Regierung zuvor zur freien Stadt erklärt hatte. Am folgenden Tag fiel Verdun, um das die Deutschen im Ersten Weltkrieg vergeblich gekämpft hatten, in deutsche Hand. Jetzt überstürzten sich die Ereignisse: Am 16. Juni bildete Marschall Pétain eine neue französische Regierung. Die Armeen der Heeresgruppe A befanden sich in raschem Vormarsch auf die Schweizer Grenze, um den französischen Truppen, die die von der am 14. Juni zum Angriff angetretenen Heeresgruppe C in der Maginotlinie in Bedrängnis gebracht worden waren, den Rückzug abzuschneiden. Im Süden fluteten die französischen Truppen zusammen mit Tausenden von Flüchtlingen unter ständigen Angriffen der deutschen Luftwaffe über die Loire zurück. Der Krieg war für Frankreich verloren.

Im französischen Kabinett, das nach Bordeaux geflüchtet war, hatten längst harte Auseinandersetzungen begonnen zwischen jenen, die einen Waffenstillstand befürworteten, an ihrer Spitze Pétain und Weygand, und jenen, die den Krieg, gestützt auf das französische Kolonialreich und die Flotte, an der Seite Englands weiterführen wollten, an ihrer Spitze der ehemalige Ministerpräsident und jetzige Kriegsminister Reynaud. Churchill, der vor allem verhindern wollte, daß die französische Flotte den Deutschen in die Hände fiel, reiste am 11. und erneut am 13. Juni nach Frankreich und schlug am 16. Juni schließlich eine britisch-französische Union vor, um Frankreich im Krieg zu halten, konnte aber nicht verhindern, daß sich in der französischen Regierung die Linie Weygands und Pétains durchsetzte. Reynaud trat zurück. Am 17. Juni kündigte Marschall Pétain an, daß die französische Regierung um Waffenstillstand nachsuchen werde.[46] Am 21. Juni begannen die Gespräche in Rethondes bei Compiègne. Die Eröffnung fand in Anwesenheit Hitlers in jenem Salonwagen statt, in dem Marschall Foch 1918 der deutschen Delegation die Waffenstillstandsbedingungen mitgeteilt hatte.

Die Waffenstillstandsverhandlungen wären durch das Dazwischentreten der Italiener in ihrem Abschluß beinahe verzögert worden. Die italienische Regierung hatte nach langem Hin und Her am 11. Juni Paris und London den Krieg erklärt, zu einem Zeitpunkt, als relativ leicht abzuschätzen war, daß Frankreich den Krieg verloren hatte. Die Italiener erwiesen sich jedoch als völlig unvorbereitet. Um überhaupt etwas Greifbares vorweisen zu können, faßte Mussolini einen improvisierten Angriff an der Alpenfront ins Auge, dessen Termin dann kurzfristig auf den 21. Juni vorverlegt wurde, als man in Rom von den unmittelbar bevorstehenden deutsch-französischen Waffenstillstandsverhandlungen erfuhr.

Die italienische Armee konnte jedoch keine nennenswerten Geländegewinne erzielen. Lediglich an der Küste fiel Menton in ihre Hand. Vergeblich bemühte sich Mussolini darum, das deutsche Oberkommando für einen Vorstoß in den Rücken der französischen Alpenfront zu gewinnen und die Waffenstillstandsverhandlungen wenigstens so lange hinauszuschieben, bis die italienische Armee Nizza erobert hätte. Nicht einmal in gemeinsame Waffenstillstandsverhandlungen willigte Hitler ein.

Die Waffenstillstandsbedingungen[47], die den Franzosen auferlegt wurden, fielen aus politischen Erwägungen, die Hitler gegen die weitgehenderen Vorstellungen des OKW und des OKH durchsetzte, relativ maßvoll aus. Hitler ging es darum, Großbritanniens Widerstandskraft nicht dadurch zu stärken, daß sich die französische Flotte auf die britische Seite schlug und die französischen Kolonien an der Seite der Briten weiterfochten. Um dies zu verhindern, mußte man Paris gewissermaßen die »Ehre« lassen. Man verzichtete daher darauf, Frankreich ganz zu besetzen, und begnügte sich mit der Okkupation der Atlantikküste und des gesamten Nordens. Die französische Flotte und Luftwaffe mußten nicht ausgeliefert, sondern lediglich demobilisiert werden. Um sicherzustellen, daß Frankreich zu weiterem militärischem Widerstand nicht mehr in der Lage war und den Kampf nicht wieder aufnehmen konnte, mußte das Heer bis auf eine kleine Ordnungsmacht demobilisiert und das noch nicht erbeutete Kriegsmaterial ausgeliefert werden. Die Regierung Pétain, die diesen Waffenstillstand am 24. Juni unterzeichnete, behielt die Kontrolle über den Süden Frankreichs und die Mittelmeerküste sowie über das französische Kolonialreich. Sie zog sich in die unbesetzte Zone, nach Vichy, zurück. Ihr gelang es, ihre Autorität in den Kolonien durchzusetzen und jene Franzosen, die wie General Charles de Gaulle den Kampf an der Seite Großbritanniens fortsetzten, zunächst einmal zu isolieren.

XI. Der Krieg der Achsenmächte gegen Großbritannien

Mit dem Sieg im Westen löste sich der Alpdruck, der seit der Kriegserklärung Großbritanniens und Frankreichs auf der deutschen Bevölkerung gelastet hatte. Der Krieg verlief, so stellte man aufatmend fest, offenbar ganz anders als der Erste Weltkrieg. Die nationalsozialistische Herrschaft, die im September 1939 eine Phase unkalkulierbarer Risiken durchgemacht und im Winter 1939/40 nur mühsam an einer Macht- und Führungskrise vorbeigesteuert war, festigte sich schlagartig. Der Nimbus des »Führers«, dessen strategisches Talent herauszustellen die Propaganda nicht müde wurde, erreichte einen neuen Höhepunkt. Die Opposition wurde jeder Grundlage beraubt. Selbst Skeptiker konnten sich der Siegesstimmung nicht entziehen. Obwohl man nicht überall davon überzeugt war, daß der Krieg schon gewonnen sei, schien es doch auch unmöglich zu sein, ihn noch zu verlieren. Tatsächlich boten sich den Achsenmächten auf den ersten Blick große Möglichkeiten. Ihre Nutzung stellte aber ebenso große Anforderungen an die politischen, organisatorischen und strategischen Fähigkeiten der Führung in Berlin, denen sie, wie sich schnell zeigte, in keiner Weise gewachsen war.

1. Neuordnung, Ausbeutung und kriegswirtschaftlicher Attentismus

Im Unterschied zu Polen, auf das die deutsche politische Führung ihre Germanisierungs- und Lebensraumidee angewandt hatte, besaß man für die west- und nordeuropäischen Gebiete kein Herrschaftskonzept. Die Übertragung der in Polen befolgten Praxis verbot sich von vornherein. Sie entsprach nicht dem Rassendogma – schließlich hatte man es im Norden und Westen Europas überwiegend mit »arischen Blutsverwandten« zu tun –, wäre weit über die deutschen Möglichkeiten hinausgegangen und hätte zudem die Hoffnung, mit Großbritannien zu einem Arrangement zu kommen, welche die deutsche Führung nach wie vor hegte, in

Nichts zusammenfallen lassen. Andererseits war die deutsche Regierung nicht bereit, auf ein großangelegtes imperialistisches Programm in West- und Nordeuropa zu verzichten. Daher steuerte man diesen Ländern gegenüber einen widersprüchlichen Mittelkurs, ließ sie über ihr Schicksal im unklaren, schuf aber de facto Verhältnisse, an denen die Umrisse einer zukünftigen Neuordnung Europas unter deutscher Führung unschwer abzulesen waren und die auf ein »Großgermanisches Reich« hinauslaufen sollten.[1] Beschwerden über diese Politik wurden mit dem Hinweis abgewehrt, daß über die zukünftige Rolle eines Landes sein Verhalten während des Krieges entscheide. Kollaboration, wurde auf diese Weise suggeriert, lohne sich.

Dänemark wurde am glimpflichsten behandelt. Nachdem die dänische Regierung und der König die deutsche Besetzung kampflos hingenommen hatten, wurde dem Land seine territoriale Integrität und politische Unabhängigkeit garantiert. Die deutsche Seite begnügte sich mit einer »diplomatischen« Kontrolle der dänischen Regierung. Oberster Repräsentant der Besatzungsmacht wurde der Gesandte als »Bevollmächtigter des Deutschen Reiches«. Das hinderte Berlin aber nicht daran, das Land ökonomisch weit über das Maß hinaus auszubeuten, das die Haager Landkriegsordnung tolerierte, und es auf den Status eines Satellitenstaates herabzuwürdigen. Dänemark werde, verlautete intern, als Brücke »zu der für Deutschland lebenswichtigen norwegischen Atlantikposition« aus dem deutschen Herrschaftsbereich nie mehr entlassen werden können.[2]

In Norwegen, das sich gegen die deutsche Besetzung gewehrt hatte, wurde eine deutsche Zivilverwaltung errichtet. Zum »Reichskommissar« ernannte Hitler Josef Terboven, unter dessen Kontrolle die norwegischen Landesbehörden weiterarbeiteten, nachdem die Regierung und der König nach Großbritannien ins Exil gegangen waren. Terboven gelang es jedoch nicht, in Oslo ein Kollaborationsregime zu etablieren, das die Anerkennung breiterer Teile der norwegischen Bevölkerung gefunden hätte.[3] Der Führer der norwegischen Nationalsozialisten, Vidkun Quisling, der bereit war, eine Kollaborationsregierung zu bilden und 1942 schließlich zum Ministerpräsidenten ernannt wurde, besaß keinen Rückhalt in der Bevölkerung. Die Ernennung trug vielmehr dazu bei, die deutsche Besatzungsmacht noch verhaßter zu machen, als sie es ohnehin schon war. Terboven blieb schließlich nichts anderes übrig, als sich weitgehend auf repressive Gewalt zu verlassen.

Das norwegische Modell einer deutschen Zivilverwaltung wurde auch auf die Niederlande angewandt. Die niederländische Regierung und die Königin waren ebenfalls nach Großbritannien ins Exil gegangen. Zum Reichskommissar ernannte Hitler Arthur Seyß-Inquart, der wie Terboven Hitler persönlich unterstellt war. Im Unterschied zu Terboven, der mit dem Versuch einer »Selbstnazifizierung« Norwegens schon im Ansatz gescheitert war, fand Seyß-Inquart hierfür in den Niederlanden günstigere Voraussetzungen vor. Hier entstand mit der ›Niederländischen Union‹ eine Sammlungsbewegung, der bis zum Februar 1941 800000 Niederländer beitraten. Sie wandte sich von der parlamentarischen Demokratie ab und suchte unter strikter Wahrung des Anspruchs der Niederlande auf nationale Identität und Selbständigkeit Anschluß an korporativ-faschistische Staatsvorstellungen. Zur Kollaboration mit den Deutschen bereit, hielt sie jedoch entschieden Abstand zu der von Anton Adriaan Mussert geleiteten ›Nationaal-Socialistischen Beweging‹, die einen kompromißloseren Kollaborationskurs verfolgte. Seyß-Inquart, der nicht zuletzt mit Rücksicht auf Niederländisch-Indien die Aufgabe hatte, die Niederlande »wirtschaftlich möglichst eng an das Reich zu binden« und sie auf lange Sicht für die Zusammenarbeit mit der deutschen Besatzungsmacht zu gewinnen, ließ der ›Union‹ zunächst großen Spielraum.[4] Doch erwies sich rasch, daß der Pragmatismus der deutschen Seite enge Grenzen hatte. Außer der wirtschaftlichen Ausplünderung des Landes untergrub vor allem die deutsche Judenpolitik die Position von Seyß-Inquart. Auch schwanden mit der kritischer werdenden Kriegslage die Voraussetzungen für eine auf breiter Basis beruhende Kollaboration mehr und mehr. Im Dezember 1941 verfügte Seyß-Inquart die Auflösung der ›Union‹ und setzte einseitig auf die Unterstützung von Mussert, was zu ganz ähnlichen Ergebnissen führte wie die Favorisierung von Quisling in Norwegen.

Belgien verblieb unter Militärverwaltung. Es wurde zusammen mit den französischen Départements ›Nord‹ und ›Pas-de-Calais‹ dem »Militärbefehlshaber in Belgien und Nordfrankreich« unterstellt. Hierfür waren einerseits militärische Gesichtspunkte maßgebend. Der belgisch-nordfranzösische Raum diente als Absprungbasis für den Luftkrieg gegen England und die Vorbereitung einer Landung auf den britischen Inseln. Andererseits wollte man mit Rücksicht auf ein späteres Arrangement mit Großbritannien nicht den Eindruck erwecken, als sei die Annexion dieses für britische Sicherheitsinteressen von jeher wichtigen Gebietes geplant. Zudem war der belgische König, Leopold III., nicht außer Landes gegangen, sondern in Schloß Laeken interniert worden. Er erschwerte Hitler durch seine Anwesenheit und durch seine verwandtschaftlichen Beziehungen zum italienischen Königshaus die freie Verfügung über das Land. Obwohl die Militärverwaltung für Belgien ein Vorteil war, gestaltete sich das Schicksal des Landes doch nicht günstiger als das der Niederlande. Bereits am 18. Mai 1940 hatte Hitler verfügt, daß die im Versailler Frieden von Deutschland abgetrennten Gebiete Eupen-Malmedy und Moresnet wieder zum Reich zurückkamen. Zusammen mit ihnen wurden etwa 200 km^2 belgischen Territoriums dem Reich eingegliedert, die zwar teilweise von deutschsprachiger Bevölkerung besiedelt waren, aber nicht zum Kaiserreich gehört hatten.[5]

Die kompliziertesten Verhältnisse bestanden in Frankreich. Es zerfiel in vier Zuständigkeitsbereiche. In der nichtbesetzten Zone im Süden des Landes errichtete der greise Marschall des Ersten Weltkrieges Pétain einen autoritären Führerstaat, dessen Regierungssitz Vichy wurde. Die Vichy-Regierung, die bis auf Großbritannien von allen wichtigen Staaten anerkannt wurde, war ein Kollaborationsregime eigener Art. Pétain besaß in Frankreich eine weit ausstrahlende Autorität, verfügte über das französische Kolonialreich und eigene, wenn auch zahlenmäßig begrenzte Truppen. Die Deutschen mußten daran interessiert sein, einen Übergang der Kolonien und der in französischen Häfen demobilisierten Flotte auf die britische Seite zu verhindern, und respektierten die Selbständigkeit des unbesetzten Frankreich. Pétain gelang es daher, eine Politik zu betreiben, die man gemäßigte Kollaboration nennen könnte.

Große Erfolge sind dieser Politik nicht beschieden gewesen. Es gelang Pétain trotz intensiver Bemühungen nicht, die territoriale Integrität Frankreichs zu wahren. Vielmehr mußte er es hinnehmen, daß mit der Zuordnung der industriell wichtigen Norddepartements zum Militärbefehlshaber in Belgien ein wichtiges Präjudiz für die spätere Grenzziehung geschaffen wurde. Noch gravierender war die faktische Annexion von Elsaß und Lothringen, die sogleich nach der Besetzung begann. Für diese Gebiete waren von vornherein nicht die Militärverwaltung, sondern die Chefs der Zivilverwaltung zuständig. Chef der Zivilverwaltung für das Elsaß wurde der Gauleiter von Baden, Robert Wagner, und für Lothringen der Gauleiter der Saarpfalz, Josef Bürckel. Beide gingen sofort daran, ihre neuen Gebiete mit ihren bisherigen Gauen zu verschmelzen, und leiteten eine rücksichtslose Germanisierungspolitik ein, die jener in den angegliederten polnischen Gebieten in vieler Hinsicht glich. Ein Rechtsakt, der die Annexionen nach außen bekannt gemacht hätte, erfolgte nicht. Hitler begnügte sich damit, am 2. August 1940 die Zuständigkeiten für die neuen Gebiete in einem Geheimerlaß festzulegen. In derselben Weise verfuhr man mit dem Großherzogtum Luxemburg, das dem Gau Koblenz-Trier-Birkenfeld angegliedert wurde.

Für den Rest des von Deutschland besetzten französischen Territoriums wurde der »Militärbefehlshaber in Frankreich« zuständig, der wie alle Militärbefehlshaber dem Oberkommando des Heeres unterstellt war. Rückschlüsse über die Integrität »Restfrankreichs« läßt aber auch das nicht zu. Vielmehr durchzog das Gebiet des Militärbefehlshabers in Frankreich eine Sperrlinie, die Evakuierten und Flüchtlingen die Rückkehr nach Flandern, in die Ardennengebiete, nach Lothringen und nach Burgund verwehrte. Diese im internen Sprachgebrauch »Nordostlinie« oder »Führerlinie« genannte Sperrlinie deckte sich in auffälliger Weise mit manchen, auch von Hitler geteilten Plänen über eine Marginalisierung Frankreichs im zukünftigen Europa und die Wiederherstellung der mittelalterlichen Westgrenze Deutschlands. Allerdings wurden die Truppen, welche die »Nordostlinie« bewachten, im Dezember 1941 zurückgezogen.[6]

Die sehr unterschiedlichen, aber insgesamt den deutschen Machtwillen kaum verhüllenden politischen Herrschaftsverhältnisse in Nord- und Westeuropa waren wenig geeignet, die Bevölkerung der besiegten Länder zu großen Leistungen an der Seite Deutschlands anzuspornen. Andere Faktoren kamen hinzu, unter denen die exzessive Beutepolitik der ersten Monate eine erhebliche Rolle spielte. Das Beutemachen hatte von vornherein zwei Seiten. Auf der einen Seite lag es im Interesse der deutschen Kriegswirtschaft, sich mit allen Gütern zu versorgen, derer sie habhaft werden konnte, um auf diese Weise die Nachteile der Mangelwirtschaft abzuschwächen, in die Deutschland schon vor dem Krieg hineingesteuert worden war. Auf der anderen Seite beeinträchtigte eine solche Politik die vor allem bei längerer Kriegsdauer ins Gewicht fallende Leistungsfähigkeit der Volkswirtschaften der besiegten Länder, die insgesamt einen erheblichen Kraftzuwachs für die deutschen Produktionsanstrengungen bedeuten konnten.

Die Beutepolitik war für sich und kurzfristig betrachtet außerordentlich erfolgreich. Eine Rohstoffbilanz vom Sommer 1940, die den reichsdeutschen Verbrauch der ersten Hälfte des Jahres 1940 zugrunde legte und die bis dahin erbeuteten Vorräte mitberücksichtigte, kam in nahezu allen Bereichen zu dem Ergebnis, daß Rohstoffengpässe für die deutsche Kriegswirtschaft auf mittlere Sicht nicht mehr zu befürchten waren.[7] Die größte Beute wurde in Frankreich gemacht, das in der Erwartung eines langen Krieges mit hohem Materialverschleiß erhebliche Mengen strategisch wichtiger Rohstoffe angehäuft hatte, die in deutsche Hände fielen, darunter 2 Mio t Erdöl. Die Unterschiede der politischen Strukturen prägten auch die Beutepolitik. Norwegen, Dänemark und die Niederlande kamen glimpflicher davon als Belgien und Nordfrankreich.

Einer mittel- und langfristigen Nutzung der nord- und westeuropäischen Volkswirtschaften für den deutschen Bedarf standen im Unterschied zu den kurzfristigen Erfolgen der Beutepolitik erhebliche Schwierigkeiten entgegen. Dabei ging es nicht einmal in erster Linie darum, auf wieviel Kooperationsbereitschaft die Deutschen hierbei trafen. Diese Frage beantwortete sich vielmehr weitgehend pragmatisch; denn die Unternehmer waren überall bestrebt, ihre Betriebe zu erhalten, was ihnen nur gelang, wenn sie weiterproduzieren konnten, und die Arbeitnehmer hatten ein existentielles Interesse daran, weiterbeschäftigt zu werden. Diese ökonomische Basis der Kollaboration hat sich im großen und ganzen als tragfähig erwiesen. Problematischer dagegen war die Ressourcenknappheit insgesamt. Der von Deutschland beherrschte Raum und die ihm auf dem Wege des Außenhandels zugänglichen Räume waren alles andere als autark, sondern für wesentliche Rohstoffe und Nahrungsmittel auf die Zufuhr aus Übersee oder der Sowjetunion angewiesen. Die Zufuhr aus Übersee fiel aber wegen der britischen Seeblockade fast vollständig aus. Eine Berechnung des Instituts für Konjunkturforschung vom 1. Oktober 1940 konstatierte für Gesamteuropa ohne Großbritannien, Irland, die Türkei und die UdSSR auf der Basis der Verbrauchsdaten der Jahre 1937/38 eine gesamteuropäische Autarkie für Eisenerz, Bauxit und einige wichtige Nahrungsmittel wie Butter, Käse, Eier, Fleisch und Kartoffeln, aber schon bei Steinkohle, Schrott, Brotgetreide und Zucker wurde ein, wenn auch geringfügiger Importbedarf errechnet. Dagegen ergab sich ein erheblicher Zufuhrbedarf bei Zinkerz (16%), Mais (17%), Tabak (36%), Rinder- und Kalbfellen (50%), Bleierz (54%), Manganerz (64%), Pflanzlichen Ölen (64%), Flachs, Hanf, Jute (65%), Erdöl (70%), Wolle (72%), Kupfererz (81%), Ölkuchen (87%), Nickelerz (87%), Phosphat (96%), Zinnerz (97%) und Baumwolle (98%).[8]

Einige dieser Ziffern waren aber unter Kriegsbedingungen nicht einmal zu erreichen. So hing die Produktion von Butter, Käse, Eiern und Fleisch vom Überseeimport von Futtermitteln ab, war es infolge sinkender Produktivität nicht möglich, ganz Europa mit Steinkohle und Eisenerz zu beliefern, erhöhte sich der Zufuhrbedarf für Brotgetreide usw. Zudem veränderten sich im Krieg die Bedarfsstrukturen in Richtung auf jene strategischen Rohstoffe, an denen ohnehin Mangel herrschte. Deshalb befand sich Deutschland nach seinen Siegen 1940 zwar in einer sehr günstigen Versorgungslage für die eigene Wirtschaft, war aber nicht in der Lage, gestützt auf die europäischen Ressourcen auch die Produktionskapazitäten der europäischen Volkswirtschaften optimal zu nutzen. Das hatte mehrere Konsequenzen. Da die Nationalsozialisten nie einen Hehl daraus gemacht hatten, daß sie sich nicht an die Haager Landkriegsordnung halten und der Versorgung der eigenen Bevölkerung und der eigenen Wirtschaft Vorrang vor dem übrigen Europa einräumen wollten, mußte die Ausbeutungspolitik zum mittel- und langfristigen System entwickelt werden. Abhilfe war nur auf drei Wegen zu erreichen: durch einen Frieden mit Großbritannien, der die Zufuhr über die Meere wieder öffnete, durch eine Intensivierung der Wirtschaftsbeziehungen zur UdSSR oder durch eine schnelle Eroberung der UdSSR. Als sich herausstellte, daß Großbritannien nicht zum Frieden bereit war und auch nicht dazu gezwungen werden konnte und die USA ihre große Produktionskraft zum unmittelbaren Nutzen Großbritanniens und für einen späteren Eintritt in den Krieg mobilisierten, blieben allein die beiden letzten Möglichkeiten offen. Denn ohne die nur mit den Rohstoffen und Nahrungsmitteln aus der UdSSR zu nutzende Produktionskraft von ganz Europa war ein Krieg gegen Großbritannien und die Produktionskraft der USA nicht durchzustehen, geschweige denn zu gewinnen. Ohne sie ließ sich aber auch die deutsche Herrschaft in Europa unter Kriegsbedingungen nicht sichern.

Die deutsche Führung hat diesen Notwendigkeiten in ihren strategischen Entscheidungen Rechnung getragen, die Möglichkeiten, die Produktionskraft wenigstens der eigenen Wirtschaft zu steigern, die sich ihr durch die bessere Versorgungslage boten, aber nur sehr unvollkommen genutzt. Während sich die britische Rüstungsproduktion von 1939 auf 1940 verdreieinhalbfachte, gelang der deutschen nicht einmal eine Verdoppelung. Immerhin blieb der absolute Vorsprung Deutschlands zunächst erhalten. Das Jahr 1941 zeigte dann aber eine dramatische Wende. Während Deutschlands Rüstungsproduktion auf dem Vorjahresniveau verharrte, hatte Großbritannien erneut enorm zugelegt und übertraf den deutschen Produktionsstand.[9]

Die größeren Zuwachsraten Großbritanniens können nicht erstaunen; denn das britische Ausgangsniveau war niedrig, und Zuwächse waren auf dieser Basis leicht zu erzielen, da Großbritannien über ungleich größere Mobilisierungsreserven verfügte als Deutschland. Was erstaunt, ist die Stagnation der deutschen Rüstungsproduktion in den Jahren 1940 und 1941 und die Tatsache, daß Großbritannien 1941 mehr Rüstungsgüter erzeugte als Deutschland. Das überrascht um so mehr, als Deutschland in den folgenden Kriegsjahren den Anschluß rasch wiederfand und seine Rüstungsproduktion 1943 die britische erneut beträchtlich übertraf. In absoluten Zahlen war der deutsche Vorsprung 1943 sogar größer als 1939. Offenbar hatten, dieser Schluß liegt nahe, die Deutschen ihr Potential in den Jahren 1940 und 1941 nicht voll ausgeschöpft.

Die Rüstungsindizes zeigen, daß der Einbruch der Rüstungsproduktion sofort nach dem Sieg über Frankreich erfolgte. So sank der Index der Munitionsfertigung, den das Todt-Ministerium im Juli 1940 auf 178 (1942 = 100) hinaufgetrieben hatte, im August auf 127, im September auf 112, im Oktober auf 103 und pendelte sich dann im Dezember um die Indexziffer 100 ein. Der Vierteljahresindex für Waffen, der vom 1. Quartal 1940 bis zum 3. Quartal 1940 um 15 Punkte von 68 auf 83 oder 22% zugenommen hatte, stagnierte auf diesem Niveau bis zur Jahreswende 1940/41 und stieg erst im ersten Halbjahr 1941 (Juli 1941 = 126) an und sank gegen Ende des Jahres 1941 wieder auf 83 ab. Insgesamt stieg die Rüstungsproduktion von 1940 auf 1941 nur um 1 bis 2%. Innerhalb des gleichbleibenden Gesamtausstoßes verlagerte sich, den strategischen Entscheidungen entsprechend, das Schwergewicht auf jene Waffen, die im Krieg gegen Großbritannien und die Sowjetunion in besonderem Maße gebraucht würden, doch eine Gesamtsteigerung hielt man für nicht erforderlich. Deutschland fiel nach dem Frankreichfeldzug in seiner Rüstungsproduktion nicht nur gegenüber Großbritannien, sondern auch gegenüber der Sowjetunion und den USA zurück. Während Deutschland 1940 6 Mrd Dollar (in Preisen von 1944) für die Rüstung ausgab, Großbritannien 3,5 Mrd, die UdSSR 5,0 Mrd und die USA 1,5 Mrd Dollar, stand 1941 derselben deutschen Rüstungsanstrengung von 6 Mrd Dollar eine Steigerung in Großbritannien auf 6,5, in der UdSSR auf 8,5 und in den USA auf 4,5 Mrd Dollar gegenüber.[10] Die Relation zu den Feindmächten des im Dezember 1941 beginnenden Weltkrieges, die 1940 noch 6:10 betragen hatte, betrug 6:19,5! Es waren der gewonnene Blitzkrieg gegen Frankreich und die an den Erfahrungen dieses Feldzuges gebildete und auf den Ostfeldzug angewandte Blitzkriegskonzeption, die das bewirkten.[11] So betrachtet, mag es für das nationalsozialistische Regime ein Verhängnis gewesen sein, daß es in den ersten Kriegsjahren von Sieg zu Sieg eilte. Außerordentliche Anstrengungen schien es nicht nötig zu haben. Es fehlten die Katastrophen, die sein durchaus vorhandenes großes Organisationspotential nachhaltig stimulieren und die ideologischen, psychologischen und machtpolitischen Hemmfaktoren überwinden helfen konnten, die einer Steigerung der Rüstungsproduktion entgegenstanden.

2. Die Luftschlacht um England und das Unternehmen »Seelöwe«

Zunächst stand Großbritannien nach dem verlorenen Frankreichfeldzug Deutschland und Italien allein gegenüber. Seine Ausgangslage für den Konflikt hatte sich verglichen mit Anfang September 1939 infolge der alliierten Strategie des Abwartens erheblich verschlechtert. Deutschland kontrollierte die gesamte Westküste des europäischen Kontinents von Nordnorwegen bis zur Biskaya. Damit war die Seeblockade gegen das Reich, wie sie Großbritannien im Ersten Weltkrieg mit großem Erfolg durchgeführt hatte, zwar nicht wirkungslos geworden, aber die britischen

Inseln mußten ihrerseits befürchten, von der für sie lebenswichtigen Seezufuhr abgeschnitten zu werden. Deutschland bot sich eine grundsätzliche Alternative. Es verfügte über genügend Häfen und Luftstützpunkte im Umfeld der britischen Inseln, um Großbritannien direkt angreifen und erforderlichenfalls sogar eine Landung ins Auge fassen zu können. Im Verein mit seinem Bundesgenossen Italien, der eine beachtliche Flotte und eine immerhin beträchtliche Luftwaffe besaß, konnte zudem der Versuch gemacht werden, die britische Mittelmeerherrschaft zu brechen und im Sinne einer Peripheriestrategie Teile des britischen Kolonialreichs im Mittleren Osten und in Ostafrika zu erobern und womöglich nach Indien vorzudringen.[12]

Beide Möglichkeiten bargen erhebliche Risiken. Unabhängig davon, ob es in Zukunft gelingen werde, die deutschen und die italienischen Kriegsanstrengungen wirksam zu koordinieren, wofür die bisherigen Erfahrungen nicht gerade sprachen, reichten die Luft- und Seestreitkräfte beider Länder für keine der beiden Möglichkeiten aus. Doch selbst wenn es gelingen sollte, die überlegene deutsche Heeresmacht im Verbund mit den See- und Luftstreitkräften zu voller Wirkung zu bringen und den militärischen Erfolg einer Landung in England oder einer Peripherieoperation auf diese Weise sicherzustellen, liefen die Achsenpartner Gefahr zu scheitern. Denn würden die USA einer Niederlage Großbritanniens tatenlos zuschauen, wenn sie ihre eigenen langfristigen Sicherheitsinteressen richtig bedachten? Wie erfolgreich die Achsenmächte im Kampf gegen England sein durften, ohne das Eingreifen der USA zu riskieren, und wie schnell sie dabei sein mußten, um es wirkungslos zu machen, war eine offene Frage.

Einen Unsicherheitsfaktor stellte auch die UdSSR dar. Stalin hatte es verstanden, sich die gesamte ihm von Hitler zuerkannte Beute parallel zum Frankreichfeldzug zu sichern. In der ersten Juni-Hälfte 1940 wurden die drei baltischen Republiken zur Umbildung ihrer Regierungen im sowjetischen Sinne gezwungen. In den folgenden Wochen vollzog sich der Anschluß an die UdSSR. Rumänien willigte am 21. Juni in die von Moskau ultimativ geforderte Abtretung Bessarabiens und der Nord-Bukowina ein. Hitler hatte das mit einiger Sorge betrachtet und ein Ausgreifen Stalins auf den Balkan und in Richtung auf die Meerengen befürchtet, aber notgedrungen loyal zu den Geheimabsprachen gestanden. Ihm war klar, daß Stalin den deutsch-sowjetischen Nichtangriffspakt genauso als zeitlich befristetes Zweckbündnis betrachtete wie er selbst. Es war aus seiner Perspektive daher völlig unkalkulierbar, was die Sowjetunion tun würde, wäre das Gros der deutschen Luftwaffe und des Heeres erst einmal durch ein Landeunternehmen in Großbritannien oder durch eine groß angelegte Peripherieoperation an der europäisch-vorderasiatischen Südostflanke gebunden.

Natürlich wäre es Hitler am liebsten gewesen, Großbritannien hätte Frieden geschlossen und Deutschland endlich den Weg nach Osten freigegeben. Bereits Ende Juni hatte sich Halder aufgrund von Eindrücken, die von Weizsäcker von Hitlers Überlegungen erhielt, notiert: »Augen stark auf den Osten gerichtet. England wird voraussichtlich noch einer Demonstration unserer militärischen Gewalt bedürfen, ehe es nachgibt und uns den Rücken frei läßt für den Osten.«[13] Eigentlich führte Hitler also nicht Krieg gegen England, sondern Krieg um seine Handlungsfreiheit nach Osten.

Mehr und mehr schob sich für Hitler daher eine dritte Handlungsmöglichkeit in den Vordergrund: Krieg gegen Rußland, um England seinen letzten »Festlandsdegen« aus der Hand zu schlagen und es zur Aufgabe zu zwingen, ohne es besiegen zu müssen. Zugleich ließ sich auf diesem Wege das Interventionsrisiko erheblich mindern. Da die Fachleute davon ausgingen, Deutschland werde nur wenige Monate benötigen, um die UdSSR militärisch auszuschalten, kam man auf diese Weise auch den USA zuvor und konnte, gestützt auf das Potential des europäischen Kontinents, beiden angelsächsischen Seemächten notfalls standhalten. Der Krieg gegen England wurde aus all diesen Gründen nur halbherzig geführt. Hitler fehlte jene Entschlossenheit zur Vernichtung des Gegners, die ihn Frankreich gegenüber angetrieben und ihn vor Beginn des Westfeldzuges zum Motor des Angriffswillens gemacht hatte.

Die Motivation des britischen Premiers, Winston Churchills, für einen Kampf gegen das nationalsozialistische Deutschland bis zu dessen endgültiger Niederlage war sehr viel eindeutiger. Seine erste große Entscheidung als Regierungschef zeugte bereits davon: Er zog die Royal Air Force und den Kern des britischen Heeres ohne Rücksicht auf die Interessen seines Verbündeten aus dem zusammenbrechenden Frankreich heraus, um die britischen Inseln erforderlichenfalls verteidigen zu können. Mit allen Mitteln versuchte er sodann zu verhindern, daß Hitler sich der französischen Flotte bemächtigte. Als Frankreich seinen wiederholten persönlichen Blitzbesuchen zum Trotz nicht im Krieg gehalten werden konnte, ließ er – den Waffenstillstand ebenso ignorierend wie die alte Waffenbrüderschaft vergessend – am 3. Juli und erneut am 6. Juli das Feuer auf die von der Royal Navy in Mers-el-Kebir gestellte französische Flotte eröffnen – weit über tausend französische Seeleute fanden hierbei den Tod. Entschlossen setzte Churchill im britischen Kabinett seinen Kriegskurs durch und schwor die britische Öffentlichkeit in seiner Unterhausrede vom 13. Mai 1940 auf Widerstand und Opferbereitschaft ein: »Ich habe nichts zu bieten als Blut, Mühsal, Tränen und Schweiß.« Friedensfühler wurden ignoriert, und Hitlers »Friedensappell« vom 19. Juli erteilte Lord Halifax im Auftrag des britischen Kabinetts eine klare Absage.[14]

Churchills Siegeszuversicht speiste sich aus verschiedenen Quellen. Da waren erstens das Vertrauen auf die eigene Kraft und Zähigkeit und die illusionslose Einsicht in den Charakter und die wahren Ziele des Nationalsozialismus. Großbritannien besaß zudem bedeutende Ressourcen in Übersee, verfügte über eine leistungsfähige Rüstungsindustrie und nannte eine große, kampferfahrene Flotte sowie eine kleine moderne Luftwaffe sein eigen. Darüber hinaus setzte Churchill auf die Unterstützung der USA. »Ich glaube mit einiger Gewißheit«, hatte er Mussolini am 25. Mai 1940 geschrieben, um ihn vom Eintritt in den Krieg abzuhalten, »daß uns die Vereinigten Staaten, ja sogar der ganze amerikanische Kontinent in steigendem Maße helfen wird.«[15] Mit großem Engagement bemühte er sich daher um einen intensiven Kontakt zu Roosevelt und bezog ihn in alle wichtigen Entscheidungen ein. Seit dem Sommer 1940 fanden gemeinsame britisch-amerikanische Stabsbesprechungen statt, die amerikanische Rüstungsproduktion, aus der Großbritannien sich zu erheblichen Teilen mitversorgte, wurde gesteigert, und am 2. September 1940 gelang Churchill mit dem »Stützpunkt-Zerstörer-Abkommen«, das den Tausch von 50 amerikanischen Zerstörern gegen Stützpunkte auf britischem Kolonialterritorium vorsah, ein Vertrag, der das britisch-amerikanische Kriegsbündnis nur noch als eine Frage der Zeit erscheinen ließ.

Zugleich setzte Churchill seine Hoffnung auf die UdSSR und das Zerbrechen des deutsch-sowjetischen Zweckbündnisses. Im

Juni 1940 sandte er daher den ehemaligen britischen Botschafter in Berlin, Sir Stafford Cripps, in einer Sondermission nach Moskau, um Stalin auf die Gefahren aufmerksam zu machen, die der Sowjetunion durch Hitlers raumideologische Ziele drohten. Stalin gab bei dieser Gelegenheit zu erkennen, daß er Hitler ebenfalls nicht traue, ihn aber auch nicht für so töricht halte, die UdSSR anzugreifen, ehe er England besiegt habe, und daß ihm das ohne Flotte gelinge, daran glaubte Stalin nicht. Die Mission von Cripps löste in Berlin Besorgnis aus. Churchills Hoffnungen und Hitlers Befürchtungen gingen in dieselbe Richtung.[16]

Erneut spielte die Zeit in dem in globalen Koordinaten ablaufenden Zweikampf Englands und Deutschlands eine entscheidende Rolle. Trotz seiner die eigenen Erwartungen weit in den Schatten stellenden Erfolge in Frankreich war Hitler aus dem Zeitdruck noch nicht heraus. Eine Landung in England konnte nur gelingen, wenn man die momentane Schwäche der Briten schnell und entschlossen nutzte, und das hieß im Jahre 1940, und zwar vor dem Einsetzen der Schlechtwetterperiode. Für den Feldzug im Mittelmeerraum und den Angriff auf die UdSSR waren die zeitlichen Koordinaten zwar nicht ganz so eng, aber 1941 war auch für diese Varianten das letzte in Frage kommende Jahr. Für Churchill dagegen war jeder gewonnene Monat eine gewonnene Schlacht.

Gemessen an der Rolle, die der Zeitfaktor in Hitlers Strategie hätte spielen müssen, fiel der Auftakt des Krieges gegen Großbritannien erstaunlich zögerlich, unentschlossen, ja vorsichtig und besorgt aus. Im Unterschied zur sonstigen Diktion der »Führerentschlossenheit« hieß es in Hitlers Weisung für die »Kriegführung gegen England« vom 2. Juli 1940: »Unter bestimmten Voraussetzungen, deren wichtigste ist, die Luftüberlegenheit zu erringen, kann eine Landung in England in Frage kommen.« Die Weisung Hitlers vom 16. Juli machte dann deutlich, daß er die Landung in England lediglich als ultima ratio ins Auge faßte und dem Versuch, Großbritannien durch Luftangriffe »in die Knie zu zwingen«, die Priorität einräumte. Da das Erringen der Luftherrschaft über den britischen Inseln oder doch zumindest über dem in Aussicht genommenen Landegebiet in Südengland zu Recht als Voraussetzung für das Gelingen eines Landungsunternehmens galt, deckte sich die zeitliche mit der strategischen Priorität. Dabei glaubte die deutsche Seite, Zeit zu haben, weil sie Englands Lage für »hoffnungslos« hielt. »Der Krieg«, notierte sich Halder am

21. Juli 1940 Hitlers Gedanken, »ist von uns gewonnen, Umkehr der Erfolgsaussichten unmöglich.«[17]

Nicht zu Unrecht hielt Hitler ein Landeunternehmen für »ein großes Risiko«, das erst in Frage komme, »wenn kein anderer Weg offen ist, um mit England zum Schluß zu kommen«. Bedenken wurden auch von anderer Seite geäußert. So stufte das OKW eine ungenügend vorbereitete Landungsoperation Mitte August als »Verzweiflungstat« ein, zu der man keine Veranlassung habe. Schließlich lasse sich London auch auf indirektem Wege »auf die Knie... zwingen«.[18] Hitler tat nichts, um die Zweifel zu zerstreuen, und erweckte den Eindruck, daß er die Landung nur vorbereiten ließ, um den Druck auf Großbritannien zu erhöhen.

Entscheidend wurde freilich, daß die Luftwaffe die Voraussetzungen für eine Landungsoperation nicht zu schaffen vermochte. Auch hier stellt sich die Frage, nach welchen Prioritäten ihr Einsatz erfolgte und ob die »Luftschlacht« über England dem Ziel diente, die Landung vorzubereiten oder diese entbehrlich zu machen. In dem ersten Fall wäre es sinnvoll gewesen, die Angriffe auf die Luftfahrtindustrie, die Flughäfen, die Flugabwehrsysteme, die Hydrierwerke und jene Verladehäfen zu konzentrieren, in denen amerikanische Rüstungslieferungen gelöscht wurden. Im andern Fall mochte es sinnvoller erscheinen, die Angriffe gegen das britische Wirtschaftspotential insgesamt sowie gegen die Infrastruktur und die großen Städte zu richten.

Am 1. August erging Hitlers Weisung für die Führung des Luft- und Seekrieges gegen England, in der die Luftwaffe angewiesen wurde, ihre Angriffe »in erster Linie gegen die fliegenden Einheiten, ihre Bodenorganisation und Nachschubeinrichtungen, ferner gegen die Luftrüstungsindustrie einschließlich der Industrie zur Herstellung von Flakgerät zu richten«. Erst wenn die Luftüberlegenheit errungen war, sollten andere Ziele angegriffen werden.[19] Die Weisung ließ an Klarheit nichts zu wünschen übrig und ordnete die Luftschlacht über England, die am 5. August beginnen sollte, eindeutig der Vorbereitung des Unternehmens »Seelöwe« zu. Sie blieb jedoch nur in der ersten Phase der Luftschlacht, von Anfang August bis Anfang September, die Richtschnur des Handelns. In dieser Phase verlor die britische Luftwaffe, die Anfang August über etwa 700 Jagdflugzeuge verfügte, 185 Maschinen und – bei einem Fehlbedarf von 154 Piloten Anfang August – 10%

ihrer Flugzeugführer. Die Angriffe, die vorwiegend auf Südengland konzentriert wurden, hatten die Infrastruktur der Royal Navy hart getroffen, und das vorzügliche Luftmelde- und Abwehrsystem der Briten stand vor dem Zusammenbruch. Die deutsche Luftwaffe war im Begriff, die Luftüberlegenheit über Südengland zu gewinnen. Angesichts der bedeutenden industriellen Kapazität Englands – allein die durchschnittliche monatliche Produktion von Jagdflugzeugen betrug 470 Maschinen – war ein durchschlagender Erfolg der deutschen Luftoffensive nur möglich, wenn die Schwerpunktbildung beibehalten wurde und es gelang, zusammen mit der Jagdwaffe vor allem das Potential verfügbarer britischer Piloten zu treffen.

Die deutsche Luftwaffenführung hat die Situation Anfang September offenbar falsch eingeschätzt. Göring wurde wegen der relativ hohen Verluste an Flugzeugen nervös und zeigte von Anfang an wenig operative Planung und Konsequenz. So trug er selbst schon im August dazu bei, die gegen die Royal Air Force gerichtete Vernichtungsstrategie zugunsten einer gegen die Bevölkerung und die Ressourcen Großbritanniens sich wendenden Zermürbungsstrategie aufzuweichen. Am 24. August griff die deutsche Luftwaffe zum erstenmal London an. Daraus entstand, da die Briten wenige Tage später Berlin angriffen, eine sich gegenseitig hochschaukelnde Strategie von »Terror- und Vergeltungsangriffen«, die den Schwerpunkt des Luftkrieges allmählich verschob und die Royal Air Force in einer für sie extrem kritischen Situation aus dem Vernichtungsgriff entließ. Der Bombenkrieg, der immer stärker in den Vordergrund rückte, dehnte sich regional aus, Industriestädte wie Coventry, Birmingham und Sheffield wurden angegriffen, überforderte damit aber auch die Kraft der deutschen Luftwaffe, deren Verluste weiter stiegen, da Jagdschutz für diese Angriffe nur für Teile der Flugstrecken bereitgestellt werden konnte und die Luftwaffe zudem nicht über geeignete Langstreckenbomber verfügte. Dieser Prioritätenwechsel der deutschen Luftkriegsführung, den Hitler am 17. September 1940 durch die Verschiebung der Landung »bis auf weiteres« sanktionierte, kam in seiner Wirkung und Bedeutung der Marneschlacht im Ersten Weltkrieg gleich. Am 5. Dezember gestand Hitler seine Niederlage ein.[20]

Die Luftschlacht über England ging verloren, weil die deutsche Führung nicht den festen Willen besaß, die militärische Kraft

Großbritanniens zu vernichten, wie dies mit der militärischen Kraft Frankreichs nach dem Willen Hitlers geschehen sollte und geschah. Hitlers Vernichtungswille konzentrierte sich vielmehr bereits seit Juli 1940 in schnell wachsendem Maße auf die UdSSR, so daß unabhängig vom Ausgang der Luftschlacht über England der zweite Schritt – die Landung –, ohne den der erste wenig Sinn ergab, ohnehin nicht mehr getan werden sollte. Unter diesen Umständen vermochte auch die andere Möglichkeit zum Kampf gegen Großbritannien, die indirekte Strategie über die südliche Peripherie, wenig Kraft zu entfalten.

3. Peripheriestrategie im Mittelmeer?

Der Oberbefehlshaber der Marine, Erich Raeder, hat Hitler im September, Oktober und November 1940 in mehreren Lagebesprechungen von der Notwendigkeit einer solchen Peripheriestrategie im Mittelmeerraum zu überzeugen versucht.[21] Raeder ging davon aus, daß einer deutsch-italienischen Herrschaft im Mittelmeerraum und im Nahen Osten eine »ausschlaggebende Bedeutung« im Kampf gegen England zukommen werde. Die USA würden auf diese Weise zudem wirksam daran gehindert, an der Seite Großbritanniens in den Krieg einzugreifen, auch sei man so in der Lage, den Weg nach Afrika und Arabien zu öffnen und dem Reich die nahezu unbeschränkte Zufuhr von Rohstoffen zu sichern. Raeder sah voraus, daß Großbritannien sich militärisch zunächst gegen Italien wenden werde, um zuerst »den Schwächeren zu erdrosseln«. Um dies zu verhindern, sei rasches Handeln geboten. Deutschland müsse die Mittelmeerfrage noch im Winter 1940/41 bereinigen. Ihm schwebte die Besetzung der Kanarischen Inseln, die Eroberung Gibraltars, die Sicherung Nordwest-Afrikas und ein Vorstoß über den Suez-Kanal bis an die türkische Grenze vor. Die Türkei komme, meinte Raeder, auf diese Weise in den deutschen Machtbereich, und dann erhalte auch das »Rußland-Problem« ein anderes Aussehen. Einen Vorzug dieser Strategie erblickte Raeder in der Sicherung Italienisch-Ostafrikas. Italien werde auf diese Weise in die Lage versetzt, seine Flotte in den Indischen Ozean zu verlegen und die Verbindungslinien Großbritanniens nach Indien zu bedrohen, während die deutsche Flotte, deren rascher Ausbau notwendig sei, das im Atlantik versuchen könne.

Hitler ging durchaus auf die Ideen Raeders ein, knüpfte ihre Realisierung aber an politische Bedingungen. Es sei nötig, meinte er, die Sowjetunion zu einem Ausgreifen nach Süden, nach Persien und Indien, zu veranlassen und entweder Spanien oder Frankreich zum Bundesgenossen zu gewinnen, wenn denn beide nicht zu haben seien. Auch müsse das Bündnis mit Japan zuerst unter Dach und Fach gebracht werden. Offenbar begriff er, daß Großbritannien ausschließlich im Mittelmeerraum nicht zu schlagen sei und der Haltung der UdSSR entscheidende Bedeutung zukomme. Nur wenn sie sich in der gewünschten Weise am Krieg beteiligte, war sie davon abzuhalten, ihre Einflußsphäre auf den Balkan und die Dardanellen auszudehnen oder den Achsenmächten in den Rücken zu fallen. Japan war darüber hinaus der Part zugedacht, die USA aus dem Krieg herauszuhalten.

Hitler hat die politischen Prämissen, die er für die Verwirklichung von Raeders Vorschlag sah, vergeblich herzustellen versucht. Nur mit Japan gelang ein begrenztes Arrangement. Am 27. September 1940 wurde der Dreimächtepakt zwischen Deutschland, Italien und Japan geschlossen[22], der die Verpflichtung zur Hilfeleistung für den Fall festlegte, daß »einer der drei vertragschließenden Teile von einer Macht angegriffen wird, die gegenwärtig nicht in den europäischen Krieg oder in den chinesisch-japanischen Konflikt verwickelt ist« (Art. 3). Das zielte vor allem auf die USA, nicht aber, was explizit geregelt wurde (Art. 5), auf die UdSSR. Vielmehr fand sich Japan mit dem deutsch-sowjetischen Nichtangriffspakt ab und beschritt seinerseits den Weg einer Politik des Ausgleichs mit der UdSSR, die schließlich am 13. April 1941 zum Abschluß des sowjetisch-japanischen Neutralitätspakts führte. Japan schien sich in den geplanten Kontinentalblock einfügen zu wollen. Spanien, Frankreich und die UdSSR taten das jedoch nicht. Am 23. Oktober sprach Hitler in Hendaye an der französisch-spanischen Grenze mit General Franco, am 24. Oktober traf er in Montoire Marschall Pétain, und am 12. und 13. November hielt sich der sowjetische Volkskommissar für Auswärtige Angelegenheiten, Molotow, in Berlin auf.[23] In allen drei Begegnungen scheiterte Hitler bei dem Versuch, eine große Koalition gegen Großbritannien zustande zu bringen. Damit war klar, daß die politischen Prämissen der Raederschen Mittelmeerstrategie nicht zu erfüllen waren.

4. Der Krieg auf dem Balkan und in Nordafrika

Doch während Hitler die Weichen in Richtung auf den Ostfeldzug stellte, zwang ihn Mussolini, sich erneut mit dem Mittelmeerraum zu beschäftigen, nun aber in ganz anderer Weise. Am 28. Oktober 1940 hatte die italienische Armee von Albanien aus, das sich seit April 1939 in italienischem Besitz befand, Griechenland angegriffen. Der ungenügend vorbereitete Feldzug, dessen Ziel es war, ganz Griechenland unter italienische Herrschaft zu bringen, scheiterte schon nach wenigen Tagen. Der zahlenmäßig und in der Bewaffnung unterlegenen, aber tapfer kämpfenden griechischen Armee gelang es, die italienischen Truppen, die anfangs einige unbedeutende Bodengewinne erzielen konnten, nicht nur zu stoppen, sondern sie Ende November/Anfang Dezember weit nach Albanien zurückzuwerfen.

Mussolinis Entscheidung, Griechenland anzugreifen, hat sehr viel mit den politischen Vorbereitungen zu tun, die Hitler für den Ostfeldzug traf. Um Rumänien, das dem sowjetischen Druck von allen Balkanländern am unmittelbarsten ausgesetzt war, als Aufmarschgebiet zu gewinnen und die rumänischen Ölquellen zu sichern, hatte Hitler dem kurz zuvor zur Macht gelangten General Ion Antonescu, der eine deutschfreundliche Politik betrieb, am 11. September 1940 die Entsendung einer Militärmission versprochen. Sie leitete eine Reform der rumänischen Armee ein und markierte den Anfangspunkt einer sich rasch vollziehenden militärischen Durchdringung. Für Mussolini, der hiervon offenbar überrascht wurde, sah das nach einer weiteren, wenn auch friedlichen Eroberung Hitlers aus, noch dazu im Interessenumfeld des »imperio«.[24] Er meinte, mit dieser Machterweiterung Hitlers gleichziehen zu müssen, und erwartete in Griechenland einen leicht zu erringenden Sieg. Zugleich durchkreuzte er mit diesem Unternehmen die Erwartungen Berlins; denn dort wollte man Italiens Stoßrichtung auf Nordafrika fixiert wissen. »Hitler«, soll Mussolini geäußert haben, »stellt mich immer vor vollendete Tatsachen. Dieses Mal zahle ich ihm mit gleicher Münze heim. Er wird aus den Zeitungen erfahren, daß ich Griechenland besetzt habe. So wird das Gleichgewicht wieder hergestellt werden.«[25]

Hitler verlor tatsächlich die Fassung, als er vom Angriff Italiens erfuhr, insofern hatte sich Mussolini nicht getäuscht, zugleich offenbarte er freilich, daß er die Lage sehr viel realistischer einzuschätzen vermochte als der »Duce«: »F.(ührer) tobt... Beurteilt die Lage so, daß Duce Angst vor... deutschem wirtschaftlichen Einfluß auf dem Balkan habe, und bezweifelt, ob Italiener in der Lage seien, Griechenland niederzuzwingen, da die Griechen an sich keine schlechten Soldaten seien ... Hat große Besorgnis, daß Vorgehen Italiens den ganzen Balkan in Mitleidenschaft ziehen könne und den Engländern willkommener Anlaß, auf dem Balkan eine Luftbasis zu errichten.«[26]

Hitlers Befürchtungen trafen nur zu rasch ein. Die Briten ließen sich die Gelegenheit, in Griechenland Fuß zu fassen, nicht entgehen. Sie griffen die im Hafen von Tarent liegende italienische Flotte aus der Luft an, verminten die griechischen Küstengewässer und errichteten Luft- und Seestützpunkte auf Kreta. Britische Nahkampfstaffeln griffen in die Kämpfe in Albanien ein, und vom 4. März 1941 an landeten britische Truppen auf dem griechischen Festland. Die deutsche Regierung reagierte auf die Bedrohung der Südflanke des für einen Angriff auf die UdSSR entscheidend wichtigen Balkans mit einer Doppelstrategie. Einerseits ließ Hitler einen Feldzugplan für ein militärisches Vorgehen deutscher Truppen gegen Griechenland von Bulgarien aus vorbereiten (»Unternehmen Marita«), andererseits bemühte sich Berlin in diplomatischen Verhandlungen mit Athen, eine friedliche Beilegung des Konflikts zu erreichen. Als diese Bemühungen Mitte Februar scheiterten, marschierten deutsche Truppen am 2. März in Bulgarien ein, das tags zuvor dem Dreimächtepakt beigetreten war.[27]

Unterdessen waren die Briten in Nordafrika am 9. Dezember 1940 zum Angriff auf die italienischen Armeen angetreten. Am 17. Dezember fiel Sollum, am 5. Januar 1941 Bardia, am 22. Januar Tobruk, am 7. Februar Benghasi und am 8. Februar El Agheila. Damit war die gesamte Cyrenaica in britischer Hand.[28] Italien drohte der Verlust ganz Nordafrikas, doch nun ließ Churchill den Vormarsch anhalten, die britische Afrikaarmee mußte insgesamt 58000 Mann nach Griechenland abgeben. Für Hitler, der sich im Sommer und Herbst 1940 vergeblich darum bemüht hatte, die politischen Voraussetzungen für ein deutsches Eingreifen im Mittelmeerraum zu schaffen, stand als Folge der italienischen Katastrophen das Tor nach Nordafrika nun weit offen. Am 3. Februar 1941 wurde Generalleutnant Erwin Rommel zum »Befehlshaber der deutschen Heerestruppen in Libyen« ernannt. Am 12. Februar landete er in Tripolis. Die Aufgaben der deutschen

Truppen in Afrika, des »Afrika-Korps«, waren zunächst defensiver Natur. Rommel setzte sich jedoch über die Weisungen Berlins hinweg und begann am 31. März 1941, zur Offensive überzugehen, was ihm dadurch erheblich erleichtert wurde, daß wesentliche Teile der britischen Nordafrika-Armee in Griechenland gebunden waren.[29]

Da der Balkanfeldzug nicht nur zur Sicherung der Südflanke eines eventuellen Rußlandfeldzuges gedacht war, sondern auch dazu, den in Albanien in Schwierigkeiten steckenden Achsenpartner zu stützen und vor einem Desaster zu bewahren, das unkalkulierbare Wirkungen auf die militärische Lage im Mittelmeer haben mußte, besaß auch Jugoslawien für Deutschland eine sehr wichtige strategische Position. Ökonomische Interessen Deutschlands, vor allem Rohstoffinteressen, kamen hinzu. Belgrad hatte zunächst die Absicht, sich aus dem Konflikt herauszuhalten, und gab sowohl Italien als auch Deutschland zu verstehen, daß es einen Truppendurchmarsch der Achsenpartner nicht gestatten werde. Jugoslawien gegenüber betrieb Hitler – im Unterschied übrigens zu den Intentionen Mussolinis – eine vorsichtige, auf die Herstellung von Konsens und die Bewahrung der inneren Stabilität des Vielvölkerstaates bedachte, offene Gewalt zunächst ausschließende Politik.

Eine Einigung zwischen Berlin und Belgrad schien auf einer ähnlichen Basis möglich zu sein wie zwischen Berlin und Sofia, nämlich zu Lasten Griechenlands. Belgrad erhob Ansprüche auf Saloniki, und Berlin war bereit, sie zu unterstützen, wenn Jugoslawien dem Abschluß eines Nichtangriffsabkommens zwischen Italien, Deutschland und Jugoslawien zustimmte. Später verlangte Berlin den Beitritt Jugoslawiens zum Dreimächtepakt. Auf dieser Grundlage kam es dann am 25. März 1941 zur Unterzeichnung des Dreimächtepaktes durch die jugoslawische Regierung. Es hatte erheblichen deutschen Druckes bedurft, das zu erreichen. Die Entscheidung wurde aber weder von der jugoslawischen Öffentlichkeit noch von den politischen Eliten des Landes mitgetragen. Sie machten aus ihrer Sympathie für Griechenland und Großbritannien keinen Hehl. Am 27. März putschten prowestliche Offiziere unter Führung des Luftwaffengenerals Simović in Belgrad.

Hitler empfand die Ereignisse, die von deutschfeindlichen Demonstrationen begleitet waren, als Brüskierung, zumal die neue

Regierung den bisherigen Ministerpräsidenten und den Außenminister, die in Wien gerade den Dreimächtepakt unterzeichnet hatten, verhaften ließ und Prinz Paul, der die Kurskorrektur der Jugoslawien-Politik gegenüber Berlin eingeleitet hatte, des Landes verwies. Hitler entschloß sich daher noch am 27. März, Jugoslawien in den geplanten Balkanfeldzug einzubeziehen. In letzter Minute versuchte man in Belgrad, sich an jene Macht anzulehnen, die auf dem Kontinent als einziger Gegenfaktor den Deutschen trotzen konnte, an die UdSSR. Am 4. April schloß Belgrad mit der UdSSR einen Nichtangriffspakt ab, um sich vor einem Angriff der »Achse« zu schützen. Dieser Verzweiflungsschritt vermochte das Land aber nicht mehr zu retten.

Am 6. April 1941 begann der deutsch-italienische Angriff auf Jugoslawien und Griechenland. Die als Vergeltungs- und Racheakt gedachten Luftangriffe auf Belgrad, die am 6. und 7. April gegen die zur offenen Stadt erklärte jugoslawische Metropole geflogen wurden, legten das Führungszentrum von Staat und Armee lahm und zwangen die Regierung Simović, die Stadt zu verlassen. Ein geordneter Widerstand war unter diesen Bedingungen nicht mehr möglich. Er war in der militärischen Lage, in der sich das von Norden, Osten und Süden von technologisch weit überlegenen Armeen angegriffene Land befand, ohnehin so gut wie aussichtslos. Bereits am 13. April besetzten deutsche Truppen Belgrad, am 17. April kapitulierte die jugoslawische Armee.

Jugoslawien wurde unter den Angreiferstaaten aufgeteilt: das Deutsche Reich annektierte Nordslowenien und besetzte Altserbien und das Banat. Ungarn erhielt das Gebiet westlich der Theiß bis zur Donau und das Mur-Gebiet östlich von Maribor. Italien, das auf der Küstenstraße nach Süden vorgedrungen war, annektierte Südslowenien und Westmazedonien, baute seine Position an der Adriaküste aus und besetzte Montenegro. Bulgarien besetzte Ostmazedonien mit Skopje. Das restliche Staatsgebiet wurde unter der Bezeichnung Großkroatien ein Satellitenstaat der »Achse«, je zur Hälfte von italienischen und deutschen Truppen kontrolliert.

Serbien geriet in die Mühlen der Unterdrückungsmaschinerie des Deutschen Reiches. Rassistische Vorurteile gegen die Slawen paarten sich wirksam mit historischen Reminiszenzen. So warf Hitler Serbien vor, den Ersten Weltkrieg verschuldet zu haben, und sein Hauptvorwurf bestand darin, daß es unbotmäßig gewesen sei. Die Folge dieser Politik war eine rasch an Mitstreitern zunehmende Partisanenbewegung, die, vom unwegsamen Gelände in den Bergregionen begünstigt, den Deutschen bald sehr zu schaffen machen sollte und sie an der effektiven Ausbeutung des Landes hinderte.

Die strategische Ausgangssituation Griechenlands war günstiger als die Jugoslawiens. Das Land ließ sich nur vom Norden her erobern, und der Angreifer hatte eine Reihe natürlicher Sperriegel, darunter den Thermopylenpaß, zu überwinden, die sich relativ leicht verteidigen ließen. Zudem verfügte es mit Großbritannien über einen Bundesgenossen, der in der Lage war, Truppen von gleicher Qualität und gleicher Ausrüstung ins Feld zu stellen wie der deutsche Angreifer. Das britische Expeditionskorps hatte zudem mit ca. 65 000 Mann einen beträchtlichen Umfang, die britische Flotte beherrschte das östliche Mittelmeer, und die Royal Air Force verfügte über Flugplätze auf dem griechischen Festland und auf Kreta, war aber den deutschen Luftstreitkräften in diesem Raum zahlenmäßig unterlegen, weil die Hauptkräfte die britischen Inseln verteidigten. Die griechische Armee war durch die bereits seit vier Monaten andauernden Kämpfe mit Italien erschöpft, zudem verfügte sie über kein modernes Kriegsgerät wie Panzer, panzerbrechende Waffen oder Flugzeuge.

Entscheidend für den Verlauf des Feldzuges wurde, daß es den deutschen Truppen bereits nach wenigen Tagen gelang, Südjugoslawien zu erobern und eine Verbindung zu den in Albanien operierenden italienischen Truppen herzustellen, so daß die jugoslawische Armee von den britisch-griechischen Streitkräften getrennt wurde. Zugleich eröffnete sich den deutschen Truppen nun die Möglichkeit, den breiten, nach Süden führenden Flußtälern folgend, die in der Metaxas-Linie im Norden Thraziens liegenden 60 000 Mann starken griechischen Truppen abzuschneiden. Sie kapitulierten, nachdem deutsche Verbände bereits am 9. April Saloniki erreicht hatten. Das Ziel der deutschen Truppen war es, das britische Expeditionskorps, dessen Hauptmacht in der Aliakmon-Linie nördlich des Olymp stand, im Westen zu umfassen und zu vernichten. Das gelang jedoch nicht; denn die Briten hatten sich bereits am 14. April zum Rückzug auf die Thermopylenstellung entschlossen, zogen ihre bei Larissa stationierten Luftwaffeneinheiten am 15. April nach Kreta zurück und bereiteten sich auf die Evakuierung vor.

Am 16. April einigten sich die griechische Regierung und das britische Oberkommando endgültig auf die Evakuierung der britischen Truppen, um dem Land eine weitere Zerstörung zu ersparen. Die griechische Armee sollte noch so lange weiterkämpfen, bis die Evakuierung vollendet war. Trotz des schnellen deutschen Vormarsches gelang es den Briten zu entkommen. Über die zahlreichen Häfen Griechenlands konnte die Royal Navy bis zum 1. Mai 1941 über 50000 Mann des Expeditionskorps von insgesamt 62000 Mann evakuieren, allerdings erlitten die Briten dabei eine Reihe von empfindlichen Schiffsverlusten.

Kreta wurde zur letzten Auffangposition britisch-griechischer Streitkräfte. Nach dort zogen sich auch der griechische König und die Regierung unter Emanuel Tsouderos zurück, die entschlossen war, den Kampf von der Mittelmeerinsel aus fortzusetzen. Hitler hatte bereits am 21. April entschieden, auch Kreta in den Balkanfeldzug einzubeziehen, um jegliches Risiko eines britischen Bombenangriffs auf die rumänischen Ölfelder auszuschalten und gegen Vorstöße der britischen Flotte in die Ägäis einen natürlichen Sperrriegel zu gewinnen. Am 25. April erging die Weisung für das Unternehmen »Merkur«. Wenige Tage später entschied Churchill, die Insel zu verteidigen, so daß es im Kampf um Kreta noch einmal, aber unter für die deutsche Seite weitaus ungünstigeren Bedingungen, zu einem deutsch-britischen Duell kam, bei dem die die absolute Seeherrschaft besitzende britische Flotte der die absolute Luftherrschaft besitzenden deutschen Luftwaffe gegenüberstand. Tatsächlich gelang es der britischen Flotte anfangs, jegliche Anlandung deutscher Truppen über das Meer zu verhindern, so daß die Deutschen gezwungen waren, eine reine Luftlandeoperation durchzuführen, die sehr verlustreich verlief und nur mit Glück von deutscher Seite zum Erfolg geführt werden konnte. Die Kampfhandlungen, die am 20. Mai begonnen hatten, zogen sich bis zum 1. Juni 1941 hin. Dann war Kreta in der Hand der Achsenmächte.

Deutschland und Italien verfügten damit über hervorragende Voraussetzungen für eine militärische Offensive im Mittelmeerraum, die bei nur mäßiger Konzentration deutscher Land- und Luftstreitkräfte auf diesem Kriegsschauplatz rasch zu einem Zusammenbruch der britischen Mittelmeerposition hätte führen können. Doch in Berlin waren die Weichen längst in eine andere Richtung gestellt. Bevor Deutschland mit größeren Kräften wieder im Mittelmeerraum eingriff, sollte Rußland erobert werden. Das stand seit Dezember 1940 fest. Als die Kämpfe auf Kreta erloschen, war der Aufmarsch der Wehrmacht und ihrer Verbündeten an der Ostgrenze des deutschen Machtbereichs in Europa bereits nahezu vollendet. Der Angriff erfolgte am 22. Juni 1941 und absorbierte nahezu die ganze militärische Kraft Deutschlands, so daß ein größeres deutsches Engagement als das des Afrikakorps bis auf weiteres nicht mehr möglich erschien.

XII. Der Krieg gegen die Sowjetunion: Strategische Entscheidung und weltanschauliche Verwirklichung

Gegen eine Peripheriestrategie im Mittelmeer sprach außer den Schwierigkeiten, Operationen über große Entfernungen und das Mittelmeer hinweg zu führen, die schwerwiegende Tatsache, daß man in Nordafrika und in Vorderasien weder die Rohstoffe noch die Nahrungsmittel finden konnte, die Deutschland zur Organisation der europäischen Volkswirtschaften und zur Sicherung der bisher gewonnenen Machtposition dringend benötigte. Die Abhängigkeit des »Dritten Reiches« von der UdSSR wäre in diesem Falle exponentiell gestiegen. Deutschland wäre auf Gedeih und Verderb auf sowjetische Rohstoff- und Nahrungsmittellieferungen angewiesen gewesen. Das stellte Anforderungen an die deutsch-sowjetischen Beziehungen, denen sie nicht gewachsen waren. Erst ihre Analyse macht deutlich, in welchem Entscheidungsdilemma sich die deutsche Führung befand.

1. Die deutsch-sowjetischen Beziehungen und die Entscheidung für den Angriff auf die UdSSR

Die politischen Beziehungen zwischen der UdSSR und dem Deutschen Reich hatten sich nach dem Nichtangriffspakt vom 23. August 1939 für beide Seiten höchst profitabel entwickelt.[1] Zwar hatte Deutschland die größere Beute gemacht, aber auch das größere Risiko getragen. Die UdSSR gewann jedoch immerhin 720 000 km² mit über 20 Mio Einwohnern hinzu und zahlte dafür den vergleichsweise niedrigen Preis von zwei kleinen lokalisierten Kriegen. Das Tempo der Entwicklung nach dem 23. August 1939 kam für beide Seiten überraschend.[2] Stalin wurde von der Schnelligkeit der militärischen Siege Hitlers so überrascht, daß er Mühe hatte, sich den Teil der Beute zu sichern, der ihm zugesprochen worden war. Ganz gelang ihm das nicht. Um nicht in einen Krieg mit den Westmächten hineinzuschlittern, mußte er Finnland vorerst davonkommen lassen, und auch die weitgespannten sowjetischen Balkaninteressen blieben erst einmal unerfüllt.

Während Stalin einen Teil seiner Ansprüche unbefriedigt sah und eine Nachbesserung anstrebte, hatte man die erfolgreiche sowjetische Expansion in Berlin nur zähneknirschend hingenommen. Vor allem die Militärs waren beunruhigt. Der ehemalige Generalstabschef Ludwig Beck, der im August 1938 aus Protest gegen Hitlers riskanten Kriegskurs zurückgetreten war, meinte im November 1939, daß die »Inbewegungsetzung des russischen Kolosses« nach Westen den deutschen Erfolg im Polenfeldzug paralysiere. Bei längerer Kriegsdauer sei es für Deutschland zudem außerordentlich riskant, sich von der UdSSR ökonomisch abhängig zu machen. Sein Nachfolger im Amt des Generalstabschefs, Franz Halder, der mit Beck in enger Fühlung stand, war derselben Auffassung.[3] Seit Ende November 1939 ließ er Überlegungen anstellen, wie der Osten des deutschen Herrschaftsgebiets gegen die UdSSR gesichert werden könnte. Sie führten nach der Niederlage Frankreichs zur Aufstellung der 18. Armee im Generalgouvernement und in Ostpreußen, der auch Panzerdivisionen eingegliedert wurden. Halder wollte genügend militärische »Schlagkraft im Osten« schaffen, um im Falle einer kriegerischen Auseinandersetzung mit der UdSSR sofort zum Gegenangriff übergehen zu können.

Aus dem Sicherungsgedanken schälte sich Ende Juni/Anfang Juli 1940 allmählich ein Offensivkonzept heraus. Zwar rechnete man im OKH zu diesem Zeitpunkt nicht mit einem Angriff der Roten Armee, wollte aber seine Augen andererseits auch nicht vor diesem Eventualfall verschließen. Ein sowjetischer Angriff im Osten mußte angesichts der geostrategischen Position, welche die UdSSR inzwischen erreicht hatte, katastrophale Folgen für die deutsche Kriegswirtschaft haben; denn die sowjetische Luftwaffe war näher an die rumänischen Ölfelder und das oberschlesische Industrierevier herangerückt, und die baltische Flotte bedrohte die Erzzufuhr aus Schweden. Allein aufgrund dieser strategischen Möglichkeiten stellte die UdSSR daher für Großbritannien einen äußerst interessanten Bündnispartner dar. Die Hoffnung auf ihren Kriegseintritt an der Seite Großbritanniens halte London ebenso im Krieg, meinte man im OKH, wie die materielle Unterstützung der USA und die Hoffnung auf die Wiederholung der Kriegskoalition von 1917.

Der Umkehrschluß lag nahe: Ein militärischer Angriffsschlag Deutschlands gegen die UdSSR beraube Großbritannien dieser Hoffnung und sichere die deutsche Kriegswirtschaft vor unangenehmen Überraschungen. Auf dieser gedanklichen Basis entstand unter maßgeblicher Beteiligung des Chefs der Operationsabteilung, des Obersten Hans von Greiffenberg, des Oberbefehlshabers und des Chefs des Generalstabes der 18. Armee, des Generals Georg von Küchler, und des Generalmajors Erich Marcks die »Aufmarschanweisung« für die 18. Armee vom 22. Juli 1940: Erkennbaren sowjetischen Angriffsabsichten sollte mit einem Präventivschlag zuvorgekommen werden.

Am 21. Juli 1940 berichtete das OKH Hitler über die militärischen Sandkastenspiele seiner Operationsabteilung und entfaltete das Szenario eines mit wirtschaftsgeographischen und geostrategischen Gründen gerechtfertigten Angriffskrieges gegen die UdSSR.[4] Noch im Herbst 1940 solle Deutschland die UdSSR nach einem Aufmarsch von vier bis sechs Wochen Dauer mit 80 bis 100 Divisionen angreifen. Ziel der Operation müsse es sein, die Rote Armee zu schlagen »oder wenigstens so weit russischen Boden in die Hand [zu] nehmen«, daß sowjetische Luftangriffe auf die rumänischen Ölfelder, auf das oberschlesische Industrierevier und auf Berlin unmöglich seien und die deutsche Luftwaffe ihrerseits in die Lage komme, »wichtigste Gebiete Rußlands [zu] zerschlagen«. Nach dem Modell des Ersten Weltkrieges strebte man als politisches Ergebnis des Feldzuges einen Friedensschluß mit der UdSSR auf der Basis der Abtretung der Ukraine, Weiß-Rußlands und der baltischen Staaten an.

Hitler und dem OKW, die bis zu diesem Zeitpunkt von den Überlegungen des OKH nichts wußten, waren diese Pläne zu dilettantisch. Sie griffen die Idee, Pläne für einen Rußlandfeldzug auszuarbeiten, Ende Juli zwar auf, änderten aber die Koordinaten: Sie verschoben den Angriffstermin auf Mai 1941, um Zeit für eine gründliche Vorbereitung zu gewinnen und mit dem Feldzug nicht in den Winter hineinzugeraten, und Hitler änderte das Ziel: Ein »Raumgewinn« allein genüge nicht, der Feldzug mache nur Sinn, wenn man die UdSSR als Staat zerschlage. Es müsse um die »Vernichtung der Lebenskraft Rußlands« gehen.[5]

Irritationen hatte auf deutscher Seite nicht nur die Verschlechterung der Sicherheitslage im Osten ausgelöst, die als Folge des von Berlin ausgehenden leichtsinnigen Hantierens mit Interessensphären eingetreten war, sondern auch die Entwicklung der Wirtschaftsbeziehungen zu Moskau.[6] Die Basis der Wirtschaftsbeziehungen war das Kreditabkommen vom 19. August 1939. Es hatte einer wirtschaftlichen Zusammenarbeit zwischen dem Deutschen Reich und der Sowjetunion zunächst außerordentlich enge Grenzen gezogen, und seine Konditionen waren für die deutsche Seite nicht besonders günstig. Einem sowjetischen Rohstoffkontingent von je 90 Mio RM für die Jahre 1940 und 1941 stand ein deutscher Warenkredit von 200 Mio RM gegenüber. Während der Warenkredit die ohnehin angespannte deutsche Rüstungswirtschaft erheblich belastete, waren die sowjetischen Rohstoffzusagen eher uninteressant. Sie umfaßten vorwiegend Holz, nur wenig Mineralöl und kaum andere kriegswichtige Rohstoffe oder Nahrungsmittel. Das Abkommen trug den Stempel einer deutschen Vorleistung für den Nichtangriffsvertrag, was eine Folge davon war, daß Berlin sich unter erheblichen Zeitdruck gesetzt und daher eine schlechte Verhandlungsposition besessen hatte.

Nach dem Polenfeldzug hat sich Berlin daher um eine Verbesserung bemüht. Am 28. September 1939 sprach Ribbentrop das Problem Stalin und Molotow gegenüber in aller Deutlichkeit an. Das Kreditabkommen sei »der Auftakt gewesen zur Anbahnung der guten allgemeinen Beziehungen«. »Vom wirtschaftlichen Standpunkt aus« sei damit aber »nur ein bescheidener Anfang« gemacht, den es zügig auszubauen gelte. Für Deutschland könne ein solcher Ausbau angesichts der britisch-französischen Seeblokkade »weittragende Bedeutung« erlangen. Genau das war Stalin bewußt. Er nutzte daher seine Verhandlungsposition und spielte auf Zeit. Die Wirtschaftsverhandlungen zogen sich in die Länge und führten erst am 11. Februar 1940 zu einem Abkommen, in dem eine erhebliche Ausweitung des Warenverkehrs vereinbart wurde. Der Vertrag sah Lieferungen beider Seiten im Umfang von je 655 Mio RM bei einer Laufzeit von zwei Jahren vor. Vom Umfang früherer Austauschbeziehungen war man damit zwar immer noch weit entfernt, sie hatten in den Jahren 1930 bis 1932 im Schnitt jeweils bei ca. 1 Mrd RM pro Jahr gelegen, aber der Fortschritt war unverkennbar. Er blieb freilich zunächst auf dem Papier.

Bis zum 1. April 1940 lieferte die UdSSR im Rahmen beider Verträge Rohstoffe und Nahrungsmittel im Umfang von 66,5 Mio RM. Das war gemessen an einem Lieferzeitraum von sieben Monaten außerordentlich wenig und entsprach in keiner Weise dem deutschen Bedarf. Zu allem Überfluß stellte Stalin die Lieferungen an Deutschland zum 1. April 1940 bis auf weiteres ein. Als Rechtfertigung diente ihm der Stand des gemeinsamen Verrechnungskontos, das zu diesem Zeitpunkt deutsche Lieferungen im Wert von lediglich 5,5 Mio RM auswies.

Zweifellos war das ein Vorwand; denn die Lieferung von Industrieprodukten erfordert eine größere Vorlaufzeit als jene von Rohstoffen und Nahrungsmitteln. So waren Deutschland im Abkommen vom 11. Februar 1940 längere Fristen eingeräumt worden, als sie für die sowjetischen Lieferungen galten. Das geringe sowjetische Liefervolumen und der zum 1. April 1940 verfügte Lieferstopp waren vielmehr politisch bedingt. Stalin wollte die wegen des Überfalls auf Finnland gegen die UdSSR aufgebrachten Westmächte durch umfangreiche Rohstofflieferungen an Deutschland nicht zusätzlich reizen. Zudem sah er wenig Veranlassung, ein Deutschland zu stärken, das sich militärisch noch nicht auf den Angriff im Westen festgelegt zu haben schien und sich womöglich der Hoffnung hingab, einen Ausgleich mit den wenig kampfesfreudigen Westmächten erreichen zu können. Die Reise des amerikanischen Unterstaatssekretärs Sumner Welles im Frühjahr 1940 durch die europäischen Hauptstädte sah ganz nach einer Friedensmission aus, die in Moskau die alten Ängste vor einem Arrangement der kapitalistischen Mächte wachgerufen haben wird.[7]

Wie eng Stalin Wirtschaft und Politik im deutsch-sowjetischen Verhältnis aufeinander bezog, kann man am weiteren sowjetischen Lieferverhalten ablesen. Als der deutsche Botschafter in Moskau, Graf von der Schulenburg, Molotow am 9. April 1940 die Mitteilung über den deutschen Angriff auf Norwegen und Dänemark machte, hob Moskau den Lieferstopp sofort wieder auf. Parallel zum Westfeldzug intensivierte sich der Warenaustausch rasch. Die Deutschen lieferten, weil sie zunächst von einem langen Krieg ausgingen und daher glaubten, auf die sowjetischen Gegenlieferungen angewiesen zu sein. Ihr Lieferinteresse kühlte sich daher bereits im Juni 1940 merklich ab, als die Niederlage Frankreichs feststand. Die Sowjets lieferten zunächst in erhöhtem Maße, um Deutschland im Krieg mit den Westmächten zu halten und es vor einem raschen Zusammenbruch zu bewahren, lieferten dann aber – im Unterschied zur deutschen Seite – noch bis zum August 1940 auf hohem Niveau weiter, um das siegreiche Deutschland ökonomisch wenigstens so lange zu beschwichtigen, bis die eigene Interessensphäre gesichert und die baltischen Staaten Sowjetrepubliken geworden waren. Die deutsche Clearingverschuldung gegenüber der UdSSR stieg daher vom April bis September/Oktober 1940 steil an und ging danach erst allmählich zurück.[8]

Die Bedeutung der sowjetischen Lieferungen für die Waffenerfolge der deutschen Wehrmacht blieb denkbar gering. Für den Polenfeldzug wurden sie gar nicht mehr wirksam, und in der Vorbereitungsphase auf den Westfeldzug waren sie allenfalls ein Tropfen auf den heißen Stein. Infolge der Schnelligkeit, mit welcher der Westfeldzug zu Ende ging, wirkte sich der im April und Mai 1940 einsetzende Lieferschub kaum noch auf die Ereignisse aus, vielmehr füllte er die deutschen Lager in einem Moment des Überflusses. Als um so unangemessener empfand man in Berlin die von Stalin betriebene Funktionalisierung der Wirtschaftsbeziehungen zu politischen Zwecken. Offenbar war auf Moskau kein Verlaß. Vielmehr verfolgte man dort eine sehr eng auf die jeweiligen Eigeninteressen bezogene Politik, der es an jeder großzügigen Perspektive mangelte und die von Mißtrauen gegenüber Deutschland geprägt war. So berechtigt das einerseits sein mochte, zumal sich die deutsche Seite nicht erkennbar anders verhielt, als so kurzsichtig erwies es sich andererseits nach den spektakulären militärischen Erfolgen Deutschlands. Zwangsläufig mußte sich in Berlin der Eindruck einstellen, daß die UdSSR den allerdings gescheiterten Versuch gemacht hatte, aus Deutschlands schwieriger Situation im Winter 1939/40 Kapital zu schlagen, und daß Deutschland erfolgreich und stark sein müsse, um in Moskau zuvorkommend behandelt zu werden.

Dieser Eindruck verstärkte sich durch die Art der Lieferungswünsche der Sowjets. Sie zeigten ein einseitiges Interesse an moderner Militärtechnologie, an den neuesten Anlagen zur Rohstoffverarbeitung und an Werkzeugmaschinen. Dieses Interesse stieg ganz erheblich, als die USA und Großbritannien nach dem Angriff der UdSSR auf Finnland derartige Lieferungen an Moskau einstellten. Die sowjetischen Forderungen nach moderner Technologie irritierten die deutsche Seite, zumal die sowjetische Seite darauf bestand, eine Expertendelegation nach Deutschland zu entsenden, die sich von Ende Oktober bis Mitte Dezember 1939 Industrieanlagen im Bereich der chemischen Industrie und der Rohstoffverarbeitung ansah und sich Waffen vorführen ließ.

Die sowjetische Forderung, auch moderne Waffen zu sehen, war als so brisant eingestuft worden, daß Hitlers Einverständnis eingeholt worden war. Er entschied am 29. Oktober 1939, den Sowjets dürfe »Einblick in frontreifes, bei der Truppe eingeführtes Material« gewährt werden, jedoch nicht in Material, das sich noch im Experimentierstadium befinde, oder in geheime Neuentwicklungen. Bei der Wehrmacht und noch mehr in der Industrie wurden die sowjetischen Besichtigungswünsche schlicht als Spionage eingestuft und riefen erheblichen Unmut hervor. Als die Sowjets versuchten, ihre Lieferungswünsche in den Verhandlungen durchzusetzen, mußte erneut Hitlers Einverständnis eingeholt werden. Es wurde am 13. Januar 1940 erteilt.[9] Um den Schaden zu begrenzen, befahl Hitler, die Lieferung von technologisch besonders interessanten Projekten möglichst lange hinauszuschieben, in der Hoffnung, »bei günstiger Entwicklung der Kriegslage ganz darum herumzukommen«.[10] Die Liste der von April bis August 1940 an die Sowjetunion gelieferten Militärtechnologie zeigt, daß das nicht oder nur in sehr begrenztem Umfang gelang.[11] Insgesamt wurde im Jahre 1940 Kriegsgerät im Wert von 41 Mio RM an die UdSSR geliefert, davon entfielen 27 Mio RM allein auf die Monate April und Mai. Gewiß würde es einige Zeit dauern, bis die Sowjets diese Technologie umsetzen konnten, aber auf die Dauer ließ sich eine ganz erhebliche Modernisierungswirkung infolge dieser Lieferungen nicht vermeiden.

Im Februar 1945 hat Hitler Bormann gegenüber geäußert, er habe den »Entschluß« zum Angriff auf die UdSSR »am Jahrestag der Unterzeichnung des Moskauer Paktes« gefaßt, am 23. August 1940 also.[12] Was auch immer daran wahr sein mag – vermutlich ist die Behauptung Hitlers Neigung geschuldet, wichtige Entscheidungen rückblickend symbolträchtig zu datieren –, richtig ist, daß die deutsch-sowjetischen Beziehungen sich Ende August 1940 erheblich abkühlten. Am Anfang des Monats waren Estland, Lettland und Litauen auch formell Sowjetrepubliken geworden, und Stalin hatte bis auf Finnland alle in den Geheimabsprachen bezeichneten Gebiete nicht nur in die sowjetische Interessensphäre einbezogen, sondern auch gleich annektiert. Nachdem das erreicht war, gingen die sowjetischen Lieferungen an Deutschland merklich zurück. Hitler seinerseits sah keinen Grund, die deutschen Waffenexporte in die UdSSR fortzusetzen, sie schrumpften im August auf einen Wert von 600000 RM, gegenüber

23,7 Mio RM allein im Monat Mai; denn Rohstoffe hatte er zunächst einmal genug, und ein weiteres Vordringen der UdSSR nach Europa schien Deutschland – ganz unabhängig von den Verträgen – angesichts der militärischen Lage nicht hinnehmen zu müssen.

Die deutsche Außenpolitik entledigte sich daher der Fesseln, die der »Pakt« mit den Sowjets Berlin an sich auferlegt hätte. Am 30. August 1940 regelten Italien und Deutschland im »Zweiten Wiener Schiedsspruch« die Grenzen Ungarns und Rumäniens neu. Rumänien, das gerade genötigt worden war, Bessarabien an die UdSSR abzutreten, wobei Hitler Stalin noch sekundiert hatte, wurde nun durch die Achsenmächte gezwungen, Siebenbürgen an Ungarn abzutreten. Stalin wurde mit keinem Wort vorher in Kenntnis gesetzt oder gar konsultiert. Mit dem Schiedsspruch verknüpfte Hitler eine Garantie der Grenzen Rumäniens und stellte der Regierung Antonescu die Entsendung deutscher Soldaten in Aussicht. Nach Lage der Dinge konnten sich diese Maßnahmen nur gegen die UdSSR richten, denn sonst bedrohte niemand Rumänien.[13]

Mochte man in bezug auf Rumänien vielleicht noch unsicher sein können, welcher Interessensphäre es zugehörte, der sowjetischen, der deutschen oder der italienischen, konnten solche Zweifel in bezug auf Finnland nicht aufkommen. Als sich Mitte Juli 1940 in Berlin der Eindruck verstärkte, daß die Sowjetunion ihren Druck auf Finnland wieder erhöhte und das Land in ähnlicher Weise zu inkorporieren suchte wie die baltischen Staaten, aktivierte Hitler die deutsche Finnlandpolitik. Anfang August 1940 erlaubte er die Wiederaufnahme der Waffenlieferungen an Finnland, die seit dem sowjetisch-finnischen Winterkrieg unterbrochen worden waren. Ähnlich wie Rumänien hatten die Wehrmachtsführung und Hitler auch Finnland die Rolle eines Bundesgenossen in einem Krieg gegen die UdSSR zugedacht, wobei man auf den Willen Rumäniens und Finnlands zur Rückgewinnung ihrer an die UdSSR verlorenen Gebiete spekulierte.[14] Aber zunächst ging es um Naheliegenderes, um die Sicherung der deutschen Interessen an den Nickel-Erzvorkommen in Petsamo (Nordfinnland). Um sie im Falle eines sowjetischen Vorstoßes nach Finnland rasch besetzen zu können, befahl Hitler Mitte August 1940, Truppen in Nordnorwegen zusammenzuziehen.

Die Sicherung der deutschen Rohstoffinteressen korrespondierte mit der Absicht, von nun an zu verhindern, daß die UdSSR in Osteuropa Verhältnisse schuf, die einen späteren »Angriff Deutschlands auf Rußland« erschweren konnten. Falls die UdSSR Finnland angreife, meinte Hitler daher Mitte August, werde er »zum Eingreifen gezwungen« sein.[15] Mitte August begannen auch finnisch-deutsche Verhandlungen, die am 12. September 1940 zur Unterzeichnung eines deutsch-finnischen Transitabkommens führten. Es erlaubte den Transport deutscher Truppen über finnisches Gebiet nach Norwegen und ihre Stationierung entlang der Transitstrecke.

Stalin verstand die deutsche Politik als einen Versuch, die Grundlagen der bisherigen deutsch-sowjetischen Zusammenarbeit in Frage zu stellen. Er griff daher auf dasselbe Repertoire zurück, dem er bereits im Sommer 1939 den Erfolg verdankt hatte: Er nahm Verhandlungen mit Großbritannien auf. Am 21. September 1940 signalisierten die Sowjets den Briten ihr Interesse an Wirtschaftsverhandlungen, und Mitte Oktober deuteten sie sogar an, daß im Rahmen eines britisch-sowjetischen Kompensationsabkommens auch die Lieferung von Maschinengewehren, Gewehren und Munition an Großbritannien möglich sei. Doch als die Briten auf das Angebot eingingen und den Sowjets sogar eine britische Anerkennung der »De-facto-Herrschaft« über die 1940 von Moskau annektierten Gebiete anboten, winkte die sowjetische Seite ab.[16]

Inzwischen – am 17. Oktober 1940 – war in Moskau ein Brief Ribbentrops eingetroffen: Die UdSSR, Italien, Japan und Deutschland sollten »ihre Politik auf längste Sicht« ordnen und »durch Abgrenzung ihrer Interessen nach säkularen Maßstäben die zukünftige Entwicklung ihrer Völker in die richtige Bahn« lenken. Um darüber zu verhandeln, wurde Molotow nach Berlin eingeladen.[17] Offenbar stimmte diese Einladung mit sowjetischen Erwartungen überein. Stalin war bewußt, daß sich die bisherigen Absprachen durch ihre weitgehende Realisierung verbraucht hatten und daher Regelungsbedarf bestand. Zudem war Moskau verständlicherweise bestrebt, nähere Auskünfte über das am 27. September zwischen Japan, Italien und Deutschland abgeschlossene Dreimächteabkommen sowie über die deutsche Finnland- und Rumänienpolitik zu erhalten. Insgesamt läßt seine Politik keinen Zweifel daran, daß er erneut auf die deutsche Karte setzte. Deutschland brauche, so kalkulierte Stalin, die Wirtschaftshilfe der UdSSR, solange es sich mit Großbritannien im Krieg befinde, und daher sei für die UdSSR nach bewährtem Muster eine neue, großzügigere Festlegung des sowjetischen Interessengebiets zu erreichen.

Bei den Gesprächen zwischen Molotow, Ribbentrop und Hitler, die vom 12. bis 14. November 1940 in Berlin stattfanden, trafen zwei sehr unterschiedliche Positionen aufeinander.[18] Die sowjetische Seite versuchte, Hitler in bezug auf Finnland zur strikten Rückkehr zu den bisherigen Geheimabsprachen zu bewegen, und verlangte den Abzug der deutschen Truppen aus Finnland. Der Balkan sollte grundsätzlich für sowjetische Interessen geöffnet, die deutsche Garantie für Rumänien zurückgenommen, und Bulgarien wie die Dardanellen sollten explizit in die sowjetische Interessensphäre einbezogen werden. Diesem Minimalprogramm stellte Molotow ein Maximalprogramm an die Seite, das er nur vage akzentuierte, das aber deutlich machte, daß die Sowjetunion langfristig beabsichtigte, tief in die deutsch-italienische Interessensphäre in Europa einzudringen.

Hitler dagegen war weder bereit, in bezug auf Finnland oder Rumänien Konzessionen zu machen, noch einer Ausdehnung der sowjetischen Interessensphäre auf den Balkan zuzustimmen. Immerhin versuchte er, Molotow klarzumachen, daß die Anwesenheit deutscher Truppen in Finnland und Rumänien den Kriegsumständen zuzuschreiben sei, aber nicht bedeute, daß Deutschland langfristig an diesen Gebieten Interesse habe. Um den Sowjets etwas zu bieten, schlug er ihnen eine Expansion nach Süden, an den Persischen Golf und nach Indien, vor, was sie unweigerlich in einen Krieg mit Großbritannien verwickelt hätte.

Beide Kontrahenten mißtrauten einander und suchten nach möglichst günstigen Ausgangspositionen für den militärischen Konflikt zwischen Kommunismus und Nationalsozialismus, den beide, Stalin wie Hitler, letztlich für unvermeidbar hielten. Vorerst wollte Stalin einen Konflikt mit Deutschland aber nicht; denn am 26. November 1940 ging ein sowjetisches Schreiben in Berlin ein, das eine vorsichtige Bereitschaft der UdSSR erkennen ließ, auf die deutschen Vorschläge einzugehen und dem Dreimächtepakt beizutreten. Allerdings blieb die sowjetische Seite bei ihrer Forderung eines sofortigen Rückzugs deutscher Truppen aus Finnland und wollte ihr Interesse an Bulgarien durch einen sowjetisch-bulgarischen Vertrag gesichert wissen. Mit dem Wunsch nach einem sowjetischen Stützpunkt an den Dardanellen blieb auch die Forderung im Spiel, die Durchfahrt durch den Bosporus zu kontrollieren.[19]

Die deutsche Seite ist auf diesen Vorschlag nie zurückgekommen. Er paßte kurzfristig nicht ins Konzept, weil er den deutschen Aufmarsch gegen Griechenland, für den Berlin auf die Mithilfe Bulgariens angewiesen war, störte, und langfristig nicht, weil Hitler den Verhandlungen mit der UdSSR von vornherein einen geringen Stellenwert eingeräumt hatte und sich nur bei einem sehr viel günstigeren Verlauf der Gespräche von seiner grundsätzlichen Absicht, die UdSSR noch im Frühjahr 1941 anzugreifen, hätte abbringen lassen. Am 18. Dezember 1940 erging Hitlers Weisung für den »Fall Barbarossa«. »Die deutsche Wehrmacht«, begann sie, »muß darauf vorbereitet sein, auch vor Beendigung des Krieges gegen England Sowjetrußland in einem schnellen Feldzug niederzuwerfen.«[20]

Im Februar 1945 hat sich Hitler, die sichere Niederlage vor Augen, eingestanden, daß die für den Verlauf des Krieges verhängnisvollste Entscheidung der deutsche Angriff auf die UdSSR gewesen sei. Er hatte den Fehler Napoleons wiederholt und suchte der Nachwelt einzureden, daß er »keine andere Wahl« besessen habe, denn Deutschlands »einzige Chance, einen Sieg über Rußland zu erringen«, habe darin bestanden, »seinem Angriff zuvorzukommen«.[21]

Entgegen diesem apologetischen Versuch, den Rußlandfeldzug als Präventivkrieg zu rechtfertigen[22], befürchtete die deutsche Führung Ende 1940, als die Entscheidung für das Unternehmen »Barbarossa« fiel, und in der ersten Hälfte des Jahres 1941, als der Aufmarsch der deutschen Wehrmacht im Osten erfolgte, keinen unmittelbar bevorstehenden Angriff der Roten Armee.[23] Stalin, stellte Hitler am 9. Januar 1941 vor den Spitzen der Wehrmachtsteile fest, »sei ein kluger Kopf; er werde nicht offen gegen Deutschland auftreten«.[24] Die Kampfkraft der Roten Armee hielt Hitler für gering. »Der Russe«, meinte er am 5. Dezember 1940, »ist uns waffenmäßig unterlegen wie der Franzose.« »Der russische Mensch ist minderwertig. Die Armee ist führerlos.« Die Gelegenheit zum Angriff auf die UdSSR sei im kommenden Frühjahr ausgesprochen günstig, denn dann sei die Diskrepanz zwischen dem deutschen und dem sowjetischen Rüstungsniveau besonders groß. »Der Bolschewismus wird wie ein Kartenhaus zusammenbrechen«, notierte

Goebbels am 16. Juni 1941 nach einem Gespräch mit Hitler dessen Erwartungen in sein Tagebuch.[25]

In Hitlers Argument, es gelte, die Gunst der Stunde zu nutzen, schwangen Nebentöne mit, die den Schluß erlauben, daß er das Jahr 1941 zugleich auch als die letzte sichere Gelegenheit ansah, die UdSSR zu schlagen. Er machte sich Ende 1940/Anfang 1941 durchaus Sorgen, wenn er an die Zukunft dachte, auch wenn sie anderer Art waren, als er im Februar 1945 behauptet hat. Wie würde sich die Lage Deutschlands und Italiens entwickeln, wenn Großbritannien den Krieg weiterhin nicht verloren gab und wenn die USA offen auf seine Seite traten? Die Anzeichen dafür mehrten sich Ende 1940/Anfang 1941. Offenbar glitten die USA von der »bewaffneten Neutralität« allmählich in den militärischen Konflikt hinüber. Für 1941 verband Hitler damit noch keine großen Befürchtungen, schließlich brauchte der Aufbau umfangreicher moderner Streitkräfte seine Zeit, aber für 1942 sah die Lage womöglich schon ganz anders aus. Wie aber würde sich die UdSSR verhalten, wenn die sich abzeichnende angelsächsische Kriegskoalition Deutschland im Westen eines Tages in Schwierigkeiten brachte? Man müsse »damit rechnen«, meinte Hitler am 9. Januar 1941, daß Stalin »in für Deutschland schwierigen Situationen in wachsendem Maße Schwierigkeiten machen« werde.[26] Und Goebbels notierte wenige Tage vor dem deutschen Angriff auf die UdSSR als Gedankengang Hitlers: »Rußland würde uns angreifen, wenn wir schwach werden, und dann hätten wir den Zweifrontenkrieg, den wir durch diese Präventivaktion verhindern.« Erst wenn die UdSSR geschlagen sei, habe Deutschland »den Rükken frei« und müsse nicht »dauernd 150 Divisionen« an seiner Ostgrenze stehen haben, um die Rote Armee in Schach zu halten. Wenn die UdSSR geschlagen sei, würden zudem die »Menschen frei«, die Deutschland dringend benötige, um seine Kriegswirtschaft zu intensivieren und um sein »Waffen-, U-Boot- und Flugzeugprogramm durchzuführen, so daß uns auch USA nichts mehr anhaben kann«.[27]

Die Entscheidung im Osten mußte 1941 aber nicht nur deshalb gesucht werden, weil Hitler den Rücken möglichst rasch für die endgültige Auseinandersetzung mit den Westmächten frei bekommen wollte und weil nicht mehr sehr viel Zeit zur Verfügung stand, um das Kriegspotential hierfür bereitzustellen, sondern auch weil die UdSSR im Begriff zu sein schien, ihre Armee und ihre Rüstungsindustrie zu modernisieren. Zu einem späteren Zeitpunkt war sie womöglich nicht mehr so leicht zu besiegen, wie Hitler das für 1941 noch erwartete. »Für die Zerschlagung Rußlands«, führte er am 9. Januar 1941 aus, »sei die Zeitfrage besonders wichtig. Die russische Wehrmacht sei zwar ein tönerner Koloß ohne Kopf, ihre künftige Entwicklung aber nicht sicher vorauszusagen.«[28] Hitlers Besorgnisse hatten ihren Grund in den Informationen, die in Berlin über die Reorganisation der Roten Armee einliefen und die seit Mitte des Jahres 1940 ein recht eindeutiges Bild ergaben. Offenbar hatten das Desaster des finnisch-sowjetischen Winterkrieges und die Erfahrungsevaluation der deutschen Blitzfeldzüge im Kreml ein Umdenken eingeleitet. Im Januar 1940 hatte man die Generalsränge in der Roten Armee wieder eingeführt und damit begonnen, die Kommandostrukturen zu straffen. Seit August 1940 war die Ausbildung stärker an kriegsmäßigen Bedingungen orientiert worden, und am 12. Oktober 1940 wurde eine neue Disziplinarordnung eingeführt.

Eine Denkschrift der Abteilung »Fremde Heere Ost« über die *Kriegswehrmacht der Union der Sozialistischen Sowjetrepubliken* vom 15. Januar 1941[29] attestierte der UdSSR ein beträchtliches militärisches Potential. Ihre Rüstungsindustrie sei durchaus modern und in der Lage, brauchbares Kriegsgerät herzustellen, selbst wenn ein gewisser Mangel an Facharbeitern und Werkzeugmaschinen zu bemerken sei, der auf mittlere Sicht zu Versorgungsengpässen führen werde. Auch die Verlagerung des Rüstungsschwerpunktes in die Gebiete östlich des Urals, mit der Ende der zwanziger/Anfang der dreißiger Jahre begonnen worden war, wurde registriert. Die Stärke der Roten Armee erblickte die Abteilung »Fremde Heere Ost« in der Masse und Zahl der Waffen sowie in der Anspruchslosigkeit, Härte und Tapferkeit der Soldaten. Als entscheidendes Handicap der Sowjets sah man den schlechten Ausbildungsstand des Offizierskorps an, der als Folge der massiven personellen Säuberungen seit 1936 eingetreten war und den man durch die eingeleiteten Ausbildungsreformen nicht so schnell werde beseitigen können. Zu weiträumigen koordinierten Operationen sei daher das Kernstück der Roten Armee – die Panzerwaffe – nicht in der Lage. Auch habe die Einführung moderner Panzer gerade erst begonnen, während die Masse der Fahrzeuge veraltet sei. Im Angriff werde, so das Fazit, die Rote Armee daher relativ schwach sein, ihre Stärke liege in der Verteidigung.

Aus der Perspektive der deutschen Führung gab es auch für den Rußlandfeldzug ein strategisches Fenster, das 1941 noch weit geöffnet schien, sich danach aber rasch schließen würde. Alles sprach dafür, daß die Entscheidung nicht mehr hinausgeschoben werden konnte; denn – daran ließ Hitler keinen Zweifel – prinzipiell vermeidbar war der Angriff nicht, Rußland mußte im Laufe des Krieges »so oder so« »zerschlagen« werden. Wenn man wartete, erhöhte man nur das Risiko, in eine Katastrophe hineinzugeraten.

In der deutschen Führung gab es auch Stimmen, die vor dem Feldzug gegen die UdSSR warnten und die Fortsetzung und den weiteren Ausbau der wirtschaftlichen Zusammenarbeit befürworteten. Zu ihnen gehörten der deutsche Botschafter Friedrich Werner Graf von der Schulenburg und all jene, die im Auswärtigen Amt an der Pakt-Politik mitgewirkt hatten. Der Staatssekretär im Auswärtigen Amt von Weizsäcker versuchte seinem Minister, der sich gegen die eigene Überzeugung von Hitler hatte umdrehen lassen, den Gedanken nahezubringen, daß der Rußlandfeldzug den Krieg mit England verlängern und nicht abkürzen werde.[30] Gelegentlich kamen auch der militärischen Führung Zweifel. So beschlich Halder Ende Januar 1941 Angst vor der eigenen Courage. In sein Tagebuch notierte er: »Barbarossa: Sinn nicht klar. Den Engländer treffen wir nicht. Unsere Wirtschaftsbasis wird nicht wesentlich besser. Risiko im Westen darf nicht unterschätzt werden.«[31] Entscheidend war jedoch, daß die deutschen Militärs an der Möglichkeit, die Rote Armee 1941 vernichtend zu schlagen, einen Zweifel nicht aufkommen ließen und sich bei diesem Urteil in Übereinstimmung mit allen Militärfachleuten der Welt befanden.[32] Wenn man Hitlers Entschluß, die UdSSR 1941 anzugreifen, bedenkt, muß man das mitreflektieren. Warum sollte er auf eine Beute verzichten, die doch nach übereinstimmendem Urteil so leicht zu haben war? Hatte er nicht schon erheblich größere Risiken in Kauf genommen als dieses? Dennoch war er sich – vielleicht mehr als seine militärischen Berater – des großen Risikos bewußt. Kurz vor dem Angriff meinte er, er stehe »vor einer geschlossenen Tür«, was ihn erwarte, wenn er sie aufstoße, wisse er nicht. »Wenn es schiefgeht, ist sowieso alles verloren.«[33] Die Widerstandskraft der Roten Armee, das sollte man nicht vergessen, gehörte zu den größten Überraschungen des Zweiten Weltkrieges.

Stalin hat den Wandel, der sich in der Haltung Hitlers der

UdSSR gegenüber am Ende des Jahres 1940 vollzog, zunächst offenbar nicht bemerkt und dann, als der deutsche Aufmarsch im Osten nicht mehr zu übersehen war, nicht wahrhaben wollen. Anders als Hitler, der über Molotows harte Verhandlungsposition auch persönlich außerordentlich verärgert war, nahm man die deutsche Haltung in Moskau gelassener. Man begriff sie offenbar als Versuch Berlins, von der UdSSR wirtschaftliche Zusagen zu erhalten, bevor ein politischer Vertrag ausgehandelt wurde. Jedenfalls zeigte die sowjetische Seite in den Wirtschaftsverhandlungen um die Jahreswende 1940/41, die am 10. Januar 1941 zu einem neuen Abkommen führten, großes Entgegenkommen.[34] Das Abkommen hatte bei einem Volumen von 620 bis 640 Mio RM eine Geltungsdauer von anderthalb Jahren – beginnend mit dem 11. Februar 1941. Wie sehr Moskau den deutschen Wünschen entgegenkam und wie sehr die deutsche Seite die sowjetische zu manipulieren vermochte, kann man daran ersehen, daß die UdSSR für die Zeit vom 11. Februar 1941 bis zum 11. Mai 1942 Lieferungen in Höhe von 115 Mio RM zusagte, deutsche Gegenlieferungen aus dem neuen Abkommen aber für diesen Zeitraum nicht vorgesehen waren. Das Abkommen sah u.a. die Lieferung von 2,5 Mio t Getreide bis zum 11. Mai 1942 vor. Das hätte nach deutschen Schätzungen gereicht, um den Importbedarf bis 1943 einschließlich zu decken. Der deutsche Delegationschef bei den Wirtschaftsverhandlungen, Karl Schnurre, bewertete das Verhandlungsergebnis denn auch sehr positiv. Es sei »das Maximum« dessen erreicht, was von der sowjetischen Wirtschaft »mit Rücksicht auf ihre eigenen Bedürfnisse geleistet werden« könne.[35]

Natürlich hatte dieses ökonomische Entgegenkommen seinen politischen Zweck. Wenige Tage nach der Unterzeichnung des Abkommens ließ Molotow den deutschen Botschafter wissen, nun – nachdem »die wichtigsten wirtschaftlichen Fragen« geklärt seien – sei es »an der Zeit, sich auch den rein politischen Fragen wieder zuzuwenden«.[36] Gleichzeitig meldete Molotow erneut den sowjetischen Anspruch an, in den Balkanfragen, deren militärische Lösung Deutschland gerade vorbereitete, mitzureden. Durch den deutschen Truppenaufmarsch in Rumänien sei die »Sicherheitszone der UdSSR« berührt, sie könne »daher gegenüber den Ereignissen ... nicht teilnahmslos bleiben«. In Berlin verhielt man sich wegen der Vorbereitungen auf den Balkanfeldzug gegenüber der UdSSR sehr diplomatisch, ging aber auf den Wunsch nach politischen Verhandlungen nicht ein. Stalin antwortete mit einer Politik der Nadelstiche, um seine Balkaninteressen ins Spiel zu bringen, die aber lediglich im Falle Jugoslawiens mit dem Abkommen vom 5. April einen kurzlebigen Erfolg verbuchen konnte. Letztlich wurden Stalins Balkaninteressen durch die militärischen Ereignisse im April und Mai 1941 überrollt.

Auf die daraus folgende Verschlechterung der geostrategischen Lage der UdSSR reagierte er mit einer Politik des »Economic Appeasement« einerseits und einer Verstärkung der sowjetischen Truppen in der Nähe der Westgrenzen andererseits, ohne damit Angriffsabsichten zu verbinden. Vielmehr versuchte er, Hitler durch eine möglichst vertragstreue Lieferpraxis die wirtschaftlichen Vorteile einer deutsch-sowjetischen Zusammenarbeit vor Augen zu führen, um ihn in die Lage zu versetzen, in den rohstoffarmen Regionen des Mittelmeers Krieg gegen Großbritannien zu führen und ihn so von der UdSSR abzulenken. Da Hitler seinerseits die deutschen Angriffsabsichten zu tarnen suchte, ließ er die deutschen Lieferungen an die UdSSR im Frühjahr 1941 auf Hochtouren laufen. So erlebten die deutsch-sowjetischen Wirtschaftsbeziehungen vor dem Angriff auf die UdSSR ihren Höhepunkt. Die letzten sowjetischen Getreidezüge überquerten in der Nacht vom 21. auf den 22. Juni 1941 die Grenze nach Westen, vorbei an den deutschen Armeen, die die UdSSR in jener Nacht überfielen.

2. Der Rußlandfeldzug als Weltanschauungs- und Beutekrieg

Als Hitler den Krieg gegen die UdSSR zusammen mit seinen führenden Generälen am 31. Juli 1940 erstmals genauer ins Auge faßte, setzte er diesem Feldzug die »Vernichtung der Lebenskraft Rußlands« zum Ziel. Am 3. März 1941 wurde er dann konkreter: »Dieser kommende Feldzug«, machte er dem Chef des Wehrmachtsführungsstabes Jodl klar, »ist mehr als nur ein Kampf der Waffen; er führt auch zur Auseinandersetzung zweier Weltanschauungen. Um diesen Krieg zu beenden, genügt es bei der Weite des Raumes nicht, die feindliche Wehrmacht zu schlagen.« Die UdSSR müsse vielmehr in ihre Bestandteile zerlegt und die »jüdisch-bolschewistische Intelligenz« »beseitigt« werden.[37]

»Vernichtung« und »Ausrottung« wurden die Leitbegriffe für

Hitlers Verständnis vom »Weltanschauungskrieg«. Das sowjetische System und seine Träger sollten vernichtet und das Land mit Terror überzogen werden. Rücksicht auf die Zivilbevölkerung war nicht zu nehmen, jedenfalls nicht soweit sie in die politische Definition der »jüdisch-bolschewistischen Intelligenz« fiel, die den Unterschied zwischen dem Status des Kombattanten und Nichtkombattanten völlig verwischte. Solche Vorstellungen ließen sich nicht mit den Haager Konventionen vereinbaren. Aber hieran wollte Hitler sich auch gar nicht orientieren. War das Sowjetsystem im Bürgerkrieg, bei der Kollektivierung der Landwirtschaft und in den großen Säuberungen nicht derart terroristisch verfahren, daß Terror gegen die Träger dieses Systems gerechtfertigt schien? Dieser Auffassung waren nicht nur Hitler und die führenden politischen Repräsentanten des NS-Systems, sondern ihr neigten auch viele Offiziere der Wehrmacht zu. Die Meinungsverschiedenheiten zwischen der politischen und der militärischen Führung über die Art und Weise der Kriegführung waren daher bereits in der Vorbereitungsphase des Rußlandfeldzuges geringer als vor und während des Polenfeldzuges.

Die Wehrmachtsführung hatte, auch um Reibungsflächen mit der politischen Führung gar nicht erst entstehen zu lassen, einer Einschränkung der Machtbefugnisse des Oberbefehlhabers des Heeres im russischen Operationsgebiet zugunsten der SS zugestimmt. Der Reichsführer-SS Himmler erhielt bereits am 13. März 1941 im Operationsgebiet des Heeres »Sonderaufgaben«, die sich, wie es hieß, »aus dem endgültig auszutragenden Kampf zweier entgegengesetzter politischer Systeme« ergäben. Er handelte im Rahmen dieser Aufgaben »selbständig und in eigener Verantwortung«. Der Reichsführer-SS sollte Einsatzgruppen bilden, die die »von Stalin eingesetzte Intelligenz« ermorden sollten.[38]

Genaue Instruktionen über die Aufgaben der Einsatzgruppen wurden erst kurz vor Beginn des Feldzuges und offenbar nur mündlich erteilt. Danach unterschied sich die Definition der zu tötenden Personen nicht wesentlich von jener, die dem Einsatz in Polen zugrunde gelegen hatte. Allerdings wurde das Vorgehen gegen die Intelligenz mit deutlich rassistisch-antisemitischen Akzenten versehen. So hatten die Einsatzgruppen Judenpogrome der einheimischen Bevölkerung zu unterstützen oder sogar zu organisieren. Wer Jude war, stand von vornherein im Verdacht, auch Bolschewist zu sein.

Das Heer würde sich zudem, das kündigte sich bereits lange vor dem Feldzugsbeginn an, diesmal nicht aus der »weltanschaulichen« Aufgabe der Einsatzgruppen heraushalten können, wie das im Polenfeldzug im großen und ganzen erfolgreich versucht worden war. So verlangte Hitler am 30. März 1941 von den Generälen, die Wehrmacht möge »von dem Standpunkt des soldatischen Kameradentums abrücken. Der Kommunist ist vorher kein Kamerad und nachher kein Kamerad.« Man müsse den Bolschewismus ein für allemal »ausrotten«, so daß er sich nie wieder erheben könne. »Im Osten«, fügte er abschließend hinzu, »ist Härte mild für die Zukunft.«[39]

Hitlers Forderung wurde entsprochen. Am 14. Mai 1941 übersandte das OKW den Führungsstäben von Heer, Luftwaffe und Marine einen Führerbefehl vom Vortage über »die Ausübung der Kriegsgerichtsbarkeit im Gebiet ›Barbarossa‹ und über besondere Maßnahmen der Truppe«.[40] Wehrmachtsjuristen hatten in eine geschliffene Form gebracht, was Hitler sich unter einem Weltanschauungskrieg vorstellte: »Straftaten feindlicher Zivilpersonen« wurden der Zuständigkeit der Kriegsgerichte und der Standgerichte »bis auf weiteres entzogen«; »Freischärler« sollte die Truppe »im Kampf oder auf der Flucht schonungslos« »erledigen«; »tatverdächtige Elemente« waren sofort, d.h. ohne Kriegs- oder Standgericht, einem Offizier vorzuführen, der über ihre Erschießung zu entscheiden hatte; gegen Ortschaften, aus denen heraus die Wehrmacht »hinterhältig oder heimtückisch angegriffen wurde«, sollten »kollektive Gewaltmaßnahmen« durchgeführt werden, »wenn die Umstände eine rasche Feststellung einzelner Täter« nicht gestatteten. Gegen Soldaten, die sich durch grausames Verhalten gegen »feindliche Zivilpersonen« hervortaten, bestand kein Verfolgungszwang, »auch dann nicht, wenn die Tat zugleich ein militärisches Verbrechen oder Vergehen« war.

Es kann kein Zweifel daran bestehen, daß diese Bestimmungen rechtswidrig waren und der Willkür Tür und Tor öffneten. Dem Oberkommandierenden des Heeres, Walther von Brauchitsch, gingen sie denn auch offenkundig zu weit, und er suchte sie abzuschwächen bzw. einzugrenzen, als er sie am 24. Mai an die Armeeführer weitergab: »Die Richtlinien«, fügte er dem Führerbefehl erläuternd hinzu, »befassen sich mit schweren Fällen der Auflehnung, in denen schärfstes Durchgreifen geboten« sei, »Straftaten geringerer Art« sollten je nach den »Kampfverhältnissen« durch leichtere Strafen, wie Arretieren und Zwangsarbeit, geahndet werden. »Unter allen Umständen« aber bleibe es die Aufgabe aller Vorgesetzten, »willkürliche Ausschreitungen einzelner Heeresangehöriger zu verhindern«. Die Soldaten dürften nicht tun und lassen, was ihnen gut dünke.[41] Es kann füglich bezweifelt werden, daß diese Einschränkung viel Wirkung zeigte, zumal der härtere Tenor sich bald auch in anderen Verfügungen wiederfand. So spiegelten die »Richtlinien für das Verhalten der Truppe in Rußland« vom 4. Juni 1941 die ideologischen Ziele des Nationalsozialismus weit mehr als den an völkerrechtlichen Normen orientierten Vorbehalt der Heeresleitung.[42] In den »Richtlinien für die Behandlung politischer Kommissare« vom 6. Juni 1941, kurz »Kommissarbefehl« genannt, wurde die Abkehr vom Völkerrecht sogar explizit gefordert.

Der »Kommissarbefehl« richtete sich gegen eine Einrichtung aus der Zeit der Revolution und des Bürgerkrieges. Um die damals vorwiegend aus zaristischen Mannschaften und Offizieren bestehende Rote Armee unter der Kontrolle der bolschewistischen Partei zu halten, hatte man den einzelnen Einheiten regimetreue Kommunisten, die sogenannten »Politischen Kommissare«, beigegeben, welche die Offiziere kontrollieren sollten. Eigentlich war diese Einrichtung nach den Säuberungen obsolet geworden, aber Stalin hatte sie nach kurzer Unterbrechung wieder eingeführt, um mit Hilfe der Kommissare eine direkte politische Zugriffsmöglichkeit auf die einzelnen Truppenteile zu haben.

Gegen diese Zivilisten in Uniform richtete sich der Haß der Nationalsozialisten, sie wurden als »Urheber barbarisch asiatischer Kampfmethoden« gebrandmarkt, und da sie sich selbst – so wurde unterstellt – an die Grundsätze der Menschlichkeit und des Völkerrechts nicht hielten, sollte man auch ihnen gegenüber »völkerrechtliche Rücksichtnahme« nicht walten lassen. Sie waren daher, sofern sie »im Kampf oder Widerstand ergriffen« wurden, »grundsätzlich sofort mit der Waffe zu erledigen«. In anderen Fällen sollten sie »sofort« ausgesondert und entweder von der Wehrmacht oder den Einsatzgruppen »überprüft« werden, wobei der damit betraute Offizier sich auf seinen persönlichen Eindruck verlassen sollte und nicht auf die Beweislage. Den Kommissaren wurde daher nicht der Kombattantenstatus eingeräumt, mit allen daraus resultierenden Konsequenzen. Damit lieferte der »Kommissarbefehl« die Grundlage für eine Liquidierungspraxis, in die

die Wehrmacht und die Einsatzgruppen in der Sowjetunion später in hohem Maße verwickelt waren.

Vom Völkerrecht wich man aber auch noch aus anderen Gründen und auf anderen Gebieten ab. Die UdSSR sollte ja nicht nur erobert werden, um den Bolschewismus zu vernichten, sondern auch weil Deutschland Nahrungsmittel und Rohstoffe benötigte. Dem mit den wirtschaftlichen Vorbereitungen auf den »Rußlandfeldzug«[43] beauftragten Chef des Wehrwirtschafts- und Rüstungsamts, General Thomas, stellte sich dabei ein Problem. Ging man davon aus, daß die Besatzungsmacht die völkerrechtliche Verpflichtung hatte, den Bedarf der einheimischen Bevölkerung sicherzustellen, bevor sie sich selbst versorgte, stand sie gegenüber der Lage, welche die kaiserliche Armee 1918 in Rußland vorgefunden hatte, vor einer veränderten Situation. Seitdem hatte die Bevölkerung der Sowjetunion derartig zugenommen, daß nennenswerte Getreideüberschüsse unter den völkerrechtlich vorgeschriebenen Versorgungsbedingungen nicht zu erwarten waren. Thomas schlug daher am 20. Februar 1941 vor, die Kollektivierung der Landwirtschaft in den eroberten Gebieten beizubehalten, da größere Wirtschaftseinheiten leichter zu kontrollieren sind und weniger Nahrungsmittel im inneren Kreislauf verbrauchen als eine Vielzahl kleinerer Bauernhöfe bei vergleichbarer Hektarzahl. Gleichzeitig schlug er eine Reduzierung des Getreideverbrauchs der einheimischen Bevölkerung um 10 % vor, was eine jährliche Getreidebeute von 4 Mio t erbringen werde. Thomas, der solchen Ausbeutungshoffnungen an sich skeptisch gegenüberstand, hatte diese Daten offenbar vom Staatssekretär im Reichsministerium für Ernährung und Landwirtschaft, Herbert Backe, übernommen und mit den Daten gleich auch die zynische nationalsozialistische Ausbeutungsideologie. Bei einer Besprechung über die Grundsätze der wirtschaftlichen Ausbeutung der UdSSR, die Anfang Mai 1941 stattfand, gab Thomas als Richtlinien aus: »1. Der Krieg ist nur weiterzuführen, wenn die gesamte Wehrmacht im 3. Kriegsjahr aus Rußland ernährt wird. 2. Hierbei werden zweifellos zig Millionen Menschen verhungern, wenn von uns das für uns Notwendige aus dem Lande herausgeholt wird.«[44]

Die Wirtschaftsfachleute der Wehrmacht und der zuständigen Ministerien entwickelten eine explizite Hungerstrategie. Die agrarischen Überschußgebiete in Rußland sollten von den Zuschußgebieten abgeschnitten werden, um auf diese Weise genügend Nahrungsmittel für die Wehrmacht bereitstellen und nach Deutschland schaffen zu können. Die großen Städte, wie Leningrad, Moskau, Kiew oder Smolensk, die auf Zufuhr aus dem Süden, vor allem aus der Ukraine, angewiesen waren, sollten zum Hungern verurteilt werden.

Die Menschenverachtung, mit der hier geplant und später Besatzungspolitik betrieben wurde, ist nicht nur der ideologischen Wurzel des nationalsozialistischen Rassismus entsprossen, sondern auch der verbreiteten, ganz unpolitischen Neigung zuzuschreiben, veränderte Realitäten nicht zur Kenntnis zu nehmen oder sich an ihnen vorbeizumogeln und sich in Wunschdenken zu flüchten. An sich legten die Erfahrungen der mißglückten Ausbeutungspolitik am Ende des Ersten Weltkrieges und die Strukturveränderungen, die in der UdSSR in den vorangegangenen zwanzig Jahren eingetreten waren, den Schluß nahe, daß ein Ostfeldzug jedenfalls ökonomisch nicht sinnvoll sein werde. In den Expertisen, die im OKW und OKH erstellt wurden, war das mit Händen zu greifen. Als Ausweg aus dieser Sackgasse bot sich die Aufkündigung der Normen des Völkerrechts in einem Staat an, dessen Führung große Strukturveränderungen in der Sowjetunion ohnehin im Auge hatte und die terroristische Energie, die dazu gehörte, aufzubringen in der Lage war. In dem Moment, in dem die Wehrmachtsführung diesem Konzept zustimmte, machte sie sich jedoch gleichzeitig von den Terrorpraktiken der politischen Führung abhängig. Denn wie anders als durch Terror konnte bei einer solchen Besatzungspolitik die Sicherheit der Truppe garantiert werden?

3. Das Scheitern des »Blitzkrieges« gegen die UdSSR

In den frühen Morgenstunden des 22. Juni 1941 überschritt die deutsche Wehrmacht mit ihren Verbündeten ohne Kriegserklärung die Grenze zwischen der deutschen und der sowjetischen Machtsphäre, und die deutsche Luftwaffe flog massive Angriffe auf Ziele in der Sowjetunion. Der deutsche Botschafter in Moskau, der immer zu den eifrigsten Befürwortern einer engen deutsch-sowjetischen Zusammenarbeit gezählt hatte, bekam die undankbare Aufgabe, dem Volkskommissar für Auswärtige Angelegenheiten, Molotow, den Angriffsbeschluß der deutschen Regierung mitzuteilen, der mit den sowjetischen Truppenkonzentrationen an der Grenze und mit der Unterstellung begründet wurde, die sowjetische Politik habe in letzter Zeit in zunehmendem Maße deutschfeindliche Tendenzen aufgewiesen.[45]

Zum Angriff waren 3 Mio Soldaten oder 75 % des deutschen Feldheeres aufmarschiert, insgesamt 153 Divisionen, davon 19 Panzer- und 15 motorisierte Divisionen. Die verbündeten Staaten Rumänien, Finnland, Ungarn und die Slowakei stellten 600 000 Mann ins Feld. Später kamen auch italienische und spanische Truppen hinzu. Das deutsche Ostheer war mit 3648 Panzern und Sturmgeschützen, 2510 Kriegsflugzeugen und 7146 Geschützen bewaffnet. Die Verbündeten verfügten über etwa 900 Flugzeuge meist älterer Bauart und nur über wenige Panzer und Geschütze. In den westlichen Grenzmilitärbezirken der Sowjetunion befanden sich zum Zeitpunkt des Angriffs etwa 2,9 Mio Soldaten. Den sowjetischen Truppen standen 14 000-15 000 Panzer, 34 000-35 000 Geschütze und 8000-9000 Flugzeuge zur Verfügung, deren Modernitätsgrad unterschiedlich war und sich überwiegend unter dem deutschen Standard befand.

Das Kräfteverhältnis zeigt eine auf den ersten Blick nicht so leicht erkennbare Überlegenheit des Angreifers.[46] Er hatte deutlich mehr Soldaten ins Feld gestellt. Seine Luftwaffe war zahlenmäßig zwar weit unterlegen, qualitativ aber weit überlegen. Die erheblich viel größere Zahl an Panzern, die der Roten Armee zur Verfügung stand, wurde beim Angreifer weniger durch eine qualitative Überlegenheit der Panzerfahrzeuge, die keineswegs generell gegeben war, kompensiert als vielmehr durch deren Zusammenfassung in selbständig operierenden Panzerverbänden. Die hohe Zahl der Panzer- und der motorisierten Divisionen, die durch die Luftwaffe und durch Spezialeinheiten unterstützt wurden, verlieh dem Angriff Schnelligkeit und Durchschlagskraft und machte weiträumige Operationen möglich. Hier liegt einer der Gründe für die anfängliche Überlegenheit des Angreifers. Hinzu kamen das Überraschungsmoment – am ersten Tag des Angriffs wurden z. B. allein 2000 sowjetische Flugzeuge am Boden zerstört –, die bessere Schulung und größere Erfahrung des Offizierskorps sowie der Nimbus der Unbesiegbarkeit der Wehrmacht.

Das größte Handicap der sowjetischen Seite bestand darin, daß die Rote Armee in einer Phase des Übergangs und der Reorganisation angegriffen wurde. Die Überwindung des großen personellen

Aderlasses, den die Säuberungsaktionen im Offizierskorps bedeutet hatten, war durch die Reorganisation des Ausbildungssystems zwar in Angriff genommen worden, aber große Erfolge konnten sich noch nicht eingestellt haben, denn schließlich hatte Stalin in den Jahren 1936 bis 1938 fast 50% des Offizierskorps umbringen oder in Lager einweisen lassen. Das Ausbildungsniveau des sowjetischen Offizierskorps war daher vergleichsweise schlecht, und die oberste Führung bestand zwar aus treuen Kommunisten, aber bis auf wenige Ausnahmen aus militärischen Versagern.

In der Reorganisation befand sich auch die Panzerwaffe. Nach einer Auswertung der Erfolge der deutschen Wehrmacht im Frankreichfeldzug hatte Stalin die erneute Aufstellung mechanisierter Korps angeordnet, die aus zwei Panzerdivisionen und einer motorisierten Division bestanden und über 1000 bis 1200 Panzer verfügten. Noch 1940 wurde mit der Aufstellung von neun mechanisierten Korps begonnen, davon acht in Westrußland. Im Frühjahr 1941 begann man mit der Aufstellung von 21 weiteren mechanisierten Korps. Aus Mangel an ausgebildetem Personal und modernen Fahrzeugen kam die Aufstellung der mechanisierten Korps aber nicht so recht voran. Die Produktion von Panzern des Typs T 34 und KV, die alle damals verfügbaren deutschen Panzer an Leistung übertrafen, war gerade erst angelaufen. 1940 wurden 358 und im ersten Halbjahr 1941 1503 Fahrzeuge dieser Typen produziert. Ihre Einführung bei der Truppe hatte gerade erst begonnen, als der deutsche Angriff erfolgte. In nennenswertem Umfang kamen sie erst in der Schlacht um Moskau zwischen Oktober und Dezember 1941 zum Einsatz.

Probleme rief auch die Vorverlegung der Roten Armee nach Polen, in die baltischen Staaten und nach Bessarabien hervor. In diesen Gebieten konnten in der Kürze der verfügbaren Zeit keine dauerhaften Befestigungsanlagen errichtet werden, und militärische Einrichtungen wie Fliegerhorste, Flak-Stellungen, Depots, Kasernen, Reparaturwerkstätten usw. befanden sich zum Teil noch im Aufbau. Hinzu kamen vielfältige Ein- und Angliederungsprobleme, von denen die Umspannung der Eisenbahnschienen auf die russische Spurbreite nur das markanteste Beispiel darstellt. Vor diesem Hintergrund erwies es sich als verhängnisvoller Fehler, daß die Rote Armee starke Kräfte in Grenznähe aufgestellt hatte. Die frontnahe Aufstellung erfolgte offenbar, weil die russische Infrastruktur für eine schnelle Mobilmachung und den

Herantransport der Truppen nicht leistungsfähig genug war und die Rote Armee seit den zwanziger und dreißiger Jahren eine Angriffsdoktrin besaß. Im Kriegsfalle sollte sie sofort zum Angriff übergehen und den Gegner in seinem eigenen Land schlagen. Die deutsche Führung fühlte sich durch diese Aufstellung denn auch nicht bedroht, sondern hielt sie für eine ihren Absichten entgegenkommende Dummheit der Sowjets. »Die Russen scheinen noch gar nichts zu ahnen«, notierte Goebbels am 14. Juni 1941 in sein Tagebuch. »Jedenfalls marschieren sie so auf, wie wir es uns nur wünschen können: dick massiert, eine leichte Gefangenenbeute.«[47]

Das größte Potential der UdSSR lag in ihrer schier unerschöpflichen Reserve an Menschen und Material, in der Leichtsinnigkeit des Angreifers und in der Größe des von ihm zu überwindenden Raums. In den Reserven war die Rote Armee der Wehrmacht von Anfang an überlegen. Sie verfügte über insgesamt 24000 Panzerkampfwagen, 148600 Geschütze und Granatwerfer sowie über eine Gesamtstärke von 5 Mio Mann, mit einer Mobilisierungsreserve von wenigstens weiteren 9 Mio Soldaten. Die Rüstungsindustrie der UdSSR war sehr leistungsfähig. Sie produzierte im ersten Halbjahr 1941 1800 Panzer, 3950 Kampfflugzeuge und 15600 Geschütze und Granatwerfer. Das entsprach im großen und ganzen den Produktionsziffern der bereits weitgehend auf Rüstungsproduktion umgestellten deutschen Wirtschaft in diesem Zeitraum.[48] Im Falle einer Mobilisierung verfügte die UdSSR daher über die im Vergleich zum Deutschen Reich größeren Produktionsreserven. Die Qualität des im ersten Halbjahr 1941 produzierten sowjetischen Kriegsmaterials war – im Unterschied zu der eher veralteten Ausstattung der Roten Armee – modern und hielt den Vergleich mit der deutschen Produktion sehr wohl aus.

Demgegenüber verfügte die deutsche Seite nicht nur über geringere Reserven, sondern hatte es auch nicht für nötig befunden, alle verfügbaren Kräfte zu mobilisieren und – wie z. B. im Frankreichfeldzug – personelle und materielle Reserven zu bilden. Der »Rußlandfeldzug« wurde vielmehr als »Blitzfeldzug« geplant, wobei man einerseits die Erfahrungen des Frankreichfeldzuges zugrunde legte, die Rote Armee andererseits aber für einen im Vergleich zur französischen Armee leichter zu besiegenden Gegner hielt. Die Waffen- und Geräteausstattung des Ostheeres war von vornherein nur für eine Kampfdauer von drei Monaten ausgelegt, der Munitionsvorrat reichte nur für zwölf Monate, und personelle Reserven standen nicht bereit, vielmehr erreichte die Zahl der unabkömmlich Gestellten zu Beginn des Rußlandfeldzuges die Rekordhöhe von 5 Mio Mann.

Der Rüstungsschwerpunkt war schon lange vor Beginn des Rußlandfeldzuges von den Heereswaffen auf Luft- und Marinerüstung umgestellt worden. Die Umsteuerung wurde mit dem Angriff bereits wirksam. Die Produktion von Heereswaffen erreichte im Juli 1941 ihr Maximum und ging bis Dezember 1941 um 29% zurück. Als der Ostfeldzug begann, wurde in der deutschen Kriegswirtschaft nicht – wie während des Frankreichfeldzuges – ausschließlich für die laufenden Kampfhandlungen produziert, sondern in erheblichem Umfang bereits für die nach dem Ostfeldzug geplanten Operationen gegen Großbritannien. Die Produktion von Kriegsschiffen wurde 1941 gegenüber dem Vorjahr verdoppelt, und man ließ die Produktion von Munition um ein Drittel zurückgehen.[49] Die deutsche Führung ging fest davon aus, daß der Rußlandfeldzug vor dem Einbruch des Winters zu Ende sein werde, mit Winterkleidung wurde das Gros der Verbände daher gar nicht erst ausgestattet.

Rückschläge konnte der Angreifer daher nur nach längerer Anlaufzeit ausgleichen. Es kam für ihn alles darauf an, daß die Rote Armee im ersten Ansturm, d.h. in den ersten drei bis vier Monaten, vernichtend geschlagen und die UdSSR ihrer wichtigsten Ressourcen und Industriegebiete beraubt wurde. In geographische Zielkategorien umgesetzt bedeutete das, die in der deutschen Angriffsplanung vorgesehene A-A-Linie (Archangelsk-Astrachan), die bis zum Wintereinbruch erreicht sein sollte, stellte ein absolutes Minimum dar. Westlich dieser Linie befanden sich die wichtigsten Rüstungszentren, Rohstoffvorkommen und agrarischen Überschußgebiete, vor allem die Fertigungszentren Moskau und Leningrad, das schwerindustrielle Donezbecken, das fruchtbare Schwarzerdegebiet und die kaukasischen Erdölfelder. Zudem konnte die UdSSR mit dem Erreichen dieser Linie von der Zufuhr über den Eismeerhafen Murmansk und über den Iran abgeschnitten werden. Allerdings blieben die neuen Industriereviere am Ural und blieb Sibirien völlig außerhalb dieser Überlegungen. Eine auf die Ressourcen dieser Gebiete beschränkte Sowjetunion hielt man für eine quantité négligeable.

Der Angriff der deutschen Wehrmacht und ihrer Verbündeten

erfolgte in drei Heeresgruppen. Die Heeresgruppe »Nord« unter dem Oberbefehl des Generalfeldmarschalls Wilhelm Ritter von Leeb rollte in raschem Tempo das Baltikum auf und erreichte im September 1941 Leningrad. Die Stadt wurde bis auf einen kleinen Versorgungskorridor, der über den im Winter zugefrorenen Ladogasee verlief, eingeschlossen, konnte aber nicht genommen, eine Verbindung zur finnischen Front mithin nicht hergestellt werden. Auch den in Nordfinnland unter den Generälen Nikolaus von Falkenhorst und Eduard Dietl kämpfenden deutschen Truppen gelang es nicht, ihr Ziel zu erreichen. Murmansk, das Weiße Meer und Archangelsk, das zeichnete sich bereits im September ab, würden völlig außerhalb der Operationsmöglichkeiten der deutsch-finnischen Verbände bleiben. Die Heeresgruppe »Mitte« unter dem Oberbefehl des Generalfeldmarschalls Fedor von Bock stieß nördlich der Pripjetsümpfe über Minsk und Smolensk vor, das bereits am 16. Juli erreicht wurde. In harten Kämpfen gelang es, die Front im August östlich von Smolensk zu stabilisieren. Die Heeresgruppe »Süd« unter dem Oberbefehl des Generalfeldmarschalls Gerd von Rundstedt stieß über Lemberg nach Uman vor, eroberte im August im Zusammenwirken mit der Heeresgruppe »Mitte« Kiew und im Zusammenwirken mit der deutschen 11. Armee und der rumänischen Heeresgruppe Antonescu den Dnjeprbogen. Am 25. August wurde Dnjepropetrowsk erreicht.

Bis Anfang September hatten die angreifenden Truppen in vier großen Kesselschlachten bei Bialystok, Minsk, Uman und Smolensk von der Roten Armee insgesamt 3800 Panzer und nahezu 6000 Geschütze erbeutet und 872000 Gefangene gemacht. Das Gros der sowjetischen Armeen hatte sich dem Zugriff der Angreifer aber entzogen und nach Osten abgesetzt. Bis Ende August 1941 betrugen die Verluste des deutschen Ostheers insgesamt 409998 Verwundete, Gefallene und Vermißte. Das war weit mehr, als den Armeen an Ersatzkräften hatte zugeführt werden können. Sie beliefen sich nur auf 232000 Mann.[50]

Seit Mitte Juli waren alte Differenzen in der deutschen Führung über die Frage wieder ausgebrochen, wo der deutsche Angriffsschwerpunkt liegen müsse, in der Mitte mit Stoßrichtung auf Moskau oder auf den Flügeln bei den Heeresgruppen »Nord« und »Süd«. Der Chef des Generalstabes Halder war bereits bei der Vorbereitung des Feldzuges dafür eingetreten, den Hauptstoß des

Heeres gegen Moskau zu führen.[51] Er hoffte, das Gros der Roten Armee, das zur Verteidigung der Hauptstadt antreten werde, dort fassen und vernichten zu können. Mit Moskau wäre den Deutschen zudem die politische Metropole, ein wichtiges Industriezentrum und der bedeutendste Verkehrsknotenpunkt der Sowjetunion in die Hände gefallen, dessen Verlust die sowjetische Front in zwei getrennte Operationsräume gespalten hätte. Halder wollte die hohe Beweglichkeit des deutschen Heeres zu einem schnellen kühnen Vorstoß in der Mitte nutzen und bei Moskau eine große Umfassungs- und Vernichtungsschlacht führen. Er hielt die Gefahren, die dabei von den Flanken drohten, für relativ gering.

Hitler vertrat eine insgesamt vorsichtigere Auffassung und setzte dem ausschließlich operativ argumentierenden Generalstabschef kriegswirtschaftliche Argumente entgegen. Im Norden müsse die baltische Küste möglichst schnell unter deutsche Kontrolle kommen, um die sowjetische Flotte ihrer Stützpunkte zu berauben und sie daran zu hindern, die deutsche Erzzufuhr aus Schweden zu unterbrechen. Im Süden gelte es, die Sowjets so weit zurückzudrängen, daß sie die rumänischen Ölfelder nicht mehr aus der Luft angreifen könnten. Zudem müßten der UdSSR die wirtschaftlich wichtigen Gebiete im Süden weggenommen werden, um ihre Widerstandskraft zu brechen und die deutsche Kriegswirtschaft zu stärken. Auch Hitler wollte in der Mitte schließlich den entscheidenden Schlag führen, aber erst nachdem die Vorstöße auf den Flanken ihre strategischen Ziele erreicht hatten. Für den Fall, daß sich die Rote Armee der Vernichtung durch ein Ausweichen nach Osten zu entziehen vermochte, dachte er daran, die UdSSR von den Flanken her zu erdrücken.

Da die Meinungsunterschiede zwischen Halder und Hitler nicht klar und definitiv entschieden wurden, kam es zu erheblichen Konflikten und Reibungsverlusten in der deutschen Führung. Hitler setzte sich letztlich durch. Er ordnete an, daß die Heeresgruppe »Mitte«, die im August die Ausgangsposition für den Angriff auf Moskau bereits erreicht hatte, östlich von Smolensk angehalten wurde. Sie hatte Kräfte an die Heeresgruppe »Süd« abzugeben und abzuwarten, bis im Norden Leningrad erreicht, im Süden die Ukraine besetzt und die großen Kesselschlachten, vor allem jene, die in der zweiten Septemberhälfte östlich von Kiew tobte, geschlagen waren. Es wurde nicht nur der Schwung des Angriffs in der Mitte nicht genutzt, wie Halder es wollte, sondern die Flankenoperationen wurden auch parallel zum Angriff auf Moskau, der schließlich am 2. Oktober 1941 begann, noch fortgeführt. Im Norden wurde der Ring um Leningrad enger gezogen, und im Süden drangen deutsche Verbände auf die Krim und nach Rostow vor. Bei beiden Heeresgruppen waren die Kräfte für diese Angriffsoperationen zu schwach, so daß durchgreifende Erfolge ausblieben.

Der Angriff der Heeresgruppe »Mitte« auf Moskau, der die zweite und entscheidende Phase des Rußlandfeldzuges einleitete, begann am 2. Oktober mit geschwächten Kräften, und er begann angesichts der fortgeschrittenen Jahreszeit für eine auf den Winterkrieg nicht vorbereitete Armee zu spät. Zu viele Truppen waren im Süden und Norden und mittlerweile auch im Hinterland gebunden; denn am 3. Juli hatte Stalin zum Partisanenkrieg aufgerufen. Angesichts der Terrorwalze der Einsatzgruppen, die den deutschen Truppen folgte, fand dieser Aufruf ein wachsendes Echo. Im Oktober standen bereits deutsche Kräfte im Umfang von sechs Divisionen im Kampf gegen die Partisanen, die in den Pripjetsümpfen eine ideale Operationsbasis fanden.[52]

Dennoch hatten die Verbündeten für die Operation »Taifun«, wie der Angriff auf Moskau genannt wurde, mit 78 Großverbänden und 1,9 Mio Soldaten noch einmal ein bedeutendes Potential mobilisiert. Die Ziffern dürfen aber über die Schwäche dieser Angriffsarmee nicht hinwegtäuschen. Die Ausstattung der Truppen mit Fahrzeugen und Treibstoff war – verglichen mit dem Beginn des Feldzuges – ausgesprochen schlecht. Die Zahl der einsatzbereiten Panzer war insgesamt um etwa 50% geschrumpft, etwa die Hälfte der Divisionen verfügte sogar nur noch über ein Drittel ihrer Panzer. Der Kraftfahrzeugbestand war um 22% zurückgegangen, die Treibstoffvorräte lagen bei 2,5 Verbrauchssätzen. Viele vor allem der schnellen Verbände kamen gerade aus dem Einsatz und gingen ohne die erforderliche Auffrischungspause erneut in den Kampf. Entsprechend schlecht war die körperliche Verfassung der Soldaten.

Vor diesem Hintergrund wirken die verbalen Kraftakte, mit denen Hitler den Angriffsbeginn begleitete, merkwürdig irreal. In einer Proklamation an die Truppen sprach Hitler am 2. Oktober von dem »letzten gewaltigen Hieb, der noch vor Einbruch des Winters diesen Gegner zerschmettern soll«, und im Berliner Sportpalast nahm Hitler einen Tag später den Mund noch voller:

»dieser Gegner« sei »bereits gebrochen« und werde »sich nie mehr erheben«.[53] Die angekündigte Entscheidungsschlacht verlief zunächst für die Angreifer sehr günstig. In zwei großen Umfassungsschlachten bei Wjasma und Brjansk machten sie noch einmal 673 000 Gefangene, womit sich die Ziffer der sowjetischen Kriegsgefangenen auf insgesamt 3 Mio erhöhte, und erbeuteten 1242 Panzer und 5412 Geschütze. Am 14. Oktober erreichten die deutschen Panzerspitzen Twer im Nordwesten und Možajsk im Südwesten Moskaus. Der Beginn der Schlammperiode Mitte Oktober setzte dann aber allen Angriffsoperationen zunächst einmal ein Ende.

Die Atempause, die das Wetter gewährte, hat die sowjetische Seite besser zu nutzen vermocht als die deutsche. Am 10. Oktober wurde mit Georgij Konstantinowitsch Schukow der fähigste Armeegeneral, über den die Sowjets verfügten, zum Oberbefehlshaber der »Westfront« ernannt. Die sowjetische Seite setzte alles auf eine Karte und bereitete sich auf eine Entscheidungsschlacht um Moskau vor. Am 16. Oktober wurde der größte Teil des Partei- und Staatsapparats evakuiert. Stalin selbst blieb in Moskau, verhängte am 19. Oktober den Belagerungszustand über die Stadt und ließ sie unter Heranziehung von Zivilisten und Betriebskampfgruppen zur Verteidigung vorbereiten. Rücksichtslos schwächte man andere Frontteile zugunsten der Front vor Moskau und zog Verstärkungen aus Kaukasien, Mittelasien und dem Fernen Osten heran, darunter sibirische Truppen, die mit dem modernen Panzer T 34 ausgerüstet waren, dem die Wehrmacht nichts Gleichwertiges entgegenzusetzen hatte. Die Verteidigungsschwerpunkte wurden, um die schnelle Bewegung des Angreifers zu stoppen, an den Zugangsstraßen nach Moskau errichtet. Um jede Bewegung der Verteidiger nach hinten zu unterbinden, hatten Schukow und Bulganin bereits am 13. Oktober einen Durchhaltebefehl erlassen: wer seine Stellung räumte, war »auf der Stelle zu erschießen«.[54]

Als die deutschen Truppen am 15. November erneut zum Angriff antraten, gelang es ihnen zwar noch, sich bis auf 30 km von Norden und ca. 50 km von Süden her an Moskau heranzukämpfen, doch dann blieb der Angriff stecken. »Kraft zu Ende« notierte Halder am 5. Dezember 1941 als Äußerung des Oberkommandierenden der Heeresgruppe »Mitte« in sein Tagebuch. Am selben Tag ging die Rote Armee zur Gegenoffensive vor Moskau über.

Hitler reagierte mit Härte auf die veränderte Situation. Um zu verhindern, daß die Front durch überstürzte und außer Kontrolle geratende Rückzugsbewegungen zerbrach, behielt er sich die Entscheidung für jede Frontbegradigung persönlich vor und befahl der Heeresgruppe »Mitte«, »fanatischen Widerstand« zu leisten. Dabei ging es ihm auch darum, daß das deutsche Heer die Ausgangsposition für eine neue Offensive im folgenden Jahr behauptete. Der Oberkommandierende des Heeres, Generalfeldmarschall von Brauchitsch, der dieser Situation nicht gewachsen war, legte am 19. Dezember sein Amt nieder. Hitler übernahm selbst den Oberbefehl über das Heer und sorgte sogleich für ein Revirement im Oberbefehl der Heeresgruppen. Der Entschlossenheit Hitlers ist es ganz wesentlich zuzuschreiben, daß die Front im Winter 1941/42 hielt, auch wenn sich die Zurücknahme einzelner Frontabschnitte nicht vermeiden ließ.

Das Ergebnis dieses Feldzuges kam für den Angreifer gleichwohl einer Katastrophe gleich. Am 21. April 1942 bezifferte der Chef des Generalstabes des Heeres Halder die personellen Verluste des Ostheeres für die Zeit vom 1. November 1941 bis zum 1. April 1942 einschließlich der Verwundeten, Vermißten und Kranken auf 900 000 Mann. In derselben Zeit betrug der personelle Ersatz, der der Ostfront zuging, lediglich 450 000 Mann. Ebenso gravierend waren die materiellen Substanzverluste. Die Masse des 1941 produzierten Rüstungsmaterials war auf den Schlachtfeldern im Osten geblieben. Das Heer war in vielen Bereichen auf den Rüstungsstand des Jahres 1940 und zum Teil sogar auf den Stand vom 1. September 1939 zurückgeworfen worden. Die Produktion von Heereswaffen hatte aufgrund der leichtsinnig befohlenen Umstellung des Rüstungsschwerpunkts im Dezember 1941 einen Tiefstand erreicht, so daß die Verluste im Winter 1941/42 in einigen Bereichen größer waren als die Produktion. Unter diesen Umständen rechnete Halder damit, daß das Ostheer seine alte Beweglichkeit nicht mehr zurückerlangen werde. Vor dem Sommer 1942 könne daher an eine erneute Offensive im Osten nicht gedacht werden, und auch diese werde nur an einem Frontabschnitt und nicht an allen dreien vorgetragen werden können. Ein angriffstüchtiges Heer wie im Juni 1941 werde Deutschland nicht mehr zur Verfügung stehen.[55]

Auch die ökonomische Ausbeutung der eroberten Gebiete erwies sich als Fiasko. Verglichen mit den Lieferzusagen, welche die

UdSSR Deutschland im Januar 1941 gemacht hatte, erreichte die Beute bis zum Frühjahr 1942 bei Getreide 54 %, bei Manganerz 41 %, bei Chromerz 16 % und bei Phosphaten 0,3 %. Bei Mineralöl wurde Gleichstand erreicht und bei Fett, Fleisch, Häuten und Fellen ein erhebliches Plus erzielt, das auf das Abschlachten von Beutetieren zurückzuführen war und sich nicht wiederholen ließ. Beim Ausbau der Rohstofförderung, die ihre Zeit brauchte, konnten nennenswerte Erfolge bis zum Frühjahr 1942 nur bei Öl und Ölschiefer erzielt werden. Bemerkenswert war, daß diese Ausbeutungsergebnisse kaum über jenen lagen, welche die kaiserliche Armee 1917/18 in Rußland erzielt hatte, obgleich damals die durch das Völkerrecht gebotene Rücksicht genommen worden war. »Die Hunger- und Vernichtungsstrategie der Nationalsozialisten zahlte sich also wirtschaftlich nicht aus.«[56]

Entscheidend für den Verlauf des gesamten Krieges wurde es, daß es der deutschen Wehrmacht weder gelungen war, die Rote Armee vernichtend zu schlagen, noch das Wirtschaftspotential der UdSSR entscheidend zu treffen. Zwar waren die ökonomischen Verluste der UdSSR erheblich: So ging die Gesamtindustrieproduktion 1942 gegenüber 1940 um 23 % zurück, die landwirtschaftliche Bruttoproduktion gar um 62 %, die Kohleförderung um 57 %, die Ölförderung um 39 % und die Produktion im Eisen- und Hüttenwesen um 38 %, gleichwohl konnte die Rüstungsindustrie ihren Produktionsausstoß von 1940 auf 1942 insgesamt um 86 % steigern. Selbst ein Rüstungsvergleich zwischen Deutschland und der UdSSR für das gesamte Jahr 1941 fällt trotz des deutschen Angriffs positiv für die sowjetische Seite aus. So produzierte die UdSSR 1941 6540 Panzerfahrzeuge und 11950 fronttaugliche Flugzeuge, Deutschland dagegen nur 5200 Panzerfahrzeuge und 9540 fronttaugliche Flugzeuge. 1942 veränderte sich die Relation drastisch zuungunsten Deutschlands, bei fronttauglichen Flugzeugen betrug sie 25436 zu 12950 und bei Panzerfahrzeugen 24446 zu 9300.[57]

Erreicht wurde diese Leistungssteigerung in der sowjetischen Rüstungsindustrie durch die Verlagerung von ca. 1500 Rüstungsbetrieben vom Westen in den Osten des Landes während des deutschen Angriffs im Jahre 1941, durch die Umstellung ziviler Bereiche auf die Rüstungsproduktion, durch den Neubau von Rüstungsbetrieben und durch die Steigerung der Produktion in den östlichen Landesteilen.[58] Die Rechnung der deutschen Führung war nicht aufgegangen. Sie hatte ihr ebenso leichtfertiges wie gewagtes Spiel verloren und damit den gesamten Krieg. Für Fachleute war das sofort erkennbar. Der Chef der Heeresrüstung und Befehlshaber des Ersatzheeres, Friedrich Fromm, betrachtete die Lage bereits im November 1941 als so aussichtslos, daß er einen Friedensschluß für ratsam hielt. Auch der Minister für Bewaffnung und Munition, Fritz Todt, kam schon Ende November 1941 zu demselben Ergebnis und forderte Hitler zum Friedensschluß mit der Sowjetunion auf.[59]

Es spricht viel dafür, daß sich auch Hitler dieser Erkenntnis im Dezember 1941 nicht mehr verschloß. Alternativen zu seiner bisherigen Politik hat er aber offenbar nicht erwogen, ja, er war nicht einmal zur Korrektur des Vernichtungskonzepts bereit, mit dem er gegen die UdSSR angetreten war.

XIII. Imperialismus, Rassismus und Vernichtung

Rassismus und Imperialismus waren in der nationalsozialistischen Vorstellungswelt von jeher eng aufeinander bezogen. Die Eroberung von »Lebensraum« sollte der Erweiterung der Lebensmöglichkeiten des deutschen Volkes dienen. Das Modell, das dabei vor Augen stand, hatten die großen Siedlerkolonien der Briten geliefert. Im neuen Lebensraum sollte der deutsche Bevölkerungsüberschuß angesiedelt, die einheimische Bevölkerung verdrängt und auf das Niveau einer Sklavenschicht gedrückt werden. Mit dem Lebensraumziel wurde die Utopie der Reinerhaltung der Rasse verbunden; es sollte nicht nur durch Raumerwerb und Ansiedlung sozialer Druck aus der Gesellschaft genommen, sondern gleichzeitig auch der Degeneration begegnet werden, die von einer Vermischung mit vorgeblich »schlechterem« Erbgut erwartet wurde. Die neue »Herrenrasse« sollte zugleich eine Kriegerrasse sein; denn der »Lebensraum« mußte ja gewaltsam erobert und behauptet werden. Damit wurde die Rassenhygiene zur Voraussetzung kriegerischer Expansivkraft gemacht; denn – das wurde als selbstverständlich angesehen – der vorgeblich »Rassereine« sei dem »Mischling« und »blutsmäßig Degenerierten« an Kampfgeist überlegen.

Den neuen Menschen – den »arischen Krieger« – zu schaffen war aus nationalsozialistischer Perspektive ebenso wichtig, wie den Lebensraumkrieg vorzubereiten. »Die größte Revolution«, meinte Hitler im September 1937 auf dem Reichsparteitag der NSDAP, habe Deutschland durch die »zum erstenmal planmäßig in Angriff genommene Volks- und damit Rassenhygiene« erlebt. »Die Folgen dieser deutschen Rassenpolitik werden entscheidendere sein für die Zukunft unseres Volkes als die Auswirkungen aller anderen Gesetze. Denn sie schaffen den neuen Menschen. Sie werden unser Volk davor bewahren, wie so viele geschichtliche traurige Vorbilder anderer Rassen an der Unkenntnis einer einzigen Frage das irdische Dasein für immer zu verlieren.«[1] Hitler dachte dabei vor allem an die Ausgrenzung der Juden und aller zu »Gesellschaftsfremden« gestempelten Menschen. Die »Judenfrage« spielte aber nicht nur in der Rassenhygiene eine entscheidende Rolle, sondern sie war aus Hitlers Perspektive auch eine Frage der inneren Sicherheit, zumal in Kriegszeiten; denn in dem Bild, das er sich vom Ersten Weltkrieg gemacht hatte, waren die Juden die Hauptschuldigen an der Niederlage Deutschlands und an der Revolution von 1918.

Im Unterschied zu »kolonialen Räumen« war Osteuropa nicht, wie Hitler gelegentlich anzunehmen schien, dünn besiedelt. Gemessen an der überwiegend agrarischen Struktur Polens und der russischen Westgebiete war Osteuropa eher überbevölkert, und ein wesentlicher Teil dieser Bevölkerung waren Juden. Das waren schlechte Voraussetzungen für das ideologische Experiment nationalsozialistischer Lebensraumeroberung. Ideologie und Wirklichkeit klafften weit auseinander. Den »Ideologen« stellten sich viele Fragen, auf die sie nur eine Antwort finden konnten, wenn sie entweder ihre Ideologie an die Wirklichkeit oder die Wirklichkeit an die Ideologie anpaßten: Wie wollte Deutschland, abgeschnürt von der Zufuhr aus Übersee, die Bevölkerung Europas ernähren und dann auch noch Siedlungsraum für eine »Bodengermanisierung« freimachen? Wie sollte den Degenerationsängsten begegnet werden, wenn der Krieg seine kontraselektorische Kraft entfaltete und Hunderttausende der vermeintlich »Besten« an der Front fielen? Wie war die Sicherheit der deutschen Herrschaft in Osteuropa angesichts einer ostjüdischen Bevölkerung von 8 Mio zu gewährleisten, wenn man davon ausging, daß Juden eo ipso eine Gefährdung für die innere Sicherheit in Kriegszeiten darstellen? Und wie sollte der Rassenvermischung in Räumen gesteuert werden, in denen nur verschwindend wenig »deutsche Siedler« einer Mehrheit indigener Bevölkerungen gegenüberstanden?

Lösungsmöglichkeiten für dieses Grunddilemma nationalsozialistischer Expansionspolitik waren in manchen Bereichen der Bevölkerungswissenschaft und der Ostforschung bereits erörtert worden[2], als die Nationalsozialisten mit ihm in der Praxis konfrontiert wurden. Die »einfachste« Lösung stellte offenbar die Verringerung der indigenen Bevölkerungen dar.

1. Ostexpansion und territoriale »Lösung der Judenfrage«

Mit der Eroberung Polens bekam das »Judenproblem« für die Nationalsozialisten eine neue Dimension. In Polen lebten 1939 mehr Juden als in jedem anderen europäischen Staat mit Ausnahme der UdSSR. Nach einer Schätzung des Statistischen Hauptamtes der polnischen Regierung belief sich die Zahl der »Glaubensjuden« 1939 auf etwa 3,5 Mio. Zwei Drittel oder etwas mehr als 2 Mio davon dürften sich im deutsch-, gut ein Drittel oder etwas mehr als 1 Mio im sowjetisch-besetzten Teil Polens befunden haben. Als die deutschen Armeen 1941 nach Westrußland vordrangen, fielen ihnen im ehemaligen »jüdischen Ansiedlungsrayon« des zaristischen Rußland nach Schätzungen noch einmal etwa 3 Mio Juden in die Hände, zusammen mit jenen im sowjetisch besetzten Ostpolen mehr als 4 Mio.[3]

Es war von vornherein klar, daß es nun nicht mehr möglich sein würde, das von den Nationalsozialisten konstruierte »Judenproblem« auf dem Wege der bisherigen Auswanderungspolitik zu lösen. Da man in Berlin nie auch nur erwog, das Steuer der »Judenpolitik« herumzuwerfen oder eine Stillhaltepolitik einzuleiten, mußten die Lösungsmöglichkeiten, die sich für »die jüdische Frage« nun boten, in hohem Maße vom Verlauf des Krieges und die eingeschlagene antijüdische Politik von den Erwartungen abhängen, welche die deutsche Führung in den Kriegsverlauf setzte. Drei Phasen sind unter diesem Blickwinkel zu unterscheiden.

Die erste Phase reicht vom September 1939 bis zur Kapitulation Frankreichs im Juni 1940. Die Erwartungen über den Verlauf des Krieges schwankten in Berlin zwischen der Hoffnung, der Krieg werde bald zu Ende sein, und der Befürchtung, der Krieg gegen Frankreich werde lange dauern und Deutschland in Mitteleuropa eingesperrt sein. Für eine Vertreibung der Juden aus Deutschland und den ins Reich eingegliederten Gebieten, wie sie bisher unternommen worden war, bot sich nun vor allem jener Teil des deutsch-besetzten Polens an, der nicht in das Reich eingegliedert werden sollte, das Generalgouvernement. Die Terrorwalze der Einsatzgruppen, die der Wehrmacht auf ihrem Vormarsch in Polen folgte, führte zu einer Fluchtbewegung großen Stils nach Kernpolen. Man schätzt, daß etwa 60000 Juden allein aus den westlichen Grenzgebieten Polens vor den Deutschen nach Osten flohen. Darüber hinaus versuchten, als die endgültige Niederlage Polens feststand, Tausende von Juden in den sowjetisch-besetzten Teil des Landes zu fliehen oder wurden von den deutschen Truppen und der SS gewaltsam über die Demarkationslinie getrieben. Man schätzt, daß bis zum Juni 1941 etwa 300000 polnische Juden die deutsch-beherrschten Gebiete verlassen haben.[4] Für diese »Ostwanderung« war der Terror der Einsatzgruppen ebenso eine Voraussetzung wie die antijüdische Politik im Reich für die Emigration der deutschen Juden. Sie hatte aus der Perspektive der Nationalsozialisten darüber hinaus den Vorteil, keine Transferprobleme zu schaffen.

Diese Voraussetzung galt auch für die neben der Vertreibung zweite Art und Weise, die Zahl der Juden zu verringern, die Deportation. Die Deportation zielte in erster Linie auf die Juden in den eingegliederten Gebieten, bezog am Rande aber auch Juden aus dem Reich und dem Protektorat ein. Sie begann im Dezember 1939 und endete, allerdings nur vorübergehend, im April 1940 aufgrund massiver Proteste des Generalgouverneurs Hans Frank. Die Ziffer der in dieser Zeit aus den eingegliederten Gebieten ins Generalgouvernement deportierten Juden wird auf 80000-90000 geschätzt. Dazu kommen noch etwa 6000 Juden aus Wien, Prag, Mährisch-Ostrau und Stettin. Die Einstellung der Deportation führte noch im Frühjahr 1940 zur Ghettoisierung der Juden in den eingegliederten Gebieten. Das größte Ghetto entstand im April 1940 in Lodz. Das Ziel der Deportation war ursprünglich die Vorbereitung einer »territorialen« Lösung des »Judenproblems« gewesen. In dem Gebiet um Lublin sollte ein »Judenreservat« oder, wie Heydrich Ende September 1939 einmal formuliert hat, ein »Reichs-Ghetto« entstehen.[5] Doch diese Idee wurde offenbar bald wieder aufgegeben oder zumindest zurückgestellt. Im Grunde wurden die Juden bis zum Frühjahr 1940 wahllos über das Generalgouvernement verstreut. Deutlich tritt der enge Zusammenhang dieser Deportation mit der Ansiedlung von »Volksdeutschen« in den eingegliederten Gebieten hervor. Polen und Juden sollten den »Volksdeutschen« Platz machen und waren in gleicher Weise von den Vertreibungsmaßnahmen betroffen, auch wenn die Gelegenheit unverkennbar genutzt werden sollte, möglichst alle Juden aus diesen Gebieten zu vertreiben, was aber nicht gelang.

Die zweite Phase der antijüdischen Politik im Krieg setzte mit dem Ende des Frankreichfeldzuges im Juni 1940 ein und endete im Sommer des folgenden Jahres. Die Führung in Berlin meinte, der mitteleuropäischen Enge entkommen zu sein. Man erwartete einen raschen Frieden und schmiedete entsprechend großzügige Pläne. Frankreich sollte im Friedensvertrag Madagaskar an das Reich abtreten, das dort Marinestützpunkte errichten und die Insel einem Polizeigouverneur unterstellen wollte. Unter deutscher Polizeiaufsicht konnten auf der etwa 500 000 km^2 großen Insel, legte Eichmann in einer Ausarbeitung dar, 4 Mio Juden angesiedelt werden.[6] Die Idee, die schon 1938 erörtert worden war, hatte das Auswärtige Amt vorgeschlagen, und sie wurde vom RSHA begeistert aufgegriffen. Auch Hitler schien überzeugt zu sein. Besonders zufrieden war Hans Frank, denn er sah nun die Chance, die Juden aus dem Generalgouvernement, das im Juli 1940 zum »Nebenland« des Reichs erklärt worden war und damit seine provisorische Existenz beendet zu haben schien, loszuwerden.

Zur Vorbereitung der Massendeportation bzw. -aussiedlung nach Madagaskar wurde die Ghettoisierung der Juden vor allem im Generalgouvernement vorangetrieben. Im Oktober 1940 entstanden das Warschauer Ghetto, im März 1941 das Ghetto in Krakau, im April 1941 die Ghettos in Lublin und Radom. Die Ghettos waren zunächst nur als Provisorien gedacht. Der Reichsstatthalter des Warthelandes, Arthur Greiser, wies Ende Juli 1940 bei einer Dienstbesprechung mit Hans Frank darauf hin, daß das Lodzer Ghetto lediglich als Sammellager für die Aussiedlung oder Abschiebung der Juden vorgesehen worden sei und es auf Dauer nicht aufrecht erhalten werden könne. Für den Warthegau sei es »sowohl aus ernährungspolitischen wie insbesondere auch aus seuchenpolizeilichen Gründen« unmöglich, die »im Ghetto zusammengepferchten Juden noch über den Winter hinaus zu behalten«.[7] Die Zustände in den Ghettos waren katastrophal. Im Warschauer Ghetto lebten 445 000 Menschen in einem Stadtgebiet von 3,36 km^2 und teilten sich in 61 295 Wohnräume, was einer durchschnittlichen Belegung von 7,2 Personen pro Raum entsprach. Im Lodzer Ghetto herrschten vergleichbar furchtbare Zustände. Seuchen grassierten, die Ernährung war völlig unzureichend, viele Menschen starben vor Erschöpfung oder an Krankheiten. Im Lodzer Ghetto kamen etwa ein Viertel, im Warschauer Ghetto etwa 18 % der Einwohner um.

Die Ghettos veränderten in demselben Maße ihren Charakter,

in dem sich die mit dem »Madagaskarplan« angestrebte Massenaussiedlung als unmöglich herausstellte, weil ein Friede mit England nicht zu erreichen war. Was sollte mit den in den Ghettos eingepferchten Juden nun werden? Im Warthegau, wo man mit der Ghettoisierung schon sehr früh und in der Erwartung eines baldigen Kriegsendes sehr improvisiert begonnen hatte und die Zustände in den Ghettos den verantwortlichen Dienststellen früher als andernorts über den Kopf zu wachsen begannen, wurden im Juli 1941 bereits sehr radikale Überlegungen angestellt. »Es besteht in diesem Winter die Gefahr«, schrieb der SS-Sturmbannführer Rolf-Heinz Höppner aus der engsten Umgebung Arthur Greisers am 16. Juli 1941 an Eichmann, »daß die Juden nicht mehr sämtlich ernährt werden können. Es ist ernsthaft zu erwägen, ob es nicht die humanste Lösung ist, die Juden, soweit sie nicht arbeitseinsatzfähig sind, durch irgendein schnellwirkendes Mittel zu erledigen. Auf jeden Fall wäre dies angenehmer, als sie verhungern zu lassen.«[8]

Die Überlegungen aus der Umgebung Greisers zeigen, wie weit die latente Tötungsbereitschaft, welche die antisemitische Politik in Polen von Anfang an mitbestimmt hatte, infolge der Ghettoisierung, die den Tod bereits zum jüdischen Alltag gemacht hatte, fortgeschritten war. Dennoch griffen sie, auch wenn sie gewissermaßen im Trend lagen, den Ereignissen voraus. Das Hitler-Regime hatte noch einen Trumpf in der Hand, der die Kriegslage von Grund auf ändern, England zum Frieden zwingen und auch die territoriale Lösung des »Judenproblems« ermöglichen sollte: die Eroberung Rußlands.

Schon mit der Vorbereitung des »Rußlandfeldzuges« trat die antijüdische Politik im Krieg in eine dritte Phase. Sie wies unterschiedliche Elemente auf. Die latente Tötungsbereitschaft nahm erneut zu, sie wurde mit dem »Kommissarbefehl« nicht nur von oben kanalisiert, sondern auch staatlich initiiert und sanktioniert. Die Ghettoisierung ging weiter und diente wie schon zuvor der Vorbereitung einer endgültigen »Lösung des Judenproblems«. Wie sie aussehen würde, war zunächst ungewiß und blieb vermutlich zunächst unentschieden. Das hing vom Ausgang des Rußlandfeldzuges und seinen Folgewirkungen für den Krieg mit England ab. Da man mit der Niederlage der Roten Armee etwa drei Monate nach dem Angriff rechnete, konnte man diese Zeit auch noch warten. Heydrich ließ sich für alle Fälle von Göring am 31. Juli 1941 eine Vollmacht für »eine Gesamtlösung der Judenfrage im deutschen Einflußgebiet in Europa« erteilen.[9] Sie schloß inhaltlich unmittelbar an Heydrichs frühere Beauftragung für die Auswanderung der Juden des Reiches an, die nun auf ganz Europa ausgedehnt wurde.

2. Die schubweise Entkopplung des Vernichtungspotentials im »Ostfeldzug«

Es ist nicht möglich, die ungeheuerlichen Verbrechen, die seit dem Überfall auf die UdSSR verübt wurden und in dem Versuch gipfelten, die Juden in Europa auszulöschen, zu »erklären« oder gar »verständlich« zu machen. Nicht einmal der Entscheidungsprozeß, der zu ihnen führte, kann geklärt oder widerspruchsfrei dargestellt werden. Mehr als bei anderen Ereignissen von weltgeschichtlichem Rang entziehen sich die Vorgänge dem analytischen Zugang. Es bleibt wenig mehr als das entsetzte Erstaunen darüber, daß Menschen zu tun möglich war, was hier geschah.

Damit Millionen Menschen umgebracht werden konnten, mußte der Vernichtungsgedanke weit über die SS hinaus Wirksamkeit erlangen, mußten zahlreiche Rückkopplungen, die dem Aus- und Durchbruch mörderischer Gewalt in menschlichen Gesellschaften normalerweise entgegenstehen, durchbrochen werden oder versagen. Die wichtigste Entkopplung des Vernichtungspotentials nationalsozialistischer Politikvorstellungen fand in den Köpfen und bereits in der Vorbereitungsphase des Überfalls auf die UdSSR statt. In dieser Phase, die im Februar/März 1941 einsetzte, gelang es der nationalsozialistischen Führung, eine einvernehmliche Absprache mit der Spitze der Wehrmacht, dem OKW und dem OKH, über die Art und Weise herbeizuführen, wie der Krieg gegen die UdSSR zu führen sei. Man einigte sich darauf, keinen Krieg nach den Regeln des Völkerrechts, sondern einen »Weltanschauungskrieg« zu führen, und akzeptierte Hitlers Formel von der »jüdisch-bolschewistischen Intelligenz«, welche die UdSSR beherrsche. Damit wurde eine Vernichtungsaktion in Rußland befürwortet, die zwar in erster Linie auf die kommunistischen Funktionäre zielte, die aber infolge ihrer ungenauen Zielgruppendefinition alle Voraussetzungen bot, auszuufern. Zugleich nahm man unter dem völkerrechtswidrigen unbedingten

Primat der Versorgung der deutschen Zivilbevölkerung den Hungertod großer Teile der indigenen Bevölkerung in Kauf.

Dieser Konsens erwies sich als tragfähige Basis einer im großen und ganzen reibungslos funktionierenden Zusammenarbeit zwischen den Einsatzgruppen und der Wehrmacht.[10] Ohne sie wäre die Ermordung von mehr als einer halben Mio Menschen durch Massenliquidierungen nicht möglich gewesen. Dabei geht es nicht nur darum, daß die Wehrmacht den Einsatzgruppen alle erdenkliche Hilfe für die Durchführung des Mordens gewährte, sondern auch darum, daß Wehrmachtseinheiten selber Massenerschießungen vornahmen. Eine entscheidende Bedeutung kommt in diesem Zusammenhang der Tatsache zu, daß die Armeeführung vor Ort, von wenigen Ausnahmen abgesehen, erheblich dazu beitrug, diese Aktionen mit einer Pseudo-Legitimierung zu versehen. So erließ der Oberbefehlshaber der 6. Armee, Walter von Reichenau, am 10. Oktober 1941 einen Armeebefehl, der dem Zweck diente, Reibungen, die es auf unterer Ebene in der Zusammenarbeit zwischen Wehrmachtseinheiten und einzelnen Einsatzgruppenkommandos gegeben hatte, zu beseitigen. Er »erklärte« seinen Soldaten bei dieser Gelegenheit, daß der deutsche Soldat »im Ostraum nicht nur ein Kämpfer nach den Regeln der Kriegskunst, sondern auch Träger einer unerbittlichen völkischen Idee« sei und deshalb »volles Verständnis« für die »Notwendigkeiten der harten, aber gerechten Sühne am jüdischen Untermenschentum« haben müsse. Dabei sollte er nicht nur unterstützend wirken, sondern selbst als »Rächer« auftreten und zur »erbarmungslose(n) Ausrottung artfremder Heimtücke und Grausamkeit« beitragen.[11] Dieser Befehl wurde an der gesamten Ostfront bekannt gemacht und fand zahlreiche Nachahmer.

Eine unterstützende Rolle bei den Massakern spielte auch die einheimische Bevölkerung. Ob sie über Einzelfälle hinaus auch spontan agierte und selber die Initiative ergriff, ist noch zu erforschen. Zweifellos hatten die Einsatzgruppen aber den Befehl erhalten, Pogrome der einheimischen Bevölkerung gegen Juden zu organisieren und zu unterstützen, und sowohl die Einsatzgruppen als auch die Wehrmacht stellten die Infrastruktur für die Mordaktionen rekrutierter einheimischer Kommandos bereit. Zu einer erheblichen Beteiligung der indigenen Bevölkerung an den Massakern scheint es vor allem in den Gebieten der drei ehemaligen baltischen Staaten gekommen zu sein. Es ist nicht auszuschließen, daß die erheblich höhere Mordquote, welche die in diesem Raum operierende Einsatzgruppe A im Vergleich zu den Einsatzgruppen B, C und D nach Berlin meldete, hiermit zusammenhängt. Auf sie allein entfallen ca. 50% der Morde. Bis zum Frühjahr 1942 liquidierten die Einsatzgruppen wenigstens eine halbe Mio Menschen, von denen mindestens neun Zehntel Juden waren.[12]

Die Kriterien, mit denen die Einsatzgruppen ihre indigenen Hilfstruppen rekrutierten, waren offenbar vorzugsweise antisemitische und antibolschewistische Gesinnung. Namentlich für die Rekrutierung aufgrund des letzten Kriteriums hatte das sowjetische System erhebliche Voraussetzungen in den baltischen Provinzen geschaffen; denn bei der Sowjetisierungspolitik seit Juni 1940 war es als Begleiterscheinung der gesellschaftlichen Umwälzung in großem Umfang zu Massendeportationen, zu Verhaftungen und auch zu Liquidierungen von sowjetischer Seite gekommen, die ganz ähnlich wie auch im sowjetisch besetzten Polen auf die Vernichtung der indigenen politischen Eliten zielten. Vor dem Rückzug hatten die den Einsatzgruppen vergleichbaren Sondertruppen des Innenministeriums in den sowjetisch besetzten Gebieten der baltischen Staaten, Ostpolens und Bessarabiens sowie der Bukowina politische Gefangene erschossen, deren Leichen in den Gefängnissen und Lagern zurückgelassen wurden. Später wurde diese »Räumungspraxis« auch in den Westgebieten der UdSSR angewandt. Auch Frauen und Kinder sollen unter den Opfern gewesen sein.[13] Zweifellos bildeten diese Handlungen willkommene Rechtfertigungen für die Aktionen der Einsatzgruppen und helfen die Leichtigkeit zu erklären, mit der sich die Gewalt eskalieren ließ.

Eine der größten menschlichen Tragödien, die sich 1941 in der UdSSR abspielte, war das Massensterben sowjetischer Kriegsgefangener. Von den insgesamt 3,35 Mio Gefangenen, die die deutschen Armeen 1941 in Rußland machten, waren am 1. Februar 1942 2 Mio nicht mehr am Leben. 1,4 Mio kamen in den Monaten Juli bis November um, allein etwa 600000 in den Monaten Dezember und Januar. Ein Teil dieser Kriegsgefangenen ist von den Einsatzgruppen in den Kriegsgefangenenlagern ausgesucht, in Konzentrationslager verbracht und dort umgebracht worden. Das geschah auf der Basis eines Einsatzbefehls Heydrichs vom 17. Juli, der ganz im Sinne des »Kommissarbefehls« auf die kommunistischen Funktionäre zielte, daneben aber auf die Intelligenz insgesamt und auf »alle Juden«.[14] Genaue Zahlen über die nach diesen Richtlinien Erschossenen oder auf andere Weise in den Konzentrationslagern Umgebrachten sind nicht verfügbar. Nach Schätzungen belief sich ihre Zahl für den gesamten Zeitraum bis 1945 auf wenigstens 140000, davon kamen allein im Reich 50000 auf diese Weise um, die Mehrzahl der Morde entfiel auf die Monate August bis Dezember 1941. An der Ermordung sowjetischer Kriegsgefangener waren auch Wehrmachtseinheiten beteiligt. Opfer wurden in erster Linie versprengte Soldaten oder entflohene und wiederaufgegriffene Kriegsgefangene, die in vielen Fällen in klarem Gegensatz zu den Tatsachen als »Freischärler« erschossen wurden. Annähernd genaue Ziffern sind nicht vorhanden.[15]

Die ganz überwiegende Mehrheit jener 2 Mio sowjetischer Kriegsgefangener, die bis Februar 1942 in deutschem Gewahrsam umkamen, ist beim Abmarsch in die Gefangenenlager vor Entkräftung gestorben, ist verhungert, weil die Nahrungsmittel minderwertig und die Rationen viel zu niedrig angesetzt waren, sowie in den Lagern infolge der katastrophalen hygienischen Bedingungen und der weithin fehlenden oder unzureichenden Unterkünfte erfroren oder an Seuchen und Krankheiten gestorben. Zweifellos ist diese Todesziffer zum Teil eine Folge der Schwierigkeiten vor Ort, aber ebenso zweifellos ist die monströse Höhe der Todesziffer eine Folge bewußter Unterlassung. Deutlich schlagen sich hierbei die an einer Hungerstrategie für die russische Bevölkerung orientierten Versorgungsprioritäten der politischen und militärischen Führung nieder. Mit Nachdruck wurde den Wehrmachtsinstanzen klargemacht, daß jede Verteilung von Nahrungsmitteln an Kriegsgefangene zu Lasten der Versorgung der deutschen Zivilbevölkerung in der Heimat gehe. Zugleich wurde hier das rassistisch geprägte Bild vom bedürfnislosen »russischen Untermenschen« wirksam und die Strategie einer Bevölkerungspolitik befolgt, die auf die Beseitigung »unnützer Esser« ebenso zielte wie auf die Entvölkerung des als deutsche Kolonie vorgesehenen russischen Raumes.

Die Erörterung der Frage, wie der riesige russische Raum, den man zu erobern hoffte, beherrscht und kolonisiert werden sollte, spielte in den Überlegungen der politischen und militärischen Führung seit dem Juli 1940 eine wichtige Rolle. Die Militärs gingen dabei anfangs von eher traditionellen Überlegungen aus, die sich am Modell des Friedens von Brest-Litowsk orientierten. Rußland sollte in politische Teilstaaten zerlegt werden. Hitler schwankte in seinen Vorstellungen, zielte im Kern aber auf die Vernichtung der »lebendigen Kraft« der UdSSR ab und orientierte sich an der Praxis deutscher Kolonialpolitik in Polen. Große Teile des russischen Gebietes sollten »germanisiert« und das hieß entvölkert und mit deutschen Siedlern wieder bevölkert werden. Die indigene Bevölkerung war zu Heloten zu machen oder in einigen wenigen Fällen »einzudeutschen«. Doch genaue Pläne und Vorstellungen gab es nicht. Bemerkenswert ist aber, und auch das stellt einen Entkopplungsvorgang ersten Ranges dar, daß die militärische Führung diesen Vorstellungen nicht widersprach, sondern sie in ihren grausamen Prämissen akzeptierte und mitvollzog.

Den besten Eindruck vom »Horizont« dieser Überlegungen vermittelt der sogenannte erste »Generalplan Ost«, den Himmler am 24. Juni 1941 in Auftrag gab und der ihm am 15. Juli 1941 zuging. Der Plan konnte angesichts der Kürze der Zeit, in der er verfertigt wurde, nur ein Rahmenkonzept sein, das Himmler offenbar billigte und das dann bis zum Juni 1942 in einer ausgearbeiteten zweiten Fassung vorgelegt wurde.[16] Nach dem Rahmenplan war an die Aussiedlung von 31 Mio Menschen in einem Zeitraum von 30 Jahren gedacht. Man ging von einer indigenen Gesamtbevölkerung der deutschen Siedlungsräume von 45 Mio Menschen aus. 14 Mio »Fremdvölkische« sollten im deutschen Siedlungsraum verbleiben. Die »Eindeutschung« sollte durch die Ansiedlung von 4,55 Mio deutschen Aussiedlern sowie durch eine zahlenmäßig eng begrenzte »Umvolkung« von Letten, Esten und Litauern nach den Kriterien der »nordisch-fälischen Rasse« bewirkt werden. Durch natürliche Vermehrung hoffte man die Zahl der Deutschen innerhalb von 30 Jahren auf 10 Mio steigern zu können. Als Siedlungsgebiete waren die baltischen Staaten, Ingermanland, Weißruthenien und Teile der Ukraine vorgesehen. Der Plan sah in seiner Fassung vom 15. Juli 1941 auch die Umsiedlung von 5 bis 6 Mio Juden vor. Erst später verwarf man die Umsiedlung der Juden. Im April 1942 setzte ein Kommentator aus Rosenbergs »Ostministerium« voraus, daß diese »Ostjuden« »schon vor der Evakuierung beseitigt sind«.[17]

Die Vernichtung der »Ostjuden« ist zu wesentlichen Teilen die Folge eines Entkopplungsprozesses: Eine Führung, die die Vernichtung in Betracht zog, ohne die Vernichtung befohlen zu haben, konnte zur Vernichtung fortschreiten, weil sie auf keine relevante Gegenwehr mehr stieß. Drei Faktoren, die sich vor dem Hintergrund des Konzepts vom »Weltanschauungskrieg« und in der Realität des erbarmungslos geführten Ostkrieges entfalteten, trieben ihn voran: der Vernichtungswille der SS-Führung und Einsatzgruppen, die Unterstützung und Mitwirkung der Wehrmacht und die zur Mithilfe und Selbstinitiative entschlossenen, von antisemitischen und antibolschewistischen Haßgefühlen geleiteten Teile der indigenen Bevölkerung. Dabei wird die bereitwillige Mitwirkung der Wehrmacht für die SS nach den Erfahrungen des Polenfeldzuges die größte Überraschung dargestellt haben. An der Vorsicht, mit der Heydrich und die Einsatzgruppenleiter in der Anfangsphase des »Rußlandfeldzuges« das Verhältnis zu den Wehrmachtsinstanzen vor Ort gestalteten, kann abgelesen werden, daß sie mit einem anderen Verhalten der Wehrmacht gerechnet hatten. Die Dinge liefen im Sinne der SS offenbar »besser«, als man angenommen hatte, und wurden daher weiter getrieben, als ursprünglich ins Auge gefaßt worden war. Die Eskalation des Mordens ist dabei weniger als intentional gesteuerter Prozeß als vielmehr als Entfaltungsprozeß einer Vernichtungspraxis zu begreifen, die längst etabliert war. Dabei muß beachtet werden, daß die Vertreibung von Menschen, die einem irrealen Sicherheitsdenken ebenso wie dem imperialistischen Raumkonzept entsprang und mit einer rassenpolitischen Pseudolegitimierung versehen war, nie scharf von der Vernichtung getrennt wurde. Vertreibung und Vernichtung griffen ineinander und trafen sich in dem abstrakten Ziel, den Raum »frei zu machen«.

Dennoch reichen die Entkopplungsprozesse, die im rückwärtigen Heeresgebiet in Rußland stattfanden, nicht aus, um mehr als die partielle Vernichtung der »Ostjuden« in Rußland durch die Einsatzgruppen und die Wehrmacht zu beschreiben. Damit die Entwicklung alle Juden im deutsch-beherrschten Raum erfassen konnte, bedurfte es weit umfangreicherer Entkopplungsprozesse. Eine Prämisse dieser Steigerung bisheriger Ansätze zum Wahnwitz systematischer, fabrikmäßig betriebener Massenvernichtung war zweifellos der Wegfall der wichtigsten bisherigen Lösungswege: der Auswanderung und Vertreibung. Hierdurch wurde eine Entscheidungssituation geschaffen, die entweder dazu zwang, den bisherigen Kurs der »Judenpolitik«, die »Raumfreimachung«, aufzugeben oder nach neuen Lösungsmöglichkeiten zu suchen, und das konnte nur heißen, die bereits entwickelte Linie der Massenvernichtung zur Generallinie zu machen und sie der Aufgabe anzupassen, welche die Ermordung von mehr als 5 Mio Menschen darstellte. Diese Entscheidung konnte im nationalsozialistischen Herrschaftssystem nur einer treffen, Hitler, und sie konnte nur ausgeführt werden, wenn der gesamte bürokratische Apparat hierbei ebenso loyal mitwirkte, wie das die Wehrmacht bei den Liquidierungsoperationen der Einsatzgruppen getan hatte.

3. Hitler und die Entscheidung für den Völkermord

Hitlers Entscheidung muß nicht in der Form eines Vernichtungsbefehls, der bisher nicht aufgefunden worden ist, getroffen worden sein und nicht zu einem genau datierbaren Zeitpunkt.[18] Sie kann – und die Wahrscheinlichkeit spricht dafür – gleitend oder schubweise erfolgt sein, und sie muß nicht aus mehr bestanden haben als der Billigung von Maßnahmen, die von anderer Seite vorgeschlagen oder inauguriert wurden. Auch kann die Entscheidung mit Vorbehalt getroffen worden sein. Die größte Plausibilität hat die Annahme, daß sie in Abhängigkeit vom Kriegsverlauf gefällt wurde, wobei der Entscheidungsdruck sich in demselben Maße verschärfte, in dem der Kriegsverlauf deutlich machte, daß eine Abschiebung der Juden nach Osten zuerst bis auf weiteres und dann gar nicht mehr möglich war.

Das frühestmögliche Datum für den Anfang einer solchen Entscheidungsphase stellt die zweite Hälfte des Monats August 1941 dar. Ihr Ende ist schwerer fixierbar, aber aller Wahrscheinlichkeit nach doch Ende November 1941 mit der Einladung zur Wannsee-Konferenz erreicht, die am 29. November erfolgte. Danach kann die Abschiebung nach Osten noch als fakultative Lösungsmöglichkeit in der Hinterhand gehalten worden sein, aber nun wurde die Vernichtungsmaschinerie, die sich bereits im Aufbau- und Erprobungsstadium befand, zumindest bis auf weiteres, als vorrangige Gesamtlösung geplant und in die Wirklichkeit umgesetzt.

Sowohl Rudolf Höß als auch Adolf Eichmann haben übereinstimmend davon gesprochen, daß Hitler »im Sommer 1941« (Höß) bzw. zwei oder drei Monate nach dem Beginn des Feldzuges gegen die UdSSR (Eichmann) einen Befehl zur physischen Vernichtung der Juden gegeben habe.[19] Doch beide waren sich, was die Zeitangabe betrifft, nicht sicher. Gleichwohl spricht manches dafür, daß die militärische Lage an der Ostfront Ende August/Anfang September einen ersten Entscheidungsschub in der »Judenpolitik« auslöste. Bereits am 11. August 1941 notierte der Generalstabschef des Heeres Halder: »In der gesamten Lage hebt sich immer deutlicher ab, daß der Koloß Rußland... von uns unterschätzt worden ist.« Im Laufe des August war man erstmals mit der Möglichkeit konfrontiert, daß der Feldzug vor Winteranfang nicht beendet werden könnte. Am 13. September faßte eine von Hitler gebilligte Denkschrift des OKW die »Weiterführung der Operation im nächsten Jahr« ins Auge.[20]

Tatsächlich fiel parallel zu dieser Lageveränderung im August/September 1941 eine Reihe von Entscheidungen in der »Judenpolitik«, die in einer langfristigen Perspektive und vor dem Hintergrund einer qualitativ veränderten Haltung gesehen werden können. Am 18. August traf Hitler die Entscheidung, einem Vorschlag von Josef Goebbels zu folgen und die Kennzeichnung der deutschen Juden mit einem gelben Davidstern anzuordnen, was er bisher immer abgelehnt hatte, jetzt aber mit Wirkung zum 15. September geschah. Zugleich erfuhr die Vernichtungspraxis in zwei Bereichen eine entscheidende Veränderung. Seit dem August wurden die jüdischen Konzentrationslagerinsassen als geschlossene Gruppe in die Vergasungsaktionen des »T-4«-Ärzteteams einbezogen, das nun unter der Tarnbezeichnung »Sonderbehandlung 14f 13« eingesetzt wurde. Seit dem August änderte sich auch die Tötungspraxis der Einsatzgruppen im Osten: Man ging vom Standrecht ab und bezog Frauen und Kinder in die Vernichtungsaktionen ein. Ende August/Anfang September 1941 nahm bei Hitler auch der Gedanke Gestalt an, die Juden aus dem Reich und dem Protektorat Böhmen und Mähren nach Osten zu deportieren. Die Einführung des Judensterns mag hierauf bereits hingedeutet haben. Bisher hatte Hitler die Deportation der Juden für eine Aufgabe gehalten, die, wie er am 18. August Goebbels gegenüber noch äußerte, »unmittelbar nach Beendigung des Ostfeldzuges« in Angriff zu nehmen sei. Doch einen Monat später, am 18. September, teilte Himmler in einem Brief an Arthur Greiser mit, daß Hitler seine Meinung geändert habe. Die Deportation sollte »möglichst bald« stattfinden und noch vor dem Ende des Jahres in Angriff genommen werden.[21] Über die Motive für diese Meinungsänderung kann nur spekuliert werden. Manches deutet darauf hin, daß sie eine Reaktion auf die von Stalin am 28. August

1941 verfügte Liquidierung der Autonomen Republik der Wolgadeutschen darstellte. Die Deportation der etwa 400000 Wolgadeutschen und der 140000 Deutschen aus der Ukraine hatte allerdings bereits im Juli begonnen, ohne vielleicht der deutschen Seite sofort bekannt geworden zu sein.

Im Oktober 1941 zeitigte die Verschärfung der »Judenpolitik«, die sich Ende August/Anfang September angekündigt hatte, erste Konsequenzen. Am 14. Oktober setzte die Deportation aus dem »Altreich« ein, am 24. Oktober wurde ihre Ziffer zunächst auf 50000 Juden festgelegt, die sofort deportiert werden sollten. Einen Tag zuvor, am 23. Oktober, war die Auswanderung, die bisher vorrangig für die reichsdeutschen Juden offengehalten worden war, verboten worden. Dem geheimen Erlaß des RSHA, mit dem das angeordnet wurde, kam zwar de facto nur noch geringe Bedeutung zu, denn die Kriegsumstände hatten die Auswanderungsmöglichkeiten immer mehr eingeschränkt, aber sie kann als Indiz für ein prinzipielles Umdenken angesehen werden. Das Nebeneinander von Auswanderung, Deportation und Vernichtung, das bis dahin bestand, engte sich nun auf die beiden letzten Möglichkeiten ein.

Die Entscheidung, die deutschen Juden nach Osten zu deportieren, wo die ersten von ihnen bereits im November 1941 in die Massenerschießungen der Einsatzgruppen A und B einbezogen wurden, erfolgte in einer Situation, in welcher der Arbeitskräftemangel in der deutschen Kriegswirtschaft einen Höhepunkt erreicht hatte. Ende Juli war der Fehlbedarf mit 1,5 Mio angegeben worden. Ein Teil dieses Bedarfs sollte durch die partielle Demobilisierung des Ostheeres – im Gespräch waren 49 Divisionen – nach dem erfolgreichen Blitzkrieg gedeckt werden. Da der Sieg nicht nur ausblieb, sondern die hohen Verluste an der Ostfront auch den Bedarf der Wehrmacht erhöhten, anstatt ihn zu mindern, sah man sich im Oktober zu radikalen Maßnahmen veranlaßt. Entgegen den bisher ins Feld geführten ideologischen und Sicherheitsbedenken wurde die Hereinnahme großer Zahlen sowjetischer Kriegsgefangener in das Reich erwogen und am 31. Oktober 1941 von Hitler angeordnet. Das setzte zugleich voraus, daß man die Kriegsgefangenen besser ernährte und dem Massensterben ein Ende machte. Die Umsteuerung begann im November, es dauerte aber Monate, bis sie durchgesetzt war und sich auszuwirken begann.

Der Versuch einer Umsteuerung wurde auch bei den Massenerschießungen, die auf der Basis des »Kommissarbefehls« erfolgten, unternommen. Bereits im September 1941 hatten einzelne Armeeoberkommandos darauf aufmerksam gemacht, daß zwischen dem »Kommissarbefehl« und dem wider Erwarten zähen Widerstand der sowjetischen Truppen ein Zusammenhang bestehe. Am 23. September folgte das OKH diesen Überlegungen und bat, »die Notwendigkeit der Durchführung des ›Kommissar‹-Erlasses in der bisherigen Form im Hinblick auf die Entwicklung der Lage zu überprüfen«. Doch Hitler lehnte entschieden ab. Gleichwohl ließen die Massenexekutionen im Winter 1941/42 nach, was vermutlich vor allem auf die veränderte militärische Gesamtsituation zurückzuführen ist, die zu einem erheblichen Rückgang der Gefangenenziffern führte.[22] Bis zu einem gewissen Grade bildete das Exekutieren der Kommissare in den Augen der nationalsozialistischen Führung die Voraussetzung für den Arbeitseinsatz sowjetischer Kriegsgefangener im Reich; denn von ihnen wurde befürchtet, daß sie die deutsche Arbeiterschaft marxistisch beeinflussen und ihren Rückfall in den Kommunismus bewirken könnten.

Während die ideologischen Vernichtungsimpulse in der Behandlung der Kriegsgefangenen zweckrational eingegrenzt wurden und man sich angesichts des Scheiterns des Blitzkrieges gegen die UdSSR des Potentials besann, daß sie als Arbeitskräfte darstellten, geschah das bei der Behandlung der Juden nicht. Dabei bildeten die deutschen Juden, um die es bei den Deportationen zunächst ging, ein durchaus beachtliches Arbeitskräftepotential. Je mehr der Krieg gegen die UdSSR ins Stocken geriet und Hitler sich eingestehen mußte, daß sein Zeitplan nicht mehr einzuhalten war und es immer unwahrscheinlicher wurde, daß der Krieg überhaupt noch gewonnen werden konnte, desto haßerfüllter wurden seine verbalen Ausfälle gegen die Juden. Er warf ihnen vor, den Krieg überhaupt verschuldet zu haben, und rechnete die hohen Menschenverluste an der Ostfront gegen den Blutzoll der Juden auf. Die Juden hätten, monologisierte er im Führerhauptquartier am 24. Oktober in Gegenwart von Himmler und Heydrich, die »zwei Millionen Toten« des Ersten Weltkrieges auf dem Gewissen, und nun kämen »wieder Hunderttausende« hinzu: »Sage mir keiner: Wir können sie doch nicht in den Morast schikken! Wer kümmert sich denn um unsere Menschen? Es ist gut, wenn uns der Schrecken vorangeht, daß wir das Judentum ausrotten. Der Versuch, einen Judenstaat zu gründen, wird ein Fehlschlag sein.«[23]

Hitler kam nun immer häufiger auf eine Drohung zurück, die er am 30. Januar 1939 gegen die Juden ausgestoßen hatte. Er selbst nannte sie eine »Prophezeiung«. Sie hatte den Prioritätenwechsel von der territorialen »Lösung« des »Judenproblems« zur Vernichtung der Juden gedanklich vorweggenommen. Damals hatte er vor dem Reichstag davon gesprochen, daß die »Lösung des Judenproblems« nur durch die Errichtung eines Judenstaates möglich sei. Die Welt habe »Siedlungsraum genügend«. »Das Judentum« werde sich »genau so einer soliden aufbauenden Tätigkeit anpassen müssen, wie es andere Völker auch tun, oder es wird früher oder später einer Krise von unvorstellbarem Ausmaße erliegen«. Und dann skizzierte er die Umrisse einer solchen Krise: »Wenn es dem internationalen Finanzjudentum in und außerhalb Europas gelingen sollte, die Völker noch einmal in einen Weltkrieg zu stürzen, dann wird das Ergebnis nicht die Bolschewisierung der Erde und damit der Sieg des Judentums sein, sondern die Vernichtung der jüdischen Rasse in Europa.«[24]

Die Denkfigur war nicht neu. Schon in *Mein Kampf* hatte sich Hitler ähnlich geäußert, und gelegentlich hatte er vor 1939 solche Äußerungen wiederholt. Auch von Göring ist eine solche Äußerung vom 12. November 1938 überliefert.[25] Bemerkenswert ist, daß Hitler seine »Prophezeiung«, auf die er sich von nun an immer wieder berief, auf den 1. September 1939 umdatierte. Das wird nicht auf eine Gedächtnislücke, sondern auf eine bewußte Stilisierung hinweisen. Analog verfuhr er mit seinem »Euthanasie«-Befehl. Im Oktober 1941 begriff er, daß der Krieg, den er am 1. September 1939 vom Zaun gebrochen hatte, dabei war, ein »Weltkrieg« zu werden. Die UdSSR war nicht so leicht zu besiegen, wie er gedacht hatte, und im Westen war Großbritannien nicht nur ungeschlagen, sondern, wie man im OKW bereits am 13. September feststellte, auch auf absehbare Zeit nicht mehr zu besiegen; denn die USA, deren Kriegseintritt Hitler für 1942 ohnehin erwartete, unterstützten Großbritannien in wachsendem Umfang.

Am 16. November 1941 nahm Goebbels in einem Artikel für die von ihm herausgegebene Zeitschrift *Das Reich* in aller Öffentlichkeit Bezug auf Hitlers »Prophezeiung« und fügte hinzu: »Die Juden wollten ihren Krieg, und sie haben ihn nun ... Das Weltjudentum hat in der Anzettelung dieses Krieges die ihm zur Verfügung stehenden Kräfte vollkommen falsch eingeschätzt, und es erleidet nun einen allmählichen Vernichtungsprozeß, den es uns zugedacht hatte und auch bedenkenlos an uns vollstrecken ließe, wenn es dazu die Macht besäße. Es geht jetzt nach seinem eigenen Gesetz: ›Auge um Auge, Zahn um Zahn!‹ zugrunde.«[26]

4. Die Wannsee-Konferenz

Vierzehn Tage später lud Heydrich zu einer interministeriellen Konferenz auf der Ebene der Staatssekretäre in die Wannsee-Villa nach Berlin ein. Der einzige Tagesordnungspunkt war die »Endlösung der Judenfrage«. Die Konferenz sollte ursprünglich am 9. Dezember 1941 stattfinden, wurde dann aber wegen des Überfalls der Japaner am 7. Dezember auf Pearl Harbor auf den 20. Januar 1942 verschoben. Wie wenig Ende November 1941 bereits klar war, worum es bei der »Endlösungskonferenz« gehen sollte, zeigte das Verhalten von Hans Frank, der als Chef des Generalgouvernements an der »Lösung der Judenfrage« brennend interessiert war. Er schickte seinen Staatssekretär, Josef Bühler, nach Berlin, um Erkundigungen einzuziehen. Am 16. Dezember 1941 hielt Frank bei einer der üblichen Dienstbesprechungen in Krakau eine Rede, in welche die »Erkenntnisse«, die Bühler in Berlin gesammelt hatte, eingeflossen waren: »Mit den Juden« müsse »so oder so Schluß gemacht werden.« Unter Bezug auf Hitlers »Prophezeiung« vom 30. Januar 1939, meinte er, »wenn die Judensippschaft in Europa den Krieg überleben würde, wir aber unser bestes Blut für die Erhaltung Europas geopfert hätten, dann würde dieser Krieg doch nur einen Teilerfolg darstellen«. Frank gab sich überzeugt, daß die Juden »verschwinden« müßten, aber er wußte offenbar noch nicht wie. Bühler hatte man in Berlin klar gemacht, daß ein Abschieben der Juden aus dem Generalgouvernement nach Osten nicht mehr in Frage komme. Mit der improvisierten Methode, die deportierten Juden von den Einsatzgruppen ermorden zu lassen, wie das in Kaunas, Riga und Minsk im November 1941 geschehen war, sollte Schluß gemacht werden. »Man hat uns in Berlin gesagt«, referierte Frank das Ergebnis von Bühlers Erkundigungen, »liquidiert sie selber!« Frank begriff das als Aufforderung, Pläne zu erstellen, wie das geschehen könne, und es wurde ihm deutlich, daß es sich angesichts der Zahlen – er sprach von 2,5 und »mit den jüdisch Versippten« von 3,5 Mio Juden allein im Generalgouvernement – um eine »gigantische einmalige« Aktion handeln werde. Deutlich spiegeln seine Worte das Stadium des offenen Nachdenkens über die hierfür geeignete Methode wider: »Diese 3,5 Mio Juden können wir nicht erschießen, wir können sie nicht vergiften, werden aber doch Eingriffe vornehmen können, die irgendwie zu einem Vernichtungserfolg führen, und zwar im Zusammenhang mit den vom Reich her zu besprechenden großen Maßnahmen.«[27]

Auf der Wannsee-Konferenz war man in der Frage, wie die Vernichtung vor sich gehen sollte, offenbar noch nicht sehr viel weiter. Im nichtoffiziellen Teil der Sitzung erörterte man den Einsatz von Gaswagen, eine Praxis, die bereits in der Euthanasieaktion, bei der Einsatzgruppe D und in Chelmno angewandt worden war. Da man nach den bisher vorliegenden Erfahrungen kaum damit gerechnet haben wird, daß diese Tötungsmethode geeignet sei, die für die »Endlösung« vorgesehenen Millionen Menschen zu ermorden, bleibt hier eine Frage offen. Über das Gas Zyklon B wurde nicht gesprochen, obgleich es in Auschwitz zu diesem Zeitpunkt bereits ausprobiert worden war. Daher deutet vieles darauf hin, daß im Hinblick auf die Methoden der physischen Vernichtung noch eine offene Entscheidungssituation bestand. Nach dem Protokoll der Wannsee-Konferenz stellte sich Heydrich ein zweistufiges Vernichtungsverfahren vor: Der »Sonderbehandlung«, wie man die Ermordung nannte, sollte die Vernichtung durch Arbeit vorangehen. In »großen Arbeitskolonnen« sollten »die arbeitsfähigen Juden straßenbauend« in den »Osten« geführt werden, »wobei zweifellos ein Großteil durch natürliche Verminderung ausfallen wird. Der allfällig endlich verbleibende Restbestand wird, da es sich bei diesen zweifellos um den widerstandsfähigsten Teil handelt, entsprechend behandelt werden müssen.«[28]

Der Hauptzweck der Wannsee-Konferenz war nicht, über die Methoden der physischen Vernichtung der Juden nachzudenken – hier verließ man sich auf die »Erfindungsgabe« der Ausführungsorgane –, sondern die Ministerien und Obersten Reichsbehörden für die Durchführung der »Endlösung« zu koordinieren und diese europaweit zu organisieren. Mit der Wannsee-Konferenz wurde die Bürokratie im umfassendsten Sinn in die »Endlösung« eingespannt, die bisher ganz wesentlich eine Aufgabe der SS, des RSHA und der Wehrmacht gewesen war. Die Federführung sollte beim RSHA und dessen Abteilung IV liegen, die durch ihren Leiter, SS-Gruppenführer Herbert Müller, und ihren Judenreferenten, Adolf Eichmann, vertreten war. Die Fäden hielt der Chef des RSHA Heydrich in der Hand, der die Gelegenheit benutzte, seine Bestellung durch Göring vom 31. Juli 1941 zum Beauftragten für die »Gesamtlösung der Judenfrage«, nun aber mit veränderter Zielsetzung, mitzuteilen und durchzusetzen. Die Konferenz fand deshalb auf der mittleren Führungsebene statt, auf der Heydrich angesiedelt war. Eingeladen und erschienen waren Repräsentanten des Ostministeriums, des Innenministeriums, des Amts für den Vierjahresplan, des Justizministeriums, der Regierung des Generalgouvernements, des Auswärtigen Amts, der Parteikanzlei und der Reichskanzlei.

Heydrich agierte in dem Bewußtsein, daß er bei der Durchführung seiner »Aufgabe« auf die loyale Mitarbeit dieser Behörden angewiesen war. Er verfuhr daher, ähnlich wie schon im Juni/Juli 1941 mit der Wehrmacht, in, wie Unterstaatssekretär Luther in bezug auf das Auswärtige Amt mit Befriedigung konstatierte, »nahezu übervorsichtiger Form«. Niemand sollte übergangen, niemandes Kompetenz mißachtet werden. Das formal äußerst korrekte Vorgehen zahlte sich aus. Keiner der Herren hatte irgendwelche Bedenken. Im Gegenteil, das Auswärtige Amt wartete mit »Wünschen und Ideen« auf, Staatssekretär Bühler von der Regierung des Generalgouvernements bat darum, mit der »Endlösung« im Generalgouvernement zu beginnen, und um das komplizierte Problem der »Mischlinge« zu lösen, schlugen zwei Herren, darunter der promovierte Jurist Wilhelm Stuckart, die Zwangssterilisation vor. Niemand erhob Einwände gegen das monströse Vorhaben der »Endlösung« an sich oder gegen die Grausamkeit der ins Auge gefaßten Durchführung, nicht einmal die Gelegenheit, wirtschaftliche Schwierigkeiten oder technische Durchführungsprobleme vorzuschützen, um dem Plan Steine in den Weg zu legen, wurde genutzt. Man war sich einig. Heydrich konnte zufrieden sein. Er hatte, wie Eichmann später in Jerusalem aussagte, die Staatssekretäre »annageln« können.[29] Wie sehr es Heydrich darauf ankam, die Bürokratie einzubinden, kann man auch daran ablesen, daß er das sorgsam ausgefeilte Protokoll der Sitzung in dreißig Exemplaren in Umlauf brachte.

Um die Mitarbeit der Bürokratie in dem erforderlichen breiten

Umfang sicherzustellen, wurde – wie schon bei der »Aktion T-4« – mit einer Tarnsprache gearbeitet. Man sprach im Schriftverkehr von »Aus-« und »Umsiedlung« in den Osten und suggerierte, daß die Juden dort angesiedelt würden. Zudem erfolgte die »Endlösung« in strikter Arbeitsteilung. Niemandem wurde mehr abverlangt, als in seinem »kleinen« Zuständigkeitsbereich zu funktionieren. Die Verantwortung war aufgesplittert und konnte »nach oben« und »nach Osten« abgewälzt werden. Das hat die psychische Verdrängung der Mitschuld ebenso erleichtert wie die sprachliche »Tarnung« eines Tatbestandes, der jedem, der sehen und hören wollte, schon durch die unmenschliche Behandlung der Juden bei der »Erfassung« und durch die Art und Weise, in der der Abtransport sich vollzog, hätte klar sein müssen. Dieses System hat, wenn auch in Abstufungen und mit zum Teil erheblichen Modifizierungen, schließlich europaweit funktioniert.

5. Die Vernichtungslager

Im Oktober oder November 1941 wurde die Vernichtung von Menschen, welche die Einsatzgruppen mit den eher »altertümlichen« Methoden der Massenerschießungen betrieben hatten, auf eine neue organisatorische Grundlage gestellt.[30] Dabei knüpfte man – auf der Suche nach einem effizienteren und die Psyche der Mörder schonenden Verfahren – an Erfahrungen an, die im Rahmen der Euthanasieaktion gemacht worden waren: Man schuf stationäre Tötungseinrichtungen und verwandte Gas. Die ersten beiden Einrichtungen dieser Art wurden in Chelmno im Warthegau, ca. 70 km nordwestlich von Lodz, und in Belzec, ca. 70 km nordwestlich von Lemberg im Distrikt Lublin gelegen, errichtet.

In Chelmno wurde die Menschenvernichtung in Gaswagen vorgenommen, die in einem hermetisch abgeriegelten Waldstück aufgestellt waren. Als Bedienungspersonal fungierte ein Kommando des Höheren SS- und Polizeiführers Wilhelm Koppe, das bereits 1940 an der Euthanasieaktion in Ostpreußen und den besetzten polnischen Gebieten teilgenommen hatte. Da die Anlage ohne größeren Aufwand zu errichten war, eingespieltes Personal zur Verfügung stand und Erfahrungen mit Gaswagen vorlagen, begann die Massenvernichtung in Chelmno bereits im Dezember 1941.

Die Errichtung der Anlage ging auf die Initiative des Gauleiters des Warthegaus, Arthur Greisers, zurück. Greiser betrieb eine besonders harte, eng an der NS-Ideologie orientierte Germanisierungspolitik und hatte den Ehrgeiz, seinen Gau möglichst schnell »judenrein« zu machen. Da der Abschiebung bzw. Deportation von Juden in das Generalgouvernement Grenzen gesetzt waren, weil die Massen entwurzelter Menschen dort destabilisierend wirkten und Hans Frank ihr sich daher seit dem Frühjahr 1940 mit wachsendem Erfolg widersetzt hatte, schien die Ermordung der Juden den Ausweg aus einem ideologisch induzierten Zielkonflikt zu eröffnen. So »besorgte« sich Greiser von Himmler die Erlaubnis, »rund 100000 Juden« einer »Sonderbehandlung« zu unterziehen, d.h., sie zu ermorden.[31]

Im Unterschied zu Chelmno, das nur eine Art von »Tötungsstation« war, wurde in Belzec ein richtiges Lager mit Baracken und Wachtürmen errichtet. Die Arbeit begann am 1. November 1941 und zog sich bis Februar 1942 hin. Im März setzten die Mordaktionen ein. Die Opfer waren Juden vorwiegend aus Galizien, aus den Distrikten Krakau und Lublin sowie aus dem Reich. Belzec wurde das Modell für zwei weitere Vernichtungslager, das eine nahm im Mai 1942 in Sobibor im Distrikt Lublin seine mörderische Tätigkeit auf und das andere im Juli 1942 in Treblinka im Distrikt Warschau. Alle drei Vernichtungslager waren ähnlich angelegt: »Baracken für das Wachpersonal, ein Gelände, auf dem die Juden abgeladen wurden, eine Auskleidestation und ein S-förmiger Durchgang, ›Schlauch‹ genannt, der anderthalb oder zwei Meter breit war und von einer hohen, mit Efeu bedeckten Stacheldrahtumzäunung umgeben war. ›Der Schlauch‹ wurde von den nackten Opfern auf dem Weg zu den Vergasungsanlagen durchschritten. Die ganze Anordnung lief darauf hinaus, die Juden glauben zu machen, sie befänden sich in einem Durchgangslager, wo sie sich auf ihrem Weg nach ›Osten‹ einer Säuberung unterziehen müßten. Die Gaskammern, als Duschen getarnt, waren nicht größer als mittelgroße Räume... Am Anfang hatte kein Lager mehr als drei solche Kammern.«[32] Das Gas wurde durch Diesel- oder Benzinmotoren erzeugt oder stammte aus Flaschen. Krematorien gab es in Belzec, Sobibor und Treblinka nicht, vielmehr wurden die Leichen in Massengräbern verscharrt oder in großen, eigens zu diesem Zweck ausgehobenen Gruben bzw. auf Schienenrosten unter freiem Himmel verbrannt. Da die Vernichtungskapazität der drei Lager nicht ausreichte, um der rasch ansteigenden Zahl der Transporte gewachsen zu sein, wurde sie im Sommer 1942 erheblich ausgebaut. In Treblinka z. B. erhöhte sich die Zahl der Gaskammern von drei auf zehn.[33]

Die »Betriebsdauer« und die Vernichtungsziffern der drei Lager differierten erheblich. Belzec »arbeitete« von Mitte März bis Dezember 1942. In dieser Zeit wurden dort 550000 Menschen vergast. In Sobibor unterbrach man die Vergasungen, die im Mai 1942 aufgenommen worden waren, bereits im Juni desselben Jahres, weil die Eisenbahnlinie instand gesetzt werden mußte, und nahm sie im Oktober 1942 für ein Jahr wieder auf. Bis zum Oktober 1943 wurden dort insgesamt 200000 Menschen vergast. In Treblinka fanden zwischen Juli 1942 und Oktober 1943 kontinuierlich Vergasungen statt. Die Gesamtziffer der Getöteten beläuft sich für dieses Vernichtungslager auf 750000. Zählt man die etwa 150000 Opfer der Vernichtungsstation Chelmno diesen Ziffern hinzu, kommt man zu einer Gesamtziffer der in diesen Lagern getöteten Juden von 1650000.[34] Mit Ausnahme von Chelmno, das 1944 für zwei Monate die Vergasungen wieder aufnahm, »arbeitete« seit Oktober 1943 keines dieser Vernichtungslager mehr. Von diesem Zeitpunkt an wurde die nationalsozialistische Vernichtungspolitik fast vollständig in einer einzigen großen Anlage durchgeführt, in Auschwitz.

Die Geschichte von Auschwitz reicht bis in das erste Kriegsjahr zurück.[35] Ende 1939 entstand im Amt des Höheren SS- und Polizeiführers »Südost« in Breslau, Erich von dem Bach-Zelewski, die Idee, in der Nähe des kleinen polnischen Ortes Oświęcim, 70 km südwestlich von Krakau in Oberschlesien gelegen, ein Konzentrationslager zu errichten. Der Ort bot sich an, weil er über günstige Eisenbahnverbindungen verfügte und sich dort Artillerie-Kasernen befanden, deren Gebäude als Kern des Lagers genutzt werden konnten. Im Mai 1940 begann der Aufbau des Lagers unter der Leitung von Rudolf Höß, der am 4. Mai 1940 zum ersten Kommandanten von Auschwitz ernannt wurde.[36]

Höß betrieb den Aufbau des Konzentrationslagers Auschwitz mit rastloser Energie, und hieran änderte sich auch nichts, als Himmler ihm eröffnete, daß Hitler die »Endlösung der Judenfrage« angeordnet habe und Auschwitz die Aufgabe zufalle, zum Zentrum der physischen Vernichtung der im deutschen Machtbereich lebenden Juden zu werden. Die Aufgabe, in Auschwitz eine

Vernichtungsanlage zu errichten, traf mit älteren Plänen für den Ausbau des Konzentrationslagers zusammen, denen Himmler am 1. März 1941 bei seinem ersten Besuch in Auschwitz bereits zugestimmt hatte. Die Kombination von Konzentrations- und Vernichtungslager, die sich auf diese Weise ergab, machte fortan den besonderen Charakter von Auschwitz aus. Lediglich das sehr viel kleinere Lager Majdanek, in einem Vorort der Stadt Lublin gelegen, kombinierte noch Konzentrations- und Vernichtungslager miteinander.

Als Rudolf Höß im November 1943 den Posten eines Kommandanten von Auschwitz gegen die Position eines Amtschefs im Wirtschafts- und Verwaltungshauptamt der SS in Berlin eintauschte, war Auschwitz zum größten Lager im deutschen Machtbereich geworden, und der Ausbau ging noch weiter, bis die Kriegslage 1944 dessen Einstellung und im Januar 1945 schließlich die Räumung erzwang. Das gesamte Areal des Lagers Auschwitz, »Interessengebiet« genannt, umfaßte 40 km^2. In diesem Areal, aus dem die dort lebende polnische Bevölkerung ausgesiedelt worden war, wurden drei Lager errichtet, das Konzentrationslager in Auschwitz, später »Stammlager« genannt (Auschwitz I), das Konzentrations- und Vernichtunglager in Birkenau (Auschwitz II) und das Konzentrations- und Arbeitslager der IG Farbenindustrie AG in Monowitz (Auschwitz III). Auschwitz III waren vierzig Außenlager angegliedert, die sich bis weit in das oberschlesische Industrierevier hineinzogen und die dort ansässige Industrie mit billigen Arbeitskräften versorgten.

Das Stammlager Auschwitz, das ursprünglich für 10000 Häftlinge konzipiert war[37] und zeitweilig mehr als die doppelte Zahl aufnehmen mußte, bestand aus 28 unterkellerten zweigeschossigen Wohnblocks aus Ziegelstein. Die Häftlinge dienten als Sklavenarbeiter auf den Baustellen des Lagerkomplexes und in den dem Lager angeschlossenen Werkstätten, Gärtnereien und anderen landwirtschaftlichen Betrieben. In unmittelbarer Nähe des Lagers, das mit Mauer und elektrisch geladenem Stacheldrahtzaun umgeben war, befand sich ein Krematorium mit zwei Verbrennungsöfen. Die dazugehörige Leichenhalle wurde seit 1941 auch als Gaskammer genutzt. Dort wurden, nachdem man bei improvisierten Vergasungsaktionen im Keller des Blocks 11 zuvor entsprechende Erfahrungen gesammelt hatte, Mitte September 1941 900 russische Kriegsgefangene mit dem Blausäurepräparat Zyklon B getötet. Insgesamt haben von den 10000 im Laufe des Jahres 1941 nach Auschwitz eingelieferten russischen Kriegsgefangenen nur wenige – beim Appell am 19. Januar 1942 wurden noch 1510 gezählt – das Jahresende überlebt. In der Leichenhalle des Krematoriums in Auschwitz I fand am 15. Februar 1942 auch die erste Vergasung von Juden mit Zyklon B statt.[38] Die Vernichtungskapazität der Anlage war aber für die geplante »Endlösung der Judenfrage« zu gering.

Das eigentliche Vernichtungszentrum wurde im Moor von Brzezinka, etwa drei Kilometer vom Stammlager entfernt, errichtet. Die Deutschen nannten den Ort Birkenau. Der Bau des Lagers begann im Oktober 1941. Das Barackenlager, ursprünglich als Konzentrationslager für russische Kriegsgefangene gedacht, war für eine Kapazität von 200000 Häftlingen geplant. Die letzten Bauabschnitte wurden jedoch nie vollendet. Am 20. Januar 1944 befanden sich ca. 50000 Häftlinge im Lager Birkenau und im August 1944 ca. 90000.[39] Die Häftlinge wurden in Baracken gepfercht, die für die Unterbringung von jeweils 52 Pferden oder 300 Soldaten konzipiert worden waren und nun mit 800 bis 1000 Häftlingen vollgepfropft wurden.

Außerhalb des Barackenlagers von Birkenau entstand in der Nähe, im Sichtschutz eines Birkenwäldchens, Ende 1941/Anfang 1942 die erste provisorische Vergasungsanlage durch den Umbau eines Bauerngehöfts. Am 20. März 1942 begannen in dieser »Bunker Nr. 1« genannten Anlage die Vergasungen. Die ersten Opfer waren Juden aus Oberschlesien. Sie wurden von der Rampe, die sich damals noch am Güterbahnhof in Auschwitz befand, direkt in die Gaskammern gebracht. Eine »Selektion« fand nicht statt. Die Leichen wurden in der dem Bauerngehöft benachbarten Wiese verscharrt, da es in Birkenau zunächst kein Krematorium gab. Bald reichte die Anlage nicht mehr aus, um die im Sommer 1942 immer zahlreicher eintreffenden Juden zu vernichten, und man baute ein zweites Gehöft provisorisch in eine Vergasungsanlage um. Diese »Bunker Nr. 2« genannte Anlage nahm ihre Tätigkeit im Juni 1942 auf. Beide Vernichtungsanlagen zusammen konnten ca. 2000 Personen auf einmal vergasen.

Am 17. Juli 1942 traf Himmler zu seiner zweiten Inspektion in Auschwitz ein und ließ sich in Birkenau den gesamten Tötungsvorgang vorführen. Er sah mit eigenen Augen, was der Kommandant von Auschwitz, Rudolf Höß, später so beschrieb: »Die Juden mußten sich bei dem Bunker ausziehen, es wurde ihnen gesagt, daß sie zur Entlausung in die so bezeichneten Räume gehen müßten. Alle Räume, es handelte sich um fünf, wurden gleichzeitig gefüllt, die gasdicht gemachten Türen zugeschraubt und der Inhalt der Gasbüchsen durch besondere Luken in die Räume geschüttet. Nach Ablauf einer halben Stunde wurden die Türen wieder geöffnet, in jedem Raum waren 2 Türen, die Toten herausgezogen und auf kleinen Feldbahnwagen auf einem Feldbahngleis nach den Gruben gefahren.« Bevor man die Leichen in Massengräbern verscharrte, wurden ihnen die Goldzähne entfernt und den Frauen die Haare geschoren.

Himmler »hatte nichts zu beanstanden«, befahl Höß aber, den Ausbau von Birkenau verstärkt voranzutreiben. Später kam aus Berlin der Befehl, die Leichen zu exhumieren und zu verbrennen, um die Spuren zu beseitigen und weil von den Massengräbern in der Sommerhitze Gefahren für das Grundwasser ausgingen. »Ende November 1942«, so Höß, »waren sämtliche Massengräber geräumt.«[40] Der Ausbau von Birkenau, den Himmler forciert wissen wollte, wurde seit Frühjahr 1942 in großem Maßstab geplant. Am 15. August 1942 genehmigte der Chef der Zentralbauleitung der Waffen-SS und Polizei in Auschwitz die Pläne. Sie sahen auch die Errichtung von Tötungsanlagen vor, die große Gaskammern mit modernen Krematorien kombinierten. Insgesamt wurden vier kombinierte Anlagen errichtet, zwei große im Westen in unmittelbarem Anschluß an das Frauenlager und zwei kleinere im Norden des Lagers im Schutz des Birkenwäldchens, in dem auch die provisorischen Gaskammern gelegen hatten.[41]

Als Anfang 1944 eine Eisenbahnnebenstrecke in das Lager hineingelegt wurde, führten die Gleise unmittelbar an die beiden großen Anlagen heran. Von der Rampe zur Gaskammer waren es nur etwa hundert Meter. Die Anlagen verfügten jeweils über fünf Verbrennungsöfen und über unterirdische Gaskammern, die jeweils ca. 3000 Menschen auf einmal fassen und vernichten konnten. Sie wurden im März bzw. Juni 1943 fertiggestellt. Die beiden kleineren Anlagen besaßen demgegenüber eine erheblich viel kleinere Verbrennungskapazität. Ihre oberirdischen Gaskammern, die zynisch »Badeanstalten« genannt wurden, bestanden aus drei Räumen mit unterschiedlichem Fassungsvermögen, in denen insgesamt mehr als 2000 Menschen getötet werden konnten. Sie wurden im März und im April 1943 fertiggestellt.

Die Vernichtungskapazität der Gaskammern von Birkenau betrug seit Juni 1943, als alle vier Anlagen errichtet waren, bei einmaliger »Beschickung« pro Tag mehr als 10000 Menschen. Die Krematorien besaßen eine Verbrennungskapazität von 4756 Leichen, bezogen auf 24 Stunden, also bei Tag- und Nachtbetrieb. Als die Vernichtungsziffern in Birkenau in den Sommermonaten des Jahres 1944 an manchen Tagen auf 9000 oder gar 10000 Menschen kletterten, fanden die Verbrennungen unter offenem Himmel statt, weil die Kapazität der Krematorien nicht ausreichte.

Die ersten, die in das noch im Bau befindliche Lager im Mai 1940 eingewiesen wurden, waren dreißig deutsche Schwerverbrecher. Sie wurden zu sogenannten Funktionshäftlingen ernannt, zu Lagerältesten, Blockältesten, Kapos, Stubenältesten usw. und bildeten neben der Hierarchie des SS-Wachpersonals die »Aristokratie« der Gefangenen.[42] Diese Funktionshäftlinge lebten vergleichsweise gut, solange sie ihre Stellung behaupten konnten. Von ihnen ging die alltägliche und allgegenwärtige Gewalt aus, mit der die übrigen Häftlinge dauernd konfrontiert waren. Nur Gewalttätigkeit konnte sie in ihrer privilegierten Stellung halten, und deshalb übten sie diese keineswegs nur als direkte Vollzugsorgane der SS, sondern auch im Eigeninteresse und nur zu oft aus Neigung aus, was sie zu ebenso findigen wie unberechenbaren Menschenschindern machte.

Die erste größere Gruppe von Häftlingen, die nach Auschwitz eingeliefert wurde, waren Polen. Der erste Transport traf im Juni 1940 ein und bestand vorwiegend aus Angehörigen der polnischen Intelligenz, Offizieren, Männern im wehrpflichtigen Alter, Geistlichen und Juden, jenen Gruppen, die Hitler »ausrotten« wollte, um das polnische Volk auf das Niveau von Heloten herabzudrükken. Von kleinen Gruppen deutscher, tschechischer und spanischer Häftlinge abgesehen, wurden bis Mitte Juli 1941 ausschließlich Polen nach Auschwitz eingeliefert. Legt man die Registriernummern zugrunde, betrug ihre Zahl zu diesem Zeitpunkt etwa 17000.

Die polnischen Häftlinge wurden ganz überwiegend zum Auf- und Ausbau des Lagers eingesetzt. Sie mußten in Kiesgruben arbeiten, Baumaterialien durch den Abriß von Häusern und Bauernhöfen in der Umgebung gewinnen, Straßen und Wege im Lager planieren, Wohnblocks errichten bzw. die vorhandenen aufstokken usw. All diese Arbeiten wurden mit primitivsten Mitteln, weitgehend ohne technische Hilfsmittel und Maschinen sowie unter ständigen Schikanen verrichtet. Die Häftlinge waren extrem unterernährt, tranken gesundheitsgefährdendes Wasser, lebten in primitiven sanitären Verhältnissen und wurden in höchst mangelhafter Weise medizinisch betreut. Da die Lagerleitung auf diese Arbeiter jedoch angewiesen war, denn ohne sie war der Aufbau des Lagers nicht zu bewerkstelligen, wird sich der Verschleiß von Menschen in Auschwitz zunächst in Grenzen gehalten haben. Exzesse waren gleichwohl nicht selten. Vor allem, wenn Häftlinge flohen, ergriff die Lagerleitung Vergeltungsmaßnahmen und verurteilte Unschuldige, die wahllos selektiert wurden, zum Tod durch Verhungern, Erschießen oder Erhängen. Auf einen Toten mehr oder weniger kam es den Verantwortlichen auch sonst nicht an, und niemand störte sich an hohen Sterblichkeitsziffern, aber eine systematische Menschenvernichtung, sei es durch Arbeit oder auf anderen Wegen, fand zwischen Mai 1940 und Juli 1941 in Auschwitz noch nicht statt.

Mit dem »Rußlandfeldzug« und dem Eintreffen der ersten Transporte russischer Kriegsgefangener Mitte Juli 1941 änderte sich das Bild schlagartig. Die Russen, die aufgrund des »Kommissarbefehls« aus den Kriegsgefangenenlagern ausgewählt worden waren, wurden anfangs sofort getötet. Die Tötungsarten wechselten, einige wurden erschlagen oder erschossen, andere vergast. Bereits Ende August 1941 probierte man das Gas Zyklon B an russischen Kriegsgefangenen aus.

Die Radikalisierung im Umgang mit den Menschen in Auschwitz beschränkte sich nicht auf die russischen Kriegsgefangenen. Ende Juli kam eine Sonderkommission der »Aktion T 4« nach Auschwitz und selektierte Häftlinge aus der Krankenabteilung. Etwa 570 Häftlinge überwiegend polnischer Nationalität wurden in die »Euthanasiestation« Sonnenstein bei Pirna transportiert und dort vergast. Offenbar wurde den Organisatoren der Ermordungen rasch klar, daß dieses Verfahren zu aufwendig war. Jedenfalls experimentierte man im August damit, Kranke durch Injektionen von Phenol zu töten.[43] Man spritzte es direkt in die Herzkammer, worauf der Tod innerhalb von ca. 15 Sekunden eintrat. Man schätzt, daß in Auschwitz 20000 Häftlinge auf diese Weise getötet worden sind.

Die »Logik« der Menschenvernichtung entfaltete sich in den folgenden Wochen und Monaten in atemberaubender Weise. Anfang September 1941 nahmen SS-Ärzte eine zweite »Selektion« auf der Krankenstation vor und bestimmten ca. 250 Häftlinge für den Tod. Sie wurden zusammen mit ca. 600 russischen Kriegsgefangenen im Kellergeschoß des Blocks 11 im Stammlager Auschwitz vergast. Die Eintragungen im Totenbuch der russischen Kriegsgefangenen weisen nun eine rasch steigende Tendenz auf. Im Oktober kamen mehr als 1250 um, im November waren es bereits mehr als 3700.[44] Insgesamt wurden zwischen Mai 1940 und Ende Dezember 1941 35 146 Häftlinge und Kriegsgefangene eingeliefert, von denen etwa 20 000 ums Leben gekommen sein dürften.

Am 15. Februar 1942 wurde in Auschwitz mit der Vergasung von Juden begonnen. Das Zentrum der Vernichtungsmaschinerie verlagerte sich nun nach Birkenau. Am 4. Juli 1942 wurde, nachdem die Juden bisher sofort in die Gaskammer geführt worden waren, die erste »Selektion« durchgeführt. Sie fand auf der Ausladerampe des Bahnhofs Auschwitz statt. SS umstellte den aus der Slowakei kommenden Zug. Die Juden wurden nach Geschlecht in zwei Gruppen getrennt. Ein SS-Lagerarzt entschied dann, wer zunächst vergast und wer als Häftling registriert und zur Arbeit herangezogen werden sollte.

Im Laufe des Jahres 1942 entfaltete Auschwitz in seiner Kombination von Konzentrations-, Arbeits- und Vernichtungslager sowie als medizinische Versuchsstation seine tödliche »Logik« als Instrument einer Politik, in der Rassenhygiene, rassistischer Vernichtungswille und brutale Kolonisierung bzw. Germanisierung eine unauflösliche Einheit bildeten. Neben die Vernichtung durch Erschießen und Erschlagen, durch Vergasen und Zutodespritzen – »Abspritzen« im SS-Jargon genannt – oder durch medizinische Versuche an lebenden Menschen trat die Vernichtung durch Arbeit, durch Hungerrationen und durch Seuchen. Der Vernichtungswille wurde immer umfassender, und für immer mehr Menschen, welche die Tore von Auschwitz, Birkenau und Monowitz durchschritten, erfüllte sich die zynische SS-Drohung, daß ein Weg hinaus nur durch den Schornstein des Krematoriums führe. Die Herkunft der Menschen, die in diese immer perfekter funktionierenden Todesmühlen gerieten, fächerte sich weit auf. Die ganz überwiegende Mehrzahl waren Juden aus den eingegliederten Gebieten und aus Polen, aus dem Reich, aus dem Protektorat, aus den Niederlanden, aus Frankreich, Griechenland, der Slowakei, Belgien, Italien, Kroatien und Norwegen. Die größte Gruppe stellten die etwa 400000 Juden aus Ungarn, die im Mai und Juni 1944 in Birkenau getötet wurden. Insgesamt sind in Auschwitz mehr als 1 Mio Juden umgebracht worden. Die Tragödie, die sich hinter dieser Zahl verbirgt, kann hier nicht dargestellt werden. Sie kann aber, unabhängig von den Prioritäten dieses Buches, mit dem Instrumentarium des Historikers auch gar nicht angemessen erfaßt werden. »Nur ex negativo, nur durch den ständigen Versuch, die Vergeblichkeit des Verstehens zu verstehen, kann ermessen werden, um welches Ereignis es sich bei diesem Zivilisationsbruch gehandelt haben könnte.«[45]

6. Die Dimension der Vernichtung

Das Ziel der Nationalsozialisten war die Vernichtung der biologischen Grundlagen des jüdischen »Volkes« durch die Ermordung aller Juden, derer man in Europa habhaft werden konnte. Im Januar 1942, auf der Wannsee-Konferenz, bezifferte das RSHA ihre Gesamtzahl auf 11 Mio. Dabei ging man von einem vollständigen militärischen Sieg Deutschlands aus. Die jüdische Bevölkerung Englands, Irlands, Schwedens, der Schweiz, Spaniens, des europäischen Teils der Türkei und die gesamte jüdische Bevölkerung der UdSSR wurde in die Rechnung einbezogen. Der Verlauf des Krieges hat das vereitelt. Andererseits gelang es den Schergen der SS und den ihnen zuarbeitenden Kollaborateuren im In- und Ausland, ihr Vernichtungswerk im deutschen Machtbereich nahezu vollständig durchzuführen. Nur wenige Judenschaften wie die dänische oder die altbulgarische konnten sich dem Zugriff insgesamt entziehen, und noch weniger Juden konnten als einzelne oder in kleinen Gruppen untertauchen, weil sie die Hilfe von Mitmenschen fanden, die sich nicht nur dem Rassenwahn verschlossen, sondern auch den Mut aufbrachten, sie zu verstecken oder mit Lebensmittelkarten zu versorgen. Der Zusammenbruch des Faschismus öffnete den Mördern auch den Weg nach Italien und in die italienisch besetzten Gebiete, und die Besetzung Ungarns durch deutsche Truppen im Frühjahr 1944 ermöglichte den Zugriff auf den größten Teil der ungarischen Juden. Je näher die Niederlage Deutschlands rückte, desto umfassender wurde die Mordpraxis. Dabei hielt man sich an den Juden schadlos, übte Rache an unschuldigen Opfern, weil man die eigenen Menschenverluste dem Kampf mit einem Gegner zuschrieb, den man als »jüdisch« apostrophierte und hinter dessen militärischen Anstrengungen man den Anspruch »des Judentums« auf Weltherrschaft sah. »Dieser Krieg«, schrieb 1942 ein SS-Gruppenführer namens Bracht an Himmler, »hat noch keinen Namen. Die Bezeichnung ›2ter Weltkrieg‹ bürgert sich nicht ein. Ich schlage vor ›der jüdische Krieg‹. Es geht letzten Endes um die Machtstellung Judas.«[46]

Dem biologischen Vernichtungskrieg gegen die Juden fielen insgesamt wenigstens 5,29 Mio Juden zum Opfer, wahrscheinlich aber ca. 6 Mio. Darunter befanden sich 2,7 Mio polnische Juden, 2,1 Mio sowjetische, 550000 ungarische, 200000 rumänische, 160000 deutsche, 143000 tschechoslowakische, 102000 niederländische, 76134 französische, 65000 österreichische, 60000 jugoslawische, 59185 griechische und 28518 belgische Juden.[47] Die Zuordnung der Opfer zu den Nationen, auf deren Territorium sie in die Deportationsmaschinerie gerieten, bleibt aber unsicher. In vielen Fällen waren sie erst kurz zuvor immigriert und noch wenig oder gar nicht verwurzelt und fühlten sich, wie etwa die jüdischen Immigranten in Frankreich, anderen Nationen zugehörig oder hatten nicht zuletzt unter dem Druck der Verfolgung begonnen, eine neue, eine jüdische Identität zu entwickeln.

Die Priorität, die den Juden als Opfern seit 1942 beigemessen wurde, war ebenso tief in der nationalsozialistischen Ideologie wie im Herrschaftssystem verankert. Sie darf aber nicht darüber hinwegtäuschen, daß der Vernichtungswille der Nationalsozialisten nicht nur auf die Juden zielte. Man schätzt, daß ihm etwa 2 bis 3 Mio Polen nicht-mosaischen Glaubens und wenigstens ebenso viele Russen zum Opfer gefallen sind. Zudem überlebten von den insgesamt 5,7 Mio sowjetischen Kriegsgefangenen 3,3 Mio die deutsche Gefangenschaft nicht.[48] Verläßliche Schätzungen für die ermordeten Sinti und Roma existieren nicht, ihre Zahl kann eine halbe Mio betragen haben.

Man kann sich fragen, wohin sich die Vernichtungsdynamik des nationalsozialistischen Herrschaftssystems gewandt hätte, wäre das »Dritte Reich« nicht – gemessen an der territorialen Ausgangsposition des Jahres 1944 – überraschend schnell unter den Schlägen der alliierten Armeen zusammengebrochen. Die Behandlung, die den Polen und den indigenen Bevölkerungen Rußlands im »Generalplan Ost« zugedacht war, läßt manches ahnen. In den Erörterungen über den »Generalplan Ost« ist bereits erkennbar, daß man nach der »Lösung der Judenfrage« an die »Lösung der Polenfrage« herangehen wollte. Das Generalgouvernement sollte, äußerte Frank am 25. März 1941, nicht nur »entjudet«, sondern »im Laufe von 15 bis 20 Jahren ein rein deutsches Land« werden. »Mit den Juden«, so Frank, »werden auch die Polen dieses Gebiet verlassen.«[49] Zunächst dachte man erneut, wie anfangs bei den Juden, an »Auswanderung«. Doch einige Protagonisten dachten bereits weiter. Am 1. Mai 1942 bat Greiser Himmler um die Genehmigung, »mit dem vorhandenen und eingearbeiteten Sonderkommando im Anschluß an die Judenaktion den Gau von einer Gefahr befreien zu dürfen, die mit jeder Woche katastrophalere Formen annimmt. Es befinden sich im Gaugebiet ca. 230000 bisher erkannte Tbc-Kranke polnischer Volkszugehörigkeit. Von diesen wird die Zahl der mit offener Tuberkulose behafteten Polen auf ca. 35000 geschätzt...«[50] Auch die intensiven Bemühungen nationalsozialistischer KZ-Ärzte, ein Verfahren zur Massensterilisation zu finden, u. a. wurde mit Röntgenstrahlen experimentiert, werfen Fragen auf, die über die »Lösung der Judenfrage« womöglich hinausweisen.[51]

XIV. Globaler und totaler Krieg

Am 7. Dezember 1941 überfiel die japanische Flotte die amerikanische Marinebasis Pearl Harbor auf Hawaii. Vier Tage später, am 11. Dezember, erklärten Deutschland und Italien den USA den Krieg. Der Zweite Weltkrieg, der ja von Anfang an kein rein europäischer Krieg gewesen, sondern von den überseeischen Gebieten der Westmächte und den britischen Dominions mitgetragen worden war, nahm endgültig globale Ausmaße an. Die beiden Mächtegruppen, die sich gegenüberstanden, besaßen ein höchst ungleiches Potential. Bereits 1941 hatte die Relation zwischen der Rüstungsproduktion Japans, Deutschlands und Italiens einerseits und der USA, der Sowjetunion und Großbritanniens andererseits etwa 1 zu 2 betragen. Zu diesem Zeitpunkt war das große ökonomische Potential der USA aber noch nicht voll mobilisiert und bestanden erhebliche Steigerungsmöglichkeiten. Sie führten dazu, daß sich die Relation bereits 1943 auf etwa 1 zu 3 veränderte.[1]

Die Koalition der angelsächsischen Mächte mit der UdSSR, die sich im Januar 1942 zusammen mit 26 weiteren Staaten, die sich zu diesem Zeitpunkt im Krieg gegen die Achsenmächte und Japan befanden, zu den »United Nations« zusammenschloß, verfügte über die Seeherrschaft im Atlantik und – trotz der japanischen Anfangserfolge – im größten Teil des Pazifik. Ihr standen alle für einen modernen Krieg erforderlichen Rohstoffe und Nahrungsmittel im Überfluß zu Gebote, und sie besaß eine schier unbegrenzte personelle Reserve. Die wenigen Rohstoffe und Rohmaterialien, die sich – nach den japanischen Eroberungen – nicht in ausreichendem Maße in den ihr zugänglichen Räumen befanden, wurden durch den Aufbau synthetischer Produktionen (Gummi, Aluminium) in den USA schnell substituiert. Im Unterschied zu den Achsenmächten und zu Japan, die durch ihre räumliche Trennung gezwungen waren, einen Parallelkrieg zu führen, konnten die »United Nations« ihre Kräfte koordinieren. Da sie nicht nur in der Lage waren, ihre Seeherrschaft zu behaupten, sondern es den USA auch gelang, ihre Seetransportkapazität zwischen 1941 und 1944 durch eine Verfünffachung des Baus von Handelsschiffen trotz erheblicher Verluste durch den U-Boot-Krieg auszubauen, waren sie in der Lage, die enorme Produktionskapazität der USA an allen Fronten zur Wirkung zu bringen. Die Voraussetzungen hierfür hatte der amerikanische Kongreß bereits im März 1941 durch die Verabschiedung des »Leih- und Pachtgesetzes« geschaffen. Das Gesetz ermächtigte den Präsidenten der USA, diejenigen Staaten mit Hilfsgütern zu beliefern, deren Selbstbehauptung im Kampf gegen die Achsenmächte und Japan er zur Verteidigung der Sicherheit der USA für erforderlich hielt.[2] Der Krieg war, selbst wenn man eine extrem günstige Entwicklung der strategischen Lage der Achsenmächte und Japans unterstellt, für diese Koalition nicht zu gewinnen. Dabei muß man nicht einmal in Betracht ziehen, daß die USA, denen am 2. Dezember 1942 die erste kontrollierte Kettenreaktion mit Uran 235 gelungen war, in der Atomforschung einen uneinholbaren Vorsprung besaßen, auf dessen Grundlage sie als einzige der kriegführenden Mächte daran gingen, eine Atombombe zu bauen.

Wenn man die Geschichte des Zweiten Weltkrieges aus der deutschen Perspektive betrachtet, muß man sich klar machen, daß jede gewonnene Schlacht, jeder Organisationserfolg in der Rüstungsindustrie, jedes Durchhalten an der inneren Front und an den militärischen Fronten die Voraussetzung dafür schuf, daß in Auschwitz weitergemordet werden konnte und Millionen Menschen ihre Hoffnung auf Leben, Menschenwürde und Freiheit aufgeben mußten. Dieser fundamentale Vorbehalt wird, wenn man die »Erfolge« und »Mißerfolge« der deutschen Strategie und Politik bedenkt, viel zu wenig mitbedacht. Eine andere Frage ist gleichwohl, welche Rolle dieser »moralische Aspekt« im historischen Prozeß spielte, der sich zweifellos in hohem Maße als Machtkonflikt konstituiert hatte und auch als solcher ausgefochten wurde. So kann man nicht ausschließen, daß der deutschen Führung am Ende des Jahres 1941 und im Jahre 1942 und womöglich darüber hinaus noch Handlungsoptionen offenstanden, die eine Aufrechterhaltung des barbarischen NS-Systems ebenso möglich erscheinen lassen wie eine »Rettung Deutschlands« durch eine partielle Veränderung des bestehenden Herrschafts- und Machtgefüges. Für beide Entwicklungsmöglichkeiten hätte es allerdings einer Kombination von militärischer Strategie und Politik bedurft, zu der weder Hitler noch die Führungseliten in der Wehrmacht und in der Wirtschaft fähig waren. Widerstand gegen die nationalsozialistische Führung, der die Bereitschaft zum Handeln einschloß, setzte erst ein, als der Krieg nicht nur militärisch, sondern auch politisch verloren war. Dabei spielte die grauenhafte Vernichtungspolitik, die in der zweiten Hälfte des Jahres 1941 nicht nur für jeden, der eine Führungsposition innehatte, erkennbar war, sondern deren langfristige Folgen sich spätestens an der Jahreswende 1941/42 deutlich abzeichneten, offenbar keine wesentliche Rolle. So ist denn die Geschichte einer Tragödie abschließend zu skizzieren, in der niemand auftrat, der über genügend Menschlichkeit, Voraussicht, Tatkraft und Macht verfügte, den Absturz in die Inhumanität zu beenden. Nichts zeigt die Geschlossenheit der Führung im »Dritten Reich« mehr als die Tatsache, daß man über die Mittel der Politik erst nachdachte, als deren prätendierter Zweck offenkundig nicht mehr erreichbar war.

1. Strategie der Verdrängung und der Illusionen

Man ist geneigt, die Kriegserklärung Deutschlands an die USA, die in einem Moment erfolgte, als die Konsequenzen der sowjetischen Gegenoffensive an der Ostfront noch in keiner Weise zu überblicken waren, für einen eklatanten Ausdruck von Realitätsverlust zu halten. Wie stellte sich, ist zu fragen, diese Entscheidung aus der Perspektive der deutschen Führung dar, und in welche Überlegungen war sie eingebettet?

Als Hitler den USA am 11. Dezember 1941 den Krieg erklärte, waren sie mit ihrem ökonomischen Potential, mit ihrer Rüstungsproduktion und auch mit ihrer Flotte längst auf die Seite Großbritanniens getreten. Die amerikanische Regierung tat alles, was sich ohne formelle Kriegserklärung, die nur der Kongreß aussprechen konnte und für die eine Mehrheit nicht sicher war, tun ließ. Präsident Roosevelt betrieb in bezug auf Deutschland eine »short-of-war«-Politik, die er Churchill gegenüber einmal so kennzeichnete: »Ich werde vielleicht nie Krieg erklären, aber ich werde Krieg führen.«[3] Dieser »unerklärte Krieg« entwickelte sich aus einer Abfolge von Einzelmaßnahmen, die Roosevelt dem Kongreß abrang oder die er unter Nutzung der Handlungsmöglichkeiten seines Amtes vorantrieb und mit denen sich die USA allmählich immer mehr vom Status einer neutralen oder nichtkriegführenden Macht entfernten.

Ähnlich wie Churchill hatte Roosevelt sehr früh erkannt, wes Ungeistes Kind Hitler und das von ihm gelenkte nationalsozialistische Herrschaftssystem waren und welche langfristigen Gefahren von einem Sieg des Nationalsozialismus in Europa ausgingen. Dabei stellte er die Sicherheitsinteressen der USA in den Vordergrund, legte sie aber so extensiv aus, daß sie eng mit dem Schicksal der Westmächte und, als Frankreich geschlagen war, dem Großbritanniens verknüpft wurden. Drei Maßnahmenkomplexe griffen dabei ineinander: die Hilfe für Großbritannien, die Aufrüstung der USA und eine Politik der Nadelstiche und Neutralitätsverletzungen gegenüber Deutschland, von der Roosevelt erwartet haben wird, daß sie Hitler zur Kriegserklärung veranlassen und ihn selbst von der Aufgabe befreien werde, den Kongreß zum Kriegseintritt bewegen zu müssen. Früh wird das langfristige Interesse dieser Politik erkennbar, mit dem Sieg über die Achsenmächte die Grundlage für eine neue politische und ökonomische Weltordnung zu legen, in der den Völkern eine Entwicklungschance eingeräumt werden und den USA eine hegemoniale Stellung zukommen sollte. Damit verband sich die vage Hoffnung, daß der Circulus vitiosus sich ineinander verzahnender politischer und ökonomischer Krisenerscheinungen, der die Entwicklung der industrialisierten Welt seit dem Ende der zwanziger Jahre geprägt hatte, auf diese Weise durchbrochen werden könne. Wie kein anderer Staatsmann der »United Nations« vertrat Roosevelt ein globales Ordnungs- und Machtinteresse, das er eng mit der wirtschaftlichen und gesellschaftlichen Zukunft der USA verbunden sah. Insofern ist er der eigentliche Antipode Hitlers.[4]

Bereits am 4. November 1939 hatte Roosevelt dem Kongreß eine Revision des Neutralitätsgesetzes von 1937 abgerungen, wonach es allen kriegführenden Staaten erlaubt war, Waffen und Kriegsmaterial in den USA einzukaufen, wenn sie sofort bar bezahlten und für den Abtransport auf eigenen Schiffen sorgten (»Cash-and-carry«-Klausel). Diese Möglichkeit konnten nach Lage der Dinge nur Großbritannien und Frankreich nutzen. Nach der Niederlage Frankreichs wurde mit Großbritannien ein Abkommen geschlossen über die Lieferung von Waffen aus der laufenden amerikanischen Produktion, das unter anderem die Abgabe der Hälfte der Flugzeugproduktion an die Briten vorsah. Schon seit dem November 1940 flogen amerikanische Piloten monatlich 350 bis 400 Kriegsflugzeuge nach Großbritannien. Am 2. September 1940 schlossen Churchill und Roosevelt ein Abkommen, das im Austausch gegen Stützpunkte, welche die USA auf den britischen Besitzungen im Atlantik und in der Karibik errichten durften, die Überlassung von fünfzig amerikanischen Zerstörern älterer Bauart an die Briten vorsah.

Als sich gegen Ende des Jahres 1940 abzeichnete, daß Großbritannien nicht mehr lange in der Lage war, das amerikanische Kriegsmaterial zu bezahlen, propagierte Roosevelt den Gedanken eines »Leih- und Pachtgesetzes« mit dem griffigen Bild, daß man seinem Nachbarn den Gartenschlauch leihen müsse, wenn sein Haus brenne. Zugleich machte er in aller Öffentlichkeit klar, daß die USA zum »Arsenal der Demokratie« werden müßten. Noch bevor der Kongreß am 11. März 1941 einem Gesetz zustimmte, das Großbritanniens Belieferung mit Kriegsmaterial unter der Fiktion des »Verleihens« ermöglichte, begannen geheime britisch-amerikanische Generalstabsbesprechungen, die auf der Basis geführt wurden, daß die USA im Falle eines Engagements auf dem europäischen und dem asiatischen Kriegsschauplatz eine »Germany-first«-Strategie befolgen würden und der Sicherung der Zufahrtswege nach Großbritannien absolute Priorität zukomme. Gleichzeitig wurde beschädigten britischen Kriegsschiffen erlaubt, amerikanische Werftanlagen für die Reparatur anzulaufen. Zur Sicherung der britischen Konvois, die Kriegsmaterial nach England brachten, lösten die USA am 7. Juli 1941 die seit Mai 1940 auf Island stationierten britischen Truppen ab. Nach dem Überfall Deutschlands auf die UdSSR wurden die Hilfsmaßnahmen auch auf diesen Gegner Hitler-Deutschlands ausgedehnt, und Churchill und Roosevelt verkündeten das auf einer Konferenz, zu der sie sich in der ersten Augusthälfte vor der Küste Neufundlands auf einem Kriegsschiff trafen und auf der sie ein gemeinsames Kriegszielprogramm verabschiedeten, das unter dem Begriff »Atlantikcharta« bekannt geworden ist.

Parallel zu dieser mit dem Status einer neutralen Macht nicht mehr zu vereinbarenden Politik lief mit Kriegsbeginn die amerikanische Rüstungsproduktion an. Das hatte zunächst wirtschaftliche Gründe. 1938 fanden in den USA 10,5 Mio Menschen oder 19 % der Beschäftigungssuchenden keine Arbeit. Die amerikanische Industrie war nur etwa zur Hälfte ausgelastet. Der Export von Kriegsmaterial war in dieser Situation hoch willkommen und stieg von 498 Mio Dollar 1939 auf über 1 Mrd 1941. Zugleich begann die Aufrüstung der eigenen Streitkräfte die Konjunktur zu beleben. Noch während des Frankreichfeldzuges erhöhte der

Kongreß die Militärausgaben, und am 19. Juli 1940 wurde ein Gesetz über eine binnen sechs Jahren aufzubauende »Zwei-Ozean-Flotte« verabschiedet. Die Militärausgaben insgesamt stiegen von 1 Mrd Dollar im Jahre 1939 auf 9 Mrd 1941. Bereits im Oktober 1940 hatte der Kongreß ein 17-Mrd-Rüstungsprogramm verabschiedet, mehr als die USA im Ersten Weltkrieg für die Aufrüstung ausgegeben hatten. Die amerikanischen Rüstungsanstrengungen konzentrierten sich keineswegs ausschließlich auf den Ausbau der Luftwaffe und der Marine, zumal sich die politische und militärische Führung in Washington darüber klar war, daß Deutschland ohne den Aufbau einer großen Landarmee nicht geschlagen werden konnte. So nahm das Heer, das 1939 nur 338 000 Mann stark war, bis zum Ende des Jahres 1941 auf 1,5 Mio Mann zu. Ohne Wehrpflicht war das nicht zu bewerkstelligen. Sie wurde am 15. September 1940 eingeführt, erstmals in der Geschichte der USA in Friedenszeiten.

Angesichts der bedeutenden Sicherheits- und Handelsinteressen der USA im Atlantik einerseits und des militärischen Interesses Deutschlands andererseits, die Zufuhr nach Großbritannien zu unterbinden, waren deutsch-amerikanische Zwischenfälle auf hoher See nicht zu vermeiden. Dabei war es ein Gradmesser für die Entwicklung der deutsch-amerikanischen Beziehungen, wie die Regierungen solche Zwischenfälle ganz unabhängig von der in aller Regel schwer zu klärenden Schuldfrage im einzelnen behandelten. Während beide Regierungen zunächst bemüht waren, Konfliktfälle zu vermeiden, veränderte sich die amerikanische Haltung seit dem Frühjahr 1941 deutlich. Seit dem April 1941 gingen amerikanische Marineeinheiten dazu über, deutsche U-Boote zu beschatten und ihre jeweilige Position der britischen Flotte über Funk zu melden. Am 18. April wurde die panamerikanische Sicherheitszone auf 30° West vorgeschoben und am 14. Juni gar auf 26° West, womit die Azoren innerhalb der Sicherheitszone lagen, die sich nun in das deutsche Operationsgebiet hineinschob. Der Konflikt war programmiert, doch Hitler wich zurück und gab die Ordre, daß deutsche Marineeinheiten mit Rücksicht auf den bevorstehenden Rußlandfeldzug auch dann nicht auf amerikanische Kriegsschiffe schießen durften, wenn sie sich im deutschen Operationsgebiet bewegten.[5] Roosevelt hingegen steuerte auf Eskalation zu und nutzte nun jeden Zwischenfall, um seine Politik gegenüber Deutschland zu verschärfen, wobei er auch nicht davor zurückschreckte, den Kongreß durch wahrheitswidrige Angaben zu täuschen und die amerikanische Öffentlichkeit auf diese Weise auf einen Konflikt einzustimmen. So benutzte er einen Zwischenfall, der sich am 4. September 1941 zwischen dem amerikanischen Zerstörer »Greer« und einem deutschen U-Boot ereignet hatte, wobei die Schuldfrage mehr als unklar war, dazu, die amerikanische Marine anzuweisen, auf jedes Kriegsschiff der Achsenmächte sofort zu schießen (»shoot-on-sight-order«), das sich in Seegebieten aufhalte, »deren Schutz für die Verteidigung Amerikas notwendig« sei. Gleichzeitig ordnete er an, daß amerikanische Kriegsschiffe von nun an Begleitschutz für Handelsschiffe im Nordatlantik zu fahren hatten. Am 13. November 1941 schließlich wurden amerikanische Handelsschiffe bewaffnet und erhielten die Erlaubnis, die Häfen kriegführender Staaten auch in britischen Konvois anzulaufen.

Das rein taktisch bedingte Verhalten beider Seiten liegt offen zu Tage. Während Roosevelt, womöglich auch im Hinblick auf die unklare Lage im Osten Europas, Deutschland zum Angriff provozieren wollte, weil er fürchtete, daß der amerikanische Kongreß nach einer Niederlage der UdSSR, von der er ausging, einer Kriegserklärung an Deutschland nicht mehr zustimmen werde, wollte Hitler erst den Rußlandfeldzug beenden, ehe er den Konflikt mit den USA riskierte, den er für unvermeidlich hielt. Als daher der Oberbefehlshaber der deutschen Marine, Raeder, im Juli 1941, nachdem die USA Island besetzt hatten, Hitler die Frage vorlegte, ob man diese Aktion als Kriegseintritt der USA werten solle und er die für die deutsche Marine lästigen Seekriegsbeschränkungen aufheben könne, beschied ihn Hitler, »daß ihm alles daran liege, den Kriegseintritt der USA noch 1-2 Monate hinauszuschieben«.[6]

Offenbar war Hitler, der die japanisch-amerikanischen Verhandlungen, die seit April 1941 geführt worden waren, um einen modus vivendi im Verhältnis der beiden pazifischen Großmächte zu finden, mit Unruhe verfolgt hatte, im Juli 1941 davon ausgegangen, daß die Achsenmächte den USA und Großbritannien demnächst allein gegenüberstehen würden. Diese Perspektive veränderte sich im November 1941, als die japanische Regierung in Berlin sondieren ließ, wie Deutschland sich im Falle einer kriegerischen Verwicklung Japans mit den USA verhalten werde. Offenbar ging Tokio davon aus, daß der »Dreimächtepakt« vom 27. September 1940 als Offensivbündnis zu betrachten sei, was aber nicht zutraf.[7] Gleichwohl reagierte die deutsche Seite erleichtert und signalisierte ihre Bereitschaft, an der Seite Japans in den Krieg gegen die USA einzutreten und mit Japan ein Zusatzabkommen zu vereinbaren, wonach Frieden nur einvernehmlich geschlossen werden durfte. Da Hitler mit einem baldigen Kriegseintritt der USA gegen die Achsenmächte fest rechnete, konnte ihm ein Angriff Japans auf die USA nur recht sein. Daher ist die positive Antwort aus Berlin in der Absicht erteilt worden, Japan hierzu zu ermuntern, und die deutsche Kriegserklärung erfolgte, um den Partner im Krieg zu halten. Vorderhand hatte sich, so schien es, die Lage Deutschlands durch die neue Entwicklung erheblich verbessert.[8]

Die deutsche Kriegserklärung an die USA ist zunächst einmal ein deutlicher Beleg dafür, daß Hitler trotz des Desasters an der Ostfront nicht daran dachte, einen politischen Ausweg aus dem Krieg zu suchen, und die Wiederaufnahme des Ostfeldzuges im kommenden Jahr plante. Hierin drückte sich ein beträchtlicher Realitätsverlust aus oder, was Hitlers Mentalität näherkommt, die Absicht, das riskante Vabanquespiel, das er mit seiner Außen- und Kriegspolitik von Anfang an betrieben hatte, fortzusetzen, obgleich er nun Gegnern gegenüberstand, die entschlossen waren, ihn nicht mehr durchkommen zu lassen, und die auch die Machtmittel besaßen, ein solches Durchkommen zu verhindern. Hitler sah das jedoch vermutlich anders. Aus seiner Perspektive hatte er bei allem Pech an der Ostfront insgesamt noch einmal Glück gehabt; denn ohne den Angriff Japans auf die USA wäre alles noch schlimmer gekommen. Jetzt aber eröffnete sich für eine zwar kurze, aber vielleicht ausreichende Zeitspanne erneut ein strategisches Fenster für den Krieg gegen die Sowjetunion; denn die USA würden ihre Kriegsanstrengungen nun vermutlich erst einmal auf Japan konzentrieren, und selbst wenn sie das nicht taten, mußten sie ihre Kräfte zu einem Zeitpunkt gegen zwei Gegner wenden, zu dem sie für einen solchen Krieg noch nicht voll gerüstet waren. Das mußte ihren Auftritt mit Landstreitkräften auf dem europäischen Kriegsschauplatz auf jeden Fall verzögern. Zwischenzeitlich konnte man die UdSSR in einem zweiten Feldzug zerschlagen oder die deutsche Herrschaft in Westrußland zumindest sichern und Großbritannien durch einen zermürbenden Zufuhrkrieg in Schach halten.

Tatsächlich hat sich die deutsche militärische Führung auf dieses Vabanquespiel eingelassen, ja, mehr noch, Hitler in der Auffassung bestärkt, daß der Krieg auf diese Weise noch zu gewinnen sei. Die Risiken wurden gleichwohl gesehen. So kam der Wehrmachtsführungsstab am 14. Dezember 1941 zu der Überzeugung, es sei keineswegs sicher, daß sich die USA auf den Krieg gegen Japan konzentrieren oder ihre Kräfte zersplittern würden. Vielmehr sei es durchaus denkbar, daß die USA die Entscheidung im Krieg gegen Deutschland »zum frühstmöglichen Zeitpunkt« suchen würden, um das Reich daran zu hindern, seinen Herrschaftsbereich im Osten abzurunden und zu sichern.[9]

Aus dieser Annahme des schlimmsten Falls, der die amerikanisch-britische »Germany-first«-Strategie intuitiv erfaßte, entwikkelte sich die deutsche Strategie. Sie sah erstens einen zweiten Ostfeldzug vor, diesmal aber nur im Süden Rußlands. Das Ziel dieser Operation sollte die Gewinnung des Ölgebiets bei Maikop, der kaukasischen Ölfelder einschließlich Bakus und die Unterbrechung der Versorgungsader des westlichen Rußland, der Wolga, sein. Zugleich hoffte man, im Kaukasusraum eine Ausgangsbasis für eine Kriegführung im Nahen Osten zu gewinnen, die Vorstöße bis zum Persischen Golf und zum Suezkanal ermöglichen sollte. Für Nordafrika sah man zweitens ein Sicherungskonzept nach Westen unter Einbeziehung des französischen und spanischen Kolonialgebiets und nach Osten ein begrenztes Offensivkonzept mit der Stoßrichtung gegen den Suezkanal vor. Zugleich wollte man drittens die Nordflanke durch die Einbeziehung Schwedens in den Dreimächtepakt und durch die Verstärkung der in Skandinavien stehenden deutschen Truppen sichern. Da man über den Ansatzpunkt einer Landung der Alliierten naturgemäß keine Sicherheit gewinnen konnte und sich auf eine Früherkennung nicht verlassen wollte, wurden schließlich auch noch Vorbereitungen für die Abwehr einer Landung in der Normandie und in der Bretagne getroffen. Die wichtigste Aufgabe für die Verhinderung einer Landung der Alliierten fiel aber viertens der U-Boot-Waffe zu. Sie sollte einen Krieg gegen die Handelsschiffahrt der Alliierten führen und sie außer Stand setzen, beide Ziele, die Versorgung Großbritanniens und die Verschiffung von Landungstruppen, gleichzeitig zu erreichen.

Innerhalb dieses Rahmenkonzepts vertrat der Chef des Generalstabes des Heeres, Halder, die unbedingte Priorität des Ostfeldzuges, während der Chef der Marine, Raeder, der Auffassung war, daß man gleichzeitig und gleichgewichtig im Mittelmeerraum operieren müsse, um die britische Position in diesem Raum endgültig zum Einsturz zu bringen und eine Verklammerung des japanisch und des deutsch-italienisch beherrschten Raums zu erreichen. Doch trotz aller Differenzen im einzelnen war man in der deutschen Führung davon überzeugt, daß es das Hauptziel des Jahres 1942 sein müsse, den europäischen Raum auf den Eventualfall einer Invasion der Briten und Amerikaner vorzubereiten, die für 1943 erwartet wurde, und die Voraussetzungen für eine erfolgreiche Abwehr zu schaffen. In Übereinstimmung mit Hitler wurde nicht die Konsequenz gezogen, die verbleibende Zeitspanne für eine riskante Konzentration aller verfügbaren Kräfte auf den Ostfeldzug zu nutzen, um hier einen entscheidenden Schlag zu führen, sondern man bevorzugte ein Defensivkonzept, das den Übergang der strategischen Initiative auf die Briten und Amerikaner für 1943 bereits antizipierte und auf den Vorteil der inneren Linie vertraute. Bis zu einem gewissen Grade hatte man begriffen, daß sich der Charakter des Krieges gründlich geändert hatte und der Krieg mit Blitzfeldzügen nicht mehr zu gewinnen war. Das zeigte sich im November/Dezember 1941 auch in der Rüstungspolitik.

2. Die Reorganisation der Kriegswirtschaft

In der Rüstungspolitik knüpfte man Ende des Jahres 1941 wieder an die Organisationsprinzipien an, denen Todt im Frühjahr 1940 bereits zu einem erheblichen Erfolg verholfen hatte. Schon im Oktober 1941 hatte der Chef des Wehrwirtschafts- und Rüstungsamts des OKW Thomas darauf hingewiesen, daß die USA bei Frontflugzeugen, Panzern und Geschützen im Begriff waren, allein für die Monate bis Mai 1942 eine Exportquote zu erreichen, die einer ganzen deutschen Jahresproduktion entsprach. Für das Jahr 1943 rechnete das OKW bei der Luftrüstung mit einem Verhältnis von 5 : 1 zwischen der amerikanischen und der deutschen Produktion.[10] Man kannte die Rohstofflage der Gegner, sie war schließlich jedem besseren Handbuch zu entnehmen, und wußte, wie schmal die eigene Rohstoffbasis auch unter Einschluß des westlichen Rußland im Vergleich dazu war.[11] So kristallisierte sich unter dem Druck der neuen Verhältnisse im November/Dezember 1941 ein Rüstungskonzept heraus, das sich an einem lang anhaltenden Materialkrieg orientierte und für das die Rationalisierung der Fertigung und die Ausschöpfung der personellen Ressourcen zum Leitgedanken wurden. Am 3. Dezember 1941 erging der »Führerbefehl über die Vereinfachung und Leistungssteigerung unserer Rüstungsproduktion«, der bisherige Überlegungen bündelte und dem zahlreiche weitere Erlasse und Anordnungen folgten. Todt wurde zur wichtigsten Antriebskraft dieser Bestrebungen. Er knüpfte an das bereits im Frühjahr 1940 eingerichtete System von Sonder- und Hauptausschüssen an und drängte mit diesem Geflecht von Gremien, in denen Fachleute saßen, welche die jeweiligen Produktionsmethoden kannten, weil sie selber Unternehmer in der betreffenden Branche waren, die militärische Kommando- und Planwirtschaft endgültig zurück. Jetzt ließ sich, nach den Katastrophen im Osten und der neuen Herausforderung durch die USA, leichter argumentieren, und durchgreifende Maßnahmen besaßen die Unterstützung Hitlers. Dennoch gelang es Todt nicht, die Gesamtrüstung unter Kontrolle zu bekommen. Seine neue Organisation der »Selbstverantwortung der Industrie« blieb zunächst auf die Heeresrüstung beschränkt. Allerdings kam es auch in der Marine- und Luftrüstung zu einer gewissen Anpassung an die veränderte Lage, und die neuen Methoden übten einen beträchtlichen Nachahmungszwang aus, weil sich rasch Erfolge einstellten.

Als Todt am 8. Februar 1942 bei einem Flugzeugabsturz ums Leben kam, entschied sich Hitler in einer für ihn bei Personalangelegenheiten höchst untypischen blitzartigen Manier, seinen Architekten Albert Speer zum neuen Minister für Bewaffnung und Munition zu ernennen. Speer besaß das Vertrauen Hitlers und konnte, gestützt auf dessen Autorität, verwirklichen, was Todt begonnen hatte. Da Speer seit Kriegsbeginn bereits Erfahrungen in der Organisation großer Bauvorhaben des Heeres im Reich und in den Ostgebieten gesammelt hatte, war er auf die neue Aufgabe relativ gut vorbereitet. Als unpolitischer Technokrat dachte er wenig über die größeren Zusammenhänge nach, denen seine Bemühungen zuzuordnen waren, zeigte keine Skrupel, eng mit der Gestapo und der SS zusammenzuarbeiten, und nahm ohne moralische Bedenken in Kauf, daß in der von ihm gelenkten Rüstungsindustrie Zwangsarbeit unter unwürdigsten Bedingungen verrichtet wurde. Speer erwies sich als begabter Organisator, er wurde von den Industriellen, mit denen er zusammenarbeiten mußte, als ebenbürtiger Partner akzeptiert, und er besaß ähnliche Vorstellungen von modernem Management wie Todt. Zudem gelang es ihm, eine für den »Führerstaat« höchst untypische Durchschlagskraft auf längere Dauer zu entwickeln und seinen Einflußbereich dabei beträchtlich auszubauen.[12]

Im April 1942 setzte Speer eine zentrale Planungsinstanz ein, die – kollegial organisiert – die wichtigsten Rohstoffe an die Bedarfsträger verteilte und die Nutzung der Transportkapazitäten regelte. Die neue Instanz, die »Zentrale Planung« genannt wurde, strahlte in alle Bereiche der Kriegswirtschaft aus, die nun erstmals eine funktionierende Lenkungsbehörde besaß. Bereits im Mai 1942 unterstellte sich Speer die Rüstungsinspektionen und Rüstungskommandos, die bisher dem Wehrwirtschafts- und Rüstungsamt des OKW zugeordnet waren, drängte dessen Chef, General Thomas, an die Seite und verschaffte seinem Ministerium auf diese Weise eine Mittelinstanz, mit der er die einzelnen Rüstungsbetriebe kontrollieren und die Vergabe von Aufträgen, die Zuteilung von Rohstoffen und Arbeitskräften auf der unteren Ebene lenken konnte. Das System wurde im September 1942 mit der Bildung der Rüstungskommissionen, welche die bisherige Struktur einheitlich zusammenfaßten, abgeschlossen. Sie waren ebenfalls kollegial organisiert und banden das Reichswirtschafts- und -verkehrsministerium, den Generalbevollmächtigten für den Arbeitseinsatz, die Parteikanzlei der NSDAP, die ›Organisation Todt‹, die ›Deutsche Arbeitsfront‹ und die Reichswirtschaftskammer ein.

Die kritische militärische Lage, in die das Reich im Sommer 1943 erst in der Atlantikschlacht und dann an der Ostfront geriet, verlieh der Ausweitung von Speers Kompetenzbereich neue Impulse. Im Juli übernahm er die Verantwortung für die Marinerüstung, und im September zog er die wichtigsten kriegswirtschaftlichen Kompetenzen des Reichswirtschaftsministeriums an sich. Sein Ministerium nannte sich nun »Reichsministerium für Rüstung und Kriegsproduktion« (RMRuK). Mit der Übernahme des gesamten Bereichs der Lenkung der zivilen Produktion aus dem RWM ins neue RMRuK trat zugleich einer der fähigsten Organisatoren, der Textilfabrikant Hans Kehrl, zu Speer über. Er errichtete erstmals ein »Planungsamt«, das unter Heranziehung erfahrener Statistiker eine systematische Datenerhebung betrieb, mit der zentrale Lenkungs- und Planungsentscheidungen vorbereitet und ihre Durchführung auf der betrieblichen Ebene überwacht werden konnten. Das Planungsamt griff dabei über den engeren Rahmen der deutschen Wirtschaft hinaus und begann, unterstützt von einer späten Wendung zum Pragmatismus in der Besatzungspolitik, die europäische Wirtschaft planend zu erfassen und zu lenken. Die letzte »Eroberung«, die Speer machen konnte, war die Übernahme der Luftrüstung im Juni 1944. Auch hierfür hatte die militärische Lage die Voraussetzungen geschaffen und die Hindernisse aus dem Weg geräumt; denn zuvor – im März, April und Mai – war die deutsche Rüstungsproduktion durch die Bombenangriffe der Alliierten in einigen Schlüsselbereichen schwer getroffen worden. So diente denn die Übernahme der Luftrüstung durch Speer ganz wesentlich dem Zweck, durch ein kurzfristiges »Jägerprogramm« die Voraussetzungen für einen Schutz des Reichs gegen Luftangriffe zu schaffen.

Obgleich Speer erhebliche Schwierigkeiten hatte, den Rüstungspartikularismus der rivalisierenden Instanzen zu überwinden, und ihm das auch nur gelang, weil sich die militärische Lage des Reichs ständig verschlechterte, trug er wesentlich dazu bei, den Krieg zu verlängern und jenes mehr als dreijährige Durchhalten an allen Fronten gegen eine von vornherein erdrückend überlegene Koalition der größten Mächte der Erde zu ermöglichen. Wenn man sich vergegenwärtigt, was das bedeutete – und hier ist es erlaubt, gleichzeitig auf Auschwitz und auf die Opfer an allen inneren und äußeren Fronten zu verweisen –, erliegt man nicht der Faszination, die von den deutschen Rüstungserfolgen ausgeht, und betrachtet sie nicht ausschließlich unter dem Gesichtswinkel der technokratischen Effizienz. Gleichwohl sind sie hier zu bilanzieren, damit verständlich wird, warum es drei Jahre dauerte, bis die nationalsozialistische Herrschaft erlosch, auch wenn sich damit nur einer der wesentlichsten Teilaspekte dieses erstaunlichen Vorgangs erschließt.

Den besten Eindruck von den Ergebnissen der Reorganisation der Rüstungsproduktion gibt der Index der Rüstungsendfertigung auf der Basis der Mengen. Er stieg vom Januar/Februar 1942 (= 100) kontinuierlich an und erreichte im Juli 1944 mit der Indexziffer 322 sein Maximum. Das Volumen der Rüstungsendfertigung verdreifachte sich mithin zwischen 1942 und 1944. Die größten

Steigerungsraten wurden in jenen Bereichen erzielt, die sofort in den Kompetenzbereich von Todt und Speer fielen. So stieg der Index (Januar/Februar 1942 = 100) bei Panzern auf 512, bei Munition auf 297 und bei Waffen auf 323. Die Flugzeugproduktion verdoppelte sich jedoch nur bis 1943 und stieg dann im ersten Halbjahr 1944 noch einmal um 48 Indexpunkte. Der Bau von Kriegsschiffen stagnierte, die Zahl der fertiggestellten U-Boote stieg aber von 162 im Jahre 1941 auf 234 im Jahre 1944. Gleichwohl fiel Deutschland in der Rüstungsproduktion gegenüber der Feindkoalition ständig zurück. Bereits Ende 1942 erreichte allein die Produktion der USA die gemeinsame Produktion Japans, Deutschlands und Italiens. 1944 war sie doppelt so hoch. Hoffnungslos unterlegen war Deutschland aber nicht nur in den absoluten Ausstoßziffern, sondern auch in der Produktivität. Das Planungsamt errechnete 1944, daß die Produktivität (Leistung je Arbeiter und Arbeitsstunde) in den USA das 2,7fache der deutschen betrage und daß sie selbst in Großbritannien um ein Viertel höher liege. Das war einerseits die Folge einer trotz aller Rationalisierungsbemühungen im Vergleich zu den USA immer noch geringeren Modernität der deutschen Fertigungsmethoden und andererseits des geringen Leistungsanreizes des Lohnsystems und der Beschäftigung von Zwangsarbeitern in der Industrie.

Parallel zur Reorganisation der Rüstungsproduktion lief eine Mobilisierungskampagne, die alle Bereiche der Gesellschaft umfaßte und zunehmend unter dem Schlagwort des »totalen Krieges« geführt wurde. Die Kampagne flaute regelmäßig wieder ab, wenn die letzte Niederlage einige Zeit zurücklag, und begann mit jedem Rückschlag von neuem. So gab es einen ersten großen Mobilisierungsschub nach der Krise des Ostheeres im Winter 1941/42, einen zweiten nach Stalingrad im Januar/Februar 1943, einen dritten nach der verlorenen Schlacht im Kursker Bogen im August/September 1943 und einen letzten nach den Bombenangriffen auf die Schlüsselindustrien im Frühsommer 1944. Im Kern ging es bei dieser wiederholten Proklamation des totalen Krieges einerseits um die Ausschöpfung immer noch vorhandener Arbeitskraftreserven und andererseits um die Freimachung von unabkömmlich gestellten Arbeitskräften für die Einberufung zur Wehrmacht, die infolge der sprunghaft ansteigenden Verluste einen wachsenden Bedarf an Soldaten hatte. Im Zuge der Verordnungen, die Speers Machtstellung begründeten, wurde am 21. März 1942 der Gauleiter der NSDAP in Thüringen, Fritz Sauckel, zum »Generalbevollmächtigten für den Arbeitseinsatz« ernannt. Seine Aufgabe war die Mobilisierung von Arbeitskräften im Reich und im gesamten deutsch beherrschten Europa. Nachdem anfangs überwiegend auf der Basis freiwilliger Meldungen und Werbungen vorgegangen worden war, was aber nur zu unbefriedigenden Ergebnissen führte, ging Sauckel rücksichtslos zum System der Zwangsrekrutierung und gewaltsamen Aushebung ausländischer Arbeitskräfte – zu sogenannten »Sauckelaktionen« – über. Die Zahl der Zwangsarbeiter stieg infolgedessen rasch an und erreichte zusammen mit den in den Arbeitsprozeß integrierten Kriegsgefangenen Ende September 1944 die Ziffer von 7,5 Mio.[13]

Weniger erfolgreich war Sauckel bei der Mobilisierung der heimischen Arbeitskraftreserven. Er griff zu diesem Zweck auf den regionalen Behördenapparat der Reichsarbeitsämter zurück und versicherte sich mit mehr oder weniger Erfolg der Mitarbeit der Organe der NSDAP. Reserven wurden vor allem durch das »Umsetzen« von Arbeitskräften gewonnen – man kämmte Betriebe aus oder legte sie still, wenn sie nicht kriegswichtig waren – und durch die Einbeziehung der Frauen in den Arbeitsprozeß. Gleichwohl sank die Ziffer der zivilen deutschen Arbeitskräfte von 1941 = 33,1 Mio auf 1942 = 31,3 Mio ab.

Die bei weitem größten Wirkungen gingen von den Rationalisierungsmaßnahmen aus. Die Mobilisierung der heimischen Arbeitskraftreserven gelang dagegen auch in den folgenden Jahren nur in sehr begrenztem Umfang. Die Führung wagte nicht, die Bevölkerung hart anzufassen, und benötigte daher zur Rechtfertigung jeder verschärfenden Maßnahme eine militärische Niederlage. Durch eine große Meldepflichtaktion nach Stalingrad wurden 544 000 Männer und 3 Mio Frauen als Arbeitskraftreserve erfaßt, von denen sich aber nur 26,4 % der Männer und 54,1 % der Frauen als einsatzfähig erwiesen. Durch Betriebsstillegungen wurden noch einmal 161 000 Arbeitskräfte frei, die sich aber ebenfalls nicht vollständig in die Kriegswirtschaft integrieren ließen, die in wachsendem Maße vor allem an Facharbeitermangel litt, der sich auf keinerlei Weise mehr ausgleichen ließ. Insgesamt konnten 1943 aber noch einmal 1,36 Mio Menschen in den Arbeitsprozeß eingegliedert werden, von denen 1,26 Mio Frauen waren. Da sie nicht alle eine volle Arbeitszeit von 48 Stunden pro Woche ableisten konnten, lag der Nettoeffekt bei ca. 1 Mio vollbeschäftigter Arbeitskräfte. Gleichwohl reichte das nicht aus, den Verlust an Arbeitskräften, der durch Einberufungen eintrat, auszugleichen. So ging die Ziffer der zivilen deutschen Arbeitskräfte von 31,3 Mio 1942 auf 30,3 Mio 1943 zurück und sank 1944 auf 28,4 (Ende September). Daß die Gesamtzahl der Arbeitskräfte nicht abnahm, sondern bei etwa 45 Mio stabilisiert werden konnte, lag daher zum wesentlichsten Teil an der Zwangsrekrutierung von Arbeitskräften und der Beschäftigung von Kriegsgefangenen.[14]

3. Arbeitskräftemangel und Menschenvernichtung

Angesichts des eklatanten Mangels an Arbeitskräften und insbesondere an Facharbeitern, der mehr als alle anderen Faktoren die deutsche Kriegswirtschaft behinderte und den Produktionsausstoß begrenzte, war es absurd, daß die nationalsozialistische Führung parallel zur Rekrutierung von Arbeitskräften Millionen von Menschen in den Tod schickte oder sterben ließ. Diese Absurdität ist durchaus gesehen worden. Die für die Rüstungsorganisation verantwortlichen Stellen haben ebenso wie einzelne Rüstungsindustrielle, aber auch einzelne Parteiinstanzen immer wieder auf das jüdische Facharbeiterpotential verwiesen. Die »Transferstelle Warschau«, die die Rüstungsfirmen im Generalgouvernement betreute, hat z. B. im August 1941 darauf aufmerksam gemacht, daß von den ca. 500000 Bewohnern des Warschauer Ghettos ca. 40% Handwerksberufen angehörten und mithin als Facharbeiter Verwendung finden könnten. Die Rüstungsinspektion Berlin kämpfte um »ihre« jüdischen Facharbeiter, und selbst ein eingefleischter Nationalsozialist wie Hans Frank stellte im Dezember 1942 resigniert fest, »daß die Wegholung der Juden arbeitsmäßig zu ungeheuersten Schwierigkeiten geführt hat«, und er hoffte, daß man sie wenigstens in der Rüstungsindustrie lassen werde, denn sonst »sieht die Lage noch schlimmer aus«.[15]

Welche Beweggründe für solche Stellungnahmen auch immer maßgebend waren – humane Erwägungen, die es gewiß auch gab, konnten nicht offen artikuliert werden –, die katastrophale Wirkung, welche die Judenvernichtung für die Kriegswirtschaft hatte, ist in den überlieferten Zeugnissen mit Händen zu greifen. Ebenso deutlich wird aber auch, daß ihnen ein von ganz oben kommender, nur zu zeitlich eng befristeten Zugeständnissen bereiter, letztlich kompromißloser Vernichtungswille gegenüberstand, der die Beeinträchtigung der Kriegswirtschaft um vermeintlich »höherer Ziele« willen bewußt in Kauf nahm. »In der Judenfrage«, beschied das Ostministerium eine Anfrage des Reichskommissars für das Ostland, Hinrich Lohses, am 15. Dezember 1941, »dürfte inzwischen durch mündliche Besprechungen Klarheit geschaffen sein: Wirtschaftliche Belange sollen bei der Regelung des Problems grundsätzlich unberücksichtigt bleiben.«[16]

Trotzdem gab es auch in der Politik der mit der Judenvernichtung befaßten Instanzen der SS seit der Jahreswende 1941/42 verstärkte Versuche, zweckrationalen Erwägungen Rechnung zu tragen und das Mordgeschehen der Kriegswirtschaft partiell nutzbar zu machen. Sie stehen, da sie das Morden nicht stoppten, sondern allenfalls verzögerten, in keinem Verhältnis zu den volkswirtschaftlichen Verlusten, welche die Menschenvernichtung herbeiführte. Dennoch entfalteten sie in begrenzten Partialverhältnissen und bestimmten, eng definierten Situationen z. B. unter betriebswirtschaftlichem Gesichtswinkel durchaus »gewinnbringenden« Nutzen. Hierbei geht es um zwei Bereiche: um die Nutzung der KZ-Häftlinge als Arbeitskräfte und um die »Verwertung« der Habseligkeiten, welche die für die Vernichtung vorgesehenen Opfer am Leibe trugen bzw. die man durch Leichenfledderei gewann. Für beide Bereiche war das SS-Wirtschafts- und Verwaltungshauptamt (WVHA) zuständig, das SS-Gruppenführer Oswald Pohl leitete und dessen Amtsgruppe D die Konzentrationslager unterstanden.[17] Das WVHA ging am 1. Februar 1942 aus einer Zusammenfassung der bisherigen Hauptämter der SS für Verwaltung und Wirtschaft, Haushalt und Bauten sowie des Verwaltungsamtes-SS des SS-Führungsamtes hervor und war die Zentralstelle, die den Beitrag der SS zur Kriegswirtschaft zu organisieren hatte.

Die Zahl der KZ-Häftlinge hatte sich im Krieg sprunghaft erhöht. Ende 1942 waren es 90 000, Ende 1943 300 000 und Ende 1944 mehr als 700 000. Im Sommer 1944 verrichteten etwa 400 000 KZ-Häftlinge Zwangsarbeitern in der Rüstungsindustrie, das entspricht etwa 1 % der zu diesem Zeitpunkt im Reich beschäftigten zivilen Arbeitskräfte, Zwangsarbeiter und Kriegsgefangenen und etwa 4 % der in der Industrie Beschäftigten.[18] Die Zahlen repräsentieren angesichts der extrem großen Sterblichkeit nur einen kleinen Teil der Menschen, die in den Jahren 1942 bis

1945 die Konzentrationslager »durchliefen«. Sie waren in ihrer ganz überwiegenden Mehrzahl Juden und »straffällig« gewordene Zwangsarbeiter. Ein großer Teil der Juden wurde allerdings nie in ein KZ eingewiesen, sondern gleich auf der Rampe für die Vernichtung selektiert. Legt man einen Mittelwert von 4 Mio Juden zugrunde, die sich während des ganzen Zeitraums von 1942 bis 1945 dauernd in deutscher Verfügungsgewalt hätten befinden können, wird man davon ausgehen dürfen, daß wenigstens 2,5 Mio bei normaler Behandlung als Arbeitskräfte in Frage gekommen wären. Die zwischen 1941 und 1944 eintretende Abnahme der Zivilarbeiter im Reich um 4,5 Mio hätte sich zu mehr als der Hälfte allein durch jüdische Arbeitskräfte auffangen lassen.

Es hat nicht an Versuchen gefehlt, dieses Potential für die Rüstungsindustrie verfügbar zu machen. Pohl schlug Ende April 1942 Himmler vor, die »Häftlingsarbeitskräfte zunächst für Kriegsaufgaben« und »später für Friedensaufgaben« zu mobilisieren, und er begriff durchaus, daß hierzu eine grundsätzliche Veränderung des Lagersystems »in eine den wirtschaftlichen Aufgaben entsprechende Organisation« erforderlich sei.[19] Himmler gab keineswegs eine Gegenordre, sondern bestätigte die Notwendigkeit der Kurskorrektur und machte seinerseits Vorschläge, wie die Ernährung der Häftlinge »einfach und billig« zu verändern sei, damit die Sterblichkeitsrate in den Lagern gesenkt werden könne. Genau das gelang aber nur ansatzweise und nur vorübergehend. Betrug die Todesrate der KZ-Häftlinge in der zweiten Jahreshälfte im Durchschnitt pro Monat etwa 10%, sank sie in den ersten Monaten des Jahres 1943 zunächst auf etwa 6%, blieb 1944 zunächst auf diesem Prozentsatz und stieg im vierten Quartal 1944 wieder erheblich an. Genaue Zahlen fehlen jedoch. Zudem beziehen sich die Ziffern auf die Stammlager und lassen die zahlreichen Außenlager außer Betracht, in denen die Sterblichkeitsquote erheblich höher lag. Eine Schätzung für sämtliche Lager kommt für 1942 auf eine Monatsquote von 30%, für 1943 auf 25%, für 1944 auf 30% und für das erste Quartal 1945 auf 40%.[20]

Die Gründe für das Mißlingen des Umsteuerns sind vielfältig: Die pragmatische Zielsetzung des WVHA war innerhalb der SS-Bürokratie nicht unumstritten und kollidierte mit der vor allem vom RSHA organisierten Vernichtung. Das Lagerpersonal war in einem anderen Geist erzogen worden und »filterte« die Impulse zur Umsteuerung im Sinne der bisherigen Straf- und Vernichtungspraxis. Die Ernährung wurde nicht verbessert, u. a. weil das WVHA in dieser Hinsicht vom Reichsminister für Ernährung und Landwirtschaft abhängig war, der gänzlich andere Prioritäten setzte und die Ernährungssätze für Häftlinge nicht nur nicht erhöhte, sondern bei jeder Versorgungsschwierigkeit mit Vorrang kürzte. Ähnlich erging es den Konzentrationslagern bei anderen Zuteilungen, etwa von Textilien. Zudem waren die Bedingungen in den Lagern in jeder Hinsicht ungeeignet für einen irgendwie geordneten und auf die Erhaltung von Arbeitskraft ausgerichteten Arbeitseinsatz. Je mehr sich die Lager füllten, desto unhaltbarer wurden die Zustände und desto höher lagen die absoluten Ziffern der Sterblichkeit.

Ähnlichen Mißerfolg hatten auch die Versuche, die Produktivität der Häftlinge durch Prämiensysteme zu erhöhen. Da die wichtigste Prämie, eine glaubhafte Zusage, frei zu kommen, nicht gewährt wurde, ging es den Häftlingen ausschließlich darum, die Haftzeit zu überleben. Das konnte aber nur gelingen, wenn sie ihre Kräfte schonten und möglichst nicht krank wurden, da andernfalls gnadenlos selektiert wurde. »Das Sklavensystem der SS«, hat Eugen Kogon, der selbst KZ-Häftling war, geurteilt, »war die reinste Erziehung zur Arbeitsscheu.«[21] So bewirkte der Versuch des WVHA, das KZ-System in die Kriegswirtschaft zu integrieren, kaum mehr als die Ablösung des Strafterrors durch den Arbeitsterror und lief letztlich auf eine Forcierung der »Vernichtung durch Arbeit« hinaus.[22]

Wie sehr diese Entwicklung im Trend des Gesamtsystems lag, ist schließlich auch an der Zusammenarbeit zwischen dem WVHA und der Rüstungsindustrie abzulesen; denn hier hätte durchaus ein erheblicher Spielraum für eine Kurskorrektur bestanden, der aber nicht oder so gut wie gar nicht genutzt wurde. Die Mehrzahl der zum Arbeitseinsatz kommenden Häftlinge wurde in Kontingenten von wenigstens 500 Arbeitskräften – diese Ziffer wurde aus Sicherheits- und Überwachungsgründen von der SS vorgegeben – in der Großindustrie beschäftigt und zu diesem Zweck in Außenlagern untergebracht, die in der Nähe der Werke errichtet wurden. An der Spitze der »Abnehmer« solcher Kontingente stand die IG-Farbenindustrie AG, die in Auschwitz-Monowitz eine eigene chemische Fabrik für die synthetische Erzeugung von Gummi und Benzin errichtete. Andere Großunternehmen wie die Hermann-Göring-Werke, Krupp oder die Heinkel Flugzeugwerke, deren

Oranienburger Werk Häftlinge aus dem KZ Sachsenhausen »bezog«, folgten. Einen Schwerpunkt der Häftlingsarbeit bildete schließlich die Produktion von V-Waffen und Düsenjägern in den unterirdischen Werksanlagen bei Nordhausen in Thüringen.

Die Firmen hatten in der Mehrzahl der Fälle erhebliche Möglichkeiten, auf die Ernährung, Kleidung, medizinische Betreuung und auch auf die Unterbringung sowie auf die Bewachung der Häftlinge während der Arbeitszeit Einfluß zu nehmen. Diese Möglichkeiten wurden sehr selten zugunsten der Häftlinge genutzt. Statt dessen entwickelte sich in der Mehrzahl der Fälle eine betriebswirtschaftliche Kosten-Nutzen-Rechnung, welche die Eckwerte des Vernichtungssystems zur Basis der Rentabilität machte. So akzeptierte man in Auschwitz-Monowitz, daß die »angelieferten« Häftlinge sich im Durchschnitt binnen drei Monaten »abarbeiteten« bzw. »erschöpften« in dem Wissen, daß sie anschließend selektiert und vergast wurden.

Die letzte Stufe dieser unter gesamtwirtschaftlichen Gesichtspunkten kontraproduktiven und auch unter mittel- oder langfristigen betriebswirtschaftlichen Gesichtspunkten kaum »rentablen« Politik der Einbeziehung der Vernichtungspraxis in die kriegswirtschaftlichen Notwendigkeiten stellte die sogenannte »Verwertung« der zur Vernichtung bestimmten Menschen und der letzten ihnen verbliebenen Habseligkeiten dar. Der Prototyp dieser »Verwertung« war bei der sogenannten »Euthanasie« »entwikkelt« worden. In großem Maßstab zur Anwendung kam sie dann schließlich bei der Judenvernichtung in den großen Vernichtungszentren Belzec, Sobibor, Treblinka, Maidanek und Auschwitz-Birkenau. Den Menschen wurden zunächst ihre Habseligkeiten abgenommen – Kleidung, Wertgegenstände, Geld, Schmuck und, sofern sie Gepäck mitführen durften, alles, was sich in den Koffern befand und irgendwie verwertbar war –, ihnen wurden sogar die Haare geschoren. Den Leichen wurden schließlich die Goldzähne herausgebrochen und die Prothesen entnommen. In den Lagern wurden eigene Magazine angelegt, in denen die persönliche Hinterlassenschaft der Opfer, von Häftlingen sortiert, auf den Abtransport ins Reich wartete. Der Verkauf erfolgte durch das WVHA, die Gegenwerte wurden der Reichskasse gutgeschrieben und dienten der Kriegsfinanzierung. Die Größenordnung, um die es hierbei ging, kann nicht mehr festgestellt werden. Für die »Aktion Reinhardt«, der unter der Leitung des SS- und Polizeiführers im Distrikt Lublin, Odilo Globocnik, von März 1942 bis Oktober 1943 die Mehrzahl der polnischen Juden zum Opfer fiel, ist von den Beteiligten eine Abschlußrechnung aufgemacht worden, die sich auf 180 Mio RM beläuft. Auch wenn man unterstellt, daß die realen Werte weitaus höher lagen, bleibt doch nur die Feststellung, daß dem »Gewinn« nicht einmal eine marginale Bedeutung zukam.

4. Der Verlust der strategischen Initiative

Die Kriegserklärung an die USA führte zu einer erheblichen Zersplitterung der deutschen Kräfte. Bereits am 14. Dezember 1941 ordnete das OKW an, die von deutschen Truppen besetzte Küstenlinie von Nordnorwegen bis zur Biscaya zu einem »neuen Westwall« auszubauen. Nach Norwegen wurden zusätzlich Kräfte für Befestigungsarbeiten abkommandiert, und Mitte Februar 1942 verlegte die Kriegsmarine ihre Überwasserstreitkräfte in einer von Hitler befohlenen riskanten Durchfahrt durch den Kanal aus dem Atlantikhafen Brest in die heimischen Gewässer, um sie zum Schutz der »Nordflanke« verfügbar zu haben. In Frankreich und Belgien wurden zur Abwehr eventueller Landungen – die Briten gaben entsprechenden Befürchtungen durch kleinere Kommandounternehmen immer wieder Nahrung – 22 Infanteriedivisionen und sieben Panzer- bzw. motorisierte Divisionen, insgesamt mehr als 500 000 Mann, zurückbehalten. Im Juli 1942 ordnete Hitler gar die Verlegung von SS-Verbänden aus dem Osten in den Westen an. Als besonders gefährdet galten die Normandie, die Küstenlinie zwischen Dieppe und Le Havre und in zweiter Linie auch die niederländische Küste und die Bretagne.[23]

Sieht man einmal von den Besatzungstruppen ab, die sich überall im deutsch-beherrschten Raum befanden, und von den erheblichen Kräften, die hinter der Ostfront immer noch mit der Partisanenbekämpfung befaßt waren, zog auch der zweite Kriegsschauplatz in Nordafrika beträchtliche Kräfte auf sich. Am 21. Januar 1941 war Rommel, der neben den italienischen Truppen über zwei deutsche Panzerdivisionen, eine leichte Division und zwei Maschinengewehrbataillone sowie Aufklärungseinheiten verfügte, erneut zum Angriff angetreten, nachdem sich die Nachschublage des Afrika-Korps Anfang Januar vorübergehend gebessert hatte. Da die Briten auf Malta einen Flotten- und Luftwaffenstützpunkt besaßen, der den Nachschub nach Nordafrika behinderte, band der »Kampf gegen Malta« zusätzlich beträchtliche deutsche Luftwaffenkräfte. Als Ende April 1942 wesentliche Teile dieser Kräfte an die Ostfront abgezogen wurden, überließ man die Sicherung der Nachschubwege im Mittelmeer auf deutscher Seite weitgehend den U-Booten. Da die U-Boot-Waffe zudem noch den Auftrag hatte, den alliierten Schiffsverkehr nach Murmansk zu bekämpfen, wurden auch die Kräfte der einzigen Waffengattung zersplittert, mit der man im Atlantik offensiv gegen die USA vorgehen konnte. Insgesamt zeigt die Situation bereits im ersten Halbjahr 1942, daß die deutschen Kräfte einerseits nicht ausreichten, um den europäischen Raum durch Defensivmaßnahmen und begrenzte Offensivvorstöße zu sichern, solange die Kämpfe im Osten andauerten, und die Gesamtlage andererseits bereits für so prekär gehalten wurde, daß man eine Konzentration aller Kräfte im Osten – so wie Hitler das 1939 angeordnet hatte – nicht mehr wagte.

Stand der zweite Ostfeldzug aufgrund dieser Gesamtbeurteilung schon unter keinem günstigen Stern, wurde er für die deutsche Seite vor allem deswegen zu einem Fiasko, weil man die Kräfte der UdSSR erheblich unterschätzte und es nicht verstand, die eigenen Ziele in eine vernünftige Relation zu den Möglichkeiten zu bringen. Die Weisung Hitlers vom 5. April 1942 ging davon aus, »die den Sowjets noch verbliebene lebendige Wehrkraft endgültig zu vernichten und ihnen die wichtigsten kriegswirtschaftlichen Kraftquellen soweit als möglich zu entziehen«.[24] Schon diese Formulierung legte den Zwiespalt offen, in dem sich die deutsche Führung befand; zwar hielt man offiziell an der Fiktion fest, die UdSSR besiegen zu wollen, aber niemand glaubte so recht daran, daß das möglich sei. Statt dessen verfolgte man eine begrenzte Zielsetzung: die südrussischen Ölgebiete sollten in Besitz genommen werden; denn ohne sie konnten die deutschen Streitkräfte einen längeren Krieg gegen die USA und Großbritannien, der große Mengen an Flugbenzin und Dieselöl verschlingen würde, nicht durchhalten. Zudem konnte der sowjetischen Ölversorgung mit der Wegnahme dieser Gebiete ein tödlicher Schlag versetzt werden.

Schon Ende 1941 hatte sich herausgestellt, daß das Ostheer aufgrund seiner personellen und materiellen Verluste nicht in der

Lage war, im kommenden Jahr erneut auf der gesamten Frontlänge offensiv zu werden. So sah denn die Weisung vom 5. April lediglich im Norden eine begrenzte Offensive zur Wegnahme Leningrads und zur Herstellung einer gemeinsamen Front mit den Finnen vor, während die »Heeresmitte« die bisherige Frontlinie nur behaupten sollte. Für den entscheidenden Stoß war der Südabschnitt vorgesehen, an dem der »Durchbruch in den Kaukasusraum« erzwungen werden sollte. Während auf der gesamten Ostfront ca. 5 Mio Mann der Roten Armee etwa 3 Mio deutschen und nicht ganz 700 000 Soldaten der Verbündeten des Reichs gegenüberstanden, war die Relation für den Vorstoß im Süden zunächst so schlecht nicht, weil Stalin den deutschen Angriff in der Mitte erwartete und dort die meisten Kräfte konzentriert hatte.

Die große Sommeroffensive am Südabschnitt der Ostfront, die am 28. Juni schließlich begann, verlief für die angreifenden verbündeten Armeen zunächst sehr erfolgreich. Bereits am 23. Juli eroberte man im Süden Rostow und hatte wenige Tage später auf breiter Front nahezu überall den Don erreicht. Die raschen Geländegewinne täuschten aber über die reale Lage hinweg. Im Unterschied zu dem bisherigen Kampfverhalten wich die Rote Armee großräumig zurück. Das war einerseits die Folge einer flexibleren Taktik des sowjetischen Oberkommandos und andererseits bereits ein untrügliches Zeichen dafür, daß die schnellen Kampfverbände der Angreifer im Unterschied zum Sommer 1941 erheblich an Beweglichkeit eingebüßt hatten. So gelang es weder westlich des Don noch bei Stalingrad, eine große Umfassungsschlacht zu schlagen. Geblendet von den großen Raumgewinnen mißverstand Hitler, der die Operationen als Oberbefehlshaber des Heeres selbst führte, die Lage und glaubte, im Unterschied zu den kommandierenden Generälen an der Front und zum Generalstabschef des Heeres, daß der Feind im wesentlichen geschlagen sei. Er änderte daher am 23. Juli den Feldzugsplan und ordnete an, daß die nördliche Heeresgruppe B, die ursprünglich zusammen mit der Heeresgruppe A auf die Wolga vorstoßen und diese Versorgungsader des mittleren Rußland unterbrechen sollte, allein vorzugehen hatte, während die Heeresgruppe A nach Süden eindrehen und in einem zeitlich parallelen Vorstoß den Kaukasus erreichen und die Ölfelder in Besitz nehmen sollte. Die Parallelschaltung der beiden Vorstöße, die ursprünglich nacheinander hatten vorgetragen werden sollen, überforderte angesichts der den Sowjets verbliebenen

Kräfte, die zudem bei Stalingrad von der Mittelfront her laufend verstärkt wurden, die Möglichkeiten beider Heeresgruppen. Gleichzeitig warfen die über weite Räume hinweg zu führenden Operationen große logistische Probleme auf und führten zu Nachschubschwierigkeiten. Wie wenig Hitler die Möglichkeiten noch realistisch zu beurteilen vermochte, zeigt sich auch daran, daß er die ohnehin schon geringe Angriffskraft der beiden im Süden Rußlands in getrennten Stoßrichtungen operierenden Heeresgruppen noch zusätzlich durch die Abgabe von Kräften nach Frankreich und an die Leningrad-Front schwächte.

Obgleich die Vorstöße der beiden Heeresgruppen ihre Ziele bei weitem nicht erreichten und sich im September 1942 auch klar abzeichnete, daß sie nicht mehr zu erreichen waren, hatten sie doch für die sowjetische Seite erhebliche Folgen. Die Ölförderung in Maikop, das die deutschen Truppen im August besetzten, und in Grosny, das durch deutsche Luftangriffe zerstört wurde, kam völlig zum Erliegen. Das in Baku nach wie vor geförderte Öl konnte nur auf umständlichen Transportwegen über das Kaspische Meer und durch Turkmenien und Kasachstan abtransportiert werden. Daher kam es auf sowjetischer Seite zu erheblichen Treibstoffschwierigkeiten. Nicht zuletzt deswegen hatte Stalin bereits am 28. Juli den Befehl gegeben, die flexible Rückzugstaktik aufzugeben und »nicht einen Schritt« mehr zurückzuweichen.[25]

In der deutschen Führung spitzte sich in der zweiten Septemberhälfte ein Konflikt zu, der seit langem schwelte und durch Hitlers Entscheidung, die Angriffsoperation zu zersplittern, bereits zu einer tiefgreifenden Vertrauenskrise geführt hatte. Der Chef des Generalstabes des Heeres notierte am 23. Juli in sein Tagebuch: »Die immer schon vorhandene Unterschätzung der feindlichen Möglichkeiten nimmt allmählich groteske Formen an... Krankhaftes Reagieren auf Augenblickseindrücke und völliger Mangel in der Beurteilung des Führungsapparates und seiner Möglichkeiten geben dieser sogenannten Führung das Gepräge.«[26] Als auch Hitler begriff, daß die Ziele des Feldzuges nicht mehr zu erreichen waren, entlud sich sein lang aufgestauter Unwille über die Militärs. Am 10. September enthob er den Chef der Heeresgruppe A, Wilhelm List, seines Postens, am 24. September mußte Franz Halder seinen Hut nehmen. Wichtiger als das Personalrevirement, das nur zeigte, wie wenig der Oberbefehlshaber selbst der Situation gewachsen war, wurden die Fehlentscheidungen der nächsten Wochen und Monate. Statt die Niederlage einzugestehen und die exponierten Heeresgruppen zurückzunehmen, suchte Hitler Zuflucht bei einer dogmatischen »Halte-Strategie«. Das erleichterte es den Sowjets, die 6. Armee in Stalingrad einzukesseln und der deutschen Wehrmacht und ihren Verbündeten die bisher größte Niederlage des Zweiten Weltkrieges beizubringen. Am 31. Januar bzw. 2. Februar 1943 kapitulierten nach vergeblichen Versuchen, Stalingrad zu entsetzen und die Stadt aus der Luft zu versorgen, die letzten Reste der 6. Armee. Zwar konnten ein Durchbruch der Roten Armee auf breiter Front und der Zusammenbruch der gesamten Südfront verhindert werden, aber bis zum Februar/März 1943 ging mehr Terrain verloren, als seit Ende Juni 1942 hatte erobert werden können. Bis Ende März/Anfang April 1943 konnte die Ostfront gleichwohl überall stabilisiert werden.

Die gesamte Kriegslage hatte sich dennoch dramatisch zuungunsten der Achsenmächte und ihrer Verbündeten verschoben. Keinem mußte das klarer sein als Hitler selbst; denn vor dem Beginn des zweiten Rußlandfeldzuges hatte er vor der versammelten Generalität bemerkt: »Wenn ich das Öl von Maikop und Grosny nicht bekomme, dann muß ich diesen Krieg liquidieren.«[27] Klar war ihm auch, daß für die Eroberung der Ölfelder nur noch wenig Zeit zur Verfügung stand und daß sie abgeschlossen sein mußte, bevor die USA in der Lage waren, aktiv in das Kriegsgeschehen einzugreifen. Auch das setzte im Grunde schon voraus, daß die Ölförderungsanlagen den Deutschen unversehrt in die Hände fielen, denn für langwierige Reparaturen blieb keine Zeit mehr. Der Zeitkorridor wurde extrem schmal. Nicht zuletzt deswegen hatte sich Hitler am 23. Juli 1942 zu der riskanten Änderung der Offensivpläne entschlossen, was die Voraussetzung für die Katastrophe der Südfront schuf.

Für die Gesamtlage wurde es entscheidend, daß es britisch-amerikanischen Streitkräften am 8. November 1942 gelang, in Marokko und Algerien zu landen und sich dort festzusetzen, obgleich die Achsenmächte sofort einen Brückenkopf in Tunesien bildeten und mit erheblichen Kräften den Versuch unternahmen, die Angreifer zurückzudrängen. Die Veränderung der Lage in Nordafrika zeigte, daß die Frist zur Konsolidierung des deutsch-italienischen Machtbereichs, die nach der Kriegserklärung an die USA vielleicht bestanden hatte, abgelaufen war.[28] Schon zuvor hatten die USA durch Waffenlieferungen an die britische Nordafrikaarmee dazu beigetragen, den Vormarsch des Afrika-Korps und der italienischen Streitkräfte zum Suezkanal zu stoppen und ihnen schließlich Anfang November 1942 bei El Alamein eine entscheidende Niederlage beizubringen. Da wenige Tage nach der Wende bei El Alamein die Landung im Westen Nordafrikas erfolgte, gerieten die deutsch-italienischen Truppen, die ihren Gegnern in jeder Hinsicht, materiell und zahlenmäßig, unterlegen waren, rasch in eine ausweglose Situation.

Am 28. November schlug Rommel Hitler die Räumung Nordafrikas vor. Dieser entschied aber, daß aus politischen Gründen ein größerer Brückenkopf gehalten werden müsse. Das war mit Rücksicht auf den Achsenpartner Italien zweifellos richtig, erwies sich aber infolge der sich rapide verschlechternden Nachschublage – vor allem Treibstoff fehlte – als nicht durchführbar. Immerhin gelang es Rommel, der sich zahlreichen Haltebefehlen des italienischen Oberkommandos immer wieder geschickt entzog, das Gros seiner Truppen dem Zugriff der Briten zu entziehen und bis zum 15. Februar des folgenden Jahres nach Tunesien zu führen. Gleichwohl konnten die Achsenstreitkräfte den Brückenkopf in Nordafrika gegen die in jeder Hinsicht überlegenen Streitkräfte der Alliierten nicht behaupten. Sie kapitulierten am 13. Mai 1943. Acht deutsche und sechs italienische Divisionen, insgesamt 250000 Soldaten, gingen in Gefangenschaft. Damit war für die Armeen der Alliierten der Weg nach Italien frei. Am 10. Juli 1943 landeten sie auf Sizilien.

Die Eroberung Nordafrikas bewies die Fähigkeit der USA und Großbritanniens, große Mengen von Truppen und Material über den Atlantik zu verschiffen, und zeigte damit, daß die Achsenmächte auch den U-Boot-Krieg gegen die Handelstonnage der Briten und Amerikaner verloren hatten.[29] Die Aufgabe, die den U-Booten zugedacht war, fügte sich in die Gesamtstrategie Hitlers ein. Die U-Boote sollten ihre Kräfte auf die Versenkung von Handelsschiffen konzentrieren. Auf diese Weise wollte man mehrere Ziele gleichzeitig erreichen: Die Vernichtung der Ladung sollte Versorgungsschwierigkeiten in Großbritannien und auf dem nordafrikanischen Kriegsschauplatz auslösen, die Vernichtung der Tonnage sollte eine Konzentration der industriellen Kraft der USA und Großbritanniens auf den Neubau von Schiffen bewirken sowie Rüstungskapazitäten binden. Gelang es zudem, mehr Tonnage zu versenken, als nachgebaut werden konnte, verringerte sich auch die Fähigkeit der Briten und Amerikaner, eine zweite Front in Europa aufzubauen und den weitgehend im Osten gebundenen deutschen Streitkräften in den Rücken zu fallen. Alles hing davon ab, daß der Gegner einen Nettoverlust in seiner Handelsschiffstonnage erlitt. Die Chancen für diese Strategie schienen zunächst nicht schlecht zu sein. In den ersten beiden Kriegsjahren hatte die Großbritannien zur Verfügung stehende Schiffstonnage einen erheblichen Nettoverlust erlitten.

Mit der Kriegserklärung an die USA entfielen die Beschränkungen im Seekrieg, was zu einem sprunghaften Anstieg der Versenkungsziffern und bei etwa gleichbleibender Produktion auch der Nettoverluste führte. Doch jetzt standen den alliierten Seemächten die großen, keinen Luftangriffen ausgesetzten Produktionskapazitäten der USA voll zur Verfügung. Die Ziffer der Neubauten erhöhte sich von etwa 0,2 Mio BRT im Januar 1942 auf über 1,0 Mio BRT im September, hielt sich auf diesem hohen Niveau und stieg 1943 steil an. Obgleich sich die Versenkungsziffern der Seestreitkräfte der Achsenmächte 1942 bei einem monatlichen Durchschnittswert von 0,75 Mio BRT einpendelten, erzielten die Seemächte im August 1942 erstmals einen Nettogewinn in der Handelstonnage. Der Trend hielt an.[30]

Der ausschlaggebende Grund für diese Niederlage im Atlantikkrieg war die industrielle Kraft der USA, gegen die die Seestreitkräfte der Achsenmächte von vornherein ein totes Rennen liefen. Andere Gründe traten hinzu. Der Krieg gegen die USA kam für die Hauptwaffe im Atlantikkrieg, die U-Boote, unerwartet und zu früh. Die Achsenmächte verfügten im Dezember 1941 nicht über genügend U-Boote im Atlantik, um die Unerfahrenheit der Amerikaner im Tonnagekrieg, die sich anfangs vor allem im Schiffsverkehr an der amerikanischen Ostküste deutlich auswirkte, für einen durchschlagenden Überraschungserfolg zu nutzen. Zu spät wurde den U-Booten sodann sowohl in der Seestrategie als auch in der Rüstungsproduktion Priorität zuerkannt. Zudem wirkte sich die allgemeine Überforderung der militärischen und industriellen Kräfte der Achsenmächte seit Ende 1941 auch auf dem Atlantik aus. Gemessen an den hochgesteckten Zielen wurden nicht nur nicht genug U-Boote gebaut, sondern sie mußten auch weitgehend auf sich allein gestellt operieren, d. h. ohne ausreichende Luftaufklärung und ohne Unterstützung durch eine schlagkräftige Marineluftwaffe, weil die Flugzeuge an anderen Schwerpunkten, vor allem im Osten, benötigt wurden und nicht genug vorhanden waren, um allen Ansprüchen gerecht zu werden. Die U-Boot-Waffe selbst konnte nicht ausschließlich auf dem Atlantik eingesetzt werden, wo sie am wirksamsten war, sondern zersplitterte ihre Kraft, weil die Führung sie als operative »Feuerwehr« an verschiedenen Brennpunkten verwandte. Deutsche U-Boote operierten seit Juli 1941 im Mittelmeer und seit November 1942 im Schwarzen Meer.

Auf der anderen Seite lernten die Seemächte, sich immer besser gegen die U-Boot-Gefahr zur Wehr zu setzen. Sie ließen die Handelsschiffe nicht mehr einzeln, sondern in Konvois fahren, die sich effizienter durch Kriegsschiffe schützen ließen. Ihre Luftüberwachung wurde flächendeckender und intensiver, und durch den Einsatz von Radar konnten die U-Boote leichter aufgespürt werden. Zudem gelang es ihnen zeitweilig, den deutschen Funkcode zu entschlüsseln, so daß die Konvois um die in Rudeln jagenden U-Boote herumgeführt und diese besser bekämpft werden konnten. Neue Waffen wie Raketen bei den U-Boot-Jagdflugzeugen und Torpedos für die U-Boot-Jagd taten ein übriges.[31]

Im Unterschied zum Verlust der Initiative in der Schlacht im fernen Atlantik, der sich für die deutsche Seite nur allmählich bemerkbar machte, vollzog sich die Wende im Luftkrieg vor aller Augen und wurde sowohl für die Soldaten an der Front als auch vor allem für die deutsche Zivilbevölkerung in empfindlicher Weise wirksam. Dabei spielte der strategische Bomberkrieg die entscheidende Rolle. Er entstand paradoxerweise aus der Schwäche der Briten, die sich – zunächst auf allen Kriegsschauplätzen in der Defensive – auf ihre Bomber als die einzige Waffe besannen, mit der sie offensiv vorgehen konnten, was nicht zuletzt zur Hebung der Kampfmoral der eigenen Bevölkerung geschah. Der strategische Bomberkrieg war zunächst ausschließlich ein deutsch-britisches Duell. Den Anfang machte die deutsche Seite mit einem Angriff auf die englische Flotte in Scapa Flow am 16. März 1940. Bei diesem ersten deutschen Luftangriff auf die britischen Inseln wurden ausschließlich militärische Ziele angegriffen, und die Briten schlugen in dem Bewußtsein, daß sie angesichts ihrer eigenen Schwäche in der Luftrüstung eine Ausdehnung des Luftkrieges auf andere Ziele nicht riskieren konnten, in gleicher Weise mit einem nächtlichen Angriff auf den Seefliegerhorst Hösum auf Sylt zurück.

Der Nachtangriff blieb das entscheidende Kennzeichen des strategischen Bomberkriegs der Briten; denn Tagesangriffe erwiesen sich als zu verlustreich. Die Entscheidung für den Nachtangriff hatte aber auch ihren Preis; denn sie erlaubte nach dem Stand der damaligen Technik keine Präzisionsabwürfe. Selbst wenn man militärische Ziele bombardieren wollte, traf man unweigerlich auch die Zivilbevölkerung. Sollte man sie deswegen unterlassen und somit ganz auf den strategischen Luftkrieg verzichten? Hierüber wurde in den Sitzungen des War Cabinet und der Chiefs of Staff intensiv und kontrovers diskutiert. Am 14. Mai 1940 fiel die wichtigste Vorentscheidung: Um Luftwaffeneinheiten vom nordfranzösischen Kriegsschauplatz abzulenken, griffen britische Bomber in der folgenden Nacht wehrwirtschaftlich wichtige Ziele im Ruhrgebiet an. Der Angriff war relativ wirkungslos. Ihm kommt Bedeutung nur zu, weil er der erste strategische Bomberangriff war, der unabhängig vom militärischen Geschehen an der Front gegen die Wirtschaftskraft des Gegners im Hinterland geführt wurde.

Das »Schuldkonto« der deutschen Luftwaffe war zu diesem Zeitpunkt bereits hoch belastet. Am 25. September 1939 hatten massive Luftangriffe – im Einsatz waren 1200 Maschinen – auf Warschau stattgefunden, wobei auch Brandbomben in großer Zahl abgeworfen worden waren und es große Opfer unter der Zivilbevölkerung gegeben hatte. Am 14. Mai 1940 hatte die Luftwaffe Rotterdam angegriffen, obgleich bereits Übergabeverhandlungen stattfanden. Allerdings war ein Rückruf an das Kampfgeschwader durchaus noch herausgegangen, hatte es aber nicht mehr erreicht. Auch in Rotterdam gab es erhebliche Verluste unter der Zivilbevölkerung (insgesamt 980), vor allem durch Brände. Die Angriffe wogen doppelt, nicht nur weil sie besonders wirksam waren, sondern auch weil Deutschland den Krieg vom Zaun gebrochen und im Falle der Niederlande ein neutrales Land überfallen hatte. Gleichwohl hatten sie im Unterschied zum britischen Luftangriff auf das Ruhrgebiet vom 15./16. Mai 1940 im Zuge von militärischen Operationen stattgefunden.

Die Briten hatten ein neues Prinzip in den Luftkrieg eingeführt, das eine radikale Abkehr von ihrer am 2. September 1939 formulierten Selbstverpflichtung darstellte, nur »strictly military objectives in the narrowest sense of the word« anzugreifen.[32] Es verselbständigte sich rasch, und in der Luftschlacht über England eskalierte es wechselseitig. Angesichts der breiten Streuung der Bombenabwürfe und der geringen Wirkung der Angriffe war für beide Seiten nur schwer erkennbar, welchen Prinzipien der Gegner folgte. Auf der britischen Seite setzte sich jedoch mehr und mehr das Ziel durch, den Gegner in seiner Kampfmoral zu treffen. Was zunächst eine unvermeidbare Begleiterscheinung gewesen war, wurde mehr und mehr zum eigentlichen Ziel: der Luftangriff auf die Zivilbevölkerung. Anlaß und Rechtfertigung für diese Strategie fand sich in den deutschen Luftangriffen auf Coventry, Southampton, Birmingham, Sheffield und London in reichem Maße.

Die Serie der britischen Angriffe begann am 16. Dezember 1940 mit Mannheim. Der Angriff richtete sich gegen das Zentrum der Stadt. Damit war der Weg zum Flächenbombardement (area bombing) beschritten, der in den folgenden Monaten auf experimentelle Weise »verfeinert« wurde: Zuerst warf man Brandbomben ins Stadtzentrum – der Feuerschein sollte den nachfolgenden Bombern die Zielfindung erleichtern –, dann folgten Sprengbomben, mit denen zugleich die Löscharbeiten gestört und die Wasserversorgung lahmgelegt werden sollte. Die Absicht war, in der angegriffenen Stadt einen Feuersturm zu entfachen. Zur wirksamen Entfaltung kam diese Methode jedoch erst 1942, als die Ausdehnung der deutschen Operationsräume im Osten und im Mittelmeer die Kräfte der Luftwaffe so weit überforderte, daß die Abwehr von Luftangriffen auf das Reich erheblich geschwächt war.

Zugleich entsprang der strategische Bomberkrieg einer strategischen »Notlage«: Die Briten, die an der Afrikafront herbe Rückschläge hinnehmen mußten, konnten der schwer bedrängten Roten Armee nur durch Bombenangriffe eine gewisse Entlastung verschaffen. Im Februar 1942 nannte der britische Air Staff als Ziel des Bombenkrieges, den »Widerstandswillen« der feindlichen Zivilbevölkerung, »insbesondere der Industriearbeiter«, zu brechen, und es wurde ausdrücklich darauf verwiesen, »daß die dicht bebauten Wohngegenden die Zielpunkte seien und nicht etwa Hafenanlagen oder Flugzeugfabriken«.[33] Diese Konzeption fand in Luftmarschall Arthur T. Harris, der am 22. Februar 1942 den Oberbefehl über das Bomber Command übernahm, ihren Exekutor. Mit neuen viermotorigen Langstreckenbombern, verfeinerter Taktik und besseren Zielgeräten ausgerüstet, begann das Bomber

Command einen erheblich an Effektivität gewinnenden strategischen Bomberkrieg, bei dem gar nicht mehr die Absicht verfolgt wurde, militärische Ziele zu treffen.

Nach Angriffen auf Essen (8. März) und Köln (13. März) wurde Lübeck am 28. März das erste Beispiel für die neue Taktik. Die Stadt, die mit ihrem mittelalterlichen Kern »mehr einem Feuerzeug denn einem Wohngebiet« (Harris) glich, wurde in einem mehr als zweistündigen Angriff zu fast 50% zerstört. Es folgten Rostock (24. bis 27. April) und Köln (30. Mai), das zum erstenmal zum Ziel eines »Tausend-Bomber-Angriffs« wurde. Man warf außer Brand- und Sprengbomben auch Phosphorkanister ab. Die nächsten Tausend-Bomber-Angriffe trafen Essen (1. Juni), Bremen (24. Juni) und Düsseldorf (31. Juli). Die infolge der inzwischen gut entwickelten deutschen Abwehr durch Nachtjäger und Fliegerabwehrkanonen eingetretenen Verluste erzwangen nun allerdings eine Pause. Deshalb konnte »nur« die Grunderfahrung gemacht werden, daß massierte Großeinsätze die größte Wirkung bei vergleichsweise geringen Verlusten (unter 5%) erzielten. Hieran knüpfte man 1943 an.

Die für die Zukunft einschneidendste Veränderung im strategischen Bomberkrieg des Jahres 1942 war der Aufbau einer Infrastruktur für die US Army Air Forces auf den britischen Inseln. Die Amerikaner verfolgten eine grundsätzlich andere Taktik als die Briten, sie favorisierten den Präzisionsangriff bei Tage, den sie aus großer Höhe mit schwer bewaffneten und teilweise gepanzerten Langstreckenbombern durchführten. Doch zunächst wagten sie mit dieser Taktik noch keine Angriffe auf das Reichsgebiet, sondern flogen eine Reihe kleinerer Angriffe auf Fabriken und deutsche Militäranlagen in nordfranzösischen, belgischen und niederländischen Städten und verblieben dabei in der Regel im Aktionsbereich der britischen Jagdwaffe, die Begleitschutz flog. Die Tagesangriffe schienen eine erheblich größere Wirkung und Genauigkeit als die Nachtangriffe zu haben, und darum feilten die Amerikaner ihre Taktik im Laufe des Jahres 1942 aus. Die Kräfteverhältnisse im Luftkrieg über Europa verschoben sich sehr schnell. Im Dezember 1941 verfügten die USA infolge ihrer intensiven Rüstungsanstrengungen seit 1939 bereits über eine Luftwaffe von 12 297 Flugzeugen. Ein Jahr später, im Dezember 1942, hatte sich die Gesamtzahl der Flugzeuge auf 33 304 erhöht. Noch beeindruckender waren die Produktionsziffern. 1942 baute man in den USA 48 000 Flugzeuge, davon waren beinahe 13 000 Bomber und 2600 viermotorige »fliegende Festungen«, schwerbewaffnete und teilweise gepanzerte Langstreckenbomber. Für 1943 wurde eine Produktion von 123 234, mit Schulflugzeugen von 146 902 Maschinen angestrebt. Die gesamte Flugzeugproduktion des Deutschen Reiches betrug im Vergleich hierzu 1942 14 700 und 1943 25 220 Maschinen.[34] Langstreckenbomber hatte Deutschland gar nicht in der Produktion.

Auf der Basis dieser erdrückenden materiellen Überlegenheit und der zuvor gewonnenen Erfahrungen begannen die Briten und Amerikaner 1943 ihre strategische Bomberoffensive gegen Deutschland. Dabei ging es um eine neue, bisher unvorstellbare Quantität, die gleichzeitig auch eine neue Qualität darstellte. Während die deutsche Luftwaffe im gesamten Zweiten Weltkrieg 108 330 t Bomben warf, warfen die USAAF und die RAF über Europa 2,697473 Mio t ab, davon 50,3 % über Deutschland, 6,7 % über Österreich, 21,8 % über Frankreich, 13,7 % über Italien und 7,5 % über anderen Gebieten. Allein im Monat März 1945 gingen auf Deutschland 130 000 t Bomben nieder, mehr als die deutsche Luftwaffe im ganzen Krieg zu werfen vermocht hatte.[35] Die Bombenangriffe kosteten mehr als 600 000 Menschen das Leben, zerstörten 1,86 Mio Wohnungen und beschädigten 3,6 Mio. Insgesamt waren 20 Mio Menschen hiervon betroffen.

Möglich wurden diese »Erfolge«, hinter denen sich das Leid von zahllosen Menschen verbirgt, durch die »Combined Bomber Offensive«, die Roosevelt und Churchill im Januar 1943 auf ihrer zweiten Kriegskonferenz in Casablanca beschlossen. Es wurde ins Auge gefaßt, daß die Amerikaner am Tag und die Briten bei Nacht angriffen, um auf diese Weise ein »round-the-clock-bombing« herbeizuführen. Doch die Schwierigkeiten waren erheblich. Es gab zwischen den beiden Alliierten große Koordinierungsprobleme und Meinungsverschiedenheiten über die richtige Taktik, und es stellte sich 1943 heraus, daß auch die »fliegenden Festungen« am Tage nicht ohne Jagdschutz operieren konnten. Ein Langstreckenjäger war aber nicht verfügbar. Daher blieb das »round-the-clock-bombing« zunächst eher die Ausnahme, war aber, wie das Beispiel Hamburg bewies, von großer Wirkung. Hamburg wurde zwischen dem 25. Juli und 3. August mehrfach zum Ziel kombinierter Tages- und Nachtangriffe. Durch sie wurden orkanartige Feuerstürme in der Stadt entfacht, in denen mehr als 30 000 Menschen den Tod fanden. Erstmals wurden bei diesen Angriffen Stanniolstreifen abgeworfen, die den Flak-Batterien ein gezieltes Feuern erschwerten. Obgleich die USAAF das Präzisionsbombardement auf wehrwirtschaftlich wichtige Anlagen bevorzugte, im Unterschied zur RAF, die sich vor allem gegen Wohngebiete wandte, wirkten beide Luftflotten bei dieser »Massenvernichtungsaktion« zusammen.[36]

Die Grenzen der amerikanischen Taktik zeigten sich im August und Oktober 1943 bei dem Versuch, die Kugellagerfabrikation in Schweinfurt mit Präzisionsangriffen bei Tage auszuschalten. Die USAAF erlitt beim ersten Angriff (17. August) 16% Verluste und beim zweiten (14. Oktober) sogar 20% Verluste. Das war weit mehr, als die Nachtangriffe der RAF kosteten, die bei etwa 4% Totalverlusten bei jedem Angriff lagen. Es wurde deutlich, daß es den Alliierten trotz spektakulärer Einzelerfolge bisher nicht gelungen war, die Luftherrschaft über dem Reich zu erringen.

Das wurde erst durch den kombinierten Einsatz von Langstrekkenbombern und Langstreckenjägern erreicht, die Ende 1943 schließlich zur Verfügung standen. Damit trat der strategische Bomberkrieg in seine entscheidende Phase. Wiederholte Bombenangriffe auf die Flugzeugindustrie, auf die Motorenwerke (Februar 1944) und auf die Ölraffinerien bzw. die Hydrierwerke sowie die Niederkämpfung der Jagdwaffe durch die amerikanischen Langstreckenjäger brachen der Luftwaffe das Genick und legten die Treibstoffversorgung so weit lahm, daß die deutschen Streitkräfte einen Bewegungskrieg zu Lande nicht mehr führen und den Luftraum nirgendwo mehr schützen konnten. So sank die Produktion von Flugbenzin von 181000 t im März 1944 auf 35000 t im Juli und 10000 im September, erholte sich gegen Jahresende kurzfristig (November 49000 t) und brach im Februar 1945 vollständig zusammen. Eine ähnliche, wenn auch nicht ganz so dramatische Entwicklung nahm die Produktion von Kraftfahrzeugbenzin und Dieselöl.[37] Die Luftflotte »Reich«, die den deutschen Luftraum zu schützen hatte, verfügte im Juni 1944 noch über 472 einsatzbereite einmotorige und 273 zweimotorige Jäger, einen Monat später lauteten die entsprechenden Ziffern 83 und 42.[38] Die Luftangriffe auf das deutsche Verkehrssystem im Hoch- und Spätsommer 1944 versetzten der deutschen Kriegswirtschaft den letzten vernichtenden Schlag.

Das Prinzip des Präzisionsangriffs, das die Amerikaner seit

1941 verfeinert und das sie trotz vieler Schwierigkeiten und großer Opfer durchgehalten hatten, hat die deutsche Kriegswirtschaft in wenigen Monaten – vom Februar bis zum September 1944 – zum Erliegen gebracht, während die Flächenbombardements die industrielle Produktionskraft nicht entscheidend zu treffen vermochten. Gleichwohl erlebten die Flächenbombardements 1944 und 1945 erst ihren eigentlichen Höhepunkt. Vier Fünftel der Bomben über deutschen Städten wurden 1944 und 1945 ausgeklinkt. Der Monat mit der höchsten Abwurfquote war der März 1945. Der strategische Bomberkrieg hatte sich zu diesem Zeitpunkt bereits von unmittelbaren Kriegszwecken weitgehend gelöst und war zum Selbstzweck geworden – eine Tendenz, die dem britischen Konzept des »area-bombing« von vornherein inhärent gewesen war. Einen traurigen Höhepunkt erlebte dieser Vernichtungswille mit den Luftangriffen auf Dresden am 14. und 15. Februar 1945, dem ca. 35 000 Menschen zum Opfer fielen.

Den Amerikanern und Briten kam bei ihrer strategischen Bomberoffensive gegen Deutschland eine ganze Reihe von Faktoren entgegen, die mit der Situation ihres Gegners zusammenhingen. Die Luftwaffe war über ganz Europa verteilt, in den ausgedehnten Landkämpfen im Osten verschlissen, und die laufende Produktion reichte trotz erheblicher Steigerungen nicht aus, um den exponentiell wachsenden Bedarf zu decken. Jede Schwerpunktbildung an einem Brennpunkt riß daher andernorts Lücken, die allenfalls behelfsmäßig gestopft werden konnten. Zudem hatten sich die Luftwaffenführung und die politische Führung, allen voran Hitler, für die Luftverteidigung zu sehr auf die Flak verlassen und zu wenig für die Jagdwaffe getan. Für die Luftwaffe galt eine ausgesprochene Angriffsdoktrin, und das Umschalten auf Defensivdenken erfolgte nur zögernd und gemessen am Lauf der Ereignisse zu spät. Auch wurden die großen technologischen Möglichkeiten, die in der Entwicklung von Düsenjägern, Luftabwehrraketen und Raketenjägern vorhanden waren, nicht oder zu spät erkannt, und jedenfalls nicht oder viel zu spät genutzt. Auch hier wurde einseitig auf Angriffswaffen wie die V 1 und V 2 gesetzt. All das lag an manchen nachvollziehbaren und nicht nachvollziehbaren Fehleinschätzungen und Irrtümern und es stellte einmal mehr unter Beweis, daß es im »Führerstaat« sehr viel schwerer fiel als in den angelsächsischen Demokratien und selbst in der totalitären Sowjetunion, sachadäquate Entscheidungen zu fällen. Doch lohnt es unter der Perspektive der Gesamtentwicklung nicht, diesen Dingen größere Aufmerksamkeit zu schenken; denn mehr als eine Hinauszögerung des Untergangs mit womöglich noch katastrophaleren Folgen war mit den militärischen Mitteln Deutschlands und seiner Verbündeten nicht mehr zu erreichen, und das lag mit Ausnahme der politischen Führungsclique um Adolf Hitler auch in niemandes Interesse.

XV. Stabilität im Chaos

Um die Jahreswende 1942/43 ging die strategische Initiative im Zweiten Weltkrieg an allen Fronten auf die Gegner der Achsenmächte über, und mit einer gewissen zeitlichen Verzögerung errangen sie auch die Luftherrschaft über Europa. Damit fand die Serie der nationalsozialistischen Erfolge ihr Ende, welche die Herrschaft Hitlers trotz zahlreicher Krisen und Rückschläge seit 1933 immer wieder stabilisiert und eine Ressourcenakkumulation ermöglicht hatte, die ausreichte, die europäische Staatenwelt in Trümmer zu legen und einer atavistischen Utopie Schritte in die Wirklichkeit zu erlauben, die auf nichts weniger als die Umwertung aller Werte abzielte. Der Siegeslauf entfesselter Gewalt war gestoppt, und die Gewalt schlug nun auf Deutschland selbst zurück. An die Stelle ständiger Ressourcenerweiterung trat die fortschreitende Verminderung und Aufzehrung aller Ressourcen. Die Niederlage war nicht mehr aufzuhalten.

Dem äußeren Ablauf, dem Zusammenbruch Italiens, der Landung der Alliierten in der Normandie, dem Zusammenbruch der Heeresgruppe »Mitte«, dem Abfall der Verbündeten und der Eroberung Deutschlands durch die Truppen der Sieger-Koalition kommt daher keine Bedeutung mehr für die Fragestellung dieses Buches zu. Sie gleichen dem Vollzug einer Exekution und gehören mehr zum Anfang einer neuen weltgeschichtlichen Epoche als zum Ende einer alten. Außenpolitisch hatte das nationalsozialistische Deutschland mit dem Vernichtungskrieg gegen die UdSSR und der Kriegserklärung an die USA die letzten Brücken hinter sich abgebrochen und die letzten Rückkopplungen beseitigt, die eine Rückkehr in die »Völkerfamilie« vielleicht ermöglicht hätten. Nun ging es wirklich ums Ganze, um Alles oder Nichts.

Innenpolitisch geschah dies Abbrechen der Brücken durch die Serie unerhörter Verbrechen, die seit 1941/42 eine exponentielle Steigerung erfuhren und die völlige Entkopplung, den Umschlag in die absolute Inhumanität, anzeigen. Vergleichbare Entkopplungsprozesse mit exponentieller Beschleunigung vollzogen sich auch in der Kriegswirtschaft, selbst wenn die steigenden Produktionsziffern in der Rüstungsproduktion das zunächst überdeckten, und in Staat und Gesellschaft. Sie sind an der Geldvermehrung ebenso abzulesen wie an der existentiellen und sittlichen Entwurzelung von Millionen von Menschen oder an der Lähmung von Entscheidungsprozessen und der Partikularisierung und Amorphisierung staatlicher und institutioneller Strukturen.

Gleichwohl brach das nationalsozialistische Herrschaftssystem nicht zusammen, sondern mußte zertrümmert werden. Offenbar wurden die durch positive Rückkopplung beschleunigten Prozesse von Intermittenzen gebrochen und verlangsamt, brachte das Chaos Stabilität hervor und pendelte sich das fragile Gleichgewicht des nationalsozialistischen Herrschaftssystems immer wieder ein. Der Blick richtet sich hierbei erneut nach außen wie nach innen. An zwei Beispielen sei dies abschließend verdeutlicht.

1. Die Strategie der Alliierten und die bedingungslose Kapitulation

Vom 14. bis 26. Februar 1943 trafen sich Churchill und Roosevelt in Casablanca, um die strategische Situation zu besprechen und das weitere militärische Vorgehen miteinander abzustimmen.[1] Ursprünglich hatte auch Stalin an der Konferenz teilnehmen sollen, doch die Entscheidungsschlacht um Stalingrad hielt ihn davon ab. Nach vielem Hin und Her einigten sich die beiden Staatschefs auf eine Prioritätenliste. Obenan stand der Kampf gegen die deutschen U-Boote, den man trotz der Nettozunahme der Seetransportkapazität noch nicht gewonnen hatte. Transportraum blieb knapp, von ihm hingen aber die Versorgung Großbritanniens und der Nachschub für die UdSSR ebenso ab wie die militärischen Operationen im pazifischen Raum und im Mittelmeer. Daneben wies man dem strategischen Bomberkrieg gegen Deutschland vorrangige Bedeutung zu; denn 1943 sollte das die einzige Art der direkten Kriegführung gegen das als gefährlichster Gegner eingestufte Reich bleiben. Die Landung in Nordfrankreich, über die viel gesprochen worden war und die namentlich Stalin immer wieder gefordert hatte, weil sie allein geeignet schien, der Roten Armee eine fühlbare Entlastung zu bringen, war zunächst zugunsten der Operationen im Mittelmeerraum zurückgestellt worden. Zwar sollte die Landungsarmee auf den britischen Inseln weiter aufgebaut werden – parallel zu den militärischen Operationen im Mittelmeer- und Pazifikraum –, aber vor Mitte 1944 meinte man das Risiko einer Landungsoperation so gigantischen Ausmaßes, wie sie in Nordfrankreich erforderlich war, nicht eingehen zu können. Bis dahin hoffte man, die U-Boot-Gefahr beseitigt und Deutschland für eine Eroberung »reif« gebombt zu haben.

Vor allem Churchill hat sich dafür ausgesprochen, den Operationen im Mittelmeerraum zunächst Priorität zu geben. Er hoffte, der Vorstoß in den »weichen Unterbauch« des von den Achsenmächten beherrschten Europa werde den raschen Zusammenbruch Italiens herbeiführen. Daneben ging es Churchill darum, das Mittelmeer, das immer die Hauptverkehrsader des britischen Imperiums gewesen war, für den ungestörten Handelsschiffsverkehr wieder zu öffnen. Das hatte aus seiner Sicht mehrere Vorzüge: Man konnte sich den langen Seeweg um Afrika sparen und bekam Transportkapazitäten frei, die für die Landungsunternehmen in Nordfrankreich und im Pazifik dringend benötigt wurden. Gleichzeitig gewannen die Alliierten Flugplätze in Italien, von denen aus sie den strategischen Bomberkrieg auch gegen Süd- und Südostdeutschland führen konnten, was bisher so gut wie gar nicht möglich gewesen war.

Beide Argumente leuchteten Roosevelt ein, der diesen Standpunkt gegen seine Militärs durchsetzen mußte, die in ihrer ganz überwiegenden Mehrheit gegen diese »Peripheriestrategie« waren und für einen raschen kriegsentscheidenden Vorstoß gegen das industrielle Herz Deutschlands eintraten und daher eine Landung in der Normandie noch im Jahr 1943 befürworteten. Sie befürchteten, daß Churchill mit seiner Mittelmeerstrategie vorwiegend das Interesse verfolgte, die britische Vorherrschaft in diesem Raum, die London in der Vergangenheit gegen die Achsenmächte nicht hatte behaupten können, mit amerikanischer Hilfe wiederherzustellen. Gewiß hatten sie hiermit so unrecht nicht, zudem favorisierte Churchill, der bereits die Sicherheitslage in Europa nach dem Kriege im Auge hatte, ein Vorgehen von Süden her nach Mitteleuropa, um der Roten Armee den Weg zu verlegen. Churchill, der die Zerstörung der Donaumonarchie für den schwersten Fehler der Pariser Friedensregelung 1919/20 hielt, dachte an die Errichtung eines Balkanbundes unter Einschluß Süddeutschlands und Österreichs. Deutschland sollte auf Preußen beschränkt und auf diese Weise soweit geschwächt werden, daß es zwar keine Bedrohung mehr für seine Nachbarn darstellte, aber als Bollwerk gegen die UdSSR nicht völlig ausfiel. Noch Ende 1943, auf der

Konferenz der Staatschefs der Alliierten in Teheran, hat Churchill mit diesem Gedanken gespielt. Doch solche Überlegungen verfingen bei Roosevelt nicht. Daher kam in Casablanca ein Kompromiß zustande. Die Mittelmeeroperationen wurden strikt auf die Landung in Sizilien und auf der Apenninhalbinsel beschränkt und die Landung in Nordfrankreich für Mitte 1944 fest in Aussicht genommen.

Casablanca wurde noch in anderer Hinsicht zu einer entscheidenden Zäsur. Am 24. Januar 1943 gab Roosevelt auf einer Pressekonferenz die Forderung bekannt, daß Deutschland, Italien und Japan »bedingungslos« zu kapitulieren hätten. Dieser offenkundig auf propagandistische Wirkung berechnete Schritt war wohl erwogen und lange vorbereitet. Die Forderung nach bedingungsloser Kapitulation ging auf Überlegungen des State Department zurück, das am 12. Februar 1942 ein »Advisory Committee on Post-War Foreign Policy« eingerichtet hatte, in dessen Unterausschuß für Sicherheitsfragen die Idee ausgebrütet worden war. Dort war aber nur in politische und juristische Form gebracht worden, was Roosevelt und Churchill nach der Niederlage Frankreichs übereinstimmend für den einzigen Weg gehalten hatten, die Bedrohung auszuschalten, die von Deutschland und, nachdem Mussolini in den Krieg eingetreten war, auch von Italien für die westliche Welt ausging.

Der Kerngedanke der Forderung nach bedingungsloser Kapitulation war die restlose Ausschaltung des Gegners nicht nur als militärischen, sondern auch als politischen Faktors. Der Sieg der Alliierten sollte Deutschland, Italien und Japan völlig entwaffnen und gleichzeitig den Weg frei machen, um die inneren Verhältnisse in diesen Staaten ungehindert neu gestalten zu können. Hierzu mußte der Gegner als völkerrechtliches Subjekt ausgeschaltet und sein Territorium vollständig besetzt werden. Irgendwelche die Alliierten bindenden und ihre Entscheidungsfreiheit beeinträchtigenden Verhandlungen sollten nicht geführt, ein Waffenstillstand nicht abgeschlossen werden. Bei der Beurteilung dieser Forderung muß zwischen den ihr zugrundeliegenden prinzipiellen Erwägungen, dem Anlaß zu ihrer Verkündung und den Folgen, die sie hatte, unterschieden werden.

Roosevelt, der seine politische Sozialisation als Anhänger Wilsons und im Umfeld globaler politischer und ökonomischer Ordnungsvorstellungen erfahren hatte, war wie Churchill davon überzeugt, daß die Friedensordnung nach dem Ersten Weltkrieg zusammengebrochen war, weil sie eine Reihe schwerer Konstruktionsfehler aufgewiesen hatte. Wilson hatte sich mit der Verkündung seiner 14-Punkte-Erklärung viel zu früh festgelegt und dadurch eine Berufungsinstanz für die besiegten Nationen geschaffen, welche die Vereinbarung einer Friedensordnung in Paris behindert hatte. Deutschland dagegen hatte man durch den Waffenstillstand viel zu früh entwischen lassen und ihm nicht das Eingeständnis seiner Niederlage abgerungen. Sehr sorgfältig war in den USA und in Großbritannien die Dolchstoßlegende registriert worden, auf der die Nationalsozialisten ihre Propaganda aufgebaut hatten. Das sollte ein zweites Mal nicht möglich sein und auch die »Atlantik-Charta« daher nicht für Deutschland, Japan und Italien gelten. All dies hieß nicht, daß man beabsichtigte, sich den besiegten Gegnern gegenüber nicht an die Menschenrechte zu halten oder sie auf Dauer aus der Völkergemeinschaft auszuschließen: Man beanspruchte ihnen gegenüber aber völlige Dispositionsfreiheit und wollte ihnen keine Möglichkeit einräumen, auf die zukünftige Friedensordnung Einfluß zu nehmen. Sie sollte ausschließlich von den vier Siegermächten USA, Großbritannien, UdSSR und China entworfen und getragen werden.

Ort und Zeitpunkt der Verkündung der Forderung nach bedingungsloser Kapitulation entsprachen dagegen eher kurzfristigen taktischen Überlegungen. Um das nordafrikanische Operationsgebiet zu sichern und sich rasche strategische Vorteile zu verschaffen, hatten die Alliierten im November 1942 mit dem Oberbefehlshaber der Vichy-Streitkräfte in Algier, François Darlan, der lange Zeit für eine enge Kollaboration mit Deutschland eingetreten war, einen Waffenstillstand geschlossen. Dies hatte im eigenen Lager – weit über Charles de Gaulle und seine »freifranzösischen Truppen« hinaus – Unmut ausgelöst und konnte als Signal für eine kompromißbereite Politik gegenüber den Kriegsgegnern gedeutet werden. Deshalb diente die demonstrative Verkündung der »unconditional-surrender«-Forderung auf einer Pressekonferenz zuallererst dem Zweck, die eigene Koalition intakt zu halten, aufkommende Konflikte durch eine allgemeine, aber drastisch klingende Formel zu überdecken und die Öffentlichkeit in den USA und in Großbritannien für die kommenden Kriegsanstrengungen zu motivieren.

Daneben wird Roosevelt die Sowjetunion im Blick gehabt haben. Für Stalin hatte die Konferenz in Casablanca wenig Erfreuliches gebracht. Die »zweite Front«, die er stets gefordert hatte, wurde auch 1943 nicht errichtet; statt dessen eröffneten die Briten und Amerikaner im Mittelmeerraum einen Nebenkriegsschauplatz, paktierten mit einem General der Vichy-Regierung und animierten die Türkei zum Kriegseintritt, was Ankara zwar verweigerte, bei Stalin aber sehr zwiespältige Gefühle auslösen mußte. Würden die Amerikaner und Briten demnächst auch mit einem abgehalfterten italienischen oder gar deutschen General um taktischer Vorteile willen paktieren? Um Stalins Argwohn gegen die kapitalistischen Mächte zu mindern und ihm deutlich zu machen, daß die Westmächte nicht die Absicht hatten, aus dem Krieg auszuscheren, war die »unconditional-surrender«-Formel zweifellos gut geeignet. Sie belegte aber, daß die Radikalität der Forderung ein Zeichen von Schwäche war, wenn auch nur von vorübergehender Schwäche. Ähnliches galt für die unmenschliche Härte der Doktrin des strategischen Bomberkrieges, die ebenfalls die fehlende Handlungsfähigkeit der Westalliierten im Landkrieg kompensieren und die Deutschen ebenso erschrecken wie die Sowjets beruhigen sollte.

Die Wirkung, welche die Forderung nach bedingungsloser Kapitulation hatte, ist dagegen sehr viel schwerer zu fassen. An der Haltung von Churchill und Roosevelt, um mit dem Einfachsten zu beginnen, hat sie gewiß nichts geändert. Sie drückte nur aus, was sie ohnehin vorhatten. In den Reihen der britischen und amerikanischen Militärs kam dagegen hier und da Kritik auf. Man befürchtete, daß sich der Widerstand der Deutschen versteifen werde und man die Erklärung letztlich mit dem Blut der eigenen Soldaten werde bezahlen müssen. Dem wurde entgegengehalten, daß die Abstraktheit der Formel weit weniger dramatisch auf die Deutschen wirken werde als konkrete Friedensbedingungen, die nach Lage der Dinge nur außerordentlich schmerzlich sein konnten. Dieses Argument hatte einiges für sich.

Daß Stalin von der Erklärung besonders angetan war, ist kaum anzunehmen. Ihm wären Taten zweifellos willkommener gewesen als Worte, denn obwohl er die deutschen Armeen gerade bei Stalingrad geschlagen hatte, wußte er doch, welche Opfer es kosten würde, sie aus der UdSSR zu vertreiben. Ob das ohne die Hilfe der Westmächte überhaupt möglich war, mußte fraglich erscheinen. Zudem hatte er sich am 23. Februar 1942 ganz anders geäußert.

»Es wäre lächerlich, die Hitlerclique mit dem deutschen Volk und dem deutschen Staat gleichzusetzen«, hatte es in einem Tagesbefehl an die Rote Armee geheißen. »Die Erfahrung der Geschichte zeigt, daß die Hitlers kommen und gehen, aber das deutsche Volk und der deutsche Staat bleiben.«[2] Das zielte darauf ab, einen Keil zwischen Hitler und die Wehrmachtsgeneralität zu treiben, und sollte die Kampfkraft des Angreifers schwächen. Stalin ließ sich, enttäuscht über die Haltung, welche die Westalliierten in der Frage der zweiten Front einnahmen, nicht daran hindern, sorgsam abgeschirmt über Stockholm die deutsche Haltung zu sondieren und eine Kurskorrektur der sowjetischen Politik anzudeuten. Was auch immer er damit bezweckt haben mag, Hitler lehnte es ab, sich auf Verhandlungen mit Stalin einzulassen, und daher ist es nicht möglich, über Stalins wirkliche Absichten Aussagen zu treffen. Ebenso undeutlich bleibt, ob Kreise des deutschen Widerstands um Adam von Trott, beraten vom letzten deutschen Botschafter in Moskau, von der Schulenburg, sich zu Recht Hoffnungen machten, einen diplomatischen Kanal zur sowjetischen Führung herstellen zu können. Allerdings setzte sich Stalin mit der Gründung des ›Nationalkomitees Freies Deutschland‹ und des ›Bundes Deutscher Offiziere‹ zumindest taktisch in Widerspruch zur Politik der Westalliierten. Das hinderte ihn nicht daran, am 1. Mai 1943 auch seinerseits die bedingungslose Kapitulation Deutschlands öffentlich zu verlangen. Doch noch in Teheran hat er dem britischen Außenminister Eden gegenüber bemerkt, daß die Forderung nach bedingungsloser Kapitulation »eine schlechte Taktik gegenüber Deutschland« sei.

Die Wirkung auf Deutschland ist ebenso schwer abzuschätzen wie die Haltung Stalins. Vor allem auf den Widerstand, wird argumentiert, habe die Forderung nach bedingungsloser Kapitulation entmutigend gewirkt.[3] Die Tagebucheintragungen Ulrich von Hassells lassen das jedoch als fraglich erscheinen. Schon am 22. Januar 1943, wenige Tage vor Roosevelts Pressekonferenz, notierte er, daß die Kontakte mit der »anderen Seite« den Eindruck vermittelten, daß man »auf der Zerschmetterung ganz Deutschlands bestehen wolle«. Das »Wort ›Occupation‹ als Voraussetzung von Verhandlungen« falle immer häufiger. Die Verhärtung des britischen und amerikanischen Standpunkts zeichnete sich also offenbar langfristiger ab. Andererseits notierte von Hassell noch am 15. Mai 1943, daß die Aufdeckung der sowjetischen Morde an polnischen Offizieren in Katyn »Möglichkeiten« enthalte. Dagegen gebe es für Hitler nur die bedingungslose Kapitulation.[4] Offenbar hatte man in deutschen Widerstandskreisen trotz Casablanca noch nicht alle Hoffnung aufgegeben.

Noch schwerer zu beurteilen ist die Wirkung der Forderung nach bedingungsloser Kapitulation auf die deutsche Bevölkerung. Offenbar wurde sie wenig wahrgenommen. Die Goebbels-Propaganda bediente sich ihrer außerordentlich zurückhaltend, und die dramatischen Kriegsereignisse – der Fall Stalingrads und später von Tunis – überschatteten das Ereignis völlig. Gleichwohl wird man das Festhalten der Alliierten an dieser Formel nicht als ein Zeichen taktischer Geschicklichkeit bezeichnen können. Wenn man jedoch nach dem Anteil der Alliierten daran fragt, daß die deutsche Bevölkerung in einem Durchhaltekrieg, der seinesgleichen in der Geschichte sucht, bis zum Schluß mitmachte, wird man die direkten Wirkungen der Kriegführung der Alliierten nicht außer acht lassen können. Der gegen Frauen und Kinder geführte unmenschliche Bombenkrieg hat mehr Solidarität mit dem NS-Regime geweckt als erschüttert und jedenfalls wenig dazu beigetragen, die Überzeugung reifen zu lassen, daß das höhere Recht auf der Seite der Alliierten stand. Nur wenige in Deutschland haben sich die Ursprünge dieser erbarmungslosen Kriegführung klargemacht.

Eine noch eindeutigere Wirkung ging von der Kriegführung der Roten Armee aus, obgleich oder weil große Teile der deutschen Bevölkerung wußten, daß hier »nur« gleiches mit gleichem vergolten wurde. Andererseits haben die Alliierten durchaus zu erkennen gegeben – und dies dürfte die Wirkung der »unconditional-surrender«-Formel ebenfalls abgeschwächt haben –, daß sie zwischen Kriegsverbrechern und jenen Deutschen, die in unmenschliche Verbrechen verwickelt waren, einerseits und den »anderen« Deutschen andererseits sehr wohl zu unterscheiden wußten. Die »Declaration of German Atrocities« vom 10. Oktober 1943 enthält nicht nur diese Unterscheidung, sondern droht auch »deutschen Offizieren und Soldaten sowie Mitgliedern der NSDAP«, die sich schuldig gemacht haben oder noch schuldig machen, an, daß sie in jene Länder zur Aburteilung überstellt würden, in denen sie ihre Verbrechen begangen hätten bzw. begehen würden.[5] Diese Ankündigung verfolgte den Zweck, weitere Verbrechen wenigstens einzudämmen, und setzte auf die, wie sich herausstellen sollte, vergebliche Hoffnung, daß die drohende Niederlage wenigstens opportunistische Kräfte gegen die Mordpraxis mobilisieren werde, nachdem die moralischen Barrieren in Deutschland offenkundig zerbrochen waren.

Zweifellos war diese Ankündigung sinnvoll und unvermeidbar und aus der Perspektive der Opfer wenig genug, doch wird sie den Behauptungsterror und fanatischen Vernichtungswillen jener, die bereits alle Brücken hinter sich abgebrochen und nichts mehr zu verlieren hatten, eher beflügelt als gehemmt haben. Von ihnen, von der SS und den SS-Verbänden zumal sowie von den Parteiinstanzen und von den Sonder- und Kriegsgerichten, aber auch von der Generalität ging der Behauptungs- und Vernichtungsterror der letzten Kriegsjahre maßgeblich aus, und in der Wirkung auf diese Kreise wird man auch die stabilisierende Bedeutung der »unconditional-surrender«-Formel vor allem zu suchen haben. Sie entfaltete ihre Wirkung aus denselben Gründen, denen sie ihre Entstehung verdankte: Die deutsche Kriegführung hatte das Völkerrecht verletzt, und die rassistische Vernichtungspraxis hatte jeder Menschlichkeit Hohn gesprochen. Die Gewalt fiel nun auf Deutschland zurück und band jene, die ihr in der Euphorie der Siege nicht nur nicht entschieden widersprochen, sondern sie mitgetragen hatten, auch in die Niederlage ein. Paralysierend wirkte das zweifellos auch auf den Widerstand in Deutschland; denn es lähmte seinen einzig verfügbaren Handlungsarm, die Generalität. »Alle Bemühungen«, notierte Ulrich von Hassell am 6. März 1943 in bezug auf die Generäle in sein Tagebuch, »den Leuten Eisen ins Blut zu gießen, die mit ihrem Machtinstrument eine halb wahnsinnige, halb verbrecherische Politik stützen, blieben vergeblich.«[6]

2. Der Sturz Mussolinis und der Widerstand gegen Hitler

Am 25. Juli 1943 stürzte Mussolini. Die faschistische Parteielite hatte den seit dem Kriegseintritt Italiens am 10. Juni 1940 von Mißerfolgen heimgesuchten Diktator unter maßgeblicher Führung des gemäßigten Faschisten Dino Grandi durch ein Mehrheitsvotum im »Faschistischen Großrat« für abgesetzt erklärt. Der italienische König folgte diesem Votum, hinter dem eine breite Widerstandsbewegung stand, die sowohl die Spitze der Armee umfaßte als auch in der Bevölkerung Rückhalt besaß. Der Sturz

Mussolinis erfolgte unter Berufung auf das höhere Interesse Italiens, dessen Einheit und Integrität es zu bewahren gelte, und in dem Bewußtsein, daß dies das Ende des italienischen Faschismus bedeuten würde. Der Nachfolger Mussolinis, Marschall Pietro Badoglio, der bisher die imperiale Politik Mussolinis aktiv und loyal unterstützt hatte, vereinbarte am 3. September 1943 einen Waffenstillstand mit den Alliierten und führte Italien auf die Seite der Siegerkoalition, obgleich klar war, daß das den Verlust der territorialen Erwerbungen Italiens besiegelte.[7]

Keine der wesentlichen Voraussetzungen, die Mussolinis Sturz möglich machten, war in Deutschland gegeben. Es existierte kein kollektives Gremium, das wie der »Faschistische Großrat« in der Lage gewesen wäre, für die Gesamtheit zu sprechen und übergeordnete Interessen gegen den Diktator ins Spiel zu bringen. Es gab keine politische Instanz, die wie der italienische König die staatliche Kontinuität unabhängig von der NSDAP und nach deren Auflösung hätte wahren können. Die Parteielite und die viel wichtigere Führung der SS standen loyal zu Hitler und waren in ihrer intellektuellen Mediokrität, ihrer moralischen Korruptheit und ihrer charakterlichen Schwäche gar nicht in der Lage, sich Hitler zu widersetzen. Um die Wehrmachtsführung war es nicht wesentlich besser bestellt. Seit dem »Röhmputsch« vom Juni 1934 hatte sie sich einerseits immer tiefer ins moralische Abseits hineinmanövrieren und sich andererseits einen Behauptungswettkampf im nationalsozialistischen Staat aufzwingen lassen, der die Wehrmacht in wachsendem Maße der Ideologie des Nationalsozialismus öffnete. Selbst wenn sich eine nennenswerte Fronde in der Generalität zusammengefunden hätte, was nicht der Fall war, hätte sie nicht nur mit Gegnern in den eigenen Reihen, sondern auch mit dem Widerstand beträchtlicher Teile des mittleren Offizierskorps und der geschlossenen Gegnerschaft der NSDAP und der SS rechnen müssen. Mehr als der Fahneneid, den die deutsche Wehrmacht auf Hitler – die italienische Armee war auf den König vereidigt – geschworen hatte, paralysierte gerade diese Perspektive eines selbst bei einem Gelingen des Staatsstreiches mit hoher Wahrscheinlichkeit eintretenden Bürgerkrieges das Handeln.

Im Unterschied zur italienischen Elite, die sich dem Rassenwahn widersetzt hatte und daher moralisch weitgehend intakt geblieben war, galt das für die deutsche Armeeführung nicht. Sie war tief in die Massenvernichtung verstrickt und hatte bei einem Verlust des Krieges mehr als nur eine Prestigeeinbuße zu befürchten. Zudem bedeutete die Forderung der Alliierten nach bedingungsloser Kapitulation im Falle Deutschlands etwas anderes als im Falle Italiens. Sie bedrohte die staatliche Integrität und nicht nur die territorialen Erwerbungen seit 1938. Ein Ausweg, wie ihn Italien erfolgreich beschritt, war für Deutschland nicht wahrscheinlich, dafür hatte es sich nicht nur als zu gefährlich, sondern auch als zu verbrecherisch erwiesen. Zudem waren der Krieg und die Vorstellung einer beherrschenden Rolle Deutschlands in Europa in den deutschen Eliten viel tiefer verankert als Mussolinis Idee des »imperio« in den italienischen Eliten, welche die Diskrepanz zwischen dem hochgespannten Ziel und dem mit den Kräften Italiens Erreichbaren pragmatischer sahen und zu solchem Pragmatismus durch die Serie italienischer Mißerfolge im insgesamt ohnehin skeptisch betrachteten Krieg auch früh gezwungen wurden.

Selbst in den Kreisen der am 20. Juli 1944 beteiligten Offiziere und der mit ihnen sympathisierenden Repräsentanten des Bürgertums wurde die Einsicht in den zutiefst unmoralischen Charakter der nationalsozialistischen Herrschaft lange Zeit von der Absicht überlagert, Deutschlands Großmachtstatus zu erhalten, und so machte man bis 1943 jedes Handeln hiervon abhängig.[8] Das gilt für die Verschwörung im September 1938 ebenso wie für jene im Winter 1939/40. Die Gruppe um Ludwig Beck, Carl Friedrich Goerdeler, Hans Oster und Hans Bernd Gisevius suchte in zahlreichen Gesprächskontakten in Großbritannien Zusagen für den Fall eines Sturzes Hitlers zu erhalten, die auf nichts anderes als die Bewahrung des von Hitler erreichten territorialen Erwerbsstandes bzw. aus englischem Blickwinkel auf das Erreichen der Ziele Hitlers ohne Hitler hinausliefen. Erst allmählich und in einem mühsamen Prozeß, der wesentlich vom Verlauf des Krieges stimuliert wurde, hat man sich hiervon befreit.[9]

Der wichtigste Unterschied zwischen der Situation des Widerstandes in Italien und Deutschland liegt aber in der Zeit. Während Italien 1943 noch auf einen Ausweg hoffen konnte, traf das für Deutschland nicht mehr zu. Ein Sturz Hitlers, der einen »italienischen Ausweg« ermöglicht hätte, hätte weit früher stattfinden müssen. Man mag sich über den geeigneten Zeitpunkt streiten, aber die zweite Hälfte des Jahres 1941 stellte zweifellos die letzte

Möglichkeit hierzu dar. Wahrscheinlich wurde sie bereits im Winter 1939/40 verpaßt, und die beste Chance hätte sich ohnehin im September 1938 geboten. 1944 kam es nach einer Henning von Tresckow zugeschriebenen Wendung »nicht mehr auf den praktischen Zweck an, sondern darauf, daß die deutsche Widerstandsbewegung vor der Welt und vor der Geschichte den entscheidenden Wurf gewagt hat«.[10] Es war nur noch eine »Ehrenrettung« möglich. Darin erschöpft sich die Bedeutung des 20. Juli weitgehend.

Ein letzter wesentlicher Unterschied ist schließlich in der Unterstützung durch die Bevölkerung zu erblicken. Während der Krieg in Italien unpopulär, die Versorgungslage breiter Bevölkerungsschichten prekär war und sich Unmut in Streiks Luft machte, ja, sich unterschwellig bereits vor dem 25. Juli das vorfaschistische Parteienspektrum zu regenerieren begann und die Kräfte, die den Sturz Mussolinis betrieben, eine soziale Basis besaßen, entbehrte die Opposition gegen Hitler jeden Rückhalts in der Bevölkerung. Das hatte viele Gründe. Die Versorgungslage der deutschen Bevölkerung war infolge der gut organisierten und von den nationalsozialistischen Instanzen skrupellos durchgeführten Ausbeutung Europas viel besser als in Italien. Der totalitäre Formierungsprozeß der Gesellschaft war in Deutschland viel weiter fortgeschritten als in Italien und eine Restrukturierung demokratischer Meinungsbildungsprozesse durch den Repressionsapparat des SS-Staates leichter zu unterbinden. Zudem bot die Erinnerung an Weimar keine Anknüpfungsmöglichkeiten, weder in der Bevölkerung noch in den Kreisen der Opposition, zu sehr war die Republik für die einen mit dem Odium des Scheiterns verbunden und für die anderen als Staatsform inakzeptabel.

Darüber hinaus war die Person Hitlers weit mehr als diejenige Mussolinis zum Integrationskern des Staates geworden und wirkte, durch die Propaganda des »Führermythos« stilisiert, als Symbol nationaler Identifikation stabilisierend auf die Verhältnisse. Auch sollte man nicht vergessen, daß Deutschland, weit mehr als das geographisch abgelegene Italien, im Einzugsbereich der Roten Armee lag. Der offiziell propagierte Antikommunismus griff hier weit stärker als in Italien und verschmolz mit der Angst, daß die Rote Armee vergelten würde, was deutsche Soldaten in Rußland angerichtet hatten. Auch in der Haltung breiter Bevölkerungsschichten hatte deshalb die Verstrickung in die Verbrechen des Nationalsozialismus im Sinne der Durchhaltepropaganda der Führung eine stabilisierende Wirkung, selbst wenn schließlich mehr als Apathie davon nicht übrigblieb. Anders wäre das vielleicht gewesen, wenn sich dem Reich die Chance eröffnet hätte, nur den Westmächten gegenüber zu kapitulieren, wie das Italien gelang.

Man sollte auch die soziale Isolierung nicht außer acht lassen, in der sich die verschiedenen Gruppen der Opposition gegen Hitler bewegten.[11] Nur wenige wie Julius Leber oder Carl Friedrich Goerdeler besaßen überhaupt politische Erfahrung und waren in der Lage, ein breiteres Publikum anzusprechen. Die Mehrzahl gehörte dem Adel, dem Großbürgertum oder der oberen Mittelschicht an, Klassen, die schon am Ende der Weimarer Republik keinen Rückhalt mehr in der Bevölkerung besessen hatten und zudem autoritären und elitären Staatsvorstellungen anhingen und nicht zuletzt deswegen zunächst den Anschluß an die Nationalsozialisten gesucht hatten. Ihr »Aufstand des Gewissens«, so aufrichtig er auch immer gemeint war, stellte kaum mehr als das letzte Gefecht einer politisch längst untergegangenen Welt dar. Sie wußten weder eine Antwort auf die Frage, was nach der nationalsozialistischen Massenmobilisierung kommen sollte, noch waren sie der kriminellen Energie und machtgeübten Schläue der nationalsozialistischen Führung gewachsen.

Der verpaßte Einsatz für den Widerstand gegen Hitler offenbart im Kern ein Defizit an moralisch-politischer Orientierung; man darf ja nicht nur die Frage stellen, wogegen sich die Opposition wandte und wofür sie stritt, sondern muß umgekehrt auch fragen, wogegen sie sich nicht wandte und wofür sie nicht stritt. Dabei geht es nicht darum, die Vergangenheit in unhistorischer Weise an heutigen Normen und Vorstellungen zu messen, sondern darum, daran zu erinnern, daß Widerstand, der diesen Namen verdient, in einer abendländischen Tradition steht, die ohne die Rückbesinnung auf naturrechtliche Vorstellungen oder – wenn man noch weiter zurückgreifen will – auf göttliches Recht nicht auskommen kann. Zweifellos gab es im nationalsozialistischen Deutschland Widerstand im Sinne dieser Tradition, doch wird man skeptisch gegenüber allen Bekundungen und Motivationen sein dürfen, die nicht deutlich erkennbar 1933 einsetzten, als gegenüber Kommunisten, Sozialdemokraten und Juden elementares Naturrecht verletzt wurde. Für große Teile des christlichen, sozialdemokratischen, gewerkschaftlichen und auch kommunistischen Widerstands trifft dieses Kriterium zweifellos zu. Bei jenen Kreisen, die den 20. Juli durchführten, bleibt Skepsis angebracht. Die Mehrzahl von ihnen begann als Parteigänger oder Sympathisant der Nationalsozialisten und nahm weder Anstoß an einem harten Durchgreifen gegen die Sozialdemokraten und Kommunisten noch gegen die Juden, auch wenn die Auswüchse keine Billigung fanden. Altkonservative Hitler-Gegner der ersten Stunde, wie Ewald von Kleist-Schmenzin oder Kurt Freiherr von Hammerstein-Equord, und sensible Skeptiker wie Helmuth James Graf von Moltke sind eher die Ausnahme.

Widerspruch regte sich erst, als sich einigen wenigen im Zuge der Röhm-Affäre der verbrecherische Charakter des Regimes enthüllte, als die Fritsch-Affäre das fragile Machtgleichgewicht zwischen Wehrmacht und Partei gefährdete und als sich schließlich im August/September 1938 herausstellte, daß Hitlers Außenpolitik den Bestand des Reiches und seinen Status als Großmacht gefährdete. Das heißt nicht, daß die ethische Orientierung der meisten nicht bereits zuvor zu innerer Distanz gegenüber den Nazi-Methoden geführt hatte, doch die Tatvorbereitung folgte anderen Einsatzzeichen. 1933 gab es keine Aprilverschwörung, 1935 keine Septemberverschwörung, im Winter 1939/40 ging es in erster Linie darum, den Krieg zu beenden und das Risiko des militärischen Scheiterns auszuschalten, und weniger darum, die Polen- und Judenverfolgung zu stoppen, obgleich manch einer wie General Johannes Blaskowitz offen Widerspruch angemeldet und Mut bekundet hatte. Im Herbst 1941 schließlich setzte Gegenwehr erst ein, als sichtbar wurde, daß die inhumane Mordpraxis im Osten den Sieg gefährdete. Die außenpolitischen Erfolge der Hitler-Regierung lösten immer wieder schwierige Loyalitätskonflikte aus, lähmten die Motivation zum Handeln und führten zur Schizophrenie der Gleichzeitigkeit von Mitmachen und Widerstand mit dem utopischen Ziel, die Machtstellung des Reichs zu bewahren und den Staat von den Verbrechern zu säubern. Und das war noch die radikalste Schlußfolgerung, die keineswegs von allen und von der Mehrheit sehr spät gezogen wurde. So bemerkte der Staatssekretär im Auswärtigen Amt, Ernst Freiherr von Weizsäcker, auf dem Höhepunkt des Frankreichfeldzuges zu dem kaltgestellten Diplomaten Ulrich von Hassel, »man müsse sich damit trösten, daß große Wandlungen in der Geschichte sehr oft unter Verbrechen herbeigeführt würden«.[12] Das war die eine Extremposition in der ethischen Bandbreite oppositioneller Haltungen, die andere wird durch eine Briefzeile von Moltkes gekennzeichnet, der angesichts der Morde in Rußland am 21. Oktober 1941 an seine Frau schrieb: »Wenn ich nur das entsetzliche Gefühl los werden könnte, daß ich mich selbst habe korrumpieren lassen, daß ich nicht mehr scharf genug auf solche Sachen reagiere, daß sie mich quälen, ohne daß spontane Reaktionen entstehen.«[13]

Der 20. Juli 1944 schließlich war der Aufstand eines sehr privaten Gewissens; denn zu diesem Zeitpunkt hatte das nationalsozialistische Deutschland nahezu 10 Mio Juden, Polen, Russen, Zigeuner, Behinderte und vermeintlich »Asoziale« getötet. Für sie wurde der Staatsstreich nicht geplant, auch wenn das Morden bei einem Gelingen beendet worden wäre und es als Motiv zum Handeln erhebliche Bedeutung besaß. Gewiß muß man bei der Beurteilung des Widerstandes die jeweils gegebenen Handlungsmöglichkeiten berücksichtigen. Das ethische Dilemma des Widerstandes, die Macht des Reiches zu bewahren und die Verbrechen zu beenden, mit denen sie erworben worden war, war durchaus auch ein objektives Dilemma. Die Erfolge lähmten nicht nur die Handlungsmöglichkeiten, sondern mußten auch bewahrt werden, sollte der Neuanfang nicht von vornherein mit dem Odium des Verzichts und der Niederlage belastet sein. Dieses Dilemma offenbart aber zugleich das Fehlen einer politischen Zielsetzung, die in der Lage gewesen wäre, den Gesichtspunkt der äußeren Macht zu kompensieren. Die im Widerstand engagierten »Honoratioren« besaßen sie nicht und politisch wäre sie – wie auch immer sie ausgesehen hätte –, auch kaum durchsetzbar gewesen, zu sehr hatte das nationalsozialistische Herrschaftssystem jede Alternative ad absurdum geführt. Daher war es nur konsequent, daß die ethische Orientierung der Träger des Widerstands erst zur Tat befähigte, als es nur noch darum gehen konnte, ein moralisches Zeichen zu setzen, und niemand mehr davon überzeugt war, daß die Machtstellung des Reichs noch zu bewahren war.

Der Widerstand gegen Hitler zeigte die Stabilität des nationalsozialistischen Herrschaftssystems nicht nur in einem äußeren Sinne: Es war nicht nur nicht möglich, das totalitäre System mit den Mitteln des Staatsstreichs zu überwinden, weil die mehrköpfige Hydra des polykratischen Systems mit einem Schlag nicht entscheidend getroffen werden konnte, sondern es eröffneten sich auch nur jenen Handlungsmöglichkeiten, denen die einzige politische Alternative, die Rückbesinnung auf die ja formal noch geltende Weimarer Verfassung und die in ihr verankerten Menschenrechte, gar nicht erst in den Sinn kam.

XVI. Das Ende der nationalsozialistischen Herrschaft

Am 7./9. Mai 1945 kapitulierte das Oberkommando der Wehrmacht bedingungslos vor den Streitkräften der Alliierten, die Deutschland zu diesem Zeitpunkt bereits nahezu vollständig erobert hatten. Militärischer Widerstand gegen die Truppen der Alliierten, den Einheiten der Wehrmacht und der SS weit über das Maß des militärisch Sinnvollen und der eigenen Bevölkerung gegenüber Verantwortbaren bis zuletzt geleistet hatten, war nun nicht mehr möglich. Das nationalsozialistische Deutschland war vollständig besiegt. Dies war das Ergebnis der militärischen Anstrengungen der wichtigsten Staaten der Welt, die Millionen Soldaten und Zivilisten das Leben oder die Gesundheit gekostet hatten.

Am 23. Mai 1945 ging die letzte Reichsregierung unter Großadmiral Dönitz, den Hitler Ende April noch als seinen Nachfolger eingesetzt hatte, in Kriegsgefangenschaft. Der deutsche Staat war damit de facto erloschen. Am 5. Juni 1945 übernahmen die Alliierten auch de jure die höchste Regierungsgewalt in Deutschland und stellten ein Volk unter Kuratel, dessen Regierung während der nationalsozialistischen Epoche alle Brücken zur Völkergemeinschaft abgebrochen und der modernen Zivilisation den Rücken gekehrt hatte. Die Deutschen wurden nun einer Erziehungsdiktatur unterworfen, deren Ziel es war, alle Nationalsozialisten aus führenden Positionen zu entfernen, dem Nationalsozialismus die geistigen Grundlagen zu entziehen und sicherzustellen, daß von deutschem Boden nie wieder ein Krieg ausgehen könne.

Adolf Hitler hatte sich der Verantwortung am 30. April 1945 durch Selbstmord entzogen. Einige wenige aus dem engsten Führungskreis, wie Joseph Goebbels und Heinrich Himmler, folgten seinem Beispiel – der Letztgenannte übrigens erst, nachdem sein Versuch, als einfacher Soldat unterzutauchen, gescheitert war. Andere, wie Hermann Göring und Joachim von Ribbentrop, wurden vom Alliierten Militärgerichtshof in Nürnberg zum Tode oder, wie Albert Speer und Rudolf Heß, zu langer bzw. lebenslanger Gefängnishaft verurteilt. Insgesamt offenbarte der Abgang der nationalsozialistischen Führungsclique von der politischen Bühne erneut deren intellektuelle und charakterliche Mittelmäßigkeit.

Das deutsche Volk hat seine Loyalität zur nationalsozialistischen Führung teuer bezahlt. Der geographische Begriff »Deutschland« wurde zunächst einmal wieder auf das »Altreich« in den Grenzen von 1937 reduziert, das nun in drei Teile zerfiel. In Westdeutschland übernahmen die USA, Großbritannien und Frankreich die Kontrolle, in Mitteldeutschland die UdSSR. Berlin wurde zur Viersektorenstadt, und die Gebiete östlich von Oder und Neiße wurden vom Reich abgetrennt. Königsberg und ein Teil Ostpreußens fiel an die UdSSR, und die anderen Territorien kamen unter polnische Verwaltung. Die deutsche Bevölkerung der östlichen Gebiete wurde von den neuen Herren ebenso systematisch wie grausam vertrieben, soweit sie nicht bereits vor der Roten Armee geflüchtet war. Ähnlich erging es den Deutschen in der Tschechoslowakei und in Jugoslawien. An den Deutschen vollzog sich nun das gleiche Schicksal, das sie zuvor den Polen in den eingegliederten Gebieten und anderen Opfern der Germanisierungspolitik zugefügt hatten und das Millionen von Menschen in Osteuropa im »Generalplan Ost« zugedacht worden war. Hunderttausende Deutsche starben nun als Opfer von Flucht und Vertreibung und gesellten sich jenen hinzu, die zuvor an den Fronten gefallen oder im Bombenkrieg umgekommen waren.

Doch schwerer als diese traurige Bilanz wiegt, die auch den Alliierten kein gutes Zeugnis ausstellt, fallen die Verbrechen in die Waagschale, die im deutschen Namen zwischen 1933 und 1945 verübt worden waren. Sie waren um einer rassistisch-imperialistischen Zielsetzung willen begangen worden, deren Verwirklichung bei einem Sieg des nationalsozialistischen Deutschland nicht einfach nur auf einen – womöglich zeitlich kurz befristeten – Rückfall in die Barbarei, sondern auf eine Konterrevolution gegen die politischen und moralischen Werte der Moderne hinausgelaufen wäre. Das leidvolle Schicksal, das Juden, Polen, Serben und Russen während der nationalsozialistischen Herrschaft zuteil wurde, deutet die Konturen dieser Konterrevolution an und steht nicht nur zeitlich, sondern im gewissen Sinne auch ursächlich vor den Leiden der Deutschen.

Allerdings wandte sich der nationalsozialistische Austilgungswahn von Anfang an auch gegen die Deutschen selbst. Die rassistische Utopie vom neuen »arischen« Menschen grenzte nicht nur die in Deutschland lebenden Juden, die in ihrer Mehrzahl ja Deutsche waren und sein wollten, mit willkürlichen Kriterien aus, sondern auch all jene, die dem ideologischen Ideal- und Wahnbild nicht entsprachen und als »Gesellschaftsfremde«, »Asoziale« oder unheilbar Kranke eingestuft wurden.

Niemand, der sich das rassistische Kernanliegen des Nationalsozialismus klarmacht, kann das Ende der nationalsozialistischen Herrschaft erstaunlich finden. Sie trug ihr Ende vielmehr von Anfang an in sich, weil sie auf atavistischen Prämissen beruhte. Erstaunlich bleibt hingegen, daß dieses Ende so lange auf sich warten ließ und daß nahezu die ganze Welt mobil machen mußte, um es herbeizuführen. Hierzu konnte es nur kommen, weil den Nationalsozialisten eine überaus schnelle und durchschlagende Machtakkumulation gelang und sich das Herrschaftsgefüge trotz zahlreicher Erschütterungen immer wieder stabilisierte. Bis zu einem gewissen Grade trug zu dieser Stabilisierung auch der Rassismus bei; denn er isolierte das deutsche Volk, das in seine grauenhafte Verwirklichung in wachsendem Maße einbezogen wurde, von allen abendländischen Traditionen und schnitt ihm den Rückweg in die Zivilisation ab.

Nichts hat das Bewußtsein, mit dem Schicksal der Nationalisten auf Gedeih und Verderb verbunden zu sein, so sehr gefördert wie die sich allmählich entwickelnde Komplizenschaft zwischen der nationalsozialistischen Führung und weiten Teilen der Bevölkerung. So wie der Rassismus und die alltägliche Praxis des Verbrechens im »Dritten Reich« für die angelsächsischen Mächte und ihre Verbündeten seit Casablanca keine Alternative mehr zur bedingungslosen Kapitulation beließen, so konnte auch die deutsche Bevölkerung auf anderem Wege keine Befreiung aus der Verstrikkung mehr erhoffen. Es war also nicht nur dem Terror zuzuschreiben, den das Regime in den letzten Kriegsmonaten auch gegen die deutsche Bevölkerung übte, daß es zu einem Zusammenbruch der nationalsozialistischen Herrschaft von innen heraus nicht kam.

Abkürzungsverzeichnis

ADAP	Akten zur deutschen auswärtigen Politik
ADGB	Allgemeiner Deutscher Gewerkschaftsbund
BNSDJ	Bund Nationalsozialistischer Deutscher Juristen
BVP	Bayerische Volkspartei
DAF	Deutsche Arbeitsfront
DDF	Documents Diplomatiques Français
DNVP	Deutschnationale Volkspartei
FRUS	Foreign Relations of the United States
GG	Geschichte und Gesellschaft
GHH	Gute Hoffnungs Hütte
GTBB	Goebbels Tagebücher
IMG	Internationaler Militärgerichtshof
KPD	Kommunistische Partei Deutschlands
KPdSU	Kommunistische Partei der Sowjetunion
KPF	Kommunistische Partei Frankreichs
KTB	Kriegstagebuch
KTB OKW	Kriegstagebuch des Oberkommandos der Wehrmacht
MGFA	Militärgeschichtliches Forschungsamt
NSBO	Nationalsozialistische Betriebszellenorganisation
NSDAP	Nationalsozialistische Deutsche Arbeiterpartei
OHL	Oberste Heeresleitung
OKH	Oberkommando des Heeres
OKW	Oberkommando der Wehrmacht
RAD	Reichsarbeitsdienst
RAF	Royal Air Force
RGBl	Reichsgesetzblatt
RM	Reichsmark
RMRuK	Reichsministerium für Rüstung und Kriegsproduktion
RSHA	Reichssicherheitshauptamt
RWM	Reichswirtschaftsministerium
SD	Sicherheitsdienst
SPD	Sozialdemokratische Partei Deutschlands
UF	Ursachen und Folgen
USAAF	United States Army Air Force
VB	Völkischer Beobachter
VfZ	Vierteljahrshefte für Zeitgeschichte
WVHA	Wirtschaftsverwaltungshauptamt
ZMG	Zeitschrift für Militärgeschichte

Anmerkungen

Einleitung

1 Zu den wichtigsten Forschungskontroversen vgl. Klaus Hildebrand, *Das Dritte Reich*, München 1991[4], S. 115ff.
2 Norbert Wiener, *Kybernetik. Regelung und Nachrichtenübertragung im Lebewesen und in der Maschine*, Düsseldorf 1963[2] (New York 1948); Hans-Joachim Flechtner, *Grundbegriffe der Kybernetik*, Stuttgart 1969[4].
3 John Briggs/F. David Peat, *Die Entdeckung des Chaos. Eine Reise durch die Chaos-Theorie*, München 1995[4] (New York 1989).
4 Peter Hüttenberger, *Nationalsozialistische Polykratie*, in: *GG* 2 (1976), S. 417ff.; Dieter Rebentisch, *Führerstaat und Verwaltung im Zweiten Weltkrieg*, Frankfurt 1986.
5 Ian Kershaw, *Hitlers Macht. Das Profil der NS-Herrschaft*, München 1992 (London 1991).

I. Ideen- und Sozialgeschichte einer Ideologie oder: Wie konsensfähig war Hitlers Weltanschauung?

1 Vgl. Michael Geyer, *Aufrüstung oder Sicherheit. Die Reichswehr in der Krise der Machtpolitik 1924-1936*, Wiesbaden 1980.
2 Vgl. Peter Krüger, *Die Außenpolitik der Republik von Weimar*, Darmstadt 1985.
3 Vgl. Reinhard Frommelt, *Paneuropa oder Mitteleuropa. Einigungsbestrebungen im Kalkül deutscher Wirtschaft und Politik 1925-1933*, Stuttgart 1977.
4 Carl Duisberg, *Abhandlungen, Vorträge und Reden aus den Jahren 1922-1933*, Berlin 1933, S. 351.
5 Ebd., S. 122.
6 Vgl. Klaus Hildebrand, *Vom Reich zum Weltreich. Hitler, NSDAP und koloniale Frage 1919-1945*, München 1969; Hartmut Pogge von Strandmann, *Imperialism and Revisionism in Interwar Germany*, in: Wolfgang J. Mommsen/Jürgen Osterhammel (Hg.), *Imperialism and After. Continuities and Discontinuities*, London 1986, S. 90ff.
7 Vgl. Andreas Hillgruber, *Kontinuität und Diskontinuität in der deutschen Außenpolitik von Bismarck bis Hitler*, Düsseldorf 1969.
8 Zit. nach Wolfram Wette, *Ideologien, Propaganda und Innenpolitik als*

Voraussetzungen der Kriegspolitik des Dritten Reiches, in: *Das Deutsche Reich und der Zweite Weltkrieg*, Hg. MGFA, Bd. 1, Stuttgart 1989, S. 44 ff.

9 Vgl. Eberhard Jäckel, *Hitlers Weltanschauung. Entwurf einer Herrschaft*, Stuttgart 1981, S. 38 ff.

10 Adolf Hitler, *Mein Kampf*, München 1941, S. 150 ff.

11 *Hitlers zweites Buch. Ein Dokument aus dem Jahr 1928*, Hg. Gerhard L. Weinberg, Stuttgart 1961, S. 163.

12 Zit. nach Hermann Graml, *Europas Weg in den Krieg. Hitler und die Mächte 1939*, München 1990, S. 172.

13 Vgl. Ludolf Herbst, *Der Krieg und die Unternehmensstrategie deutscher Industriekonzerne in der Zwischenkriegszeit*, in: Martin Broszat/Klaus Schwabe (Hg.), *Die deutschen Eliten und der Weg in den Zweiten Weltkrieg*, München 1989, S. 72 ff.

14 Zum Rassismus vgl. George L. Mosse, *Die Geschichte des Rassismus in Europa*, Frankfurt 1990 (New York 1978); zum Wagner-Kreis vgl. Hartmut Zelinsky, *Sieg oder Untergang: Sieg und Untergang. Kaiser Wilhelm II., die Werk-Idee Richard Wagners und der »Weltkampf«*, München 1990.

15 Arthur Comte de Gobineau, *Versuch über die Ungleichheit der Menschenrassen*, dt. Ausgabe hg. v. Ludwig Schemann, 4 Bde., Stuttgart 1898-1901 (Paris 1853/1855).

16 Hans-Günter Zmarzlik, *Der Sozialdarwinismus in Deutschland als geschichtliches Problem*, in: *VfZ* 11 (1963), S. 246 ff., Zit. S. 254.

17 Vgl. Hans-Walter Schmuhl, *Rassenhygiene, Nationalsozialismus, Euthanasie. Von der Verhütung zur Vernichtung »lebensunwerten Lebens« 1890-1945*, Göttingen 1992^2.

18 Robert Knox, *The Races of Men: A Philosophical Enquiry into the Influence of Race over the Destinies of Nations*, London 1867.

19 Georges Vacher de Lapouge, *Les Sélections sociales*, Paris 1896; ders., *L'Aryen. Son Rôle Social*, Paris 1899.

20 1930^6, S. 114, vgl. S. 8.

21 Eduard Fuchs, *Die Juden in der Karikatur*, München 1921/ND Berlin 1985.

22 Norman Cohn, *Die Protokolle der Weisen von Zion. Der Mythos von der jüdischen Weltverschwörung*, Köln 1969 (London 1967); *Die Zionistischen Protokolle. Das Programm der internationalen Geheimregierung*, Leipzig 1933^{14}.

23 *Geschichtliche Grundbegriffe. Historisches Lexikon zur politisch-sozialen Sprache*, Hg. Otto Brunner u. a., Bd. 1, Stuttgart 1972, S. 129 ff.; auch in: Reinhard Rürup, *Emanzipation und Antisemitismus. Studien zur ›Judenfrage‹ der bürgerlichen Gesellschaft*, Göttingen 1975, S. 95 ff.

24 Houston Stewart Chamberlain, *Die Grundlagen des 19. Jahrhunderts*, 2 Bde., München 1932, Bd. 1, S. 353 ff.

25 Vgl. Egmont Zechlin, *Die deutsche Politik und die Juden im Ersten Weltkrieg*, Göttingen 1969.
26 Zit. ebd., S. 267.
27 Zit. ebd., S. 518 ff., 548.
28 Zit. ebd., S. 549.
29 Zit. ebd., S. 527.
30 Vgl. Donald L. Niewyk, *The Jews in Weimar Germany*, Baton Rouge 1980.
31 Vgl. Uwe Lohalm, *Völkischer Radikalismus. Die Geschichte des Deutschvölkischen Schutz- und Trutz-Bundes 1919-1923*, Hamburg 1970.
32 Vgl. George L. Mosse, *Die deutsche Rechte und die Juden*, in: Werner E. Mosse (Hg.), *Entscheidungsjahr 1932. Zur Judenfrage in der Endphase der Weimarer Republik*, Tübingen 1966², S. 227.
33 Wilhelm Mommsen (Hg.), *Deutsche Parteiprogramme*, München 1960³, S. 533 ff.
34 Vgl. Dietrich Orlow, *The History of the Nazi Party, 1919-1933*, 2 Bde., Pittsburgh 1969/1973; Martin Broszat, *Die Machtergreifung. Der Aufstieg der NSDAP und die Zerstörung der Weimarer Republik*, München 1984.
35 Mommsen (Hg.), *Parteiprogramme*, S. 548.
36 Vgl. Alan Bullock, *Hitler. Eine Studie über Tyrannei*, Kronberg 1977²; Joachim C. Fest, *Hitler. Eine Biographie*, Berlin, Frankfurt 1973; Jäckel, *Hitlers Weltanschauung*, S. 55 ff.
37 *Hitler. Sämtliche Aufzeichnungen 1905-1924*, Hg. Eberhard Jäckel u. Axel Kuhn, Stuttgart 1980, S. 89 f.
38 *Abwehrblätter*, 42 (1932), Heft 4, S. 101.
39 Zit. nach Uwe Dietrich Adam, *Judenpolitik im Dritten Reich*, Düsseldorf 1972, S. 43, 64 Anm. 206
40 Mosse, *Die deutsche Rechte*, S. 192, 194.

II. Die Errichtung der Diktatur

1 Vgl. Karl Dietrich Bracher, *Die Auflösung der Weimarer Republik. Eine Studie zum Problem des Machtverfalls in der Demokratie* (1955), Villingen 1960³, S. 287 ff.; Hans Mommsen, *Die verspielte Freiheit. Der Weg der Republik von Weimar in den Untergang 1918 bis 1933*, Berlin 1989, S. 175 ff.; Heinrich August Winkler, *Weimar 1918-1933. Die Geschichte der ersten deutschen Demokratie*, München 1995².
2 *Handschriftliche Aufzeichnungen des Gen.Lt. Liebmann über die Ausführungen des Reichskanzlers Hitler vor den Befehlshabern des Heeres und der Marine vom 3. Februar 1933*, Hg. Thilo Vogelsang, in: *VfZ* 2 (1954), S. 434 f.

3 Vgl. Berenice A. Carrol, *Design for Total War. Arms and Economics in the Third Reich*, Den Haag 1968, S. 17 ff.; Ludolf Herbst, *Der Totale Krieg und die Ordnung der Wirtschaft*, Stuttgart 1982, S. 33 ff.

4 Carl Schmitt, *Die Wendung zum totalen Staat* (1931) und *Weiterentwicklung des totalen Staats in Deutschland* (1933), in: ders., *Positionen und Begriffe*, Hamburg 1940, S. 146 ff. und 185 ff.; Ernst Forsthoff, *Der Totale Staat*, Hamburg 1933.

5 Erich Ludendorff, *Meine Kriegserinnerungen 1914-1918*, Berlin 1919, S. 303.

6 Hellmuth Auerbach, *Hitlers politische Lehrjahre und die Münchner Gesellschaft 1919-1923*, in: *VfZ* 25 (1977), S. 1-45.

7 Vgl. hierzu: Martin Broszat/Klaus Schwabe (Hg.), *Die deutschen Eliten und der Weg in den Zweiten Weltkrieg*, München 1989.

8 Hans-Ulrich Thamer, *Verführung und Gewalt. Deutschland 1933-1945*, Berlin 1986, S. 233. Zum Gesamtzusammenhang vgl. Karl Dietrich Bracher u. a., *Die nationalsozialistische Machtergreifung*, Köln 1962.

9 *RGBl.* 1933, I, S. 35 ff.

10 *IMG*, Bd. XXXV, S. 42 ff., Zitat S. 46.

11 *RGBl.* 1933, I, S. 83 ff. Die Interpretation der Ereignisse ist in der wissenschaftlichen Literatur heftig umstritten. Vgl. hierzu Ulrich von Hehl, *Die Kontroverse um den Reichstagsbrand*, in: *VfZ* 36 (1988), S. 259 ff.

12 *Akten der Reichskanzlei, Reg. Hitler*, Teil I, Bd. 1, S. 129.

13 *RGBl.* 1933, I, S. 141.

14 *Akten der Reichskanzlei, Reg. Hitler*, Teil I, Bd. 1, S. 216.

15 *VB*, Ausgabe A/Norddeutsche Ausgabe, Nr. 84, 25. 3. 1933, S. 1.

16 *DDF*, 1er Serie, Bd. III, S. 822.

17 *RGBl.* 1933, I, S. 153 ff.; Zweites Gesetz zur Gleichschaltung der Länder mit dem Reich, 7. 4. 1933, *RGBl.* 1933, I, S. 173.

18 *Sitzungsberichte des Preußischen Landtags*, 5. Wahlperiode, Bd. 765, S. 18.

19 *Das Ende der Parteien 1933*, Hg. E. Matthias u. R. Morsey, Düsseldorf 1960.

20 Karl Rohe, *Das Reichsbanner Schwarz Rot Gold*, Düsseldorf 1966, S. 461 ff.

21 Matthias/Morsey (Hg.), *Ende der Parteien*, S. 175 ff. Vgl. Hans-Gerd Schumann, *Nationalsozialismus und Gewerkschaftsbewegung*, Hannover 1958, S. 53 ff.; 76 ff.

22 Max Domarus, *Hitler. Reden und Proklamationen 1932-1945*, 2 Bde., Bd. I, S. 260. Vgl. zum 1. Mai *GTBB*, Bd. 2, S. 413 ff.

23 Vgl. Timothy W. Mason, *Sozialpolitik im Dritten Reich*, Opladen 1977, S. 99 ff.; Ronald Smelser, *Robert Ley. Hitlers Mann an der Arbeitsfront*, Paderborn 1989 (New York 1988) S. 144.

24 *Ministerialblatt für die Preußische innere Verwaltung*, Teil I, Ausg. A, 94. (1933), Nr. 41 vom 2.8.1933, Spalte 887.
25 *Akten der Reichskanzlei, Reg. Hitler*, Teil I, Bd. 1, S. 629.
26 Zur nationalsozialistischen Judenpolitik vgl. Adam, *Judenpolitik*; Karl A. Schleunes, *The Twisted Road to Auschwitz. Nazi Policy towards German Jews 1933-1939*, Urbana/Ill. 1970.
27 Joseph Walk (Hg.), *Das Sonderrecht für die Juden im NS-Staat. Eine Sammlung der gesetzlichen Maßnahmen und Richtlinien – Inhalt und Bedeutung*, Heidelberg 1981, S. 4ff.
28 Vgl. Peter Longerich, *Die braunen Bataillone. Geschichte der SA*, München 1989, S. 84ff., 121f., 140, 143, 165ff., 183f.
29 *VB*, Nr. 72 vom 13. März 1933, Text in: Domarus, *Hitler. Reden*, Bd. I, S. 221.
30 *Akten der Reichskanzlei, Reg. Hitler*, Teil I, Bd. I, S. 251; *GTBB*, Bd. 2, S. 398; vgl. auch Adam, *Judenpolitik*, S. 60f.
31 *VB* vom 29. März 1933, Text in: Domarus, *Hitler. Reden*, Bd. I, S. 232; *Akten der Reichskanzlei, Reg. Hitler*, Teil I, Bd. I, S. 271.
32 *RGBl.* 1933, I, S. 175, 188, 222, 225.
33 Der Briefwechsel in: *UF*, Bd. IX, S. 393-395.
34 Schleunes, *The Twisted Road*, S. 109; für den Bereich der Justiz vgl. Lothar Gruchmann, *Justiz im Dritten Reich 1933-1940. Anpassung und Unterwerfung in der Ära Gürtner*, München 1988, S. 165ff.
35 *RGBl.* 1933 I, S. 195.

III. Die Sicherung der Herrschaft

1 *Akten der Reichskanzlei, Reg. Hitler*, Teil I, Bd. 1, S. 630.
2 Zum Begriff vgl. Martin Broszat, *Nationalsozialistische Konzentrationslager 1933-1945*, in: *Anatomie des SS-Staates*, Bd. 2, München 1965, S. 13ff.
3 Falk Pingel, *Häftlinge unter SS-Herrschaft*, Hamburg 1978, S. 25.
4 Vgl. Günther Kimmel, *Das Konzentrationslager Dachau. Eine Studie zu den nationalsozialistischen Gewaltverbrechen*, in: *Bayern in der NS-Zeit*, Bd. 2: *Herrschaft und Gesellschaft im Konflikt*, Hg. Martin Broszat u. Elke Fröhlich, München 1979, S. 349ff.
5 Vgl. Rudolf Höß, *Kommandant in Auschwitz. Autobiographische Aufzeichnungen*, Hg. Martin Broszat, München 1979[6], S. 58.
6 Gesetz über die Errichtung eines Geheimen Staatspolizeiamtes vom 26. April 1933, *Ministerialblatt für die Preußische innere Verwaltung*, 94 (1933) Teil I, Ausgabe A, Nr. 26 vom 3. Mai 1933, Sp. 508.
7 Vgl. Hans Buchheim, *Die SS – das Herrschaftsinstrument*, in: *Anatomie des SS-Staates*, Bd. 1, München 1967, S. 39ff.

8 Zit. nach Herbst, *Der Totale Krieg*, S. 105.
9 Edgar Stern-Rubarth, *Die Propaganda als politisches Instrument*, Berlin 1921, S. 3.
10 *GTBB*, Bd. 2, S. 368f., 384.
11 Vgl. hierzu Karl Dietrich Abel, *Presselenkung im NS-Staat*, Berlin 1968; Jürgen Hagemann, *Die Presselenkung im Dritten Reich*, Bonn 1970.
12 *»Wollt Ihr den totalen Krieg?« Die geheimen Goebbels-Konferenzen 1939-1943*. Hg. Willi A. Boelcke, Stuttgart 1967, S. 285.
13 André François-Poncet, *Als Botschafter in Berlin 1931-1938*, Mainz 1949², S. 109 (Paris 1946).
14 Vgl. Dietmar Petzina, *Die deutsche Wirtschaft in der Zwischenkriegszeit*, Wiesbaden 1977.
15 Domarus, *Hitler. Reden*, Bd. I, 2, S. 191ff.; Zitat S. 193.
16 Vgl. Fritz Blaich, *Der Schwarze Freitag. Inflation und Wirtschaftskrise*, München 1985, S. 58ff.
17 Vgl. Knut Borchardt, *Zwangslagen und Handlungsspielräume in der großen Weltwirtschaftskrise der frühen dreißiger Jahre*, in: ders., *Wachstum, Krisen, Handlungsspielräume der Wirtschaftspolitik*, Göttingen 1982, S. 165ff.; Harold James, *Deutschland in der Weltwirtschaftskrise 1924-1936*, Stuttgart 1988 (Oxford 1986).
18 *RGBl.* I, 1931, S. 699ff.
19 Helmut Marcon, *Arbeitsbeschaffungspolitik der Regierungen Papen und Schleicher. Grundsteinlegung für die Beschäftigungspolitik im Dritten Reich*, Frankfurt 1974.
20 Petzina, *Die deutsche Wirtschaft*, S. 106.
21 Vgl. Avraham Barkai, *Das Wirtschaftssystem des Nationalsozialismus. Der historische und ideologische Hintergrund 1933-1936*, Köln 1977, S. 31ff.
22 Text in: *Ausgewählte Dokumente zur Geschichte des Nationalsozialismus 1933-1945*, Hg. Hans-Adolf Jacobsen u. Werner Jochmann, Bielefeld 1961, I, E Dokument 1932. Vgl. Gerhard Kroll, *Von der Weltwirtschaftskrise zur Staatskonjunktur*, Berlin 1958, S. 427ff.
23 Barkai, *Wirtschaftssystem*, S. 37.
24 Domarus, *Hitler. Reden*, Bd. I, 1, S. 80.
25 *Akten der Reichskanzlei, Reg. Hitler*, Teil I, Bd. 1, S. 50f., 63.
26 Ebd., S. 305ff., 463f., 506ff.
27 Vgl. Karl Dietrich Bracher, *Das Anfangsstadium der Hitlerschen Außenpolitik*, in: *VfZ* 5 (1957), S. 63ff.; Günter Wollstein, *Vom Weimarer Revisionismus zu Hitler. Das Deutsche Reich und die Großmächte in der Anfangsphase der nationalsozialistischen Herrschaft in Deutschland*, Bonn 1973.
28 *Handschriftliche Aufzeichnungen des Gen.Lt. Liebmann über die Aus-*

führungen des Reichskanzlers Hitler vor den Befehlshabern des Heeres und der Marine vom 3. Februar 1933, Hg. Thilo Vogelsang, in: *VfZ* 2 (1954), S. 434f.

29 *Verhandlungen des Reichstages*, Bd. 457, S. 47ff.

30 *Akten der Reichskanzlei, Reg. Hitler*, Teil I, Bd. 1, S. 283, 633.

31 Ebd., S. 294f.; *ADAP*, Ser. C, Bd. I, S. 10, Anm. 5; Domarus, *Hitler. Reden*, Bd. I, S. 236.

32 Vgl. Hans Roos, *Die ›Präventivkriegspläne‹ Pilsudskis von 1933*, in: *VfZ* 3 (1955), S. 344ff.

33 *VB* vom 4. Mai 1933; *ADAP*, Ser. C, Bd. I, 1, S. 362ff.; Domarus, *Hitler. Reden*, Bd. I, S. 277f. Vgl. Marian Wojciechowski, *Die polnisch-deutschen Beziehungen 1933-1938*, Leiden 1971, S. 20ff.

34 Text: *ADAP*, Ser. C, Bd. I, 2, S. 528ff.

35 *GTBB*, Bd. 2, S. 430.

36 *ADAP*, Ser. C, Bd. I, 2, S. 608/09; vgl. ebd. Bd. I, 1, S. 28ff., 130ff.

37 *RGBl.* 1933, II, S. 679ff. Zur Kontroverse über das Reichskonkordat vgl. Konrad Repgen, *Über die Entstehung der Reichskonkordat-Offerte im Frühjahr 1933 und die Bedeutung des Reichskonkordats*, in: *VfZ* 26 (1978), S. 499ff.; Klaus Scholder, *Altes und Neues zur Vorgeschichte des Reichskonkordats*, in: *VfZ* 26 (1978), S. 535ff.

38 *Akten der Reichskanzlei, Reg. Hitler*, Teil I, Bd. 1, S. 683.

39 Ebd., S. 651.

40 Ebd., Teil I, Bd. 2, S. 907; *ADAP*, Ser. C, Bd. I, 2, S. 909f.

41 Domarus, *Hitler. Reden*, Bd. I, S. 306ff.

42 *UF*, Bd. X, S. 43ff.

43 *Akten der Reichskanzlei, Reg. Hitler*, Teil I, Bd. 2, S. 1027.

44 Text: *VB* vom 16. Nov. 1933; *ADAP*, Ser. C, Bd. II, 1, Dok. 126 (69, 73); vgl. Wollstein, *Revisionismus*, S. 274.

45 Text in: *RGBl.* 1934, Teil II, S. 118; *ADAP*, Ser. C, Bd. II, S. 411f.

46 Józef Lipski, *Diplomat in Berlin 1933-1939*, Hg. W. Jedrzewicz, New York 1968, S. 125.

47 *Akten der Reichskanzlei, Reg. Hitler*, Teil I, Bd. 1, S. 629ff.

48 Zum Gesamtzusammenhang vgl. Peter Longerich, *Die Braunen Bataillone. Geschichte der SA*, München 1989, S. 179ff., sowie Heinz Höhne, *Mordsache Röhm. Hitlers Durchbruch zur Alleinherrschaft 1933-1934*, Reinbek 1984, S. 180.

49 Ernst Röhm, *SA und deutsche Revolution*, in: *Nationalsozialistische Monatshefte*, 4 (1933), S. 251ff. Zitat: S. 253f.

50 Hitler an Röhm, 31.12.1933, in: *VB*, Ausgabe A/Norddeutsche Ausgabe Nr. 1/2, 2.1.1934.

51 *Die nationalsozialistische Revolution und die SA. Rede des Reichsministers Stabschef Röhm vor dem Diplomatischen Korps und der Auslandspresse in Berlin am 18. April 1934*, Berlin 1934, S. 20.

52 *Rede des Vizekanzlers von Papen vor dem Universitätsbund, Marburg, am 17.6.1934*, Berlin 1934, S. 15.
53 *Akten der Reichskanzlei, Reg. Hitler*, Teil I, Bd. 2, S. 1354ff. Vgl. Lothar Gruchmann, *Justiz im Dritten Reich*, S. 453.
54 *Verfügung Adolf Hitlers vom 20. Juli 1934 über die SS*, in: *VB* (Berliner Ausgabe) Nr. 207 vom 26. Juli 1934; vgl. Bernd Wegner, *Hitlers Politische Soldaten: Die Waffen-SS 1933-1945*, Paderborn 1988³, S. 84ff.
55 *Akten der Reichskanzlei, Reg. Hitler*, Teil I, Bd. 2, S. 1385.
56 Vgl. Klaus-Jürgen Müller, *Das Heer und Hitler*, Stuttgart 1969, S. 67.

IV. Krisen- und Formierungsprozesse auf dem Wege zur Großmacht

1 Domarus, *Hitler. Reden*, I, 1, S. 234.
2 René Erbe, *Die nationalsozialistische Wirtschaftspolitik 1933-1939 im Lichte der modernen Theorie*, Zürich 1958, S. 70ff.; Barkai, *Wirtschaftssystem*, S. 137f.; James, *Weltwirtschaftskrise*, S. 374.
3 *Akten der Reichskanzlei, Reg. Hitler*, Teil I, Bd. 1, S. 319.
4 Vgl. Dörte Döring, *Deutsche Außenwirtschaftspolitik 1933-35*, Diss. Berlin 1969; Joachim Radkau, *Entscheidungsprozesse und Entscheidungsdefizite in der deutschen Außenwirtschaftspolitik 1933-1940*, in: *GG* 2 (1976), S. 33ff.; James, *Weltwirtschaftskrise*, S. 368ff.
5 *RGBl.* I 1934, S. 212, 816; *Deutscher Reichsanzeiger und Preußischer Staatsanzeiger* 1934, Nr. 209.
6 Hjalmar Schacht, *76 Jahre meines Lebens*, Bad Wörishofen 1953, S. 415.
7 Ebd., S. 415.
8 Zur Frage, wem das letztlich nützte, vgl. die Kontroverse zwischen Alan S. Milward und Jürgen Wendt in: *Der »Führerstaat«: Mythos und Realität*, Hg. Gerhard Hirschfeld u. Lothar Kettenacker, Stuttgart 1981, S. 377ff. u. 414ff.
9 Zustimmend zit. von Hans-Erich Volkmann, *Die NS-Wirtschaft in Vorbereitung des Krieges*, in: *Das Deutsche Reich und der Zweite Weltkrieg*, Bd. I, S. 177ff.; vgl. Hans-Jürgen Schröder, *Deutsche Südosteuropapolitik 1929-1936*, in: *GG* 2 (1976), S. 5ff.
10 Vgl. z.B. Wolfram Fischer, *Probleme von Außenhandel und Aufrüstung*, in: *Wirtschaft und Rüstung am Vorabend des Zweiten Weltkrieges*, Hg. Friedrich Forstmeier u. Hans-Erich Volkmann, Düsseldorf 1975, S. 132ff.
11 *Akten der Reichskanzlei, Reg. Hitler*, Teil I, Bd. 1, S. 326, 374f., 389,

534 Anm. 2, 632, et passim; die bei Müller, *Tor zur Weltmacht*, S. 269 zitierte »Hitler-Äußerung« ist von Staatssekretär Posse; vgl. *Akten der Reichskanzlei, Reg. Hitler*, Teil I, Bd. 2, S. 880.

12 Schacht, *76 Jahre*, S. 414.

13 *Akten der Reichskanzlei, Reg. Hitler*, Teil I, Bd. 2, S. 880 f.

14 *Statistisches Handbuch von Deutschland 1928-1944*, Hg. Länderrat des Amerik. Besatzungsgebietes, München 1949, S. 410 ff.

15 Eckart Teichert, *Autarkie und Großraumwirtschaft*, in: *Deutschland 1930-1939. Außenwirtschaftliche Konzeptionen zwischen Wirtschaftskrise und Zweitem Weltkrieg*, München 1984, S. 18 ff.

16 Vgl. Radkau, *Entscheidungsprozesse*, S. 39; Schacht, *76 Jahre*, S. 415.

17 Zum Wehrmachtsetat 1933/34 siehe *UF*, Bd. X, S. 71 ff.; vgl. Graml, *Europas Weg*, S. 73.

18 Vgl. Wilhelm Deist, *Die Aufrüstung der Wehrmacht*, in: *Das Deutsche Reich und der Zweite Weltkrieg*, Bd. 1, S. 369 ff., 405 ff.

19 Bernhard Heimann/Joachim Schunke (Hg.), *Eine geheime Denkschrift zur Luftkriegskonzeption Hitler-Deutschlands vom Mai 1933*, in: *ZMG* 3 (1964), S. 72 ff.

20 Karl Heinz Völker, *Die deutsche Luftwaffe 1933-1939. Aufbau, Führung und Rüstung der Luftwaffe sowie die Entwicklung der deutschen Luftkriegstheorie*, Stuttgart 1967, S. 57.

21 Jost Dülffer, *Weimar, Hitler und die Marine. Reichspolitik und Flottenbau 1920-1930*, Düsseldorf 1973, S. 563 ff.

22 Rede vor den Reichsstatthaltern am 28. September 1933, in: *Akten der Reichskanzlei, Reg. Hitler*, Teil I, Bd. 2, S. 865, 868.

23 Denkschrift des Reichswehrministeriums vom 15. Februar 1935, in: Hans-Adolf Jacobsen, *Die nationalsozialistische Außenpolitik 1933-1938*, Frankfurt 1968, S. 729 ff.; vgl. ebd., S. 400 ff.

24 Vgl. Hans Woller, *Machtpolitisches Kalkül oder ideologische Affinität? Zur Frage des Verhältnisses zwischen Mussolini und Hitler vor 1933*, in: *Der Nationalsozialismus. Studien zur Ideologie und Herrschaft*, Hg. W. Benz u. a., Frankfurt 1993, S. 42 ff.; Jens Petersen, *Hitler-Mussolini. Die Entstehung der Achse Berlin–Rom 1933-1936*, Tübingen 1973.

25 Vgl. Gottfried-Karl Kindermann, *Hitlers Niederlage in Österreich. Bewaffneter NS-Putsch, Kanzlermord und Österreichs Abwehrsieg von 1934*, Hamburg 1984, S. 61 ff.; Norbert Schausberger, *Der Griff nach Österreich. Der Anschluß*, Wien 1978, S. 213 ff.

26 *Akten der Reichskanzlei, Reg. Hitler*, Teil I, Bd. 2, S. 868.

27 Note der deutschen Regierung an die österreichische Regierung vom 1. Februar 1934, in: *UF*, Bd. X, S. 237 f.

28 *UF*, Bd. X, S. 240 f.

29 *RGBl.* 1935, I, S. 375; 609 ff. u. 614.

30 Deist, *Aufrüstung*, S. 422.
31 *RGBl.* 1935, I, S. 369ff. Auch Domarus, *Hitler. Reden*, Bd. 1, S. 491ff.
32 Alle Texte *UF*, Bd. X, S. 319ff.
33 François-Poncet, *Als Botschafter in Berlin*, S. 235f.; Paul Schmidt, *Statist auf diplomatischer Bühne 1923-45*, Bonn 1949, S. 293.
34 *UF*, Bd. X, S. 333f.
35 *ADAP*, Ser. C, Bd. 3, Nr. 555, S. 1043-1080. Vgl. zum Flottenabkommen Norbert Wiggershaus, *Der deutsch-englische Flottenvertrag vom 18. Juni 1935. England und die geheime deutsche Aufrüstung 1933-1935*, Diss. Bonn 1972; Jost Dülffer, *Das deutsch-englische Flottenabkommen vom 18. Juni 1935*, in: *Nationalsozialistische Außenpolitik*, Hg. W. Michalka, Darmstadt 1978, S. 244ff.
36 Vgl. Deist, *Aufrüstung*, S. 424ff.
37 Vgl. Manfred Funke, *7. März 1936. Fallstudie zum außenpolitischen Führungsstil Hitlers*, in: *Nationalsozialistische Außenpolitik*, Hg. W. Michalka, Darmstadt 1978, S. 277ff.
38 *GTBB*, Bd. 2, S. 504, 510.
39 *ADAP*, Ser. C, Bd. IV, 2, S. 954ff.; vgl. Manfred Funke, *Sanktionen und Kanonen. Hitler, Mussolini und der internationale Abessinienkonflikt 1934-36*, Düsseldorf 1971[2].
40 *ADAP*, Ser. C, Bd. IV, 2, S. 1118f.
41 Ebd., S. 1135ff., 1148.
42 *IMG*, Bd. XXXIV, S. 645ff.; *UF*, Bd. X, S. 420ff.
43 Aussage Jodl am 4. Juni 1946 in: *IMG*, Bd. XV, S. 386f.; *IMG* Bd. XXXIV, S. 645ff.; *UF*, Bd. X, S. 421; vgl. Deist, *Aufrüstung*, S. 425.
44 *ADAP*, Ser. C. Bd. V, 1, S. 14ff.
45 *Verhandlungen des Reichstags*, Bd. 458, S. 63ff.; *UF*, Bd. X, S. 427f.
46 *ADAP*, Ser. C, Bd. V, 1, S. 13, 39.
47 General Gamelin, *Servir*, Paris 1946, Bd. I, S. 200ff:, François-Poncet, *Als Botschafter in Berlin*, S. 258ff.
48 *ADAP*, Ser. C, Bd. V, 1, S. 33ff. u. Anm. 7.
49 *Verhandlungen des Reichstags*, Bd. 459, S. 2ff.; *UF*, Bd. X, S. 486ff.
50 *RGBl.* 1935, I, S. 1146f.; vgl. Lothar Gruchmann, *»Blutschutzgesetz« und Justiz. Zu Entstehung und Auswirkung des Nürnberger Gesetzes vom 15. September 1935*, in: *VfZ* 31 (1983), S. 418ff.; ders. *Justiz im Dritten Reich*, S. 168ff., 864ff.
51 Wilhelm Stuckart/Hans Globke, *Kommentare zur deutschen Rassegesetzgebung*, München 1936, S. 26; *Parteiprogramm der NSDAP vom 24. Februar 1920*, in: *Deutsche Parteiprogramme*, S. 547ff.
52 *RGBl.* 1935 I, S. 1333. Vgl. Gruchmann, *Justiz im Dritten Reich*, S. 169f.

53 Adolf Hitler, *Mein Kampf*, S. 446 und 444; Alfred Rosenberg, *Der Mythus des 20. Jahrhunderts*, München 1932[4], S. 569; *Verhandlungen des Reichstags, IV. Wahlperiode 1928*, Drucksache Nr. 1741.
54 Die Texte in: Domarus, *Hitler. Reden*, Bd. I, S. 535 ff.
55 Für den Text siehe Walter Strauß, *Das Reichsministerium des Innern und die Judengesetzgebung*, in: *VfZ* 9 (1961), S. 262 ff., dort S. 271.
56 *RGBl.* 1935, I, S. 609.
57 Vgl. Otto Dov Kulka, *Die Nürnberger Rassengesetze und die deutsche Bevölkerung im Lichte geheimer NS-Lage- und Stimmungsberichte*, in: *VfZ* 32 (1984), S. 582 ff.
58 Vgl. Adam, *Judenpolitik*, S. 122; Gruchmann, *»Blutschutzgesetz«*, S. 429.
59 Kulka, *Nürnberger Rassegesetze*, S. 619 Anm. 126.
60 Zur Chefbesprechung und den Niederschriften, die darüber angefertigt wurden, vgl. Kulka, *Nürnberger Rassegesetze*, S. 615 ff. und Anm. 116.
61 *RGBl.* 1935, I, S. 1333.
62 Vgl. Gruchmann, *»Blutschutzgesetze«*, S. 434, Anm. 53.

V. Die Erringung der Hegemonie

1 Zu den Ziffern vgl. *Sozialgeschichtliches Arbeitsbuch*, Bd. III, *Materialien zur Statistik des Deutschen Reiches 1914-1945*, Hg. Dietmar Petzina u. a., München 1978, S. 76, 119 f., 149.
2 Zum Zusammenhang vgl. Dieter Petzina, *Autarkiepolitik im Dritten Reich. Der nationalsozialistische Vierjahresplan*, Stuttgart 1968, S. 30 ff.
3 Zit. ebd., S. 35.
4 Wilhelm Treue, *Hitlers Denkschrift zum Vierjahresplan 1936*, in: *VfZ* 3 (1955), S. 184 ff.
5 Vgl. Wolfgang Birkenfeld, *Der synthetische Treibstoff 1933-1945. Ein Beitrag zur nationalsozialistischen Wirtschafts- und Rüstungspolitik*, Göttingen 1964, S. 12 ff.
6 *RGBl.* I, 1934, S. 1253 f.
7 Birkenfeld, *Der synthetische Treibstoff*, S. 37 ff.; Gerhard Mollin, *Montankonzerne und »Drittes Reich«*, Göttingen 1988, S. 64 ff.
8 Vgl. Hans-Erich Volkmann, *Die NS-Wirtschaft in Vorbereitung des Krieges*, in: *Das Deutsche Reich und der Zweite Weltkrieg*, Bd. 1, S. 272 ff.
9 Georg Thomas, *Geschichte der deutschen Wehr- und Rüstungswirtschaft (1918-1943/45)*, Hg. Wolfgang Birkenfeld, Boppard 1966, S. 111.

10 Petzina, *Autarkiepolitik*, S. 42 ff.
11 Thomas, *Geschichte der deutschen Wehr- und Rüstungswirtschaft*, S. 83.
12 *IMG*, Bd. XVII, S. 135 ff., und Bd. XXVII, S. 144 ff.
13 Schacht an Oberst Thomas, 2. September 1936, *IMG*, Bd. XXVII, S. 153 f.
14 *RGBl.* I, 1936, S. 887.
15 Petzina, *Autarkiepolitik*, S. 60 ff.; Mollin, *Montankonzerne*, S. 60 f.
16 Mollin, *Montankonzerne*, S. 70 ff.; Petzina, *Autarkiepolitik*, S. 104 ff.; neben dem älteren Werk von Matthias Riedel, *Eisen und Kohle für das Dritte Reich. Paul Pleigens Stellung in der NS-Wirtschaft*, Göttingen 1973, vgl. August Meyer, *Das Syndikat Reichswerke »Hermann Göring«*, Braunschweig 1986.
17 Jörg Johannes Jäger, *Die wirtschaftliche Abhängigkeit des Dritten Reichs vom Ausland*, Berlin 1969, S. 76 ff.
18 Vgl. Petersen, *Hitler-Mussolini*, S. 484 ff.
19 Vgl. Wolfgang Schieder/Christof Dipper (Hg.), *Der Spanische Bürgerkrieg in der internationalen Politik 1936-1939*, München 1976.
20 *ADAP*, Ser. C, Bd. V, 2, S. 955 ff.; Text des deutsch-italienischen Protokolls ebd. Nr. 624, S. 1056 ff.
21 Vgl. Petersen, *Hitler-Mussolini*, S. 491.
22 *ADAP*, Ser. C, Bd. V, 2, S. 1008; Petersen, *Hitler-Mussolini*, S. 492.
23 Text: *ADAP*, Ser. C, Bd. VI, 1, S. 114 f.; vgl. Anmerkung der Herausgeber ebd., Bd. V, 2, S. 1059 f.; *RGBl.* 1937, II, S. 28 ff.
24 Vgl. Bernd Martin, *Die deutsch-japanischen Beziehungen während des Dritten Reiches*, in: Manfred Funke (Hg.), *Hitler, Deutschland und die Mächte*, Düsseldorf 1976, S. 454 ff.; John P. Fox, *Germany and the Far Eastern Crisis 1931-1938*, Oxford 1982.
25 Vgl. hierzu Wolfgang Michalka, *Ribbentrop und die deutsche Weltpolitik 1933-1940. Außenpolitische Konzeptionen und Entscheidungsprozesse im Dritten Reich*, München 1980, S. 247 ff.
26 *GTBB*, Bd. 2, S. 737 f.
27 Graf G. Ciano, *Tagebücher 1937/38*, Hamburg 1949, S. 39; vgl. Graml, *Europas Weg in den Krieg*, S. 96.
28 *GTBB*, Bd. 3, S. 79.
29 *ADAP*, Ser. D, Bd. 1, S. 25 ff.; vgl. Walter Bußmann, *Zur Entstehung und Überlieferung der ›Hoßbach-Niederschrift‹*, in: *VfZ* 16 (1968), S. 373 ff.; vgl. Karl-Heinz Janßen/Fritz Tobias, *Der Sturz der Generäle. Hitler und die Blomberg-Fritsch-Krise 1938*, München 1994, S. 9 ff.
30 *ADAP*, Ser. D, Bd. 1, S. 46 ff., hier S. 48 f.
31 *ADAP*, Serie D, Bd. VII, Anhang K, S. 547 ff.
32 Janßen/Tobias, *Der Sturz der Generäle*, S. 8 ff. und passim.

33 Belege bei Alfred Kube, *Pour le mérite und Hakenkreuz. Hermann Göring im Dritten Reich*, München 1986, S. 236, 241, 243.
34 Text: *ADAP*, Ser. D., Bd. I, S. 231 ff.; 234.
35 Bericht Papens vom 1. September 1936, zit. Norbert Schausberger, *Der Griff nach Österreich*, S. 740.
36 *ADAP*, Ser. D, Bd. I, S. 423 f.
37 IMG, Bd. IX, S. 333; vgl. Kube, *Hermann Göring*, S. 243 ff.
38 *IMG*, Bd. XXXIV, S. 336 f.
39 *RGBl.* 1938, I, S. 237 f.
40 François-Poncet, *Als Botschafter in Berlin*, S. 321.
41 Rede vom 25. März 1938, in: Domarus, *Hitler. Reden*, I, S. 836.
42 Vgl. Schausberger, *Der Griff*, S. 433 ff.; Kube, *Hermann Göring*, S. 215 ff.
43 *IMG*, Bd. XXV, S. 433 ff.; vgl. Deist, *Aufrüstung*, S. 524 f. und 520.
44 *ADAP*, Serie D, Bd. II, S. 190 f.
45 Ronald M. Smelser, *Das Sudetenproblem und das Dritte Reich 1933-1938. Von der Volkstumspolitik zur nationalsozialistischen Außenpolitik*, München 1980.
46 *ADAP*, Serie D, Bd. 2, S. 23 ff.; vgl. Gerhard L. Weinberg, *The Foreign Policy of Hitlers's Germany*, Bd. 2: *Starting World War II 1937-1939*, Chicago 1980, S. 333 ff.
47 *ADAP*, Serie D, Bd. II, S. 163 f.
48 *Weizsäcker-Papiere*, S. 129-131, 139-141; *ADAP*, Ser. D, Bd. II, Nr. 259, 304, 374, 409; vgl. Bloch, *Das Dritte Reich*, S. 232.
49 Text: *ADAP*, Ser. D, Bd. II, S. 812 ff.
50 Domarus, *Hitler. Reden*, Bd. I, S. 931 f.
51 Vgl. Graml, *Europas Weg*, S. 105; Weinberg, *Foreign Policy*, II, S. 433 ff.
52 Vgl. dazu Charles Bloch, *Das Dritte Reich und die Welt. Die deutsche Außenpolitik 1933-1945*, Paderborn 1992 (Paris 1986), S. 239.

VI. Der Krieg vor dem Krieg: Die Forcierung der nationalsozialistischen Judenpolitik

1 Vgl. *Die Juden in Deutschland 1933-1945. Leben unter nationalsozialistischer Herrschaft*, Hg. W. Benz, München 1988.
2 Vgl. Joseph Walk (Hg.), *Das Sonderrecht für die Juden im NS-Staat. Eine Sammlung der gesetzlichen Maßnahmen und Richtlinien – Inhalt und Bedeutung*, Heidelberg 1981, S. 3 ff.
3 Uwe Dietrich Adam, *Wie spontan war der Pogrom?* in: *Der Judenpogrom 1938. Von der ›Reichskristallnacht‹ zum Völkermord*, Hg. W. H. Pehle, Frankfurt 1988, S. 74 ff.; Zit. S. 84.

4 Vgl. Richard Neebe, *Großindustrie, Staat und NSDAP 1930-1933*, Göttingen 1981, S. 181 ff.; Johannes Ludwig, *Boykott, Enteignung, Mord. Die ›Entjudung‹ der deutschen Wirtschaft*, München 1992, S. 15 ff.

5 Avraham Barkai, *›Schicksalsjahr 1938‹. Kontinuität und Verschärfung der wirtschaftlichen Ausplünderung der deutschen Juden*, in: *Der Judenpogrom 1938*, Hg. Walter H. Pehle, Frankfurt 1988, S. 95 ff.

6 *RGBl.* 1936, I, S. 996; vgl. Adam, *Judenpolitik*, S. 161.

7 Zit. bei Barkai, *›Schicksalsjahr 1938‹*, S. 99 f.; zu den Schwierigkeiten, die man sah, vgl. Adam, *Judenpolitik*, S. 161.

8 Domarus, *Hitler. Reden*, Bd. II, S. 729 f.

9 Helmut Genschel, *Die Verdrängung der Juden aus der Wirtschaft im Dritten Reich*, Göttingen 1966, S. 170.

10 *IMG*, Bd. XVII, S. 160 ff.; Adam, *Judenpolitik*, S. 183.

11 Zit. bei Adam, *Wie spontan war der Pogrom?*, S. 76.

12 Ebd., S. 77; Bericht des Obersten Parteigerichts vom Februar 1939, zit. bei Wolfgang Benz, *Rückfall in die Barbarei*, in: *Der Judenpogrom 1938*, S. 19 f.

13 Zit. bei Adam, *Wie spontan war der Pogrom?*, S. 79.

14 *IMG*, Bd. XXVIII, S. 518.

15 *Stenographische Niederschrift der Besprechung über die Judenfrage unter dem Vorsitz von Feldmarschall Göring im Reichsluftfahrtministerium am 12. November 1938*, in: *IMG*, Bd. XXVIII, S. 499 ff.

16 *RGBl.* 1938, I, S. 1580, 1579; vgl. Walk (Hg.), *Das Sonderrecht für die Juden*, S. 254 f.

17 *Wiedergutmachung in der Bundesrepublik Deutschland*, Hg. Ludolf Herbst u. Constantin Goschler, München 1989, S. 34 ff.; 55 ff.

18 *Dimension des Völkermords. Die Zahl der jüdischen Opfer des Nationalsozialismus*, Hg. W. Benz, München 1991, S. 23 ff.; Raul Hilberg, *Die Vernichtung der europäischen Juden*, 3 Bde., Frankfurt 1990 (Chicago 1961), Bd. 1, S. 87, Anm. 2.

19 Benz (Hg.), *Dimension des Völkermordes*, S. 34 ff.

20 Paul Sauer, *Die Schicksale der jüdischen Bürger Baden-Württembergs 1933-1945*, Stuttgart 1969, S. 391 ff.; vgl. Benz (Hg.), *Dimension des Völkermordes*, S. 53.

21 Hans Günther Adler, *Der verwaltete Mensch. Studien zur Deportation der Juden aus Deutschland*, Tübingen 1974, S. 27.

22 Zit. Adler, *Der verwaltete Mensch*, S. 15 f.; vgl. Walk (Hg.), *Das Sonderrecht für die Juden*, S. 276.

23 Vgl. Juliane Wetzel, *Auswanderung aus Deutschland*, in: *Die Juden in Deutschland 1933-1945*, Hg. W. Benz, München 1988, S. 413 ff. 427.

24 Zit. bei Adler, *Der verwaltete Mensch*, S. 15.

25 Zehnte Verordnung zum Reichsbürgergesetz, *RGBl.* 1939 I, S. 1097 ff.
26 Hilberg, *Vernichtung*, S. 195.

VII. Der Durchbruch zum Krieg: Vom Münchener Abkommen bis zum Angriff auf Polen

1 Domarus, *Hitler. Reden*, Bd. I, S. 960 f.
2 *ADAP*, Ser. C, Bd. IV, Dok. 62, S. 71; vgl. Wojciechowsky, *Die polnisch-deutschen Beziehungen*, S. 532; Weinberg, *Starting World War II*, S. 477 ff.
3 *ADAP*, Ser. C, Bd. V, S. 87 ff.
4 Ebd., S. 106 ff.
5 Ebd., Ser. D, Bd. IV, S. 235; vgl. für die Unterredung S. 229 ff.
6 *RGBl.* 1939, I, Nr. 47, S. 485 f.; *ADAP*, Ser. D, Bd. IV, S. 246.
7 *RGBl.* 1939, II, S. 607; *ADAP*, Ser. D, Bd. VI, S. 35 ff.
8 *ADAP*, Ser. D, Bd. VI, S. 58 ff.; vgl. Graml, *Europas Weg*, S. 151 ff.
9 *ADAP*, Ser. D, Bd. VI, S. 101 ff.
10 Zit. bei Graml, *Europas Weg*, S. 185 f.
11 Weinberg, *Starting World War II*, S. 543; vgl. Graml, *Europas Weg*, S. 175.
12 Hubatsch, *Hitlers Weisungen*, S. 17; *ADAP*, Ser. D, Bd. VI, S. 291.
13 Domarus, *Hitler. Reden*, Bd. II, S. 1197.
14 *Soviet Documents on Foreign Policy*, Hg. J. Degras, Bd. III, Oxford 1953, S. 315 ff.; *ADAP*, Ser. D., Bd. VI, S. 1 ff.
15 *ADAP*, Ser. D, Bd. VI, S. 222.
16 Ebd., S. 355, 445.
17 Ebd., S. 465, 454; vgl. dort auch Anm. 2 und S. 493.
18 Ebd., S. 498; vgl. S. 487 f.; 490 ff., 505.
19 Ebd., Bd. VII, S. 48, 51.
20 Ebd., S. 63 f.
21 Ebd., S. 70.
22 Ebd., S. 95 f.
23 Ebd., S. 100 ff., 111 f., 124 f.
24 Ebd., S. 131.
25 Ebd., S. 141.
26 Ebd., S. 205 ff.
27 Ebd., S. 187.
28 Ebd., S. 167 ff.; Zitat S. 170; Halder, *KTB*, Bd. I, S. 23 ff.; *IMG*, Bd. XXVI, S. 338 ff. Zur Überlieferung der Quelle vgl. Winfried Baumgart, *Zur Aussprache Hitlers vor den Führern der Wehrmacht am 22. August 1939*, in: *VfZ* 16 (1968), S. 120 ff.; vgl. ders., in: *VfZ* 19 (1971), S. 301 ff.

29 *ADAP*, Ser. D, Bd. VII, S. 180f. Zur Unterredung S. 176ff.
30 Ebd., S. 181ff.
31 Ebd., S. 233ff.; Zitate S. 234, 235.
32 Hofer, *Entfesselung*, S. 283ff.
33 *ADAP*, Ser. D, Bd. VII, S. 238ff.; die dem Brief beigefügte Liste, ebd., S. 258f.
34 Ebd., Bd. VI, S. 466ff.; Zitat S. 467.
35 Vgl. Graml, *Europas Weg*, S. 292f.; Hofer, *Entfesselung*, S. 277f.
36 *ADAP*, Ser. D, Bd. VII, S. 255, 318ff., 345ff., 347f., 365f., 368, 372ff., 376ff.

VIII. Rüstungskonjunktur und soziale Lage

1 Einen Überblick über die Forschung gibt: Matthias Frese, *Zugeständnisse und Zwangsmaßnahmen. Neuere Studien zur nationalsozialistischen Sozial- und Arbeitspolitik*, in: *NPL* 32 (1987), S. 53ff.; vgl. zudem Mason, *Sozialpolitik im Dritten Reich*; Carola Sachse u.a., *Angst, Belohnung, Zucht und Ordnung. Herrschaftsmechanismen im Nationalsozialismus*, Opladen 1982.
2 Vgl. Petzina, *Die deutsche Wirtschaft in der Zwischenkriegszeit*, S. 109ff.
3 Exemplarisch an der Vierjahresplanorganisation abzulesen; vgl. Petzina, *Autarkiepolitik im Dritten Reich*, S. 52ff.
4 Vgl. Adelheid von Saldern, *Mittelstand im ›Dritten Reich‹. Handwerker – Einzelhändler – Bauern*, Frankfurt 1979, S. 31ff.; S. 95ff.
5 Vgl. Wolfgang Zollitsch, *Arbeiter zwischen Weltwirtschaftskrise und Nationalsozialismus*, Göttingen 1990; Rüdiger Hachtmann, *Industriearbeit im ›Dritten Reich‹*, Göttingen 1989.
6 Vgl. Blaich, *Der Schwarze Freitag*, S. 69.
7 Vgl. Jürgen Kuczynski, *Die Geschichte der Lage der Arbeiter unter dem Kapitalismus*, Bd. 6, Berlin 1964, S. 159ff.
8 Ronald Smelser, *Robert Ley. Hitlers Mann an der ›Arbeitsfront‹*. Paderborn 1989 (Oxford 1988).
9 *RGBl.* I, 1934, S. 45; vgl. Timothy W. Mason, *Zur Entstehung des Gesetzes zur Ordnung der nationalen Arbeit, vom 20. Januar 1934*, in: *Industrielles System und politische Entwicklung in der Weimarer Republik*, Hg. H. Mommsen u.a., Düsseldorf 1974, S. 322ff.; Andreas Kranig, *Lockung und Zwang. Zur Arbeitsverfassung im Dritten Reich*, Stuttgart 1983, S. 38ff.
10 Gesetz zur Einführung eines Arbeitsbuches vom 26. Februar 1935, *RBGl.* I, 1935, S. 311.
11 Verordnungen zur Sicherstellung des Kräftebedarfs für Aufgaben von

besonderer staatspolitischer Bedeutung vom 22. Juni 1938 und vom 13. Februar 1939, *RBGl.* I, 1938, S. 652; 1939, S. 206.

12 Domarus, *Hitler. Reden*, Bd. I, 1, S. 233; vgl. ebd., S. 193, für die Proklamation vom 1. Februar 1933.

13 Vgl. John Farquharson, *The Plough and the Swastika. The NSDAP and Agriculture in Germany 1928-45*, London 1976.

14 *RGBl.* I, 1933, S. 626f.

15 *RGBl.* I, 1937, S. 422f.; vgl. die preispolitischen Verordnungen vom selben Tag, *RGBl.* I, 1937, S. 375ff.

16 *RGBl.* I, 1933, S. 685ff.

17 Vgl. Hans Mommsen, *Beamtentum im Dritten Reich*, Stuttgart 1966, S. 20ff.

18 *RGBl.* I, 1933, S. 175ff.

19 Michael Prinz, *Vom neuen Mittelstand zum Volksgenossen. Die Entwicklung des sozialen Status der Angestellten von der Weimarer Republik bis zum Ende der NS-Zeit*, München 1986.

IX. Mobilmachung, innere Sicherheit, Gewalt und Mord

1 Domarus, *Hitler. Reden*, Bd. II, S. 13, 15; *Statistisches Handbuch von Deutschland*, Hg. Stuttgarter Länderrat, Stuttgart 1949, S. 555, 600; Alan S. Milward, *Der Zweite Weltkrieg. Krieg, Wirtschaft und Gesellschaft 1939-1945*, München 1977, S. 46.

2 Wilhelm Deist, *Die Aufrüstung der Wehrmacht*, in: *Das Deutsche Reich und der Zweite Weltkrieg*, Bd. 1, S. 447, 473, 496.

3 Vgl. Fritz Blaich, *Wirtschaft und Rüstung in Deutschland 1933-1939*, in: *Sommer 1939*, Hg. Wolfgang Benz u. Hermann Graml, Stuttgart 1979, S. 33ff.

4 Vgl. Alan S. Milward, *Arbeitspolitik und Produktivität in der deutschen Kriegswirtschaft unter vergleichendem Aspekt*, in: *Kriegswirtschaft und Rüstung am Vorabend des Zweiten Weltkrieges*, Hg. Friedrich Forstmeier u. Hans-Erich Volkmann, Düsseldorf 1975, S. 73ff.

5 Vgl. Richard J. Overy, *Hitler's War and the German Economy: A Reinterpretation*, in: *Economic History Review* 35 (1982), S. 272ff.; Zitat S. 276f.; ders., *»Blitzkriegswirtschaft«? Finanzpolitik, Lebensstandard und Arbeitseinsatz in Deutschland 1939-1942*, in: *VfZ* 36 (1988), S. 379ff.

6 Bernhard R. Kroener, *Die personellen Ressourcen des Dritten Reiches im Spannungsfeld zwischen Wehrmacht, Bürokratie und Kriegswirtschaft 1939-1945*, in: *Das Deutsche Reich und der Zweite Weltkrieg*, Bd. 5/1, S. 707ff., 726ff.; ders., *Der Kampf um den ›Sparstoff Mensch‹ Forschungskontroversen über die Mobilisierung der deutschen Kriegs-*

wirtschaft 1939-1942, in: *Der Zweite Weltkrieg*, Hg. W. Michalka, München 1989, S. 402 ff.

7 Vgl. Marlies Steinert, *Hitlers Krieg und die Deutschen*, Düsseldorf 1970, S. 91 ff.; Norbert Frei, *Der totale Krieg und die Deutschen*, in: *Der nationalsozialistische Krieg*, Hg. N. Frei u. H. Kling, Frankfurt 1990, S. 283 ff.; Wilhelm Deist, *Überlegungen zur ›widerwilligen Loyalität‹ der Deutschen bei Kriegsbeginn*, in: *Der Zweite Weltkrieg*, Hg. Michalka, S. 224 ff.; *Deutschland-Berichte der Sopade 1934-1940*, 6. Jg. 1939, Frankfurt 1980, S. 976.

8 *Deutschland-Berichte*, 6. Jg. 1939, S. 978; Steinert, *Hitlers Krieg*, S. 91-103; vgl. Deist, *Überlegungen*, S. 226, vgl. S. 1036.

9 Helmut Krausnick/Hermann Graml, *Der deutsche Widerstand und die Alliierten*, in: *Vollmacht des Gewissens*, Bd. II, Frankfurt 1965, S. 482.

10 Zit. nach Herbst, *Der Totale Krieg*, S. 109, Anm. 58, vgl. S. 104 ff.; Heinz Boberach (Hg.), *Meldungen aus dem Reich 1938-1945. Die geheimen Lageberichte des Sicherheitsdienstes der SS*, 17 Bde. und Registerbd., Herrsching 1984.

11 Overy, *›Blitzkriegswirtschaft‹?*, S. 384 ff.

12 *RGBl.* 1939 I, S. 1498 ff.

13 Vgl. Farquharson, *The Plough and the Swastika*, S. 221 ff.

14 Lothar Burchardt, *Die Auswirkungen der Kriegswirtschaft auf die deutsche Zivilbevölkerung im Ersten und Zweiten Weltkrieg*, in: *MGM* 15 (1974), S. 65 ff.

15 Vgl. hierzu Marie-Luise Recker, *Nationalsozialistische Sozialpolitik im Zweiten Weltkrieg*, München 1985, S. 26 ff.; Timothy W. Mason, *Arbeiterklasse und Volksgemeinschaft. Dokumente und Materialien zur deutschen Arbeiterpolitik 1936-1939*, Opladen 1975, passim.

16 Vgl. Recker, *Sozialpolitik*, S. 39, 44, 45.

17 Mason, *Arbeiterklasse*, S. 1121, 1125 ff., 1136 ff.

18 Ebd., S. 941 ff.; S. 1125 ff.; *Meldungen aus dem Reich*, Bd. 2, S. 316 ff.; *Deutschland-Berichte*, 6. Jg. 1939, S. 720 ff., 764 ff.

19 Vgl. Kroener, *Personelle Ressourcen*, S. 778 ff.; allerdings setzte die Kurskorrektur bereits am 8. Sept. 1939 ein, vgl. Mason, *Arbeiterklasse*, S. 1121.

20 Schreiben Leys an Funk vom 13. Dez. 1939, zit. bei Recker, *Sozialpolitik*, S. 54.

21 Vgl. Willi A. Boelcke, *Die Kosten von Hitlers Krieg. Kriegsfinanzierung und finanzielles Kriegserbe in Deutschland 1933-1948*, Paderborn 1985.

22 Vgl. Dietmar Petzina, *Die Mobilisierung deutscher Arbeitskräfte vor und während des Zweiten Weltkrieges*, in: *VfZ* 18 (1970), S. 443 ff.; Alan S. Milward, *Arbeitspolitik und Produktivität in der deutschen*

Kriegswirtschaft unter vergleichendem Aspekt, in: *Kriegswirtschaft und Rüstung* 1939-1945, Hg. Friedrich Forstmeier u.a., Düsseldorf 1977, S. 73 ff.

23 Dörte Winkler, *Frauenarbeit im Dritten Reich*, Hamburg 1977, S. 55 ff.

24 Herbst, *Der Totale Krieg*, S. 120; vgl. die hiervon leicht abweichenden Ziffern bei Kroener, *Personelle Ressourcen*, S. 810.

25 Vgl. Ulrich Herbert, *Fremdarbeiter. Politik und Praxis des ›Ausländer-Einsatzes‹ in der Kriegswirtschaft des Dritten Reiches*, Berlin 1985.

26 Vgl. Kroener, *Personelle Ressourcen*, S. 753 f.

27 Ebd., S. 761.

28 Zit. bei Gruchmann, *Justiz im Dritten Reich*, S. 921.

29 *RGBl.* 1939, I, S. 1455; Gruchmann, *Justiz im Dritten Reich*, S. 901, Anm. 1.

30 *RGBl.* 1939, I, S. 1679.

31 Zit. Gruchmann, *Justiz im Dritten Reich*, S. 909.

32 *RGBl.* 1939, I, S. 1683; vgl. Gruchmann, *Justiz im Dritten Reich*, S. 904.

33 Zit. Gruchmann, *Justiz im Dritten Reich*, S. 952, 956.

34 Vgl. Kershaw, *Hitlers Macht*, S. 117.

35 *RGBl.* 1938, I, S. 262, 1453; vgl. Buchheim, *Die SS – das Herrschaftsinstrument*, S. 94.

36 Zit. bei Gruchmann, *Justiz im Dritten Reich*, S. 676 f.

37 Vgl. Konrad Kwiet, *Nach dem Pogrom: Stufen der Ausgrenzung*, in: *Die Juden in Deutschland 1933-1945*, Hg. Wolfgang Benz, München 1988, S. 545 ff.; Walk (Hg.), *Das Sonderrecht für die Juden im NS-Staat*, S. 303 ff.

38 Vgl. Schmuhl, *Rassenhygiene; Dokumente zur ›Euthanasie‹*, Hg. Ernst Klee, Frankfurt 1985.

39 Klee (Hg.), *Dokumente zur Euthanasie*, S. 85; vgl. Gruchmann, *Justiz im Dritten Reich*, S. 499 ff.

40 *RGBl.* 1933, I, S. 529 ff.

41 *Gesetz zur Verhütung erbkranken Nachwuchses vom 14. Juli 1933*, erläutert von Arthur Gütt u.a., München 1934, S. 5; Hitler, *Mein Kampf*, S. 447; vgl. Gisela Bock, *Zwangssterilisation im Nationalsozialismus. Studien zur Rassenpolitik und Frauenpolitik*, Opladen 1986.

42 Gruchmann, *Justiz im Dritten Reich*, S. 499; Schmuhl, *Rassenhygiene*, S. 180 f.

43 Klee (Hg.), *Dokumente zur Euthanasie*, S. 232 f.

X. Kalkül und Kontingenz: Die exponentielle Kraftentfaltung Deutschlands im Krieg

1 *Das Deutsche Reich und der Zweite Weltkrieg*, Bd. 2: Klaus A. Maier u. a., *Die Errichtung der Hegemonie auf dem Europäischen Kontinent*, Stuttgart 1979; Gerhard L. Weinberg, *A World at Arms. A Global History of World War II*, Cambridge 1994; vgl. auch Lothar Gruchmann, *Totaler Krieg. Vom Blitzkrieg zur bedingungslosen Kapitulation*, München 1991.

2 Vgl. Général Gamelin, *Servir*, 3 Bde., Paris 1946/47; Gottfried Niedhart, *Sitzkrieg versus Blitzkrieg. Das attentistische Konfliktverhalten Großbritanniens in der Krise des internationalen Systems am Vorabend und bei Beginn des Zweiten Weltkrieges*, in: *Der Zweite Weltkrieg*, Hg. W. Michalka, München 1989, S. 49 ff.

3 *Hitlers Weisungen für die Kriegsführung 1939-1945. Dokumente des Oberkommandos der Wehrmacht*, Hg. Walther Hubatsch, Frankfurt 1962, Nr. 1b, S. 20.

4 Vgl. *ADAP*, Ser. D, Bd. VIII, Dok. 161, S. 129 f.

5 Vgl. Horst Rohde, *Hitlers erster »Blitzkrieg« und seine Auswirkungen auf Nordosteuropa*, in: *Das Deutsche Reich und der Zweite Weltkrieg*, Bd. 2, S. 79 ff., S. 111 ff.

6 *IMG*, Bd. XV, S. 385 f.

7 *ADAP*, Ser. D, Bd. VIII, S. 127 ff.

8 *ADAP*, Ser. D, Bd. VI, S. 479; vgl. Martin Broszat, *Nationalsozialistische Polenpolitik 1939-1945*, Stuttgart 1961, S. 9 ff.

9 *ADAP*, Ser. D, Bd. VII, S. 167 ff.

10 *Verordnungsblatt für die besetzten polnischen Gebiete*, Nr. I, S. 1.

11 Halder, *KTB*, I, S. 62.

12 Helmut K. Krausnick/Hans-Heinrich Wilhelm, *Die Truppen des Weltanschauungskrieges. Die Einsatzgruppen der Sicherheitspolizei und des SD 1938-1942*, Stuttgart 1981, S. 32 ff.

13 Ebd., S. 44 f.

14 Zit. Ludolf Herbst, *Die Mobilmachung der Wirtschaft 1938/39 als Problem des nationalsozialistischen Herrschaftssystems*, in: *Sommer 1939*, Hg. W. Benz u. H. Graml, Stuttgart 1979, S. 94 f.; Halder, *KTB*, I, S. 79.

15 Zit. Herbst, *Mobilmachung*, S. 95.

16 *IMG*, Bd. XXVI, S. 256.

17 Ebd., S. 382 f., vgl. S. 378 ff.; Halder, *KTB*, I, S. 107.

18 *RGBl.* I, 1939, S. 210 f.; vgl. Krausnick/Wilhelm, *Die Truppen des Weltanschauungskrieges*, S. 87.

19 *Das Diensttagebuch des deutschen Generalgouverneurs in Polen 1939-1945*, Hg. Werner Präg u. Wolfgang Jacobmeyer, Stuttgart 1975, S. 72 f.

20 *Diensttagebuch*, S. 94ff., Abteilungsleitersitzung vom 19. 1. 1940.
21 Broszat, *Polenpolitik*, S. 101f.
22 *Hitlers Zweites Buch*, S. 81.
23 Gerhard Eisenblätter, *Grundlinien der Politik des Reichs gegenüber dem Generalgouvernement, 1939-1945*, Diss. Frankfurt 1969, S. 110ff.; Wacław Długoborski/Czesław Madajczyk, *Ausbeutungssysteme in den besetzten Gebieten Polens und der UdSSR*, in: *Kriegswirtschaft und Rüstung*, S. 375ff.; hier S. 404ff.
24 Vgl. Christian Jansen/Arno Weckbecker, *Der ›Volksdeutsche Selbstschutz‹ in Polen 1939/40*, München 1992, S. 193ff.
25 Denkschrift vom 19. Juni 1943, in: *IMG*, Bd. XXVI, S. 14ff.
26 *Diensttagebuch*, S. 772.
27 Domarus, *Hitler. Reden*, Bd. 2, S. 13.
28 Halder, *KTB*, Bd. 1, S. 86.
29 Hubatsch, *Hitlers Weisungen*, Nr. 6, S. 32f.; vgl. Hans-Adolf Jacobsen, *Fall Gelb. Der Kampf um den deutschen Operationsplan zur Westoffensive 1940*, Wiesbaden 1957, S. 15ff.; Bernd Stegmann, *Politik und Kriegsführung in der ersten Phase der deutschen Initiative, Das Deutsche Reich und der Zweite Weltkrieg*, Bd. 2, S. 19.
30 Vgl. Jacobsen, *Fall Gelb*, S. 8ff.; Bernd Martin, *Friedensinitiativen und Machtpolitik im Zweiten Weltkrieg 1939-1942*, Düsseldorf 1974, S. 111; Hans Umbreit, *Der Kampf um die Vormachtstellung in Westeuropa, Das Deutsche Reich und der Zweite Weltkrieg*, Bd. 2, S. 241ff., sowie Halder, *KTB*, I, S. 106, 118.
31 Vgl. Martin, *Friedensinitiativen*, S. 82ff.
32 Vgl. Klaus A. Maier/Bernd Stegemann, *Die Sicherung der europäischen Nordflanke*, in: *Das Deutsche Reich und der Zweite Weltkrieg*, Bd. 2, S. 201ff.; Winston S. Churchill, *Der Zweite Weltkrieg*, 6 Bde., Bern 1948, Bd. I, 2, S. 181ff.
33 Vgl. Rolf-Dieter Müller, *Die Mobilisierung der deutschen Wirtschaft für Hitlers Kriegführung, Das Deutsche Reich und der Zweite Weltkrieg*, Bd. 5, 1, S. 406ff.; Georg Thomas, *Geschichte der deutschen Wehr- und Rüstungswirtschaft 1918-1943/45*, Hg. Wolfgang Birkenfeld, Boppard/Rhein 1966, S. 145ff., 510f.
34 Vgl. Karl-Heinz Ludwig, *Technik und Ingenieure im Dritten Reich*, Düsseldorf 1974; Müller, *Mobilisierung*, S. 453ff.
35 *RGBl.* 1940, I, S. 513.
36 *IMG*, Bd. XXX, S. 59ff.; vgl. Thomas, *Wehr- und Rüstungswirtschaft*, S. 74ff.; Müller, *Mobilisierung*, S. 352ff.
37 *RGBl.* I, 1939, S. 1539f.
38 Rolf Wagenführ, *Die deutsche Industrie im Kriege 1939-1945*, Berlin 1954, S. 29.
39 Hubatsch, *Hitlers Weisungen*, Nr. 10a, S. 47ff.; vgl. Halder, *KTB*, I,

S. 221; vgl. Walther Hubatsch, *»Weserübung«. Die deutsche Besetzung von Dänemark und Norwegen 1940*, Göttingen 1960², S. 30ff.; Hans-Dietrich Loock, *Weserübung – a Step towards the Greater Germanic Reich*, in: *Scandinavian Journal of History* 2 (1977), S. 67ff.

40 Vgl. zur deutschen Marinerüstung in Relation zu den anderen Seemächten Bernd Stegemann, *Die erste Phase der Seekriegsführung bis zum Frühjahr 1940*, in: *Das Deutsche Reich und der Zweite Weltkrieg*, Bd. 2, S. 162.

41 Vgl. zu dieser kontrovers behandelten Frage: Rolf Karlbom, *Sweden's Iron Ore Exports to Germany 1933-1944*, in: *Scandinavian Economic History Review* XIII (1965), S. 65ff.; Jörg-Johannes Jäger, *Sweden's Iron Ore Exports to Germany, 1939-1944. A Reply to Rolf Karlbom's Article on the Same Subject*, in: ebd. XV (1967), S. 139ff.; Alan S. Milward, *Could Sweden have stopped the Second World War?*, in: ebd., S. 127ff.

42 Vgl. Jacobsen, *Fall Gelb*, S. 145.

43 Vgl. ebd., S. 112ff.; Hans Umbreit, *Der Kampf um die Vormachtstellung in Westeuropa*, in: *Das Deutsche Reich und der Zweite Weltkrieg*, Bd. 2, S. 244ff.

44 Vgl. Klaus-Jürgen Müller, *Das Ende der Entente Cordiale. Eine Studie zur Entwicklung der englisch-französischen Beziehungen während des Westfeldzuges 1940*, Frankfurt 1956.

45 Vgl. Klaus-Jürgen Müller, *Dünkirchen 1940. Ein Beitrag zur Vorgeschichte der britischen und französischen Evakuierung*, in: *Militärgeschichtliche Rundschau* 57 (1960), S. 133ff.

46 Vgl. Hermann Böhme, *Entstehung und Grundlagen des Waffenstillstandes von 1940*, Stuttgart 1966, S. 15ff., 48ff.

47 Zu den Verhandlungen vgl. *ADAP*, Ser. D, Bd. IX, Nr. 512, S. 532ff., Nr. 513, S. 539ff., Nr. 521, 522, S. 548ff. sowie Böhme, *Entstehung und Grundlagen*, S. 48ff.

XI. Der Krieg der Achsenmächte gegen Großbritannien

1 Vgl. Hans-Dietrich Loock, *Zur »Großgermanischen Politik« des Dritten Reiches*, in: *VfZ* 8 (1960), S. 37ff.

2 Zit. nach Hans Umbreit, *Auf dem Weg zur Kontinentalherrschaft*, in: *Das Deutsche Reich und der Zweite Weltkrieg*, Bd. 5/1, S. 50.

3 Vgl. Hans-Dietrich Loock, *Quisling, Rosenberg und Terboven. Zur Vorgeschichte und Geschichte der nationalsozialistischen Revolution in Norwegen*, Stuttgart 1970.

4 Vgl. Gerhard Hirschfeld, *Fremdherrschaft und Kollaboration. Die Niederlande unter deutscher Besatzung 1940-1945*, Stuttgart 1984, S. 39ff.

5 Martin Schärer, *Deutsche Annexionspolitik im Westen. Die Wiedereingliederung Eupen-Malmedys im Zweiten Weltkrieg*, Bern 1975; Norman Rich, *Hitler's War Aims*, London 1974, Bd. 2, S. 170ff.

6 Vgl. Eberhard Jäckel, *Frankreich in Hitlers Europa. Die deutsche Frankreichpolitik im Zweiten Weltkrieg*, Stuttgart 1966, S. 75ff., 85ff., 46ff.

7 Vgl. Petzina, *Autarkiepolitik im Dritten Reich*, S. 193; Umbreit, *Auf dem Weg zur Kontinentalherrschaft*, S. 210ff.

8 Vgl. Tabelle bei Umbreit, *Auf dem Weg zur Kontinentalherrschaft*, S. 211.

9 Petzina, *Autarkiepolitik*, S. 190.

10 Wagenführ, *Industrie*, S. 34; vgl. Ploetz, *Geschichte des Zweiten Weltkrieges*, Würzburg 1960, Bd. 2, S. 25, 94; Müller, *Mobilisierung*, S. 523.

11 Das arbeitet Müller, *Mobilisierung*, S. 535ff. heraus.

12 Vgl. hierzu die Denkschrift des Chefs des Wehrmachtführungsamts, Generalmajor Jodls, vom 30. Juni 1940, *IMG*, Bd. XXVIII, S. 301ff.; Klaus A. Maier/Hans Umbreit, *Direkte Strategie gegen England*, in: *Das Deutsche Reich und der Zweite Weltkrieg*, Bd. 2, S. 369ff.

13 Halder, *KTB*, Bd. I, S. 375.

14 Winston S. Churchill, *Reden*, Bd. 1, Zürich 1946, S. 319f.; vgl. James Ramsey M. Butler, *Grand Strategy*, Bd. II (Sept. 1939-June 1941), London 1957; Winston S. Churchill, *Der Zweite Weltkrieg*, Bd. 2, Bern 1954, S. 44ff.

15 Churchill, *Der Zweite Weltkrieg*, Bd. 2, S. 151.

16 Vgl. Andreas Hillgruber, *Hitlers Strategie. Politik und Kriegführung 1940-1941*, München 1982², S. 84ff.; zur Quellenlage vgl. ebd. S. 87, Anm. 39.

17 Jacobsen, *Der Zweite Weltkrieg*, S. 129; Hubatsch, *Hitlers Weisungen* Nr. 16, S. 61ff.; Halder, *KTB*, Bd. II, S. 31.

18 Zit.: Maier/Umbreit, *Direkte Strategie*, S. 370; vgl. Karl Klee, *Das Unternehmen »Seelöwe«. Die geplante deutsche Landung in England 1940*, Göttingen 1958.

19 Hubatsch, *Hitlers Weisungen*, Nr. 17, S. 65f.

20 Halder, *KTB*, Bd. 2, S. 213.

21 *Lagevorträge des Oberbefehlshabers der Kriegsmarine vor Hitler 1939-1945*, Hg. Gerhard Wagner, München 1972, S. 134ff., 143ff., 151ff.; Erich Raeder, *Mein Leben*, Tübingen 1957, Bd. II, S. 246ff.; vgl. Hillgruber, *Hitlers Strategie*, S. 188ff.; Gerhard Schreiber u. a., *Der Mittelmeerraum und Südosteuropa. Von der »non belligeranza« Italiens bis zum Kriegseintritt der Vereinigten Staaten, Das Deutsche Reich und der Zweite Weltkrieg*, Bd. 3, S. 162ff.

22 *RGBl.* 1940, II, S. 280.

23 Für die Gespräche vgl. *Staatsmänner und Diplomaten bei Hitler. Ver-*

trauliche Aufzeichnungen über Unterredungen mit Vertretern des Auslandes 1939-1941, Hg. Andreas Hillgruber, Frankfurt 1967, S. 266ff., 272ff., 295ff.

24 Vgl. Jürgen Förster, *Die Gewinnung von Verbündeten in Südosteuropa, Das Deutsche Reich und der Zweite Weltkrieg*, Bd. 4, S. 333ff.; Schreiber u. a., *Der Mittelmeerraum*, S. 368ff.

25 Ciano, *Diario*, S. 470; zit. bei Schreiber u. a., *Der Mittelmeerraum*, S. 376.

26 *Heeresadjutant bei Hitler 1938-1943. Aufzeichnungen des Majors Engel*, Hg. Hildegard v. Kotze, Stuttgart 1974, S. 88.

27 Vgl. Schreiber u. a., *Der Mittelmeerraum*, S. 419ff.; James Ramsey M. Butler, *Grand Strategy*, Bd. 2, London 1957, S. 365ff.

28 Bernd Stegemann, *Die italienisch-deutsche Kriegführung im Mittelmeer und in Afrika*, in: *Das Deutsche Reich und der Zweite Weltkrieg*, Bd. 3, S. 591ff.

29 Stegemann, *Italienisch-deutsche Kriegführung*, S. 615ff.

XII. Der Krieg gegen die Sowjetunion: Strategische Entscheidung und weltanschauliche Verwirklichung

1 Vgl. Bernd Bonwetsch, *Vom Hitler-Stalin-Pakt zum »Unternehmen Barbarossa«. Die deutsch-russischen Beziehungen 1939-1941 in der Kontroverse*, in: *Osteuropa* 41 (1991), S. 562ff.; Achim Bühl (Hg.), *Der Hitler-Stalin-Pakt. Die sowjetische Debatte*, Köln 1989.

2 Vgl. Ingeborg Fleischhauer, *Der deutsch-sowjetische Grenz- und Freundschaftsvertrag vom 28. September 1939. Die deutschen Aufzeichnungen über die Verhandlungen zwischen Stalin, Molotow und Ribbentrop in Moskau*, in: *VfZ* 39 (1991), S. 447ff.

3 Ernst Klink, *Die militärische Konzeption des Krieges gegen die Sowjetunion. Die Landkriegführung*, in: *Das Deutsche Reich und der Zweite Weltkrieg*, Bd. 4, S. 193.

4 Halder, *KTB*, Bd. 2, S. 32f.; die Äußerungen werden zu Unrecht Hitler in den Mund gelegt; vgl. Klink, S. 214.

5 Halder, *KTB*, Bd. II, S. 46ff.; Andreas Hillgruber, *Hitlers Strategie*, S. 222f.

6 Vgl. Heinrich Schwendemann, *Die wirtschaftliche Zusammenarbeit zwischen dem Deutschen Reich und der Sowjetunion von 1939 bis 1941*, Berlin 1993.

7 Vgl. Martin, *Friedensinitiativen*, S. 207ff.

8 Schwendemann, *Die wirtschaftliche Zusammenarbeit*, Tab. 4, S. 369.

9 Vgl. Halder, *KTB*, Bd. I, S. 163.

10 Notiz Raeder vom 21. Januar 1940, zit. Schwendemann, *Die wirtschaftliche Zusammenarbeit*, S. 134.

11 Ebd., Tab. 2, S. 184.
12 *Hitlers Politisches Testament. Die Bormann-Diktate vom Februar und April 1945*, Hamburg 1981, S. 115.
13 Vgl. Halder, *KTB*, Bd. II, S. 83.
14 *ADAP*, Ser. D, Bd. X, Dok. 330, S. 385; Halder *KTB*, Bd. II, S. 30ff.; 46ff.; vgl. Gerd L. Ueberschär, *Die Einbeziehung Skandinaviens in die Planung »Barbarossa«, Das Deutsche Reich und der Zweite Weltkrieg*, Bd. 4, S. 365ff.
15 Besprechung in der Reichskanzlei am 14. August, zit. nach Ueberschär *Die Einbeziehung Skandinaviens*, S. 369, auch Anm. 11.
16 Llewllyn Woodward, *British Foreign Policy in the Second World War*, Bd. I, London 1970, S. 490ff.; Schwendemann, *Die wirtschaftliche Zusammenarbeit*, S. 220.
17 *ADAP*, Ser. D., Bd. XI, 1, Dok. 176, S. 248ff., Zitat, S. 253, vgl. S. 269.
18 Ebd., S. 448ff.
19 *ADAP*, Ser. D, Bd. XI, 2, Dok. 404, S. 597f.
20 Hubatsch, *Weisungen*, Nr. 21.
21 *Hitlers Politisches Testament*, S. 78ff.
22 Zur Diskussion, die auch unter Historikern hierüber geführt wird, vgl. Bianka Pietrow-Enker, *Deutschland im Juni 1941 – ein Opfer sowjetischer Aggression? Zur Kontroverse über die Präventivkriegsthese, Der Zweite Weltkrieg*, Hg. Wolfgang Michalka, München 1989, S. 586ff.; H. W. Koch, *Operation Barbarossa – The Current State of the Debate*, in: *Historical Journal* 31 (1988), S. 377ff.
23 Andreas Hillgruber, *Das Rußland-Bild der führenden deutschen Militärs vor Beginn des Angriffs auf die Sowjetunion*, in: Alexander Fischer u.a. (Hg.), *Rußland–Deutschland–Amerika*, Wiesbaden 1978, S. 296ff.; *General E. Köstring. Der militärische Mittler zwischen dem Deutschen Reich und der Sowjetunion 1921-1941*, Hg. Bundesarchiv/Militärarchiv Freiburg, Bd. I, Frankfurt 1966, S. 189f., 286f.
24 *KTB OKW*, Bd. I, S. 253ff.
25 Halder *KTB*, Bd. 2, S. 214; *GTBB*, Bd. 4, S. 695.
26 *KTB OKW*, Bd. I, S. 253ff.
27 *GTBB*, Bd. 4, S. 695, Eintragung vom 16. Juni 1941.
28 *KTB OKW*, Bd. I, S. 253ff.
29 Klink, *Die militärische Konzeption*, S. 198ff.
30 *Weizsäcker-Papiere*, S. 248 (21. 4. 1941).
31 Halder, *KTB*, Bd. II, S. 261.
32 Joachim Hoffmann, *Die Sowjetunion bis zum Vorabend des deutschen Angriffs*, in: *Das Deutsche Reich und der Zweite Weltkrieg*, Bd. 4, S. 38f.; Hans-Joachim Lorbeer, *Westmächte gegen die Sowjetunion 1939-1941*, Freiburg 1975.

33 Zit. bei Philippe Burrin, *Hitler und die Juden. Die Entscheidung für den Völkermord*, Frankfurt 1993 (Paris 1989), S. 156.
34 *ADAP*, Ser. D, Bd. XI, 2, Dok. 637, S. 887ff.
35 Ebd., Dok. 560, S. 788f.
36 Ebd., S. 935f.
37 Halder, *KTB*, Bd. II, S. 50; *KTB OKW*, Bd. I, S. 341.
38 Text bei: Hans-Adolf Jacobsen, *Kommissarbefehl* in: *Anatomie des SS-Staates*, Bd. 2, S. 166f.; Halder, *KTB*, 2, S. 320; vgl. Krausnick/Wilhelm, *Die Truppen des Weltanschauungskrieges*, S. 107ff.
39 Halder, *KTB*, Bd. 2, S. 335ff.; Zitat S. 336f.; vgl. zum Zusammenhang Christian Streit, *Keine Kameraden. Die Wehrmacht und die sowjetischen Kriegsgefangenen 1941-1945*, Bonn 1991³.
40 *Anatomie des SS-Staates*, Bd. 2, S. 181ff.
41 Ebd., S. 185f.
42 Ebd., S. 187f.
43 Vgl. hierzu Rolf-Dieter Müller, *Von der Wirtschaftsallianz zum kolonialen Ausbeutungskrieg, Das Deutsche Reich und der Zweite Weltkrieg*, Bd. 4, S. 98ff., insbes. S. 113ff.
44 *IMG*, Bd. XXXI, S. 84.
45 *ADAP*, Ser. D, Bd. XII/2, Dok. Nr. 659, S. 886ff.
46 Vgl. Joachim Hoffmann, *Die Sowjetunion bis zum Vorabend des deutschen Angriffs, Das Deutsche Reich und der Zweite Weltkrieg*, Bd. 4, S. 38ff.
47 *GTBB*, Bd. 4, S. 688f., 702.
48 Klaus Segbers, *Die Sowjetunion im Zweiten Weltkrieg*, München 1987, S. 278 Tab. 47; Wagenführ, *Die deutsche Industrie*, S. 182.
49 Wagenführ, *Die deutsche Industrie*, S. 29ff., 32.
50 Halder, *KTB*, Bd. III, S. 199 u. 213.
51 Klink, *Die militärische Konzeption*, S. 236ff.
52 Ernst Klink, *Der Krieg gegen die Sowjetunion bis zur Jahreswende 1941/42. Die Operationsführung, Das Deutsche Reich und der Zweite Weltkrieg*, Bd. 4, S. 497f.
53 Zit. Gruchmann, *Totaler Krieg*, S. 120; *VB*, Norddeutsche Ausgabe vom 5. 10. und 10. 10. 1941, S. 3 bzw. 3f.
54 Joachim Hoffmann, *Die Kriegführung aus der Sicht der Sowjetunion, Das Deutsche Reich und der Zweite Weltkrieg*, Bd. 4, S. 765.
55 Halder, *KTB*, Bd. III, S. 306, 311, 430ff.; Rolf Dieter Müller, *Das Scheitern der wirtschaftlichen »Blitzkriegsstrategie«, Das Deutsche Reich und der Zweite Weltkrieg*, Bd. 5/1, S. 1023ff.
56 Müller, *Das Scheitern*, S. 1027.
57 Vgl. Segbers, *Die Sowjetunion*, S. 274ff., 278; Wagenführ, *Die deutsche Industrie*, S. 182.
58 Vgl. Segbers, *Die Sowjetunion*, S. 279ff.

59 Halder, *KTB*, Bd. III, S. 309; Walter Rohland, *Bewegte Zeiten. Erinnerungen eines Eisenhüttenmannes*, Stuttgart 1978, S. 77f.; vgl. Müller, *Das Scheitern*, S. 1022f.

XIII. Imperialismus, Rassismus und Vernichtung

1 Proklamation Hitlers vom 7. September 1937, in: Domarus, *Hitler. Reden*, Bd. I, S. 717.
2 Vgl. Götz Aly/Susanne Heim, *Vordenker der Vernichtung. Auschwitz und die deutschen Pläne für eine neue europäische Ordnung*, Frankfurt 1993[2], S. 91ff.
3 Vgl. *Dimension des Völkermords*, Hg. Benz, S. 414ff., 499ff.; Hilberg, *Die Vernichtung der europäischen Juden*, Bd. 1, S. 197ff.
4 Vgl. Gloczewski, *Polen*, S. 425f.
5 Zit. bei Burrin, *Hitler und die Juden*, S. 74.
6 Adam, *Judenpolitik im Dritten Reich*, S. 256f.; Hilberg, *Vernichtung*, S. 416ff.
7 *Diensttagebuch*, S. 261.
8 Zit. Hilberg, *Vernichtung*, S. 418.
9 *IMG*, Bd. XXVI, S. 266f.
10 Vgl. Streit, Keine Kameraden, S. 83ff.
11 Zit. ebd., S. 115.
12 Hilberg, *Vernichtung*, S. 309f.; Krausnick/Wilhelm, *Die Truppen des Weltanschauungskrieges*, S. 618ff.
13 Vgl. Hoffmann, *Die Kriegführung aus der Sicht der Sowjetunion*, S. 781ff.
14 *Anatomie des SS-Staates*, Bd. 2, S. 200ff.
15 Streit, *Keine Kameraden*, S. 106; vgl. 104ff., 136.
16 Vgl. Helmut Heiber, *Der Generalplan Ost*, in: *VfZ* 6 (1958), S. 281ff.; Czeslaw Madajczyk, *Generalplan Ost*, in: *Polish Western Affairs* II (1962), S. 391ff.; Dietrich Eichholtz, *Der »Generalplan Ost«. Über eine Ausgeburt imperialistischer Denkart und Politik (mit Dokumenten)*, in: *Jahrbuch für Geschichte* 26 (1982), S. 217ff.
17 Heiber, *Der Generalplan Ost*, S. 300, 308.
18 Vgl. Martin Broszat, *Hitler und die Genesis der »Endlösung«*, in: *VfZ* 25 (1977), S. 739ff.; Christopher R. Browning, *Zur Genesis der »Endlösung«*, in: *VfZ* 29 (1981), S. 97ff.; Mommsen, *Die Realisierung des Utopischen*, S. 394ff.; Hilberg, *Vernichtung*, S. 420f.; Adam, *Judenpolitik*, S. 308ff.
19 Höß, *Kommandant in Auschwitz*, S. 157; Jochen von Lang, *Das Eichmann-Protokoll*, o. O., o. J., S. 69; vgl. die Aussagen der Einsatzkommandoführer, in: Peter Longerich (Hg.), *Die Ermordung der europäischen Juden*, München 1989, S. 114ff.

20 Halder, *KTB*, Bd. II, S. 170, 226ff.; vgl. Adam, *Judenpolitik*, S. 310ff.
21 Longerich, *Die Ermordung*, S. 157; Burrin, *Hitler und die Juden*, S. 141f.
22 *Anatomie des SS-Staates*, Bd. 2, S. 193ff.; Streit, *Keine Kameraden*, S. 105.
23 *Monologe im Führerhauptquartier 1941-1944*, Hg. Werner Jochmann, München 1980, S. 106, 99; vgl. *ADAP*, Ser. D., Bd. XIII, Anhang II, S. 835ff.
24 Domarus, *Hitler. Reden*, Bd. II, S. 1057/58.
25 *Mein Kampf*, S. 185, 310, 359; Edouard Calic, *Ohne Maske. Hitler-Breiting Geheimgespräche 1931*, Frankfurt 1968, S. 94f.; *IMG*, Bd. XXVIII, S. 538f.
26 Zit. Adler, *Der verwaltete Mensch*, S. 63.
27 *Diensttagebuch*, S. 457.
28 Longerich, *Die Ermordung*, S. 85ff.
29 Ebd., S. 99, 94.
30 Hilberg, *Die Vernichtung*, S. 927ff.; Gerald Reitlinger, *Die Endlösung. Hitlers Versuch der Ausrottung der Juden Europas 1939-1945*, Berlin 1956, S. 110ff.
31 Hilberg, *Vernichtung*, S. 934, 956f.; Jan Kershaw, *Arthur Greiser – Ein Motor der »Endlösung«*, in: Ronald Smelser u. a. (Hg.), *Die braune Elite*, Bd. II, Darmstadt 1993, S. 116ff.
32 Hilberg, *Vernichtung*, S. 941; vgl. Richard Glazar, *Die Falle mit dem grünen Zaun. Überleben in Treblinka*, Frankfurt 1992, S. 13, 18f., 22f., 40f.
33 Glazar, *Die Falle*, S. 40f.
34 Vgl. Hilberg, *Vernichtung*, S. 956 Tab. 79.
35 Danuta Czech, *Kalendarium der Ereignisse im Konzentrationslager Auschwitz-Birkenau 1939-1945*, Reinbek 1989; dies., *Konzentrationslager Auschwitz*, in: *Auschwitz*, Warschau 1981^2, S. 13ff.
36 Höß, *Kommandant in Auschwitz*, S. 90.
37 Czech, *Kalendarium*, S. 30f.; die Planungsdaten wurden später nach oben korrigiert: Bei seinem Besuch im Lager am 1. März 1941 ordnete Himmler an, das Lager so auszubauen, daß es 30000 Häftlinge fassen könne, ebd., S. 79.
38 Ebd., S. 115ff., 122ff., 159f., 166, 174f. und Anm. auf S. 175; Höß, *Kommandant in Auschwitz*, S. 126, 127. Anm. 3, 159.
39 Czech, *Kalendarium*, S. 711, 860.
40 Höß, *Kommandant in Auschwitz*, S. 160f.; Czech, *Kalendarium*, S. 250f.; Hilberg, *Vernichtung*, S. 947.
41 Vgl. Lageplan KZ Auschwitz II/Birkenau, in: Czech, *Konzentrationslager*, im Anschluß an S. 40.

42 Vgl. zur Sozialstruktur der Konzentrationslager Wolfgang Sofsky, *Die Ordnung des Terrors: Das Konzentrationslager*, Frankfurt 1993, S. 115 ff.
43 Stanislaw Klodzinski, *Phenol*, in: *Die Auschwitz-Hefte*, Hg. Hamburger Institut für Sozialforschung, Basel 1987, Bd. 1, S. 277 ff.
44 Czech, *Kalendarium*, S. 117 f., 136, 148; vgl. Stanislaw Klodzinski, *Die erste Vergasung von Häftlingen und Kriegsgefangenen im Konzentrationslager Auschwitz*, in: *Die Auschwitz-Hefte*, Bd. 1, S. 261 ff.
45 Dan Diner, *Zwischen Aporie und Apologie*, in: ders. (Hg.), *Ist der Nationalsozialismus Geschichte?*, Frankfurt 1988, S. 73.
46 Zit. Adler, *Der verwaltete Mensch*, S. 66.
47 Vgl. Benz (Hg.), *Dimension des Völkermords*, S. 15 ff.
48 Streit, *Keine Kameraden*, S. 21, 128 ff., 244; vgl. Richard C. Lukas, *The Forgotten Holocaust*, Lexington/Ky. 1986.
49 *Diensttagebuch*, S. 335.
50 Longerich, *Die Ermordung*, S. 194.
51 Vgl. Hilberg, *Vernichtung*, S. 1005 ff.

XIV. Globaler und totaler Krieg

1 Wagenführ, *Die deutsche Industrie*, S. 87; vgl. Weinberg, *A World at Arms*, S. 310 ff.
2 *Documents on American Foreign Relations*, Bd. III, S. 712 ff.
3 Churchill an General Smuts, 9. November 1942, in: Churchill, *Der Zweite Weltkrieg*, Bd. III, 2, S. 253.
4 Vgl. Robert Dallek, *Franklin D. Roosevelt and American Foreign Policy 1932-1945*, New York 1979; Horst Boog, *Die Anti-Hitler-Koalition, Das Deutsche Reich und der Zweite Weltkrieg*, Bd. 6, 1990, S. 3 ff.
5 Werner Rahn, *Der Seekrieg im Atlantik und Nordmeer, Das Deutsche Reich und der Zweite Weltkrieg*, Bd. 6, 1990, S. 281 ff.
6 Zit. Rahn, *Der Seekrieg*, S. 286.
7 *ADAP*, Ser. D, Bd. XIII, 2, S. 653 f.
8 Ebd., S. 766; Domarus, *Hitler. Reden*, Bd. 4, S. 1794 ff.
9 Vgl. Bernd Wegner, *Hitlers Strategie zwischen Pearl Harbor und Stalingrad, Das Deutsche Reich und der Zweite Weltkrieg*, Bd. 6, S. 101 ff.
10 Rolf-Dieter Müller, *Die Mobilisierung der deutschen Wirtschaft für Hitlers Kriegführung, Das Deutsche Reich und der Zweite Weltkrieg*, Bd. 5/1, S. 601.
11 Ebd., S. 619; Tabelle des Reichsamts für Wirtschaftsausbau vom Nov. 1941.
12 Vgl. Matthias Schmidt, *Albert Speer: Das Ende eines Mythos*, Bern 1982; Gregor Janssen, *Das Ministerium Speer. Deutschlands Rüstung im Krieg*, Berlin 1968.

13 Vgl. Ulrich Herbert, *Fremdarbeiter. Politik und Praxis des »Ausländer-Einsatzes« in der Kriegswirtschaft des Dritten Reiches*, Berlin 1985, S. 149 ff.
14 Vgl. Herbst, *Der totale Krieg*, S. 207 ff.; Wagenführ, *Die deutsche Industrie*, S. 139.
15 Zit. Walter Naasner, *Neue Machtzentren in der deutschen Kriegswirtschaft 1942-1945*, Boppard 1994, S. 365; vgl. 359 ff.
16 *IMG*, Bd. XXXII, S. 437.
17 Organisationsplan bei Naasner, *Neue Machtzentren*, S. 260 f.
18 Vgl. Falk Pringel, *Häftlinge unter SS-Herrschaft*, Hamburg 1978, S. 129 f.
19 *IMG*, Bd. XXXVIII, S. 362 ff.
20 Vgl. Eugen Kogon, *Der SS-Staat. Das System der deutschen Konzentrationslager*, München 1974[13], S. 157 f.; Pingel, *Häftlinge*, S. 182.
21 Kogon, *Der SS-Staat*, S. 101 f.
22 Vgl. Naasner, *Neue Machtzentren*, S. 294 f.
23 *KTB OKW*, Bd. II, 2, S. 1280.
24 Hubatsch, *Hitlers Weisungen*, S. 183 ff.; Bernd Wegner, *Der Krieg gegen die Sowjetunion 1942/43*, in: *Das Deutsche Reich und der Zweite Weltkrieg*, Bd. 6, S. 761 ff.; Weinberg, *A World at Arms*, S. 408 ff.
25 Wegner, *Der Krieg gegen die Sowjetunion*, S. 928.
26 Halder, *KTB*, Bd. III, S. 489.
27 *IMG*, Bd. VII, S. 290.
28 Vgl. Reinhard Stumpf, *Der Krieg im Mittelmeerraum 1942/43*, in: *Das Deutsche Reich und der Zweite Weltkrieg*, Bd. 6, S. 569 ff.
29 Werner Rahn, *Der Seekrieg im Atlantik und Nordmeer, Das Deutsche Reich und der Zweite Weltkrieg*, Bd. 6, Tabelle, S. 319.
30 Ebd., Tabelle, S. 308.
31 Ebd., S. 368 ff.
32 James Ramsay M. Butler, *Grand Strategy*, Bd. 2, London 1957, S. 568.
33 Horst Boog, *Der angloamerikanische strategische Luftkrieg über Europa und die deutsche Luftverteidigung*, in: *Das Deutsche Reich und der Zweite Weltkrieg*, Bd. 6, S. 509.
34 Vgl. ebd., S. 500 ff., 525 ff.; Wagenführ, *Die deutsche Industrie*, S. 182.
35 *KTB OKW*, Bd. VIII, 1, S. 968 f.; *The United States Strategic Bombing Survey. Over-all Report* (European War), Washington 1945, S. 2.
36 Anthony Vernier, *Bomberoffensive gegen Deutschland 1939-1945*, Frankfurt 1970 (London 1968), S. 166.
37 Wagenführ, *Die deutsche Industrie*, S. 105.
38 Vgl. Williamson Murray, *Luftwaffe*, Baltimore 1985, S. 260.

XV. Stabilität im Chaos

1 Michael Howard, *Grand Strategy*, Bd. 4, London 1972, S. 197ff.; FRUS, *The Conferences at Washington, 1941-1942, and Casablanca, 1943*, Washington 1968.
2 Andrew Rothstein (Hg.), *Soviet Foreign Policy During the Patriotic War: Documents and Materials*, Bd. 1, London 1944, S. 58.
3 Vgl. hierzu Klemens von Klemperer, *Die verlassenen Verschwörer. Der deutsche Widerstand auf der Suche nach Verbündeten 1938-1945*, Berlin 1994, (Oxford 1992) S. 209ff.
4 *Die Hassell-Tagebücher 1938-1944*, Hg. Fr. Hiller von Gaertringen, Berlin 1988, S. 385, 408.
5 *FRUS*, 1943, I, S. 768f.
6 *Hassell-Tagebücher*, S. 390.
7 Vgl. Jerzy W. Borejsza, *Der 25. Juli 1943 in Italien und der 20. Juli 1944 in Deutschland*, in: *Der Widerstand gegen den Nationalsozialismus*, Hg. Jürgen Schmädeke und Peter Steinbach, München 1986, S. 1071ff.
8 Vgl. Joachim Fest, *Staatsstreich. Der lange Weg zum 20. Juli*, Berlin 1994; Peter Hoffmann, *Widerstand, Staatsstreich, Attentat. Der Kampf der Opposition gegen Hitler*, München 1985[4].
9 Vgl. Klemperer, *Die verlassenen Verschwörer*, S. 188ff.
10 Fabian von Schlabrendorff, *Offiziere gegen Hitler*, Frankfurt 1960, S. 175.
11 Vgl. Hans Mommsen, *Der Widerstand gegen Hitler und die deutsche Gesellschaft*, in: *Der Widerstand gegen den Nationalsozialismus*, S. 3ff.
12 *Hassell-Tagebücher*, S. 216.
13 Ger van Roon, *Graf Moltke als Völkerrechtler im OKW*, in: *VfZ* 18 (1970), S. 12ff.; Zit. S. 50f.

Bibliographische Hinweise

1. Häufig zitierte Quellen

Akten zur deutschen auswärtigen Politik 1918-1945. Serie C 1933-1937, Bd. 1-6, Göttingen 1971-1981; Serie D 1937-1941, Bd. 1-13, Baden-Baden/Frankfurt u. a. 1950-1970; Serie E 1941-1945, Bd. 1-8, Göttingen 1969-1979 (zit.: *ADAP*, Ser. C, D, E, Bd.).

Akten der Reichskanzlei. Regierung Hitler 1933-1938, Hg. Konrad Repgen und Hans Booms. Teil I: 1933/34, Bd. 1: 30. Januar bis 31. August 1933, Bd. 2: 12. September 1933 bis 27. August 1934, Boppard a. Rh. 1983 (zit.: *Akten der Reichskanzlei, Reg. Hitler*, Teil I, Bd. 1/2).

Das Diensttagebuch des deutschen Generalgouverneurs in Polen 1939-1945, Hg. Werner Präg und Wolfgang Jacobmeyer, Stuttgart 1975 (zit.: *Diensttagebuch*).

Der Prozeß gegen die Hauptkriegsverbrecher vor dem Internationalen Militärgerichtshof. Nürnberg, 14. 11. 1945-1. 10. 1946, 42 Bde., Nürnberg 1947-1949 (zit.: *IMG*, Bd.).

Die Tagebücher von Joseph Goebbels. Sämtliche Fragmente, Hg. Elke Fröhlich, Teil I Bd. 1-4, Aufzeichnungen 27. 6. 1924-8. 7. 1941, München 1987 (zit.: *GTBB*, Bd).

Die Tagebücher von Joseph Goebbels, Hg. Elke Fröhlich, Teil II Diktate 1941-1945, Bd. 7-9 (Jan.-Sept. 1943), München 1993 (zit.: *GTBB*, Bd.).

Die Weizsäcker-Papiere, Hg. Leonidas E. Hill, Bd. 2 1933-1950, Berlin 1982 (zit.: *Weizsäcker-Papiere*).

Documents on British Foreign Policy 1919-1939. 2. Serie 1929-1938, Bd. 1-21, London 1947-1984; 3. Serie 1938-1939, Bd. 1-10, London 1949-1961 (zit.: *DBFP*, Ser. Bd.).

Documents diplomatiques français 1932-1939. 1. Serie 1932-1935, Bd. 1-13, Paris 1964-1984; 2. Serie 1936-1939, Bd. 1-19, Paris 1963-1986 (zit.: *DDF*, Ser., Bd.).

Foreign Relations of the United States, Diplomatic Papers, 1933-1945, Washington 1950-1969 (zit.: *FRUS*, Bd.).

Halder, Franz, *Kriegstagebuch. Tägliche Aufzeichnungen des Chefs des Generalstabs des Heeres 1939 bis 1942*, bearb. von Hans-Adolf Jacobsen, 3 Bde., Stuttgart 1962-1964 (zit.: Halder, *KTB*).

Hillgruber, Andreas (Hg.), *Staatsmänner und Diplomaten bei Hitler. Vertrauliche Aufzeichnungen über Unterredungen mit Vertretern des Auslandes 1939-1944*, 2 Bde., Frankfurt 1967-1970.

Hitler, Adolf, *Mein Kampf*, 593.-597. Aufl. München 1941 (1. Aufl. 2 Bde. München 1925/27).

Hitler. Reden, Schriften, Anordnungen, Februar 1925 bis Januar 1933, Hg. Institut für Zeitgeschichte, Bd. I ff., München 1992 ff.

Hitler. Reden und Proklamationen 1932-1945, Hg. Max Domarus, 2 Bde., München 1962 (zit.: Domarus, *Hitler. Reden*, Bd.).

Hitler. Sämtliche Aufzeichnungen 1905-1924, Hg. Eberhard Jäckel und Axel Kuhn, Stuttgart 1980.

Hofer, Walter (Hg.), *Der Nationalsozialismus. Dokumente 1933-1945*, Frankfurt 37. Aufl. 1985.

Hubatsch, Walter (Hg.), *Hitlers Weisungen für die Kriegführung 1939-1945. Dokumente des Oberkommandos der Wehrmacht*, Frankfurt 1962.

Kriegstagebuch des Oberkommandos der Wehrmacht (Wehrmachtsführungsstab) 1940-1945, Hg. Percy E. Schramm, 4 Bde., Frankfurt 1961-1965 (zit.: *KTB OKW*).

Mommsen, Wilhelm (Hg.), *Deutsche Parteiprogramme*, 3. Aufl. München 1960.

Reichsgesetzblatt, Teil I und II, 1933-1944/45 (zit.: *RGBl.* I, II, Jg.).

Ursachen und Folgen. Vom deutschen Zusammenbruch 1918 und 1945 bis zur staatlichen Neuordnung Deutschlands in der Gegenwart. Eine Urkunden- und Dokumentensammlung zur Zeitgeschichte. Hg. Herbert Michaelis und Ernst Schraepler. Bde. 8-23 (zit.: *UF*).

2. Darstellungen und Abhandlungen

Abel, Karl Dietrich, *Presselenkung im NS-Staat*, Berlin 1968.

Adam, Uwe Dietrich, *Judenpolitik im Dritten Reich*, Düsseldorf 1972.

Adler, Hans Günther, *Der verwaltete Mensch. Studien zur Deportation der Juden aus Deutschland*, Tübingen 1974.

Aly, Götz, *»Endlösung«. Völkerverschiebung und der Mord an den europäischen Juden*, Frankfurt 1995.

Aly, Götz/Heim, Susanne, *Vordenker der Vernichtung. Auschwitz und die deutschen Pläne für eine neue europäische Ordnung*, 2. Aufl. Frankfurt 1993.

Baumgart, Winfried, *Zur Aussprache Hitlers vor den Führern der Wehrmacht am 22. August 1939. Eine quellenkritische Untersuchung*, in: *VfZ* 16 (1968), S. 120ff.

Barkai, Avraham, *Vom Boykott zur Entjudung: der wirtschaftliche Existenzkampf der Juden im Dritten Reich 1933-1943*, 2. Aufl. Frankfurt 1988.

Barkai, Avraham, *Das Wirtschaftssystem des Nationalsozialismus. Der historische und ideologische Hintergrund 1933-1936*, Köln 1977.

Benz, Wolfgang (Hg.), *Die Juden in Deutschland 1933-1945. Leben unter nationalsozialistischer Herrschaft*, München 1988.

Benz, Wolfgang (Hg.), *Dimension des Völkermords. Die Zahl der jüdischen Opfer des Nationalsozialismus*, München 1991.

Berding, Helmut, *Antisemitismus in Deutschland 1870-1980*, Frankfurt 1984.

Birkenfeld, Wolfgang, *Der synthetische Treibstoff 1933-1945. Ein Beitrag zur nationalsozialistischen Wirtschafts- und Rüstungspolitik*, Göttingen 1964.
Blaich, Fritz, *Der Schwarze Freitag. Inflation und Wirtschaftskrise*, München 1985.
Bloch, Charles, *Das Dritte Reich und die Welt. Die deutsche Außenpolitik 1933-1945*, Paderborn 1993 (Paris 1986).
Bock, Gisela, *Zwangssterilisation im Nationalsozialismus. Studien zur Rassenpolitik und Frauenpolitik*, Opladen 1986.
Boelcke, Willi A., *Die Kosten von Hitlers Krieg. Kriegsfinanzierung und finanzielles Kriegserbe in Deutschland 1933-1948*, Paderborn 1985.
Bonwetsch, Bernd, *Vom Hitler-Stalin-Pakt zum »Unternehmen Barbarossa«. Die deutsch-russischen Beziehungen 1939-1941 in der Kontroverse*, in: *Osteuropa* 41 (1991), S. 562ff.
Borchardt, Knut, *Wachstum, Krisen, Handlungsspielräume der Wirtschaftspolitik*, Göttingen 1982.
Bracher, Karl Dietrich, *Die Auflösung der Weimarer Republik. Eine Studie zum Problem des Machtverfalls in der Demokratie*, 3. Aufl. Villingen 1960.
Bracher, Karl-Dietrich, *Das Anfangsstadium der Hitlerschen Außenpolitik*, in: *VfZ* 5 (1957), S. 63ff.
Bracher, Karl-Dietrich/Sauer, Wolfgang/Schulz, Gerhard, *Die nationalsozialistische Machtergreifung*, Köln 1962.
Broszat, Martin, *Der Staat Hitlers. Grundlegung und Entwicklung seiner inneren Verfassung*, 9. Aufl. München 1981.
Broszat, Martin, *Nationalsozialistische Polenpolitik 1939-1945*, Stuttgart 1961.
Broszat, Martin, *Hitler und die Genesis der »Endlösung«. Aus Anlaß der Thesen von David Irving*, in: *VfZ* 25 (1977), S. 739ff.
Broszat, Martin, *Die Machtergreifung. Der Aufstieg der NSDAP und die Zerstörung der Weimarer Republik*, München 1984.
Broszat, Martin, *Nationalsozialistische Konzentrationslager 1933-1945*, in: *Anatomie des SS-Staates*, Bd. 2, München 1965, S. 13ff.
Broszat, Martin/Schwabe, Klaus (Hg.), *Die deutschen Eliten und der Weg in den Zweiten Weltkrieg*, München 1989.
Broszat, Martin u. a. (Hg.), *Bayern in der NS-Zeit. Studien und Dokumentationen*, 6 Bde., München 1977-1983.
Browning, Christopher R., *Zur Genesis der »Endlösung«. Eine Antwort an Martin Broszat*, in: *VfZ* 29 (1981), S. 97ff.
Buchheim, Hans, *Die SS – das Herrschaftsinstrument*, in: *Anatomie des SS-Staates*, Bd. 1, München 1967, S. 39ff.
Bühl, Achim (Hg.), *Der Hitler-Stalin-Pakt. Die sowjetische Debatte*, Köln 1989.
Bullock, Alan, *Hitler. Eine Studie über Tyrannei*, neu bearb. dt. Fassung, Kronberg/Ts. 1977.

Burrin, Philippe, *Hitler und die Juden. Die Entscheidung für den Völkermord*, Frankfurt 1993 (Paris 1989).

Cohn, Norman, *Die Protokolle der Weisen von Zion. Der Mythos von der jüdischen Weltverschwörung*, Köln 1969 (London 1967).

Czech, Danuta, *Kalendarium der Ereignisse im Konzentrationslager Auschwitz-Birkenau 1939-1945*, Reinbek 1989.

Dallek, Robert, *Franklin D. Roosevelt and American Foreign Policy, 1932-1945*, New York 1979.

Das Deutsche Reich und der Zweite Weltkrieg, hg. v. Militärgeschichtlichen Forschungsamt.
Bd. 1: *Ursachen und Voraussetzungen der Deutschen Kriegspolitik*, Stuttgart 1979;
Bd. 2: *Die Errichtung der Hegemonie auf dem europäischen Kontinent*, Stuttgart 1979;
Bd. 3: *Der Mittelmeerraum und Südosteuropa*, Stuttgart 1984;
Bd. 4: *Der Angriff auf die Sowjetunion*, Stuttgart 1983;
Bd. 5/1: *Organisation und Mobilisierung des deutschen Machtbereichs*, Stuttgart 1988;
Bd. 6: *Der Globale Krieg*, Stuttgart 1990.

Diner, Dan (Hg.), *Ist der Nationalsozialismus Geschichte?* Frankfurt 1988.

Döring, Dörte, *Deutsche Außenwirtschaftspolitik 1933-35*, Diss. Berlin 1969.

Eisenblätter, Gerhard, *Grundlinien der Politik des Reichs gegenüber dem Generalgouvernement, 1939-1945*, Diss. phil. Frankfurt 1969.

Farquharson, John E., *The Plough and the Swastika. The NSDAP and Agriculture in Germany 1928-45*, London 1976.

Fest, Joachim C., *Hitler. Eine Biographie*, Berlin/Frankfurt 1973.

Fest, Joachim C., *Staatsstreich. Der lange Weg zum 20. Juli*, Berlin 1994.

Forstmeier, Friedrich u. Volkmann, Hans-Erich (Hg.), *Kriegswirtschaft und Rüstung am Vorabend des Zweiten Weltkrieges*, Düsseldorf 1975.

Forstmeier, Friedrich u. a. (Hg.), *Kriegswirtschaft und Rüstung 1939-1945*, Düsseldorf 1977.

Frese, Matthias, *Zugeständnisse und Zwangsmaßnahmen. Neuere Studien zur nationalsozialistischen Sozial- und Arbeitspolitik*, in: *NPL* 32 (1987), S. 53ff.

Frommelt, Reinhard, *Paneuropa oder Mitteleuropa. Einigungsbestrebungen im Kalkül deutscher Wirtschaft und Politik 1925-1933*, Stuttgart 1977.

Fuchs, Eduard, *Die Juden in der Karikatur*, München 1921, Reprint Berlin 1985.

Funke, Manfred (Hg.), *Hitler, Deutschland und die Mächte*, Düsseldorf 1976.

Geiss, Imanuel, *Geschichte des Rassismus*, Frankfurt 1988.

Genschel, Helmut, *Die Verdrängung der Juden aus der Wirtschaft im Dritten Reich*, Göttingen 1966.

Geyer, Michael, *Aufrüstung oder Sicherheit. Die Reichswehr in der Krise der Machtpolitik 1924-1936*, Wiesbaden 1980.

Graml, Hermann, *Europas Weg in den Krieg. Hitler und die Mächte 1939*, München 1990.

Graml, Hermann (Hg.), *Widerstand im Dritten Reich. Probleme, Ereignisse, Gestalten*, Frankfurt 1994.

Gruchmann, Lothar, *»Blutschutzgesetz« und Justiz. Zu Entstehung und Auswirkung des Nürnberger Gesetzes vom 15. September 1935*, in: VfZ 31 (1983), S. 418ff.

Gruchmann, Lothar, *Justiz im Dritten Reich 1933-1940. Anpassung und Unterwerfung in der Ära Gürtner*, München 1988.

Gruchmann, Lothar, *Totaler Krieg. Vom Blitzkrieg zur bedingungslosen Kapitulation*, München 1991.

Hachtmann, Rüdiger, *Industriearbeit im »Dritten Reich«*, Göttingen 1989.

Hagemann, Jürgen, *Die Presselenkung im Dritten Reich*, Bonn 1970.

Hehl, Ulrich von, *Die Kontroverse um den Reichstagsbrand*, in: VfZ 36 (1988), S. 259ff.

Herbert, Ulrich, *Fremdarbeiter. Politik und Praxis des »Ausländer-Einsatzes« in der Kriegswirtschaft des Dritten Reiches*, Berlin 1985.

Herbst, Ludolf, *Der Totale Krieg und die Ordnung der Wirtschaft*, Stuttgart 1982.

Herbst, Ludolf/Goschler, Constantin (Hg.), *Wiedergutmachung in der Bundesrepublik Deutschland*, München 1989.

Hilberg, Raul, *Die Vernichtung der europäischen Juden*, 3 Bde., Frankfurt 1990 (Chicago 1961).

Hildebrand, Klaus, *Das Dritte Reich*, 4. Aufl. München 1991.

Hildebrand, Klaus, *Das vergangene Reich. Deutsche Außenpolitik von Bismarck bis Hitler 1871-1945*, Stuttgart 1994.

Hildebrand, Klaus, *Vom Reich zum Weltreich. Hitler, NSDAP und koloniale Frage 1919-1945*, München 1969.

Hillgruber, Andreas, *Hitlers Strategie. Politik und Kriegführung 1940-1941*, 2. Aufl. München 1982.

Hillgruber, Andreas, *Kontinuität und Diskontinuität in der deutschen Außenpolitik von Bismarck bis Hitler*, Düsseldorf 1969.

Hirschfeld, Gerhard, *Fremdherrschaft und Kollaboration. Die Niederlande unter deutscher Besatzung 1940-1945*, Stuttgart 1984.

Hirschfeld, Gerhard/Kettenacker, Lothar (Hg.), *Der »Führerstaat«: Mythos und Realität*, Stuttgart 1981.

Höhne, Heinz, *Mordsache Röhm. Hitlers Durchbruch zur Alleinherrschaft 1933-1934*, Reinbek 1984.

Hoffmann, Peter, *Widerstand, Staatsstreich, Attentat. Der Kampf der Opposition gegen Hitler*, 4. Aufl. München 1985.

Jacobsen, Hans-Adolf, *Die nationalsozialistische Außenpolitik 1933-1938*, Frankfurt 1968.
Jäckel, Eberhard, *Frankreich in Hitlers Europa. Die deutsche Frankreichpolitik im Zweiten Weltkrieg*, Stuttgart 1966.
Jäckel, Eberhard, *Hitlers Weltanschauung. Entwurf einer Herrschaft*, Neuausgabe Stuttgart 1981.
Jäckel, Eberhard, *Hitlers Herrschaft. Vollzug einer Weltanschauung*, Stuttgart 1986.
Jäger, Jörg Johannes, *Die wirtschaftliche Abhängigkeit des Dritten Reichs vom Ausland*, Berlin 1969.
James, Harold, *Deutschland in der Weltwirtschaftskrise 1924-1936*, Stuttgart 1988 (Oxford 1986).
Janssen, Gregor, *Das Ministerium Speer. Deutschlands Rüstung im Krieg*, Berlin 1968.
Janßen, Karl-Heinz/Tobias, Fritz, *Der Sturz der Generäle. Hitler und die Blomberg-Fritsch-Krise 1938*, München 1994.
Kershaw, Ian, *Hitlers Macht. Das Profil der NS-Herrschaft*, München 1992 (London 1991).
Kershaw, Ian, *Der NS-Staat. Geschichtsinterpretationen und Kontroversen im Überblick*, Reinbek 1994[3] (London 1985).
Kindermann, Gottfried-Karl, *Hitlers Niederlage in Österreich. Bewaffneter NS-Putsch, Kanzlermord und Österreichs Abwehrsieg von 1934*, Hamburg 1984.
Klemperer, Klemens von, *Die verlassenen Verschwörer. Der deutsche Widerstand auf der Suche nach Verbündeten 1938-1945*, Berlin 1994 (Oxford 1992).
Koch, H. W., *Operation Barbarossa – The Current State of the Debate*, in: *The Historical Journal* 31 (1988), S. 377ff.
Kogon, Eugen, *Der SS-Staat. Das System der deutschen Konzentrationslager*, 13. Aufl. München 1974.
Kranig, Andreas, *Lockung und Zwang. Zur Arbeitsverfassung im Dritten Reich*, Stuttgart 1983.
Krausnick, Helmut/Wilhelm, Hans-Heinrich, *Die Truppe des Weltanschauungskrieges. Die Einsatzgruppen der Sicherheitspolizei und des SD 1938-1942*, Stuttgart 1981.
Kroll, Gerhard, *Von der Weltwirtschaftskrise zur Staatskonjunktur*, Berlin 1958.
Krüger, Peter, *Die Außenpolitik der Republik von Weimar*, Darmstadt 1985.
Kube, Alfred, *Pour le mérite und Hakenkreuz. Hermann Göring im Dritten Reich*, München 1986.
Kuczynski, Jürgen, *Die Geschichte der Lage der Arbeiter unter dem Kapitalismus*, Bd. 6, Berlin 1964.
Kulka, Otto Dov, *Die Nürnberger Rassengesetze und die deutsche Bevöl-*

kerung im Lichte geheimer NS-Lage- und Stimmungsberichte, in: *VfZ* 32 (1984), S. 582ff.
Lohalm, Uwe, *Völkischer Radikalismus. Die Geschichte des Deutschvölkischen Schutz- und Trutz-Bundes 1919-1923*, Hamburg 1970.
Longerich, Peter, *Die braunen Bataillone. Geschichte der SA*, München 1989.
Loock, Hans-Dietrich, *Quisling, Rosenberg und Terboven. Zur Vorgeschichte und Geschichte der nationalsozialistischen Revolution in Norwegen*, Stuttgart 1970.
Ludwig, Karl-Heinz, *Technik und Ingenieure im Dritten Reich*, Düsseldorf 1974.
Martin, Bernd, *Friedensinitiativen und Machtpolitik im Zweiten Weltkrieg 1939-1942*, Düsseldorf 1974.
Mason, Timothy W., *Zur Entstehung des Gesetzes zur Ordnung der nationalen Arbeit vom 20. Januar 1934*, in: *Industrielles System und politische Entwicklung in der Weimarer Republik*, hg. v. H. Mommsen u. a., Düsseldorf 1974, S. 322ff.
Mason, Timothy W., *Sozialpolitik im Dritten Reich*, Opladen 1977.
Meyer, August, *Das Syndikat Reichswerke »Hermann Göring«*, Braunschweig 1986.
Michalka, Wolfgang, (Hg.), *Der Zweite Weltkrieg. Grundzüge, Analysen, Forschungsbilanz*, München 1989.
Michalka, Wolfgang, (Hg.), *Nationalsozialistische Außenpolitik*, Darmstadt 1978.
Michalka, Wolfgang, *Ribbentrop und die deutsche Weltpolitik 1933-1940. Außenpolitische Konzeptionen und Entscheidungsprozesse im Dritten Reich*, München 1980.
Milward, Alan S., *Der Zweite Weltkrieg. Krieg, Wirtschaft und Gesellschaft 1939-1945*, München 1977.
Milward, Alan S., *The New Order and the French Economy*, Oxford 1970.
Mollin, Gerhard, *Montankonzerne und »Drittes Reich«*, Göttingen 1988.
Mommsen, Hans, *Beamtentum im Dritten Reich*, Stuttgart 1966.
Mommsen, Hans, *Die verspielte Freiheit. Der Weg der Republik von Weimar in den Untergang 1918 bis 1933*, Berlin 1989.
Mommsen, Hans, *Die Realisierung des Utopischen: Die »Endlösung der Judenfrage« im »Dritten Reich«*, in: *GG* 9 (1983), S. 381ff.
Mommsen, Hans, *Nationalsozialismus*, in: *Sowjetsystem und demokratische Gesellschaft*, Bd. 4, Freiburg 1971, Sp. 695ff.
Mosse, George L., *Die Geschichte des Rassismus in Europa*, Frankfurt 1990 (New York 1978).
Mosse, Werner E. (Hg.), *Entscheidungsjahr 1932. Zur Judenfrage in der Endphase der Weimarer Republik*, 2. Aufl. Tübingen 1966.

Müller, Klaus-Jürgen, *Das Heer und Hitler*, Stuttgart 1969.
Naasner, Walter, *Neue Machtzentren in der deutschen Kriegswirtschaft 1942-1945*, Boppard 1994.
Neebe, Richard, *Großindustrie, Staat und NSDAP 1930-1933*, Göttingen 1981.
Niewyk, Donald L., *The Jews in Weimar Germany*, Baton Rouge 1980.
Orlow, Dietrich, *The History of the Nazi Party, 1919-1933*, 2 Bde., Pittsburgh 1969/1973.
Overy, Richard J.: *»Blitzkriegswirtschaft«? Finanzpolitik, Lebensstandard und Arbeitseinsatz in Deutschland 1939-1942*, in: *VfZ* 36 (1988), S. 379ff.
Pehle, Walter H. (Hg.), *Der Judenpogrom 1938. Von der »Reichskristallnacht« zum Völkermord*, Frankfurt 1988.
Petersen, Jens, *Hitler-Mussolini. Die Entstehung der Achse Berlin-Rom 1933-1936*, Tübingen 1973.
Petzina, Dieter, *Autarkiepolitik im Dritten Reich. Der nationalsozialistische Vierjahresplan*, Stuttgart 1968.
Petzina, Dietmar, *Die Mobilisierung deutscher Arbeitskräfte vor und während des Zweiten Weltkrieges*, in: *VfZ* 18 (1970), S. 443ff.
Petzina, Dietmar, *Die deutsche Wirtschaft in der Zwischenkriegszeit*, Wiesbaden 1977.
Petzina, Dietmar u.a. (Hg.), *Sozialgeschichtliches Arbeitsbuch*, Bd. III, *Materialien zur Statistik des Deutschen Reiches 1914-1945*, München 1978.
Pingel, Falk, *Häftlinge unter SS-Herrschaft*, Hamburg 1978.
Pogge von Strandmann, Hartmut, *Imperialism and Revisionism in Interwar Germany*, in: Wolfgang J. Mommsen/Jürgen Osterhammel (Hg.), *Imperialism and After. Continuities and Discontinuities*, London 1986, S. 90ff.
Prinz, Michael, *Vom neuen Mittelstand zum Volksgenossen. Die Entwicklung des sozialen Status der Angestellten von der Weimarer Republik bis zum Ende der NS-Zeit*, München 1986.
Radkau, Joachim, *Entscheidungsprozesse und Entscheidungsdefizite in der deutschen Außenwirtschaftspolitik 1933-1940*, in: *GG* 2 (1976), S. 33ff.
Rebentisch, Dieter, *Führerstaat und Verwaltung im Zweiten Weltkrieg*, Frankfurt 1986.
Recker, Marie-Luise, *Nationalsozialistische Sozialpolitik im Zweiten Weltkrieg*, München 1985.
Reitlinger, Gerald, *Die Endlösung. Hitlers Versuch der Ausrottung der Juden Europas 1939-1945*, Berlin 1956.
Repgen, Konrad, *Über die Entstehung der Reichskonkordat-Offerte im Frühjahr 1933 und die Bedeutung des Reichskonkordats*, in: *VfZ* 26 (1978), S. 499ff.

Rürup, Reinhard, *Emanzipation und Antisemitismus. Studien zur »Judenfrage« der bürgerlichen Gesellschaft*, Göttingen 1975.

Sachse, Carola, u. a., *Angst, Belohnung, Zucht und Ordnung. Herrschaftsmechanismen im Nationalsozialismus*, Opladen 1982.

Saldern, Adelheid, von, *Mittelstand im »Dritten Reich«. Handwerker-Einzelhändler-Bauern*, Frankfurt 1979.

Schausberger, Norbert, *Der Griff nach Österreich. Der Anschluß*, Wien 1978.

Schieder, Wolfgang/Dipper, Christof, (Hg.), *Der Spanische Bürgerkrieg in der internationalen Politik (1936-1939)*, München 1976.

Schleunes, Karl A., *The Twisted Road to Auschwitz. Nazi Policy towards German Jews 1933-1939*, Urbana/Ill. 1970.

Schmädeke, Jürgen/Steinbach, Peter (Hg.), *Der Widerstand gegen den Nationalsozialismus*, München 1986.

Schmidt, Matthias, *Albert Speer: Das Ende eines Mythos. Speers wahre Rolle im Dritten Reich*, Bern 1982.

Schmuhl, Hans-Walther, *Rassenhygiene, Nationalsozialismus, Euthanasie. Von der Verhütung zur Vernichtung »lebensunwerten Lebens«, 1890-1945*, 2. Aufl. Göttingen 1992.

Scholder, Klaus, *Altes und Neues zur Vorgeschichte des Reichskonkordats*, in: *VfZ* 26 (1978), S. 535 ff.

Schröder, Hans-Jürgen, *Deutschland und die Vereinigten Staaten 1933-1939*, Wiesbaden 1970.

Schröder, Hans-Jürgen, *Deutsche Südosteuropapolitik 1929-1936*, in: *GG* 2 (1976) S. 5 ff.

Schwendemann, Heinrich, *Die wirtschaftliche Zusammenarbeit zwischen dem Deutschen Reich und der Sowjetunion von 1939 bis 1941*, Berlin 1993.

Segbers, Klaus, *Die Sowjetunion im Zweiten Weltkrieg*, München 1987.

Smelser, Ronald M., *Das Sudetenproblem und das Dritte Reich 1933-1938. Von der Volkstumspolitik zur nationalsozialistischen Außenpolitik*, München 1980.

Smelser, Ronald M., *Robert Ley. Hitlers Mann an der Arbeitsfront. Eine Biographie*, Paderborn 1989 (New York 1988).

Sofsky, Wolfgang, *Die Ordnung des Terrors: Das Konzentrationslager*, Frankfurt 1993.

Steinert, Marlies, *Hitlers Krieg und die Deutschen*, Düsseldorf 1970.

Streit, Christian, *Keine Kameraden. Die Wehrmacht und die sowjetischen Kriegsgefangenen 1941-1945*, 3. Aufl. Bonn 1991.

Teichert, Eckart, *Autarkie und Großraumwirtschaft in Deutschland 1930-1939. Außenwirtschaftliche Konzeptionen zwischen Wirtschaftskrise und Zweitem Weltkrieg*, München 1984.

Thomas, Georg, *Geschichte der deutschen Wehr- und Rüstungswirtschaft (1918-1943/45)*, hg. v. Wolfgang Birkenfeld, Boppard 1966.

Thamer, Hans-Ulrich, *Verführung und Gewalt. Deutschland 1933-1945*, Berlin 1986.

Walk, Joseph (Hg.), *Das Sonderrecht für die Juden im NS-Staat. Eine Sammlung der gesetzlichen Maßnahmen und Richtlinien – Inhalt und Bedeutung*, Heidelberg 1981.

Wegner, Bernd, *Hitlers Politische Soldaten: Die Waffen-SS 1933-1945*, 3. Aufl. Paderborn 1988.

Weinberg, Gerhard L., *The Foreign Policy of Hitler's Germany*. Bd. 1: *Diplomatic Revolution in Europe 1933-1936*; Bd. 2: *Starting World War II 1937-1939*, Chicago 1970/80.

Weinberg, Gerhard L., *A World at Arms. A Global History of World War II*, Cambridge 1994.

Winkler, Dörte, *Frauenarbeit im Dritten Reich*, Hamburg 1977.

Winkler, Heinrich August, *Weimar 1918-1933. Die Geschichte der ersten deutschen Demokratie*, 2. Aufl. München 1995.

Wojciechowski, Marian, *Die polnisch-deutschen Beziehungen 1933-1938*, Leiden 1971.

Woller, Hans, *Machtpolitisches Kalkül oder ideologische Affinität? Zur Frage des Verhältnisses zwischen Mussolini und Hitler vor 1933*, in: *Der Nationalsozialismus. Studien zur Ideologie und Herrschaft*, hg. v. W. Benz u. a. Frankfurt 1993, S. 42ff.

Wollstein, Günter, *Vom Weimarer Revisionismus zu Hitler. Das Deutsche Reich und die Großmächte in der Anfangsphase der nationalsozialistischen Herrschaft in Deutschland*, Bonn 1973.

Zechlin, Egmont, *Die deutsche Politik und die Juden im Ersten Weltkrieg*, Göttingen 1969.

Zelinsky, Hartmut, *Sieg oder Untergang: Sieg und Untergang. Kaiser Wilhelm II., die Werk-Idee Richard Wagners und der »Weltkampf«*, München 1990.

Zmarzlik, Hans-Günter, *Der Sozialdarwinismus in Deutschland als geschichtliches Problem*, in: VfZ 11 (1963), S. 246ff.

Zollitsch, Wolfgang, *Arbeiter zwischen Weltwirtschaftskrise und Nationalsozialismus*, Göttingen 1990.

314/1/3.95

Neue Historische Bibliothek
in der edition suhrkamp

Kluxen, Kurt: Geschichte und Problematik des Parlamentarismus. NHB. es 1243

Kraul, Margret: Das deutsche Gymnasium 1780-1980. NHB. es 1251

Langewiesche, Dieter: Deutscher Liberalismus. NHB. es 1286

Lehnert, Detlef: Sozialdemokratie zwischen Protestbewegung und Regierungspartei 1848-1983. NHB. es 1248

Lenger, Friedrich: Sozialgeschichte der deutschen Handwerker seit 1800. NHB. es 1532

Lönne, Karl-Egon: Politischer Katholizismus im 19. und 20. Jahrhundert. NHB. es 1264

Lottes, Günther: Sozialgeschichte Englands. es 1546

Marschalck, Peter: Bevölkerungsgeschichte Deutschlands im 19. und 20. Jahrhundert. NHB. es 1244

Mitterauer, Michael: Sozialgeschichte der Jugend. NHB. es 1278

Möller, Horst: Vernunft und Kritik. Deutsche Aufklärung im 17. und 18. Jahrhundert. NHB. es 1269

Pankoke, Eckart: Die Arbeitsfrage. Arbeitsmoral, Beschäftigungskrisen und Wohlfahrtspolitik im Industriezeitalter. NHB. es 1538

Peukert, Detlev J.K.: Die Weimarer Republik. NHB. es 1282

Radkau, Joachim: Technik in Deutschland. Vom 18. Jahrhundert bis zur Gegenwart. NHB. es 1536

Reulecke, Jürgen: Geschichte der Urbanisierung in Deutschland. NHB. es 1249

Rohe, Karl: Wahlen und Wählertraditionen in Deutschland. Kulturelle Grundlagen deutscher Parteien und Parteiensysteme im 19. und 20. Jahrhundert. es 1544

Schönhoven, Klaus: Die deutschen Gewerkschaften. NHB. es 1287

Schröder, Hans-Christoph: Die Revolutionen Englands im 17. Jahrhundert. NHB. es 1279

Schulze, Winfried: Deutsche Geschichte im 16. Jahrhundert. NHB. es 1268

Sieder, Reinhard: Sozialgeschichte der Familie. NHB. es 1276

Siemann, Wolfram: Die deutsche Revolution von 1848/49. NHB. es 1266

– Gesellschaft im Aufbruch. Deutschland 1849-1871. NHB. es 1537

Staritz, Dietrich: Geschichte der DDR 1949-1985. NHB. es 1260

Ullmann, Hans-Peter: Interessenverbände in Deutschland. NHB. es 1283

Wehler, Hans-Ulrich: Grundzüge der amerikanischen Außenpolitik 1750-1900. Von den englischen Küstenkolonien zur amerikanischen Weltmacht. NHB. es 1254

314/2/3.95

Neue Historische Bibliothek
in der edition suhrkamp

Wippermann, Wolfgang: Europäischer Faschismus im Vergleich 1922-1982. NHB. es 1245

Wirz, Albert: Sklaverei und kapitalistisches Weltsystem. NHB. es 1256

Wunder, Bernd: Geschichte der Bürokratie in Deutschland. NHB. es 1281

Ziebura, Gilbert: Weltwirtschaft und Weltpolitik 1922/24-1931. Zwischen Rekonstruktion und Zusammenbruch. NHB. es 1261

314/3/3.95

Geschichte
in der edition suhrkamp

Aus der Zeit der Verzweiflung. Zur Genese und Aktualität des Hexenbildes. Beiträge von Gabriele Becker, Silvia Bovenschen, Helmut Brackert, Sigrid Brauner, Ines Brenner, Gisela Morgenthal, Klaus Schneller, Angelika Tümmler. es 840

BRD ade! Vierzig Jahre in Rück-Ansichten. Herausgegeben von Otthein Rammstedt und Gert Schmidt. es 1773

Calic, Marie-Janine: Der Krieg in Bosnien-Hercegovina. es 1943

Dalos, György: Ungarn – Vom Roten Stern zur Stephanskrone. Aus dem Ungarischen von György Dalos und Elsbeth Zylla. es 1687

Eisner, Freya: Kurt Eisner: Die Politik des libertären Sozialismus. es 422

Eisner, Kurt: Sozialismus als Aktion. Ausgewählte Aufsätze und Reden. Herausgegeben von Freya Eisner. es 773

Europa im Krieg. Die Debatte über den Krieg im ehemaligen Jugoslawien. es 1809

Evans, Richard J.: Im Schatten Hitlers? Historikerstreit und Vergangenheitsbewältigung in der Bundesrepublik. Aus dem Englischen von Jürgen Blasius. es 1637

Farge, Arlette / Michel Foucault: Familiäre Konflikte: Die »Lettres de cachet«. Aus dem Französischen von Albert Gier und Chris Paschold. es 1520

Farouk-Sluglett, Marion / Peter Sluglett: Irak seit 1958: Von der Revolution zur Diktatur. Aus dem Englischen von Gisela Bock. es 1661

Folgen der Französischen Revolution. Herausgegeben von Henning Krauß. es 1579

Goytisolo, Juan: Notizen aus Sarajewo. Reportagen. Aus dem Spanischen von Meralde Meyer-Minnemann. Mit zahlreichen Abbildungen. es 1899

Guilhaumou, Jacques: Sprache und Politik in der Französischen Revolution. Aus dem Französischen von Kathrina Menke. Mit einem Vorwort von Brigitte Schlieben-Lange und Rolf Reichardt. es 1519

Hennig, Eike: Bürgerliche Gesellschaft und Faschismus in Deutschland. Ein Forschungsbericht. es 875

– Thesen zur deutschen Sozial- und Wirtschaftsgeschichte 1933 bis 1938. es 662

Die Hexen der Neuzeit. Studien zur Sozialgeschichte eines kulturellen Deutungsmusters. Herausgegeben von Claudia Honegger. es 743

Rumänien. Geschichte, Wirtschaft, Politik 1944–1990. Aus dem Ungarischen von Anna Bak. es 1673

Jarusch, Konrad H.: Die eilige Einheit. Ein historischer Versuch. es 1877

312/1/3.95

Geschichte
in der edition suhrkamp

Judentum im deutschen Sprachraum. Herausgegeben von Karl E. Grözinger. es 1613

Ketzer, Zauberer, Hexen. Die Anfänge der europäischen Hexenverfolgungen. Herausgegeben von Andreas Blauert. es 1577

Kritisches Wörterbuch der Französischen Revolution. 5 Bde. Herausgegeben von François Furet und Mona Ozouf. es 1522

Leroi-Gourhan, André: Die Religionen der Vorgeschichte. Paläolithikum. Aus dem Französischen von Michael Bischoff. es 1073

Lottes, Günther: Sozialgeschichte Englands. es 1546

Meier, Christian: Die Ohnmacht des allmächtigen Diktators Caesar. Drei biographische Skizzen. es 1038

Meuschel, Sigrid: Legitimation und Parteiherrschaft in der DDR. es 1688

Negt, Oskar / Alexander Kluge: Geschichte und Eigensinn. Gewalt des Zusammenhangs. 3 Bände. Mit zahlreichen Abbildungen. es 1700

Scherrer, Jutta: Gegenüber dem Weißen Haus. Moskauer Tagebuch Herbst 1993. es 1903

Schrift und Materie der Geschichte. Vorschläge zur systematischen Aneignung historischer Prozesse. Herausgegeben von Claudia Honegger. es 814

Silj, Alessandro: Verbrechen, Politik, Demokratie in Italien 1943–1993. Aus dem Italienischen von Ulrich Hausmann. es 1911

Soboul, Albert: Französische Revolution und Volksbewegung: die Sansculotten. Die Sektionen von Paris im Jahre II. Bearbeitet und herausgegeben von Walter Markov. Die Übersetzung aus dem Französischen besorgte Claus Werner. es 960

Der Spanische Bürgerkrieg. Eine Bestandsaufnahme fünfzig Jahre danach. Manuel Tunñón de Lara, Julio Aróstegui, Ángel Viñas, Gabriel Cardona, Joseph M. Bricall. es 1401

Thompson, Edward P.: Die Entstehung der englischen Arbeiterklasse. 2 Bde. Aus dem Englischen von Lotte Eidenbenz, Mathias Eidenbenz, Christoph Groffy, Thomas Lindenberger, Gabriele Mischkowski, Ray Mary Rosdale. es 1170

Trotzki, Leo: Denkzettel. Politische Erfahrungen im Zeitalter der permanenten Revolution. Herausgegeben von Isaac Deutscher, George Novack und Helmut Dahmer. Übersetzungen aus dem Englischen von Harry Maòr. es 896

Veyne, Paul: Foucault: Die Revolutionierung der Geschichte. Aus dem Französischen von Gustav Roßler. es 1702

– Geschichtsschreibung. Was sie nicht ist. Aus dem Französischen von Gustav Roßler. es 1472

312/2/3.95

Geschichte
in der edition suhrkamp

Von deutscher Republik 1775-1795. Texte radikaler Demokraten. Herausgegeben von Jost Hermand. es 793

Vossler, Otto: Die Revolution von 1848 in Deutschland. es 210

Wahrnehmungsformen und Protestverhalten. Studien zur Lage der Unterschichten im 18. und 19. Jahrhundert. Mit Beiträgen von Edward P. Thompson, Rainer Wirtz, Pierre Caspard, Josef Ehmer, Detlev Puls, Patrick Fridenson, Douglas A. Reid, W. R. Lambert, Gareth Stedman Jones. Herausgegeben von Detlev Puls. es 948

Der Zusammenbruch der DDR. Herausgegeben von Hans Joas und Martin Kohli. es 1777

312/3/3.95

edition suhrkamp
Eine Auswahl

edition suhrkamp
Eine Auswahl

Braun: Böhmen am Meer. es 1784
– Verheerende Folgen mangelnden Anscheins innerbetrieblicher Demokratie. es 1473
Brecht: Der aufhaltsame Aufstieg des Arturo Ui. es 144
– Aufstieg und Fall der Stadt Mahagonny. es 21
– Ausgewählte Gedichte. es 86
– Baal. es 170
– Buckower Elegien. es 1397
– Die Dreigroschenoper. es 229
– Furcht und Elend des Dritten Reiches. es 392
– Die Geschäfte des Herrn Julius Caesar. es 332
– Die Gesichte der Simone Machard. es 369
– Die Gewehre der Frau Carrar. es 219
– Der gute Mensch von Sezuan. es 73
– Die heilige Johanna der Schlachthöfe. es 113
– Herr Puntila und sein Knecht Matti. es 105
– Der kaukasische Kreidekreis. es 31
– Leben des Galilei. es 1
– Leben Eduards des Zweiten von England. es 245
– Mann ist Mann. es 259
– Die Mutter. es 200
– Mutter Courage und ihre Kinder. es 49
– Der Ozeanflug. Die Horatier und die Kuratier. Die Maßnahme. es 222
– Schweyk im zweiten Weltkrieg. es 132
– Die Tage der Commune. es 169
– Trommeln in der Nacht. es 490
– Über Politik auf dem Theater. es 465
– Das Verhör des Lukullus. es 740
Brecht für Leser der neunziger Jahre. Hg. von S. Unseld. es 1826
Brunkhorst: Der Intellektuelle im Land der Mandarine. es 1403
Bubner: Ästhetische Erfahrung. es 1564
– Zwischenrufe. Aus den bewegten Jahren. es 1814
Buch: Der Herbst des großen Kommunikators. es 1344
– Die Nähe und die Ferne. es 1663
– Waldspaziergang. es 1412
Bürger: Theorie der Avantgarde. es 727
Burkhardt: Der Dreißigjährige Krieg 1618-1648. NHB. es 1542
Butler: Das Unbehagen der Geschlechter. es 1722
Celan: Ausgewählte Gedichte. Zwei Reden. es 262
Cortázar: Letzte Runde. es 1140
– Das Observatorium. es 1527
– Reise um den Tag in 80 Welten. es 1045
Dedecius: Poetik der Polen. es 1690
Dekonstruktiver Feminismus. Hg. von B. Vinken. es 1678
Deleuze: Logik des Sinns. es 1707
– Verhandlungen. es 1778

316/2/6.93

316/3/6.93

edition suhrkamp
Eine Auswahl

Frank: Motive der Moderne. es 1456
– Die Unhintergehbarkeit von Individualität. es 1377
– Was ist Neostrukturalismus? es 1203
Frevert: Frauen-Geschichte. NHB. es 1284
Frisch: Biedermann und die Brandstifter. es 41
– Die Chinesische Mauer. es 65
– Don Juan oder Die Liebe zur Geometrie. es 4
– Frühe Stücke. es 154
– Graf Öderland. es 32
García Morales: Die Logik des Vampirs. es 1871
– Das Schweigen der Sirenen. es 1647
Gedächtniskunst. Hg. von A. Haverkamp und R. Lachmann. es 1653
Geist gegen den Zeitgeist. Hg. von J. Früchtl und M. Calloni. es 1630
Geyer: Deutsche Rüstungspolitik 1860-1980. NHB. es 1246
Goetz: Festung. 5 Bde. es 1793-1795
– Festung. es 1793
– Krieg. 2 Bde. es 1320
– Kronos. es 1795
– 1989. 3 Bde. es 1794
Goffman: Asyle. es 678
Gorz: Der Verräter. es 988
Goytisolo: Die Quarantäne. es 1874
Grassmuck / Unverzagt: Das Müll-System. es 1652
Gstrein: Anderntags. es 1625
– Einer. es 1483
Habermas: Eine Art Schadensabwicklung. es 1453
– Legitimationsprobleme im Spätkapitalismus. es 623
– Die nachholende Revolution. es 1633
– Die Neue Unübersichtlichkeit. es 1321
– Technik und Wissenschaft als Ideologie. es 287
– Theorie des kommunikativen Handelns. es 1502
Hänny: Zürich, Anfang September. es 1079
Hahn: Unter falschem Namen. es 1723
Handke: Die Innenwelt der Außenwelt der Innenwelt. es 307
– Kaspar. es 322
– Phantasien der Wiederholung. es 1168
– Publikumsbeschimpfung und andere Sprechstücke. es 177
Happel: Grüne Nachmittage. es 1570
Henrich: Konzepte. es 1400
– Nach dem Ende der Teilung. es 1813
– Eine Republik Deutschland. es 1658
Hensel: Im Schlauch. es 1815
Hentschel: Geschichte der deutschen Sozialpolitik 1880-1980. NHB. es 1247
Hettche: Inkubation. es 1787
Die Hexen der Neuzeit. Hg. von C. Honegger. es 743
Hijiya-Kirschnereit: Was heißt: Japanische Literatur verstehen? es 1608

316/4/6.93

edition suhrkamp
Eine Auswahl

316/5/6.93

edition suhrkamp
Eine Auswahl

Kristeva: Geschichten von der Liebe. es 1482
– Die Revolution der poetischen Sprache. es 949
Kritische Theorie und Studentenbewegung. es 1517
Kroetz: Bauern sterben. es 1388
– Bauerntheater. es 1659
– Furcht und Hoffnung der BRD. es 1291
– Mensch Meier. Der stramme Max. Wer durchs Laub geht ... es 753
– Nicht Fisch nicht Fleisch. Verfassungsfeinde. Jumbo-Track. es 1094
– Oberösterreich. Dolomitenstadt Lienz. Maria Magdalena. Münchner Kindl. es 707
– Stallerhof. Geisterbahn. Lieber Fritz. Wunschkonzert. es 586
Krynicki: Wunde der Wahrheit. es 1664
Laederach: Fahles Ende kleiner Begierden. es 1075
– Der zweite Sinn. es 1455
Lang / McDannell: Der Himmel. es 1586
Lehnert: Sozialdemokratie zwischen Protestbewegung und Regierungspartei 1848-1983. NHB. es 1248
Lem: Dialoge. es 1013
Lenz, H.: Leben und Schreiben. es 1425
Leroi-Gourhan: Die Religionen der Vorgeschichte. es 1073
Leutenegger: Lebewohl, Gute Reise. es 1001
– Das verlorene Monument. es 1315
Lévi-Strauss: Das Ende des Totemismus. es 128
– Mythos und Bedeutung. es 1027
Die Listen der Mode. Hg. von S. Bovenschen. es 1338
»Literaturentwicklungsprozesse«. Die Zensur der Literatur in der DDR. Hg. von E. Wichner und H. Wiesner. es 1782
Llamazares: Der gelbe Regen. es 1660
Löwenthal: Mitmachen wollte ich nie. es 1014
Lüderssen: Der Staat geht unter – das Unrecht bleibt? es 1810
Lukács: Gelebtes Denken. es 1088
Maeffert: Bruchstellen. es 1387
de Man: Die Ideologie des Ästhetischen. es 1682
Marcus: Umkehrung der Moral. es 903
Marcuse: Ideen zu einer kritischen Theorie der Gesellschaft. es 300
Maruyama: Denken in Japan. es 1398
Mattenklott: Blindgänger. es 1343
Mayer: Gelebte Literatur. es 1427
– Versuche über die Oper. es 1050
Mayröcker: Magische Blätter. es 1202
– Magische Blätter II. es 1421
– Magische Blätter III. es 1646
Meckel: Von den Luftgeschäften der Poesie. es 1578

316/6/6.93

316/7/6.93

316/8/6.93

316/9/6.93